LIBRO HOMENAJE A JESÚS CABALLERO ORTIZ

TOMO I

Coordinadores:
Gustavo Urdaneta Troconis
Rafael Badell Madrid
Belén Ramírez Landaeta
Carlos Luis Carrillo Artiles
Antonio Silva Aranguren
Gonzalo Pérez Salazar

CARACAS / VENEZUELA / 2022

Fundación Estudios de Derecho Administrativo FUNEDA
Av. Tamanaco, El Rosal, Edif. IMPRES, S3, Chacao. Caracas 1050, Venezuela
Telf. (58) 212 9531995 - (58) 212 9532665 - (58) 212 9531471
Fax. (58) 212 9535375
funeda@gmail.com
Página web: www.funeda.net

Academia de Ciencias Políticas y Sociales
Avenida Universidad, Bolsa a San Francisco,
Palacio de las Academias
Caracas 1121-A
Teléfonos: (0212) 482.88.45 - 482.86.34
Fax: (0212) 483.26.74
e-mail: academiadecienciaspoliticas@gmail.com
Página Web: www.acienpol.org.ve

Obra completa:
Depósito legal: DC 2022000604
ISBN: 978-980-416-042-24

Tomo I
ISBN: 978-980-416-043-1

Diseño de portada: Sandra Malvic
Diagramación: Oralia Hernández

Impreso en Venezuela - *printed in Venezuela*

LIBRO HOMENAJE A JESÚS CABALLERO ORTIZ

TOMO I

Autores

Allan R. Brewer-Carías
Ana Elvira Araujo García
Armando Rodríguez García
Asdrúbal Aguiar Aranguren
Carlos García Soto
Cecilia Sosa Gómez
Daniela Urosa Maggi
Gabriel Sira Santana
Gustavo Urdaneta Troconis
Henrique Meier Echeverría
Jorge Kiriakidis
José Araujo-Juárez
José Ignacio Hernández G.
José Peña Solís
Luis Alfonso Herrera Orellana
Rafael Badell Madrid

Coordinadores:
Gustavo Urdaneta Troconis
Rafael Badell Madrid
Belén Ramírez Landaeta
Carlos Luis Carrillo Artiles
Antonio Silva Aranguren
Gonzalo Pérez Salazar

JESÚS CABALLERO ORTIZ

CONTENIDO

TOMO I

II. ORGANIZACIÓN ADMINISTRATIVA

TOMO II

III. ACTIVIDAD ADMINISTRATIVA, FUNCIÓN PÚBLICA Y SUS IMPLICACIONES

IV. RAMA JUDICIAL

V. DERECHO TRIBUTARIO

TOMO I

• PRESENTACIÓN

I. FUNDAMENTOS POLÍTICOS, FILOSÓFICOS Y CONSTITUCIONALES

II. ORGANIZACIÓN ADMINISTRATIVA

PRESENTACIÓN
JESÚS CABALLERO ORTIZ: INVESTIGADOR Y ABOGADO EN EJERCICIO
GUSTAVO URDANETA TROCONIS

PRESENTACIÓN
RAFAEL BADELL MADRID

PRESENTACIÓN
JESÚS CABALLERO ORTIZ: INVESTIGADOR Y ABOGADO EN EJERCICIO

GUSTAVO URDANETA TROCONIS*

Para hablar de Jesús Caballero Ortiz -en un homenaje dedicado a celebrar su trayectoria profesional- cabría perfectamente comenzar utilizando el conocido cliché: "Nuestro homenajeado no necesita presentación".

Sin embargo, en este caso, no se trata de un lugar común, dicho en tono de lisonja. Por el contrario, es muy cierto que Jesús Caballero Ortiz es alguien muy conocido y reconocido en el mundo jurídico, tanto en el ámbito académico como en el foro profesional. Y, en este último espacio, se ha desempeñado con mucho éxito, tanto en el seno de la propia Administración Pública, actuando como asesor de diferentes organismos públicos; como en el ambiente del litigio, ya sea en ejercicio directo de la función jurisdiccional y en el gobierno del Poder Judicial, ya sea como abogado litigante. De hecho, no es raro oírle comentar que una de las cosas que su título de abogado y su formación jurídica le han permitido disfrutar más es el litigio, el poder participar en un proceso judicial, no sólo en la función de juez, sino también como defensor de una de las dos partes en conflicto.

Es innegable, pues, que nuestro homenajeado no necesita presentación. Pero también es de suponer que muchos de quienes lo conocen, quizá lo hagan desde una perspectiva, o le conozcan alguna de sus facetas, en tanto que hay otros aspectos de su trayectoria que les son menos conocidos. De manera que nos ha parecido conveniente atrevernos a hacer una semblanza general de su trayectoria académica y profesional, lo que nos permitirá confirmarnos en la idea de que estamos en

* Director del Instituto de Derecho Público, de la Universidad Central de Venezuela. Vicepresidente de la Fundación de Estudios de Derecho Administrativo (FUNEDA).

presencia de un jurista digno de un homenaje como éste, así como de muchos más.

Para comenzar por el principio, digamos que Jesús Caballero Ortiz se graduó en la Universidad Central de Venezuela. Desde el momento en que cursaba sus estudios, ya mostró su interés por el Derecho Público, lo que lo llevó a ingresar como Asistente Legal en la Procuraduría General de la República. En esa época, la Procuraduría era una institución muy seria y respetada. Para quienes trabajaban allí, constituía una verdadera escuela jurídica, una en la que se aprendía Derecho en el ejercicio, en la defensa y asesoría de la Administración Pública. De esa manera, al graduarse, ya no sólo era poseedor del título universitario de abogado, sino también de una importante formación práctica de elevada calidad, adquirida en ese organismo.

Sin embargo, no detuvo allí Caballero Ortiz sus estudios sino que continuó profundizando en su formación jurídica, hasta obtener el título de Doctor, tanto en Francia como en la misma Universidad Central de Venezuela. Su tesis de doctorado la hizo sobre un tema poco explorado en esa época en Venezuela, como era el de las empresas públicas[1]. Se trataba de una actividad estatal que ya ocupaba un espacio relevante dentro de la realidad venezolana, pero que había sido poco tratada desde el punto de vista de la teoría jurídica; pues bien, su tesis de doctorado se convirtió desde ese entonces en una obra fundamental sobre el tema, en la que se estudian categorías y conceptos que pasaron a formar parte de la doctrina venezolana en materia de organización administrativa.

Al culminar nuestro hoy homenajeado sus estudios en Francia y regresar a Venezuela, continuó dedicándose al Derecho Administrativo, ahora desde el seno mismo de la Administración activa, ocupando cargos de asesoría legal en diversos organismos públicos, tanto de la Administración Central como descentralizados. En el año 1977 se reincorpora al quehacer académico, comenzando ahora su carrera docente. Lo hizo como cabía esperar del personaje: presentándose a un concurso de oposición, la fórmula de ingreso prevista en la reglamentación universitaria, concurso que en esta ocasión había sido abierto por el

---

[1] Fue publicada bajo el título de *Las empresas públicas en el derecho venezolano*. Colección Estudios Jurídicos N° 13. Editorial Jurídica Venezolana. Caracas, 1982.

Instituto de Derecho Público de su *alma mater*, la Universidad Central de Venezuela. Al resultar ganador de esa prueba, ingresó a la planta de investigadores del referido Instituto. En él va a permanecer prácticamente hasta fecha relativamente reciente, cuando se jubiló; cierto es que en algunas ocasiones se retiró temporalmente, mediante permiso o excedencia, para ir a cumplir alguna responsabilidad en otro destino público, pero nunca se separó de la actividad universitaria, impartiendo clases de pre y postgrado aun en las temporadas en que estuvo de permiso.

Una de las oportunidades en que se tomó una pausa en el Instituto, fue para atender la necesidad de incursionar en la Judicatura. Estuvo entonces en el Tribunal de la Carrera Administrativa, donde se desempeñó como conjuez; luego estuvo en la Corte Primera de lo Contencioso-Administrativo, como uno de sus magistrados, llegando incluso a ser su Presidente; estuvo también como conjuez y como magistrado suplente en la Sala Político-Administrativa de la Corte Suprema de Justicia. Después de algunos años, dejó el ejercicio activo de la función jurisdiccional para pasar a formar parte del Consejo de la Judicatura, que era en ese entonces el órgano de gobierno y administración del Poder Judicial. Como es sabido, se trataba de una experiencia que se quiso ensayar a partir de los años 70 del siglo XX, una vez que se decidió abandonar -con base en las previsiones de la Constitución de 1961-, el modelo tradicional del gobierno de los tribunales desde el Poder Ejecutivo, por órgano del Ministerio de Justicia. El Consejo de la Judicatura no era un órgano ni del Poder Ejecutivo ni del Poder Legislativo, sino una administración con autonomía funcional. El profesor Caballero Ortiz se desempeña entonces como uno de los magistrados de ese cuerpo colegiado, del cual llegó a ser incluso Presidente por varios años, ejerciendo entonces una función al servicio del Poder Judicial, pero de naturaleza claramente administrativa y de disciplina, puesto que a ese órgano correspondía igualmente cumplir la potestad disciplinaria respecto de los jueces.

Al cabo de algunos años, el profesor Caballero retorna en activo al Instituto de Derecho Público, del cual nunca se retiró, como antes quedó dicho. En él siguió realizando labores de investigación, mientras continuaba dando clases y ascendiendo en su carrera docente. Para ello, fue escalando los distintos niveles del escalafón universitario, presentando en tiempo oportuno los correspondientes trabajos de ascenso, que fueron siempre distinguidos con menciones de honor por parte de los distintos jurados evaluadores. Valga decir que el profesor solía participar con algunos de sus trabajos en concursos jurídicos de mucha tradición y bien reconocidos, en los cuales o bien recibía un premio o bien, una mención honorífica. De esa labor incansable surgieron como producto numerosos libros y artículos publicados en revistas o en obras colectivas. En total, publicó una decena de libros y cerca de cuarenta artículos, todos ellos muy consultados. Valga aquí un dato significativo: cuando uno los busca por Internet, suele encontrar la mención de "Edición agotada". ¡Es decir, son todos unos *best-sellers* jurídicos, los libros del profesor Caballero!

Ahora bien, dentro de toda esa variedad de actividades acometidas por el profesor Caballero, hay un elemento destacable: él siempre, en todas ellas, se dedicó al Derecho Administrativo. Y eso, desde el principio. Cuando, siendo estudiante, comienza a trabajar como asistente legal en la Procuraduría General, lo hace en el área del Derecho Administrativo, que como es sabido constituye la disciplina principalmente utilizada en las diferentes facetas cubiertas por ese órgano de asesoría y representación judicial y extrajudicial del Estado venezolano. Luego, cuando ingresa a la carrera universitaria, lo hace en el Instituto de Derecho Público de la Universidad Central de Venezuela y, más precisamente, en la Sección de Derecho Administrativo, de la cual llega a ser Relator. Al incorporarse a las labores docentes, lo hace en el seno de la Cátedra de Derecho Administrativo, de la cual termina siendo Jefe por varios años; lo mismo hace en el Postgrado de la misma Universidad, impartiendo diversas asignaturas en la Especialización de Derecho Administrativo. Cuando incursiona en el Poder Judicial, lo hace dentro de la jurisdicción contencioso-administrativa: el Tribunal de la Carrera Administrativa, la Corte Primera de lo Contencioso-Administrativa, la Sala Político-Administrativa de la Corte Suprema. Luego, en el Consejo de la Judicatura continúa realizando una labor regida por el Derecho Administrativo, dado el carácter administrativo del órgano y de la naturaleza administrativa de las funciones por él ejercidas.

En todas esas variadas funciones, Jesús Caballero mostró siempre su apego al Derecho Administrativo, aunque más apropiado sería decir al Derecho, en general. Esa es otra de las características vitales del personaje que hoy homenajeamos: en toda su carrera, tuvo siempre una especie de idea fija de respeto a la Ley, de apego al Derecho, un deseo permanente de hacer que el Derecho efectivamente se cumpla. En muchas de las facetas de esa vasta carrera, podemos encontrar ese rasgo, a veces de una manera que podríamos calificar de pionera. Donde todavía no se había explorado algo, el profesor Caballero se propuso abrir una brecha y abordar el tema desde la perspectiva jurídica, tratar de lograr una fórmula para que esa actividad estuviera cubierta y regulada por el Derecho.

Pienso, por ejemplo, cuando llegó a ser Jefe de la Cátedra de Derecho Administrativo en la UCV, Caballero Ortiz encontró que en el manejo del personal docente a veces los reglamentos universitarios no eran cumplidos de una manera estricta, por diversas razones, no necesariamente reprochables, pero conformando sin duda una práctica desapegada del principio de legalidad que él mismo enseñaba en el aula. Una de las falencias que detectó en esa labor fue la de que muchos de los profesores que integraban la Cátedra no eran profesores de planta; es decir, no habían ingresado mediante el concurso de oposición que el Reglamento del Personal Docente exige como fórmula necesaria de ingreso, con el propósito de lograr los mayores niveles de excelencia en el inicio y el desarrollo de la carrera docente. Muchos de los profesores eran juristas muy reconocidos y de una evidente valía, con reconocida formación, razón por la cual probablemente no se había sentido la necesidad de recurrir al mecanismo del concurso de oposición. Pues bien, el profesor Caballero se fijó como objetivo regularizar tal situación y se dedicó a poner en práctica ese mecanismo de selección. Y lo logró, con notable éxito. En pocos años se efectuaron varios concursos, mediante los cuales se fueron llenando las plazas con profesores de planta. Por cierto -y permítaseme una referencia a título personal-, cuando, a los años, me tocó suceder al profesor Caballero en la jefatura de esa Cátedra, no tuve más que continuar la labor iniciada por él, abriendo nuevos concursos mediante los cuales ingresaron nuevos profesores o regularizaron su situación algunos que ya estaban allí, con suficientes méritos, pero en una condición precaria, no ajustada a la reglamentación. Hoy en día, esa numerosa Cátedra, con cerca de treinta profesores, está integrada en su casi totalidad por profesores de carrera.

Ese es, pues, un rasgo de la carrera profesional y académica del profesor Caballero que merece ser destacado: su amor por el Derecho Administrativo no es sólo un amor teórico, un simple gusto por las instituciones, los libros y los conceptos; ese apego por el Derecho Administrativo se proyecta también en el nivel práctico, haciendo que esas categorías teóricas y esos conceptos abstractos se apliquen en la realidad de las cosas, logrando que éstas se ajusten efectivamente a aquéllos, con lo cual se obtiene un evidente beneficio en el funcionamiento de las instituciones regidas por el Derecho Administrativo; pero también reflejándose en un claro provecho para la colectividad. En este caso específico, no hay duda de que el apego al Derecho presente en el profesor Caballero se tradujo en un verdadero provecho para la comunidad universitaria, a través del logro de mejores profesores, en beneficio de los estudiantes y de la institución en su conjunto; pero también de los propios profesores, que lograron alcanzar el estatus que les corresponde, de acuerdo a la ley y a la reglamentación vigente.

Algo parecido se propuso llevar a cabo en el Consejo de la Judicatura. Al llegar allí, se topó con que una de las debilidades del Poder Judicial se encontraba en la dispersión de la normativa que lo regía para ese entonces; varias leyes distintas, unas orgánicas y otras ordinarias, de fechas diferentes, no pocas con un origen preconstitucional, algunas derogando expresa o implícitamente a otras, todo lo cual conducía a veces a interpretaciones inadecuadas en la aplicación de esa normativa, lo que a su vez era el origen de frecuentes fallos judiciales adversos a las actuaciones relativas al manejo de tribunales y jueces. En vista de ello, el ya para ese entonces magistrado Caballero Ortiz se fijó una tarea destinada a imponer allí algo de orden y sistema: recopilar todas esas normas dispersas, sistematizarlas e intentar armonizarlas, para luego publicarlas en lo que llegó a convertirse en uno de esos *best-sellers* jurídicos que mencionaba al inicio: el libro *Régimen Jurídico del Poder Judicial*, agotado desde hace tiempo en las varias ediciones de que fue objeto[2]. Y en el prólogo de esa obra -que releí hace poco, con ocasión de estar indagando en la trayectoria y las obras de Jesús Caballero-, se puede leer algo bastante poco usual, proviniendo de una autoridad que está en ejercicio del poder: el Presidente del Consejo de la Judicatura pedía excusas y daba explicaciones al país por el retardo que ese cuerpo bajo su conducción estaba presentando en la implementación de los concursos de oposición para el ingreso a la carrera judicial. De muchos es sabido que uno de los lunares más notorios de la institucionalidad de ese período de cuarenta años de democracia civil era el Poder Judicial; frecuentes eran las quejas públicas contra sus demoras, sus ineficiencias y otras debilidades que disminuían -en mayor o menor medida, según los sectores del mismo- su legitimidad y su credibilidad. De allí la urgencia que sentía el magistrado Caballero por buscar mecanismos que coadyuvaran en el mejoramiento de la imagen de la justicia en el país.

Y eso me lleva a referirme a otro de los lucidos momentos de la vida profesional de Caballero Ortiz, en el medio judicial. Efectivamente, dentro de ese ambiente crítico hacia el Poder Judicial, es opinión bastante generalizada la de que la jurisdicción contencioso-administrativa constituía un sector que gozaba de un justificado prestigio; y ello se debía, en gran medida, al hecho de estar integrada, precisamente, por personas como Jesús Caballero Ortiz. Los tribunales contencioso-administrativos -con frecuencia, colegiados- tenían su origen, fundamentalmente, en el medio académico. La mayoría de sus integrantes eran profesores universitarios, muy reconocidos y con una trayectoria que los obligaba a cuidar el prestigio que se habían labrado en el mundo de la academia. Cierto es que había una gran discrecionalidad para la designación de los jueces; pero quienes los designaban, o disponían de alguna influencia en su designación, ponían buen cuidado al hacer la proposición o la selección, para no incurrir en el desprestigio de haber escogido a alguien que no tuviera las credenciales académicas y personales adecuadas para la delicada función que se les encomendaba. Consciente estoy de que me está mal el decir lo que estoy afirmando,

2 Jesús Caballero Ortiz, *Régimen Jurídico del Poder Judicial,* Consejo de la Judicatura. La segunda edición, ampliada y actualizada, fue publicada por el mismo Consejo de la Judicatura, en 1996.

por cuanto yo llegué también a formar parte de esa jurisdicción contencioso-administrativa; pero de lo que puedo estar seguro es que yo no fui allí la excepción: mi llegada a ella se debió, fundamentalmente, a mi condición de docente universitario. Los profesores conocían a los profesores y eso aseguraba un cierto cuidado en la selección. Y cuando llegué a la Corte Primera de lo Contencioso-Administrativo, me tocó compartir con magistrados que, como Jesús Caballero Ortiz, en ese entonces Presidente de la Corte, eran también profesores en la Central o en la Católica, como lo habían sido la mayoría de quienes nos habían precedido en la función.

Pero, volviendo a la idea inicial, vemos allí otro ejemplo de un comportamiento del profesor Caballero celosamente apegado al Derecho y a la necesidad de su cumplimiento efectivo, para beneficio de las instituciones y de la colectividad en general. Como seguramente será explicado con detalle en el desarrollo de este ciclo de charlas por la profesora María Alejandra Correa, Caballero Ortiz tuvo oportunidad, desde la presidencia del Consejo de la Judicatura, de llevar adelante diversos programas para mejorar el funcionamiento de los tribunales. En todos ellos, la orientación principal tendía hacia el logro de un efectivo cumplimiento práctico de las categorías teóricas del Derecho Administrativo.

De igual manera tuvo oportunidad de poner en práctica ese apego al Derecho en los distintos cargos que ocupó cumpliendo funciones de asesoría jurídica a organismos estatales. Convencido de que el primero que debe conocer el Derecho Administrativo es el órgano de la Administración, el funcionario público, pues a él corresponde el principal papel en la tarea de hacerlo cumplir, se preocupó siempre de difundirlo, de hacerlo conocer y comprender. Cuando fue promulgada la Ley Orgánica de Procedimientos Administrativos -ese texto legal que vino a cumplir una función fundamental en la institucionalización de nuestra Administración Pública-, el profesor Caballero se convirtió en uno de esos "predicadores" que se propusieron hacer conocer su contenido en los diversos sectores de la Administración a los que asesoraban. Lo primero que enseñamos los profesores de Derecho Administrativo en las aulas es que la Administración debe ajustar su conducta al ordenamiento jurídico. Pero ese famoso *principio de legalidad* no puede quedarse en una simple afirmación teórica; al contrario, debe convertirse en una práctica efectiva: tanto el servidor público como el ciudadano deben estar convencidos de que la Administración sólo puede actuar cuando, en la medida y en el modo en que la ley la haya autorizado para ello. Siendo ello así, lo primero que debe hacerse para lograr el cabal cumplimiento de ese principio es conocer y dar a conocer el Derecho Administrativo. Inversamente, la mejor manera de evitar que el Derecho se cumpla es mantenerlo escondido, secreto, oculto… Uno de los mayores pecados de una Administración dentro del Estado de Derecho es el ocultamiento, la opacidad, la falta de transparencia. Si no se conocen las leyes, no puede haber control social, pues si no se está consciente de sus derechos, mal se puede reclamar ante su irrespeto. Pues bien, el profesor Caballero también pudo demostrar en forma práctica su apego y respeto por el Derecho Administrativo, en esta faceta de divulgador de las instituciones jurídico-administrativas.

Con esas pinceladas gruesas sobre las diferentes facetas de su trayectoria académica y profesional, nos quedan claros los indiscutibles méritos de Jesús Caballero Ortiz, que justifican plenamente tanto este homenaje como los varios otros que se le han rendido con motivo de su 80º aniversario de vida. Queremos hacer, sin embargo, una mención especial a su vinculación con FUNEDA, una de las instituciones propulsoras -quizá la más activa- del presente homenaje.

Mientras se encontraba fungiendo como magistrado de la Corte Primera de lo Contencioso-Administrativo y convencido de la importancia que seguramente podría tener el sistematizar y divulgar los criterios jurisprudenciales de la misma Corte, Caballero Ortiz se topaba al mismo tiempo con la dificultad propia de un tribunal, carente de los medios apropiados para emprender un proyecto como ése. Junto con los otros magistrados -principalmente, Belén Ramírez Landaeta y Alexis Pinto D'Ascoli- se dieron a la tarea de idear un mecanismo que permitiera conseguir legalmente los ingresos necesarios para costear ese proyecto editorial aún en germen. Con la valiosa ayuda de los conocimientos teóricos y prácticos del profesor Caballero en materia de descentralización y desconcentración administrativas, se fue diseñando una fórmula que permitiera, dentro de la legalidad poco desarrollada de la época (recuérdese que no existía siquiera una ley general sobre la Administración Pública, ni los mecanismos organizativos regulados, años después, en la Ley Orgánica de Administración Pública), la realización de actividades remunerables en dinero, el cual sería destinado a cubrir los gastos de esa proyectada tarea editorial, pero sin vulnerar los principios constitucionales y legales en materia presupuestaria.

Fue así como nació, a fines de 1994, la Fundación Estudios de Derecho Administrativo, ente de naturaleza fundacional con forma de derecho privado, cuyos fundadores fueron los integrantes para ese momento de la Corte Primera de lo Contencioso-Administrativo, aunque no en tal carácter sino a título particular, con aportes de sus propios peculios. En vista de que su función fundamental sería la de apoyar materialmente a la Corte, era importante establecer un vínculo con ella; aunque ese vínculo, más que institucional o formal, sería personal. La fundación se puso a trabajar de inmediato y ya, al poco tiempo, podía exhibir su primera realización: una colección editorial destinada a recoger la recopilación, sistematización y divulgación de la jurisprudencia de la Corte. Esa publicación demostró la importancia que tiene el conocimiento y la divulgación de la jurisprudencia, sobre todo en una época en que la jurisdicción contencioso-administrativa en Venezuela no contaba aún con una ley propia, aunque se encontraba en pleno proceso de desarrollo, gracias principalmente, a la labor de los tribunales que de manera provisional había previsto la Ley Orgánica de la Corte Suprema de Justicia de 1976. De allí la importancia de la publicación de la jurisprudencia; y no sólo para los usuarios del sistema de justicia, sino incluso para los mismos jueces, quienes así podían contar con una fuente más segura de información acerca de los propios criterios predominantes en los distintos asuntos que debían atender, en el esfuerzo por impartir justicia de la manera más imparcial, transparente y creadora de seguridad jurídica. Y al mismo tiempo, se estaba facilitando el acceso al público en general de esa jurisprudencia, de tal manera que ahora podría ser conocida, utilizada por otros, analizada e, incluso, criticada, con el consiguiente beneficio para los eventuales diferentes usuarios de los criterios de la jurisdicción contencioso-administrativa.

De eso hace ya casi 30 años. Y las realizaciones de FUNEDA durante ese tiempo no requieren de mayores comentarios ni explicaciones. Resulta, pues, absolutamente natural que ahora esté siendo ella una de las instituciones que han propiciado, impulsado y llevado a feliz término este homenaje a uno de sus fundadores y colaboradores más entusiastas. Y que lo esté haciendo a través de las actividades que le han sabido ganar el sitial que hoy ocupa FUNEDA como centro de estímulo y difusión del Derecho Administrativo en Venezuela: un ciclo de charlas mediante el formato digital, que resultó totalmente exitoso; y, luego, el presente libro recopilatorio de diversos trabajos que se refieren principalmente a los temas a los cuales Jesús Caballero Ortiz ha prestado especial atención en su incansable labor de investigador y de abogado en ejercicio, de una manera en la que ha sabido combinar con maestría ambas facetas de su quehacer profesional. Natural es también que esa valiosa iniciativa haya contado con el apoyo entusiasta de la Academia de Ciencias Políticas y Sociales, siempre dispuesta a llevar adelante actividades en pro de la profundización del conocimiento jurídico. Y, por supuesto, del Instituto de Derecho Público, centro de investigación y estudio al cual el homenajeado dedicó lo más fructífero de su actividad universitaria.

¡Enhorabuena a Jesús Caballero Ortiz en su 80° aniversario! ¡Y que continúe en su incansable tarea de investigar, difundir y aplicar el Derecho Administrativo!

PRESENTACIÓN

RAFAEL BADELL MADRID*

Me complace mucho haber participado en nombre de la Academia de Ciencias Políticas y Sociales en la coordinación de esta importante publicación que se hace conjuntamente con la Fundación Estudios de Derecho Administrativo (FUNEDA) en homenaje al notable jurista venezolano, Jesús Caballero Ortiz, con ocasión de su 80º aniversario de vida, lo que me da la oportunidad de manifestar, una vez más, mi admiración y aprecio por este gran jurista.

Jesús Caballero Ortiz tiene una importancia muy especial dentro del derecho público venezolano. Por más de cuatro décadas ha sido un profesor emblemático en la Universidad Central de Venezuela, tanto en los estudios de pregrado como en postgrado. También ha sido un factor fundamental en el Instituto de Derecho Público de la misma Universidad Central de Venezuela, del cual fue su Director. Además, es autor de una importante obra escrita, que es referencia obligada para estudiantes, profesores, investigadores y para la comunidad jurídica en general.

Pero el gran talento de Jesús Caballero Ortiz le permitió no sólo hacer vida académica, sino que además le llevó a ocupar importantes cargos, como el de Magistrado de la Corte Primera de lo Contencioso Administrativo y Magistrado del Consejo de la Judicatura, llegando a presidir ambas instituciones. Desde allí, contribuyó de manera extraordinaria a la construcción de una muy importante línea jurisprudencial a favor de la evolución del régimen de control del poder público, del Estado de derecho y del derecho procesal administrativo.

---

* Doctor en Derecho por la Universidad Católica Andrés Bello. Profesor titular de la Universidad Católica Andrés Bello. Individuo de Número de la Academia de Ciencias Políticas y Sociales. Socio fundador del Despacho de Abogados Badell & Grau. Ocupó la Cátedra Andrés Bello en la Universidad de Oxford. Senior Associate Member de la Universidad de Oxford.

No cabe duda de que, a quien rendimos homenaje con esta publicación, contribuyó en forma determinante a la evolución del régimen de control del poder público, del Estado de derecho y del derecho procesal administrativo no sólo desde lo académico, también desde el ejercicio profesional mediante el impulso de iniciativas que le ofrecieron la oportunidad perfecta para hallar aplicación práctica a su saber.

La obra que con mucho orgullo presentamos cuenta con 1126 páginas y está dividida en cinco secciones: (i) Fundamentos Políticos, Filosóficos y Constitucionales; (ii) Organización Administrativa; (iii) Actividad Administrativa, Función Pública y sus implicaciones ; (iv) Rama Judicial y (v) Derecho Tributario.

Cada una de esas secciones se nutre de los interesantes estudios de los profesores Cecilia Sosa Gómez, Ana Elvira Araujo, Jorge Kiriakidis, Asdrúbal Aguiar, Henrique Meier, Luis Herrera Orellana, Carlos García Soto, José Peña Solís, Allan Brewer-Carías, José Ignacio Hernández, Armando Rodríguez, Gabriel Sira, José Araujo Juárez, María Amparo Grau, Alejandro Canónico, Cosimina Pellegrino, Irene Loreto, Manuel Rojas Pérez, Nicolás Badell, Rosibel Grisanti, José Antonio Muci, Carlos Luis Carrillo Artiles, Alejandro Fuenmayor, Adolfo Hobaica, Gabriel Ruan Santos, Luis Fraga Pittaluga, José Gregorio Torrealba, Humberto Romero-Muci y un servidor.

La primera sección sobre *Fundamentos Políticos, Filosóficos y Constitucionales* cuenta con el valioso aporte de la Dra. **Cecilia Sosa Gómez**, quien es individuo de número de la Academia de Ciencias Políticas y Sociales, profesora en varias casas de estudio venezolanas y goza de una reconocida trayectoria en la carrera judicial. La Dra. Cecilia Sosa contribuyó a este Libro Homenaje con un estudio titulado *Recomponer a Venezuela: Una visión político-jurídica* en el que concluye que ante una serie de problemas económicos, jurídicos y políticos debe plantearse una hoja de ruta según la cual *"comencemos por resolver primero la relación institucional con los ciudadanos y apliquemos la Constitución, el ataque certero a la inflación, la productividad, la inversión extranjera, manejo racional de los recursos disponibles, el empleo digno y capacitación para el trabajo, un salario acorde al trabajo realizado, la diversificación de la economía bajo los criterios de competencia, una educación de calidad, edificar la justicia, dar castigo a la* *criminalidad y a la corrupción, recuperar la autoridad ética, renovar la infraestructura y medio ambiente y afianzar la conciencia de lo que significa el valor de la libertad"*. Todo ello para volver a encaminarnos hacia una democracia moderna.

Seguidamente contribuye **Ana Elvira Araujo García** -profesora de derecho administrativo en la Universidad Central de Venezuela- con un estudio titulado *Un proyecto de reforma constitucional (agosto a noviembre de 2007) y Venezuela en 2021*. En su trabajo la profesora Ana Elvira Araujo recuerda el inconstitucional intento de reforma constitucional del año 2007 cuyo proyecto "*estuvo integrado, básicamente, por tres elementos A) Reelección indefinida del Presidente de la República; B) Concentración y centralización del poder en el Ejecutivo Nacional, es decir, en el Presidente de la República. Disminución muy importante, diría casi extinción, de la descentralización política con la consiguiente merma de competencias y recursos para los Estados y Municipios; y C) Instauración de un modelo económico estatizado y centralizado*"; para luego hacer referencia a una serie de eventos que ocurren en la Venezuela actual y que, entre otros, "*Han convertido a Venezuela en un país donde no es posible satisfacer las necesidades mínimas de la población en razón de la destrucción institucional del Estado y el abandono de su infraestructura"*.

También colaboró en esta sección **Jorge Kiriakidis**, especialista en derecho administrativo por la Universidad de París II y profesor de postgrado en la Universidad Católica Andrés Bello y en la Universidad Monteávila. Su estudio titulado *Una mirada crítica al "federalismo cooperativo" de la constitución venezolana de 1999,* se desarrolla bajo interrogantes como ¿Qué se entiende por federalismo cooperativo? y ¿Desarrolla la Constitución nacional un Estado federal cooperativo? Al mismo tiempo, analiza si dicho modelo es auténticamente funcional en Venezuela para concluir que, en efecto, existe en la Constitución un modelo de Estado federal cooperativo. No obstante, ese modelo ha sido mal formulado *exempli gratia* desde que con la Constitución de 1999 se eliminó el sistema bicameral. Finaliza con la propuesta de replantar el sistema federal con la necesaria inclusión de una cámara federal que garantice la autonomía de las entidades federadas.

Por su parte, el Dr. **Asdrúbal Aguiar Aranguren**, profesor titular de la Universidad Católica Andrés Bello, profesor titular extraordinario de la Universidad del Salvador de Buenos Aires y profesor visitante del Miami Dade College, colaboró a este homenaje con un trabajo de investigación intitulado *Derecho internacional y gobernanza global post COVID-19: el deconstructivismo del derecho y las relaciones internacionales en la era digital,* en el cual analiza la particular interacción de los aspectos propios del derecho internacional con los novedosos fenómenos de la era digital, particularmente, a partir de la llegada de la pandemia por COVID-19 para concluir que *"Ha de asumirse libre de ataduras dogmáticas, recibirla animados por un espíritu crítico fundado en una clara visión antropológica como eje y premisa para la valoración de todo lo demás, a saber, desde la persona humana y su carácter perfectible, a fin de hacer trazados reconstructivos de los órdenes necesarios y sus garantías esperadas".*

Asimismo, **Henrique Meier Echeverría**, profesor jubilado de la Universidad Católica Andrés Bello y de la Universidad Metropolitana -a la vez que director fundador de esta última- contribuyó con un valioso aporte sobre la *Aproximación al fracaso de la función social del derecho en Venezuela* en el que considera que el derecho no puede observarse como un sistema cuyo objeto sea únicamente obtener la admiración de sus destinatarios por formulación estética o sus enunciados lingüísticos. El derecho debe ser, para el profesor Henrique Meier, un sistema con vocación social y verdaderamente eficaz. Tras analizar los pormenores de la función social del derecho, el autor concluye que *"La restauración de una sociedad de convivencia civilizada y de un Estado democrático de Derecho pasa por corregir las graves injusticias, desigualdades y exclusiones del pasado que condujeron a las masas empobrecidas a confundir el rechazo a una dirigencia gubernamental, política, económica, gremial y académica insensible a esos problemas, sorda y ciega ante el clamor popular, con el rechazo al sistema democrático que tanto esfuerzo costó instaurar en el país".*

Más adelante figura un trabajo de **Luis Alfonso Herrera Orellana**, profesor de la Universidad Central de Venezuela, de la Universidad Católica Andrés Bello y de la Universidad Autónoma de Chile, que lleva por título *Limitación y control del poder antes de la República:*

Aproximación al estudio del derecho público hispánico. En este estudio el autor aborda un tema que -como él lo señala- no ha sido objeto de estudio en nuestro país durante los últimos años: los mecanismos de control de la administración durante la época previa a la independencia de Venezuela mientras estuvo vigente el derecho indiano con la idea de demostrar *"(I) que la idea de limitación del poder de la autoridad es anterior a las revoluciones modernas y estaba presente en la tradición jurídica hispánica, (II) que en el derecho hispano e indiano existieron instituciones y técnicas orientadas a la limitación y control del poder, (III) que la adopción por las repúblicas hispanoamericanas del derecho administrativo francés no era indispensable y que ha sido más bien problemática al no ser parte de la tradición jurídica propia, y (IV) que de esa elección institucional se han derivado importantes consecuencias prácticas que afectan hasta el presente la relación entre la Administración y los particulares, para finalizar con algunas reflexiones en torno a la pertinencia de conocer más a fondo el derecho indiano"*.

Luego, este merecido homenaje al profesor Jesús Caballero Ortiz cuenta con algunas reflexiones de **Daniela Urosa Maggi** -profesora en la Boston College Law School y en la Universidad Católica Andrés Bello- que ha denominado *Notas sobre el acceso a la justicia para la protección de los DESCA y grupos en situación de vulnerabilidad en el Sistema Interamericano de Derechos Humanos*. En su estudio la profesora Daniela Urosa analiza el derecho de acceso a la justicia dentro del Sistema Interamericano de Derechos Humanos desde dos perspectivas: (i) como derecho humano tutelado por la Convención Americana de Derechos Humanos y (ii) desde la perspectiva del acceso a la propia justicia interamericana. Todo ello con énfasis en el *"acceso a la justicia de grupos en especial situación de vulnerabilidad y su tratamiento en las Reglas de Brasilia 2008 sobre acceso a la justicia de personas en condición de vulnerabilidad, aprobadas en la XIV Cumbre Judicial Iberoamericana y posteriormente actualizadas y adaptadas en el Foro de Quito de 2018 y los principales estándares de protección del acceso a la justicia para la protección de los derechos humanos de contenido económico, social, cultural y ambiental (DESCA) en el Sistema Interamericano de Derechos Humanos"*.

El Dr. **Carlos García Soto**, profesor de derecho administrativo en la Universidad Central de Venezuela, realiza un valioso aporte sobre *El bloqueo de la función legislativa y de la función contralora de la Asamblea Nacional por el Tribunal Supremo de Justicia: Una introducción.* En su investigación adelanta lo que -en sus palabras- debe ser un caso de estudio para el constitucionalismo comparado, esto es, *"cómo desde el máximo tribunal se estableció una política judicial sistemática para bloquear al Parlamento"* con lo que, más específicamente, sus consideraciones se centran en *"el bloqueo de la función legislativa y de la función contralora de la Asamblea Nacional por el Tribunal Supremo de Justicia"*.

Siguiendo el orden de los trabajos que componen esta obra y para cerrar esta primera sección, tengo el agrado de haber contribuido personalmente con un trabajo que decidí titular *Violación al derecho de propiedad desde la revolución bolivariana* en el que formulo algunas consideraciones sobre la -tristemente- entorpecida trayectoria del derecho de propiedad desde que en el año 1999 inició el proceso de desconstitucionalización, desdemocratización y deslegalización que pasa por la irracional pretensión de implementar un modelo de Estado comunal abiertamente incompatible con la Constitución y nuestra tradición histórica.

La Sección II de este libro homenaje se titula *Organización Administrativa* e inicia con un estudio del Dr. **José Peña Solís**, profesor titular en la Universidad Central de Venezuela y de reconocido prestigio en el área del derecho público, sobre *La potestad organizativa de la Administración Pública Nacional Central,* en el que desarrolla el tema de la potestad organizativa de la administración a través de un análisis descriptivo y crítico. El Dr. José Peña Solís llega a dos conclusiones fundamentales *"(i) La interpretación concordada de los artículos 156, numeral 32 y 236, numeral 20, de la Constitución, revela el diseño de la potestad organizativa de la Administración Pública Central, concebida en sus dos modalidades; la potestad general y la potestad de autoorganización, la cual aparece articulada en los sistemas de reserva constitucional, legal y reglamentaria o de Administración Pública, destacando la última por su importancia cualitativa y cuantitativa en* *el caso de la potestad de la Administración Central, cuyo ejercicio es atribuido en forma casi total (titularidad y autoorganización) al Presidente de la República de la República en Consejo de Ministros, y (ii) El análisis de cómo en la práctica ha sido ejercida la potestad organizativa de la Administración Central, pone en evidencia la clara usurpación de la misma por el legislador parlamentario y el legislador delegado, al sustituir al Presidente de la República en Consejo de Ministros, en el ejercicio tanto la potestad general como la potestad de autoorganización, lo que sin duda configura una violación ostensible de los artículos 156, numeral 32 y 236, numeral 20, de la Constitución...".*

El Dr. **Allan R. Brewer-Carías**, individuo de número de la Academia de Ciencias Políticas y Sociales y profesor emérito de la Universidad Central de Venezuela, el más importante ius publicista del país y de Iberoamérica y con una abundante producción académica en materia de derecho público, contribuyó a esta obra con un trabajo titulado *La transformación de Petróleos de Venezuela S.A.: de la constitución exitosa de una empresa del Estado a su total destrucción institucional posterior*. En su estudio el Dr. Allan Brewer-Carías recuerda que PDVSA nació *"como una empresa comercial cuyo fin era el de generar beneficios económicos empresariales, lo que explica que después de veinte años de operar con tal carácter, en 1994, era catalogada como la segunda mayor empresa petrolera del mundo, y la mayor empresa de cualquier sector de América Latina"*. A partir de esa premisa, el autor narra cómo a partir del año 2002 el Estado venezolano con el impulso del presidente Chávez, comenzó a tomar el control de PDVSA teniendo como desenlace su propia destrucción institucional.

Inmediatamente sigue el estudio del Dr. **José Ignacio Hernández,** profesor de derecho administrativo en la Universidad Central de Venezuela, en la Universidad Católica Andrés Bello y profesor invitado en la Universidad Castilla-La Mancha, quien aborda el tema de *Los contratos de interés público nacional y las empresas del estado: el caso de PDVSA*. En su trabajo brinda valiosas reflexiones sobre el interesante caso de PDVSA que por su especial condición de empresa del Estado es una entidad de la administración pública facultada para suscribir contratos de interés público nacional en tanto los objetivos que persigue son también de interés público. Este razonamiento permite concluir al autor que *"los contratos de prenda suscritos por PDVSA en 2016 sobre las acciones de Citgo Holding, Inc., fueron contratos públicos de interés nacional que debieron haber sido autorizados por la Asamblea Nacional, al ser celebrados con corporaciones extranjeras"*.

Armando Rodríguez García, profesor y director del Centro de Estudios de Postgrado de la Facultad de Ciencias Jurídicas y Políticas de la Universidad Central de Venezuela, realiza un valioso aporte a esta sección intitulado *Algunas particularidades organizativas y funcionariales en las universidades nacionales autónomas*. En su trabajo el autor se propone *"sistematizar, en un conjunto medianamente ordenado de notas, algunos de los datos que contribuyen a identificar ciertas particularidades de las Universidades Nacionales autónomas, en su cualidad de expresión institucional dentro de la Administración pública venezolana"* para concluir que *"el sentido del objetivo que nos hemos propuesto, apunta a permitir constatar, a través de esta verificación, la complejidad global de la Administración Pública, y con ello la frondosidad, amplitud, diversidad y dinamismo propios del Derecho administrativo como disciplina, cuyo conocimiento, enseñanza y aplicación no conviene reducir, mediante el empleo irreflexivo de simplificaciones y analogías. Antes bien, esa riqueza de contenidos y opciones invita a estimular la curiosidad por explorar las capas internas de la substancia y sus antecedentes para, de esa forma, poder conocer lo que se ubica más allá de las palabras integradas en la sintaxis de las normas, y entonces, aumentar con ello nuestras capacidades de percibir, construir y trasmitir"*.

Luego **Gabriel Sira Santana**, profesor en la especialización de derecho administrativo en la Universidad Central de Venezuela, formula unas importantes consideraciones sobre *Las asociaciones público-privadas en Suramérica*. El autor describe su trabajo *"como un sencillo homenaje al profesor Jesús Caballero Ortiz, quien en su importante obra bibliográfica aborda en más de una ocasión el tema de la contratación con el Estado y la necesidad de limitar las prerrogativas de la Administración a fin de evitar abusos del Poder en desmedro de los particulares contratantes y el propio interés general que se persigue con estas contrataciones"*. En su colaboración el profesor Sira Santana hace una especial referencia a la necesidad de confianza que debe guiar las relaciones de las asociaciones público privadas señalando que *"nos encontramos frente a una asociación entre dos personas –una pública y otra privada– y, como toda asociación, su éxito requerirá que haya confianza recíproca y buena voluntad para lograr los objetivos trazados"*.

Finaliza esta sección sobre *Organización Administrativa* con un trabajo del Dr. **José Araujo Juárez**, profesor de postgrado de la Universidad Católica Andrés Bello. En su colaboración intitulada *La fundación del Estado. Régimen de derecho público. Control público*, el autor recuerda la teoría de la potestad pública para la consecución de los fines del Estado, proveniente de la teoría general del derecho, y su necesidad para el desenvolvimiento de las actividades realizadas por el Estado, centrando su estudio en el régimen de control público de tales potestades y actividades. En su análisis el profesor José Araujo abarca importantes temas como el régimen de control de tutela, el régimen de control público general y se refiere particularmente al régimen de control parlamentario, sobre el cual señala que "*su alcance y características dependen del papel que en el cuadro del sistema de Gobierno represente, y se ejerce no sobre una función jurídica sino política del Gobierno y de la Administración Pública; por consiguiente, el control parlamentario es un control público eminentemente político*".

La tercera sección de esta obra homenaje contiene estudios sobre *Actividad Administrativa* y *Función Pública* e inicia con algunas consideraciones sobre la *Constitución económica y el servicio público de contenido económico en Venezuela* desarrolladas por la Dra. **María Amparo Grau,** quien es profesora de derecho administrativo en la Universidad Católica Andrés Bello. Este estudio parte de la premisa de que la noción del servicio público *"se ha formulado desde la perspectiva orgánica, material, formal, normativa, doctrinaria y jurisprudencial, atendiendo a sus características en sus orígenes y teniendo en cuenta los cambios en su evolución, pero en todo caso dando lugar a una multiplicidad de nociones que abarcan desde el servicio público como actividad de titularidad estatal y con exclusión del sector privado hasta la del servicio público prestado por particulares en ejercicio de su libertad de empresa, bajo la regulación estatal"*.

Luego el Dr. **Alejandro Canónico Sarabia**, profesor de derecho administrativo en la Universidad Central de Venezuela, comparte algunas notas sobre los *Retos de la transparencia y la publicidad en la contratación pública*, en las que aborda los mayores desafíos que enfrenta el régimen de contratación pública y pone de manifiesto la necesidad de que "*dentro de los procedimientos de compras públicas se cumpla con el principio de transparencia y especialmente con una adecuada publicidad, para garantizar la libre concurrencia, la competencia y la eficiencia en dichos procedimientos*". De esta forma, el autor resalta la necesidad de que *"los contratantes deben idear y aplicar mecanismos conducentes a conciliar, en todo momento, el cumplimiento del deber de transparencia, publicidad y no discriminación, en la tramitación de los procedimientos de compras públicas, con el cumplimiento efectivo de la confidencialidad, cuando proceda excepcionalmente".*

La Dra. **Cosimina Pellegrino Pacera**, profesora de pregrado y postgrado en la Universidad Central de Venezuela, también realiza un valioso aporte a este homenaje con un estudio titulado *Apuntes sobre la eficacia del acto administrativo (utilización de Whatsapp como medio de notificación)* en el que explica, con especial énfasis, la posibilidad del *"uso de una aplicación de mensajería instantánea (WhatsApp) como medio utilizado por la Administración pública para comunicar sus decisiones a las personas".* Aunque para algunos no es viable la implementación de una plataforma de esa clase para efectuar la notificación de actos administrativos de acuerdo con la Ley Orgánica de Procedimientos Administrativos, la Dra. Cosimina Pellegrino opina que "*mientras esa herramienta tecnológica permita garantizar que el notificado tome conocimiento en forma cierta del acto administrativo, podría considerarse como un medio de publicidad válida*".

De otra parte, la Dra. **Irene Loreto González**, profesora de derecho administrativo en la Universidad Central de Venezuela, realiza una *Reflexión sobre las telecomunicaciones en la era digital, una reforma normativa necesaria.* En su investigación la Dra. Loreto examina el "*alcance que ha tenido la normativa de telecomunicaciones en Venezuela con vista a ciertas realidades contemporáneas, el vertiginoso movimiento de la tecnología y la paralización en el crecimiento del marco* *regulatorio*". El análisis de la autora pone especial cuidado en el estudio de "*la regulación del área digital en materia de telecomunicaciones, ya que el modo centralizado al control del Estado como funciona actualmente, pareciera coartar las libertades constitucionales*". Para la autora, la modernidad implica un cambio sustancial que es, en sus palabras, necesario "*para orientar la legislación, y un gran reto para lograr que el Derecho continúe siendo un canal que facilite la justicia y el bien común, probablemente "escapando" del control directo del Estado a través del tradicionalmente llamado servicio público de las telecomunicaciones*".

Manuel Rojas Pérez, profesor de derecho constitucional en la Universidad Central de Venezuela, colaboró con esta obra con un estudio sobre *La Carta Iberoamericana de Innovación en la Gestión Pública del CLAD y algunas referencias sobre automatización e inteligencia artificial en la administración pública* en el que continúa con una línea de investigación que ha venido desarrollando y que es, precisamente, "*la innovación en el sector público y su implicación en el régimen de los empleados públicos*. En su estudio el profesor Rojas Pérez exalta cómo el fenómeno relativo al avance de las tecnologías de la información y la comunicación (TICs) "*ha penetrado en todos los ámbitos de la vida y de las relaciones sociales*", por lo que a juicio del autor "*no sería comprensible ni admisible que la Administración permaneciese al margen o, simplemente, se quedase retrasada en su implantación, frente a lo que es ya común en la experiencia cotidiana de los individuos y las empresas*".

Nicolás Badell Benítez, profesor de postgrado de la Universidad Católica Andrés Bello, contribuyó con un estudio sobre la *Regulación administrativa de las empresas FinTech. Especial referencia al derecho venezolano* lo que es, como señala el propio autor "*un tema novedoso en el derecho comparado y, tanto más, en el venezolano, no solo por lo incipiente de la legislación que lo trata, sino por originarse en el acelerado impacto que ha tenido la tecnología en los mercados financieros durante los últimos años*". El profesor Nicolás Badell toma como punto de partida el hecho de que "*la tecnología ha tenido un impacto trascendental en el crecimiento de los diversos sectores que comprenden el* *sistema financiero a nivel mundial (banca, seguros, mercado de valores, entre otros)*" cuestión que no solo afecta el desenvolvimiento de los operadores de ese sector económico sino que, además, "*ha provocado la generación de nuevos modelos y prestadores de servicios mucho más dinámicos, innovadores y sofisticados que los tradicionales, facilitando el acceso de las personas a una nueva oferta productos financieros*".

Seguidamente, **Rosibel Grisanti de Montero**, profesora de la Facultad de Derecho de la Universidad de Carabobo y de la especialización de derecho administrativo en la Universidad Central de Venezuela, cierra esta sección sobre *Organización Administrativa* con un estudio sobre la *Función pública y seguridad social en el municipio,* en el que, como su nombre lo indica, busca *determinar cuál es el sentido y alcance de estos regímenes de jubilaciones existentes en la Administración Pública Municipal,* teniendo especialmente en cuenta que la Ley del Estatuto sobre el Régimen de Jubilaciones y Pensiones de los Funcionarios o Empleados de la Administración Pública Nacional, de los Estados y Municipios (1986), no estableció un régimen único en esta materia, sino que dejó en vigencia una serie de regímenes especiales.

La cuarta sección de esta obra homenaje consta de varios estudios sobre la *Rama Judicial* del poder público. Este apartado comienza con un trabajo de **José Antonio Muci Borjas**, profesor titular de derecho administrativo en la Universidad Católica Andrés Bello, titulado *Discrecionalidad Judicial. Breve disertación sobre la discrecionalidad de los tribunales de justicia en el ejercicio de la función jurisdiccional,* en el cual analiza el significado de "discrecional" que distingue como "*un adjetivo —y discrecionalidad una cualidad— cuyo verdadero significado varía en función de (i) el órgano del Poder Público actuante, (ii) la función estatal (política, normativa, administrativa o judicial) que dicho órgano ejerce, y (iii) la norma de Derecho atributiva de la potestad con base en la cual se actúa*". En su estudio el autor examina pormenorizadamente temas como la discrecionalidad del poder legislativo y ejecutivo, la discrecionalidad de la administración pública y, finalmente, la discrecionalidad judicial.

Carlos Luis Carrillo Artiles, profesor de derecho administrativo en la Universidad Central de Venezuela, también realizó un valioso aporte a esta sección que se titula *Peculiaridades de la disciplina judicial en el derecho comparado* en el que estudia temas como la disciplina judicial, la inexistencia de jerarquía que supedite a instrucciones verticales y lo que ha denominado la *"entelequia de jerarquía del órgano ejercitante de la disciplina judicial con respecto al juez disciplinable"*, independencia y autonomía judicial, la inamovilidad del juez, la idoneidad del juez, el error judicial inexcusable como causal de reproche disciplinario e incluso el carácter vinculante del precedente de la doctrina jurisprudencial constitucional y su eventual incidencia en la configuración de la responsabilidad disciplinaria judicial. Además, suma la interesante perspectiva del estudio de los modelos disciplinarios judiciales en el derecho comparado.

El cierre de la sección de contribuciones sobre la *Rama Judicial* corresponde a un trabajo conjunto del Dr. **Alejandro Fuenmayor**, especialista en derecho de las telecomunicaciones y el profesor **Adolfo Hobaica**, especializado en finanzas públicas y derecho fiscal por la *Université de Droit, d'Economie et Sciences Sociales* de París, sobre el *Conflicto de jurisdicciones. Estados Unidos de Norteamérica y Venezuela. Caso Direct TV*. En su estudio los autores explican a detalle las vicisitudes que rodearon el conocido "Caso Direct TV" en medio de la delicada situación derivada de la pandemia por COVID-19. Los colaboradores explican que su resolución de analizar este caso obedece a la necesidad de -en sus palabras- "*darle un sentido a lo que realmente sucedía, aplicando nuestros conocimientos jurídicos en beneficio del colectivo, el cual se veía realmente atropellado con la situación que súbitamente dejó más de 2.200.000 hogares en Venezuela - más de 8.000.000 de personas - que pagaban por ese servicio, sin ningún tipo de señal de televisión*".

Esta obra en Homenaje al jurista Jesús Caballero Ortiz finaliza con una sección dedicada al estudio de temas sobre *Derecho Tributario*; el primero de los trabajos de este apartado es un aporte del profesor **Gabriel Ruan Santos**, individuo de número de la Academia de Ciencias Políticas y Sociales y profesor de derecho administrativo y de derecho tributario en la Universidad Central de Venezuela y en la Universidad Metropolitana. El profesor Gabriel Ruan da cuenta en su estudio de la

Situación actual del arbitraje tributario en Venezuela teniendo en consideración que "*la figura del arbitraje ha sido siempre poco compatible con el derecho público y el ejercicio de las potestades estatales, tanto en el ámbito interno como en el internacional, porque en el primero ha chocado con el orden público normativo y en el segundo con la soberanía de los Estados y las políticas tributarias, conceptos asumidos como fuertes dogmas jurídicos inspirados en las ideologías estatistas desde la aparición misma de la institución histórica del Estado o como celosas prevenciones*".

El profesor **Luis Fraga-Pittaluga**, especialista en derecho administrativo y miembro de la Asociación Venezolana de Derecho Tributario (AVDT), colaboró en esta sección con una investigación sobre *La actividad administrativa consultiva de la administración tributaria* en la que formula importantes consideraciones acerca de "*la actividad consultiva de la Administración Tributaria, desde sus orígenes hasta sus efectos*", advirtiendo que *"se trata de una regulación que desborda la simple actividad consultiva interna de la Administración, que como se verá, es propia de su esencia misma*". Además, el autor se dedica en su estudio a analizar cómo el fin último de la actividad consultiva de la administración tributaria "*es lograr la sistematización, racionalización y difusión de la doctrina tributaria de la Administración, a modo de parámetro indispensable tanto para la propia Administración como, y especialmente, para los contribuyentes, a los fines del oportuno y adecuado cumplimiento de las leyes tributarias*".

Luego, **José Gregorio Torrealba**, profesor en las especializaciones de derecho administrativo y derecho mercantil de la Universidad Católica Andrés Bello, examina *La definición de "inversión" y el treaty shopping,* pasando por las distintas definiciones que a lo largo del tiempo se han formulado sobre el alcance y contenido del término "inversión" además de los requisitos necesarios para que se materialice y reconozca su existencia. Este trabajo, como lo expresa el autor, constituye un "*acercamiento a los diferentes elementos que han de ser tomados en cuenta para determinar si se está o no frente a una inversión protegida y el tratamiento actual que les da la jurisprudencia arbitral internacional*".

Para cerrar la sección sobre *Derecho Tributario* y, al mismo tiempo, clausurar este valioso y merecido homenaje al Profesor Jesús Caballero Ortiz, el Dr. **Humberto Romero-Muci,** individuo de número de la Academia de Ciencias Políticas y Sociales, destacado tributarista de abundante obra y profesor de la materia en la Universidad Católica Andrés Bello, colaboró con un importante trabajo de investigación que intituló *La metamorfosis kafkiana de la unidad tributaria y la dolarización de las sanciones tributarias,* en el que estudia *"la (i) crónica del proceso doloso de desconstitucionalización y desdemocratización del tributo y deslegalización de la UT, (ii) cómo la UT degeneró en una de las muestras más grotescas de manipulación de la tributación como un medio de control social, (iii) las distintas vías de hecho administrativas, normativas y judiciales puestas en pie por el régimen para progresivamente restarle efectividad al medio corrector, exacerbar la presión fiscal y muy particularmente, manipularlo a conveniencia como un medio de intimidación y control político y (iv) las antinomias asociadas a la "dolarización" de las sanciones tributarias, su invalidez ex turpi causa y el despropósito de estas como expresión de un derecho sancionatorio máximo o del enemigo".*

La celebración en vida de los valiosos aportes de Jesús Caballero Ortiz ha sido motivo para reunir a todos estos talentosos profesionales del derecho en una misma publicación. Es sin duda la mejor manera de conmemorar y rendir homenaje a la vida académica de este notable jurista que ha inscrito su nombre en los estudios del derecho y su enseñanza universitaria en nuestro país.

I. FUNDAMENTOS POLÍTICOS, FILOSÓFICOS Y CONSTITUCIONALES

Recomponer a Venezuela: una visión político-jurídica.
Cecilia Sosa Gómez

Un proyecto de reforma constitucional (agosto a noviembre de 2007) y Venezuela en 2021.
Ana Elvira Araujo García

Una mirada crítica al "Federalismo Cooperativo" de la Constitución Venezolana de 1999.
Jorge Kiriakidis

Derecho Internacional y Gobernanza Global post COVID-19. El deconstructivismo del derecho y las relaciones internacionales en la era digital.
Asdrúbal Aguiar Aranguren

Aproximación al fracaso de la Función Social del Derecho en Venezuela.
Henrique Meier Echeverría

Limitación y control del poder antes de la república: aproximación al estudio del derecho público hispánico.
Luis Alfonso Herrera Orellana

Notas sobre el acceso a la justicia para la protección de los derechos económicos, sociales, culturales y ambientales (DESCA) y grupos en situación de vulnerabilidad en el Sistema Interamericano de Derechos Humanos.
Daniela Urosa Maggi

El bloqueo de la función legislativa y de la función contralora de la Asamblea Nacional por el Tribunal Supremo de Justicia: una introducción.
Carlos García Soto

Violación al Derecho de Propiedad desde la revolución bolivariana.
Rafael Badell Madrid

RECOMPONER A VENEZUELA: UNA VISIÓN POLÍTICO-JURÍDICA

CECILIA SOSA GÓMEZ*

NOTA PREVIA

Venezuela necesita recobrar la Democracia, una que se entienda, a la que se integre una ciudadanía activa y participativa formada e informada, la cual se incorpore al espacio público de forma que pueda intervenir en él ya que de otra forma no podemos hablar de calidad de la democracia.

Para entender qué nos ha sucedido como sociedad en Venezuela y cómo perdimos lentamente lo que teníamos como sistema político, consagrado al detalle en la Constitución de 1999, en particular lo referente a las garantías de los derechos humanos en un Estado de derecho y los principios de la institucionalidad democrática, tenemos que entender que fuimos engañados, al pasar de ser libres a un régimen de colonizados. Se inculcó en las personas una crítica perenne al desempeño de las instituciones hacia los problemas de la gente, alegando que había que superar tales males y vicios; el discurso político se sustentó en la

---

* Abogado graduado en la UCV. Doctor en Derecho Universidad París 1, La Sorbona. Investigador adscrito al Instituto de Derecho Público, UCV. Director del Centro de Investigaciones Jurídicas, UCAB. Profesor visitante Cátedra Andrés Bello, Oxford, Inglaterra. Profesor de la Escuela de Derecho de la Facultad de Ciencias Jurídicas y Políticas de pre y post grado de la UCV, UCAB y UAM. Juez de la República desde 1985 hasta 1999 Magistrado Presidente de la Corte Suprema de Justicia. Presidente de la Organización de Cortes Supremas de las Américas. Miembro de la Comisión Andina de Juristas. Director Ejecutivo de la Organización Venezuela Progresa en Libertad (*VEPORLIBERTAD*) desde 1999. Miembro de Número de la Academia de Ciencias Políticas y Sociales (2017).

anti-política hacia los partidos creando una desafección con la democracia la que, junto a la incapacidad de gestionar la crisis, generó una sensación de necesidad de cambio en el conjunto de la ciudadanía. Para entender la necesidad social de participación arengado con un lenguaje político con apariencia de "humanismo", nos obliga a repasar algunos conceptos básicos de lo que significa el socialismo del siglo XXI.

En términos generales el socialismo se ha definido históricamente como programa político de las clases trabajadoras que se formaron en el curso de la revolución industrial, caracterizado hasta el día de hoy por una organización social en la cual: a) la propiedad de los medios de producción e intercambio están fuertemente limitados, b) los principales recursos económicos están bajo el control de la clase trabajadora -aunque en la práctica es el Estado el que detenta la propiedad de ellos- c) su gestión está dirigida a promover la igualdad social, a través de la intervención de los poderes públicos.

El término y el concepto socialismo desde sus inicios se entrelazan con los del comunismo marxista, cualquiera haya sido la tendencia en que se desarrolló: autogestión, maoísmo, estalinismo, castrismo, entre otras. Es así como cualesquiera sean las variantes y los modelos que a lo largo de los años haya asumido el socialismo, en Venezuela, se ha delineado un modelo que, apelando al socialismo de tendencia castrista, dice que persigue un modelo de modernización de una sociedad más justa e igualitaria -socialismo siglo XXI- a través de los instrumentos del partido único, del reforzamiento de las "élites" burocráticas y militares y de la integración de las masas con base al tradicionalismo cultural, religioso, la heroicidad del padre de la patria y otros no menos importantes caudillos militares, todo ello dentro de una concepción a la que se llamó la "nueva geometría del poder", caracterizado por la concentración del poder en solo las manos del Presidente, en una forma nunca conocida en Venezuela, ni en ninguna democracia ni siquiera en un régimen totalitario.

Es el caso que este cambio de rumbo se expresa públicamente en el proyecto de reforma de la Constitución de 1999, propuesto en el año 2007 por el Presidente de la República Hugo Chávez a sólo siete (7) años de su vigencia. En ese proyecto el presidente "coordinaba" los poderes públicos, y de detentar un mando simbólico de la Fuerza Armada, pasaba a comandarla, así tendríamos un militar con mando de tropa y de la milicia en la Presidencia de la República; planteó su reelección indefinida; así, sus poderes se extendían al control discrecional sobre la riqueza petrolera, al control total del territorio con las Regiones Especiales Militares, a la administración y dirección de las reservas internacionales, a promover y controlar el Poder Popular, a crear provincias federales, ciudades federales, ciudades comunales.

> *"Adviértase igualmente que las ideas chavistas más relevantes sobre el Estado y el Derecho sólo pudieron manifestarse con claridad en el proyecto de reforma constitucional...lo cual explica que se diluyera en los primeros años el eventual impulso a la aparición de nuevos métodos y conceptos... podría decirse que su proyecto es en cierto sentido "contrario al derecho"*[1].

La idea de ejercer la dictadura del proletariado o del ahora llamado poder popular en el Proyecto de Reforma constitucional, presentado a la Asamblea Nacional por el Presidente, no es nueva y mucho menos novedosa; sí lo es, llamarlo Poder Público, del que dependen los otros poderes[2].

Traspasar la soberanía que descansa en el pueblo a los consejos comunales y a las comunas, es la etapa de transición para llegar a la dictadura del proletariado. La comuna, es una institución típica de la Italia medieval, representa con toda probabilidad la más alta y original instancia de agregación política producida en ese país. La comuna y la ciudad originalmente distintas, se compenetraron de tal manera que se convirtieron casi en sinónimos, la primera constituye un instrumento de gestión administrativa de la segunda y del territorio hasta finales del siglo XVIII, en que los acontecimientos revolucionarios causaron la destrucción violenta de las viejas estructuras comunales, dando paso a

---

1 Francisco J. Delgado, *Chavismo y Derecho*, Editorial Galipán, Caracas, 2017. p. 164.

2 En efecto, la separación de poderes sigue siendo el fundamento del constitucionalismo democrático, como escribe Montesquieu en el "Espíritu de las Leyes", en 1748, "Todo estaría perdido si una única persona, o un único cuerpo de notables, de nobles o **del pueblo**, ejerciera estos tres poderes: el de hacer las leyes, el de ejecutar las resoluciones públicas y el de castigar los delitos o las controversias privadas". (Resaltado propio).

otros instrumentos más uniformes y modernos de administración como los municipios.

El tema de los consejos comunales y de la comuna vuelve a surgir en el debate constituyente que daría origen a la Constitución italiana de 1948, con la connotación socialista/comunista, muy similar a la propuesta en el proyecto de Constitución del Presidente de la República, sin embargo dicha propuesta no fue acogida y se prefirió un sistema similar al que consagra el Estado Social de Derecho y Justicia contemplado en nuestra vigente Constitución, en la que el individuo, o, como parte de asociaciones, está capacitado para participar en las decisiones tanto a nivel local como nacional, de manera que junto con el Estado-aparato, el más importante gestor del poder político y manifestación de toda la colectividad nacional, juega un rol protagónico. Así se establecen numerosos entes representantes de las colectividades menores en que participan los ciudadanos. El poder se distribuye entre el Estado y las entidades territoriales y entre estas últimas. El sistema de organización del poder popular en consejos comunales y comunas, rechazado por el constituyente italiano, no existe en ninguna democracia, ni siquiera en los países con forma de gobierno abiertamente declarados marxistas.

No podemos dejar de mencionar que el Proyecto propuesto destruía la democracia, caracterizado, entre otros aspectos, por la identificación tendencial entre comunidad y aparato, la que desaparece al hacer depender los consejos comunales, las comunas y comunidades del Presidente de la República. Se desvaloriza el cuerpo electoral al impedirle participar en la elección de las autoridades de base más importante y detentadoras del poder popular; en efecto, como todos debemos pertenecer a los Consejos Comunales, no es necesario elegir a sus miembros y representantes -la práctica mostrará que quien no pertenezca al partido del Estado (PSUV) no será considerado- las minorías pierden así su tutela a través de las garantías sin discriminación de los derechos de libertad y sobre todo de asociación política y de alternabilidad en el poder de fuerzas antagónicas. La forma organizativa propuesta para el funcionamiento del Estado-aparato era la de un régimen autoritario/ totalitario caracterizado por el poder arbitrario de un jefe apoyado en la institución militar y centrado en el poder de un solo partido político.

La alternabilidad es un rasgo distintivo del sistema de gobierno presidencial, como el venezolano, ella implica que la duración del mandato es de períodos fijos, cuatro o cinco años, el venezolano es de seis años y de reelección indefinida (Enmienda Nº 2). Con este cambio constitucional, el objeto de preservar la democracia desaparece. Tal como dice Sartori, el problema de la reelección debe juzgarse por sus propios méritos, el principal razonamiento en contra del aumento del número de periodos en que se puede ocupar el cargo, es el temor de que la reelección pueda facilitar que se conviertan en dictadores. Si el temor de una recaída en la dictadura está justificado, entonces no hay discusión, porque esto por sí mismo es una razón suficiente para negar la reelección. En este mismo sentido se pronuncia la asesora del actual régimen, la *marxóloga* Marta Harneker, cuando en su libro "Haciendo posible lo imposible, la izquierda en el umbral del siglo XXI", en el párrafo 1177 escribe textualmente:

> *"A esto debe unirse también la necesidad de poner limitación a los mandatos otorgados por el propio pueblo, para* ***evitar lo que ha ocurrido en la mayor parte de los países socialistas -mandatos casi de por vida-, algo absolutamente extraño al pensamiento de los clásicos del marxismo****, que veían la función burocrática como algo transitorio debido a su carácter rotativo".* (Resaltado propio).

En el derecho constitucional venezolano, la alternabilidad es un elemento esencial de la democracia participativa consagrada en la Constitución de 1999, constituye parte de su núcleo duro, el de los principios, ubicados en el Título I, que junto con los lineamientos que caracterizan al sistema constitucional vigente y que se consideran como limitaciones al uso concreto, como son el Estado Social de Derecho y Justicia, la soberanía, la forma de gobierno, el Estado federal descentralizado, así como la organización político territorial, los derechos humanos, el pluralismo, entre otros, no pueden ser objeto de reforma porque ni al poder constituyente le está reservado su desaparición, en el entendido que se trata de establecer una sociedad democrática.

Por tanto, el poder de revisión de la Constitución está limitado, por lo menos con la obligación de no renunciar a los principios y estructura que caracterizan al sistema jurídico vigente. Este es el único poder que no está ligado en sus determinaciones por un sistema jurídico preexistente: es completamente libre en la elección de sus propias finalidades, con las limitaciones que le imponen los derechos humanos, las obligaciones del derecho internacional y la tradición de historia y cultura del pueblo venezolano, tal como lo señala la sentencia de la Sala Constitucional del TSJ N 880 del 01 de Julio de 2000, recaída en el expediente 00/1532 *"... la Sala observa que la base octava del referéndum consultivo sobre la convocatoria de la Asamblea Nacional Constituyente del 25 de Abril de 1.999 establece* ***como límites de la propia Asamblea Nacional Constituyente*** *los valores y principios de nuestra historia republicana, así como el cumplimiento de los Tratados Internacionales, acuerdos y compromisos válidamente suscritos por la República, el carácter progresivo de los derechos fundamentales del hombre y las garantías democráticas dentro del absoluto respeto de los compromisos asumidos, lo cual vincula, por supuesto, a los poderes designados por la Asamblea Nacional Constituyente"*. Criterio reiterado en la sentencia N 24 de fecha 22 de enero de 2003 recaída en el expediente 02-1559. (Resaltado propio)

Las constituciones son producto de un compromiso constituyente inevitable si no se quiere arriesgar una imposición unilateral y autoritaria de una constitución partidista. Por ello destaca cómo los ciudadanos tuvieron clara conciencia que la reforma constitucional que se ofrecía, tenía que hacerse dentro de los principios fundamentales de la democracia, que ni siquiera el constituyente originario podía tocar.

1. CUÁL VISIÓN TIENE EL CIUDADANO DE LO QUE PASA EN VENEZUELA

La vivencia venezolana se caracteriza por la incertidumbre política y social. Las personas se concentran en buscar la manera de enfrentar los problemas asociados a la vida doméstica o laboral sin referencias precisas que los agrupen en torno a norma alguna. Conocen lo poco efectivo del discurso político para resolver y tomar acciones específicas que resuelvan las carencias que padecen, tanto de servicios básicos como de ingresos que le permitan sostener una familia o a sí mismo.

Es lo cierto que los políticos deben entender que el problema venezolano está inmerso en una complejidad que toda decisión que se tome sólo da riesgos y exige preguntarse cómo gestionar la incertidumbre. No se puede simplificar, por eso hay que trabajar con la capacidad de decidir bajo condiciones de contingencias desbordadas.

La realidad de los hechos de corrupción, de violación grave de derechos humanos, de incompetencia, de irresponsabilidad, de incapacidad de resolver y, al contrario, un sistema político impuesto que crea más y más problemas en la conducción del país, ha generado en el ciudadano la decisión de expresarse públicamente por medio de una consulta popular que indica una toma de decisiones que necesitan ser ejecutadas para resolver la crisis económica y social de un país devastado y a la deriva. Ha dicho el pueblo en las respuestas a la consulta popular realizada entre el 7 al 12 de diciembre de 2020, que se proceda de manera inmediata a diseñar y ejecutar un cronograma de actividades que conduzcan a la realización de las elecciones presidenciales y parlamentarias libres y verificables, cuyos resultados permitan la instalación de autoridades legítimas que puedan, en compañía del concierto internacional, devolver la democracia y, con ella, el sistema de libertades destruido. La salida es precisamente la ordenada por el propio soberano que ya convocó la celebración de las elecciones mencionadas. Estamos en un estado de transición permanente.

Parece imprescindible entonces considerar que *"...las democracias tienen procedimientos para que nadie ocupe su lugar, para someterlo a la confirmación o revocarlo. El poder en una democracia es provisional, limitado y vigilado. En una democracia no cabe ni la perpetuación en el poder sin reelección, ni la sumisión a expertos, ni siquiera que el pueblo se convierta en príncipe, como advertía Maquiavelo. Para que el poder sea democrático debe escaparse de todos, no puede ser monopolizado ni estabilizado para siempre, ni capturado por nadie. El poder es un lugar de tránsito e inestable, que se ejerce, pero no se detenta, y que generalmente se realiza de manera acordada, limitada y compartida"*[3].

2. LA REINSTITUCIONALIZACIÓN DEMOCRÁTICA. CÓMO HACERLO Y POR DÓNDE EMPEZAR

Venezuela se encuentra inmersa en una conducción política que sólo tiene una visión general de las cosas, expresándose en discursos que carecen de lenguaje público; de allí viene el desgobierno pues en la política, las palabras son acciones y tienen consecuencias. Un lenguaje público sano une al pueblo, de lo contrario, la desconfianza ciudadana se expresa en buscar siempre en otro, el responsable.

La asignación de culpabilidad, la indignación o las llamadas a la ejemplaridad personal sustituyen al conocimiento. La crítica social se resuelve con una condena a las personas y se deja de lado la impugnación de las estructuras dominantes. El escándalo limitado al comportamiento de unos pocos, despolitiza el juicio acerca de la sociedad en que vivimos[4].

Todo esto genera el fenómeno de la desorientación general o la pérdida del sentido de la realidad. El cambio continuo de los temas, su rápida desvalorización dificulta la organización reflexiva de las nuevas informaciones y hace perder una imagen coherente de lo político. Esta anti-política desconecta a la ciudadanía de lo verdaderamente esencial.

Se recibe una sobrecarga cognitiva utilizada de manera deliberada en el hoy sistema comunista venezolano, para precisamente desmontar toda capacidad de entender qué sucede en el ejercicio del poder político. Un ejemplo: el presidente de facto Nicolás Maduro cada vez que habla en sus discursos televisivos tiene una nueva noticia que tapa cualquier tema que interese al colectivo y de cuya expectativa de cumplimiento queda atrás. Por ejemplo, acaba de proponer que la bandera tenga otra estrella, mientras el hambre y la desesperación de millares de personas tratan de sobrevivir con salarios de miseria y otros sin trabajo, crisis

---

[3] Daniel Innerarity. *Una Teoría de la Democracia Compleja. Gobernar en el siglo XXI*, Galaxia Gutenberg, España, 2020. p. 129.

[4] Daniel Innerarity, *Comprender la Democracia*, Gedisa Editorial, Barcelona, 2018. p. 66.

que se agrava con la pandemia COVID-19, la ausencia de un sistema de salud, ausencia de educación en todos los niveles, todo lo cual genera una política de castigo a toda la población.

En diciembre pasado la movilización social se concentró en una consulta popular que defenestró al usurpador Nicolás Maduro con la respuesta afirmativa en la primera pregunta; y en esa misma pregunta expresó de manera indubitable la decisión del pueblo soberano de convocar a elecciones presidenciales y parlamentarias; por tanto, hay que cumplir esa voluntad, y todo indica que una de las primeras actividades es la construcción del electorado, del censo formado por quienes tienen derecho a votar, principal requisito de la democracia moderna. Establecer quién vota, en qué momento y bajo qué circunstancias.

Igualmente se pronunció afirmativamente por rechazar la elección de los diputados para una nueva Asamblea Nacional por inconstitucional; y le señaló a la comunidad internacional que ella impulse y asuma el apoyo a esta decisión soberana del pueblo, y de acuerdo a sus innumerables declaraciones públicas establezca cómo y cuándo va a participar para lograr que estos procesos electorales se desenvuelvan de manera libre, justa y verificable.

Por tanto, el objeto de los venezolanos en lograr el restablecimiento de la vigencia de la Constitución, es darle sentido a la palabra libertad, la cual deriva de la aspiración del individuo a ser "señor de sí mismo". *"En otras palabras se trata de la voluntad no sólo de ser libre, sino de ser autónomo, es decir, dotado de una identidad personal y una capacidad de proyectar la propia vida y arriesgar el propio destino.... en este sentido, ser libre de la necesidad como condición de la "libertad de adhesión", es decir, de la rica e inmensa participación en la comunicación y la interacción social"*[5].

Así respondemos de nuestros actos como personas libres, lo que se traduce en la fidelidad con uno mismo, pero igualmente se responde ante y por los otros como determinación ética, lo que se traduce en la identidad social[6].

---

5 Danilo Zolo, *La justicia de los vencedores*, Editorial Trotta, Madrid, 2007. p. 96.

6 Véase a Julien Rabachou, *L individu reconstitué*, Librairie Philosophique J. Vrin. 2017. pp. 12, 14 y 20.

3. LOS TEMAS ESENCIALES Y LAS HERRAMIENTAS PARA LOGRARLO

Venezuela se ha convertido en una sociedad compleja de allí su ingobernabilidad; ello quiere decir que cada uno de los sectores ve la sociedad y el entorno de una manera diferente, lo que obliga a ceder ante la arrogancia de las concepciones clásicas del régimen venezolano que da por supuesto la pasividad de los sujetos a quienes van dirigidas las decisiones y la consecuencia es que pone en juego la eficacia de las mismas decisiones.

La capacidad de sobrevivencia de la democracia, ante las muestras de su vulnerabilidad, se identifica también con causas externas, es decir las que derivan de las inevitables relaciones que todo Estado guarda con otros y la estrecha interdependencia y la internacionalización de la política interior, lo que favorece a los gobiernos totalitarios como el nuestro, al estar de alguna manera protegido por los Estados "aliados" en el que su sistema político no es democrático, transformando el manejo de esas relaciones internacionales/nacionales en un asunto geopolítico[7].

Evitar aplicar aquello de ensayo y error. No es de gran ayuda la organización vertical de los actores, hay que hacer inteligibles los modos de decisión para que la ciudadanía pueda también ejercer las funciones de vigilancia y control que se esperan de ella en una democracia.

Logrado el cese de la usurpación del cargo de presidente y de los cargos de diputados con las elecciones ordenadas por el pueblo mediante consulta popular realizada en diciembre de 2020, el compromiso es organizarlas por representantes de la comunidad internacional y nacional, para que los resultados ayuden a una gobernabilidad sostenible y claridad de la configuración política del futuro.

Un principio elemental es la despersonalización de la función pública, aplicando la lógica institucional, entendiendo por burocracia el tránsito de una administración personal a una administración pública rindiendo cuentas.

---

7 Norberto Bobbio, *El Fututo de la Democracia*, Fondo de Cultura Económica, México, 2003. pp. 176 y 191.

El tema principal por resolver es la incorporación de la Fuerza Armada Nacional al Estado de Derecho y de Justicia del que se han apartado, al asumir funciones de gobierno que no les corresponden constitucionalmente. Es imperativo que su desempeño se ajuste a los fines consagrados en la Constitución.

Las formas rústicas de gobierno que eran pensadas para sociedades más sencillas deben ahora ser más sofisticadas y complejas en el siglo XXI. La labor es anticiparse a los riesgos, es decir, los modos en que interactúan los agentes en entornos complicados. Nos hace falta un cambio de paradigma para fijarnos menos en las propiedades individuales de los componentes de los sistemas y prestar más atención al comportamiento colectivo y las propiedades emergentes que resultan de sus interacciones.

Todo indica que la vida política cambió, necesitamos una política como forma de vivir juntos, y ello no es despolitizarla, sólo entender la interdependencia de los ámbitos globales y el Estado nacional. Venezuela es un ejemplo de esta complejidad.

Ahora bien, cómo hacer posible esta gestión integradora de los sectores de la sociedad con el nuevo gobierno, necesariamente tenemos que recurrir al nexo entre ley y el valor de la libertad. La célebre frase *"siempre se es libre cuando uno está sometido a las leyes, y no cuando debo obedecer a un hombre"* (Rousseau); que permite limitar el comportamiento de los individuos exclusivamente con el objeto de permitir a cada uno gozar de una esfera de libertad propia protegida por la eventual violación de otra. Igualmente parece necesario dejar establecido que el gobierno de las leyes es el triunfo de la democracia; y el buen gobierno necesita un respeto riguroso de las reglas, comenzando por la jerarquía constitucional.

Vista la realidad política en el caso venezolano de un régimen autocrático que ha utilizado la sanción de leyes para hacer ver que se somete a ellas y son absolutamente contrarias a las normas constitucionales pero declaradas ajustadas a la Constitución por el Tribunal Supremo de Justicia falseando el texto constitucional; nos coloca en la obligación de agregar a la frase de preferir el gobierno de las leyes, siempre que se ajusten a la supremacía de la Constitución.

CONCLUSIONES

Venezuela está dominada por el conflicto entre un régimen totalitario y la democracia constitucional. Ese conflicto en el que ha prevalecido por años el totalitarismo, obliga a considerar la *errancia* de nuestros nacionales y al mismo tiempo comprender el apoyo que en su conjunto están haciendo como ciudadanos, por restablecer la vigencia de la Constitución. Los que se han ido a otros países llevan consigo la soledad, muchas veces salen sin rumbo ni dirección precisa, buscando futuro, tranquilidad o sobrevivencia, pero todos llevan consigo la voluntad de andar con paso firme y seguro, y desde donde se encuentren están contribuyendo con lograr el apoyo internacional necesario, para que Venezuela se libere y reencuentre su libertad[8].

La caída de los regímenes comunistas, vividos en Europa a partir de 1989, colapsaron la tesis marxista de la existencia de dos democracias una occidental y burguesa, en la que sólo se garantizaban las libertades formales y otra comunista y auténtica[9], de allí que el comunismo poco a poco se ha disfrazado de democracia socialista, para trasladarse desde Cuba a Venezuela y desde aquí a otros países del continente americano y lograr crear un bloque de poder que sólo tiene fronteras territoriales más no de poder geopolítico.

Es por ello que uno de los grandes desafíos que tiene que enfrentar la democracia venezolana y continental es el profundo cambio estructural en la cultura social que se forma por la tecnología y los medios de información, atendiendo a que prevalezca en el ciudadano la cultura democrática.

La manera de comprender la realidad compleja, tanto el sistema político como económico, es incorporar a la democratización más actores que permitan medir los riesgos potenciales de las decisiones mediante una inteligencia colectiva que permita atacar las deficiencias del sistema político democrático, el cual reconozcamos ha funcionado mal.

---

8 Akira Mizubayashi, *Breve elogio de la Errancia*, Colección narrativas, Gallo Nero, España, 2019. p. 24.

9 Héctor Silva Michelena, *Pensadores de la Democracia. Introducción, comentarios, y diccionario*, Colección Letra Viva, UCAB, Caracas, 2018. p. 295.

Cuando se resuelva ejecutar las decisiones, tener en cuenta, que la sociedad ya no es pasiva y maleable como lo es hoy. Todo indica, que tiene que modificarse la organización vertical de cada uno de los actores estatales y privados. Hay que crear una nueva forma de gobernar. Necesitamos más ciudadanos en los procedimientos deliberativos.

El carácter democrático de un gobierno depende más del modo en que lo ejerce que quien lo ejerce. De la misma manera, tenemos que aprender más del futuro que sólo de las experiencias pasadas. No es suficiente saber lo que ocurre pues de esa forma no se comprende ni lo que pasa. Tenemos que generar conocimiento de los futuros posibles, identificar tendencias y cuestiones emergentes, evaluar riesgos y oportunidades. Adoptar medidas correctivas o anticipatorias.

Para concluir ¡qué somos!

El preámbulo de la Constitución venezolana de 1999 nos da la pauta: "*... una sociedad democrática, participativa y protagónica... en un Estado de justicia federal y descentralizado...que consolide la libertad...sin discriminación ni subordinación...la garantía universal e indivisible de los derechos humanos...*".

Parece que pudiéramos estar en el camino de una democracia moderna, si logramos su regreso, y comencemos por resolver primero la relación institucional con los ciudadanos y apliquemos la Constitución, el ataque certero a la inflación, la productividad, la inversión extranjera, manejo racional de los recursos disponibles, el empleo digno y capacitación para el trabajo, un salario acorde al trabajo realizado, la diversificación de la economía bajo los criterios de competencia, una educación de calidad, edificar la justicia, dar castigo a la criminalidad y a la corrupción, recuperar la autoridad ética, renovar la infraestructura y medio ambiente y afianzar la conciencia de lo que significa el valor de la libertad.

UN PROYECTO DE REFORMA CONSTITUCIONAL (AGOSTO A NOVIEMBRE DE 2007) Y VENEZUELA EN 2021

ANA ELVIRA ARAUJO GARCÍA*

SUMARIO

A) Reelección indefinida del Presidente de la República. B) Concentración y centralización del poder en el Ejecutivo Nacional, es decir, en el Presidente de la República. Extinción (disminución muy importante) de la descentralización política con la consiguiente merma de competencias y recursos para los estados y municipios. C) Instauración de un modelo económico estatizado y centralizado. D) La Venezuela de 2021

Iniciamos el análisis señalando que, en principio, el proyecto de reforma de la Constitución venezolana de 1999 presentado a fines de agosto de 2007 por el Presidente de la República estuvo integrado, básicamente, por tres elementos:

A) Reelección indefinida del Presidente de la República.

B) Concentración y centralización del poder en el Ejecutivo Nacional, es decir, en el Presidente de la República. Disminución muy importante, diría casi extinción, de la descentralización política con la consiguiente merma de competencias y recursos para los Estados y Municipios.

C) Instauración de un modelo económico estatizado y centralizado.

1.- Antes de entrar en el estudio de los elementos indicados, debo referirme, en forma sucinta, a los problemas de forma que tuvo este proyecto de reforma constitucional. La ausencia de respeto por las formas (cuyo contenido es la función pública), de por qué y qué se quiere cambiar, es demoledora. La Constitución de 1999 regula tres supuestos de modificación de su texto, cada uno de los cuáles genera un procedimiento para su tramitación (Armando Rodríguez García, 2007). Estos

* Profesora de Derecho Administrativo en la Universidad Central de Venezuela.

son la Enmienda, la Reforma y la Asamblea Nacional Constituyente. La Enmienda (artículo 340) comporta una adición o modificación parcial, con escasa incidencia en los postulados esenciales de la Constitución. La Reforma (artículos 342, 343 y 344) supone una revisión parcial del texto constitucional "que no modifiquen la estructura y principios fundamentales del texto constitucional". La Asamblea Nacional debe discutir si el proyecto presentado es en verdad una reforma, es decir, constatar que es solo una revisión parcial de la Constitución.

La aprobación del proyecto de reforma se cumple ante la Asamblea Nacional mediante tres discusiones que deben darse en el transcurso de hasta dos años. Requiere el voto favorable de las dos terceras partes de los diputados a la Asamblea Nacional. La Constitución no otorga facultad a la Asamblea Nacional para hacer cambios al proyecto de reforma. En este mismo sentido, el voto salvado del Dr. Jesús Eduardo Cabrera en sentencia de la SC-TSJ No. 1607 de 2007, donde afirma que si la Asamblea pudiera modificar el proyecto la Constitución no calificaría a quien otorga el derecho de iniciarla; en este caso sería la Asamblea el verdadero motor de la reforma (art. 342), criterio que comparto. Este mecanismo de tramitar el proyecto obliga al proponente no solo a señalar las normas a sustituir sino las concordancias con otros artículos y las disposiciones transitorias consecuentes. Esto no se hizo. Debe someterse a referendo dentro de los treinta días siguientes a su aprobación por la Asamblea Nacional. Ese acto aprobatorio es un acto del legislativo que emana directamente de la Constitución y, por tanto, no es un acto administrativo (como afirma la sentencia citada) y puede impugnarse jurisdiccionalmente ante la Sala Constitucional (artículo 336, núm. 4). Esa impugnación puede y debe ocurrir antes de que el proyecto pase al órgano electoral a los fines de someterlo a referendo. Así mismo, el procedimiento para la elaboración de las leyes es diferente al de la reforma que se refiere a la Constitución y el otro a las leyes. Así que no pueden confundirse. Interesa comentar otro voto salvado en la misma sentencia 1607 de 2007 del Dr. Pedro Rondón Haaz, quien sostiene "que la demanda fue declarada improponible porque "si bien se trata el impugnado mediante la presente acción, de un acto dictado en ejecución directa e inmediata de la Constitución, y como tal controlable judicialmente, al no tratarse de un acto definitivo sino de uno integrante de un proceso complejo que concluye con la ratificación referendario y la promulgación de la reforma por el Presidente de la República; no puede ser objetivamente impugnable de manera inmediata". El Dr. Rondón alega que esta decisión viola el principio de la universalidad del control de todos los actos del poder público, pues "implica concluir que hay actos que no están sujetos al control jurisdiccional" y tradicionalmente la jurisprudencia ha rechazado este supuesto (cita el conocido fallo de principios Anselmo Natale CSJ de 8 noviembre 1990) y que este caso es un acto del Presidente en ejecución directa de la Constitución, y por tanto sometido al control de la Sala Constitucional de acuerdo al artículo 336,3 del propio texto constitucional. Luego distingue que el acto impugnado no es un acto de trámite, sino que forma parte de un procedimiento complejo, cada uno de los cuales concluye con un acto definitivo, que es impugnable autónomamente. Es decir, que la demanda no era improponible, por el contrario era admisible y así ha debido ser declarado y abierto el trámite correspondiente. Comparto y aplaudo este criterio. También señaló el magistrado disidente que de aprobarse esta reforma se acabaría con el Estado de Derecho en Venezuela. Este proyecto de reforma de la constitución fue sometido a referéndum popular en diciembre de 2007 y afortunadamente recibió un rechazo contundente por el voto popular de la mayoría de los ciudadanos que expresaron su opinión en ese acto.

Como el progreso político es un movimiento constante y como cada periodo tiene sus problemas especiales de reforma constitucional, es preciso que la Constitución misma ofrezca medios eficaces de traducir en leyes las reformas. La facilidad de reformar la Constitución es una ventaja real sobre todo cuando el pueblo protesta y se agita, expresa José Gil Fortoul (Filosofía Constitucional Edit. Cecilio Acosta, 3ª. Ed. 1940). La Constitución francesa de 1793 inscribía: "un pueblo tiene siempre el derecho de rever, reformar y cambiar su Constitución". Por supuesto que esto es cuando el origen de la reforma son las aspiraciones del pueblo y no de un presidente que responde a intereses autoritarios y poderes omnímodos concentrados en su persona y según su ideología. Según Gil Fortoul en los Estados modernos se reforma la Constitución por la voluntad expresa del poder legislativo y el pueblo; pero el progreso político tenderá a hacer predominar cada vez más la iniciativa popular sobre la iniciativa parlamentaria. La Constitución federal de los Estados Unidos de Venezuela de 1881, como ejemplo, sanciona un excelente principio en cuanto a la revisión. Su artículo 118 reza: "esta Constitución podrá ser reformada total o parcialmente por la Legislatura Nacional, si lo solicitare la mayoría de las Legislaturas de los Estados. Lo resuelto por la mayoría hace obligatoria la reforma; pero nunca se hará esta sino sobre los puntos en que coincidan las solicitudes". Así, queda suprimida la iniciativa parlamentaria y se devuelve todo a los ciudadanos. La Legislatura Nacional toma el carácter de asamblea constituyente desde el instante en que la mayoría de las legislaturas regionales coincide sobre uno o más puntos de revisión; pero este poder constituyente no se ejerce más que para sancionar la voluntad de los Estados. Los miembros del parlamento federal reciben un mandato imperativo, y sus votos no pueden ser nunca contrarios a ese mandato. La misma discusión sobre las materias de reforma es inútil, pues que los nuevos artículos llegan ya formulados por las legislaturas regionales. Aunque supuestos diferentes, se asemeja al criterio expuesto por el magistrado Cabrera al sostener que la Asamblea no puede reformar el proyecto presentado por iniciativa del Presidente. Interesante solución al tema de la reforma constitucional desde una perspectiva federal a fines del siglo XIX, que se ha perdido en las últimas constituciones. Este sistema de la constitución venezolana de 1881 se acerca, en cuanto a la revisión, al ideal democrático: a la iniciativa del poder federal se sustituye la iniciativa de los Estados, cuyas legislaturas no se pronuncian sobre los puntos reformables, sino obedeciendo a las peticiones de los concejos municipales, órganos inmediatos del pueblo. Quien quiera profundizar el estudio sugiero la Historia Constitucional de Venezuela, de José Gil Fortoul, tres tomos, Edición del Ministerio de Educación, 1954.

Por otra parte, y volviendo al presente, la Asamblea Nacional Constituyente persigue "transformar el Estado, crear un nuevo ordenamiento jurídico y redactar una nueva Constitución" (artículo 347). El alcance de modificar el texto constitucional afecta a toda la sociedad venezolana, por eso la exigencia de unos requerimientos de forma y de fondo que deben ser atendidos cuidadosamente. En el proyecto de reforma presentado por el Presidente de la República en agosto del año

2007, se observa falta de transparencia en el trámite y en los fundamentos y justificación de la iniciativa presidencial. Propone la modificación de 33 artículos que no constituyen una reforma sino una modificación profunda del Estado tanto en los principios fundamentales como en la estructura del poder público consagrado en la constitución de 1999.

La violación a principios fundamentales de la Constitución y al Preámbulo por parte de este proyecto de "reforma", tales como al artículo 2 que propugna que "Venezuela es un Estado democrático y social de Derecho y de Justicia, que tiene como valores superiores... la vida, la libertad, la igualdad, la democracia.... y el pluralismo político". El proyecto de "reforma" ampara abiertamente la consagración de un Estado socialista (ejemplos, artículo 70, artículo 158, entre otros) que viola el principio de democracia y pluralismo político. Otra violación de principios fundamentales es al artículo 6 que reza: El gobierno de la República y de las entidades políticas que la componen es y será siempre democrático, electivo, descentralizado, alternativo, pluralista...". Las disposiciones (artículos 136, 158, 184, 16, entre otras) del proyecto de "reforma" violan abiertamente los principios fundamentales contenidos en el citado artículo 6 constitucional. Esta situación obligaba a plantearse en otros términos, es decir, a discutir abiertamente la supuesta reforma entre los ciudadanos, universidades, colegios profesionales, gremios, organizaciones de diversa índole, durante el tiempo que sea necesario. Una reforma constitucional que no surja del consenso es desestabilizadora de la institucionalidad democrática y atenta contra el pluralismo y contra el respeto de las minorías (R. J. Duque Corredor y R. Contreras). Lo obvio es que el proyecto presentado por el Presidente, no es una reforma a la Constitución, sino que proyecta un nuevo Estado, con una estructura, fines y medios totalmente diferentes al Estado venezolano contenido en la Constitución de 1999. Es una nueva Constitución lo que sometió al voto del país, una vez que los sumisos a su régimen, diputados a la Asamblea Nacional sancionaron, añadiendo artículos al proyecto presentado por el Presidente alegando un principio de "analogía" que no logro comprender. Era una nueva Constitución y, por tanto, inconstitucional el camino escogido. Afortunadamente, al someterla a referéndum el pueblo soberano negó el proyecto y dijo no a la reforma.

Otro vicio de forma del proyecto es que no consta que el proyecto haya sido sometido a la aprobación del Consejo de Ministros, ni que lo hubiera reunido a estos efectos (artículo 342 de la Constitución), destacando el menosprecio presidencial por la Constitución y sus exigencias.

Otro problema de forma fue la fecha de presentación del proyecto a la Asamblea Nacional (artículo 343), que obliga discutirse la primera vez durante el período de sesiones que corresponde a la presentación de este. La fecha de presentación del proyecto por el Presidente fue posterior al día de finalizar las sesiones de ese período. Está claro que al Presidente las formas lo tienen sin cuidado, también a los altos representantes de los poderes públicos de la República, parece incluso que quien comenta estas violaciones de forma, aun cuando sean de orden constitucional, fastidia con un discurso que interesa a muy pocos. En esto se ha convertido el país.

2.- Regresemos al contenido (de fondo, sustancial) de la modificación propuesta mediante el estudio de los elementos indicados al inicio.

A) REELECCIÓN INDEFINIDA DEL PRESIDENTE DE LA REPÚBLICA

La previsión está contenida en la modificación del artículo 230 y equivale a la perpetuación en el poder de la misma persona. Va en contra del principio de la alternabilidad en el ejercicio del poder y supone un atraso de más de cien años, es decir, a los tiempos de la dictadura de Juan Vicente Gómez. El país es una realidad social, política y económica muy diferente al país de principios del siglo XX, al país de 1902, de 1912, de 1923… La complejidad de los problemas sociales y económicos que tenemos, aunado a la devaluación del bolívar no parecen tener solución de esta manera descabellada, por una neurosis o fijación de mantenerse en el poder a toda costa. Este artículo de la reforma viola, de manera flagrante, los artículos 3, 4 y 5 de la Constitución de 1999. Estos artículos son principios o disposiciones fundamentales, cuya modificación escapa al tema de la reforma constitucional, y por tanto, para darle cabida a ser considerado y votado por la ciudadanía venezolana, debe convocarse a una Asamblea Nacional Constituyente. Proponemos, en cambio, un período presidencial de cuatro o cinco años, reelección por un solo período, e instaurar la doble vuelta electoral para alcanzar al menos el 50 % de votos.

B) CONCENTRACIÓN Y CENTRALIZACIÓN DEL PODER EN EL EJECUTIVO NACIONAL, ES DECIR, EN EL PRESIDENTE DE LA REPÚBLICA. EXTINCIÓN (DISMINUCIÓN MUY IMPORTANTE) DE LA DESCENTRALIZACIÓN POLÍTICA CON LA CONSIGUIENTE MERMA DE COMPETENCIAS Y RECURSOS PARA LOS ESTADOS Y MUNICIPIOS

Haré comentarios en forma aleatoria y con poca sistematización, por el momento, sobre este tema capital en la propuesta de modificación de la estructura general del Estado. El proyecto de reforma del artículo 16 contiene la resurrección del Distrito Federal. Un nuevo atraso en la evolución de las instituciones político-territoriales del país, cuando ya se había logrado un gobierno local a dos niveles en el área metropolitana de Caracas. Que no funcionen coordinadamente o en lo absoluto, es un tema distinto a la excelente concepción de los artículos 16 y 18 de la Constitución. El problema, en este caso, no es de crear instituciones, sino de hacer funcionar lo que fue bien concebido en la Constitución de 1999. Habla también este proyecto de artículo del "derecho a la ciudad", que aquellos que estudiamos urbanismo y áreas metropolitanas sabemos que es una frase acuñada por Henry Lefebvre a mediados de los años 1970 y que destacaba ese derecho del hombre contemporáneo, de vivir en una ciudad con los servicios, las oportunidades de progreso, de esparcimiento y modos de transporte propios de la vida actual. Supongo que uno de los redactores del proyecto de reforma debe haber concluido hace poco tiempo la lectura de Lefebvre y sus seguidores; utilizan la tesis del sistema nacional de ciudades de forma reglamentaria (debió dejar su regulación a una ley o a una ordenanza municipal) e incluyen la creación del Sistema Nacional de Ciudades, pero de forma inconsistente con este criterio, extinguen el gobierno y administración local a dos niveles del área metropolitana de Caracas y resucitan al distrito federal.

"La organización político-territorial de la República se regirá por una Ley Orgánica", sin fijarle ámbito y límites a la norma. Ya estaba previsto en el artículo 16 de la Constitución de 1999, pero al menos la norma vigente aclara "...que garantice la autonomía municipal y la descentralización político-administrativa". El proyecto no lo contiene. Otra extravagancia del artículo 16 del proyecto de reforma es decir que "la unidad política primaria de la organización territorial será la ciudad..." Mezcla la ideología ("la ciudad será el instrumento espacial básico del Estado Socialista Venezolano") con la división político-territorial de la República, y al ser entes político-territoriales debe, al menos, señalar constitucionalmente sus lineamientos básicos: órganos de gobierno, forma de elección de esos órganos y competencias. Estos cruciales aspectos, que deben estar constitucionalmente establecidos, repito, las deja el proyectista a una ley. La unidad política primaria de la República ha sido siempre el municipio. ¿Cómo se van a armonizar esos "desaguisados"? El municipio es fundamental en la organización política de Venezuela y por eso debe estar diseñado en la Constitución. Se hace notar que la Constitución de 1999 dio al traste con la autonomía municipal, al consagrar que "los Municipios ejercerán su autonomía dentro de los límites de esta Constitución y la Ley". La Constitución de 1961 sometía a los municipios en el ejercicio de su autonomía a los límites fijados "por esta Constitución"; es decir, el Poder Nacional podía legislar sobre los municipios en aquellas materias exclusivamente autorizadas o señaladas por la Constitución. Una ley sobre los municipios sancionada fuera de las previsiones constitucionales podía ser impugnada por inconstitucional ante los órganos jurisdiccionales competentes. Hoy día no es así, los municipios deben someter el ejercicio de sus competencias a lo que señale la ley nacional, con lo cual se cercena la autonomía municipal y la misma queda sometida a las políticas del Poder Nacional.

El artículo 18 del proyecto establece la división político territorial. A los Estados y Municipios añade las figuras del poder popular, ciudad, comunas, comunidades, consejos comunales... todas dependientes del Presidente de la República, supuesto epicentro del poder popular, así que no acerca el poder al pueblo, lo aleja... La reforma del artículo 136, referida al poder público, acaba con la descentralización política. Confieso que indigna la alegre disposición de las instituciones fundamentales del Estado venezolano, por parte del Presidente y de la Asamblea Nacional, debido al caos que crearía este "poder popular" y sus instituciones con esta norma sobre el poder público, así como con la creación de Administraciones paralelas.

No podemos olvidar que el artículo 158 de la Constitución, de acuerdo con los principios fundamentales, establece que debe profundizarse la descentralización para acercar el poder al pueblo. El proyecto lo modifica promoviendo la "participación protagónica del pueblo transfiriéndole poder… para construir una democracia socialista". De nuevo, hay una violación grosera del artículo 2 de la Constitución, que promueve y proclama el pluralismo político y la preeminencia de los derechos humanos.

La descentralización es un instrumento de la democratización del poder y es una efectiva participación ciudadana en las instancias locales.

La creación de los consejos comunales, sería una nueva concentración y centralización en el poder central, van a ser controlados por la máxima instancia del Ejecutivo Nacional, bajo el engaño de que se trata del poder popular. ¿Por qué no crean estas figuras del poder popular bajo la coordinación o supervisión de los municipios o de los estados?

Debe respetarse la voluntad de los ciudadanos en la elección de los consejos comunales y no que sus integrantes, miembros o dirigentes sean designados por el Ejecutivo Nacional. ¿Por qué no son elegidos?

Debe respetarse la autonomía municipal. O lo que quede de ella para definir las comunidades bajo conceptos homogéneos de vecindad territorial como el de parroquias. (Román J. Duque Corredor, 2007)

El proyecto en el artículo 184 consagra mecanismos (a través de una ley) para que el poder nacional, los estados y los municipios transfieran competencias, descentralizando dice el proyecto, a los consejos comunales, las comunas…y otros entes del poder popular. Con esto se refuerza lo de las Administraciones paralelas (la burocrática, dice el proyecto, y la de las misiones, que responden a planes dictados por el Ejecutivo Nacional). Y se ponen en peligro los derechos individuales, por la inseguridad jurídica que generará no saber a cuáles órganos solicitar la aplicación del principio de legalidad para exigir la restitución de las situaciones jurídicas subjetivas lesionadas por la actividad administrativa.

En las nuevas competencias del poder nacional contenidas en el proyecto, en qué medida afectan y revierten la descentralización, lograda ésta a trozos y con enormes esfuerzos a lo largo de muchos años (sólo hay que pensar que, contempladas en la Constitución de 1961, sólo en 1989 se dictó la Ley de Elección y Remoción de los Gobernadores, en 1989 se dictó la llamada Ley de Descentralización, cuyas líneas básicas recoge la Constitución de 1999 sin gran éxito en su aplicación real, y sólo en 1987-1989 se promulgó la Ley Orgánica de Régimen Municipal, que instauró la figura y elección de los alcaldes, como jefe del ejecutivo municipal; también esta Ley adecuó la organización municipal a lo establecido por la Constitución de 1961 sobre los municipios, que habían tenido hasta ese momento (1986) la organización contemplada en la Constitución de 1955. Ahora, según el proyecto de reforma, se perdería para los estados la administración de las carreteras nacionales, con lo cual volveremos a tener las carreteras, por ejemplo, del estado Trujillo, todas llenas de huecos y descuidadas; con disculpas a los trujillenses.

Se modifica el situado constitucional… en detrimento de estados y municipios y a favor de las comunas, los consejos comunales y otros entes. Esto produce, de facto, la creación de dos administraciones públicas paralelas, y yo pregunto: ¿con dos presupuestos nacionales? No parece ser el espíritu de la reforma, porque advierte que sus actividades se regularán a través de planes de misiones, elaborados por el Ejecutivo Nacional. ¿Los integrantes o miembros directivos de las comunas y de los consejos comunales son funcionarios públicos? ¿Están sometidos al Estatuto de la Función Pública? No pareciera, porque son como "hongos" que nacerán del poder popular (léase Presidente de la República) y como no son elegidos por el soberano, el pueblo, en elecciones libres, ni designados según un sistema de ingreso a la función pública por concurso de oposición o de credenciales, serán despedidos cada vez que piensen algo que pueda hacer dudar de su lealtad con el régimen, con el tradicional anatema de "traidores" aplicable a cualquiera que disienta del gobierno. **No hay país que pueda progresar con este esquema**.

Muy diferente si estas figuras institucionales (comunas, consejos comunales) dependieran de los municipios o los estados; en este caso, si pueden acercar el poder al pueblo, pero no quitándole (restando) competencias y recursos a los estados y municipios, para entregárselos a unas oficinas dependientes del Presidente (quien parece erigirse en el poder popular), en detrimento de los organismos locales y estadales.

C) INSTAURACIÓN DE UN MODELO ECONÓMICO ESTATIZADO Y CENTRALIZADO.

El artículo 318, en su modificación, elimina la autonomía del Banco Central de Venezuela, con lo cual el Presidente manejará las reservas internacionales y mantendrá el equilibro dictando la política monetaria que impulsa el equilibrio fiscal y económico de la República, competencias esenciales de cualquier Banco Central. La historia ha demostrado que, a mayor autonomía del Banco Central, mayor desempeño económico y equilibrio monetario del país.

El proyecto de modificación al artículo 112 elimina la libertad de empresa ("cada quien puede dedicarse a la actividad económica de su preferencia..."). La propuesta de reforma de este artículo 112 dice, entre otras cosas, "...la preponderancia de los intereses comunes sobre los individuales, que garantice...la mayor suma de felicidad posible..." ¿Cómo puede ser una persona feliz si no puede dedicarse al trabajo o actividad de su preferencia? No lo entiendo...este mismo artículo provee las formas de empresas de propiedad social "para la creación de una economía socialista". Esta propuesta viola principios fundamentales de la Constitución como son el artículo 2 y el 3. La propuesta de modificación del artículo 115 elimina el derecho de propiedad privada. Estatiza aún más la actividad de hidrocarburos.

Como conclusión, o como síntesis de lo anteriormente expuesto, tenemos el fin de la democracia, y la profundización del autoritarismo, concentrado y centralizado en una sola persona: el presidente de la república.

El proyecto de reforma, todo, fue una burla al país. Sobre el proyecto ("no modifiquen ni una coma" expresó el Presidente a la Asamblea Nacional en su discurso de presentación), no hubo, no ha habido, consulta o discusión. Según el Presidente hubo la "participación" de los diferentes sectores del país, burda mentira. La Asamblea Nacional ha sido feliz de sancionar este proyecto de "reforma" en el menor tiempo posible... añadiendo artículos hasta en la tercera discusión...Todo fue un teatro y una gran burla a la dignidad del país. Fue un intento de golpe de Estado disfrazado de legalidad y constitucionalidad. Era una nueva Constitución muy diferente a la de 1999 donde se modificaban principios fundamentales, entre otros como vimos, al incorporar una estructura político territorial ajena a la tradición histórica constitucional. Proyecto de reforma constitucional rechazado por el pueblo en referéndum.

D) LA VENEZUELA DE 2021

En estos casi quince años el país ha involucionado en casi todos los escenarios. Pensamos que nada podía ser peor que un gobierno de Chávez y el ilegitimo e inconstitucional gobierno de Maduro ha sido bastante peor. La moneda no vale nada, el bolívar ha sido sustituido por el dólar en la vida cotidiana, aceptado públicamente por el gobierno. Valga la aclaratoria porque en Venezuela hace ya varios años nos hemos acostumbrado a que una cosa es lo que dicen las reglas, que nadie cumple, y otra muy distinta lo que hacemos en la realidad. La situación de la pandemia causada por la peste china ha fortalecido la posición del gobierno en detrimento de las libertades individuales y de la prosperidad. Hay ciudades totalmente arruinadas, uno de los ejemplos más patético es Maracaibo en el Estado Zulia, la mayoría de los negocios cerrados, centros comerciales desolados, escuelas y universidades cerradas, la gente sin trabajo, los precios astronómicos, los jóvenes mejor preparados y aptos emigrando a otros países para lograr un mejor futuro para sí y sus familias porque no tienen oportunidades en Venezuela que era una tierra bendita y plena de posibilidades para construir una vida prospera.

Voy a referirme en concreto solo a pocos temas o aspectos que están en la palestra de la actualidad, uno de ellos la decisión de la Corte Internacional de Justicia de declararse competente para conocer de la reclamación de Venezuela sobre el Esequibo. Un estudio de Sadio Garavini Di Turno, "¿Como llegamos a donde quería Guyana?" publicado en El Universal destaca que la pregunta que deberíamos hacernos los venezolanos es "¿Cómo es posible que dos secretarios generales de la ONU, Ban Ki-Moon y Antonio Guterres, de acuerdo con el buen oficiante Dag Nylander (noruego) decidieron escoger la CIJ como medio para solucionar la controversia?" "La Corte Internacional de Justicia siempre ha sido desde la firma del acuerdo de Ginebra en 1966, el medio preferido por Guyana y rechazado por Venezuela". El mismo Acuerdo establece que de no celebrarse un acuerdo entre las partes el secretario general de la ONU escogerá uno de los medios de solución pacífica de controversias contenidos en el art, 33 de la Carta de la ONU. La irresponsabilidad de los gobiernos de Chávez y Maduro han llevado al país al peor de los escenarios. El gobierno de Chávez con Maduro en la Cancillería por seis años, la influencia todopoderosa de Fidel Castro que siempre apoyo a Guyana (Castro siempre fue enemigo de Venezuela y apoyar a Guyana fortalecía su posición) supuso un abandono de la reclamación. En el 2004 Chávez acabó con 40 años de diplomacia venezolana y entregó unilateralmente, a cambio de nada, una de nuestras cartas de negociación al declarar que Venezuela no se oponía a que Guyana otorgara unilateralmente concesiones a transnacionales en el Esequibo. En 2013, después de la detención por parte de la Armada venezolana de un buque de exploración sísmica, el gobierno de Ramorar expresó que el proceso de los Buenos Oficios no había dado resultado alguno en 25 años de vigencia y proponía al secretario general optar por la CIJ. El gobierno de Maduro insistió negligentemente en continuar los buenos oficios en vez de proponer otro de los medios de solución, como la Mediación. Para colmo, la CIJ ha decidido en contra de la posición venezolana, que no solo tiene jurisdicción para dirimir la controversia, sino que el tema a dilucidar es la validez o no del Laudo Arbitral de 1899, que el Acuerdo de Ginebra había puesto de lado. Jagan, expresidente de Guyana se opuso a la firma del acuerdo de Ginebra porque con el mismo "Guyana reconoció que Venezuela tenía derecho a la reclamación territorial y lo que era un caso cerrado en 1899 fue reabierto". Maduro y su gobierno no han utilizado este y otros argumentos guyaneses quizás por desconocerlos. O por irresponsables. Ahora que la CIJ ha tomado su decisión, Venezuela debe prepararse seriamente con los mejores expertos para defender nuestra posición de que el laudo de 1899 es nulo. No obstante, la reacción del régimen madurista fue acusar a los magistrados de estar a sueldo de la Exxon, con lo cual las simpatías a favor de Venezuela no deben haber aumentado entre ellos. Por su parte, Rosario Orellana, exvicecanciller de la República y experta en asuntos internacionales de la cuenca del Caribe, está alineada con lo expuesto por Sadio Garavini, antes citado, distinguiendo entre un afán de concordia y la desidia en la defensa de los intereses de la República. Sostiene que "el único asidero para la defensa de nuestros derechos en el Esequibo es el Acuerdo de Ginebra que precisamente contempla 'un arreglo practico y satisfactorio para ambas partes' y es a lo que Guyana se ha negado reiteradamente". No comprende Orellana cómo se ha insistido en los Buenos Oficios en lugar de proponer otro de los mecanismos de solución pacífica de controversias (ONU) que no se agotaron ni se intentaron sucesivamente como alega irresponsablemente el régimen del gobierno madurista. Alega que el Acuerdo de Ginebra no puede convertirse en un tornillo sin fin, sin dar respuesta a lo fundamental: resolver de manera satisfactoria la injusticia de que fuimos víctimas en 1899.

El otro asunto que merece atención, aun cuando no exclusiva, es observar que el país está en manos de una tiranía narco terrorista organizada en redes, un "ensamblaje reticular y dinámico que opera en un delicado equilibrio de pesos y contrapesos de sus estructuras de mando" (Mailbort Petit, *The risk awareness Council TRAC ong*). Lo que sabemos y se comenta *underground* es que el régimen se vale de la actividad criminal para sostenerse en el poder. Han fraccionado el territorio para entregarlo en comodato a organizaciones criminales que lo explotan en una dinámica sinérgica con el régimen. Han convertido a Venezuela en un país donde no es posible satisfacer las necesidades mínimas de la población en razón de la destrucción institucional del Estado y el abandono de su infraestructura. Un espacio donde convergen organizaciones criminales transnacionales de Rusia, China, Irán, Turquía, Puebla, Davos y Cuba, cuyas operaciones se han integrado al mando político-militar del régimen, y son socios en delitos internacionales. Este informe sostiene que los intentos por resolver la crisis han fracasado tanto por la compartimentación del poder dentro del régimen como por la falta de claridad de la oposición y sus aliados. Para detener el sufrimiento de la población hay que remover de raíz la estructura criminal que detenta el poder. A nivel internacional el dilema es "saber qué tipo de solución debe ocurrir para detener el drama humanitario, la violencia interna y la amenaza regional que representa la tiranía criminal venezolana". El país se ha convertido en un eje importante del narcotráfico, las empresas estatales en instrumentos para la legitimación de capitales y el régimen y sus socios internacionales trabajan sistemáticamente para desestabilizar políticamente el continente. Adicionalmente, las fuerzas armadas que fueron una institución seria y subordinada al poder civil, sería un gran error considerarlas hoy como confiables para lograr el fin de la usurpación del poder por parte de Maduro.

Antonio Ricoveri, periodista venezolano de Puerto La Cruz, comenta que "ha visto como el país se sumerge en un océano de laxitud ética colectiva, como sucumbe ante una gran relajación moral". Sostiene que se hacen cotidianos los peores ejemplos de conducta, se erigen "como ejemplos a seguir" corruptos, chantajistas, resentidos, estafadores de la peor calaña; una nueva generación para la cual el país poco significa. La gran mayoría duda de la integridad, de los principios y valores del prójimo. Dice que se han olvidado los referentes éticos de comportamiento. Unos se oponen con vehemencia ante lo que pueda avecinarse. Otros desde su posición de confort observan lo que acontece, pero poco o nada hacen. Denuncia que a estas alturas omisión es sinónimo de complicidad. Y cita a E. R. Murrow periodista de la segunda guerra mundial, "nadie puede aterrorizar a toda una nación, a menos que todos nosotros seamos sus cómplices".

Está claro que el pueblo venezolano no confía en los partidos políticos ni les dan importancia. Esto es un éxito del régimen, sin duda, acompañado de la triste actuación de los políticos de la oposición quienes, salvo honrosas excepciones dan la impresión de ser financiados por el régimen y que les interesa más su propia situación personal que lo que pase con el país. Disfrutan las ventajas de ser líderes y los privilegios que conlleva, pero no quieren asumir las responsabilidades y consecuencias que conlleva una posición de ese calibre. Así, con todo el dolor de expresarlo debo admitir que somos un pueblo vencido.

UNA MIRADA CRÍTICA AL "FEDERALISMO COOPERATIVO" DE LA CONSTITUCIÓN VENEZOLANA DE 1999*

JORGE KIRIAKIDIS**

SUMARIO

INTRODUCCIÓN

La Constitución de 1999, de modo similar a como lo hacía la de 1961, declara que Venezuela es un Estado Federal "*en los términos consagrados en esta constitución*". Efectivamente, el artículo 4 del texto constitucional venezolano de 1999 establece:

> *"Artículo 4.- La República Bolivariana de Venezuela es un Estado Federal descentralizado en los términos consagrados en esta Constitución, y se rige por los principios de integridad territorial, cooperación, solidaridad, concurrencia y corresponsabilidad".*

Como novedad, la misma norma no solo califica al Estado venezolano de federal, en adición señala que es un Estado descentralizado y le

---

* Este trabajo fue originalmente preparado en el seminario Doctoral sobre Federalismo dictado en la UCAB por el Profesor Ramón Guillermo Aveledo durante el primer trimestre del año 2020. Cuando se remitió a esta publicación era una obra inédita, sin embargo mientras estaba a la espera de publicación (misma que demoro más de lo inicialmente previsto), el trabajo fue también incluido y publicado en una obra colectiva, preparada y coordinada por el Profesor Ramón Guillermo Aveledo, dedicada al Federalismo venezolano y editada por el Instituto de Estudios Parlamentarios Fermín Toro, bajo el título "Mito, Promesa y Realidad, el Federalismo en la Constitución y la experiencia venezolana".

** Abogado UCAB, especialista Derecho Administrativo Universidad de París II, especialista Derecho Procesal Constitucional UMA, Candidato a doctor UCAB. Profesor de Postgrado Universidad Católica Andrés Bello y Universidad Monteávila, Caracas.

impone a esta estructura unos principios, los de "*integridad territorial, **cooperación**, solidaridad, concurrencia y corresponsabilidad*".

Y esta declaración general del carácter federal se ve reforzada por la *Exposición de Motivos* - cuyo valor jurídico es cuando menos cuestionable, toda vez que la misma, aun cuando ha sido publicada en Gaceta Oficial junto a la Constitución con su primera enmienda, nunca hizo objeto de discusión constituyente o ratificación mediante referéndum- que además agrega algunas precisiones conceptuales, sosteniendo que el diseño constitucional obedece a un *federalismo Cooperativo*. El texto de la exposición de motivos afirma:

> *"En cuanto a la estructura del Estado venezolano, el diseño constitucional consagra un Estado Federal que se define como descentralizado, para así expresar la voluntad de transformar el anterior Estado centralizado en un verdadero modelo federal con las especificidades que requiere nuestra realidad. En todo caso, el régimen federal venezolano se regirá por los principios de integridad territorial, cooperación, solidaridad, concurrencia y corresponsabilidad que son característicos de un modelo federal Cooperativo, en el que las comunidades y autoridades de los distintos niveles políticoterritoriales participan en la formación de las políticas públicas comunes a la Nación, integrándose en una esfera de gobierno compartida para el ejercicio de las competencias en que concurren. De esta manera, la acción de gobierno de los Municipios, de los Estados y del Poder Nacional se armoniza y coordina, para garantizar los fines del Estado venezolano al servicio de la sociedad"*[1].

Y un poco más adelante el mismo *Preámbulo* se refiere al tema del diseño Cooperativo del federalismo desarrollado por la Constitución de 1999 -al referirse al Consejo Federal de Gobierno- del siguiente modo:

> *"Es, pues [el Consejo Federal de Gobierno], un órgano producto de la fase más avanzada del federalismo, el federalismo Cooperativo, superación histórica de lo que ha sido denominado federalismo Dual que entendía al Estado como producto de un pacto entre los*

---

1 Gaceta Oficial Nro. 5.908 Extra del 19/02/2009, en la que se publica el texto de la Constitución con la Enmienda Nro. 1 y la Exposición de Motivos. http://www.sudeban.gob.ve/wp-content/uploads/Recursos/Constitucion.pdf

distintos entes politicoterritoriales los cuales tendrían una esfera de soberanía no delegada a la Unión y, en principio, intangible a la acción del Poder Federal"[2].

Ahora bien, entendiendo por federalismo Cooperativo "*Aquel que consiste en concebir el Gobierno federal y los de los Estados como partes mutuamente complementarias de un único mecanismo gubernamental cuyo conjunto de poderes se utiliza para satisfacer los propósitos del Gobierno según su aplicación al problema concreto*"[3], es válido preguntarse si ¿El diseño constitucional del Estado venezolano en el texto constitucional de 1999, corresponde a un federalismo Cooperativo?[4], y de serlo ¿Es un diseño operativo o auténticamente funcional?. Pero antes se debe aclarar ¿qué se entiende por federalismo Cooperativo?. A la respuesta de estas interrogantes se dedican las secciones siguientes.

1. ¿QUÉ SE ENTIENDE POR "FEDERALISMO COOPERATIVO"?

El federalismo Cooperativo es una evolución del clásico federalismo Dual, que comienza a desarrollarse en el mundo a parir de 1930 y se extiende con más fuerza después de la Segunda Guerra Mundial[5] (a mediados del siglo XX). Podríamos decir que se trata de una adaptación estructural - en el Estado federal - a la modificación del papel del Estado que supuso el *Estado de bienestar*.

En efecto, a raíz de la gran depresión y de la devastación de las grandes guerras del siglo XX el Estado transformó su papel de *simple*

---

2 *Ídem*.

3 De Carreras Serra, *Ensayos sobre el Federalismo, Discurso de Recepción a la Real Academia de Ciencias Morales y Políticas, Sesión del 15 de noviembre de 2016* (Madrid: RACMYP, 2016), 112, https://www.racmyp.es/docs/academicos/664/discurso/d91.pdf

4 Alguna doctrina venezolana lo afirma categóricamente, concretamente: María M. Matheus I. y María Elena Romero R., "El federalismo en el Estado venezolano, niveles territoriales y relaciones intergubernamentales", en *Revista del Instituto Zuliano de Estudios Políticos, Económicos y Sociales, Ciencias de Gobierno*, No 11, Enero-Junio (Maracaibo: Instituto Zuliano de Estudios Políticos, Económicos y Sociales, Ciencias de Gobierno, 2002), 27-50, http://www.revencyt.ula.ve/storage/repo/ArchivoDocumento/cgober/v6n11/art02.pdf

5 Francesc De Carreras Serra, "Ensayos sobre el Federalismo", ob. cit., 38-39.

espectador a *procurador de bienestar*, para socorrer a los individuos en medio de situaciones en los que ellos, por si solos, no podían hacer frente a la devastación económica o de infraestructura. Así aparece el Estado de bienestar. Quien asume, en los Estados federales, estas competencias de cara a las prestaciones múltiples que requiere la sociedad, es el Poder Nacional (central o federal). Y así se produce un enorme desequilibrio entre las distintas esferas de poder, que, para no desembocar en un Estado unitario, requiere de una adaptación del sistema federal.

Esa adaptación es una forma de federalismo en el que las esferas públicas de poder -federación y entidades federadas o Estados- no son enteramente iguales o equilibradas, separadas e independientes (como postula el modelo Dual), y además se las entiende como partes de un todo que cooperan en el logro de los fines del Estado. De Carreras Serra afirma que se trata de *"(...) una nueva concepción del federalismo, la cual no ve ni como autosuficientes ni como adversarios a ambas esferas sino que los ve como partes de una misma organización en la cual las dos están obligadas a cooperar*"[6].

Una noción útil y descriptiva de esta modalidad del federalismo la dan Matheus y Romero:

> *"El federalismo Cooperativo, cuyo ejemplo clásico es la República Federal de Alemania, se define a partir de: a) una diferenciación funcional según el tipo de competencia, pues una gran parte del ámbito legislativo queda en manos del Poder Nacional, mientras la administración de las competencias corresponde a los Estados y Municipios; b) fuerte participación de los Estados en la política federal y en la facultad legislativa nacional de acuerdo a la composición política del Poder Legislativo y c) la cooperación entre los tres niveles territoriales"*[7].

Así, esta modalidad acepta las diferencias que hay entre las esferas nacional o federal y la estadal, de cara al aumento de las funciones ligadas a las actividades prestacionales y a la mayor capacidad de

6 Ibidem, p. 39.

7 Matheus y Romero, "El federalismo en el Estado venezolano, niveles territoriales y relaciones intergubernamentales" ob. cit., p. 31.

captación de recursos del nivel federal. Sin embargo, este desequilibrio se compensa -y es una característica de esta modalidad- reforzando de la participación de los niveles estadales en la formación de la voluntad de los entes federales. De Carreras Serra lo explica señalando: "*Este nuevo tipo de federalismo lleva la idea de cooperación al campo de las administraciones, bien mediante un mejor entendimiento entre la administración federal y la de los Estados miembros, bien delegando funciones propias a órganos de otras administraciones -federales, autonómicas o locales-, iniciando así la vía del llamado federalismo de ejecución. Por otro lado, esta cooperación exige que la participación de los Estados miembros en los órganos de la federación sea mucho más intensa precisamente para que sea auténticamente funcional*"[8].

El federalismo Cooperativo parte así de una nueva realidad o dimensión en la concepción de las funciones del Estado, vistas desde el prisma de un Estado que interviene más activamente en la economía de cara a la reinterpretación que ha hecho del significado de la libertad (donde a la noción de libertad negativa se suma ahora la idea de libertad positiva, a la que dan contenido los denominados derechos sociales, económicos y culturales).

Esta nueva concepción, lleva a la necesidad de adaptar las estructuras del Estado, y en el caso de los Estados federales, las estructuras y los principios bajo los cuales funciona el Estado Federal. Es ese replanteamiento lo que da contenido a este federalismo Cooperativo, en el que -como se dijo antes- los entes (niveles o esferas) que integran al Estado Federal, ya no se entienden radicalmente separados y enfrentados, sino que cooperan en la satisfacción de las necesidades del interés general. Valga señalar que algunas interpretaciones de esta idea podrían llevar a las organizaciones a una acumulación de poder y a la pérdida de uno de los más valiosos efectos del sistema federal que es la garantía del control del poder por el poder que deriva de esa "competencia" entre los niveles que supone el federalismo clásico.

La explicación de esta nueva interpretación de estructuras y principios que se produce en el federalismo Cooperativo la brinda, nuevamente, De Carreras Serra, señalando que se trata de una combinación

---

8 Francesc De Carreras Serra, "Ensayos sobre el Federalismo" ob. cit., pp. 39-40.

de tres principios, el de autonomía, el de participación y el de colaboración[9]. El contenido de esa explicación es el siguiente:

> *"La autonomía ya no significa el ejercicio de las competencias propias en el ámbito respectivo de aquellas dos esferas separadas sino que debe ser comprendida como una responsabilidad global en los problemas de su respectivo territorio, tanto en aquellas materias en las que un sujeto es competente, como en aquellas otras en que no lo es; en el primer caso deberá ejercer sus propias funciones y en el segundo deberá negociar con el sujeto que ostenta las competencias la solución que se pretenda adecuada. No se trata por tanto de ejercer sólo la propia autonomía sino colaborar con los demás entes para ejercer el autogobierno en un sentido amplio.*
> *Por otro lado, la participación y la colaboración serán también principios distintos. La participación ya no será confederativa, en el sentido de que los Estados deben limitarse a controlar al ejecutivo federal, sino que será cooperativa, en el sentido de que los Estados -y también a la inversa- deberán actuar de modo corresponsable respecto de determinadas acciones ejecutivas y legislativas de los órganos federales. La colaboración ya no tiene carácter voluntario sino que en virtud del principio de lealtad federal se impone como un deber necesario para el buen funcionamiento de todo el sistema, es decir, del Estado federal"*[10].

En este federalismo Cooperativo las competencias concurrentes o compartidas entre los distintos niveles o esferas no suponen una anormalidad o un problema, por el contrario, es de la naturaleza de esta concepción federal. Y las fórmulas para la implementación de estas suponen coordinación, cooperación y negociación entre las distintas autoridades competentes. Leyes de Bases y Leyes de Armonización, a las que nos referiremos más adelante, son usuales en este diseño del federalismo.

Pero lo que es importante retener es que lo característico de la modalidad cooperativa del federalismo es (I) la activa participación de las personas publico territoriales menores (concretamente los Estados) en

---

9 Francesc De Carreras Serra, "Ensayos sobre el Federalismo" ob. cit., 40.
10 Ídem.

la formación de la voluntad política federal, (II) la concurrencia y compartición de competencias y (III) las instancias políticas (administrativas) negociadas y no dependientes de la discrecionalidad de las instancias nacionales para compatibilizar la ejecución de tales funciones, (IV) la existencia de métodos de transferencia de competencias de un nivel a otro, y (V) la existencia de mecanismos de trasferencia de recursos económicos.

García-Pelayo[11] caracteriza al modelo federal -refiriéndose al modelo observado en el mundo al momento de la publicación de su obra- de este modo: "*Se trata de un Estado en el que la unidad y la diversidad, la centralización y la descentralización se resumen en una unidad dialéctica caracterizada por una específica conexión de las relaciones de coordinación, supra y subordinación e inordinacion, de tal manera que todas ellas se condicionan y complementan recíprocamente*"[12].

Al hablar de "*relaciones de coordinación*"[13] se refiere a la distribución de competencias exclusivas y compartidas y la existencia de dos (2) cámaras en el órgano de legislación nacional; al hablar de "*relaciones de supra y subordinación*"[14] se refiere a la determinación, por la Constitución federal, de la forma concreta de la existencia política y la determinación de los órganos de los Estados parte de la federación, la primacía del derecho federal y la existencia de un tribunal federal a cargo de la resolución de los conflictos entre los integrantes de la federación, la existencia de medios de ejecución federal y la existencia en favor de la federación de facultades de vigilancia sobre el ejercicio de las funciones federales que desempeñan los Estados, y finalmente; al hablar de "*relaciones de inordinacion*"[15] se refiere a la participación de los Estados miembros de la federación en formación de la voluntad federal y concretamente en la elección de altas autoridades nacionales y la participación de las entidades federales en los eventuales procesos para aprobar reformas del texto constitucional.

---

11 Manuel García-Pelayo, *Derecho Constitucional Comparado* (Caracas: Fundación Manuel García Pelayo, 2010), 233-240.

12 Ibidem, 233-234.

13 Ibidem, 234-237.

14 Ibidem, 237-239.

15 Ibidem, 239-240.

De otra parte, es importante tomar en cuenta que, en materia de manejo de las competencias concurrentes (propias de esta modalidad cooperativa del diseño federal), el principio de la subsidiariedad[16] es crucial para entender y definir el modo en cómo se compaginan. Este principio, que remonta sus orígenes a la doctrina social de la Iglesia Católica[17], supone que en materia de competencias concurrentes "*todo aquello que pueda hacer un ente inferior, no lo debe hacer uno superior, y en caso de dificultades, el ente superior puede cooperar, pero siempre procurando que el ente inferior desarrolle sus competencias naturales*"[18]. La misma idea la explica Villegas de este modo:

> "El principio de subsidiariedad en la articulación territorial del Estado podría plantearse en los siguientes términos: **que no asuma el Estado lo que pueda realizar la región, que no asuma la región lo que pueda realizar el municipio y que no asuma el municipio lo que pueda realizar el individuo.** Se hace así una apuesta por la unidad más pequeña como soporte de actuación de lo que se considera gestión más próxima al ciudadano, sobre la que se vertebra el propio principio de subsidiariedad y la propia noción de autonomía local. Y ello pese a las dificultades que, en muchas ocasiones, las Entidades territoriales más pequeñas tienen para prestar con garantías y eficacia determinados servicios. Pero a pesar de esa lógica existe, un núcleo duro del que no pueden ser privadas las Entidades locales, incluso a pesar de que existan criterios de racionalidad económica que aconsejaran su gestión por otra unidad territorial distinta. El principio de subsidiariedad pretende así garantizar un grado de independencia a una autoridad inferior con respecto a una

---

16 Y lo hace expresamente en la Constitución de 1999, vía artículo 165 que textualmente refiere: ***"Las materias objeto de competencias concurrentes serán reguladas mediante leyes de bases*** dictadas por el Poder Nacional, y leyes de desarrollo aprobadas por los Estados. **Esta legislación estará orientada por los principios de** la interdependencia, coordinación, cooperación, corresponsabilidad y **subsidiariedad**." (Resaltado nuestro).

17 Emilio Urbina M, "La Globalización y el Atlas federal venezolano. ¿Recuperación del principio de subsidiaridad en Venezuela?" en Revista IURIDICA nº 1 (Valencia: Universidad Arturo Michelena, 2004): 97-150.

18 José Luis Villegas M., "La recepción del principio de subsidiariedad en el ordenamiento local venezolano. Una aproximación", en *Revista Provincia*, Nro. 21, enero-junio 2009. ULA. Mérida (2009), 98. http://www.saber.ula.ve/bitstream/handle/123456789/28631/articulo5.pdf?sequence=1&isAllowed=y

instancia superior o a un poder local con respecto a un poder central. Se trata, por consiguiente, de un reparto de las competencias entre varios niveles de poder, principio que constituye la base institucional de los Estados federales"[19].

De la importancia de este principio en el funcionamiento de organizaciones complejas, con múltiples niveles de autoridades y concurrencia de competencias, da testimonio Europa. En efecto, tanto el Tratado de Funcionamiento de la Unión Europea de 1992[20] o tratado de Maastricht[21], como en su modificación de 2007[22] también denominada Tratado de Lisboa[23], se refieren especialmente a este principio en su artículo 7, y además le dedican un Protocolo entero titulado *Protocolo sobre la aplicación de los principios de subsidiariedad y proporcionalidad*[24]. El artículo 5 al que nos hemos referido textualmente dispone:

> *"Artículo 5. 1. La delimitación de las competencias de la Unión se rige por el principio de atribución.* ***El ejercicio de las competencias de la Unión se rige por los principios de subsidiariedad y proporcionalidad.*** *2. En virtud del principio de atribución, la Unión actúa dentro de los límites de las competencias que le atribuyen los Estados miembros en los Tratados para lograr los objetivos que éstos determinan. Toda competencia no atribuida a la Unión en los Tratados corresponde a los Estados miembros. 3.* ***En virtud del***

19 Ídem.

20 El texto se puede consultar en el portal oficial de la UE en el enlace: https://eur-lex.europa.eu/legal-content/ES/TXT/PDF/?uri=OJ:C:1992:191:FULL&from=ES

21 El Tratado de la Unión Europea se firmó en Maastricht (Países Bajos) el 7 de febrero de 1992 y entró en vigor el 1 de noviembre de 1993. Con la entrada en vigor del Tratado de la Unión Europea, la CEE se convirtió en la Comunidad Europea (CE). Información tomada de la página oficial de la UE en el enlace: https://www.europarl.europa.eu/about-parliament/es/in-the-past/the-parliament-and-the-treaties/maastricht-treaty

22 Texto consultado en el portal oficial de la UE en el enlace: https://eur-lex.europa.eu/legal-content/ES/TXT/PDF/?uri=OJ:C:2007:306:FULL&from=ES

23 El texto del Tratado se aprobó en una reunión de los Jefes de Estado y de Gobierno celebrada en Lisboa los días 18 y 19 de octubre de 2007. El Tratado de Lisboa se firmó el 13 de diciembre de 2007. El Parlamento Europeo adoptó el Tratado de Lisboa el 19 de febrero de 2008. El Tratado entró en vigor el 1 de diciembre de 2009, tras ser ratificado por los 27 Estados miembros. Información tomada de la página oficial de la UE en el enlace: https://www.europarl.europa.eu/about-parliament/es/in-the-past/the-parliament-and-the-treaties/treaty-of-lisbon

24 Cuyo texto está publicado, junto a los restantes protocolos, con el Tratado de Lisboa.

> ***principio de subsidiariedad, en los ámbitos que no sean de su competencia exclusiva, la Unión intervendrá sólo en caso de que, y en la medida en que, los objetivos de la acción pretendida no puedan ser alcanzados de manera suficiente por los Estados miembros, ni a nivel central ni a nivel regional y local, sino que puedan alcanzarse mejor, debido a la dimensión o a los efectos de la acción pretendida, a escala de la Unión. Las instituciones de la Unión aplicarán el principio de subsidiariedad de conformidad con el Protocolo sobre la aplicación de los principios de subsidiariedad y proporcionalidad. Los Parlamentos nacionales velarán por el respeto del principio de subsidiariedad con arreglo al procedimiento establecido en el mencionado Protocolo.*** *4. En virtud del principio de proporcionalidad, el contenido y la forma de la acción de la Unión no excederá de lo necesario para alcanzar los objetivos de los Tratados. Las instituciones de la Unión aplicarán el principio de proporcionalidad de conformidad con el Protocolo sobre la aplicación de los principios de subsidiariedad y proporcionalidad".*

Por último, no hay que perder de vista que, aun cuando con adaptaciones, el modelo Cooperativo es en definitiva una modalidad del diseño federal, y por ello supone - en común - las características que definen como federal a un estado, esto es: (a) su fundamento es una constitución escrita y no de un tratado; (b) cada una de las esferas menores que integran la federación son autónomas de la federación y poseen un ordenamiento propio y una organización propia; (c) las distintas competencias o funciones del poder público se encuentran repartidas entre las distintas esferas de poder que integran la federación, y; (d) aun cuando cada esfera tiene competencias propias que se ejerzan de forma separada, hay espacios de colaboración como la cámara del senado, y; e) todas las esferas del poder que integran la federación tienen capacidad tributaria que les permite hacer frente a los gastos que comportan el ejercicio de sus competencias[25]. Y lo que finalmente caracterizará al modelo federal como Cooperativo será que en él se encuentren, además, estructuras e instancias de cooperación, compartición y descentralización de funciones y recursos.

---

25 Esta enumeración de características sigue y parafrasea la que hace De Carreras Serra, "Ensayos sobre el Federalismo", ob. cit., 34-35.

2. ¿DESARROLLA LA CONSTITUCIÓN VENEZOLANA DE 1999 UN ESTADO FEDERAL COOPERATIVO?

Al diseñar y organizar el Estado venezolano, el texto de la Constitución de 1999: (I) reconoce la existencia de los tres niveles o esferas político territoriales, Nacional (federal), Estadal y Municipal (artículo 136 de la Constitución); (II) a cada una de las esferas menores (Estadal y Municipal) les reconoce autonomía (artículos 160 respecto de los Estados y 174 respecto de los Municipios); (III) a cada una de las esferas menores (Estadal y Municipal) les reconoce autonomía política al establecerse la elección de sus autoridades por la vía del sufragio universal (artículos 159 respecto de los Estados y 16, 168 y 180 referente a los Municipios); (IV) a cada esfera le asigna competencias (artículos 156, 164 y 178 de la Constitución), y; (V) a cada una de las esferas menores (Estadal y Municipal) les asignan recursos propios y les reconoce autonomía en el manejo de los mismos (artículos 167 respecto de los Estados, y 179 correspondiente de los Municipios).

La verificación de estas características del diseño constitucional del texto de 1999 si bien abonan a su caracterización como federal, no revela su carácter Cooperativo (aun cuando no lo descartan).

En el reparto de competencias que hace la Constitución, en los distintos niveles que integran la federación, el cúmulo más abultado es el que se asigna a la esfera nacional (artículo156 de la Constitución). Además, la abultada enumeración de competencias del Poder Nacional culmina con una previsión de reserva conocida como cláusula de competencias implícitas que amplia aún más la esfera competencial del Poder Nacional en detrimento de las otras esferas de poder (artículo 156 ordinal 33 de la Constitución). La norma en cuestión textualmente señala que competen, además de las ya enumeradas competencias: "*Toda otra materia que la presente Constitución atribuya al Poder Público Nacional, o que le corresponda por su índole o naturaleza*".

Esto es especialmente así en materia de las competencias legislativas, en donde la Constitución, (I) además de asignar a la Asamblea Nacional la legislación de las materias de la competencia del Poder Nacional (artículo187 ordinal 1 de la Constitución), (II) la faculta para modificar la distribución constitucional de competencias atribuyendo a Estados o Municipios algunas de las competencias del Poder Nacional (artículo 157 de la Constitución), (III) la faculta igualmente para dictar Leyes de Base sobre las materias concurrentes (artículo 165 de la Constitución), y para dictar (IV) leyes de Armonización respecto de algunas materias de competencia exclusiva Estadal o Municipal (v gr. Los asuntos y ramos tributarios conforme al artículo156 ordinal 13 de la Constitución).

Es importante observar que institutos como las Leyes de Base o las Leyes de Armonización, son innovaciones en nuestro ordenamiento constitucional (que tienen claros referentes en la Constitución española de 1978), que si bien no son institutos resultantes de procesos cooperativos, son por lo menos espacios en los que la negociación entre los distintos niveles del poder federal puede tener lugar (pues al versar sobre materias que incumben a la vida local, deberán, cuando menos, integrar en su proceso legislativo consultas a los Estados, como lo requiere el artículo 206 de la Constitución).

La Constitución asigna sustancialmente menos competencias de manera explícita a Estados y Municipios, aun cuando deja abierto un marco de competencias implícitas residuales en manos de los Estados. En efecto, a los Estados - que es de todos los niveles aquel al que menor suma de competencias efectivas se asigna - la Constitución señala que su competencia exclusiva "*Todo lo que no corresponda, de conformidad con esta Constitución, a la competencia nacional o municipal*" (artículo 164 numeral 11). Claro está, el contenido de lo que puedan ser estas otras competencias queda en manos de la interpretación que, en último término, puedan hacer el Legislador Nacional -que es competente para legislar sobre cuestiones como la organización y el funcionamiento de los Consejos Legislativos (artículo 169), la organización, recaudación, control y administración de los ramos tributarios Estadales (Artículo 164 numeral 4) - y la - también parte del Poder Nacional - Sala Constitucional del Tribunal Supremo de Justicia.

Por lo que concierne a las competencias concurrentes - cuya existencia o previsión es una posible característica del enfoque Cooperativo del diseño de un modelo federal y por lo tanto su previsión en la Constitución venezolana es una pista de la presencia de ese enfoque en el diseño - es importante observar la apelación al principio de la *subsidiariedad*, en el marco del ejercicio y desarrollo de estas competencias, y que expresamente consagra el artículo 165 de la Constitución en su parte final. Aun cuando la Constitución no lo desarrolla, a nivel de derecho comparado este principio significa, como antes hemos dicho, que en la concurrencia hay un orden de prelaciones que comienza en los niveles más próximos al ciudadano, y solo cuando ese nivel no puede asumirla, el nivel superior la asume, pudiendo siempre recuperar al nivel inferior el ejercicio.

Por lo que afecta a la capacidad financiera el patrón de priorizar al Poder Nacional o federal se repite, en perjuicio de Estados y Municipios. Así, la Constitución asigna el mayor cúmulo de recursos e ingresos al Poder Nacional (según el ordinal 12 del artículo 156, "*los impuestos sobre la renta, sobre sucesiones, donaciones y demás ramos conexos, el capital, la producción, el valor agregado, los hidrocarburos y minas, de los gravámenes a la importación y exportación de bienes y servicios, los impuestos que recaigan sobre el consumo de licores, alcoholes y demás especies alcohólicas, cigarrillos y demás manufacturas del tabacos (...)*", y aun cuando reconoce a los otros entes político territoriales (Estados y Municipios) ingresos propios y materias sobre las cuales generar esos ingresos, la realidad es que aquellos pueden llegar a ser francamente insuficientes de cara a la dimensión de las competencias cuya gestión les corresponde. Sobre esto, Matheus y Romero dicen de manera enfática que:

> "(...) desde el punto de vista constitucional, la autonomía financiera de los miembros de la federación venezolana es muy limitada; los ingresos son exiguos, y dependen del desarrollo de leyes nacionales. Con ello, se confirma aún más la amenaza del principio de inamovilidad federal expresado anteriormente, pues es prerrogativa del nivel central otorgar y restringir las competencias tributarias de los Estados. Se deja al poder central plena discrecionalidad en las decisiones sobre esta materia"[26].

De cara a ello la Constitución prevé mecanismos para transferir recursos desde el nivel nacional a los niveles estadal y municipal, dos

[26] Matheus y Romero, "El federalismo en el Estado venezolano, niveles territoriales y relaciones intergubernamentales", ob. cit., 34-35.

de los cuales - las Asignaciones Económicas Especiales y el Fondo de Compensación Interterritorial - parecen propiciar un esquema Cooperativo de negociación. Los mecanismos de transferencia de recursos establecidos en la Constitución son:

(I) el Situado Constitucional para los Estados (artículo 167, numeral 4 de la Constitución), que se corresponde con una partida equivalente a un máximo de 20% del total de los ingresos ordinarios estimados anualmente por el Fisco Nacional, que el Poder Nacional distribuirá entre los Estados y el Distrito Capital (30% por partes iguales y 70% restante en proporción a la población de cada entidad);

(II) el Situado Constitucional para los Municipios (artículo 167, numeral 4), que supone que cada estado destinara una participación no menor de 20% del situado y del resto de sus ingresos ordinarios a los municipios que lo integran;

(III) Las Asignaciones Económicas Especiales (artículo 156, numeral 16 de la Constitución), que son un sistema de compensaciones económicas especiales que definirá una ley nacional en favor de los Estados en cuyos territorios se encuentren minas e hidrocarburos, y finalmente,

(IV) El Fondo de Compensación Interterritorial (artículo 185 de la Constitución), se trata de un destinado al financiamiento de inversiones públicas para promover el desarrollo equilibrado de las regiones, la cooperación y complementación de las políticas e iniciativas de desarrollo de las distintas entidades públicas territoriales, y a apoyar especialmente la dotación de obras y servicios esenciales en las regiones y comunidades de menor desarrollo relativo (ahora bien, si bien la Constitución consagra dicho fondo, no indica la proveniencia de los recursos que lo integran).

La Constitución prevé además una serie de instancias de cooperación o coordinación entre los distintos niveles que integran la federación, que sin duda dan indicios de un diseño Cooperativo. En efecto, el texto constitucional venezolano de 1999- innovando respecto al texto anterior - ha incluido tres (3) mecanismos de interacción y participación intergubernamentales:

(I) el Consejo Federal de Gobierno (artículo 185 de la Constitución). Se trata de un órgano de carácter intergubernamental, integrado por representantes de cada uno de los tres niveles político territoriales (lo preside el vicepresidente Ejecutivo y está integrado por los ministros, los gobernadores, un alcalde por estado y representantes de la sociedad organizada), y cuya función constitucional es la planificación y coordinación de políticas y acciones para el proceso de descentralización y transferencia de competencias del Poder Nacional a los Estados, Municipios, comunidades y grupos vecinales organizados. Una Ley se encargará de su regulación;

(II) Los Consejos de Planificación y Coordinación de Políticas Públicas (artículo 166 de la Constitución). En cada estado deberá crearse uno de estos consejos. Estarán integrados por los alcaldes, los directores estadales de los ministerios y una representación de los legisladores elegidos por el Estado a la Asamblea Nacional y del Consejo Legislativo, de los concejales y las comunidades organizadas, incluyendo las indígenas donde las hubiere, y por el gobernador del estado, quien lo presidirá. Nada dice la Constitución sobre sus funciones y solo establece que funcionará y se organizará de acuerdo con lo que determine la ley;

(III) Los Consejos Locales de Planificación Pública (artículo 182 de la Constitución). En cada municipio deberá crearse uno de estos órganos. Estará integrado por el alcalde quien lo preside, los concejales, los presidentes de las juntas parroquiales y representantes de organizaciones vecinales y otras de la sociedad organizada. Una Ley se encargará de su regulación.

Estos son espacios institucionales de interacción y negociación entre los distintos niveles que, en principio, parecen responder a la idea de un federalismo Cooperativo.

Es un hecho llamativo - importante desde el punto de vista del diseño federal - que la Constitución de 1999, a diferencia de los diversos textos constitucionales que la anteceden, no incluya una cámara de representación Federal o Senado, en órgano que integra el Poder Legislativo Nacional. Efectivamente el texto de 1999, el órgano legislativo nacional es unicameral (artículo 186 de la Constitución). Este es un asunto que levanta dudas sobre la verdadera naturaleza o alcance federal del modelo de Estado que establece la Constitución.

Sin embargo, hay que señalar que el texto constitucional venezolano de 1999 prevé - tal vez para justificar la eliminación de la Cámara del Senado - por lo menos dos (2) mecanismos de participación de las otras entidades federales o esferas de poder en la actividad legislativa nacional (concretamente los Estados), a los que no se refería el texto constitucional de 1961.Estos mecanismos son:

(I) el primero es la iniciativa legislativa que se reconoce a los Consejos Legislativos para presentar proyectos de ley "relativos" a los Estados (artículo 204 ordinal 8 de la Constitución), y

(II) el segundo es la inclusión, en el proceso legislativo nacional, de una consulta obligatoria - aun cuando no necesariamente vinculante - a los Estados, "*cuando se legisle en materias relativas a los mismos*"[27] (artículo 206 de la Constitución), aun cuando, en todo caso, queda en manos del legislador nacional regular el modo como deberá llevarse a cabo esta consulta.

Por último, la Constitución ha previsto un mecanismo de solución de conflictos federales entre las distintas esferas, y encarga a un órgano judicial, la Sala Constitucional del Tribunal Supremo de Justicia, la resolución de tales conflictos (artículos 266 ordinal 1ro y 336 ordinales 1, 2, 8 y 9 de la Constitución).

De lo visto es innegable que la Constitución venezolana de 1999 estructura un sistema federal con instancias de negociación y cooperación entre los distintos niveles, donde se prevén interacciones y relaciones entre ellos, incluso a nivel legislativo. Pero esta es, como hemos anunciado, una constatación de lo que aparente se debe profundizar en el análisis del de las normas para evaluar si el diseño constitucional es eficiente o si, por el contrario, los desbalances - que se observan a simple vista - lo hacen irrealizable, o inoperante, como sistema federal.

---

[27] No queda claro de la norma si la consulta debe hacerse al Gobernador -en tanto que representante del ejecutivo del Estado- o al Consejo Legislativo.

3. ¿ES OPERATIVO -AUTÉNTICAMENTE FUNCIONAL- EL MODELO FEDERAL COOPERATIVO DEL ESTADO VENEZOLANO QUE ESTABLECE LA CONSTITUCIÓN DE 1999?

Pese a lo antes anotado, una revisión más detenida de las normas con las que la Constitución de 1999 desarrolla el modelo federal del Estado venezolano y de las instancias cooperativas, permite entender su fragilidad y poca funcionalidad y una peligrosa tendencia a permitir que - a pesar de lo aparente - el Estado funcione como un Estado que responde al modelo unitario.

En efecto, ya hemos visto, lo importante y extenso que es la suma de atribuciones que la Constitución venezolana asigna al poder central, nacional o federal, por oposición a las bastante más reducidas competencias que asigna a los municipios y a las exiguas y aún más reducidas competencias que asigna a los Estados. Asignación que resulta aún más desbalanceada cuando se considera que, además, la Constitución completa la lista de las competencias del Poder Nacional con una cláusula de materias implícitas que amplía potencialmente aún más la esfera competencial del Poder Nacional en detrimento de las otras esferas de poder (artículo 156 ordinal 33 de la Constitución). A lo dicho hay que agregar que además la Constitución asigna el mayor y más importante cantidad de ingresos - tributarios o no - al fisco nacional, y solo deja en manos de Estados o Municipios unos escasos rubros.

Esto, ya se dijo antes -y como reconoce la doctrina[28]- no es una anormalidad en los federalismos luego de la Segunda Guerra Mundial.

No obstante, el problema - donde radica justamente su condición no auténticamente funcional e incluso peligrosamente regresiva o antifederal - es que los mecanismos de negociación, participación y colaboración (esos a los que nos hemos referido antes y a los que García Pelayo denomina "*relaciones de coordinación, supra y subordinación e incoordinación*") están incompletos y dependen, indebidamente, de la voluntad, más o menos discrecional, del Poder Nacional.

[28] De Carreras Serra, "Ensayos sobre el Federalismo", ob. cit., p.39.

Brewer ha sostenido que lo establecido en la Constitución de 1999 supone, "un retroceso"[29] o incluso "un retroceso centralizador"[30] respecto del diseño federal previsto durante la vigencia de la Constitución de 1961. Y ha indicado que esos retrocesos se concretan en:

> "(...) [1] la eliminación del Senado, estableciéndose por primera vez en la historia constitucional de Venezuela una Asamblea Nacional unicameral (Art. 186); (...) [2] la posibilidad de establecer limitaciones a la autonomía de los Estados (Art. 162) mediante ley nacional, que dio al traste con la autonomía territorial. Además, (...) [3] se enunció un precario ámbito de las competencias estadales cuyo ejercicio, además, se sujeta a lo regulado en la legislación nacional; y [4] se eliminó todo ámbito tributario que pudiera corresponder a los Estados, haciéndolos más dependientes del poder central"[31].

Lo importante de la apreciación antes apuntada es que revela la inoperatividad del diseño federal Cooperativo venezolano, pues no solo abulta en el Poder Nacional gran cantidad de competencias, además hace depender de su voluntad el ejercicio y desarrollo de las competencias de las esferas estadal y municipal. Y esto es así, no apenas debido a la eliminación de la Segunda Cámara (lo que determina que la participación de las entidades federales en la legislación nacional y en la toma de otras decisiones políticas de la vida nacional - v. gr. La elección de magistrados del TSJ o del CNE - no sea natural, concurrente y fluida,

---

29 Allan Brewer-Carías, *Federalismo y Municipalismo en la Constitución de 1999*, Editorial Jurídica Venezolana, Caracas - San Cristóbal, 2001. p. 10. http://allanbrewercarias.net/Content/449725d9-f1cb-474b-8ab2-41efb849fea5/Content/II,%201,%2094.%20FEDERALISMO%20Y%20MUNICIPALISMO%20EN%20LA%20CONSTITUCION%20DE%201999.pdf

30 Allan Brewer-Carías, "El Estado federal descentralizado y la centralización de la federación en Venezuela. Situación y perspectiva de una contradicción constitucional" en *Federalismo y regionalismo*, coordinado por Diego Valdés y José María Serna de la Garza, UNAM, Tribunal Superior de Justicia del Estado de Puebla, Instituto de Investigaciones Jurídicas, México, 2005. p. 722. http://allanbrewercarias.net/Content/449725d9-f1cb-474b-8ab2-41efb849fea8/Content/II,%204,%20547.pdf

31 Allan Brewer-Carías, "La mutación del Estado federal en Venezuela," en *Revista General de Derecho Público Comparado*, No. 23, junio 2018, Iustel, Madrid, 2018. p. 5. http://allanbrewercarias.com/wp-content/uploads/2018/07/941.-Brewer.-art.-Mutaci%C3%B3n-federalismo-Vla.pdf

sino excepcional o inexistente), además debido a que las instancias de cooperación o bien no tienen definidas claras competencias de carácter obligatorio o bien las mismas están indefectiblemente determinadas por la voluntad del Poder Nacional.

Y a esto se suma que las competencias legislativas nacionales pueden determinar, con gran amplitud, el ejercicio de muchas competencias (incluidas las de auto organización) de las entidades político-territoriales menores (Estados y Municipios), por la vía de legislación ordinaria, legislación de Bases y legislación de Armonización.

Es menester aclarar que la competencia para dictar Leyes de Bases o de Armonización no es, en sí, un atentado al federalismo Cooperativo (y por el contrario son técnicas usuales en estos modelos), el problema es que, si tales atribuciones no van acompasadas de otras garantías de participación y cooperación, peligran de convertirse en métodos para dirigir y controlar - como si operara el principio de jerarquía - desde el Poder Nacional la actuación de los órganos estatales y municipales. Y con esto no solamente se pervierte el carácter Cooperativo, sino que se atenta contra la autonomía que es un principio fundamental de la organización federal.

Veamos ahora los supuestos concretos de los problemas a los que nos hemos referido y que aquejan al desarrollo institucional constitucional del diseño federal.

3.1. La omisión de una Segunda Cámara o Cámara de Representación Federal en el órgano Legislativo Nacional. Sin dudas es la debilidad más importante del modelo que establece la Constitución y la crítica más fácil de entender. Valga traer a colación la reflexión que hace Muñoz Machado en torno a la importancia que para el modelo federal tiene la Cámara Alta o Cámara Federal:

> "(...) el federalismo se nutrió, desde sus orígenes, de una técnica esencial para asegurar la participación de los entes territoriales en las decisiones que afectaban al conjunto. En concreto, su participación en los órganos decisorios mediante la designación de representantes que pudieran intervenir en la formación de la legislación general o incluso en las tareas ejecutivas. La Alta Cámara de representación territorial, el Senado, ha sido el instrumento parlamentario único para hacer factible tal participación en el plano legislativo.

Además, de diferentes maneras, casi siempre a través del Senado, se ha logrado la incorporación de representantes territoriales en otros órganos constitucionales unitarios, lo que ha permitido que sus decisiones, en atención a los intereses generales, tengan también presentes las peculiaridades del Estado complejo"[32].

Esta relación entre la forma federal del Estado y la necesidad de una Segunda Cámara (una de representación territorial), no es algo de lo que, aparentemente, estaban conscientes los constituyentes, ya que la decisión de acabar con la Cámara del Senado se justifica, en la Exposición de motivos, sin hacer siquiera mención del tema federal. En efecto la explicación que da la Exposición de motivos es del tenor siguiente:

> "El Poder Legislativo Nacional es ejercido por una Asamblea Nacional cuya estructura unicameral responde al propósito de simplificar el procedimiento de formación de las leyes; reducir los costos de funcionamiento del parlamento, erradicar la duplicación de órganos de administración y control y la duplicación de comisiones permanentes, entre otras cosas."

Valga observar que, a 20 años de vigencia, la actividad legislativa del Parlamento venezolano no ha mejorado, ni en calidad ni en cantidad (y no es aventurado sostener que, por el contrario, ha desmejorado notablemente tanto su producción legislativa como la calidad de sus textos), y en cuanto a la *reducción de costos* bastaría recordar que la Asamblea Nacional llegó a tener - hasta no hace mucho tiempo - un canal de televisión.

En todo caso, y más allá de que los propósitos que fundaron esta decisión, finalmente, se han mostrado ilusorios, está la cuestión nodal antes explicada, y es que en los Estados Federales la existencia de una Cámara de Representación Territorial es un modo de reforzar y de hacer efectivo un mecanismo permanente y natural de intercambio y de cooperación entre los distintos niveles de la federación.

---

32 Santiago Muñoz Machado, *Tratado de Derecho Administrativo y Derecho Público General. Tomo VIII La Organización Territorial del Estado*, Edición del Boletín Oficial del Estado, Madrid, 2015. p.228, consultado en línea en el enlace https://www.boe.es/biblioteca_juridica/abrir_pdf.php?id=PUB-PB-2015-71

Y de cara a ello es por lo menos curioso, cuando no criticable, que una constitución que insiste en el establecimiento de un sistema federal, elimine la Segunda Cámara del Parlamento - justamente la que naturalmente estaría llamada a ejercer la representación territorial - de su diseño institucional.

La crítica sobre lo *antifederal* que resulta esta conformación del Poder Legislativo Nacional Unicameral - más allá que con esto se rompe una "*tradición constitucional de 188 años*"[33] de bicameralismo - la expresa Aveledo de la manera siguiente:

> "La eliminación del Senado debilita la representación. En un Estado federal es inexplicable. No somos el único Estado federal unicameral del planeta entero, pero los otros tres son pequeñísimos o no ejercen la democracia como la entendemos nosotros. El Senado representa a los Estados o provincias, a los miembros de la federación, mientras la Cámara de Diputados representa a la población. Esa instancia de equilibrio y Armonización es necesaria, no sólo para la legislación, sino para la asignación de recursos y, principalmente, para todo aquello que tiene que ver con la división político-territorial y sus consecuencias y, en el caso específico venezolano, con el proceso de descentralización que vivimos desde 1989 y cuya acentuación es proclamada por la Constitución de 1999, aunque los hechos prácticos digan muchas veces lo contrario"[34].

Otro tanto ha dicho Brito, a quien cita Aveledo[35], en torno a lo pernicioso de esta *innovación constitucional*:

> "La radical incongruencia que supone la previsión de un Poder legislativo nacional unicameral ante la forma federal del Estado (art.4, Constitución de 1999) se deriva no solo de la desigualdad de representación y participación de los Estados en la formación de la ley nacional sino también en los siguientes dos aspectos: (i)

---

33 Ramón Guillermo Aveledo, *El Senado. Experiencia comparada y utilidad para la democracia en Venezuela*, UCAB e Instituto de Estudios Parlamentarios Fermín Toro, Caracas, 2019. p. 183.

34 Ramón Guillermo Aveledo, *Parlamento y democracia: congreso, asamblea y futuro, en perspectiva histórica, constitucional y política*, Fundación para la Cultura Urbana, Caracas, 2005. p. 212.

35 Ramón Guillermo Aveledo, ob. cit., p. 183.

la ausencia de una Cámara de representación territorial especializada en las cuestiones federales o interterritoriales, y (ii) como ya se adelantó, en la virtual imposibilidad de una función revisora de los proyectos de ley al haber quedado suprimida la Segunda Cámara. (...) En nuestro concepto sólo una sesgada actitud contraria a la descentralización, que no es el caso explicar aquí, puede fundamentar esta novedad constitucional" [36].

Y es que efectivamente, lo normal en los sistemas federales es la existencia de un parlamento bicameral en el que una de las cámaras esté integrada bajo el principio de la representación federal. Y más allá de la cuestión de principios es un tema de funcionamiento práctico de cara a una efectiva implementación de las relaciones de cooperación.

De hecho, siendo la competencia legislativa nacional la más prolija - debido a la conjunción de la enorme lista de competencias del Poder Nacional, la cláusula de competencias residuales e implícitas, la legislación de Bases y de Armonización - la participación ordinaria y obligatoria de una representación federal en el proceso legislativo sería una forma sencilla, permanente y no sujeta a discrecionalidades, de hacer participar a los entes políticos territoriales menores (concretamente a los Estados) en la formación de la voluntad política, en este caso, en la legislación, que afecta a todos los ciudadanos y todas las entidades federales.

Incluso, la conformación de una cámara de representación federal sería un mecanismo de participación política en la actividad legislativa de colaboración con el gobierno federal, pues así se permitiría a los representantes de los Estados - por vía del Senado - integrarse a las decisiones políticas de la federación, participando concretamente (I) en la designación de las altas autoridades de la República (elegir o remover a los magistrados del TSJ conforme a los artículos 264 y 265 de la Constitución; la escogencia del contralor general de la República, del fiscal general de la República y del defensor del pueblo conforme al artículo 279; autorizar el nombramiento del procurador general de la República y de los jefes de Misiones Diplomáticas Permanentes

---

36 Andrés Brito, "La regulación del Poder Legislativo en la Nueva Constitución. Análisis crítico del capítulo I del Poder Legislativo y del título V de la organización del Poder Público" en *El Nuevo Derecho Constitucional* UCAB, Caracas, 2000. pp. 424-425.

conforme al artículo 187 numeral 14, y; designar a los integrantes del Consejo Nacional Electoral artículo 296), (II) en el ejercicio de las funciones de control del gobierno (funciones a las que se refieren los literales 3, 6, 7, 8, 9, 10 y 12 del artículo 187); (III) en la política y las relaciones internacionales (funciones a las que se refieren los literales 11,13,17 y 18 del artículo 187), y (IV) en las iniciativas para la modificación parcial o integral de la Constitución (función a la que se refiere el ordinal 2 del artículo 187).

En suma, con la eliminación de la Cámara del Senado - por primera vez en nuestra historia como lo recuerda la doctrina[37]- se ha privado a las otras esferas del poder federal, concretamente a los Estados, de la participación en la política nacional o federal, lo que más allá de ser un retroceso respecto del diseño federal en general, es una grave falencia que pone en tela de juicio el auténtico carácter Cooperativo del diseño.

3.2. La previsión de participaciones excepcionales en el proceso legislativo nacional de representantes estatales o municipales, cuando la materia a legislar tenga impacto sobre la vida estadal. Se trata de mecanismos por los que se establece una participación - una colaboración - de los Estados en la actividad legislativa nacional que pretenderían resarcir la eliminación de la Cámara del Senado. Sin embargo, en modo alguno compensan esta falencia, no solo por lo limitado de su alcance (tanto funcional como material) sino por su excepcionalidad y dependencia de la discrecionalidad nacional.

Efectivamente, por una parte, la Constitución reconoce a los Consejos Legislativos para presentar proyectos de ley "relativos" a los Estados (artículo 204 ordinal 8 de la Constitución). Por otra parte, la Constitución incluye, en el proceso legislativo nacional un trámite excepcional y no vinculante pero presuntamente obligatorio de consulta a los Estados en los casos en que la materia legislada sea "relativa a los mismos" (artículo 206 de la Constitución).

---

[37] Entre otros: Ramón Guillermo Aveledo, *Parlamento y democracia: congreso, asamblea y futuro, en perspectiva histórica, constitucional y política,* ob. cit.., 198; Allan Brewer-Carías, "La mutación del Estado federal en Venezuela," ob. cit.., 4; Francisco Alfonzo Carvallo, "El sistema parlamentario bicameral y la eliminación del Senado en Venezuela", en *Revista de Derecho Público,* Nro. 132, Editorial Jurídica Venezolana, Caracas, 2012. pp. 66 y 67.

Veamos lo que dicen las normas de manera textual:

> "Artículo 204.- La iniciativa de las leyes corresponde: (...) 8. Al Consejo Legislativo, cuando se trate de leyes relativas a los Estados".
>
> "Artículo 206.- Los Estados serán consultados por la Asamblea Nacional, a través del Consejo Legislativo, cuando se legisle en materias relativas a los mismos. La ley establecerá los mecanismos de consulta a la sociedad civil y demás instituciones de los Estados, por parte del Consejo en dichas materias".

Estas previsiones pretenden compensar la eliminación de la Cámara del Senado. Sin embargo, es irrealizable por las siguientes razones:

(i) En primer lugar, por su extensión funcional, se refiere solo a la participación en el proceso de legislar (quedando excluido todo lo que tenga que ver con la actividad de colaboración política con el gobierno que tiene la Asamblea Nacional), a diferencia de lo que sucedería si existiera una Cámara Federal o Senado;

(ii) En segundo lugar, por su extensión material, pues solo se refiere a materias vinculadas a los Estados (con lo que queda excluida la participación de los entes territoriales de la formación de la voluntad legislativa nacional en otras materias), a diferencia de lo que sucedería si existiera una Cámara Federal o Senado;

(iii) En tercer lugar, debido a que se trata de trámites del procedimiento que resultan excepcionales (es para casos y leyes en concreto, y no para la actividad legislativa en general), que no son vinculantes (pues ni la presentación de un proyecto obliga a su discusión ni el resultado de la consulta obliga al acatamiento de su contenido), a diferencia de lo que sucedería si existiera una Cámara Federal o Senado, y;

(iv) Finalmente aun cuando se pretenda señalar (concretamente respecto de la consulta) que se trata de un trámite obligatorio (aunque no sea vinculante), queda el problema de la subjetividad y discrecionalidad - en manos del Poder Nacional - del que depende la interpretación de que una materia "versa sobre los

Estados". En efecto, la consulta se planteará como una instancia del proceso legislativo solo si los propios parlamentarios de la Asamblea deciden calificar al proyecto como un asunto que versa sobre los Estados o sobre los Consejos Legislativos.

Y así, la verdadera importancia e incidencia de estas previsiones como habilitadores de una instancia cooperativa eficiente es virtualmente nula.

Valga señalar que la justicia constitucional venezolana ha ensayado una curiosa interpretación del artículo 204[38] según el cual, las materias en las que el artículo 204 asigna una iniciativa legislativa a un órgano diferente a la Asamblea Nacional se encuentran sustraídas del poder de iniciativa de la Asamblea Nacional, y por ello está vedado a ese órgano legislativo dicha facultad bajo pena de viciar el acto legislativo resultante (sentencia Nro. 341 del 05/05/2016[39]). La decisión en cuestión no posee razonamiento alguno, simplemente la afirmación, luego de transcribir el artículo 204 y su ordinal 4, de que: "*En definitiva, la iniciativa legislativa en materia de organización y procedimientos judiciales corresponde de manera exclusiva y excluyente al Tribunal Supremo de Justicia (artículo 204, cardinal 4)*".

Pero la realidad - y en contra de lo que ha concluido la Sala - es que nada en el artículo 204 (ni en su redacción ni en su *thelos*) permite sostener que los ordinales que asignan competencias de iniciativa de materias concretas a algunos órganos (ordinales 4, 5, 6 y 8) anulan o excluyen tales materias de la iniciativa general (para cualquiera) que atribuyen a otros órganos o grupos de electores los restantes ordinales (ordinales 1, 2, 3 y 7). De hecho, la norma se puede leer e interpretar

38 "Artículo 204. La iniciativa de las leyes corresponde: 1. Al Poder Ejecutivo Nacional. 2. A la Comisión Delegada y a las Comisiones Permanentes. 3. A los y las integrantes de la Asamblea Nacional, en número no menor de tres. 4. Al Tribunal Supremo de Justicia, cuando se trate de leyes relativas a la organización y procedimientos judiciales. 5. Al Poder Ciudadano, cuando se trate de leyes relativas a los órganos que lo integran. 6. Al Poder Electoral, cuando se trate de leyes relativas a la materia electoral. 7. A los electores y electoras en un número no menor del cero coma uno por ciento de los inscritos e inscritas en el registro civil y electoral. 8. Al Consejo Legislativo, cuando se trate de leyes relativas a los Estados."

39 Cuyo texto se puede consultar en el enlace: https://www.civilisac.org/civilis/wp-content/uploads/05-05-16-Sentencia-No-341-Constitucionalidad-de-ley-de-TSJ.pdf

literalmente afirmando que establece, por una parte, la asignación de competencias generales y concurrentes de iniciativa legislativa a varios órganos o grupos de electores (ordinales 1, 2, 3 y 7), sin que la asignación a unos de dicha competencia excluya la que se hace en favor de los demás, y luego, de otra parte, asigna una competencia específica para determinadas materias a definidos órganos (ordinales 4, 5, 6 y 8), sin que esto excluya las competencias generales que la misma norma ha entregado en los otros ordinales (y de hecho concurriendo con aquellos que tienen la competencia general, respecto de esas materias en específico).

Un argumento adicional en favor de esta interpretación (y más que interpretación es lectura de la norma) es la reducción al absurdo. Si se acepta que la asignación de la competencia a unos órganos supone la exclusión de otros, tendríamos que las asignaciones generales se anulan y excluyen unas a otras, de modo que no existirían - o no serían viables por las exclusiones recíprocas - órganos con competencias generales de iniciativa legislativa. Por supuesto tal interpretación no solo es ajena al sentido de las palabras de la norma sino a la lógica misma del diseño del proceso legislativo de formación de las leyes.

De este modo es forzoso concluir que la atribución que los distintos ordinales del artículo 204 hacen en favor de unos órganos no excluye o limita la que hace a otros, salvo por los términos expresos de la atribución que contiene cada ordinal.

En todo caso hay que decir que la aplicación de este criterio (el de la mencionada sentencia Nro. 341 de 2016) al caso de la iniciativa a que se refiere el ordinal 8 del artículo 204 de la Constitución (que asigna a los Consejos Legislativos una facultad de iniciativa legislativa en materias relativas a los Estados) alteraría lo que hemos dicho antes, pues en ese caso, la iniciativa legislativa nacional para leyes que versen sobre asuntos de los Estados sería exclusiva de los Consejos Legislativos.

Es poco probable que la interpretación hecha en la sentencia 341 de 2016 se repita o replique respecto del caso de los Estados no solo por lo evidentemente errado del criterio. Además, debido a que - no es un secreto -esa decisión tiene una explicación política sobre el conflicto que existe en Venezuela entre la Asamblea Nacional (de mayoría opositora hasta el 2021) por un lado, y el Ejecutivo y la Sala Constitucional (controlados por el oficialismo) por el otro, y con ella se pretendió impedir cualquier reforma que pudiera afectar al tribunal, en una dinámica dirigida a asegurar la concentración de poder. La aplicación de este criterio al caso del ordinal 8 supondría, por lo contrario, una dinámica diferente, una que favorecería la desconcentración y descentralización del poder. Y eso luce, en el estado actual de las cosas, improbable. Dejando además claro que el criterio resulta lógica y gramaticalmente insostenible, no solo con respecto del ordinal 8 sino incluso del ordinal 4 al que se aplicó en 2016.

3.3. El establecimiento de instancias o mecanismos de interacción - negociación y toma de decisiones compartidas - intergubernamentales, para tratar de coordinar esfuerzos, políticas, legislación y acción administrativa en materias que impactan las realidades estadales o municipales. Ya hemos dicho que la Constitución de 1999 ha incluido tres (3) instancias de este tipo: el Consejo Federal de Gobierno (artículo 185 de la Constitución); los Consejos de Planificación y Coordinación de Políticas Públicas (artículo 166 de la Constitución) y; los Consejos Locales de Planificación Pública (artículo 182 de la Constitución). Su inclusión es sin dudas una pista sobre la apuesta por un modelo Cooperativo, pero de nuevo, su desarrollo ha quedado en manos del legislador nacional, y dado el muy escaso poder de influencia - debido justamente al diseño constitucional - de los Estados y municipios en el proceso legislativo, es difícil el desarrollo de estas instancias, y por ello terminan siendo previsiones escasamente operativas o funcionales.

Lo que es constante en las disposiciones constitucionales que se refieren a estas tres (3) instancias de coordinación es que sus funciones y funcionamiento deberán ser establecidas y desarrolladas por una ley nacional.

La Constitución es más o menos generosa en el desarrollo de lo que tiene que ver con el primero, el Consejo Federal de Gobierno, pues no solo define su objetivo en forma clara: el Consejo estará "*encargado de la planificación y coordinación de políticas y acciones para el desarrollo del proceso de descentralización y transferencia de competencias del Poder Nacional a los Estados y Municipios*" (limitando así la discrecionalidad legislativa nacional en este punto), sino que además le asigna el manejo de un fondo especial, el Fondo de Compensación Interterritorial, al que igualmente le atribuye un propósito: "*destinado al financiamiento de inversiones públicas para promover el desarrollo equilibrado de las regiones, la cooperación y complementación de las políticas e iniciativas de desarrollo de las distintas entidades públicas territoriales, y a apoyar especialmente la dotación de obras y servicios esenciales en las regiones y comunidades de menor desarrollo relativo*".). El problema es que la Constitución crea el fondo, pero no establece nada en cuanto a la proveniencia de los recursos con los que dicho fondo estará integrado, y no obliga a ninguna instancia - en concreto al Fisco Nacional - a hacer aportes al mismo. Y así, el funcionamiento del órgano y los recursos que se le asignan quedan exclusivamente en manos y a discreción del Poder Nacional

En lo que se refiere a los Consejos de Planificación y Coordinación de Políticas Públicas y; a los Consejos Locales de Planificación Pública, la regulación constitucional es aún menos halagüeña. De hecho, la Constitución no ha previsto que esas instancias manejen ningún fondo especial (que en todo caso podría ser creado por ley nacional conforme a lo dispuesto en la parte final del numeral 13 del artículo 156 de la Constitución), además tampoco ha definido el alcance de sus funciones, de tal manera que si en el primer caso (el Consejo Federal de Gobierno), el desarrollo de aquella instancia está en manos de la discrecionalidad federal, en estos dos eso es así aun con mayor intensidad, y con el agravante de que los municipios (que participan en estas dos instancias) no tienen siquiera la posibilidad de apelar a una previsión constitucional que les permita participar en los procesos legislativos nacionales que pudieran reglamentar estas instancias.

Por último, hay que observar que el diseño constitucional ha omitido - en un olvido que no es desprevenido - ninguna instancia a de cooperación entre los entes y los Estados en el que no participe el Poder Nacional. Estos mecanismos de negociación y coordinación entre Estados - en Alemania los denominan mecanismos de *autocoordinación*[40], que no solo permiten ser espacios para armonizaciones espontáneas del

40 Hans-Peter Schneider, "El Estado Federal Cooperativo problemas actuales del federalismo en la República Federal de Alemania", en *Revista de Estudios Políticos*, número 12 nueva época, CPCE, España, 1979. pp. 57-58. Disponible en http://www.cepc.gob.es/publicaciones/revistas/revistaselectronicas?IDR=3&IDN=172&IDA=15814

tratamiento de materias de competencia de los Estados sino que pueden ser igualmente lugares de actuación coordinadas de cara al Poder Nacional, para plantear exigencias comunes en torno a transferencias de recursos o descentralización de competencias. Pero en el diseño constitucional este tipo de instancias alejadas del control del Poder Nacional no parecen ser bienvenidas, lo que da una pista de la verdadera orientación del diseño.

Es ineludible concluir que, pese a su carácter Cooperativo, la regulación constitucional de estas instancias de encuentro las hace escasamente operativas o funcionales, de modo que es poco lo que ellas aportan al funcionamiento Cooperativo del Estado o del modelo federal venezolano.

3.4. El establecimiento de fórmulas para descentralizar las abundantes competencias privativas del Poder Nacional. La enorme enumeración de competencias del Poder Nacional, que además tiene la virtualidad de incrementar frente a las necesidades de la realidad, merced de la cláusula de competencias implícitas, es un presupuesto para la inclusión de previsiones relativas a la descentralización, que son regulaciones características de los modelos de federalismo Cooperativo. El caso es que en el diseño constitucional venezolano tales procesos no dependen de procesos formales de negociación - aun cuando la instancia del Consejo Federal de Gobierno podría servir a este propósito de cara al papel que le asigna la Constitución - sino de procesos legislativos nacionales (artículo 157 de la Constitución) en los que los entes estatales o municipales tienen escasa o nula incidencia.

Aun cuando la descentralización es declarada una política nacional (artículo 158 de la Constitución) que acompaña a la definición constitucional del sistema federal (artículo 4 de la Constitución), su desarrollo depende exclusivamente de la producción de textos legales nacionales que dispongan el traspaso de competencias del Poder Nacional a Estados o Municipios. Textualmente establece la Constitución:

> "Artículo 157.- La Asamblea Nacional, por mayoría de sus integrantes, podrá atribuir a los Municipios o a los Estados determinadas materias de la competencia nacional, a fin de promover la descentralización".

Valga aquí insistir en que al haberse establecido que el Parlamento nacional es Unicameral (negando así en su integración una cámara de representación federal en la que hagan vida directa la representación de los intereses Estadales), y al estar tan enormemente sometida a la discrecionalidad nacional las excepcionales participaciones que se prevé, de los órganos Estadales en la legislación nacional de indecencia estadal, es poca - o virtualmente ninguna - la incidencia que tienen los Estados en la producción legislativa nacional. Y así, siendo que los procesos de descentralización dependen de leyes nacionales, es realmente poca la incidencia que pueden tener los Estados en la decisión de emprender los procesos de descentralización y poca su incidencia en el diseño y extensión de tales procesos (de llegar a ponerse en marcha).

Es cierto que la Constitución prevé que los Estados podrán transferir a los Municipios, como parte de los procesos de descentralización, competencias que les son propias, y que para hacerlo solo requieren de la emisión de una Ley Estadal (artículo 165 de la Constitución) y para coordinar tales procesos es que han sido previstos (aun cuando esto no está dicho expresamente) los Consejos de Planificación y Coordinación de Políticas Públicas (artículo 166 de la Constitución). Ahora bien, más allá de las críticas que se puedan hacer a este mecanismo - análogas a las que se han hecho antes respecto de la descentralización desde el Poder Nacional- hay que interrogarse sobre la utilidad de esta previsión, de cara a la extraordinariamente limitada y exigua lista de competencias propias de los Estados.

3.5. La previsión de métodos de transferencia de recursos del Poder Nacional en favor de los Estados y los Municipios - tanto por vía ordinaria (el situado constitucional al que se refiere el numeral 4 del artículo 167) como por vía extraordinaria (las asignaciones económicas especiales y el Fondo de Compensación Interterritorial al que se remiten los artículos 156 numeral 16 y 185 de la Constitución) - son mecanismos típicos del modelo Cooperativo de federalismo. Sin embargo, el margen de discrecionalidad que permite la Constitución en su manejo reduce de manera importante su operatividad.

La Constitución no asigna a Estados y municipios competencias tributarias suficientes para garantizar que, por vía de esos ingresos fiscales propios, alcancen algún grado de autonomía financiera. Estados y municipios tienen algunas competencias que les permiten ingresos fiscales propios vía tributación, pero, o son tremendamente limitados (como en el caso de los Estados) o solo son suficientes en caso de que en la jurisdicción donde se apliquen se encuentren ubicados centros muy poblados e industrializados (en el caso de los municipios).

Por esta razón, es que resultan necesarias las transferencias, ordinarias y extraordinarias de recursos desde el Poder Nacional. Sin las cuales el funcionamiento de tales niveles, en la mayoría de los casos, resulta imposible.

Parecería que la discrecionalidad no es un asunto que pueda afectar las transferencias por vía ordinaria (el situado), pero la redacción del ordinal 4 del artículo 167, deja muy en claro que esa impresión es equivocada. En efecto, el monto que por concepto de situado recibe cada estado está determinado por varias decisiones discrecionales del Ejecutivo Nacional. De una parte (I) la determinación del monto del situado que se reparte entre los Estados depende de un porcentaje al que la Constitución pone un techo máximo de hasta un veinte por ciento, pero cuyo techo mínimo determina discrecionalmente el Fisco Nacional; (II) el monto del situado además depende de una estimación que hace discrecionalmente el Ejecutivo Nacional de sus ingresos anuales; (III) del monto total de la partida del situado solo un treinta por ciento se reparte de manera igualitaria entre los Estados y el sesenta por ciento depende de una distribución desigual que discrecionalmente calcula el fisco nacional tomando en cuenta la población de los Estados, y finalmente; (IV) esta actividad del Poder Nacional estará regulada por las disposiciones de una ley nacional (y con ello, una regulación en la que poco o muy poco tienen influencia los entes locales). La norma efectivamente dispone:

> "Artículo 167.- Son ingresos de los Estados: (...) 4. Los recursos que les correspondan por concepto de situado constitucional. El situado es una partida equivalente a **un máximo** del veinte por ciento del total de los ingresos ordinarios **estimados** anualmente por el Fisco Nacional, la cual se distribuirá entre los Estados y el Distrito Capital en la forma siguiente: un treinta por ciento de dicho porcentaje por partes iguales, y el setenta por ciento restante en proporción

> a la población de cada una de dichas entidades. En cada ejercicio fiscal, los Estados destinarán a la inversión un mínimo del cincuenta por ciento del monto que les corresponda por concepto de situado. A los Municipios de cada Estado les corresponderá, en cada ejercicio fiscal, una participación no menor del veinte por ciento del situado y de los demás ingresos ordinarios del respectivo Estado. En caso de variaciones de los ingresos del Fisco Nacional que impongan una modificación del Presupuesto Nacional, se efectuará un reajuste proporcional del situado. La ley establecerá los principios, normas y procedimientos que propendan a garantizar el uso correcto y eficiente de los recursos provenientes del situado constitucional y de la participación municipal en el mismo (...)".

No conforme con lo antes señalado, al leer la norma se observa que a ese situado para los Estados se debe restar una porción, que además alcanza a los ingresos ordinarios (es decir, que afecta de modo general a los ingresos del Estado), que hace parte del Situado Municipal, que deben transferir los Estados a sus municipios, conforme a esta misma norma. Y así, los efectos económicos - limitados o no - del situado en los Estados, se ven disminuidos por la sustracción de recursos que supone el Situado Municipal. Previsión esta que resulta aún más absurda si se observa que son los municipios y no los Estados, los que después del poder central tienen mayor y mejor capacidad de lograr - por asignación constitucional directa -ingresos propios por vía de tributación (vg. licencias de actividades económicas o el impuesto de inmuebles urbanos).

Por lo que respecta a las Asignaciones Económicas Especiales (artículo 156, numeral 16 de la Constitución), que se prevén como compensaciones especiales a los Estados en cuyos territorios se encuentren minas e hidrocarburos, nuevamente la Constitución deja su operatividad a la discreción - legislativa y ejecutiva- del Poder Nacional, pues no se les asigna carácter obligatorio y además no establece ni parámetros ni porcentajes máximos o mínimos.

Hemos visto como la Constitución crea nominalmente un fondo que vincula al Consejo Federal de Gobierno y a su misión de "*planificación y coordinación de políticas y acciones para el desarrollo del proceso de descentralización y transferencia de competencias del*

Poder Nacional a los Estados y Municipios": el Fondo de Compensación Interterritorial. El problema es - como ya se dijo antes - que la Constitución crea el fondo, pero no establece nada en cuanto a la proveniencia de los recursos con los que dicho fondo estará integrado, y no obliga a ninguna instancia - concretamente al Fisco Nacional - a hacer aportes al mismo. Y así, tanto la conformación como el funcionamiento del fondo en cuestión quedan exclusivamente en manos del Poder Nacional y a su discrecionalidad.

A este punto, resulta pertinente la reflexión que hace Rangel:

> "Un sistema de financiación en el que además del desequilibrio en la distribución de responsabilidades fiscales priva la discrecionalidad en la asignación presupuestaria y la ausencia de respeto por las disposiciones legales previstas hace insostenible el funcionamiento de la organización federal. Los gobiernos territoriales quedan entonces como meros aparatos burocráticos, incapaces de llevar adelante la asignación de bienes y servicios fundamentales ni asumir obras de inversión en pro del crecimiento de su jurisdicción, que son sus principales funciones (...)"[41].

3.6. La atribución al Poder Nacional (federal) de la legislación de Bases en materia de competencias concurrentes, y la operatividad del principio de subsidiariedad que establece la Constitución (artículo 165) es consistente con el modo en como en otras latitudes se interpreta y desarrolla el modelo Cooperativo (Legislación Básica en España o las ya desaparecidas Leyes Marco en Alemania). Sin embargo, se trata de modalidades de legislación no exentas de problemas, que lejos de facilitar la cooperación generan conflictos frecuentes (al punto que en 2006 Alemania las abandonó con su última reforma de la Ley Fundamental y en España no son pocos los que proponen su eliminación en una futura e hipotética reforma del texto constitucional).

Comencemos por señalar que esta dualidad, Leyes de Bases y Leyes de Desarrollo, son una categoría de textos legales sin precedentes en el constitucionalismo venezolano, y por ello constituyen una

---

41 Christi Rangel, "Agonía de los gobiernos territoriales en Venezuela" en *Revista SIC, N° 655, junio 2003* (: Centro Gumilla, Caracas, 2003, p. 207.

innovación por lo que al derecho constitucional venezolano se refiere. A esto se suma que son categorías escasamente desarrolladas o conceptualizadas en la Constitución. De hecho, lo que escasamente se dice en la Constitución de 1999 sobre ellas se reduce a lo que prescribe el artículo 165:

> "Las materias objeto de competencias concurrentes serán reguladas mediante leyes de bases dictadas por el Poder Nacional, y leyes de desarrollo aprobadas por los Estados. Esta legislación estará orientada por los principios de la interdependencia, coordinación, cooperación, corresponsabilidad y subsidiariedad."

De lo así dicho por la Constitución solo se puede extraer que:

(a) Estas modalidades de legislación están materialmente limitadas - tanto las de bases como las de desarrollo - a materias de *competencia concurrente*. Claro está, aquí media el problema de que la Constitución no enumera las competencias concurrentes. Y por esta razón, la materia que debe hacer objeto de la regulación de esta categoría de leyes no está definida ni está claro a que órgano dentro de la federación le corresponde hacer esta determinación. Además, al antes anotado problema de falta de parámetros hay que sumarle que el único parámetro que podría señalarse como límite mínimo de esta indeterminación, esto es, el señalamiento por oposición a lo concurrente, de lo que son competencias exclusivas de uno u otro nivel, no es un límite confiable. Esto es así, en tanto que varias materias definidas como de competencia exclusiva de alguno de los niveles, pueden encontrarse de algún modo atribuidas (por lo menos parcialmente) a otro nivel. Por ejemplo, el artículo 165 asigna a los Estados con competencias exclusivas: (I) para organizar sus poderes públicos (ordinal 1ro), y (II) organizar sus municipios y su división territorial (ordinal 2do). Pese a esto, la misma Constitución un poco antes ha establecido que es una ley nacional la que organiza los Consejos Legislativos (artículo 162); y, por otra parte, establece que la organización y división político territorial es materia de una ley orgánica nacional (artículo 16), lo mismo ocurre con la ordenación del territorio (artículo 128) que además es declarada una competencia del poder público nacional (156 ordinal 23).

(b) Unas, las Leyes de Base son dentro de la función legislativa –respecto de la que hay concurrencia– exclusiva del Poder Nacional, y a su turno las leyes de Desarrollo lo son - en las materias concurrentes – de los Estados.

(c) Entre unas y otras – entre Bases y Desarrollo – debe existir una relación de continuidad, en donde una establece principios y la otra regula la aplicación.

No hay, en toda la Constitución, pistas adicionales. Lo que, sumado a la falta de tradición o referentes autóctonos e históricos, dificulta su implementación.

Peña Solís, ha tratado el tema de la doctrina en varios trabajos basados, posiblemente, de la experiencia comparada, se anima a definir las Leyes de Bases como: "*aquellas dictadas por el Poder Nacional exclusivamente en materias objeto de competencias concurrentes de los Estados y la República, para activar mediante el establecimiento de los principios rectores y la fijación de los mecanismos de planificación y programación, de las materias objeto de la competencia concurrente, la modalidad de descentralización territorial denominada transferencia de servicio*"[42].

Aun cuando luce tentador, nada permite sostener, como lo hace el autor, que estas normas se remitan – y por esto se limitan – a los asuntos vinculados a la transferencia de servicios (no es correcto – aun cuando tiene un fundamento histórico que se remonta a las leyes de descentralización dictadas bajo la vigencia de la Constitución de 1961 – hablar de descentralización en la modalidad de transferencia de servicios, en tales supuestos no hay descentralización pues lo que se transfiere no son competencias sino bienes o recursos).

El problema de indeterminación no es exclusivo del caso venezolano.

---

42 José Peña Solís, "Dos nuevos tipos de leyes en la Constitución de 1999: Leyes Habilitantes y Leyes de Bases" en *Revista de la Facultad de Ciencias Jurídicas y Políticas*, N° 119, Universidad Central de Venezuela, Caracas, 2000. p. 117. Disponible en http://www.ulpiano.org.ve/revistas/bases/artic/texto/RDUCV/119/rucv_2000_119_79-123pdf.pdf_

En España – de donde seguramente se tomó el término - las discusiones y los problemas que ha generado esta dualidad Bases-Desarrollo han ocasionado no pocos conflictos, muchas opiniones y unas cuantas sentencias del Tribunal Constitucional. Hasta tal punto que hay una parte de la doctrina especializada que propone su eliminación en una futura reforma constitucional.

Arzoz Santisteban sostiene en un trabajo publicado reciente que:

> "No hay una construcción jurídica de la conformación del Estado autonómico más cuestionada que la de la legislación básica. En la doctrina iuspublicista española existe una valoración generalizada, compartida desde el centro a la periferia, y desde un extremo al otro del arco ideológico: la legislación básica, tal como ha sido interpretada por la jurisdicción constitucional, ha fracasado como técnica de delimitación de competencias en el Estado autonómico diseñado por la Constitución de 1978."[43].

Veamos qué es lo que es lo que dice la Constitución española de 1978, sobre esta *legislación básica*:

> *"Artículo 149.- Competencias exclusivas del Estado.*
> *1. El Estado tiene competencia exclusiva sobre las siguientes materias:*
>
> > *1.ª La regulación de las condiciones básicas que garanticen la igualdad de todos los españoles en el ejercicio de los derechos y en el cumplimiento de los deberes constitucionales. (...)*
> > *11.ª Sistema monetario: divisas, cambio y convertibilidad; bases de la ordenación de crédito, banca y seguros. (...)*
> > *13.ª Bases y coordinación de la planificación general de la actividad económica. (...)*
> > *16.ª Sanidad exterior. Bases y coordinación general de la sanidad. Legislación sobre productos farmacéuticos.*
> > *17.ª Legislación básica y régimen económico de la Seguridad Social, sin perjuicio de la ejecución de sus servicios por las Comunidades Autónomas.*

---

43 Xabier Arzoz Santisteban," ¿Reforma o abandono de la legislación básica como técnica de delimitación de competencias?", en *Memorial para la reforma del Estado: estudios en homenaje al Profesor Santiago Muñoz Machado*, Tomo II, Centro de Estudios Políticos y Constitucionales, España, 2016. p. 1688. Disponible en https://core.ac.uk/download/pdf/39143159.pdf

> *18.ª Las bases de régimen jurídico de las Administraciones Públicas y del régimen estatutario de sus funcionarios que, en todo caso, garantizarán a los administrados un tratamiento común ante ellas; el procedimiento administrativo común, sin perjuicio de las especialidades derivadas de la organización propia de las Comunidades Autónomas; legislación sobre expropiación forzosa; legislación básica sobre contratos y concesiones administrativas y el sistema de responsabilidad de todas las Administraciones Públicas. (...)*
> *23.ª Legislación básica sobre protección del medio ambiente, sin perjuicio de las facultades de las Comunidades Autónomas de establecer normas adicionales de protección. La legislación básica sobre montes, aprovechamientos forestales y vías pecuarias. (...)"*

A su turno la legislación de desarrollo está prevista en el texto constitucional español en las normas siguientes:

> "Artículo 148.- Competencias de las Comunidades Autónomas (...)
> 2. Transcurridos cinco años, y mediante la reforma de sus Estatutos, las Comunidades Autónomas podrán ampliar sucesivamente sus competencias dentro del marco establecido en el artículo 149.

> "Artículo 151.- Elaboración del Estatuto en régimen
> 1. No será preciso dejar transcurrir el plazo de cinco años, a que se refiere el apartado 2 del artículo 148, cuando la iniciativa del proceso autonómico sea acordada dentro del plazo del artículo 143, 2, además de por las Diputaciones o los órganos interinsulares correspondientes, por las tres cuartas partes de los Municipios de cada una de las provincias afectadas que representen, al menos, la mayoría del censo electoral de cada una de ellas y dicha iniciativa sea ratificada mediante referéndum por el voto afirmativo de la mayoría absoluta de los electores de cada provincia en los términos que establezca una ley orgánica. (...)"

Como se observa, la regulación de la Constitución española no es mucho más clara que la venezolana, en cuanto a la definición de una y otra categoría. Han hecho falta abundantes decisiones del Tribunal Constitucional para darle contenido a estas categorías. De esta opinión es Arzoz Santisteban que textualmente la expresa así:

> "La noción de legislación básica es una construcción jurisprudencial. La Constitución utiliza las expresiones "legislación básica", "normas básicas" y "bases", pero no las define. La inexistencia de definición constitucional de esta técnica de distribución competencial ha dejado su desarrollo totalmente a la iniciativa de los poderes territoriales y a la prudencia y sabiduría del Tribunal Constitucional. En ausencia de criterios constitucionales, ha sido el Tribunal Constitucional quien en último término ha elaborado las pautas necesarias sobre el sentido y el alcance de una técnica de distribución competencial capital para el funcionamiento del Estado autonómico. Así pues, la jurisprudencia del Tribunal Constitucional es el campo de pruebas de una técnica competencial no definida constitucionalmente (...)"[44].

Se entiende a las Leyes de Bases en su interacción necesaria con las Leyes de Desarrollo como "*un modo de articulación competencial*"[45] donde la regulación está integrada por un núcleo uniforme y común a todas las autonomías (lo básico que compete al Estado español) y una regulación privativa y diferenciada de cada autonomía (el desarrollo que compete a las autonomías). En un par de decisiones dictadas hace cuarenta años, el Tribunal Constitucional español sentó las pautas para la conceptualización de las Leyes de Bases. La primera de estas decisiones – la Sentencia 32/1981, de 28 de julio[46] – reduce a una sola categoría a las distintas expresiones ("Legislación Básica", "Normas Básicas" y "Bases") a las que el artículo 149.1 de la Constitución – que es la norma constitucional española en donde se consagra las Leyes de Bases – se refiere. La segunda de ellas – la Sentencia 1/1982, de 28 de enero - establece la clave interpretativa de la técnica competencial:

> "Lo que la Constitución persigue al conferir a los órganos generales del Estado la competencia exclusiva para establecer las bases de

---

44 Ibidem, p. 1689.

45 Javier Jiménez Campo, "¿Qué Es Lo Básico? Legislación Compartida en el Estado Autonómico", *en Revista española de derecho constitucional*, Nro. 27, CEPC, Madrid, 1989. p. 40. Disponible en http://www.cepc.gob.es/publicaciones/revistas/revistaselectronicas?IDR=6&IDN=329&IDA=24953

46 Consultada en el portal oficial del TCE en el enlace: https://hj.tribunalconstitucional.es/es-ES/Resolucion/Show/32

la ordenación de una materia determinada (...) es que tales bases tengan una regulación normativa uniforme y de vigencia en toda la Nación, con lo cual se asegura, en aras de intereses generales superiores a los de cada Comunidad Autónoma, un común denominador normativo, a partir del cual cada Comunidad, en defensa del propio interés general, podrá establecer las peculiaridades que le convengan dentro del marco de competencias que la Constitución y su Estatuto le hayan atribuido sobre aquella misma materia"[47].

El descontento con esta técnica de reparto de competencias viene de dos frentes, desde las comunidades autonómicas y desde el Estado español, y esto aún pese al esfuerzo de clarificación que ha hecho el Tribunal Constitucional. De nuevo sobre esto vale citar el estado de cosas que refiere Arzoz Santisteban:

"La determinación de lo básico (y, por extensión, la interpretación y aplicación de los títulos competenciales) no puede ser objeto de conflicto permanente. La consecuencia es la perpetuación del "Estado autonómico jurisdiccional": una situación en la que toda ampliación de la normativa básica es cuestionada y el Tribunal Constitucional debe examinar su carácter minucioso y valorar su necesidad, a partir de los parámetros de determinación de lo básico utilizados en casos precedentes.

Las propuestas doctrinales para corregir el rumbo seguido por la jurisprudencia constitucional se han ido radicalizando con el tiempo. Si inicialmente se depositaba la confianza en la capacidad de reorientación del propio intérprete supremo de la Constitución y se propugnaba el establecimiento de criterios objetivos y generales para delimitar lo básico o bien una reformulación del contenido de la propia noción de bases, en los últimos años el acento se ha trasladado a la reforma constitucional como método de corrección de las deficiencias detectadas en el Estado autonómico y a un abandono de la legislación básica como técnica general de delimitación competencial. Ambas cuestiones –propuestas sustantivas de reforma y vías para aplicarlas– están imbricadas"[48].

---

47 Consultada en el portal del TCE en el enlace: http://hj.tribunalconstitucional.es/es-ES/Resolucion/Show/43

48 Xabier Arzoz Santisteban," ¿Reforma o abandono de la legislación básica como técnica de delimitación de competencias?", ob. cit., 1711.

En Alemania, la Ley Fundamental de Bonn preveía – luego de su reforma del 27 de octubre de 1994- una norma, el artículo 75, que expresamente asignaba al poder federal (la Federación) la competencia legislativa exclusiva de dictar leyes marco en materias concurrentes (reglamentadas por el artículo 73 de esa versión de la Ley Fundamental) que luego los Länder debían desarrollar. La norma completaba su regulación con lo dispuesto por el artículo 72. Las disposiciones en cuestión disponían textualmente lo siguiente:

"Artículo 72.
1. En el ámbito de la legislación concurrente, los Länder tienen la facultad de legislar mientras y en cuanto la Federación no haya hecho uso mediante ley de su competencia legislativa.
2. En este ámbito, la Federación tiene el derecho de legislar siempre que y en cuanto exista la necesidad de una regulación legislativa federal porque así lo requieran la creación de condiciones de vida equivalentes en el territorio federal o el mantenimiento de la unidad jurídica o económica en interés de la totalidad del Estado.
3. Por ley federal puede determinarse que una regulación legislativa federal que ya no sea necesaria en el sentido del apartado 2, pueda ser reemplazada por la legislación de los Länder".

"Artículo 75:
(1) **En las condiciones establecidas en el artículo 72, la Federación tiene el derecho a dictar disposiciones marco para la legislación de los Länder en las materias siguientes:** 1) la situación jurídica de las personas que estén al servicio administrativo de los Estados, Municipios y otras entidades de derecho público, en tanto en cuanto el artículo 74a no disponga otra cosa; 1) los fundamentos generales de la enseñanza técnica superior; 2) el régimen jurídico general de la prensa y del cinematógrafo; 3) la caza, la protección de la naturaleza y la defensa del paisaje; 4) la distribución del suelo, la ordenación territorial (*Raurnordnung*) y la administración de las aguas; 5) el registro y la identificación de las personas, y ; 6) la protección del patrimonio cultural alemán frente a su traslado al extranjero..
(2) Solo excepcionalmente las disposiciones marco podrán entrar en detalles o contener regulaciones de aplicación inmediata.

(3) Cuando la Federación dicte disposiciones marco, los Länder están obligados a dictar las leyes necesarias, dentro de un plazo adecuado determinado por la ley." (Resaltado nuestro).

Esta regulación trajo en Alemania problemas debido a los conflictos que su implementación significaba. Martín Vida lo señala diciendo: "*La Federación había utilizado la legislación marco para aprobar leyes que iban más allá de los límites previstos para la legislación marco, lo cual forzaba repetidamente a correcciones por parte del Tribunal Constitucional Federal alemán. Además, según se deduce de la fundamentación de la propia Ley de Reforma Constitucional, esta técnica se había mostrado particularmente ineficaz cuando se trataba de transponer el Derecho Comunitario en el Derecho interno*"[49].

En 2006 se introdujo y aprobó una reforma de la Ley Fundamental de Bonn – complementada luego con otra realizada en 2009 – que reformuló el sistema de reparto de competencias y eliminó las Leyes Marco derogando el artículo 75. La nueva regulación de la Ley Fundamental de Bonn reformula el artículo 72 y establece tres (3) regímenes aplicables a las competencias concurrentes: (I) Establece que los Länder tienen la facultad de legislar en cualquiera de las treinta y cuatro (34) materias consideradas concurrentes por el artículo 74, siempre que la Federación no haya hecho uso de su competencia legislativa; (II) condiciona el ejercicio de la facultad legislativa de la federación en las materias a las que se refieren los números 4, 7, 11, 13,15, 19a, 20, 22, 25 y 26 del ordinal 1 del artículo 74, a que "*sea necesaria una regulación legislativa federal en interés de la totalidad del Estado para la creación de condiciones de vida equivalentes en el territorio federal o el mantenimiento de la unidad jurídica o económica*", y; (III) en seis (6) materias allí establecidas los Länder pueden adoptar mediante ley normas propias que desplacen a las normas federales. Las leyes federales que versen sobre tales materias no pueden entrar en vigor antes de que transcurran por lo menos seis (6) meses desde su aprobación, salvo

[49] María Ángeles Martín Vida, "La reforma del federalismo alemán: una visión general" en *Revista Teoría y Realidad Constitucional*, N° 18, UNED, España, 2006. p. 344. Disponible en https://dialnet.unirioja.es/servlet/articulo?codigo=2173304

que *Bundesrat* determine otra cosa. Por último, esta previsión establece que las relaciones entre derecho federal y derecho estatal – en este supuesto- se rigen por la prevalencia de la ley posterior.

En efecto la norma que establece esta regulación, el artículo 72 de la Ley Fundamental de Bonn reformada en 2006, textualmente prescribe:

> "Artículo 72 [Legislación concurrente de la Federación, concepto]
> (1) En el ámbito de la legislación concurrente, los Länder tienen la facultad de legislar mientras y en la medida que la Federación no haya hecho uso mediante ley de su competencia legislativa.
> (2) En las materias del artículo 74, apartados 1 No. 4, 7, 11, 13, 15, 19a, 20, 22, 25 y 26, la Federación tiene la competencia legislativa, si y en la medida que sea necesaria una regulación legislativa federal en interés de la totalidad del Estado para la creación de condiciones de vida equivalentes en el territorio federal o el mantenimiento de la unidad jurídica o económica.
> (3) Si la Federación ha hecho uso de su competencia legislativa, los Länder pueden adoptar por ley regulaciones divergentes sobre: 1. la caza (con exclusión del Derecho de la autorización de cazar); 2. la protección de la naturaleza y el cuidado del paisaje (con exclusión de los principios generales de la protección de la naturaleza, de la protección de los especies o de la protección de la naturaleza del mar); 3. la distribución del suelo; 4. la ordenación del territorio; 5. el régimen hidráulico (con exclusión de las regulaciones referidas a las sustancias e instalaciones); 6. la admisión a las universidades y los diplomas de las universidades. Leyes federales en estas materias entrarán en vigor lo más pronto seis meses después de su promulgación, salvo que no se determine otra cosa con la aprobación del Bundesrat. En las materias de la frase primera, la respectiva ley posterior prevalece en la relación del Derecho federal y de los Länder.
> (4) Por ley federal puede determinarse que una regulación legislativa federal que ya no sea necesaria en el sentido del apartado 2, pueda ser reemplazada por la legislación de los Länder."

Así, en Alemania se ha desterrado este mecanismo o fórmula de manejar las competencias concurrentes. De hecho, el movimiento parece inscrito en uno más general de revisión del modelo federal[50] que intenta cambiar al federalismo Cooperativo para transformarlo en un federalismo Competitivo[51], pero este es un asunto que escapa el ámbito de estas notas.

En balance, nos topamos con que esta importante manifestación del modelo federal Cooperativo ha hecho crisis en dos de los sistemas paradigmáticos, en uno – España – su urgente revisión es una bandera que levantan voces que piden reformar la Constitución, y en otro – Alemania – su eliminación ha sido parte de unas reformas constitucionales que más parecen estar modificando incluso el sistema federal Cooperativo. Asuntos que, sin dudas, nos deben llevar a interrogarnos – como hemos hecho hasta ahora – sobre el carácter efectivo y eficientemente Cooperativo o no del diseño federal venezolano, y, además, sobre si ese modelo – aun cuando no ha sido realizado – debe de ser suplantado en una próxima reforma constitucional.

3.7. La atribución legislativa al Poder Nacional para regular, mediante legislación de Armonización, materias que son de la competencia exclusiva de los Estados y Municipios (concretamente las referidas en el ordinal 13 del artículo 156 de la Constitución), es una previsión que se compadece con un modelo Cooperativo del diseño federal, que a falta de una cooperación efectiva en la actividad legislativa puede poner en jaque la existencia misma de las entidades federales y acabar así con el modelo federal.

De nuevo nos encontramos frente a una categoría de ley que no tiene antecedentes inmediatos en el derecho constitucional venezolano reciente. Aun cuando, como veremos más adelante, si existen referencias en derecho comparado, especialmente en España, de donde posiblemente está tomada esta categoría de ley incorporada al ordenamiento venezolano en la Constitución de 1999.

La previsión Constitucional que da cabida a esta categoría de Ley es del tenor siguiente:

---

50 Antonio Arroyo Gil, *La reforma constitucional del federalismo alemán Estudio crítico de la 52.ª Ley de modificación de la Ley Fundamental de Bonn, de 28 de agosto de 2006*, Instituto de Estudios Autonómicos de la Generalitat de Catalunya, España, 2006. p. 139.

51 Martín Vida, "La reforma del federalismo alemán: una visión general" ob. cit., 350.

> "Artículo 156.- Es de la competencia del Poder Público Nacional:
> (...)
> 13. La legislación para garantizar la coordinación y Armonización de las distintas potestades tributarias, definir principios, parámetros y limitaciones, especialmente para la determinación de los tipos impositivos o alícuotas de los tributos estadales y municipales, así como para crear fondos específicos que aseguren la solidaridad interterritorial (...)".

Se trata de la inclusión de una competencia exclusiva del Poder Nacional de carácter excepcional. Su excepcionalidad viene dada, (I) en primer lugar, por su objeto, ya que se trata de una competencia legislativa exclusiva con la que se regula el ejercicio de una competencia exclusiva de otras esferas de la federación; (II) de otra parte la excepcionalidad viene dada por su contenido, se trata en efecto de un acto normativo cuyos preceptos son fundamentalmente principios; (III) además esa excepcionalidad tiene que ver con la materia, ya que por definición constitucional las leyes de Armonización en Venezuela solo pueden dictarse en asuntos de tributación y para crear fondos que aseguren la solidaridad interterritorial; (IV) su excepcionalidad está dada por los sujetos a los que su regulación está dirigida de modo directo: los legisladores estadales y municipales, (V) es excepcional por el tipo de obligación que puede imponer a sus destinatarios, la obligación de emprender una reforma legislativa, y por último: (VI) la excepcionalidad de esta categoría de ley nacional está determinada por el fin que con ella se debe perseguir, esto es, coordinar y armonizar, homogenizar - no igualar- las regulaciones estadales y municipales.

En España se habla también de leyes nacionales excepcionales para armonizar materias que pertenecen a la competencia exclusiva de las Comunidades Autonómicas. En efecto, la Constitución española de 1978 establece:

> "Artículo 150.- Coordinación de competencias legislativas (...)
> 3. El Estado podrá dictar leyes que establezcan los principios necesarios para armonizar las disposiciones normativas de las Comunidades Autónomas, aun en el caso de materias atribuidas a la competencia de éstas, cuando así lo exija el interés general. Corresponde

a las Cortes Generales, por mayoría absoluta de cada Cámara, la apreciación de esta necesidad."

Aja y de Carreras caracterizan a esta particular categoría – en España también – de legislación nacional (en el caso español es *Estadal*) con las siguientes notas: "*1. Constituye un medio excepcional de intervención del Estado en las competencias exclusivas de las CCAA*[52]*. 2. La intervención se justifica por la existencia de un interés general a proteger. 3. Debe limitarse a establecer los principios necesarios para armonizar las disposiciones normativas de las CCAA. 4. Su aprobación requiere un procedimiento legislativo especial señalado por la propia Constitución. 5. Su aplicación plantea problemas especiales de relación con las disposiciones de las CCAA*"[53].

En una muy conocida decisión[54], la sentencia 76/1983, de 5 de agosto[55], el Tribunal Constitucional hizo en su momento las siguientes consideraciones en torno a las Leyes de Armonización:

> "(...) **el art. 150.3 constituye una norma de cierre del sistema, aplicable sólo a aquellos supuestos en que el legislador estatal no disponga de otros cauces constitucionales para el ejercicio de su potestad legislativa o estos no sean suficientes para garantizar la armonía exigida por el interés general**, pues en otro caso el interés que se pretende tutelar y que justificaría la utilización de la técnica armonizadora se confunde con el mismo interés general que ya fue tenido en cuenta por el poder constituyente al fijar el sistema de distribución de competencias entre el Estado y las Comunidades Autónomas. Las Leyes de Armonización vienen a complementar, no a suplantar, las demás previsiones constitucionales.

52 Abreviatura con la que el autor citado designa a las *Comunidades Autonómicas*.

53 Eliseo Aja y Francesc de Carreras, "Carácter de las leyes de armonización", en *Revista de Derecho Político*, Nro. 18-19, UNED, España 1983. p. 61, http://revistas.uned.es/index.php/derechopolitico/article/view/8236/7887

54 En su momento hizo el objeto de diversos estudios por parte de la doctrina española, de entre los que se encuentra: Luciano Parejo Alfonso, "Algunas Reflexiones Sobre la Sentencia del Tribunal Constitucional, De 5 de agosto de 1983, Relativa al Proyecto de Ley Orgánica de Armonización del Proceso Autonómico" en *Revista Española de Derecho Constitucional*, Nro. 9, CEPC, España, 1983. pp. 147-184.

55 Consultada en el portal electrónico del Tribunal Constitucional Español en el enlace: http://hj.tribunalconstitucional.es/es-ES/Resolucion/Show/204#complete_resolucion&fundamentos

> **De ello no cabe deducir, que la Armonización prevista en el art. 150.3 de la Constitución se refiera únicamente al ejercicio de las competencias exclusivas de las Comunidades Autónomas,** alegando -como hacen los recurrentes- que en los supuestos de competencias compartidas el Estado puede, a través de la regulación básica en la materia, tutelar directamente el interés general y conseguir la uniformidad jurídica pretendida por la Ley armonizadora. **Si bien normalmente la Armonización afectará a competencias exclusivas de las Comunidades Autónomas, no es contrario a la Constitución que las Leyes de Armonización sean utilizadas cuando, en el caso de competencias compartidas, se aprecie que el sistema de distribución de competencias es insuficiente** para evitar que la diversidad de disposiciones normativas de las Comunidades Autónomas produzca una desarmonía contraria al interés general de la nación". (Resaltado nuestro).

De lo que no cabe duda, ni en Venezuela ni en España, es que la legislación nacional de Armonización no es un requisito esencial o habilitante del ejercicio – por parte de los entes diferentes al nacional – de sus propias competencias. Lo normal, y, de hecho, lo necesario, es que antes de que se ejerza la competencia armonizadora, medien las leyes autonómicas (en España) o estadales (en Venezuela) que deban ser armonizadas.

Se debe tomar en cuenta que es lo que ocurre o que debe ocurrir cuando la ley de Armonización contiene principios no tomados en consideración por una ley prexistente o incluso posterior. Como punto de partida, y visto que lo normal será que las leyes de Armonización sean esencialmente leyes de principio, aquellas tienen como primer efecto imponer al legislador al que van dirigidas la obligación de adaptar las leyes a cuya Armonización se dedican los principios de la ley de Armonización, pero si el legislador (estadal o autonómico, según sea el caso) fallara, lo que debe ocurrir es que jueces y administraciones a los que corresponda aplicar las leyes objeto de Armonización deben – en la medida en que esto resulte posible – interpretar y aplicar esas leyes de modo que se cumplan los principios que prevé la legislación de Armonización, y por otra parte, que los jueces con competencias constitucionales para eso desapliquen (de ser el caso) o anulen (si se tratara del tribunal constitucional) aquellas disposiciones de la ley que no puedan interpretarse y ajustarse a los principios de la ley de Armonización.

En todo caso, debe apreciarse que las de Armonización son leyes que, en el sistema federal Cooperativo venezolano –más allá de su utilidad o necesidad– tienden a incrementar aún más el ámbito de las competencias –ya abundantes– que posee el Poder Nacional, asunto que, más allá de que pueda responder al esquema Cooperativo, sin dudas contribuye a darle al Estado venezolano una apariencia y un funcionamiento que lo aleja de los paradigmas federales y lo acerca a los de un Estado unitario.

No hay en Venezuela una abundante jurisprudencia que haya arrojado luces sobre el muy concreto caso de las leyes de Armonización, entre otras razones debido a que, desde que entró en vigor la Constitución venezolana de 1999, la Asamblea Nacional no había ejercido su facultad armonizadora en la materia a que se refiere el artículo 156 en su ordinal 13. Sin embargo, el 7 de julio de este infausto año 2020[56], la Sala Constitucional del Tribunal Supremo de Justicia produjo una actuación identificada con el Nro. 0078-2020 – a la que técnicamente no parece acertado calificar de *sentencia* – con la que ese órgano Judicial ordenó *suspender* por noventa (90) días (dejando así temporalmente sin efectos) toda la normativa Estatal y Municipal (incluidos actos administrativos generales de gobernadores o alcaldes) "*que establezcan algún tipo de tasa o contribución de naturaleza tributaria*"[57].

Esa orden - que ya ha merecido no pocos análisis críticos[58] - se funda en una curiosa interpretación del alcance de una competencia legislativa exclusiva del Poder Nacional – y concretamente del Poder Legislativo Nacional – referida a la *Armonización* de las distintas

56 Año en que la pandemia de COVID 19 se expandió a lo largo y ancho del planeta afectando a millones de personas.

57 La actuación identificada con el Nro. 0078-2020 y aparentemente producida con ocasión al trámite del proceso judicial archivado bajo el Nro. de expediente 19-0333 se puede consultar en el portal electrónico oficial del Tribunal Supremo en el enlace: http://historico.tsj.gob.ve/decisiones/scon/julio/309923-0078-7720-2020-19-0333.HTML

58 Vale la pena mencionar la conferencia preparada por el profesor Luis Fraga-Pittaluga en fecha 10 de julio de 2020, transmitida desde el portal de la asociación UNIVERSITAS y que permanece en línea en el enlace: https://youtu.be/NmsnUbGy_bQ

potestades tributarias estadales y municipales, a la que se refiere el artículo 156 ordinal 13 de la Constitución, que es del tenor siguiente:

> "Artículo 156.- Es de la competencia del Poder Público Nacional: (...). 13. La legislación para garantizar la coordinación y Armonización de las distintas potestades tributarias; para definir principios, parámetros y limitaciones, especialmente para la determinación de los tipos impositivos o alícuotas de los tributos estadales y municipales; así como para crear fondos específicos que aseguren la solidaridad interterritorial (...)".

En principio aquella disposición constitucional no supone un instituto extraño un modelo de *federalismo Cooperativo*, como los que pretende emular el modelo venezolano. Sin embargo, nada en la concepción cooperativa del federalismo y nada en la redacción del artículo 156 ordinal 13 de la Constitución permite entender que el ejercicio de la competencia legislativa nacional de Armonización suponga un presupuesto de ejercicio de las competencias regionales o locales privativas sujetas a la Armonización. Aun cuando el ejercicio posterior de aquella facultad o competencia de Armonización podría aparejar la necesidad de ajustes -reformas- a las competencias locales o regionales ejercidas antes de la Armonización.

De hecho, lo normal y acorde con la naturaleza de esta categoría de leyes nacionales debería ser que la misma irrumpa cuando la Armonización se requiera y surta efectos sobre un ordenamiento preexistente, en el sentido de armonizar soluciones. Las normas de Armonización no tendrían un efecto derogatorio sino, por lo contrario, un efecto de *prevalencia* (a que refiere el artículo 336 numeral 8 de la Constitución). Es cierto que planteado el conflicto irreconciliable entre las normas de una Ley de Armonización y una o más leyes Estadales y una o varias Ordenanzas Municipales objeto de la Armonización por ante el Juez Constitucional (la Sala Constitucional del Tribunal Supremo de Justicia), de no ser posible la interpretación armónica, la Sala no tendría más remedio que declarar la inconstitucionalidad de las últimas por violación del diseño constitucional (pues difícilmente se puede sostener una ley que viola la Constitución por quebrantar una ley, lo que se puede sostener, en cambio, es que al violar una ley que cumple una función constitucional, está violentando la función que ordena la Constitución, y así se produce una inconstitucionalidad).

Pero sucede que, en este asunto, no hay conflicto alguno que resolver, pues no existe ley de Armonización respecto de la cual pueda decidirse.

En efecto, la Sala Constitucional aparentemente está conociendo de un juicio de nulidad por inconstitucionalidad que un ciudadano intentó en contra de dos (2) Ordenanzas del Municipio Chacao (la Reforma de la Ordenanza de Creación de las Unidades de Valores Fiscales en el Municipio Chacao y la Reforma de la Ordenanza sobre Convivencia Ciudadana del Municipio Chacao). Y es en el seno de ese juicio que procedió a ordenar la suspensión de todas las leyes y ordenanzas de todos los Estados y todos los Municipios de Venezuela, en la que se establezcan tributos.

Su pronunciamiento no pone fin al juicio, sino que se presenta, en el curso de la sustanciación de este a modo de una medida cautelar, que nada guarda relación con la causa (con lo que no cumple con el requisito de instrumentalidad de las medidas cautelares) y que nadie le solicitó.

Esta extraña determinación la produce la sala, sin que alguien se lo haya pedido (es decir, violando el principio dispositivo vinculado al debido proceso), sin que medie juicio en el que hayan sido demandadas esas leyes, sin que a las autoridades estatales y municipales se les haya dado oportunidad de hacer alegaciones o defenderse, y sin que tan siquiera mediara – antes – un proceso en el que ese asunto se hubiera estado ventilando.

Y no conforme con estas graves infracciones al debido proceso (artículo 49 de la Constitución), la sala ha habilitado al vicepresidente ejecutivo - no a la Asamblea Nacional que es, en todo caso, el órgano al que la Constitución faculta para dictar las Leyes de Armonización - para que, en una mesa técnica, proceda a "*coordinar los parámetros dentro de los cuales ejercerán su potestad tributaria, en particular, para armonizar lo referido a los tipos impositivos y alícuotas de los tributos*".

Y así, la Sala no solo quebranta cualquier parámetro vinculado al debido proceso, no solo violenta las normas sobre la autonomía de Estados y Municipios y especialmente su autonomía financiera (artículos 164 y 168 de la Constitución[59]), además está alterando las disposiciones constitucionales que asignan competencias en materia de producción de leyes de Armonización (artículo 156 ordinal 13).

Pero más allá de las posibles críticas a la interpretación que hace la Sala Constitucional del Tribunal Supremo de Justicia venezolano, el caso es que la actuación comentada pone en jaque el ya debilitado federalismo venezolano, ya que en la práctica deja sin recursos propios a los Estados y Municipios.

Sin dudas, no es esta actuación un parámetro para juzgar el diseño constitucional de las Leyes de Armonización, pero lo que si evidencia una actuación como esta es la enorme fragilidad y debilidad del sistema federal Cooperativo venezolano, en el que el máximo tribunal, sin norma que lo autorice y sin consecuencia alguna, se ha permitido dejar sin recursos a todos los Estados y municipios de la República.

CONCLUSIONES

Luego de esta revisión podemos afirmar que la Constitución ha incluido en sus disposiciones una serie de mecanismos que responden a un diseño de un Estado Federal Cooperativo.

Sin embargo, ese mismo diseño está formulado de manera en que se acentúa, de un modo que va más allá de lo que soporta lo Cooperativo e incluso al punto de que anula lo federal, el poder y el control del Poder Nacional.

No se trata solo de haber engrosado el cúmulo de competencias que se asignan al Poder Nacional, que mal o bien es una constante del diseño Cooperativo. Se trata de haber eliminado la instancia más eficiente de cooperación y de control o balance que en este sistema puede existir: la Cámara del Senado o Cámara Federal. Y de pretender sustituirla por

[59] "Artículo 164.- Es de la competencia exclusiva de los Estados: (...) 4. La organización, recaudación, control y administración de los ramos tributarios propios, según las disposiciones de las leyes nacionales y estadales. (...)" y "Artículo 168.- Los Municipios constituyen la unidad política primaria de la organización nacional, gozan de personalidad jurídica y autonomía dentro de los límites de esta Constitución y de la ley. La autonomía municipal comprende: (...). 2. La gestión de las materias de su competencia. 3. La creación, recaudación e inversión de sus ingresos. (...)".

mecanismos procedimentales del todo insuficientes y totalmente dejados a la discrecionalidad del Poder Nacional. Es cierto que se incluyen instancias formales de encuentro y eventual cooperación, pero no se les asignan verdaderas competencias o influencia en los procesos de descentralización y transferencia de competencias, y su operatividad está condenada a la nulidad, debido a la anomia regulatoria y además a la indeterminación de los recursos económicos con los que podrían llevar adelante cualquier iniciativa.

Además, se añade que Estados y Municipios tienen asignadas escasas competencias, y aún menos recursos propios, y el dinero que la Constitución prevé llegue desde el Poder Nacional, está de tal modo determinado por la discrecionalidad no controlada ni controlable, que no pueden ser seriamente considerados contrapesos del Poder Nacional y efectivos miembros de la federación, pues en definitiva su acción y operación está determinada económicamente por el Poder Central.

No es que el diseño esté condenado a ser inoperante, es que su efectivo funcionamiento está en manos de la voluntad discrecional de las autoridades nacionales, y solo podría funcionar si en esos cargos se encontraran verdaderos idealistas y protectores del diseño federal.

En manos de funcionarios nacionales no comprometidos con la idea de un sistema federal, este diseño, dejado a su discrecionalidad, tenderá al ejercicio centralizado y centralizante del poder, y aun cuando nominalmente es federal, el Estado venezolano funcionará como un Estado unitario y centralizado.

¿Son estos vicios o defectos del diseño?

La respuesta es doblemente afirmativa, debido a que efectivamente el diseño federal Cooperativo de la Constitución venezolana de 1999 acentúa el modelo de otorgar supremacía al Poder Nacional sin cuidar la eficiente operatividad de los mecanismos cooperativos que le hacen balance, aprovechan y conducen correctamente - en una visión de Estado social - este poder concentrado. Pero, de otra parte, está visto que el modelo Cooperativo, aun uno correctamente diseñado, tiende a estas concentraciones que ponen en jaque una de las virtudes iniciales del diseño federal, el control recíproco de los poderes. Razón por la cual este modelo ha padecido y está experimentando - por lo menos en Alemania y en España - importantes ajustes y correcciones.

Antes que esperar que la perfección de algunos políticos con cargos en el Poder Nacional se haga presente para ver funcionar el sistema, sería oportuno plantear la necesidad de, cuando sea posible, reformar el sistema federal venezolano, para, por lo menos, incluir una Cámara Federal y asegurar la autonomía financiera de Estados y Municipios, entregándoles recursos fiscales propios (por la asignación de nuevos ramos o bien por la inclusión de una participación porcentual constitucionalmente determinada en la recaudación de los impuestos nacionales).

BIBLIOGRAFÍA

AJA ELISEO E DE CARRERAS, Francesc. *"Carácter de las leyes de Armonización", Revista de Derecho Político, Nro. 18-19.* España: UNED, (1983): http://revistas.uned.es/index.php/derechopolitico/article/view/8236/7887

ARROYO GIL, Antonio. *La reforma constitucional del federalismo alemán Estudio crítico de la 52.ª Ley de modificación de la Ley Fundamental de Bonn, de 28 de agosto de 2006.* España: Instituto de Estudios Autonómicos de la Generalitat de Catalunya, 2006.

ARZOZ SANTISTEBAN, Xabier. "¿Reforma o abandono de la legislación básica como técnica de delimitación de competencias?", *Memorial para la reforma del Estado: estudios en homenaje al Profesor Santiago Muñoz Machado, Tomo II*, (España: Centro de Estudios Políticos y Constitucionales, 2016): 1687-1711. https://core.ac.uk/download/pdf/39143159.pdf

AVELEDO, Ramón Guillermo. *El Senado. Experiencia comparada y utilidad para la democracia en Venezuela.* Caracas: UCAB e Instituto de Estudios Parlamentarios Fermín Toro, 2019.

AVELEDO, Ramón Guillermo. *Parlamento y democracia: congreso, asamblea y futuro, perspectiva histórica, constitucional y política.* Caracas: Fundación para la Cultura Urbana, 2005.

BRITO, Andrés. "La regulación del Poder Legislativo en la Nueva Constitución. Análisis crítico del capítulo I del Poder Legislativo y del título V de la organización del Poder Público", *El Nuevo Derecho Constitucional.* Caracas: UCAB, 2000: 403-428.

BREWER-CARÍAS, Allan: "La mutación del Estado federal en Venezuela", en Revista General de Derecho Público Comparado, No. 23, junio 2018. Madrid: Iustel, (2018). http://allanbrewercarias.com/wp-content/uploads/2018/07/941.-Brewer.-art.-Mutaci%C3%B3n-federalismo-Vla.pdf

BREWER-CARÍAS, Allan. "El Estado federal descentralizado y la centralización de la federación en Venezuela. Situación y perspectiva de una contradicción constitucional" *en federalismo y regionalismo.* México: UNAM, Tribunal Superior de Justicia del Estado de Puebla, Instituto de Investigaciones Jurídicas, 2005: http://allanbrewercarias.net/Content/449725d9-f1cb-474b-8ab2-41efb849fea8/Content/II,%204,%20547.pdf

BREWER-CARÍAS, Allan. *Federalismo y Municipalismo en la Constitución de 1999.* Caracas - San Cristóbal: Editorial Jurídica Venezolana, 2001. http://allanbrewercarias.net/Content/449725d9-f1cb-474b-8ab2-41efb849fea5/Content/II,%201,%2094.%20FEDERALISMO%20Y%20MUNICIPALISMO%20EN%20LA%20CONSTITUCION%20DE%201999.pdf

CARVALLO, Francisco Alfonzo "El sistema parlamentario bicameral y la eliminación del Senado en Venezuela", *Revista de Derecho Público Nro. 132.* Caracas: EJV, (2012): 61-83.

DE CARRERAS SERRA, Francesc. *Ensayos sobre el Federalismo, Discurso de Recepción a la Real Academia de Ciencias Morales y Políticas, Sesión del 15 de noviembre de 2016.* Madrid: RACMYP, 2016. https://www.racmyp.es/docs/academicos/664/discurso/d91.pdf

GARCÍA-PELAYO, Manuel. *Derecho Constitucional Comparado.* Caracas: Fundación Manuel García Pelayo, 2010.

JIMÉNEZ CAMPO, Javier. "¿Qué Es Lo Básico? Legislación Compartida en el Estado Autonómico", *Revista española de Derecho Constitucional,* Nro. 27. Madrid: CEPC, 1989: 39-92. http://www.cepc.gob.es/publicaciones/revistas/revistaselectronicas?IDR=6&IDN=329&IDA=24953

MARTÍN VIDA, María Ángeles. "La reforma del federalismo alemán: una visión general", *Revista Teoría y Realidad Constitucional,* N.° 18. España: UNED, 2006: 337-350 https://dialnet.unirioja.es/servlet/articulo?codigo=2173304

MATHEUS I., María M. y Romero R., María Elena. "El federalismo en el Estado venezolano, niveles territoriales y relaciones intergubernamentales", *Revista del Instituto Zuliano de Estudios Políticos, Económicos y Sociales, Ciencias de Gobierno*, No 11, Enero-Junio. Maracaibo: Instituto Zuliano de Estudios Políticos, Económicos y Sociales, Ciencias de Gobierno, 2002: 27-50. http://www.revencyt.ula.ve/storage/repo/ArchivoDocumento/cgober/v6n11/art02.pdf

MUÑOZ MACHADO, Santiago. *Tratado de Derecho Administrativo y Derecho Público General. Tomo VIII La Organización Territorial del Estado.* Madrid: Edición del Boletín Oficial del Estado, 2015. https://www.boe.es/biblioteca_juridica/abrir_pdf.php?id=PUB-PB-2015-71

PAREJO ALFONSO, Luciano. "Algunas Reflexiones Sobre la Sentencia del Tribunal Constitucional, De 5 de agosto de 1983, Relativa al Proyecto de Ley Orgánica de Armonización del Proceso Autonómico", *Revista Española de Derecho Constitucional*, Nro. 9, (España: CEPC, 1983): 147-184.

PEÑA SOLÍS, José. "Dos nuevos tipos de leyes en la Constitución de 1999: Leyes Habilitantes y Leyes de Bases", *Revista de la Facultad de Ciencias Jurídicas y Políticas* N° 119, (Caracas: Universidad Central de Venezuela, 2000):79-123. http://www.ulpiano.org.ve/revistas/bases/artic/texto/RDUCV/119/rucv_2000_119_79-123pdf.pdf

RANGEL, Christi. "Agonía de los gobiernos territoriales en Venezuela", *Revista SIC*, N° 655, junio 2003, (Caracas: Centro Gumilla, 2003): 204-207.

SCHNEIDER, Hans-Peter. "El Estado Federal Cooperativo problemas actuales del federalismo en la República Federal de Alemania", en *Revista de Estudios Políticos*. Número 12 nueva época, (España: CPCE, 1979): 57-58. http://www.cepc.gob.es/publicaciones/revistas/revistaselectronicas?IDR=3&IDN=172&IDA=15814

URBINA M, Emilio. "La Globalización y el Atlas federal venezolano. ¿Recuperación del principio de subsidiaridad en Venezuela?", *Revista IURIDICA*, Nro. 1 (Valencia: Universidad Arturo Michelena, 2004): 97-150.

VILLEGAS M, José Luis "La recepción del principio de subsidiariedad en el ordenamiento local venezolano. Una aproximación", *Revista Provincia Nro. 21*, enero-junio 2009 (ULA: Mérida, 2009): 79-111. http://www.saber.ula.ve/bitstream/handle/123456789/28631/articulo5.pdf?sequence=1&isAllowed=y

DERECHO INTERNACIONAL Y GOBERNANZA GLOBAL POST COVID-19: EL DECONSTRUCTIVISMO DEL DERECHO Y LAS RELACIONES INTERNACIONALES EN LA ERA DIGITAL

ASDRÚBAL AGUIAR ARANGUREN*

> *"--- definir le statut juridique de la scéne internationale à l'époque de la mondalialisation. Quel contenu peut-on assigner au droit international aujour-d'hui? Ce contenu est-il véritablement different du rapport de forces entre puissances?* (Agnes Lejbowicz, París, 1999).

> *"Una sociedad internacional incivil por desregulada, una general anomia y una regresión neoabsolutista a la ley del más fuerte tanto de los Estados con mayor potencia militar como de los grandes poderes económicos transnacionales... generan en las víctimas rebelión y resistencia; el riesgo de trastornar por completo el entero edificio de la democracia constitucional en los propios ordenamientos estatales internos... Democracia constitucional interna y Derecho internacional están hoy cada vez más estrechamente conectados [en sus carencias y en sus desafíos] debido a los efectos que produce la actual globalización sin reglas"."* (L. Ferrajoli, Principia Juris, 2011).

Durante el siglo XXI en avance, signado como se encuentra por la idea de una tercera y cuarta Revolución Industrial o de la Industria 4.0 caracterizadas, a primera vista, por el dominio digital y de la

---

* Doctor en Derecho y Doctor Honoris Causa; Exjuez de la Corte Interamericana de Derechos Humanos; Profesor Titular de la Universidad Católica Andrés Bello y Titular Extraordinario de la Universidad del Salvador de Buenos Aires. Profesor Visitante del Miami Dade College; Académico Correspondiente de la Real Académica Hispanoamericana de Ciencias, Artes y Letras (España). El autor ha publicado en dos ediciones (2006-2009) el Código de Derecho Internacional, con sello editorial de la Universidad Católica Andrés Bello, y para la tercera edición incorpora como epílogo su ensayo "Relectura deconstructivista del derecho internacional en el siglo XXI", recensión exegética de la obra de Martti Koskenniemi, *Il mite civilizzatore delle nazioni: Ascesa e caduta del diritto internazionale 1870-1960*, Roma-Bari, Editori Laterza, 2012).

inteligencia artificial, la mundialización de las relaciones políticas, sociales, económicas y comerciales y de la información telemática, en un marco de desintegración de las fronteras e incluso de paso definitivo desde el plano de la manipulación genética al desafío de la robótica, de suyo reclama la revisión en perspectiva del actual Derecho internacional y de las relaciones jurídicas globales en emergencia. Así lo exige el aseguramiento de la gobernabilidad y gobernanza en el planeta, en un momento dominado por las incertidumbres culturales y el dominio de la posverdad (César Cansino, "Teorizando la posverdad: Claves para entender un fenómeno de nuestro tiempo", en la obra colectiva *Fake News ¿Amenaza para la democracia?*, Miami, MDC/EJV, 2020): posmarxismo, poscapitalismo, posdemocracia, posmodernidad, y de suyo las consiguientes relativizaciones de lo antropológico.

La realidad de los Estados soberanos yuxtapuestos, que han sido los sujetos por excelencia del Derecho internacional, se reduce aceleradamente dentro del marco de la ya conocida y denominada "aldea global" (Marshall McLuhan, 1911-1980). Aquellos pierden dentro de ésta su fuerza integradora de lo nacional y relacionadora con el exterior, incluso se debilitan las organizaciones internacionales intergubernamentales nacidas a raíz de la Segunda Gran Guerra del siglo XX. La ineficacia de estas y los mismos Estados para enfrentar la pandemia universal del coronavirus, con sus gravosas secuelas, ha quedado al desnudo. La Humanidad presencia y vive una suerte de metafórica primera guerra del siglo XXI, viral, que de suyo, como en las grandes guerras del siglo anterior, hace cristalizar los trastornos de los moldes geopolíticos y culturales dominantes iniciados en 1989, hace treinta años.

El mismo carácter vinculante acusado por las decisiones y resoluciones -*lato sensu*- de unos y de otras, adoptadas conforme a sus Constituciones o tratados marco, es hoy contestado y abiertamente desconocido por sus destinatarios, incluso aquéllas sobre cuya inmediatez y obligatoriedad formalmente no existen dudas. En las cuestiones vertebrales, como las relativas a la prevención o la persecución de los crímenes de lesa humanidad y los genocidios, vuelve a sobreponerse la dilación diplomática y la distorsión que se arrastra una vez pasados los primeros veinte años desde el Holocausto, a saber, la regla del voto de las mayorías soberanas regresa con fuerza renovada. Ante las violaciones sistemáticas de derechos humanos que se generalizan en el mundo, de ordinario se protege a sus responsables tras argumentos de oportunidad política, sociológicos o reivindicativos, encubriéndose así la inefectividad contemporánea del arsenal diplomático o su cambio de perspectivas ideológicas.

Se abren paso reclamando el reconocimiento de sus subjetividades en el plano de lo global o imponiéndolas en los hechos otros sujetos, distintos de los reconocidos por el Derecho internacional o el Derecho interno de los Estados para el manejo de las relaciones exteriores. Compiten o se oponen a éstos -¿son la expresión de las deconstrucciones que sufren tales ordenamientos?- y también a las organizaciones multilaterales que congregan a los primeros para la salvaguarda del interés común o conjunto de la humanidad.

Allí estaban, hasta ayer y aún hoy, no sólo el individuo, a quien se le arrastra al plano internacional y transnacional bajo la cobertura sea de sus derechos humanos sea para perseguirle penalmente por sus atentados a éstos, sino los conglomerados económicos y financieros globales (BINGOS). Igualmente, las denominadas organizaciones No gubernamentales (INGOS). Pero lo que es protuberante, bajo el reclamado derecho a la diferencia y el desmembramiento de la idea de la ciudadanía dentro de la nación, surgen expresiones identitarias raizales o mónadas sociales crecientes y autónomas que desbordan la idea del pluralismo democrático (indígenas, afrodescendientes, LGBTQI, ecologistas, tribus urbanas, etc.) y se transversalizan más allá de los Estados. Junto a las plataformas digitales que ahora potencian sus actividades y las reúnen dentro de la virtualidad como en la indignación compartida al no ver satisfechos sus «derechos de logia», ahora ocupan, al igual que aquellas, los «nuevos propósitos» de las Naciones Unidas (A. Aguiar, "La política en el ecosistema digital", Papel Literario, 23 de febrero y 1° de marzo de 2020). Y dada la "ruptura de las costuras del Estado, la figura sobre la que se había construido el mundo desde la Paz de Westfalia (1648)", pasan las migraciones y los migrantes como sujetos "el gran problema político de nuestro tiempo" (Reyes Mate, "Los refugiados, clave de nuestro tiempo", Papel Literario, 7 de febrero de 2021).

Los BINGOS han sido capaces de generar su propio Derecho corporativo de efectos transnacionales, sea por vía de los hechos o creando realidades inevitables al margen del orden internacional formal conocido; dotados, a la vez, de un evidente soporte de poder real del que han carecido las normas del Derecho internacional clásico. Pero gozando, de suyo, de una efectividad no discutible tales conglomerados financieros y económicos, las emergentes cadenas de valor global que se imponen, apalancadas sobre Técnicas de Eliminación (TDE) dentro de los mercados y mediante mecanismos de integración vertical y horizontal, comienzan a desplazarlos. Los modelos Amazon y UBER son paradigmáticos del Nuevo Orden que busca imponerse. Y en el plano digital, la dinámica de las redes (Twitter, Instagram, Facebook) así como crea realidades competitivas dentro de mercados artificiales, así también los apaga en instantes breves, discrecionalmente, para favorecer a otras, incluidas las políticas.

En el pórtico de este inédito panorama, con incidencias protuberantes en la política y en el Derecho emergen con talante original o renovado, a la par de las anteriores, otras subjetividades o categorías jurídicas cuyo tratamiento doctrinal ha sido sostenido a lo largo de las últimas décadas, sin que hayan cristalizado cabalmente. La humanidad como sujeto; el patrimonio común de la humanidad, la solidaridad digital como principio ordenador; la unidad de todos alrededor de la Naturaleza y de sus reglas de evolución objetivas y el reclamo de los «derechos de la naturaleza», o la unidad y a la vez diferenciación de todos los individuos según sea el tratamiento que reciba el genoma humano, son temas inexcusables de consideración.

La primera categoría indica al sujeto final, objeto y también consecuencia de las relaciones transnacionales y del orden mundial en emergencia: que predica como tal humanidad el parentesco y unidad en la diversidad de todo el género humano, justificando al fenómeno de las migraciones; pero pugnando en igual orden y según lo dicho, con el derecho ahora preeminente -así se le presenta- a la diversidad o la diferenciación excluyentes, la de los citados nichos o mónadas identitarias como nuevos límites dentro de cada Estado y ajenos a los límites políticos entre los Estados.

Desde mediados del siglo XIX y hasta los inicios del siglo XX, ya don Andrés Bello se refiere al "patrimonio indivisible de la especie humana": no apropiable por las soberanías estadales o por cualquier persona natural o jurídica. La *Declaración de Principios de la Cumbre Mundial sobre la Sociedad de la Información* de 12 de diciembre de 2003, recuerda, seguidamente, que junto a la defensa de los derechos humanos, de la democracia y del "buen gobierno", la construcción de una sociedad de la información incluyente, que elimine la brecha en el uso de las tecnologías de la información y de la comunicación (TIC) requiere "nuevas modalidades de solidaridad, asociación y cooperación entre los gobiernos y demás interesados, es decir, el sector privado, la sociedad civil y las organizaciones internacionales".

En el marco de Naciones Unidas se vienen adoptando declaraciones a cuyo tenor "los pueblos indígenas tienen derecho a mantener y fortalecer su propia relación espiritual con las tierras"; o como lo predica la doctrina ambientalista integrista al respecto, "en presencia de esta realidad el hombre está en la obligación ineludible de entablar relaciones conscientes con la naturaleza como tal y de hacer lo posible por entenderla y por entenderse con ella (G. Stuntzin, 2013)". Finalmente, la Declaración Universal sobre el Genoma Humano adoptada por la UNESCO en 1997, afirma la unidad de todos alrededor de este, debiendo, sí, según ella, respetarse la unicidad de cada persona y su diversidad a la vez que atender el carácter evolutivo del mismo genoma humano "en función del entorno natural y social de cada persona". Se trata de temas, cabe reiterarlo, propios de la agenda global y que se sobreponen en la misma medida en la que son desplazados el de la democracia y el del Estado de Derecho.

La virulenta acción criminal desplegada por el terrorista musulmán Osama Bin Laden el 11 de noviembre de 2001, sobre el *World Trade Center* de Nueva York y el Pentágono en Washington: íconos de la muy señalada potencia ordenadora de la última Gran Guerra del siglo XX, la norteamericana, da al traste sin solución de continuidad con el orden jurídico internacional de los Estados soberanos y de su exclusividad como poseedores de potencia y repartidores del orden frente a sus recipiendarios. Se trata del orden mundial que se forja a lo largo de la modernidad y que, con atenuaciones distintas pero sin fracturas en sus bases esenciales, se vio prorrogado *sine die* y hasta finales del pasado siglo a través de la Sociedad de las Naciones y después de la Organización de Naciones Unidas. Afirmarlo no es una exageración, si bien es pertinente la afirmación que sitúa la declinación o caída del Derecho internacional en su efectividad a partir de los años '60 del siglo anterior, bajo el peso de la bipolaridad internacional (vid. Koskenniemi, cit.).

En tal instante, fugaz pero traumático, se conciertan de manera inesperada el acto suicida de un "grupo rebelde" no estatal y fundamentalista[1], provisto de indiscutible poder real y manifiesto propósito desestabilizador del orden trasnacional vigente, por una parte y por la otra, su transmisión en tiempo real instantáneo por las señales de televisión hacia todo el planeta: causando ambas realidades, en especial la última y dada la inmediatez contemporánea de las informaciones, un efecto demoledor e inhibitorio sobre la conciencia humana universal nada parangonarle con el alcanzado por las guerras de agresión habidas entre los Estados durante el curso de los últimos siglos. La pandemia del COVID-19 señalada alcanza a superar ese efecto, el del miedo colectivo y universal a partir de 2020, desfigurando y hasta conteniendo, acaso, el sentido liberador del respeto e intangibilidad de la dignidad de la persona humana descubierto a partir de 1945 y ahora sujeta a enclaustramiento, a distanciamiento social.

La pandemia universal en curso actual, que se deriva de una actividad científica propia de lo global y de riesgo realizada en el Instituto de Virología de Wuhan, China, desde el que se habrían desprendido los daños transfronterizos globales, ha sido capaz de paralizar la vida humana y causar efectos humanos, económicos y sociales devastadores, más propios de una guerra convencional sujeta al control crítico de los Estados y sus gobiernos. Pero quienes eso niegan, incluidos algunos científicos, hacen una revelación todavía más preocupante por lo incontrolada que sería pero capaz de doblegar la vida social y política de

---

1 Siguiendo a Thomas Mayer ("Fundamentalismo, la otra dialéctica de la ilustración", 1990), alude a "movimiento de exclusión arbitrario, una tendencia opuesta, aunque inherente, al proceso de apertura general del pensamiento, a la toma de iniciativas, una tendencia enemiga de las formas de vida particulares y sociales que caracterizan a la modernidad; frente a ello, el fundamentalismo pretende ofrecer, en la medida en que condena toda alternativa, certezas absolutas, sostén firme, auxilio permanente y orientación incuestionable".

todo el planeta: "«Nuestros análisis muestran claramente que el SARS-CoV-2 no es una construcción de laboratorio o un virus manipulado a propósito»" (CNN, febrero 3, 2021). ¿Obra del azar, como lo podría ser un terremoto?

Lo cierto es que, a partir de 1989 y en el tránsito de las dos generaciones que tienen como punto de destino el año 2019, ha ocurrido una verdadera ruptura epistemológica. Metafóricamente explicada le pone fin o término o compromete severamente a la realidad del poder político sobre los espacios jurisdiccionales de los Estados y de la misma comunidad internacional de los Estados.

Una y otra de las revoluciones que han propulsado ese fenómeno de «anaciclosis política» y normativa, las referidas 3ª y 4ª revolución industriales, rompen la relación del tiempo con el espacio territorial, e intentan hacer del cosmos y sus cosmovisiones, ahora, tiempos sin espacios, virtuales, además de sujetos a lo vertiginoso o momentáneo, provocando esa suerte de deconstructivismo social y económico que trastorna la idea de lo cultural nacional y de la plaza pública. Y como consecuencia, la de la inefectividad de la dimensión sociológica alrededor de la que se construyera el Derecho moderno, sobre todo el Derecho internacional o de gentes.

Imaginar otras categorías constitucionales, en lo global y lo doméstico que sean interpretativas de estas cuestiones inéditas y concretas, dentro de sus hipotecas virtuales o imposibles de ser asidas o captadas sensorialmente como el COVID-19, es un desafío descomunal y de presente. Nos interpela a los juristas y a quienes han decidido formarse en las áreas del Derecho internacional o transnacional o de la comunidad internacional, tal y como lo ha venido planteando con su indiscutible autoridad, en las décadas precedentes, Luigi Ferrajoli, filósofo florentino del Derecho (*Principia Iuris: Teoría del derecho y de la democracia*, Madrid, Editorial Trotta, 2011, 3 vols.).

¿Cuánto de lo dado y lo enseñado hasta hoy por quienes somos profesores de Derecho internacional quedará en pie? No lo sabemos. Sí sabemos que la historia solapa sus tiempos y no los corta en seco como la vida humana y natural. Mas resulta obligante considerar lo evidente, al objeto de que el Derecho internacional y su estudio no queden como oficio propio de antropólogos mientras se impone desde afuera la dinámica de unas fuerzas inéditas e innovadoras, capaces de repartir potencia e imponer cánones a sus recipiendarios dentro de las autopistas de la globalización, más allá de sus adscripciones ciudadanas o locales.

El debate que suscitan recién las citadas plataformas digitales una vez como se le suspenden sus cuentas al último presidente norteamericano, Donald Trump, cabeza de una de las potencias mundiales, aislándosele y silenciándosele sin que pudiese resistir, es indicativo de todo lo anterior y su agonal carácter. La reacción del secretario de la ONU, advirtiendo tardíamente sobre la necesidad de una regulación de las redes digitales a nivel internacional, prueba que el mundo jurídico ha quedado a la zaga, como la referida ONU lo estuvo desde los inicios del COVID-19.

Recién el Parlamento Europeo, a partir de 2017, comienza a trazar o delinear principios y normas susceptibles de abordar y regular, para su momento, la responsabilidad objetiva o por culpa de los robots, tanto como en 2021 la plataforma Twitter ha anunciado el nacimiento de otra capaz de resolver, con neutralidad, sobre el retiro o no de los internautas que puedan volverse amenazas para el orden naciente.

Son muchos, por lo visto, los signos característicos y propulsores de un tiempo nuevo o Era distinta, desbordante de una mera crisis «epocal» y de suyo precursor de otra civilización en emergencia. Sus líneas se anuncian, pero no somos capaces de discernirlas todavía con exactitud, en sus determinaciones.

Algunos afirman que se trata de un claro movimiento de repliegue y declinación histórica del poder de los Estados soberanos, que nos devuelve a la antesala de la modernidad o que nos sitúa desde ya en la posmodernidad. En otras palabras, estaríamos recreando, por una parte, el tiempo medieval junto a sus testimonios de localismo, de fragmentación y de dispersión social y cultural, y volverían por sus fueros los miedos que hicieron posible sea la entronización del dogmatismo religioso, sea la ausencia de un orden común laico, asegurado mediante fórmulas civiles y colectivas, como lo observa Jean Dolumeau (*El miedo en Occidente, siglos XIV-XVIII: Una ciudad sitiada*, Madrid, Taurus, 2012). Tanto como, sobre esa suerte de neomedioevo, que antes justifica la emergencia del Leviatán hobbesiano, esta vez dicho artificio vendría a ser sustituido por el *Deus ex Machina*, globalista y, paradójicamente, de estirpe grecorromana.

Otros hablan, antes bien, de la sustitución del viejo régimen mundial de los Estados por uno distinto que se levantaría y predicaría ese choque o cruce de civilizaciones del que nos habla *Samuel P. Hungtington* (1993) e intentan resolver las Naciones Unidas con el Dialogo de Civilizaciones (2001), que luego vino a matizar la Alianza de Civilizaciones propuesta por España apoyada por Turquía para frenar el avance militar de Occidente sobre el terrorismo islámico (2004). En el mejor de los casos, sin que signifique el agotamiento total del sistema de los Estados, sólo se estaría abogando por reducir la portada de éstos para que sólo sirvan de instrumentos políticos de mediación entre el hombre y la Humanidad totalizante, bajo la primacía del multilateralismo: ¿Nuevo escenario, el señalado, que supuesta o finalmente reivindicaría ante el hecho político e institucional la dignidad preeminente de los grupos humanos y sus derechos, proveyéndose a la defensa de un Patrimonio Común?

¿Se trata de una vuelta paulatina al *Ius Gentium* o Derecho de la razón común, que no se impone, sino que es, en línea con el criterio de Max Weber? Lo constante, sin embargo, es que de los fundamentos intelectuales de la civilización judeocristiana y grecolatina, fuentes mediatas del Derecho internacional y base de su expansión mundial hasta el presente, parecen avergonzar a las generaciones digitales o a sus usuarios, los que cultivan el radicalismo individual o las mónadas sociales emergente y autónomas, comenzando por las generaciones europeas y norteamericanas, causahabientes de las nociones de libertad, democracia y Estado de Derecho. Sin dejar de advertir y aceptando la pertinencia del debate al respecto, lo que el propio Joseph Ratzinger señala preocupado ante la disolución de los sólidos de la cultura que son fundamento del Derecho: "Antes había surgido la cuestión de si hay que considerar la religión como una fuerza moral positiva; ahora debe surgir la duda sobre la fiabilidad de la razón. Al fin y al cabo, la bomba atómica es un producto de la razón; al fin y al cabo, también la producción y selección de hombres han sido creadas por la razón. En ese caso, ¿no habría que poner a la razón bajo observación?" ("Lo que cohesiona al mundo. Los fundamentos morales y prepolíticos del Estado liberal", en J. Habermas y J. Ratzinger, *Entre razón y religión, dialéctica de la secularización*, México, FCE, 2008)

M. Lascombe (Le droi international public, Dalloz, Paris, 1996) sugería a destiempo y sin prevenir sobre lo corriente, con lente muy próximo y hasta miope, que con la dislocación del bloque comunista y el regreso hacia la concepción occidental del Derecho por parte de los países de la Europa del Este, se estaría favoreciendo el renacimiento de una sociedad internacional planetaria en el que "un solo tipo de relaciones internacionales (el tipo occidental, como en el tiempo clásico) estaría encontrando su posición dominante sin que pueda encontrar contradicción como hasta ahora, en el mundo en desarrollo". La verdadera oposición a dicho tipo, según se dice, podría surgir en los países islámicos más extremistas, pues la misma aproximación entre Israel y Palestina cabría entenderla como una brecha favorable a las tesis occidentales. Pero es sólo una hipótesis.

De modo que, sin mengua de las perspectivas anteriores, puede estar ocurriendo el tránsito desde la dimensión utópica del Derecho internacional, construido sobre unas ficciones – la personalidad moral o abstracta de los Estados y su encuentro o cruce con otra ficción, la de las organizaciones internacionales – hacia su dimensión real y propiamente social como "sociedad de individuos" o a lo mejor de "ciudades" o patrias de campanario tal y como las describe Miguel de Unamuno (*La dignidad humana*, Madrid, Espasa-Calpe, 1967). Son la oposición a la artificiosa patria de bandera y en una línea argumental próxima a los predicados de G. Scelle ("*Règles générales de Droit de la paix", Recueil des Cours de l'Académie de Droit International*, 1933-IV, n°46, pp. 342-343): "Abandonemos definitivamente la idea de que la sociedad internacional es una sociedad de Estados. Es una vía falsa, una abstracción antropomórfica, históricamente responsable del carácter ficticio y de la parálisis de la ciencia tradicional del Derecho de gentes". ¿Otra utopía?

La lista de las utopías jurídicas y políticas es exhaustiva en el mundo occidental, como lo señala Agnès Lebjowicz *(Philosophie du droit international: L'impossible capture de l'humanité,* Paris, PUF, 2018): comenzando con la idea de la recuperación de la Tierra Santa, esbozada en 1305-1307 por *Pierre Dubois*, para seguir con *Marcilio de Padua* y su Defensor de la paz (1324); atravesando por *Francisco Suárez* sobre la ley legislada por Dios (1612) o por el proyecto de paz perpetua del *Abad de Saint Pierre* (1713-1717); o concluyendo con *Bentham* y sus principios de Derecho internacional (1786-1789) y también el *Abad Gregorio* con su proyecto de declaración sobre el Derecho de gentes (1793).

Lo cierto, sin embargo, es que en el presente podemos apreciar una suerte de sintomatología que probablemente indique la posibilidad – es una entre otras – de una evolución marcada por otra gran ruptura hacia el «sistema de la Humanidad» dibujado por E. Kant (*Conjectures sur le commencement de l'histoire humaine*, 1786) y esbozado igualmente por A. Comte (1798-1857) como "sistema universal de las concepciones propias al estado normal de la Humanidad" (del autor, *Síntesis subjetiva*, apud. Juan Enrique Lagarrigue, *La relijión* – sic – *de la Humanidad*, Santiago, 1884). Probablemente sea la perspectiva que, al final, le podría dar consistencia al hasta ahora llamado Derecho internacional, abandonando sus arrestos de primitivismo y cuyos signos recientes pueden resumirse así:

- El desdibujamiento de las fronteras políticas, nacionales y culturales por obra misma de la mundialización de las comunicaciones, junto a su efecto reductor del espacio físico y las abstracciones jurídicas que han separado a los seres humanos; en otras palabras, estaríamos asistiendo a la transformación del mundo en una auténtica *humanae civitas*: la llamada "aldea global".
- La consiguiente fragilidad de la añeja idea de la soberanía - "después de Dios, nada hay de mayor sobre la tierra que los príncipes soberanos: ... quien(es) no puede(n) hacer de un súbdito su igual sin que su poder desaparezca..."; que luego dio fundamento y razón de ser a los Estados, sirvió de soporte a la predicada igualdad política entre éstos: *par in parem non habet imperium*, y sujetó la movilidad e identidad de los individuos declarándoles parte no escindible del mismo Estado y capaces sólo en la medida que éste se los permitiese.

- Finalmente, la ruptura de los lazos de articulación e integración social hasta ahora conocidos por el hombre y expresados "hegelianamente" en el propio Estado y en sus instituciones: Hombre, pues, moralmente huérfano en lo adelante y, eso sí, sobreabundante o desbordado por la información de masas.

No huelga observar, en esta línea de pensamiento, que la precedente y milenaria civilización de la materia y la transformación de ésta por obra de la acción manual o técnica del hombre para su uso tanto social como económico, hace lugar, cuando menos en Occidente, a las filiaciones culturales e ideológicas que luego determinan o explican el poder interno e internacional de los Estados y sus ejercicios hasta reciente fecha. La validez de sus postulados y las formas que fue capaz de recrear ya no encuentran cómodo asidero en la predicada Edad de la Inteligencia Artificial o de la globalización digital que ahora y en lo adelante, de un modo fatal, nos acompaña. Esta vez se privilegia el tiempo y a su instantaneidad, y a la información en tiempo real, lo hemos subrayado. Los espacios geopolíticos se devalúan, salvo cuando ellos se tornan en deidad intocable como ecosistema, bajo el culto renacido a la Pacha Mama, de factura neo marxista, fundado en la idea del «Buen vivir» (Vid. Gian Carlo Delgado, *Buena vida, buen vivir: Imaginarios alternativos para el bien común de la humanidad*, México, UNAM, 2014).

No por azar la Asamblea General de la ONU, al conmemorar en 1995 el cincuentenario del nacimiento de la organización y luego de advertir en el Preámbulo de su Resolución 50/6 que *"la rapidez y la amplitud de las transformaciones del mundo contemporáneo hacen prever un futuro sumamente complejo y sembrado de dificultades"*, tuvo a bien recordar lo que habrá de ser su determinación histórica o el desafío práctico y moral de nuestro tiempo: *"Reorientar a la Organización a fin de que preste mayores servicios a la Humanidad"*. Sensiblemente, la frustración de sus propósitos se ha hecho constar, sobre la realidad desgarradora y ejemplarizante de la pandemia, en la Declaración sobre el 75° Aniversario adoptada por los Jefes de Estado y de Gobierno de sus países miembros.

El sentido de esta enmienda, ciertamente crucial y oportuna, no queda diluido en el texto de la señalada resolución puesto que en sus cuatro grandes títulos se fija como guía teleológica y teórica a la "razón humana" y no a la clásica "razón de Estado". Así, se habla de la paz, fundada en la idea del desarrollo económico y social de los pueblos; el desarrollo económico, social y ambiental, como entorno unitario indispensable para el bienestar de la Humanidad y la estabilidad internacionales; el valor universal de la persona humana y su igualdad de derechos, más allá de las particularidades nacionales o de los patrimonios históricos, culturales o religiosos; la sujeción de los Estados y de sus relaciones a los principios de respeto al Estado de Derecho, de solución pacífica de las controversias, de primacía ordenadora del Derecho internacional humanitario, y de protección del derecho al desarrollo y de los derechos humanos y de las libertades fundamentales.

Un lustro antes, el 2015, la ONU adopta como su documento rector para el porvenir, renovado por la anterior declaración, *Transformar nuestro mundo: la Agenda 2030 para el Desarrollo Sostenible* en la que "reconoce la necesidad de construir sociedades pacíficas, justas e inclusivas que proporcionen igualdad de acceso a la justicia y se basen en el respeto de los derechos humanos (incluido el derecho al desarrollo), en un estado de derecho efectivo y una buena gobernanza a todos los niveles, y en instituciones transparentes y eficaces que rindan cuentas". No obstante, si bien se invoca a la democracia para situarla junto a la buena gobernanza y el Estado de derecho como "elementos esenciales del desarrollo sostenible", tales extremos quedan situados en segundo plano y sin desarrollo concreto. En sus Objetivos 4 y 16 precisa el documento como compromisos, a todo evento:

(a) asegurar que los alumnos adquieran conocimientos teóricos y prácticos mediante "la educación para el desarrollo sostenible y los estilos de vida sostenibles, los derechos humanos, la igualdad de género, la promoción de una cultura de paz y no violencia, la ciudadanía mundial y la valoración de la diversidad cultural y la contribución de la cultura al desarrollo sostenible", y

(b) "promover el estado de derecho en los planos nacional e internacional y garantizar la igualdad de acceso a la justicia para todos".

Sea por exceso, sea por defecto, en suma, la persona humana vuelve a ser centro y referencia del orden global: tanto como lo fue para el espíritu y la filosofía renacentistas cuando "se rebaja el cielo hasta la tierra. El hombre es – o vuelve a ser al igual que en la Ilustración - «Dios en la tierra»", lo dice J. Hirschberger (*Breve historia de la filosofía*, Barcelona, Herder, 2012). De modo que, el hombre con su fardo de derechos: sus *derechos humanos*, hoy guía y condiciona, incluso pecando de inflacionario y arriesgando la esencia misma de las prerrogativas inherentes a su dignidad, la totalidad del discurso acerca del poder y del Derecho y en cuanto a las relaciones que se dan entre todos los actores y sujetos del drama mundial contemporáneo.

También es manifiesto que la misma se diluye, como persona humana, sea en los intersticios de las plataformas digitales y en calidad de usuario-dígito, sea en su adscripción a las mónadas sociales que por naturaleza excluyen a los diferentes; tanto como se hace evidente que en la medida en que sus derechos fundamentales se hacen exponenciales, no progresivos, esos mismos derechos ven relajada su esencia y las posibilidades de su efectiva tutela (Vid. A. Aguiar, *Calidad de la democracia y expansión de los derechos humanos*, Miami, MDC/EJV, 2018).

Lo cierto, como lo apunta *Luigi Ferrajoli*, es que vivimos una época de transición caracterizada por procesos de globalización e integración mundial novedosos y también de agregación en grandes espacios regionales en orden a los temas mundiales de relevancia actual, y a la par, por procesos de desagregación que buscan afirmarse en reivindicaciones localistas o comunitarias que predican el absolutismo de sus autonomías políticas; pero todos a uno recelan del actual Derecho internacional y de la eficacia de los métodos de las relaciones exteriores e internacionales conocidos.

Todos a uno se encuentran a la espera de nuevas categorías constitucionales que hoy se ensayan, sin estabilidad, entre quienes persiguen la ordenación de un "gobierno mundial" como instrumento de la paz, y quienes, temerosos de lo anterior se presentan, incluso manipulando los estándares y virtudes de la misma paz y la libertad, como fuerzas democráticas opuestas a la renovación del imperialismo, pero que incluso ahora recelan del mismo ordenamiento internacional aún vigente y en su conjunto, "subestimando su insustituible valor estratégico como sistema de garantías" de éstas, del Estado de Derecho, de la democracia, y de los derechos humanos a nivel universal.

Es inevitable, dada la fractura histórica que implica el fenómeno de la mundialización en curso, que la enseñanza y el aprendizaje del Derecho internacional – como conjunto de principios y reglas que rigen las relaciones entre los Estados y otros sujetos internacionales, incluso el individuo – y de las relaciones internacionales – como estudio sistemático del comportamiento de los actores políticos internacionales y de los principales problemas de la realidad contemporánea, como de la inserción de esos mismos actores en el plano internacional para el logro de consensos – aún se encuentren rezagados, atados al conocimiento del orden en vigor a partir de 1945.

La urgencia de debates académicos y ensayos descriptivos-prescriptivos que apoyados sobre el reconocimiento de la inédita dimensión sociológica que adquiere la humanidad emergente, declinando, si posible, en favor de la dimensión Justicia: *Pro homine et libertatis*, incluso a tientas, de manera experimental y especulativa acerca del Derecho y la gobernanza global, está golpeando a nuestras puertas. Ha de asumirse libre de ataduras dogmáticas, recibirla animados por un espíritu crítico fundado en una clara visión antropológica como eje y premisa para la valoración de todo lo demás, a saber, desde la persona humana y su carácter perfectible, a fin de hacer trazados reconstructivos de los órdenes necesarios y sus garantías esperadas. Huelgan, al respecto, otras justificaciones.

Condado de Broward, febrero 5, 2021.

APROXIMACIÓN AL FRACASO DE LA FUNCIÓN SOCIAL DEL DERECHO EN VENEZUELA

HENRIQUE MEIER ECHEVERRÍA*

SUMARIO

INTRODUCCIÓN

> *"Y el derecho se retiró, y la justicia se puso lejos; porque la verdad tropezó en la plaza, y la equidad no pudo venir.*
> *Y la verdad fue detenida, y el que se apartó del mal fue puesto en prisión; y lo vio Jehová, y desagradó a sus ojos, porque pereció el derecho"*[1].

Estas líneas tienen por objeto coadyuvar a entender el fracaso de la función social del Derecho en la sociedad nacional. La comprensión de tan rotundo "fracaso" exige tomar consciencia de que ese hecho o

---

* Profesor Jubilado de la UCAB: ex profesor de Instituciones Políticas, Derecho Constitucional y Derecho Administrativo II. Ex Director del Área de Estudios Jurídicos y Políticos del Decanato de Estudios de Posgrado de la Universidad Metropolitana. Ex Profesor de Derecho Ambiental, Derecho de la Economía de Mercado y Marco Legal de la Administración Pública en los postgrados de Derecho Corporativo y Gerencia Pública, respectivamente, en la Universidad Metropolitana. Ex Profesor de Teoría Político-Constitucional en la Escuela de Estudios Liberales de esa misma Universidad, y de Introducción al Derecho en la Escuela de Derecho de la mencionada Universidad. Director-fundador de la Escuela de Derecho de la Universidad Metropolitana.

1 Isaías 59, 14-15, Reina Valero 1960.

dato social denominado "lo jurídico" (para algunos limitado al mero ordenamiento legal formal de un Estado y una sociedad, situados y temporalizados) no se explica, ni se legitima en sí mismo, como si es el caso, por ejemplo, del ámbito del Arte y sus expresiones, cuyas fuentes de inspiración son ilimitadas: Dios, los dioses, el universo, la naturaleza, la vida social e individual, el imaginario colectivo, las tradiciones, mitos y leyendas, la subjetividad única del creador: su imaginación, el inconsciente, las fantasías, los sueños (la libertad de creación artística es garantizada en las constituciones democráticas, salvo en los estados totalitarios). En cambio, las fuentes materiales de las normas jurídicas se remiten siempre a la "vida humana en sociedad" en alguno o algunos de los complejos campos o dominios de esta: vida de relación expresada en conductas realizables. No pueden ser materiales de lo jurídico las fantasías y sueños del hombre, su ilimitada imaginación, el mundo misterioso del inconsciente. El contenido del Derecho de hoy, el de ayer y el del futuro, se circunscribe a las relaciones humanas intersubjetivas, reguladas y mediadas por las normas que integran el ordenamiento jurídico-positivo y sus correspondientes actos de aplicación a las personas que protagonizan tales relaciones. La denominada "alteridad" de lo jurídico, bien como norma que contiene una relación jurídica potencial enunciada en términos abstractos, genéricos e impersonales (momento normativo: las normas regulan), o como relación jurídica específica entre dos o más personas concretas (momento aplicativo: los actos jurídicos de aplicación de las normas median, y de esa manera integran, y garantizan el control social). Esa es la característica de lo jurídico en tanto "función social" por excelencia. Lo jurídico es un dato de la realidad social que se halla en permanente articulación dialéctica con otros datos o elementos de esa realidad. Acerca de la conexión del fenómeno jurídico con otras esferas que conforman los procesos sociales, un estudioso de la relación entre Antropología y Derecho, Esteban Krotz expresa:

> "*...el fenómeno jurídico no puede ser entendido de modo aislado con respecto a los procesos sociales de los que forma parte. Querer conocer las características del derecho, sus orígenes y transformaciones, sus límites y potencialidades, sus condiciones y su autonomía relativa, sus implicaciones éticas y su legitimidad, su función*

como elemento de control y como impulso de cambio, exige ubicarlo en la trama social más comprensiva...En la actualidad, ya no es posible estudiar lo jurídico de manera aislada, sin situarlo en una escala amplia e histórica que al mismo tiempo pueda dar cuenta de la relación del derecho con la economía, la sociedad y la política...El derecho debe ser entendido como un fenómeno incrustado en la cultura y las relaciones sociales, y como un lenguaje para disputar resultado de las negociaciones de los actores sociales"[2].

En efecto, así como por ejemplo el "Derecho Laboral" encuentra su razón de ser en la regulación de la denominada "Cuestión Social", expresión que remite a los desequilibrios entre el capital y el trabajo como factores de producción, a la situación de dramática injusticia en la que se encontraban los trabajadores asalariados desde el inicio de la revolución industrial en Europa y América (S. XVIII), hasta los primeros años del Siglo XX (salarios de miseria, jornadas de 14 y 15 horas, pésimas condiciones de seguridad, higiene y salubridad, trabajo de menores y mujeres embarazadas); otras ramas del Derecho han surgido históricamente para regular hechos sociales de trascendencia colectiva, tal el caso del Derecho Ambiental, cuyo objeto es normar las relaciones entre la sociedad y la naturaleza, a raíz de los profundos desequilibrios que desde hace tres siglos aproximadamente comenzaron a producirse en ese ámbito de la realidad integrado por tres complejas esferas: la sociosfera, la tecnosfera y la biosfera[3] (la "Cuestión Ambiental"). Sin embargo, a pesar de la evidencia de que el "Derecho" es parte de una trama social compleja, de su conexión dialéctica con los otras esferas de la estructura social, y cuyo origen antropológico, cultural e histórico se halla en la necesidad de establecer un orden social y político "estable" para contrarrestar la pulsión hacia la violencia, la anarquía, el caos y la destrucción que forma parte de la condición humana (la pulsión de Tánatos inscrita en la psique humana según Freud en su obra "El Malestar

2 Esteban Krotz y otros. *Antropología Jurídica: Perspectivas Socioculturales en el Estudio del Derecho.* Anthropos Editorial. Universidad Autónoma Metropolitana. México 2002, pp. 8, 151 y 161.

3 Véase, Henrique Meier. *Las relaciones individuo, sociedad y naturaleza*: origen de la realidad ambiental. Bases antropológicas y culturales de la realidad ambiental. Universidad Metropolitana. Caracas, 2014.

de la Cultura"[4]), se sigue pensando lo jurídico como si se tratase de un dato o hecho desconectado del resto de los factores que conforman la vida social.

Estoy convencido de que es hora de superar ese concepto formalista, positivista (legalista), simplificador y reduccionista de lo jurídico que predomina en las escuelas de Derecho de nuestras universidades y en la mentalidad de no pocos juristas y operadores del "sistema jurídico" (profesores, jueces, fiscales del Ministerio Público, abogados): la errónea idea del Derecho como un "en si" aislado, ubicado en una suerte de espacio propio, autónomo, una estructura formal que se justificaría en sí misma, prescindiendo, reitero, del resto de los factores y procesos que integran la estructura social y confluyen en su funcionamiento. Es hora de superar la imagen del Derecho y del jurista puros (La escuela de Kelsen), deslastrados del polvo, el fango, la violencia, la sangre, las terribles contradicciones de la realidad social. Como si lo jurídico no tuviese nada que ver con los ámbitos de la política y el poder (las relaciones de poder: Estado-individuo, Estado-sociedad, la lucha por el poder), de la economía (las relaciones sociales de producción, apropiación, circulación, distribución, comercialización y consumo de bienes, de riquezas y servicios). Como si lo jurídico no fuere parte de la cultura de una sociedad concreta, y, por tanto, de las creencias, valores, percepciones colectivas que caracterizan a esa sociedad. Como si lo jurídico en su dimensión normativa no fuere "vida humana objetivada" en constituciones, leyes, reglamentos, ordenanzas, y, por consiguiente, formalización de valores, bienes sociales, creencias compartidas, esperanzas, reivindicaciones sociales históricas, intereses de clase, intereses gremiales, corporativos, generales, nacionales, locales, costumbres y prácticas sociales, doctrinas políticas, sociales y económicas, imágenes del Estado y la sociedad deseables; en una palabra, vida humana signada[5] por la dialéctica, las inevitables contradicciones que la caracterizan. Como si la categoría abstracta de "sujeto de derecho" no cobrase auténtica vida real cuando se aplica a personas humanas específicas, situadas

---

4 Sigmund Freud. *El Malestar de la Cultura*. Akal, 2016. Asimismo, en su obra *Más allá del principio del placer.* Versión PDF. Freeditorial.

5 Véase, Luis Recasens Siches. *Vida humana, sociedad y derecho*. La Casa de España en México, 1939.

y temporalizadas. El drama de las relaciones humanas juridificadas en la ley y encarnadas en hombres y mujeres que luchan por sus derechos e intereses concretos[6], del angustioso reclamo de justicia, de las pasiones, sentimientos y emociones que se hallan tras las figuras jurídicas abstractas (El sentimiento o percepción emocional de lo justo frente a lo injusto en la expresión popular "No hay derecho", cuando se presentan situaciones sentidas como injustas[7]).

---

6 Véase Rudolf Von Jhering. *La lucha por el derecho.* Dykinson, 2018.

7 A propósito de la obra del jurista español Pablo Lucas Verdú, *El sentimiento constitucional* (Aproximación al estudio del sentir constitucional como modo de integración política), Madrid, REUS, 1985, José Luis López Chevarría expresa: "De gran relevancia en esta temática expuesta por el ilustre catedrático de derecho político en la Universidad Complutense, son las reflexiones en torno a la importancia que para el eficaz funcionamiento del sistema normativo, juega la sincronía entre su construcción técnica, lógica, racional, y el sentimiento jurídico (*pathos*) que se siente hacia él, pues no se puede comprender la eficacia de un orden jurídico por más técnicamente elaborado, si la comunidad no siente que expresa verdaderamente sus necesidades y aspiraciones, pero tampoco puede aceptarse la validez y cumplimiento del orden jurídico con base en criterios estrictamente afectivos o valorativos del grupo social. Según advierte el autor, la noción de sentimiento jurídico encuentra gran reticencia en su tratamiento por los juristas, ello resulta así porque consideran que dicha temática corresponde a la psicología social, sociología y ciencia política; que al concederle especial importancia se corre el riesgo de quebrantar el principio de seguridad jurídica, y que en realidad constituye un ente fantasmagórico que no puede tomarse en serio por los juristas estrictos. A las anteriores consideraciones se suman las convicciones ácratas que consideran que no se puede tener un sentimiento afectivo al texto constitucional, cuando en el fondo representa la justificación de una dominación política. Sin desdeñar las anteriores reflexiones, compartimos las ideas expuestas en el presente trabajo de que para la cabal comprensión jurídica de los problemas que estudia el derecho constitucional, resulta necesario la consideración de principios estimativos, axiológicos y de exigencia social, sin los cuales el intérprete de la norma difícilmente podrá encontrar la directriz adecuada de la problemática que pretende resolver. Un apartado amplio lo ocupa para diferenciar el sentimiento jurídico con otras figuras afines, su existencia a lo largo del devenir histórico y su conceptuación. De tal suerte, nos señala cómo en el rico léxico jurídico alemán distinguen entre conciencia jurídica (*Rechtsbewusstsein*) y *Volksrechtsbewusstsein* (conciencia jurídica popular), *Rechtsinstinkt* (instinto jurídico), *Rechtstrieb* (instinto y/o estímulos jurídicos) y, aún más, términos que equiparan el sentido del derecho y de lo justo con el sentimiento jurídico (*Rechtsgefühl*), etcétera. Lo importante de lo anterior, independientemente de cuál sea el término que se adopte, consiste en que en todo ordenamiento jurídico existe esa noción de sentimiento jurídico que, al decir del autor, se traduce en implicarse con el derecho vigente, con todo o parte de él, apoyándolo. El no implicarse indica, a veces, que se prefiere otro distinto, el anterior u otro mejor, apareciendo así, el resentimiento jurídico. Boletín mexicano de derecho comparado. En https://revistas.juridicas.unam.mx/index.php/derecho-comparado/article/view/3057/3336. Consultado el 20 de noviembre de 2020.

Esa errónea concepción del Derecho es defendida con el baladí argumento de considerar que su análisis desde el punto de vista de su eficacia real, es caer en un enfoque sociológico y político (asunto de sociólogos y de politólogos), y hacerlo desde el punto de vista de la justicia de sus normas corresponde a la filosofía (a los filósofos del Derecho); ambos enfoques desnaturalizarían lo que "compete" a la denominada "ciencia" o "dogmática jurídica"[8] (el auténtico "jurista"). Esa posición desdeñosa de la inexorable articulación de lo jurídico con lo político, lo económico, lo social, lo cultural, no es más que una velada resistencia intelectual a aceptar que el Derecho puede ser ,- y de hecho ha sido, y es así en los sistemas dictatoriales y totalitarios del pasado y del presente,-manipulado por el poder estatal para pretender "legitimar" la restricción y la supresión de las libertades, el desconocimiento de la dignidad de la persona humana a los individuos de determinadas comunidades étnicas, o a quienes se opongan y disientan del discurso (la ideología) y las actuaciones de dicho poder. Quienes asumen esa posición pretenden soslayar que el Derecho es objeto de manipulación para atribuir al Estado potestades ilimitadas (la dictadura legal, la legalidad "injusta") y "justificar" la intervención y control estatal de la totalidad de las esferas de la vida social (legislación del régimen chavista). En suma, esa resistencia mental, -temor a reconocer la realidad de lo

---

8 "...mi argumento se refiere a la dogmática o doctrina jurídica, es decir, a los estudios o comentarios que tienen por objeto describir (interpretar o sistematizar) el derecho positivo vigente[6] (Navarro y Moreso, 1997; Peczenik, 2004: 106 -7). Así, la dogmática busca esclarecer qué es lo que dice el derecho vigente, cuál es su sentido. excluyo a la filosofía del derecho, la sociología del derecho, la criminología, la historia del derecho, la antropología jurídica, la medicina forense y, en general, a todos los saberes que se ocupan de lo jurídico desde sus propias bases disciplinarias. El carácter científico de estas disciplinas aplicadas al fenómeno jurídico hay que buscarlo en los estándares de las respectivas ciencias fundantes, es decir, en los de la filosofía, la sociología, la historia, etc. sin perjuicio de que lo que aquí interesa es la dogmática, cabe hacer notar desde ya que los atributos que hacen de la doctrina jurídica una disciplina científica se encuentran presentes también en estas otras ciencias que se ocupan del derecho. Sólo que ellas pueden tener requisitos adicionales. Esto es así porque los requisitos del carácter científico de la dogmática que aquí se propondrán, lo anticipo de una vez, son los comunes a toda ciencia: el mínimo común denominador, si se quiere, de la cientificidad de un saber. Andrés Bernasconi. El carácter científico de la dogmática jurídica. Revista de Derecho de Valdivia, Chile. Vol. XX - N° 1 - Julio 2007, Páginas 9-37. Disponible en https://scielo.conicyt.cl/scielo.php?script=sci_arttext&pid=S0718-09502007000100001Ramírez. Consultado el 13 de enero de 2021.

jurídico-, se manifiesta en la ignorancia deliberada de la ineficacia social del Derecho, es decir, que el sistema de normas positivas poco o en nada regule, medie y controle la conducta de los individuos y organizaciones sociales: el divorcio entre Derecho y Sociedad (país legal y país real: las normas que integran el denominado "desuetudo"). Sobre este último tópico Octavio Paz señala que se trata de una característica general de los países latinoamericanos:

> *"La adopción de constituciones democráticas en todos los países latinoamericanos y la frecuencia con que en esos mismos países imperan regímenes tiránicos pone de manifiesto que uno de los rasgos característicos de nuestras sociedades es el divorcio entre la realidad legal y la realidad política"*[9]*. Por su parte, Carlos Fuentes nos explica el origen histórico-político de ese profundo divorcio: "A medida que los conquistadores pasaron a la historia, sus descendientes, así como los españoles que viajaron a vivir en las colonias, se las arreglaron como mejor pudieron tanto con los principios generales de las leyes humanitarias, como con la situación real que encontraron en estos lejanos territorios. La distancia entre la Corona y sus posesiones fue acentuada durante la decadencia económica de España en el Siglo XVII. El gobierno de Felipe III, inmerso en una profunda crisis económica al iniciarse el siglo, dejó de pagar salarios a sus administradores coloniales. Estos se vieron obligados a proporcionarse sus propios ingresos mediante negocios turbios, verdaderas corruptelas que transformaron a los funcionarios locales de la Corona en caciques provincianos. Ellos crearon los monopolios económicos en los distritos bajo su dominio y se aliaron con los comerciantes locales, quienes aseguraron que los funcionarios recibiesen sus salarios... Una bonita situación que nos proporciona la imagen radical, original de la corrupción de la vida tanto pública como privada en América Latina. La figura central de ese sistema fue el Corregidor, recaudador de impuestos, magistrado y administrador, cuyos labios obsequiaban a la Corona, pero cuyas manos estaban profundamente inmersas en los negocios compartidos con los poderes locales y aislados de los dueños de hacienda y caciques políticos. No es de extrañar que cuando las nuevas y humanitarias leyes llegaron al Nuevo*

[9] Octavio Paz. *Tiempo Nublado.* Seix Barral, Barcelona, 1983. p. 172.

> *Mundo, los funcionarios locales simplemente se las pusieran sobre sus cabezas, declarando solemnemente "La ley se acata, pero no se cumple". De esta manera se desarrolló en la América Latina un profundo divorcio entre el país legal, consagrado en la legislación monárquica y más tarde en las constituciones republicanas, y el país real, pudriéndose detrás de la fachada legal y contribuyendo a la desmoralización y a la disrupción de la América española desde sus inicios"*[10].

Al ignorar deliberadamente la complejidad del Derecho y su relación inexorable con el conjunto de factores y procesos que integran el sistema político, social, económico y cultural, se intenta evadir tanto la crítica axiológica al poder estatal (a su legitimidad de desempeño), como el hecho del innegable divorcio entre el país legal-institucional y el país real: la inutilidad social de no pocas normas jurídicas, comenzando por la propia Constitución ("Constitución de papel", "Derecho "superfluo"). Y es que resulta muy cuesta arriba para abogados y juristas tener que reconocer la ineficacia del Derecho como factor de regulación, control, integración y mediación social, y la vigencia de prácticas y costumbres contrarias a las normas jurídicas en la realización de esas funciones (prácticas y costumbres "contra lege"). Sólo superando el llamado "doble discurso", la clásica inautenticidad ética del venezolano medio, se puede reconocer que el "éxito" del abogado dependa del tráfico de influencias, del soborno judicial, de sus vínculos con "gobernantes y poderosos", su inclusión en alguna mafia integrada por jueces, amanuenses, secretarios de tribunales, fiscales del Ministerio Público y demás "operadores" del sistema de la corrupción judicial[11]. Y que,

---

10 Carlos Fuentes. *El Espejo Enterrado*. Fondo de Cultura Económica. México, 1994, pp. 145-146.

11 En palabras del jurista ex decano de la Facultad de Derecho y Ciencias Políticas de la UCV, especialista en Derecho Penal, el reconocido jurista Alberto Arteaga: **"Justicia venezolana: la más débil del mundo".** Arteaga reiteró que en Venezuela no hay justicia. "Tan simple y tan grave como eso". Y que estamos en el foso en el tema de justicia penal lo corrobora el reporte sobre la situación del Estado de Derecho en el mundo, elaborado por **El World Justice Project (WJP) y difundido en febrero pasado.** Según el informe **WJP Rule of Law Index® 2019,** Venezuela ocupa el último lugar, entre 126 países, en el peor índice de Estado de Derecho, antecedido solo por Camboya, en el lugar 125; y el Congo (124). Los tres mejores son Dinamarca, en primer lugar, Noruega y Finlandia. El Índice de Estado de Derecho de WJP mide el desempeño del estado de derecho de los países, a través de ocho

por tanto, sus conocimientos y su talento para interpretar las leyes, para alegar y probar los hechos y el derecho de su representado (demandante o demandado, acusador o acusado), en poco o nada cuenten para una decisión judicial favorable. Pero… por más que se intente desconocer el vínculo de lo jurídico con los procesos sociales de los que forma parte, no por ello desaparece ese hecho o dato de la realidad política, social e institucional.

Aunque más adelante insisto en este punto neurálgico, considero oportuno en esta Introducción afirmar que el Derecho tiene su origen en una incuestionable necesidad humana de orden político, social e institucional, al igual que el Estado y cualquier forma de autoridad social. La naturaleza incompleta, precaria y menesterosa del individuo nos impulsa al encuentro con el otro[12] y los otros, a la asociación, única

factores. Estos son: restricciones en los poderes del gobierno, ausencia de corrupción, gobierno abierto, derechos fundamentales, orden y seguridad, cumplimiento normativo, justicia civil y justicia penal. Se indica que más países disminuyeron que mejoraron el desempeño general del Estado de Derecho por segundo año consecutivo. El segundo mayor descenso respecto al año pasado se observó en el área de "Justicia penal", seguido de "Gobierno abierto" y "Derechos fundamentales". El WJP Rule of Law Index es la fuente líder mundial de datos originales sobre el Estado de Derecho, en opinión de expertos. Está basado en más de 120,000 encuestas de hogares y 3.800 de expertos de todo el mundo. En https://www.cambio16.com/en-venezuela-el-retardo-de-justicia-penal-propicia-compra-de-la-libertad-en-dolares/ . Consultado el 14 de noviembre de 2020.

12 En la primera era, antes de la historia, vale decir, la prehistoria, que comprende el Paleolítico y el Neolítico, en los diversos continentes del Planeta se ha comprobado el hecho de la asociación, en un principio inconsciente como respuesta al instinto de conservación y luego consciente con la evolución de la cultura. Rodríguez Iturbe expresa ese rasgo antropológico desde la perspectiva de la concepción cristiana de la persona: "Toda reflexión sobre el hombre tiene que partir de una ontología. El hombre es ser subsistente. Por ser persona es libre y responsable, participante en el orden del ser con una unidad que tiene conciencia de sí. Pero toda persona posee constitutivamente una religatio que hace referencia a Dios y a los demás hombres. Una antropología filosófica que prescindiera de semejantes supuestos sería totalmente estéril, porque es esta perspectiva la que nos permite valorar en toda su plenitud a la persona humana reconociendo a un mismo tiempo la dimensión comunitaria como constitutiva de su ser personal. Lo ontológico no puede definirse como algo social. Pero para explicar lo social, lo comunitario (carente en sí de sustancialidad, que es propia y específica de la persona) los presupuestos ónticos son necesarios. Porque el hombre es persona anteriormente a toda comunidad; pero personalidad –esto es, persona plenamente desarrollada – sólo puede serlo en y por la comunidad. El hombre, pues, existe en un marco comunitario. Y este hecho no puede llevarnos a dicotomías de raigambre idealista sino, justamente, a la superación de las dicotomías antinómicas. Nosotros, por ejemplo, no podemos compartir el criterio de Ortega según el cual la vida "personal" es "auténtica"

posibilidad que tiene la vida humana de mejorar los estándares de la calidad existencial individual y colectiva. Es de aclarar que el hecho de la asociación, de nuestra indubitable vocación gregaria, no implica la anulación de los impulsos antisociales. Coexisten en la persona individual y social (como individuo y como grupo) dos tipos de impulsos básicos de la conducta humana que se niegan, se contradicen, chocan, creándose una dialéctica terrible, dramática, que ninguna sociedad en el curso de la historia ha logrado superar: por un lado la sociabilidad, la asociatividad, la cooperación, la solidaridad, la empatía, la confianza, la generosidad, el altruismo, etc.[13]; por el otro, la insociabilidad, el individualismo a ultranza, el aislamiento, el engaño, el odio, la desconfianza, etc. Por un lado, la tendencia a la integración y la inclusión; por el otro, la tendencia a la desarticulación, a la exclusión. Tal es la compleja, dialéctica y contradictoria condición humana. El Derecho emerge como un esfuerzo limitado para tratar de mitigar, controlar, mantener a raya los impulsos negativos del ser humano, prescribiendo conductas obligatorias, vinculantes, formuladas con fundamento en la ética de la convivencia pacífica[14].

---

y la vida "social "inauténtica" ... el ser hombre es un ser libre que despliega y realiza su libertad en un marco de existencia social. Lo social no es un accidente, no es un agregado; es, repito, constitutivo de su ser personal". José Rodríguez Iturbe. *Historia y Política*. En la obra colectiva "*Sentido y Posibilidad. Clave para una interpretación social cristiana de la historia"*. Fondo Editorial Irfes. Buenos Aires, 1977, pp. 163-164.

13 Es lo que algunos autores denominan "capital social", es decir, el patrimonio ético-moral de una sociedad, un bien intangible que se manifiesta en conductas concretas que encarnan los valores antes mencionados. De la mayor o menor presencia de ese capital depende, sin duda, el grado de prosperidad, estabilidad y paz social de las diversas sociedades nacionales. El neoliberalismo radical y el estatismo socialista obstaculizan, por razones diferentes, la existencia y crecimiento de ese Capital. El primero, porque se inspira en un concepto extremadamente individualista del hombre y la sociedad que conduce al neodarwinismo social y económico de la selección implacable de los más capacitados, astutos y hábiles, o el sálvese quien pueda, la negación de la solidaridad humana; y el segundo, porque se fundamenta en la reducción del hombre a pieza estandarizada de un engranaje colectivo cuya consecuencia es el aislamiento del individuo, la pérdida de su conexión con los otros, de la asociación, la cooperación y la iniciativa social y comunitaria.

14 Esa es la concepción del Derecho que se inspira en la Doctrina de los Derechos Humanos, o Derecho justo, pues existen otras concepciones de lo jurídico como mero instrumento o medio al servicio de objetivos reñidos con la dignidad de la persona humana y sus derechos consustanciales, como, por ejemplo, la idea nacionalsocialista, fascista y comunista de la ley. Las normas jurídicas son reducidas a instrumentos de la voluntad de poder del

Dialéctica interminable la del Derecho: atribución de potestades estatales y control del ejercicio de esas mismas potestades; garantía de derechos a las personas naturales y jurídicas, y al mismo tiempo, imposición de deberes y obligaciones; tutela de intereses públicos, particulares y societarios; formalización de relaciones entre el Estado y el individuo, el Estado y la sociedad, la sociedad y el individuo; búsqueda del equilibrio dinámico entre la seguridad jurídica y la justicia, el bien individual y el común. Cometido harto difícil tratar de regular esa tensión entre opuestos para evitar, en lo posible, la anarquía, el caos siempre a punto de estallar en un orden que no puede dejar de ser contradictorio, dialéctico. En el caso de la sociedad nacional, formalmente organizada (Constitución Nacional) como un Estado democrático y social de Derecho y de justicia, es decir, una sociedad en la que las tensiones que producen esas contradicciones no deberían ser suprimidas por el Estado, sino reguladas conforme al ordenamiento jurídico-positivo y mediadas de acuerdo con los correspondientes actos de aplicación por una comunidad autónoma de jueces; sin embargo, en la práctica, en la realidad, en los hechos desnudos de cualquier justificación "ideológica", el actual régimen de poder se ha empeñado en eliminar tal dialéctica trayendo como consecuencia la negación absoluta del referido modelo, a pesar de la resistencia del cada vez más oprimido pueblo venezolano desde hace 21 años (al principio sólo por los estratos o clases medias, y luego, a partir del 2013, por los estratos pobres. Hoy las denominadas FAES[15] se especializan en ejecutar a jóvenes de las barriadas que resisten al régimen, bajo la insólita excusa de lucha contra la criminalidad cuando el crimen es de la esencia del régimen de poder imperante).

Estado representada en un partido único o en un caudillo, o en ambos a la vez. La ley para justificar la dictadura, la opresión, la detención, juicio y encarcelamiento de los disidentes del régimen, la privación de sus derechos fundamentales, su confinamiento en campos de trabajo y exterminio.

15 Fuerzas de Acciones Especiales de la policía nacional bolivariana. Según cifras oficiales, en 2018 murieron 5.287 personas en manos de las fuerzas de seguridad del Estado, es decir, unas 15 personas al día. Ese mismo año hicimos un seguimiento de la prensa y encontramos que la PNB fue responsable del 34 por ciento de las muertes causadas por la intervención de la fuerza pública, porcentaje que equivaldría a unas 1800 personas aproximadamente, si se toma como referencia el total de víctimas del dato oficial. Keymer Ávila. Disponible en https://razonpublica.com/venezuela-la-cara-mas-visible-de-una-masacre-sistematica/ consultada el 13 de enero de 2021

Y es que sólo en los regímenes de poder autoritarios, en particular las versiones extremas de los totalitarismos, se superan (aparentemente) esas tensiones al suprimirse brutalmente, uno de los componentes de la dialéctica político-social[16]: la libertad, la autonomía del individuo, en nombre del mito de la unidad nacional, de la integración forzada de la sociedad a partir de una hipotética identidad racial, religiosa, cultural, político-ideológica, que no admite, no tolera la existencia de cualquier grupo, sector social, individuos que contradigan, se resistan a aceptar el espejismo de tal unidad. Por esa razón, las ideologías y los movimientos políticos autocalificados como revolucionarios son en la práctica profundamente reaccionarios, motivando la nostalgia humana por la ancestral comunidad anterior a la historia: el paraíso perdido, la añoranza del bípedo en su hoy eterno de armonía total, en un mundo sin desgarros y angustias existenciales (el fracaso del proyecto de las comunas)[17].

Abordaré la presente colaboración al libro homenaje por los 80 años del estimado jurista Jesús Caballero Ortiz en dos partes o capítulos. En la primera ahondaré en el punto de la complejidad de la realidad social de la que forma parte el Derecho y en la segunda, me referiré a

[16] La dialéctica Poder-Libertad.

[17] Véase, Henrique Meier. *Las Comunas: un despropósito descomunal.* Disponible en http://www.soberanía.org. (Esa página fue clausurada por la narcodictaura militarista castro-chavista en septiembre de 2016). Es imposible imponer desde el poder mediante leyes y decretos organizaciones sociales comunitarias, pues una comuna es una forma social "espontánea" que surge cuando se dan en la realidad determinadas condiciones culturales sobre una base económica (modo y medios de producción) que se caracteriza por la plena identificación del individuo con el todo social; es más, la conciencia de la individualidad o identidad individual es sumamente precaria por la fuerza de la identidad comunitaria, lo que supone un sistema de creencias, mitos, símbolos, leyendas, compartido por el grupo, que se traduce en usos, prácticas y costumbres comunitarias: la totalidad de la vida se realiza en comunidad. La comunidad vive en cada uno de sus miembros, y, por tanto, estos la reproducen en sus quehaceres cotidianos. Pero, cuando por razones culturales (económicas, políticas) las comunidades primitivas desaparecen como un modo de ordenación de la vida social y en su lugar surge una sociedad de diferentes al perderse la identidad común, ya no es factible por ningún respecto regresar al pasado. Por esa razón, cuando en la era estaliniana en la Unión Soviética se pretendió colectivizar la producción agrícola y la vida campesina, hubo una fuerte resistencia social por parte de los llamados "mujik", resistencia que condujo a la "colectivización forzosa" con el consecuente genocidio del campesinado, especialmente en Ucrania: 7 millones de muertos (Holomodor: en ucraniano matar de hambre). Del mismo autor: *El fracaso de las revoluciones.* En http://soberania.org

las diferentes e interrelacionadas funciones de lo jurídico en la vida de relación social o societaria. Finalizo con las conclusiones de rigor.

I. SOCIEDAD Y DERECHO

1. Aproximación al concepto de sociedad (La sociosfera o esfera de la sociedad: del individuo y de la colectividad)

La sociosfera o esfera de la realidad social es una estructura compleja, un tejido constituido por las múltiples e incesantes relaciones intersubjetivas. Es el universo de la Política, la Economía, el Derecho, la Moral, la Ética, la Religión, el Arte, de las instituciones: la vida humana objetivada en esas diversas y variadas manifestaciones, y subjetivada en las conductas individuales y colectivas. Los intercambios humanos mediados y condicionados por los usos, costumbres, tradiciones, sistemas de creencias, valores, ideas, mitos y representaciones colectivas, normas y reglas de conducta[18]: la cultura. La sociedad (y las sociedades), al igual que la persona individual es un "sistema vivo" (abierto), no es la mera sumatoria de los individuos, sino una realidad diferente en la que nos desenvolvemos indefectiblemente sin perder la individualidad única e intransferible. El notable jurista y filósofo de la política Norberto Bobbio en una de sus brillantes obras reflexiona sobre el carácter gregario del hombre, y la paradoja de la relación del individuo con la sociedad: el impulso de libertad (de autonomía), y el impulso gregario (de asociación). El primero lo impele a abandonar el:

> *"...seno materno y lo introduce en el mundo desconocido y lleno de peligros de la lucha por la sobrevivencia"...y el segundo..." lo integra con otros hombres semejantes a él para que de su unión artificial la sociedad sea recompuesta ya no como un todo orgánico, sino como una asociación de individuos libres. El primero pone en evidencia sobre todo la capacidad de autoformarse del individuo; la segunda exalta sobre todo la aptitud de superar el aislamiento mediante diversas habilidades que permiten instituir finalmente un poder no tiránico. En el fondo se trata de dos individuos*

[18] En las sociedades modernas el Derecho media las relaciones sociales significativas, trascendentes, para preservar el orden social.

potencialmente diferentes como microcosmos o totalidad completa en sí misma, o como parte indivisible, pero componible o recomponible de diversas maneras con otras partes semejantes en una unidad superior"[19].

La condición gregaria es una de las paradojas o contradicciones complementarias de la persona, pues los individuos somos al mismo tiempo autónomos y dependientes. Bien lo expresa Edgar Morín:

"La noción de autonomía humana es compleja porque depende de las condiciones culturales y sociales. Para ser nosotros mismos, nos hace falta aprehender un lenguaje, una cultura, un saber, y nos hace falta que esa misma cultura sea suficientemente variada como para que podamos hacer, nosotros mismos, la elección dentro del surtido de ideas existentes y reflexionar de manera autónoma. Esa autonomía se nutre, por lo tanto, de la dependencia; dependemos de una educación, de un lenguaje, de una cultura, de una sociedad, dependemos, por cierto, de un cerebro, el mismo producto de un programa genético y dependemos también de nuestros genes"[20].

La sociedad, cada sociedad, reitero, no es una suerte de entidad abstracta sino un sistema concreto, vivo, abierto, impredecible, pues somos los individuos, situados y temporalizados, quienes la producimos mediante nuestras complejas, múltiples y variadas relaciones de intercambio; pero, al mismo tiempo, somos por ella producidos en la medida en que, - como señala Morín, - la sociedad nos da una educación, un lenguaje, un sistema de creencias y valores, una identidad, una cultura. En nuestra psique coexisten simultáneamente la persona-individuo y la persona-sociedad. En palabras de Morín, autonomía y dependencia caracterizan nuestras relaciones con la sociedad. El individuo sin dejar de ser tal, lleva en sí el sello de la sociedad de su tiempo.

"...todo sujeto humano lleva en sí dos programas: el primero es el de la autoafirmación egocéntrica que expresa el yo, y que es vital para alimentarse, defenderse, desarrollarse; el segundo es el

---

19 Norberto Bobbio. *El Futuro de la Democracia*. Fondo de Cultura Económica. México. traducción José Fernández Santillán, 2008 p. 20.

20 Edgar Morín. *Introducción al Pensamiento Complejo*. Gedisa, Barcelona, 1990. pp. 97-98.

programa del nosotros, que inscribe el yo en una relación de amor o de comunidad en el seno de la familia, la patria, la confesión religiosa o el partido político"[21].

En el relato "Robinson Crusoe" del escritor inglés Daniel Defoe (publicada en 1719), el marinero de York que al naufragar el barco que se dirige a Brasil logra salvarse y nadar hasta una isla en que parece ser el único habitante, podemos apreciar cómo logra sobrevivir, no por las armas y provisiones que toma de los restos del barco (esas provisiones terminarían por acabarse), sino por el instinto de conservación y los conocimientos y habilidades socialmente adquiridos.

En la clásica definición aristotélica del hombre como "animal político" se enfatiza nuestro carácter gregario. Somos seres sociales por naturaleza, necesitamos de la sociedad para reconocernos como humanos (Savater)[22]. Tal es nuestra condición de animales simbólicos. Savater define a la sociedad como entidad de "mutuo socorro":

"La herramienta fundamental de los humanos para defender y mejorar su vida... la naturaleza es inhóspita y amenazadora porque no es sociable, porque está sometida a leyes de acción y reacción distintas a las pautas sociales de reciprocidad"[23].

La naturaleza es un en sí indiferente, es vida sin consciencia, sus criaturas carecen de intencionalidad. Para algunos es un ámbito caracterizado por la violencia y la crueldad al observar a los depredadores devorando a sus presas, y por ello califican al tiburón, al tigre, al león de asesinos, sin entender, como lo expresa Savater, que su comportamiento es determinado por una ley ecológica: la conservación de la especie. El animal: tigre, león, tiburón mata para alimentarse, a diferencia de los humanos que asesinan por el morbo de la agresividad maligna, por el puro placer del poderío (Canetti, Fromm). Para otros, entre los que me encuentro, la naturaleza es obra de Dios, y, como tal ha de respetarse, aprovecharse de sus bienes sin destruirla (usufructo). Y, en fin,

---

21 Edgar Morín. *La Vía, Para el futuro de la humanidad.* Traducción de Nuria Petit. F, Paidós, Barcelona, 2011.p 60.

22 Fernando Savater. *Política para amador*. Ariel, Barcelona.

23 Fernando Savater. *La Vida Eterna*, Editorial Ariel, Barcelona. p. 79.

aquellos que la conciben como cosa sin vida, mero objeto de apropiación y transformación para satisfacer sus ambiciones de poder económico, científico, tecnológico. Independientemente de su estimativa cultural, los bienes naturales constituyen la base material insustituible para la preservación de la vida y el desarrollo socioeconómico. La naturaleza es la "otredad", la otra parte del binomio que conjuntamente con el hombre conforman la realidad de la vida en el Planeta.

Según Hobbes (1588-1679)[24], la sociedad es la consecuencia de un pacto cuya causa es el miedo o temor a la violencia de los unos contra los otros. Y esto porque en estado de naturaleza o presocial, el "hombre es lobo para el hombre"; un estado de permanente hostilidad, de violencia desmedida, anarquía y caos donde ni siquiera los más fuertes se hallan libres de las agresiones, pues el más débil de los individuos en un momento de coraje puede transformarse en una amenaza para la seguridad de la vida y los bienes de los otros. El temor que ello provoca conduce a los hombres a controlar ese impulso de destrucción para constituir mediante un pacto ese ente artificial que es el Estado, el Leviatán, sometiéndose a su poder supraindividual y absoluto a cambio de la garantía de la seguridad, la paz y el orden. Para Rousseau (1712-1778)[25], a diferencia de Hobbes, el hombre, aunque bueno por naturaleza, renuncia a sus libertades y derechos naturales inmanentes para constituir por medio del pacto o contrato social la sociedad política. Las libertades naturales son así sustituidas por las libertades civiles a fin de garantizar el orden en la convivencia. Prescindiendo de las diversas teorías sobre el origen de la sociedad, y de la diversidad de culturas a lo largo de la historia, la sociabilidad humana responde a unas bases o fundamentos antropológicos, vale decir, lo que es propio o específico de la especie humana.

2. Bases antropológicas de la sociabilidad humana

Sea cual fuere la interpretación filosófica del "hecho social", lo cierto es que los hombres somos seres sociales. Y lo somos por nuestra condición **menesterosa, precaria e incompleta**. A riesgo de reiteración

---

24 Véase del autor la obra Leviatán. Nueva Visión, Buenos Aires, 1988.

25 Véase del autor la obra *El Contrato Social*, Edaf Ediciones, Madrid, 1979.

insisto: somos **incompletos** porque como individuos, hombre o mujer, no estamos biológica y psíquicamente diseñados para autosatisfacer nuestras carencias y necesidades. La autosuficiencia, proclamada por algunos individuos, es un craso autoengaño: el hombre necesita de la mujer, y viceversa, para complementarse sexual y afectivamente. La primaria atracción es la sexual, respuesta común de todas las especies de animales al instinto de conservación de la especie. En los humanos la mera atracción biológica está condicionada por la psique y la cultura, haciéndose consciente la realidad de la "otredad", el otro, el diferente, que complementa a su contrario para crear la "unidad de los diferentes". Y de esa primaria asociación, la pareja heterosexual, con la procreación de los descendientes, se configura la familia, célula fundamental de la sociedad. Este rasgo antropológico sigue siendo válido no obstante el considerable aumento de la población homosexual y la tolerancia y legalización de la unión entre parejas del mismo sexo (la reivindicación del derecho a la identidad sexual como derecho humano); la admisión de la adopción de niños por parte de esas parejas; la vulgarización en las redes, medios de comunicación y su imposición en determinados sistemas educativos (España), de la denominada "ideología de género", particularmente en Europa (la insólita manipulación de los niños para que decidan su sexo, ignorando la realidad natural, biológica, antropológica y teológica: "Y creó Dios al hombre a su imagen, a imagen de Dios lo creó; varón y hembra los creó". Génesis 1:27, Reina Valero, 1960); y, la más insólita: la ideología "transespecie" (Es el caso de Manuel De Aguas un joven de 24 años que se mandó a implantar dos tecnológicas aletas en su cráneo con las que está "experimentando la vida como si estuviera bajo el agua", según contó en su cuenta de Instagram. Parece una ironía, tal vez quiso hacer honor a su apellido)[26].

Hasta tanto la ciencia y la tecnología correspondiente: la biotecnología, prescindiendo de toda consideración moral, ética y religiosa, no alcancen a crear masivamente seres humanos en ambientes artificiales (laboratorios) y su clonación (el fin del hombre según Fukuyama), la naturaleza continuará haciendo su milenario trabajo: la procreación

26 Disponible en: https://www.radioacktiva.com/2020/sujeto-implanta-aletas-en-cabeza- 236166.html#embed_5ffc48e0bf89b

natural que exige la unión de espermatozoides y óvulos y la gestación del humano en el vientre de su madre. Nadie se basta a si mismo por más que "glorifique" su soledad e independencia. El poeta Pessoa en su permanente "desasosiego" exclama:

> *"¡Tanta inconsecuencia en querer bastarme a mí mismo! ¡Tanta conciencia sarcástica de las sensaciones supuestas! ¡Tanto enredo del alma con las sensaciones, de los pensamientos con el aire y el río, para decir que me duele la vida...!"*[27].

Y ese rasgo antropológico, la naturaleza "incompleta" del individuo, no sólo se observa en el campo primario de la vida sexual. En los ámbitos del poder político, la economía, las ciencias, el arte, el deporte, etc., los individuos que logran alcanzar el "éxito, la "fama", no lo hacen solos, siempre encontraremos personas que los ayudaron, o de las que se aprovecharon, para obtener esos resultados. Incluso los tiranos y dictadores no serían tales sin sus colaboradores y la población que se les somete voluntariamente o por temor.

> *"Los procesos de Nüremberg -nos dice el historiador Donald Rayfield- establecieron que el principio de obediencia a las órdenes no exime de la imputación de crímenes contra la humanidad. Aunque desobedecer órdenes signifique la muerte, hay en el hecho de obedecerlas, además de un aspecto táctico o legal, un aspecto moral. Los verdugos de Stalin y de Hitler carecían de una base social o moral lo bastante firme para inducirlos a la desobediencia. En "Los verdugos Voluntarios de Hitler", un libro muy criticado, aunque no por ello menos importante, Daniel Johan Goldhagen demostró, en primer lugar, que la mayoría de los alemanes conocía el asesinato de judíos, y, en segundo lugar, que negarse a participar en el genocidio no habría significado, al menos para la mayoría de los que intervinieron en él, la pena de muerte"*[28].

Por su parte, la **menesterosidad** nos impele a asociarnos para producir los recursos materiales a fin de satisfacer las necesidades vitales, origen de la Economía. La Antropología y la Historia de la Economía,

---

27 Fernando Pessoa. *El Libro del Desasosiego*. El Acantilado, 2013, p 96.

28 Donald Rayfield. *Stalin y los verdugos*. Taurus, 2003, p 12.

o historia de los diversos modos de producción, nos enseñan cómo desde los albores de la humanidad, en la etapa del hombre prehistórico, la búsqueda de los alimentos se llevaba a cabo en forma comunitaria (la recolección de frutos, la caza, la pesca). Con el advenimiento de la agricultura y el inicio del proceso de sedentarización de los pueblos y comunidades (el arraigo en el espacio: del hombre nómada al hombre sedentario), se afianzó ese hecho de la asociación social para organizar el trabajo en común.

Y la **precariedad** y los diferentes temores que se originan en la vulnerabilidad humana explican la creación de las estructuras de autoridad, origen de la Política y el Derecho. El orden es una exigencia intrínseca a la vida social. Es utópico creer que llegará el fin de la historia con la "sociedad perfecta" y la desaparición del Estado y cualquier otra modalidad de autoridad, cuando el individuo liberado de su alienación histórica será capaz de autodeterminarse y de cooperar espontánea y libremente con los otros (utopía comunista). Obviando la teoría extrema de Hobbes, sin embargo, el eminente filósofo de la política inglés no estuvo del todo errado al postular que el hombre es lobo para el hombre, y que, en consecuencia, para evitar la violencia de todos contra todos, es imprescindible la organización de una estructura de autoridad (el Estado) para que garantice la convivencia pacífica asumiendo el control de los medios sociales de fuerza y represión (monopolio de la violencia legítima) y la adopción de las normas de conducta que forzosamente deben cumplir los asociados (el Derecho). Los Estados que han pretendido llevar a sus pueblos hacia esa "sociedad perfecta" (de "absoluta libertad e igualdad"), imponiendo a sangre y fuego la supuesta etapa transitoria de la "dictadura del proletariado", se transformaron rápidamente en regímenes totalitarios o la dictadura total. Dictadura que no del proletariado, sino del primer secretario del partido comunista (Stalin, Ex Unión Soviética), presidente del Consejo de Estado y jefe del partido comunista (los hermanos Castro en Cuba), con la complicidad de la denominada "nomenclatura "o burocracia" del partido único de Estado.

Retomando el hilo conductor de nuestra reflexión principal, reitero que la sociedad no es el mero agregado o sumatoria de individuos, sino una estructura intrincada de relaciones intersubjetivas que constituyen una realidad estructural diferente. En ese sentido, expreso en una de mis obras:

> *"Se trata de la superación de la idea mecanicista de la sociedad concebida como el mero agregado o suma de individuos y la yuxtaposición de las clases grupos y sociales. El individualismo abstracto o descarnado es el soporte doctrinario de esta ideología, esto es, el concepto del individuo-isla desvinculado de los otros y de la comunidad, salvo por el ejercicio del derecho a la autonomía de la voluntad, expresión de la libertad-autonomía... para esta teoría la comunidad tiene una mera presencia pasiva...son los otros individuos, abstractos e indiferenciados obligados por un deber universal de abstenerse de realizar cualquier tipo de actos que puedan limitar, restringir o impedir, el pacífico y normal ejercicio de los derechos integrados a la isla o círculo en que se halla aislado cada individuo"*[29].

Tampoco la sociedad es una entidad u organismo en el que la realidad individual de la persona sea totalmente absorbida por el colectivo. Ese es el concepto ideológico de los totalitarismos que, inspirados en las doctrinas "transpersonalistas" (fascismo, nacionalsocialismo, comunismo), niegan la individualidad o autonomía de la persona para glorificar a entes abstractos como el "Estado, la "Raza", la "Nación", el "Partido". Esa idea de una suerte de "persona colectiva" donde desaparece la individualidad humana es:

> *"...fomentada y desarrollada principalmente por el pensamiento de la Restauración (De Maestre, de Bonald) y por la filosofía de Schilling y Hegel. La máxima expresión de esa ideología se halla en el pensamiento hegeliano. Según Hegel, el hombre como ser individual, como existencia única e irrepetible, no tiene ningún significado, ningún sentido como un ser para sí, con autoconciencia individual, sino en la medida en que participa en el "espíritu objetivo" del pueblo, y está condicionado por el "todo", entendiendo por "todo" no a la sociedad, sino al Estado. El individuo adquiere valor y dignidad en la medida en que se desindividualiza y se sumerge en lo general. La sustancia individual viene dada por la sustancia*

[29] Henrique Meier. *Seguridad, Estado, Sociedad y Derecho*, Homero, Caracas 2004, p. 117.

colectiva, el todo conforma el "pensamiento" y la "personalidad" del individuo. En este sentido, el individuo es mero portador de una "razón transpersonalista" que encarna en la unidad nacional"[30].

La ideología marxista-leninista (comunista), se inspira en la concepción hegeliana, convirtiendo al Estado-partido en una suerte de dios y a su líder máximo la encarnación de esa deidad, surgiendo así la idolatría de las masas al líder-ídolo (Stalin, Mao, F. Castro). También el nacional socialismo alemán se sustentó en esa concepción, al igual que fascismo original en Italia. Hitler y Mussolini, ídolos que provocaron delirios colectivos. La máxima del fascismo; "Nada contra el Estado", "Todo dentro del Estado", "Nada fuera del estado" (Mussolini: *"El pueblo es el cuerpo del Estado, y el Estado es el espíritu del pueblo. En la doctrina fascista, el pueblo es el Estado y el Estado es el pueblo. Todo en el Estado, nada contra el Estado, nada fuera del Estado."* Enciclopedia Italiana de 1932) es aplicable tanto al socialismo marxista como al nacional socialismo, extensible a los regímenes social-comunistas del presente.

En este punto considero conveniente, para la comprensión de la "trama" social hacer referencia a los dos significados fundamentales del concepto de solidaridad. La solidaridad como estructura básica de cualquier sociedad. Y la solidaridad como valor, idea, sentimiento, principio político y social. El dato o hecho de la "estructura solidaria" de cualquier sociedad o comunidad implica entender que las conductas de los unos tienen consecuencias sobre los otros. Por constituir un sistema es imposible que los individuos se aíslen por completo para no sufrir los efectos de las conductas ajenas. Así, por ejemplo, difícilmente puede haber paz social en una sociedad en la que una minoría oprima a una mayoría, el que unos pocos disfruten de prosperidad y bienestar mientras el resto viva en la pobreza, la miseria, la exclusión. Durante más de ochenta años la sociedad sudafricana organizada sobre la base de la ideología y praxis de la exclusión y la discriminación, del Apartheid, una sociedad en la que una minoría blanca oprimía, vejaba y explotaba a la mayoritaria población negra, se caracterizó por el odio y la violencia.

---

30 Henrique Meier. *Estado e Ideología.* Separata de la Revista de la Universidad Católica Andrés Bello, N° 27, Caracas 1980, p 23.

La injusticia institucionalizada en leyes y practicada por el poder estatal y la minoría blanca privilegiada (afrikáans), no podía producir sino una permanente situación de guerra entre clases artificiosamente divididas por el color de la piel. La paz social sólo llegó cuando se eliminó el régimen del Apartheid. Asimismo, de no haberse abolido las leyes racistas en los Estados Unidos durante las décadas de los años cincuenta y sesenta del pasado siglo, los conflictos sociales provocados por las conductas políticas, sociales, económicas y culturales discriminatorias contra la comunidad Afroamericana, tal vez hubiesen conducido a una guerra civil. En América Latina, y particularmente en Venezuela, el incremento de la violencia criminal, política y social en estos últimos 21 años (1999-2020), no se debe únicamente al discurso oficial del poder promoviendo el odio, la violencia y la división social (lucha de clases), y a su inacción deliberada (causa de la creciente impunidad) respecto de la puesta en práctica de políticas preventivas y represivas contra una criminalidad que no cesa de aumentar, pues no se puede soslayar la pobreza, la miseria y la exclusión del tejido institucional de parte considerable de la población, situación que, pese al discurso justiciero del régimen chavista y los ingentes recursos económicos derivados de la renta petrolera de los que dispuso hasta hace unos años dicho régimen, se ha agravado hasta tal punto que más del 90% de la población se halla sumida en la pobreza[31.32].

[31] Cuando Chávez Frías asumió la presidencia de la república en 1999, se estimaba en un 40% la población en situación de pobreza, en 21 años de ese oprobioso régimen ha aumentado en un 110%. Las desigualdades sociales son causa del resentimiento de los grupos de excluidos, hábilmente aprovechado por el actual régimen de poder para incitar al odio y la violencia. Afortunadamente, y aún en medio de adversas circunstancias, el afán de paz y sosiego, anhelo que se ha extendido en los diferentes estratos de la sociedad nacional, ha impedido esa confrontación. Hoy, el "régimen criminal" apenas contará con un 10 a 15% de apoyo por parte de la población, y esto por razones de sobrevivencia (los beneficiarios del "programa" "CLAP", los funcionarios públicos). La mayoría rechaza ese régimen como quedó demostrado en las últimas fraudulentas elecciones parlamentarias. No hay día en el que no se escenifiquen protestas populares (reprimidas por el oprobioso régimen de poder) por las inhumanas condiciones de vida: escasez de alimentos, de medicina, inseguridad personal, fallas en los "servicios públicos" esenciales (electricidad, agua potable), escasez de gasolina, de gas, kerosene. En muchos lugares de nuestra desgraciada patria se cocina con leña.

[32] El Instituto de Investigaciones Económicas y Sociales de la Universidad Católica Andrés Bello presentó este 7 de julio la Encuesta de Condiciones de Vida (Encovi) 2019-2020, en

De manera que lo queramos o no, estemos o no conscientes de esa realidad, la sociedad es una estructura solidaria de relaciones. Ello es independiente de que seamos o no solidarios como actitud y conducta ética. Esta es la otra cara de la solidaridad. La solidaridad no es sólo una situación de hecho, es también una conducta asumida por razones éticas. Comprender que el destino de cualquier persona que viva en una sociedad está condicionado por el destino colectivo de esa sociedad, puede coadyuvar a cambiar una conducta insolidaria por una solidaria que motive acciones destinadas a contribuir con el mejoramiento de las condiciones de vida de los otros. Hace dieciséis años, angustiado por el camino que había tomado el régimen de poder presidido por Chávez Frías, clamaba por una movilización solidaria de la parte de la sociedad civil poseedora de recursos económicos, intelectuales e institucionales para que auxiliase a los sectores sumidos en la pobreza y la exclusión:

---

la que reveló que 79,3% de los venezolanos se encuentra en pobreza extrema, es decir, más de 22 millones de personas, y 96,2% son pobres de ingreso. A través de una conferencia virtual, el sociólogo Luis Pedro España, coordinador de la Encovi, aseguró que **"Venezuela nunca ha tenido estos niveles de pobreza"** y solo se puede comparar con países sin estabilidad política y que pertenecen al continente africano, como Nigeria, Chad, Congo y Zimbabue. En su ponencia, destacó que este índice reciente está asociado a la caída del 70% del Producto Interno Bruto entre 2013 (primer año de contracción económica) y 2019, y al 3.365% de inflación anualizada (marzo 2019-marzo 2020). De acuerdo con la investigación, que implicó entrevistar a 9.932 hogares de 21 estados y el Distrito Capital entre noviembre de 2019 y marzo de 2020, hay 54% de pobreza reciente, 41% de pobreza crónica y el ingreso promedio diario es $0,72. Argumentó que el aumento de la pobreza se viene registrando desde 2014, cuando se cumplió el segundo año de contracción económica en el país. **"No hay riquezas que repartir"**, precisó. Para ese año, **la pobreza extrema era de 20,6%** y desde allí no ha dejado de aumentar de forma exponencial. En 2002, cuando Hugo Chávez ejercía su primer mandato, este indicador se ubicaba en 22,4%, mientras que la pobreza de ingreso, que en este momento se encuentra en 96,2%, **en 2002 estaba en 51,7%**. **Venezuela,** además, **registra 51% de desigualdad**. Está por debajo de Brasil, el país más desigual de América Latina con un 53,9%. A pesar de que el Instituto Nacional de Estadística (INE) señala que en Venezuela la población es de 32 millones de habitantes, **la Encovi refleja que en realidad hay 28,4 millones de personas en el país**; el restante ha emigrado principalmente a Colombia, Perú, Chile y Argentina. La geógrafa Anitza Freitez, también coordinadora de la Encovi, resaltó que quienes han nacido entre 2015 y 2020 **vivirán 3,7 años menos** de lo pronosticado por el INE. Además, Venezuela vuelve a los años 80, debido a que **la mortalidad infantil es de 26 por cada 1.000 niños nacidos**. El INE también muestra una proyección por debajo, específicamente de 12 por cada 1.000 niños nacidos. Disponible en https://elpitazo.net/economia/encovi-2019-2020-793-de-los-venezolanos-estan-en-pobreza-extrema/ Consultado el 14 de enero de 2021.

"El discurso del régimen se apoya en hechos reales, en la pobreza y exclusión de la mayoría del pueblo venezolano. En consecuencia, a menos que el sector de la sociedad que dispone de los mayores recursos económicos, intelectuales y gerenciales se comprometa en un proyecto que podríamos denominar "solidaridad", con vistas a romper el círculo de la pobreza y de la exclusión, prestando la ayuda y el auxilio necesario, no como dádiva, beneficencia o limosna, sino como un compromiso ético-político basado en el principio de la solidaridad social (Art 135 CN), o la comprensión de que la sociedad es una estructura de relaciones intersubjetivas, y no la simple suma o agregado de individuos, que el destino de toda persona, de todo grupo, clase social, está inextricablemente unido al del otro, de los otros, de la sociedad entera, que las partes y el todo están vinculadas por una estructura solidaria, no obstante se desconozca, niegue o ignore ese principio de realidad; en fin, que la calidad de la vida de una minoría es definitivamente vulnerable cuando las mayorías ni siquiera cuentan con los medios para satisfacer sus necesidades básicas, no lograremos asegurar la paz social, un orden social con un mínimo de estabilidad institucional, piso básico desde el cual se pueda construir una sociedad con mayores posibilidades para el ejercicio de las libertades democráticas, la garantía de los derechos humanos y la justicia social. Debemos promover una movilización solidaria de la sociedad para contrarrestar el discurso y las ejecutorias divisionistas del Régimen, la siembra del odio social como política de Estado. Estamos requeridos del mensaje y las acciones concretas de fraternidad y de compromiso solidario destinado a quebrar el aislamiento, el temor y la desconfianza entre las dos Venezuela: la del 50 % que cuenta con los medios para satisfacer las necesidades materiales, culturales y espirituales, a despecho del proceso de empobrecimiento generalizado de la población, y ese otro 50% que no cesa de ampliarse, imposibilitado de colmar de manera satisfactoria las carencias biológicas primarias del hambre. No es organizando grupos armados de autodefensa, o instalando cercas alrededor de las urbanizaciones en la Ciudad Capital y en las principales ciudades del país, como ese 50%, los sectores con mayor poder económico y social, podrán conjurar las amenazas de la violencia criminal y social. Las clases alta y medias deben comprender que el enemigo no es el pueblo marginado y excluido de la estructura institucional formal de la sociedad,

> *por cierto, en vías de desarticulación; el enemigo básicamente está en el egoísmo y la mezquindad, en la falta de solidaridad, en la equivocada percepción de la realidad, en la ausencia del concepto de pertenencia a la Nación, que hoy tímidamente comienza a despertar. Hugo Chávez, con gran habilidad, ha venido explotando la insolidaridad, de allí ha derivado su poder. Es hora de cambiar ese paradigma. La negación de la solidaridad como dato de la realidad social, la postura indiferente ante las injusticias sociales, la pobreza, la marginalidad y la exclusión, las desigualdades lacerantes, tiene sus consecuencias. Nadie escapa a los efectos de la violencia social y criminal que caracteriza a las sociedades donde imperan las injusticias. Por más que nos refugiemos en nuestra isla, en una burbuja aparentemente aislada de la realidad, no podemos dejar de escuchar el grito de dolor, de auxilio, de odio, de resentimiento, de los que sufren en carne y alma los rigores de la injusticia. Aislados en automóviles lujosos, en urbanizaciones que semejan castillos medievales amurallados, en residencias custodiadas, rejas y más rejas, dispositivos de seguridad, muchos creen estar a salvo de la violencia. Pero, las estadísticas de la inseguridad nos hablan con claridad. La criminalidad no distingue entre clases sociales"*[33].

Al lado del impulso de asociación o impulso gregario, la dualidad de lo humano se expresa, asimismo, reitero, en el deseo de aislamiento que llega a extremos obsesivos en determinados individuos. Tal es el caso del poeta Pessoa:

> *"Me apesadumbra, por otra parte, la sola idea de ser forzado a un contacto con otro. Una simple invitación para cenar con un amigo me produce una angustia difícil de definir. La idea de una obligación social cualquiera –ir a un entierro, tratar con alguien algo de la oficina, ir a esperar a la estación a una persona, conocida o desconocida -, sólo esa idea me perturba los pensamientos de todo un día, y a veces empiezo a preocuparme desde la misma víspera, y duermo mal, y el caso real, cuando ha pasado, es absolutamente insignificante, no justifica nada, y el caso se repite y yo no aprendo nunca a aprender. "Mis hábitos son los de la soledad, no los de los hombres", no sé si fue Rousseau, si Senancour, quien dijo esto.*

[33] Henrique Meier, *Seguridad, Estado, Sociedad y Derecho*, ob. cit., pp. 40-41.

Pero fue algún espíritu de mi especie-no podré quizás decir que de mi raza"[34].

Parte fundamental de la sociosfera es la **cultura** (concepto al que ya hemos aludido anteriormente) entendida, desde el punto de vista antropológico, y no en su significado restringido de obras artísticas (literatura, pintura, música, escultura, teatro, cine), como el sistema de valores, creencias, símbolos, signos, mitos, ceremonias, costumbres, leyendas y tradiciones que condiciona y media las relaciones intersubjetivas, es decir, las relaciones entre los diferentes miembros del cuerpo social. La cultura condiciona y media, asimismo, las relaciones de los individuos con la naturaleza: la biosfera. Octavio Paz se refiere a la cultura como el conjunto de objetos, instituciones, conceptos, ideas, costumbres, creencias e imágenes que distinguen a cada sociedad:

"Todos esos elementos están en continua comunicación: los conceptos y las ideas cambian a las cosas y las instituciones; a su vez, las costumbres y las creencias modifican a las ideas. Hay una continua interrelación entre todos los elementos de la cultura. Esto nos revela otra característica esencial. La cultura, todas las culturas, desde las primitivas hasta las contemporáneas, son sistemas simbólicos. Justamente porque la sociedad produce sin cesar imágenes, puede producir símbolos, vehículos de transmisión de diferentes significados. Dentro del sistema de signos y símbolos que es toda cultura, los hombres tienen nombres: son signos dentro de un sistema de signos, pero signos que producen signos. El hombre no sólo se sirve del lenguaje: es lenguaje productor de lenguajes"[35].

La cultura es la matriz, tanto consciente como inconsciente mediante la cual adquiere significado el comportamiento de los hombres y las creencias sociales. Roberto Varela en su ensayo: "Naturaleza, Cultura, Poder, Política, Autoridad, Legalidad, Legitimidad" refiriéndose a ese tema expresa:

"Las unidades mínimas de la cultura son los signos y símbolos interrelacionados entre sí de tal manera que forman un conjunto, pero

---

34 Pessoa, ob. cit., p. 61.

35 Octavio Paz. *Hombres en su Siglo*. Biblioteca de Bolsillo, Seix Barral, Barcelona, 1990, p. 72.

no necesariamente una estructura: ni el mismo Levi-Strauss, lo sostendría...Los signos y símbolos transmiten conocimientos e información sobre algo: quizá lo más patente; pero los mismos signos y símbolos portan valoraciones; juicios sobre lo bueno y lo malo, lo debido y lo indebido, lo correcto y lo incorrecto, lo deseable y lo indeseable, etc.; los mismos suscitan sentimientos y emociones: odios, amores, temores, gozos, etc.; expresan ilusiones y utopías: deseos, veleidades, anhelos, etc."[36]. *En este orden de ideas, cada cultura establece "...lo que está y no está permitido hacer. De hecho, sólo de esta manera la vida social puede desarrollarse y no acabar en un gran desorden. Si la cultura no determina el comportamiento de todos, cada uno actuaría a su manera y, por lo tanto, sería imposible comunicar y colaborar"*[37].

Del hombre prehistórico al postmoderno, del religioso y ético al político, económico y tecnológico, hay diferencias culturales radicales. Pero, centrémonos en las diferentes funciones del Derecho en las sociedades contemporáneas, en particular el caso de la sociedad nacional.

II. LAS FUNCIONES (SOCIALES) DEL DERECHO

1. Brevísima referencia a la idea de Derecho

A. Significado general

"Practicar la justicia y el derecho
lo prefiere el Señor a los sacrificios".
Proverbios 21:3

Derecho equivale a lo "recto", lo contrario de lo "torcido", lo que es "correcto", conforme a un canon, una regla, una norma. Se le tiende a identificar con la justicia, y de allí que el común ante situaciones que percibe injustas emplee la exclamación ¡No hay derecho!, ¡Eso no es justo!. De manera que no se requiere del conocimiento de un abogado, de un jurista, para saber intuitivamente el significado de la palabra "derecho". Cuántas veces no escuchamos de parte de personas legas en las disciplinas jurídicas, expresiones como éstas: "¡fulano o fulana

---

36 Esteban Krotz. Antropología Jurídica, ob. cit. P. 76.

37 Emanuel Amodio. *Cultura.* Editorial de la Universidad Central de Venezuela, Caracas, 1988, p. 13.

no actúa en forma recta!", "¡hace lo que la da la gana!", "¡es arbitrario, caprichosa!", "¡carece de orden!", "¡es anárquico, caótico!". Todas aluden a una conducta que se aparta de lo regular, de una regla considerada justa. Esa es la idea intuitiva del Derecho.

B. El Derecho y el "sentido común"

La asociación de la idea del Derecho con la de la Justicia se fundamenta en el concepto del sentido común, esa suerte de sabiduría innata a la que cualquier persona se supone puede acceder con el uso de su inteligencia racional. En el fondo, esta creencia parte de la idea de la existencia de una naturaleza humana común a todas las personas, con prescindencia de circunstancias y limitaciones sicológicas, económicas, sociales y culturales en general. Si todos los humanos poseemos una razón natural o capacidad para discernir entre el bien y el mal, lo justo y lo injusto, la verdad y la mentira, lo sensato y lo insensato, lo prudente y lo imprudente (moral universal), entonces, nada impide que podamos comportarnos en la vida individual y social conforme a ese "sentido común" o lógica de la vida humana. Por tanto, el Derecho sería la expresión de esa pretendida racionalidad innata que postula un conjunto de conductas cuyo cumplimiento sería la garantía de la convivencia pacífica y civilizada: dar a cada quien lo que le corresponde; honrar las deudas; respetar la vida, la integridad física y moral, y la propiedad del otro; responder por los daños causados al otro; cumplir con los acuerdos y tratos; acatar y cumplir las leyes y órdenes de las autoridades legítimas del Estado (salvo que sean manifiestamente contrarias a los valores superiores del ordenamiento jurídico); no abusar de los débiles, etc. Esa idea del "hombre racional" se origina en la filosofía griega (Aristóteles, 384 a 322 AC) y es retomada en el "Siglo de las Luces" en Europa (siglo XVII), en particular por la influencia de los filósofos franceses de la "Ilustración" (Voltaire, Diderot, Descartes, entre otros). El calificativo de Siglo de las Luces para indicar el triunfo de la "razón" que disipó las tinieblas, el oscurantismo en el que se encontraba la humanidad durante la Edad Media[38]. El paso de la

[38] La **Edad Media** en Europa comienza, según la convención historiográfica más extendida, en 476 con la caída del Imperio romano de Occidente y acaba en 1453 con la toma de

"sociedad teocéntrica", dominada por los dogmas teológicos del cristianismo, a la "sociedad antropocéntrica", supuestamente deslastrada de esos dogmas por medio de la razón: la capacidad "innata" para razonar, conocer, discernir, ordenar, diferenciar. El método de la libre discusión, del pensamiento liberado de los dogmas (artículos de fe), de los mitos, leyendas y creencias no racionales. Dios y la teología ceden su lugar en el centro del universo y en la pirámide del conocimiento, al hombre-individuo y a la filosofía y la ciencia, respectivamente. La "Verdad" fundada en creencias sustentadas en la fe, se sustituye por las verdades corroborables por la ratio o "razón científica" y la "razón filosófica". La duda cartesiana se impone como método para indagar la verdad; de manera que toda idea que no aparezca clara y distinta a la razón debe ser descartada. Tal es en esencia el origen de esa supuesta sustancia inherente a la condición humana: la razón, que nos permite pensar y actuar de manera sensata, "razonable", y que nos diferenciaría radicalmente de los animales cuyos comportamientos están determinados por instintos irracionales (códigos genéticos y biológicos de las especies).

Constantinopla por los otomanos y el fin de la Guerra de los Cien Años. Una **época oscura** de casi mil años de simple transición entre la Edad Antigua y la Edad Moderna (de ahí su nombre) marcada por el retroceso intelectual y cultural, la ignorancia, la superstición, el inmovilismo, la guerra, el hambre, las enfermedades y la subyugación de los siervos y las mujeres. O eso nos han contado. Aunque esta sea la visión que a día de hoy aún predomina a nivel popular y el adjetivo *medieval* se usa con tono despectivo, los medievalistas llevan siglos batallando contra este mito hijo del humanismo y la Ilustración. El origen de esta visión del Medievo como una época oscura y supersticiosa se debe a "una mezcla de fanatismo de la Ilustración, odio al papado del protestantismo, anticlericalismo francés y esnobismo clasicista", según el historiador y bloguero ateo Tim O'Neil. Merece una mención especial como propagador de la leyenda, debido a su enorme éxito, el libro *Historia de la decadencia y caída del Imperio Romano* del historiador británico del siglo XIX Edward Gibbon. La división *tripartita* de la Historia (Edad Antigua, Edad Media y Edad Moderna) fue establecida por los humanistas en el siglo XV. "Por un lado estaba la Antigüedad, que ellos admiraban y les parecía maravillosa. Todo lo demás es despreciable, una etapa a la que no se le da ni nombre es el tiempo de la oscuridad, de las tinieblas. Es la Edad Media, nacida del prejuicio propio de un humanismo que solo reconoce elementos de civilización en la antigua cultura clásica. Esa visión, que es una visión propagandística, propia del Humanismo del siglo XV, nos la hemos creído y nos la seguimos creyendo hoy día", explica Carlos de Ayala, catedrático de Historia Medieval de la Universidad Autónoma de Madrid y vocal de Sociedad Española de Estudios Medievales. Fermín Grodira. *La edad media no fue tan oscura como nos la contaron.* En https://magnet.xataka.com/en-diez-minutos/la-edad-media-no-fue-tan-oscura-como-nos-la-contaron. Consultada el 30 de noviembre de 2020.

Sin embargo, la realidad del ayer y del hoy nos enseña que el pretendido sentido común es el menos común de los sentidos. Sin la presencia institucional de una autoridad suprasocial (Estado) con el poder necesario y suficiente para hacer cumplir, incluso por la fuerza, las reglas de conducta social articuladas a la preservación de la convivencia pacífica, la sociedad se desintegraría en el caos, la anarquía y la violencia, la guerra de todos contra todos. Tal es, -lamentablemente-, la fuerza de los impulsos negativos que nos caracterizan: el egoísmo, la envidia, el resentimiento, la avaricia, la codicia, el afán de poder y dominación, el odio hacia el otro, el distinto o diferente. Los impulsos asociados a la muerte y la destrucción (Tánatos), ya antes señalados, así lo demuestra la historia de la humanidad, son más fuertes que aquellos asociados a la vida, el amor, la solidaridad, la tolerancia (Eros). Si el hombre fuese bueno y pacífico por naturaleza no habría necesidad ni de la sociedad, ni del Estado, y menos de las reglas de conducta que lo constriñen a actuar conforme a un código de valores determinado, pese a sus inclinaciones antisociales y destructivas: Religión, Ética, Moral, Derecho. Freud y Jung, entre otros estudiosos de la psique humana (Fromm), demostraron cuán ilusa es la idea del "hombre racional", pues las oscuras fuerzas que moran en el subconsciente y en el inconsciente, los impulsos irracionales, tal vez tengan mayor influencia en la conducta humana que la parte consciente y racional de dicha psique[39].

[39] Elías Canneti expresa magistralmente la esencia del poderío humano, el impulso de apoderamiento y destrucción del otro: "Quien quiere enseñorearse de los hombres busca rebajarlos; privarlos arteramente de su resistencia y sus derechos hasta que estén impotentes ante él, como animales. Como animales, los utiliza; aunque no lo diga, siempre tiene dentro de sí muy claro lo poco que representan para él; frente a sus confidentes los calificará de ovejas o bueyes. Su meta última es siempre «incorporárselos» y absorberlos. Le es indiferente lo que de ellos quede. Cuanto peor los haya tratado tanto más los desprecia. Cuando ya no sirven para nada, se libera de ellos en secreto, como excrementos, y se encarga de que no apesten el aire de su casa. No osará reconocer este proceso en todas sus fases. Si gusta de declaraciones audaces, puede que confiese ante sus confidentes el denigrar los hombres al rango de animales. Pero como no envía a matar a sus súbditos en mataderos, ni la emplea de hecho como alimento de su cuerpo, negará que los absorbe y digiere. Al contrario: será él quien les da de comer. Es muy fácil pasar por alto el significado real de todos estos fenómenos, puesto que el hombre cría animales que no están destinados a morir de inmediato, ni necesariamente a morir, pues le son más útiles para otros fines". Elías Canetti. *Masa y poder*. Muchnik Editores Barcelona España 1981, p-116.

C. Derecho y el prototipo del "hombre prudente"

Cuando se analizan las reglas de conducta asociadas a la garantía de la convivencia pacífica (paz social), no es difícil percatarse de que el perfil del destinario abstracto e impersonal de las normas es una persona (hombre y mujer) que se presume dotada de un mínimo o básico sentido de prudencia, de "buen juicio". Y es que las leyes, a excepción de los estatutos que regulan determinadas categorías de personas a las que se les exigen conductas especiales, diferentes a las del individuo medio o común (por ejemplo, las leyes militares y policiales, los estatutos del funcionariado público del Estado), no exigen conductas heroicas, ni actos de sacrificio, pues no se legisla teniendo como modelo al prototipo del "héroe" o del "santo", ni siquiera al del "buen ciudadano" de la Polis en la antigua Grecia u "hombre cívico"(para quien el bien de la ciudad y su bien personal se identificaban plenamente). Para entender ese concepto, basta un claro y sencillo ejemplo. Algunas de las normas que regulan el tránsito de vehículos y el ejercicio de la libertad ambulatoria de las personas, suelen comunicarse mediante un instrumento electrónico, el clásico semáforo (que suplanta al agente de policía "in situ"), diseñado para emitir órdenes mediante luces de colores con significados opuestos. La luz verde expresa la orden para los conductores de seguir, de circular, y para los peatones de atravesar una calle; y la roja lo contrario: la de detenerse, prohibición de circular. Incluso hoy hay semáforos en la caótica ciudad de Caracas que están cronometrados, de modo que tanto el conductor como el peatón sepan a qué atenerse, el tiempo que disponen para dar marcha al vehículo, pasar la calle, o esperar el cambio de luz. El objetivo o finalidad de esas órdenes transmitidas electrónicamente es preservar el orden público en la circulación de vehículos y personas, así como sus vidas e integridad física, previniendo colisiones de vehículos, arrollamiento de transeúntes. Al respecto, nadie podría calificar como heroico el cumplimiento de la mencionada normativa, y, sin embargo, desde hace años la infracción de esos mandatos electrónicos ("comerse la luz", en la expresión popular) se ha venido convirtiendo en una conducta percibida como "normal" por no pocos "ciudadanos". Es más, hay quienes tocan la bocina de su vehículo para conminar al conductor que se halla en el comienzo de la cola de vehículos para que proceda a infringir la norma, si a la vista no viene otro conductor o conductores en sentido contrario.[40] Lo mismo puede decirse de las normas que prohíben utilizar el teléfono móvil (celular) mientras se conduce, conducir luego de haber ingerido bebidas alcohólicas, obviar la obligación del cinturón de seguridad. Tales prohibiciones y mandatos tampoco implican conductas heroicas, acciones sacrificadas, pues responden a ese sentido de prudencia, de prevención, de buen juicio que se presume de una persona adulta y con un mínimo de sentido común. No obstante, es innegable la frecuencia con la que se infringen esas normas y sus consecuencias: los reiterados accidentes (con pérdidas de vidas) por incumplir las órdenes comunicadas por los semáforos, usar el celular mientras se conduce, conducir bajo los efectos del alcohol, prescindir del cinturón de seguridad, exceder el límite de velocidad permitida, etc.

En otros países en los que la ley se cumple como regla general, es decir, donde la "normatividad jurídica" se identifica con la "normalidad social", tal hecho no se explica sólo por una mayor cultura cívica (el sentido de prudencia o común es algo de épocas preteridas), sino por empleo efectivo de los medios de coercibilidad y coacción inherentes al Derecho: la presencia permanente de la policía del tránsito en las vías públicas y la aplicación, sin excepciones, de las sanciones de ley a los infractores (multas, suspensión y revocación de licencias, privación de la libertad a quienes incurran en homicidios culposos en los casos de arrollamientos y colisiones cuya causa sea la acción culposa: imprudencia, negligencia, inobservancia de normas). La extinción del "*zoom politikon*" aristotélico, y del ciudadano educado en la escuela "republicana" o del "civismo democrático", ha traído como consecuencia la intensificación de la función represiva del Estado, pues la ética ciudadana ha ido desapareciendo progresivamente. ¿Quién se siente parte de ciudades que dejaron de ser comunidades dadoras de identidad? Ciudades fracturadas, caóticas, violentas, en las que impera la ley

40 Estas palabras forman parte de unas notas que escribí para mis alumnos de la asignatura "Derecho para no abogados" del pensum de la Maestría en Gerencia Tributaria de la Empresa", Decanato de Estudios de Postgrado Universidad Metropolita, 2015. Hoy, dada la escasez de gasolina supongo que la circulación de vehículos en Caracas ha ido disminuyendo, estoy exiliado desde hace 3 años y medio.

de la sobrevivencia, del "sálvese quien pueda" (Ciudad México, Lima, Caracas, Río de Janeiro, etc.). "La esencia comunitaria de la ciudad está siendo eliminada del pensamiento y la sensibilidad humana"[41], constata Michel De Sable.

Por su parte, Edgar Morín, en una obra de su prolífera producción expresa que:

> *"La individualización es, a la vez, causa y efecto de las autonomías, libertades y responsabilidades personales, pero en la otra cara de la moneda encontramos el deterioro de las antiguas solidaridades, la atomización de las personas, el egocentrismo y, tangencialmente, lo que se ha dado en llamar la "metástasis del ego". Jaques Lévine habla de la desvinculación entre familia y escuela, padres e hijos (el lactante primero, primero mimado y luego dejado en la guardería), la desvinculación entre los distintos saberes, la pérdida del diálogo con uno mismo, el desbloqueo del ello pasional, la disyunción superyó/yo/ello. Hay una crisis en la relación fundamental entre el individuo y la sociedad, el individuo y la familia, el individuo y él mismo...La gran familia se ha desintegrado, las solidaridades de pueblo o vecindad se han pulverizado, y las regionales se han debilitado; la solidaridad nacional, que siempre ha necesitado de la amenaza vital del "enemigo hereditario", se ha amodorrado y sólo se despierta con ocasión de los mundiales del fútbol..."*[42].

Mario Vargas Llosa destaca que estamos ante un hecho característico de las sociedades contemporáneas: el "desapego a la ley":

> *"El desapego a la ley ha nacido en el seno de los Estados de derecho, y consiste en una actitud cívica de desprecio o desdén del orden social existente y una indiferencia y anomia moral que autoriza al ciudadano a transgredir y burlar la ley cuantas veces pueda para beneficiarse con ello, lucrando, sobre todo, pero también muchas veces, simplemente para manifestar su desprecio, incredulidad y burla hacia el orden existente. No son pocos los que, en la era de la*

---

41 Michel De Sable. *Des espaces urbaines agréables à vivre, places, rues, squares et jardins*. Ed., Du Moniteur, 1991, p 67.

42 Edgar Morín. *La Vía, Para el futuro de la humanidad*, Traducción de Nuria Petit. F, Paidós, Barcelona, 2011, pp. 55-56

civilización entretenida, violan la ley para divertirse, como quien practica un deporte de riesgo. Una explicación que se da para el desapego a la ley es que a menudo las leyes están mal hechas, dictadas no para favorecer el bien común sino intereses particulares, o concebidas con tanta torpeza que los ciudadanos se ven incitados a esquivarlas. Es obvio que si un gobierno abruma abusivamente de impuestos a los contribuyentes éstos se ven tentados a evadir sus obligaciones tributarias. Las malas leyes no sólo van en contra de los intereses de los ciudadanos comunes y corrientes, además, desprestigian el sistema legal y fomentan el desapego a la ley que, como un veneno, corroe al Estado de derecho. Pero, en una sociedad democrática, a diferencia de una dictadura, hay maneras de denunciar, combatir y corregir esos extravíos a través de los mecanismos de participación del sistema: la libertad de prensa, el derecho de crítica, el periodismo independiente, los partidos de oposición, las elecciones, la movilización de la opinión pública, los tribunales. Pero, para que ello ocurra es imprescindible que el sistema democrático cuente con la confianza y sostén de los ciudadanos...El desapego a ley resulta de un desplome de esta confianza, la sensación de que el sistema mismo es el que está podrido y que las leyes que produce no son excepciones sino la consecuencia inevitable de la corrupción y los tráficos que constituyen su razón de ser. Una de las consecuencias directas de la devaluación de la política por obra de la civilización del espectáculo es el desapego a la ley"[43].

Ese desapego parte de un presupuesto: las leyes son obra de un poder cuya razón de ser no es otra que servirse a sí mismo, por lo que se infiere que las leyes y reglamentos están lastrados de egoísmos e intereses particulares y de grupo, vale decir, en beneficio de quienes encarnan y administran el poder y de aquellos asociados por motivos de pertenencia al partido o partidos del gobierno, familiares, financistas de campañas electorales, contratistas que pagan coimas, de poderosas corporaciones, etc. De ahí que en los Estados en los que el Derecho se cumple en una medida razonable:

---

43 Mario Vargas Llosa. *La Civilización del Espectáculo*. Alfaguara, Colombia, 2012, pp. 140-141.

"La mayoría suele acatar la ley porque no tiene más remedio que hacerlo, por miedo, es decir, por la percepción de que hay más perjuicio que beneficio en tratar de violentar las normas, pero esa actitud debilita tanto la legitimidad y la fuerza de un orden legal como la de quienes delinquen violentándolo. Lo que quiere decir que, en lo que se refiere a la obediencia a la ley, la civilización contemporánea representa también un simulacro, que, en muchos lugares y a menudo, se convierte en pura farsa"[44].

Prescindiendo de la idea de lo jurídico y su relación con el sentido de prudencia, o sentido común, nadie podría cuestionar que el Derecho es una creación cultural como cualquiera de los otros hechos o datos sociales que conforman la complejísima trama de la sociedad: la política y el poder, la economía, las instituciones. Y al ser un "hecho o dato social" el Derecho es histórico y tiene un basamento antropológico común con las otras manifestaciones de la cultura: la religión, la moral, el arte, la política, la economía, etc. Ahora que nuevamente vuelvo, en este exilio forzado, a reflexionar sobre el Derecho, me viene a la mente aquella frase que empleaba el recordado Padre Olaso en sus clases de Introducción al Derecho para referirse a los abogados desconocedores de los valores en los que un ordenamiento jurídico justo ha de inspirarse: los electricistas del Derecho, expertos en conectar unas normas con otras sin preguntarse el trasfondo de estas. Pues bien, en más de

44 Mario Vargas-Llosa. Ob. cit., p. 148. En este tema, en otro de mis libros, ¿Qué es el Derecho?, hago alusión a la sui géneris cultura jurídica del país: "En este punto me atrevo a afirmar (que me demuestren lo contrario) que en Venezuela el Estado de Derecho existe básicamente en el papel, no en la realidad política. Somos una sociedad ajurídica, Derecho y realidad marchan por caminos separados, opuestos (la tradicional separación entre el país legal y el país real). Como el Derecho tiene muy poca vigencia, se juega de la manera más irresponsable a su reforma. Ingenuidad y cinismo se entremezclan en nuestra "sui géneris" percepción del valor y la función del Derecho en los procesos sociales. El mito de la ley y su poder revolucionario atraviesa toda nuestra historia política, lo que explica la proliferación de leyes y las constantes reformas legales (el reformismo legal). Y así hoy estrenamos una nueva Constitución (la veintitrés, veinticinco, o veintiocho, no hay acuerdo sobre este punto, desde que se formalizó la llamada "Primera República", en 1811). Se "cree" y se "hace creer" que la ley, comenzando por la Constitución o supra-ley, es capaz por sí sola-tal es su poder mágico, telúrico, misterioso- de transformar la realidad social". Henrique Meier. *¿Qué es el Derecho?* Panapo, Caracas, 2001, p. 53. Asimismo, toco ese tema en un artículo: El estado como fábrica de leyes. Revista Venezolana de Derecho Público N.° 133, enero 2013, pp. 69-76.

40 años de ejercicio de la docencia, de la profesión en forma libre y desde cargos de gerencia pública (estatal) pude comprender la profundidad de esa frase que da cuenta de la superficialidad de los conocimientos jurídicos de no pocos abogados y "juristas".

Pocos se preguntan acerca de las funciones sociales del Derecho y de la conexión de esa esfera con las otras que conforman la compleja realidad social. Y ese desconocimiento explica la incomprensión de no pocos respecto de la naturaleza "política" del régimen de poder que ha venido hundiendo en el abismo económico, social, político, jurídico-institucional y cultural a nuestra desgraciada patria Venezuela (un desastre antropológico).

Se rasgan las vestiduras por los inauditos actos de un régimen que liquidó todo vestigio del endeble Estado de Derecho que a duras penas estuvo vigente en los 40 años de democracia representativa. No entienden que ya no existe un Estado en su sentido institucional (sustituido por una organización criminal dependiente del régimen castro-comunista) y menos el modelo de "Estado democrático de Derecho" cuya sepultura fue anunciada por Hugo Chávez Frías, el militar golpista que encarnaría los viejos vicios de la historia republicana: caudillismo y militarismo, cuando en el acto de juramentación como presidente electo para el período 1999-2004 (3 de febrero de 1999), desafiando el protocolo de la democracia, irrespetuosamente juró por "la moribunda"[45]: la Constitución de 1961 que le garantizó el triunfo electoral, conforme al principio de la alternabilidad democrática del poder (principio que él y su sucesor, el sátrapa Maduro, borraron de la breve historia de la democracia).

No voy a repetir aquí lo que se ha dicho hasta el cansancio. No hubo resistencia de los poderes constituidos (judicial y legislativo), ni de los partidos políticos democráticos, frente a la insurgencia del caudillo militar y militarista contra la Constitución y las instituciones

---

45 "Juro delante de mi pueblo y sobre esta moribunda Constitución que impulsaré las transformaciones democráticas necesarias para que la República nueva tenga una Carta Magna adecuada a los nuevos tiempos", dijo Chávez al tomar posesión de su cargo ante el Congreso venezolano en una ceremonia a la que asistieron 16 mandatarios extranjeros, el Príncipe de Asturias y el Secretario General de la OEA, entre otros invitados. Disponible en https://www.eltiempo.com/archivo/documento/MAM-875563. Consultada el 10 de enero de 2021.

democráticas. Aceptaron su proyecto "revolucionario" que se inició con la instauración de una asamblea constituyente, la aprobación de una "nueva" constitución cuya finalidad estratégica fue enmascarar su propósito de apoderarse del otrora Estado, concentrando de hecho todo el poder público en su persona, llevando a extremos inauditos el presidencialismo y el centralismo, rasgos tradicionales de la estructura del poder estatal que han entrabado el desarrollo democrático del país.

La Constitución de 1961 ("la moribunda") no preveía en su texto la posibilidad de convocar una asamblea constituyente para introducir reformas a su texto, y menos para sustituirla por otra, lo que era la intención del militar felón (Manuel Caballero) para "refundar" supuestamente la república (la V República) y discutir y sancionar la constitución número 24 (no hubo real discusión, manos levantadas para aprobar en cuatro meses el texto de la que sería una "constitución de papel": Ambrosio Oropeza). Se escriben artículos, ensayos, monografías, etc., sobre las leyes, decretos-leyes, reglamentos, decretos, sentencias "judiciales" para denunciar la inconstitucionalidad de tales actos que solo tienen de "jurídico" mera apariencia formal. En mi caso particular, no pierdo el tiempo leyendo esas "rasgaduras de vestiduras" por la sencilla razón de que "no se puede pedirle peras al olmo", pues un régimen que surgió de la flagrante violación del hilo constitucional estaba condenado a transgredir la nueva constitución de la supuesta "V República" (invento de Chávez Frías, o tal vez de Fidel Castro su jefe político) cada vez que la misma fuese un obstáculo para la realización de los objetivos de un poder que fue concentrándose en la persona del nuevo caudillo surgido de lo más tenebroso del pasado histórico que se creía superado[46].

---

46 "Desde el primer momento, el gobierno de Hugo Chávez hizo claras sus intenciones de desconocer la Constitución que él mismo impulsó, comenzando sólo una semana después de su redacción y sin que aún se publicara su texto, la ANC decretó el denominado "Régimen Constitucional Transitorio", que no fue sometido a la voluntad popular y se constituyó como una Constitución paralela, permitiendo el inicio del secuestro de los poderes públicos por parte del régimen chavista. En el marco de este régimen transitorio, la ANC se atribuyó super poderes, sobre el poder constituido, pese a que en principio su única función consistiría en la redacción de un nuevo texto constitucional, para someter a referendo al cuerpo electoral venezolano. Gracias a las nuevas facultades que el régimen transitorio le otorgaba, la ANC procedió a intervenir todos los poderes públicos. Citando a

Ahora bien, para aproximarnos a ese "fracaso" del Estado Derecho en la sociedad venezolana es necesario recordar cuáles son las funciones sociales[47] de la esfera de lo jurídico.

2. Las funciones sociales del Derecho

A. La regulación

La regulación es una función propia a cualquier código de la conducta humana, incluyendo a los códigos de las comunidades primitivas expresados en tradiciones, costumbres, mitos, ritos y ceremonias ancestrales [la cultura comunitaria] internalizados en el fuero interno de cada individuo como creencias insusceptibles de dubitación, que imposibilitan establecer la separación entre la persona-individual y la persona-social o comunitaria. Regular implica establecer cánones, parámetros para encauzar la conducta individual con la finalidad de que el grupo, comunidad o sociedad, ordene la dinámica de las relaciones humanas en una estructura cuya estabilidad básica, producto de la dinámica orden-desorden, organización-desorganización, integración-desintegración (fuerzas centrífugas y centrípetas), garantice, tópico reiterado, la reducción de la violencia, vale decir, una situación de paz pública o social razonable[48]. El objetivo del Derecho es regular las conductas humanas

---

Duque Corredor (2005): Este régimen transitorio, que fue legitimado por el nuevo Tribunal Supremo de Justicia, permitió a la Asamblea Nacional Constituyente, eliminar el sistema bicameral, cesar el mandato de los senadores y diputados, disolver las asambleas legislativas de los Estados y cesar a sus diputados; someter las Alcaldías y Concejos Municipales a su control; cesar en sus funciones al Contralor General de la República, al Fiscal General de la República, designar los titulares de los órganos del Poder Ciudadano y del Poder Electoral. Y la eliminación de la Corte Suprema de Justicia y su sustitución por el Tribunal Supremo de Justicia y de sus Salas, la designación de los nuevos Magistrados y la creación de la Comisión de Funcionamiento y Reestructuración del Poder Judicial (pp. 2-3)". Isidro De Los Santos Olivo; Flor Ávila Hernández; Jesús Enrique Caldera Ynfante. *La forja del Estado democrático constitucional en Venezuela y su relación con la democracia integral.* Utopía y Praxis Latinoamericana. *Disponible en http://www.redalyc.org/articulo.oa?id=27957770016.* Consultada el 10 de enero de 2020

47 Parte de esta colaboración se apoya en mi artículo "*Derecho y Sociedad: Las funciones del Derecho*", publicado en el N° 12 de la Revista Derecho y Sociedad de la Facultad de Derecho de la Universidad Monteávila. Disponible en https://drive.google.com/file/d/0Bw5v9Op6O-ZgTE9JVWFweGJBY0E/view .

48 Al decir paz pública "razonable" quiero significar que no es posible una sociedad de paz perfecta, pues los conflictos entre los hombres forman parte de la vida social. El objetivo

para que esa dialéctica se encauce dentro de límites que permitan una dosis razonable de seguridad y estabilidad (una estabilidad dinámica). Es así como la finalidad de la efectiva aplicación de las sanciones o castigos legítimos a los infractores del ordenamiento jurídico, es restaurar el orden social violado por las conductas antijurídicas. Se entiende que ese orden tutelado por el Derecho (el ordenamiento jurídico) está constituido por el conjunto de valores y bienes socialmente compartidos (la vida, la integridad física y moral de la persona, la libertad, la seguridad, la propiedad, la justicia, la solidaridad, la buena fe, etc., me refiero al orden deseable de una sociedad democrática, abierta, organizada en el ámbito de las relaciones de poder como Estado de Derecho); y que las reglas de conducta exigibles por ese ordenamiento jurídico tienen por objeto proteger esos bienes y valores. De manera que la infracción a las normas implica violación al orden social. En consecuencia, si una sociedad nacional cualquiera aspira a un orden social básico, debe, por medio del Estado, reprimir y sancionar las conductas que perturban, alteran ese orden. Y es que ninguna forma o modalidad de agrupación humana puede mantenerse como tal sin ese orden, pues si los individuos que la integran pudieren hacer lo que les viniera en gana, actuar a su antojo, apropiándose de los bienes de otros, o de los del grupo, agrediendo y asesinando a quien quisieren sin ningún control, en lugar de la sociedad se instalaría el caos, la anarquía y la guerra de todos contra todos, concepto ya mencionado, el temor de Hobbes que justifica la necesidad del Estado (Leviatán, el Estado como mal necesario).

El origen más remoto de un código de conducta lo encontramos en los diez mandamientos que, según la Biblia, Jehová entregó a Moisés en dos tablas de piedra en el Monte Sinaí, y que el líder del pueblo de Israel en su travesía del desierto hacia la tierra prometida arrojó iracundo al descender de dicho Monte y percatarse de los actos de idolatría

de una sociedad jurídicamente organizada en Estado de Derecho es encauzar en lo posible esos conflictos por medio del arbitraje legal que implica, como se verá, el proceso de mediación que con arreglo a la ley realiza el tercero arbitral e imparcial para dirimir y decidir la resolución de la controversia: el juez, no importa si es un lego o juez de equidad, o un jurista o juez de oficio: funcionario del poder judicial; o en fin, la denominada "justicia alternativa" o la designación de profesionales del Derecho como árbitros por parte de las partes en conflicto.

y desenfreno en los que había degenerado la conducta de muchos hebreos[49]. Si analizamos esos mandamientos no es difícil percatarse de su naturaleza social indirecta, ya que, aun cuando van dirigidos a la conciencia de cada hombre y mujer, tienen efectos sociales. El fin u objetivo del "amar a Dios sobre todas las cosas" fue terminar y evitar, respectivamente, los actos de idolatría (el becerro de oro en la historia bíblica), el de "no robar y no fornicar" fue prohibir el robo de los bienes y las mujeres ajenas, y el de "no matar" prevenir la violencia, la guerra de unos contra otros en un pueblo requerido de disciplina y orden.

Y aunque dicho código no es jurídico en su sentido estricto, sino religioso (derecho de origen divino), tuvo quizás mayor eficacia en ese tiempo que una ley jurídica contemporánea en razón de la fuerza disuasiva de órdenes no humanas, sino escritas por el mismo Dios (el poder de la creencia, la fe en Dios y el temor al castigo eterno). Sin embargo, al leer el "Éxodo" y otros Libros del Antiguo Testamento (la historia del pueblo de Israel), se constata como esa fuerza coercitiva no impidió que una y otra vez dicho pueblo le diera la espalda a Jehová (su Dios), sufriendo terribles castigos por la infracción masiva de las ordenanzas divinas. La Biblia deja también constancia de la inclinación transgresora que mora en el corazón humano, la atracción hacia el mal de tantos reyes de Judá y de Israel (los libros de Reyes I y II, y Crónicas I y II): el odio, la violencia, la codicia, la avaricia, la lujuria, la venganza. Antes de que la psicología profunda, y en especial la psicología criminal modernas surgieran como ciencias del conocimiento de esos impulsos destructores del hombre, el Libro de la Vida, la Biblia, destacaba en sus páginas la realidad antropológica: Esa rebelión innata del hombre contra las normas que le ponen límites a su desenfreno, a actuar libertinamente dejando libre los apetitos del ego. La transgresión solo se justifica, se legitima, en el caso de normas manifiestamente injustas, inequitativas, contrarias a los valores fundamentales expresados en la moderna doctrina de los derechos humanos, que forman parte, si se quiere, del "inconsciente colectivo histórico" (Karl Jung), pues los

---

49 32.19 "Y aconteció que cuando llegó al campamento, y vio el becerro y las danzas, ardió la ira de Moisés, y arrojó las tablas de sus manos, y las quebró al pie del monte". Santa Biblia. Tomada de la versión Reina- Valera, 1960. Holman, p. 123.

humanos a partir de la Biblia y de otros Códigos de conducta milenarios: el Corán, el Código de Hammurabi (considerado como el primer conjunto de leyes de la historia, escrito por Hammurabi Rey de Babilonia en 1750 AC), las reglas del Hinduismo, las del Budismo, etc., podemos distinguir entre el bien y el mal, lo justo y lo injusto. Conocer, sin requerir de enseñanzas especiales, cuáles son las conductas prohibidas cuya finalidad es proteger determinados valores: no matar (la vida ajena), no robar (la propiedad ajena), no proferir falsos testimonios (la integridad moral del otro, su honor, buen nombre, inocencia), no mentir, no dañar físicamente al otro (su integridad física), etc. En el caso de la Biblia usualmente se habla de las tablas contentivas de los diez mandamientos fundamentales, aunque las ordenanzas de Jehová no se limitan a esas normas. En el propio Libro del Éxodo y en el Deuteronomio encontramos muchas otras específicas. Y así en este último, el Capítulo 16, versos 18 al 20 aluden a la administración de justicia:

> *"18. Jueces y Oficiales pondrás en todas tus ciudades que Jehová tu Dios te dará en tus tribus, los cuales juzgarán a tu pueblo con justo juicio; 19. No tuerzas el derecho; no hagas acepción de personas, ni tomes soborno; porque el soborno ciega los ojos de los sabios, y pervierte las palabras de los justos; 20. La justicia, la justicia seguirás, para que vivas y heredes la tierra que Jehová tu Dios te da"*[50].

Y estas sobre el testimonio: Capítulo19, versos 15 al 21:

> *"No se tomará en cuenta a un solo testigo contra ninguno en cualquier delito ni en cualquier pecado, en relación con cualquier ofensa cometida. Sólo por el testimonio de dos o tres testigos se mantendrá la acusación; 16. Cuando se levantare testigo falso contra alguno, para testificar contra él; 17 entonces los dos litigantes se presentarán delante de Jehová, y delante los sacerdotes y de los jueces que hubiere en aquellos días; 18. Y los jueces inquirirán bien; y si el testigo resultare falso, y hubiere acusado falsamente a su hermano; 19 entonces haréis a él como él pensó hacer a su*

---

[50] Santa Biblia. Tomada de la versión Reina- Valera, 1960. Holman, 2010, p 273. Obsérvese la condena explícita del soborno a los jueces, práctica ilegal y anti ética muy extendida en los "tribunales" de nuestra desgraciada patria.

hermano; y quitarás el mal de en medio de ti. 20 Y los que quedaren oirán y temerán, y no volverán a hacer más una maldad semejante en medio de ti. 21 Y no te compadecerás; vida por vida, ojo por ojo, diente por diente, mano por mano, pie por pie"[51].

En el libro Éxodo me llaman poderosamente la atención unas normas sobre los actos de violencia:

"Capítulo 21 versosos12 al 25 "El que hiriere a alguno, haciéndolo así morir, él morirá. 13 Más el que no pretendía herirlo, sino que Dios lo puso en sus manos, entonces yo señalaré el lugar al cual ha de huir. 14 Pero si alguno se ensoberbeciere contra su prójimo y lo matare con alevosía, de mi altar lo quitarás para que muera. 15 El que hiere a su padre o a su madre, morirá. 16 Asimismo el que robare a una persona y la vendiere, o si fuera hallada en sus manos, morirá.17 Igualmente el que maldijere a su padre, o a su madre, morirá. 18 Además, si algunos riñeren, y uno hiriere a su prójimo con piedra o con puño, y éste no muriere, pero cayere en cama; 19 si se levantare y anduviere fuera sobre su báculo, entonces será absuelto el que lo hirió; solamente le satisfará por lo que estuvo sin trabajar, y hará que le curen. 20 Y si alguno hiriere a su siervo o a su sierva con palo, y muriere bajo su mano, será castigado; 21mas si sobreviviere por un día o dos, no será castigado, porque es de su propiedad. 22 Si algunos riñeren, e hirieren a mujer embarazada, y ésta abortare, pero sin haber muerte, serán penados conforme a lo que les impusiere el marido de la mujer y juzgaren los jueces. 23 Mas si hubiere muerte, entonces, pagarás vida por vida, 24 ojo por ojo, diente por diente, mano por mano, pie por pie, 25 quemadura por quemadura"[52].

Y en el Capítulo 22 de ese mismo Libro, unas normas sobre la responsabilidad por daño derivado de hecho ilícito, versos 2 al 15:

"Cuando alguno hurtare buey u oveja, y lo degollare o vendiere, por aquel buey pagará cinco bueyes, y por aquella oveja cuatro ovejas. 2. Si el ladrón fuere hallado forzando una casa, y fuere herido y muriere, el que lo hirió no será culpado de su muerte.3. Pero si

[51] Ibidem, p. 276.

[52] Ibidem, pp. 105-106.

fuere de día, el autor de la muerte será reo de homicidio. El ladrón hará completa restitución; si no tuviere con qué, será vendido por su hurto. 4. Si fuere hallado con el hurto en la mano, vivo, sea buey o asno u oveja, pagará el doble.5 Si alguno hiciere pastar en campo o viña, y metiere su bestia en campo de otro, de lo mejor de su campo y de lo mejor de su viña pagará.6 Cuando se prendiere fuego, y al quemar espinos quemare mieses amontonadas o en pie, o campo, el que prendió el fuego pagará lo quemado. 7 Cuando alguno diere a su prójimo plata o alhajas a guardar, y fuere hurtado de la casa de aquel hombre, si el ladrón fuere hallado, pagará el doble.8 Si el ladrón no fuere hallado, entonces el dueño de la casa será presentado a los jueces, para que se vea si ha metido su mano en los bienes de su prójimo. 9. En toda clase de fraude, sobre buey, sobre asno, sobre oveja, sobre vestido, sobre toda cosa perdida, cuando alguno dijere. Esto es mío, la causa de ambos vendrá delante de los jueces; y el que los jueces condenaren pagará el doble a su prójimo. 10 Si alguno hubiere dado a su prójimo asno, o buey, u oveja, o cualquier otro animal a guardar, y éste muriere o fuere estropeado, o fuere llevado sin verlo nadie; 11 juramento de Jehová habrá entre ambos, de que no metió su mano a los bienes del prójimo; y su dueño lo aceptará, y el otro pagará. 12 Más si le hubiere sido hurtado, resarcirá a su dueño. 13 Y si le hubiere sido arrebatado por fiera, le traerá testimonio, y no pagará lo arrebatado. 14 Pero si alguno hubiere tomado prestada bestia de su prójimo, y fuere estropeada o muerta, estando ausente su dueño, deberá pagarla. 15 Si el dueño estaba presente, no lo pagará. Si era alquilada, reciba el dueño el alquiler"[53].

Creía, antes de leer exhaustivamente el Éxodo y el Deuteronomio, que la diferencia entre el Derecho (positivo) y las normas reguladoras de otro cariz (religiosas, morales, éticas), eran las notas de **coercibilidad, coacción y sanción externas.** En lo referente a la Biblia, esa diferencia es predicable del Nuevo Testamento, pero no del Antiguo, como se puede apreciar en los ejemplos antes expuestos. Podría decirse que, en las normas bíblicas citadas, Religión, Moral y Derecho se hallan integrados, y, por tanto, no pueden separarse, pues la misma regla es al

---

[53] Ibidem, pp. 106-107.

mismo tiempo jurídica, moral y religiosa. Por esa razón, he sostenido que en su evolución histórica lo jurídico fue progresivamente adquiriendo autonomía respecto de los códigos religiosos y morales, cual es su especificidad a partir de la modernidad. En el Nuevo Testamento, los preceptos de las leyes antiguas pierden su vigencia para los cristianos, no así para los judíos. Jesús hizo añicos esas numerosas y detallistas reglas, abolió el "legalismo", sustituyéndolo por al amor: amarás a tu Dios con toda tu voluntad, con toda tu alma, y con todo tu corazón, y al prójimo como a ti mismo (Mateo 22:36-40). Suplantó las sanciones de cariz jurídico: corporales (Ley del Talión) y pecuniarias, por una de sesgo espiritual: la pérdida de la vida eterna. La salvación del alma ya no se basará en el cumplimiento de esas prolijas leyes y ordenanzas, sino en creer que Jesucristo es la luz, la verdad y el camino *("Pero ahora, sin la mediación de la ley, se ha manifestado la justicia de Dios, de la que dan testimonio la ley y los profetas. Esta justicia de Dios llega, mediante la fe en Jesucristo, a todos los que creen. De hecho, no hay distinción"*. Romanos 3:21-22, Reina Valera 1960).

El temor a Jehová, Dios implacable ante la violación de sus normas, aunque siempre dispuesto a restaurar si el pecador se arrepiente de sus actos, es suplantado por el amor al Padre, al Hijo y al Espíritu Santo, la misteriosa Trinidad. Jesucristo exige amor a la humanidad, porque Él por AMOR murió por nosotros, derramó su sangre en cruz y resucitó al tercer día para sellar la NUEVA ALIANZA, y dejar atrás la antigua. Su infinita misericordia[54], parte de su amor, resalta en los últimos momentos de su vida terrenal, cuando moribundo en la cruz, a su lado derecho un ladrón de nombre Dimas, que había sido crucificado de acuerdo con la ley romana, lo reconoció como el "mesías", el Hijo de Dios. Dimas le rogó: "*Acuérdate de mí cuando llegues a tu Reino*". Y Jesús le hizo una promesa que no hizo a nadie más: "*Hoy estarás conmigo en el Paraíso*" (Lucas 23:42-44. Reina-Valera 1960).

Vuelvo al hilo conductor de este escrito. La coercibilidad es la potencia consustancial a la norma jurídica de aplicarse aún contra la vo-

---

54 Véase, André Daigneault. *El buen Ladrón. Misterio de la misericordia*. VOZdePAPEL, 2005. El libro se dirige a todos, creyentes o no, a los que han "fracasado", se encuentran "perdidos", sufren el rechazo de la sociedad o están "marcados por el dolor de la cruz" pero, de una manera especial, a quienes no conocen a Dios,

luntad del obligado, o aplicación forzosa. La coacción es la realización de esa potencia externa y la sanción la imposición de un castigo legítimo (también externo) por parte de la autoridad coactiva (el Estado), al que infrinja la norma. Esas tres características se manifiestan en tres momentos diferentes: el de la coercibilidad representa la "amenaza de sanción" al que, conociendo la norma y sus consecuencias, por ejemplo, la prohibición del homicidio, piense asesinar a alguien[55]. Se presume que la ley es objeto de conocimiento general por la publicación de su texto en la gaceta oficial. De allí el adagio o principio *"La ignorancia de la ley no excusa de su cumplimiento"* (Art. 2 Código Civil), que, aplicado al campo penal, se traduce en *"La ignorancia de la ley no excusa ningún delito o falta"* (Art.60 Código Penal). Hasta tanto la ley no haya sido publicada no es exigible para los sujetos destinatarios de sus normas. La finalidad de esa amenaza es disuadir de la conducta antijurídica (y, por ende, antisocial) al potencial "transgresor". Tal disuasión, poco efectiva en la sociedad nacional (más del 90% de impunidad)[56], tiene un objetivo preventivo: evitar las acciones u omisiones lesivas a los bienes sociales tutelados por el Derecho. He aquí otra modalidad de la dialéctica jurídica y social: las normas sancionadoras aspiran prevenir

[55] "El que intencionalmente haya dado muerte a alguna persona será penado con presidio de doce a dieciocho años", Art. 407 Código Penal, a excepción de la situación de "legítima defensa", Art. 65.3 de dicho Código.

[56] Amnistía Internacional ha identificado que existen diversas actuaciones de agentes del Estado venezolano que les atribuyen la responsabilidad sobre las altísimas tasas de homicidios en el país. En este sentido, Venezuela no ha podido revertir la altísima impunidad, estimada en más de 90% de los casos de homicidios comunes; por el contrario, ha ocultado de forma sistemática los datos oficiales sobre cuántas personas mueren anualmente como producto de la violencia armada, especialmente en los casos en los que se encuentran involucrados oficiales de seguridad del Estado (en cuyo caso, habría responsabilidad directa por las muertes). Este ocultamiento radica en la falta de información oficial en la materia, pero también en la constante negativa a los familiares, de acceder a los expedientes de ejecuciones extrajudiciales. Por lo tanto, la ausencia de mecanismos de trasparencia, contraloría, investigación y sanción ha tenido como resultado que miles de hombres jóvenes y en situación de pobreza mueran cada año en una especie de espiral de violencia que el estado venezolano no ha sabido frenar. Informe de Amnistía Internacional. Esto no es vida. Seguridad ciudadana y derecho a la vida en Venezuela. https://www.amnesty.org/download/Documents/AMR5389752018SPANISH.PDF. Consultado el 13 de diciembre de 2020. No es que el "estado venezolano no ha sabido frenar", por el contrario, el otrora Estado, hoy una organización criminal, fomenta esa violencia en su plan de destrucción del país y sus habitantes.

las conductas cuya realización deben ser objeto de medidas represivas. De lo contrario, si la disuasión no funciona por la falta de aplicación de esas normas (la impunidad), se puede crear, que es lo que está pasando en Venezuela, una situación en la que el delito se va convirtiendo en parte de la vida cotidiana, en una "normalidad social" antijurídica[57].

La coacción, por su parte, es el momento de ejecución de los medios represivos para "aprehender" al presunto responsable de un delito: homicidio, robo, secuestro, fraude, extorsión. En los casos de homicidios, la aprehensión o apoderamiento del cuerpo del presunto o presuntos homicidas, a fin de garantizar su detención preventiva evitando la impunidad, compete a los órganos de policía instruidos al respecto por el Ministerio Público (Fiscales), a menos que tal detención proceda en casos de flagrancia cuando el autor del hecho criminal es sorprendido cometiendo el delito o en momentos previos o posteriores inmediatos.

Y, en fin, la sanción es el momento culminante de la represión: la aplicación de una pena privativa de libertad mediante sentencia definitivamente firme dictada por la autoridad judicial penal, si al imputado por ese delito se le comprueba la culpabilidad (y, por ende, la responsabilidad) en la comisión de un homicidio, luego del proceso de ley. Ese momento también tiene un objetivo disuasivo, pues de la eficaz actuación

---

[57] Uno de los motivos del estado de insurgencia ciudadana desde febrero a junio de 2014 fue la respuesta del sector social más consciente de sus derechos, en particular la vida, la libertad y la propiedad, ante la creciente inseguridad personal que afecta a la totalidad de la población, salvo a los integrantes de la "secta destructiva" y sus familiares (escoltas, vehículos blindados). Esa inseguridad tiene una causa: la perversa ausencia de políticas públicas preventivas y represivas del delito y la delincuencia, y la conchupancia del crimen organizado con el régimen de poder. Lamentablemente, en las protestas fueron asesinados 43 personas, en su mayoría jóvenes estudiantes, lo que ha provocado la desmovilización de la resistencia por el temor a la brutal represión de la dictadura militar. Sin embargo, en febrero de 2015 los estudiantes en el Estado Táchira volvieron a manifestar en forma pacífica, y nuevamente la dictadura militarista, corrupta y vinculada al narcotráfico asesinó a otros 6 estudiantes, uno de ellos en fona por demás despiadada, cruel y alevosa: Kluivert Roa, adolescente de 14 años que al salir de su liceo se encontró con una manifestación y ante la represión policial se escondió bajo un vehículo siendo perseguido por un miembro de la nefasta policía nacional bolivariana. El joven le suplicó a su verdugo que no lo matara, pero el asesino le disparó a la cabeza. Maduro, luego de aparentar pesar por la muerte de Roa dándole el pésame a sus padres, comentó que el adolescente asesinado pertenecía a una secta de la "derecha", es decir, del "enemigo objetivo" del socialismo del Siglo XXI. Vid, http://www.lapatilla.com. Asimismo, artículo del suscrito "El concepto de lo político en Carl Schmitt". Disponible en http://soberania.org.

de los organismos que integran la administración de la justicia penal: policía, Ministerio Público, tribunales penales, sistema penitenciario, depende la mayor o menor impunidad de los hechos delictivos, y, en consecuencia, la percepción individual y social de que el crimen es objeto de control y los criminales del castigo de ley. En este álgido tema, piénsese en los gravísimos efectos para una sociedad en la que más del 90% o más de los delitos quedan impunes. De cada 10 delitos conocidos por el "Estado", al menos 9 no son objeto de control represivo por varias causas: resistencia de los órganos de policía a investigar los hechos; negligencias en el proceso de investigación; fallas en la fase probatoria del juicio; liberación de los imputados por sobornos policiales y judiciales; contubernio entre las bandas criminales y las organizaciones policiales; utilización de la violencia criminal por parte del régimen de poder (la secta destructiva) para mantener en situación de angustia, zozobra, desamparo e indefensión a la población como estrategia para preservar el poder[58]. Esa situación de impunidad generalizada, contraria a la paz y la convivencia civilizada, es la causa del constante aumento de la criminalidad en el país, y, por tanto, la extendida percepción de inseguridad personal y social. No sería exageración decir que los asesinos, secuestradores y ladrones se pasean impunemente a la luz del día por las calles de las principales ciudades. Nada impide que se cometan delitos, es más, el delito forma parte de la "normalidad social" de la corruptocracia, o sistema de la corrupción[59] (El poder del otrora Esta-

[58] ¿Cómo se explica que las cárceles del país estén controladas por las mafias criminales cuyos jefes son llamados "pranes"? me hago esta pregunta, y la respondo: porque el Estado desapareció, fue desmantelado, o si se quiere se transmutó en una organización criminal desde la cual se trafica drogas, se lava dinero, se saquean las riquezas minerales del que fuera un territorio soberano. El crimen y los criminales se adueñaron del país.

[59] La corruptocracia o régimen de la corrupción es retratado en un artículo de Miguel Henrique Otero "La doble estructura del poder en Venezuela". "Hay una imagen del poder de Maduro, especialmente fuera de Venezuela, totalmente distorsionada. Esa imagen, que comentaré a continuación, está presente no solo de forma explícita; también de forma implícita. En reportajes, artículos para fines académicos, ensayos y análisis que hacen expertos venezolanos y de otros países, se produce esta coincidencia: se presenta a Maduro como dueño del control absoluto del país. Esta visión, la de un sujeto omnipotente que decide sobre las vidas de 30 millones de personas, es la que anima a muchos a pensar -no solo en la oposición democrática, también en algunos reductos prorrégimen- que bastaría con sacar a Maduro del poder, para que se produjera un giro significativo en el rumbo al

abismo que hoy lleva Venezuela. Quiero insistir en esto: la imagen simplificada de cómo es la estructura del poder que aplasta hoy a los venezolanos genera planteamientos y estrategias políticas igualmente simplificadoras e ilusas. Cualquier venezolano, donde quiera que se encuentre, y sea cual sea su condición, tiene en su transcurrir diario otra perspectiva: debe lidiar con una red de poderes específicos y localizados, que lo someten a sus propios intereses. Un productor de quesos del estado Apure, por ejemplo, que carga en un lanchón unos 200 kilos de queso blanco, y se enrumba hacia Ciudad Bolívar, llega a su destino con aproximadamente la mitad de su carga: en el camino ha sido detenido por 6 o 7 alcabalas militares, en las que se le exige entregar varios kilos del alimento como "precio" por continuar su camino. Un productor de papa de la zona alta del estado Trujillo, luego de pagar sobornos por obtener unos galones de diésel, ordena en un camión alrededor de 300 sacos de su cosecha. Cuando llega al mercado de Barquisimeto, apenas tiene 40% de los sacos con los que arrancó: si se hubiese negado a pagar la vacuna, lo más probable, tal como ha ocurrido con otros productores, es que le hubiesen detenido y metido a una cárcel y le hubiesen robado la carga completa y el camión. Un importador de mercancías, las que sean, bienes terminados de primera necesidad, materias primas para uso industrial, piezas, repuestos y kits para ensamblar, debe pagar extorsiones y comisiones en puertos, aeropuertos, alcabalas y en los propios depósitos. Lo mismo ocurre con cualquier comerciante: vive bajo un sistema de coacciones y amenazas que lo obligan a regalar mercancías o dinero a militares, milicianos, activistas del PSUV, fiscales de algunas instituciones creadas para extorsionar, bajo la amenaza de que podría ser acusado de cualquier falta o delito, enviado a prisión y juzgado. Se extorsiona a los parientes de cualquier fallecido en los cementerios municipales de todo el país; a los enfermos que acuden a los hospitales públicos en busca de ayuda para atender a sus padecimientos; a las personas en situación de pobreza que dependen de una bolsa de alimentos CLAP para mal alimentarse; a los conductores que trasladan mudanzas, alimentos o bienes de cualquier tipo; a los pensionados que esperan por alguna respuesta del IVSS; a los empresarios que luchan por mantener sus empresas funcionando, mientras varias mafias se dedican a importarlo todo desde Turquía; a los familiares de los presos políticos y de los presos comunes; a los pescadores, a los agricultores, a los hoteleros, a los ganaderos, a los pequeños industriales, a cualquier persona que necesite hacer una diligencia ante las entidades del Estado: obtener la cédula de identidad, un pasaporte o lo que sea. Lo he repetido en estos artículos y vuelvo a insistir en ello: Venezuela es un territorio repartido entre mafias dedicadas a exprimir y someter a personas, familias, comunidades y agrupaciones de cualquier tipo. Estas mafias, armadas o no, no solo gozan de total impunidad, sino también de autonomía. Son las mafias con las que los venezolanos tropiezan y deben afrontar cada día, sin pausa ni descanso. Operan por su cuenta y, en lo esencial, para su beneficio. No rinden cuentas y, en la mayoría de los casos, no reparten sus beneficios. Y esa justamente la especificidad del doble modelo de poder venezolano: por una parte, una cúpula visible, a cargo de Maduro, dedicada de forma exclusiva a su propio afianzamiento. Para ello utiliza cinco herramientas: las fuerzas armadas; los cuerpos policiales; los grupos paramilitares -ex FARC, ELN, colectivos-; los tribunales; y los apoyos económicos, militares, empresariales y diplomáticos de sus socios rusos, chinos, cubanos, iraníes, bielorrusos, españoles, mejicanos y más. Por la otra, alrededor de 500 bandas de delincuentes, armados de distintos modos, que son los dueños materiales del terreno, que son el poder real, concreto y permanente que se ejerce sobre cada ciudadano. Esta es, en mi criterio, un boceto más próximo a la estructura específica de sometimiento que actúa en contra de la sociedad venezolana: no empieza ni termina en Maduro. Por eso hablamos de régimen. Para lograr un cambio en Venezuela no basta con sacar a Maduro de Miraflores. Esa es solo una parte del problema. La otra cuestión, también gravísima y complejísima, es do en manos de una organización criminal). No funcionan los medios preventivos y represivos. Por el contrario, esa grosera impunidad es un factor de estímulo para la criminalidad.

Las normas morales, éticas y religiosas en general carecen de esos rasgos: van dirigidas a la esfera interna de la persona, por tanto, su cumplimiento depende del grado de convicción personal, de aceptación voluntaria o inducida de los valores que integran ese tipo de preceptos. Y en el caso de los convencionalismos sociales o reglas del trato social (cortesía, etiqueta, buenos modales, etc.), aunque son normas externas cuyo objeto es la convivencia armoniosa del grupo, no son mandatos imperativos que puedan hacerse cumplir en forma forzosa mediante sanciones que afecten derechos básicos como la propiedad (multas) o la libertad (prisión), lo que sí es propio de la normatividad jurídica.

B. El control social

Es también una función común a cualquier código de conducta; es más, se trata de un objetivo fundamental de la regulación. Se regula para garantizar el control de la conducta humana en sociedad, y, por ende, el orden social mismo. En este punto es necesario precisar que mientras la efectividad del control en el ámbito de la moral, la ética, la religión y las reglas del trato social, se halla a merced de la libre voluntad del individuo, la de la regla de conducta jurídica está articulada a la ejecución de los procedimientos y medios coactivos y sancionadores por parte del Estado. En los Estados totalitarios dicho control se realiza por medio de la represión ilimitada (sobre la minoría disidente) y la ideología estatal (control absoluto del proceso educativo y de los medios informativos, posibilitando el denominado "lavado de cerebro"). La supresión de la autonomía del individuo y de la sociedad hace superflua toda norma jurídica como medio de control social y de mediación de las relaciones interindividuales). Las leyes del totalitarismo son la pura expresión del poder ilimitado del Estado. El individuo es estatalizado (el Estado es

---

que esos centenares de poderes perversamente repartida por el territorio. y las instituciones venezolanas, constituyen un tejido cuya remoción podría ser mucho más difícil de lo que, de forma superficial, muchos estiman. Disponible en https://www.elnacional.com/opinion/la-doble-estructura-del-poder-en-venezuela/ . Consultado el 14 de enero de 2021.

objeto de internalización: se instala en la mente del individuo colectivizado), al igual que la economía, la sociedad y la cultura, desaparece la separación entre Estado e individuo, Estado y sociedad (imposible hablar de "sociedad civil" en un régimen estatalista o totalitario). "La vida se hace pobre, solitaria, desagradable, brutal y corta por citar a Hobbes- nos dice el historiador Donald Rayfield – cuando en una sociedad se pierde el complejo juego de fuerzas que mantiene bajo control a los distintos poderes- el judicial, el Ejército, el Gobierno, la opinión pública, la religión, la cultura –y la anarquía y la tiranía a raya. Rusia y Alemania tuvieron poca fortuna de que un genio del mal –Lenin- Hitler- se hiciera del poder cuando una guerra mundial y una posguerra miserable dejaran a ambos países en ruinas"[60].Una población sojuzgada, aún con la aquiescencia de parte de la misma (la servidumbre voluntaria), manipulada por el sistema educativo y la propaganda falaz del Estado, en situación permanente de temor por la acción represiva de los organismos policiales y la amenaza de las medidas coactivas, no presenta problemas de desobediencia, tal como ocurre en Cuba desde hace 61 años. Además, intervienen en el control social los individuos y grupos que conforman los "comités de defensa de la revolución" o contraloría social, mediante el espionaje y la delación (5 de las 11 millones 300 mil personas de la población cubana forman parte de dichos comités)[61]. En suma, la sumisión al poder se internaliza, reitero, se hace parte de la personalidad, de la estructura psíquica de un individuo que carece de la condición del ciudadano titular de una esfera de derechos oponibles al Estado[62]. En la "sociedad de los diferentes" (pluralismo político, social, económico y cultural, sociedades abiertas) es imposible que los medios de integración del pasado (Prehistoria, Antigüedad y Medioevo) puedan garantizar el control social. El Derecho se configura, entonces,

---

60 Donald Rayfield. *Stalin y los Verdugos*. Ob. cit, p. 14.

61 Henrique Meier. *La verdad del socialismo, Dos caras de la misma moneda"*. En https://www.soberania.org

62 Bobbio se refiere a esa característica inherente a la naturaleza del poder autocrático "... el espionaje es elevado a principio general de gobierno, a regla suprema no sólo de las relaciones entre gobernantes y gobernados, sino de éstos entre sí, de manera que el poder autocrático se basa en su capacidad de espiar a los súbditos, pero también en el servicio que le prestan los súbditos aterrorizados que se espían mutuamente". Norberto Bobbio. *Teoría General de la Política*. Trotta, Madrid, 2009, p. 432.

como medio fundamental de control e integración social; función que lo jurídico realiza al mediar en las relaciones intersubjetivas.

C. La integración

Es otra función común al Derecho, a las reglas del trato social o convencionalismos sociales y a las normas de índole religiosa. No puede decirse lo mismo de la ética, pues los preceptos morales tienen como destinatario a la persona como individuo autónomo (la esfera de su libre albedrío)[63], y no a la persona social, al individuo en sus relaciones con los otros. La ética no es integradora; por el contrario, puede aislar a las personas que, convencidas de determinados valores (honestidad, responsabilidad, autenticidad, etc.), realizan "actos reprochables" conforme a la mentalidad colectiva de un grupo, o de la mayoría de una sociedad que no participa de las creencias expresadas en esas conductas[64]. Ese es el caso de los "objetores de conciencia" que se niegan a cumplir determinadas prestaciones legales por razones éticas o religiosas, por ejemplo, desacatar el reclutamiento militar para no participar en un conflicto bélico. Ese tipo de conducta choca con el "sentimiento patriótico" de las mayorías. Las reglas del trato social si son integradoras porque de su cumplimiento depende la aceptación del individuo en un grupo, una asociación, una clase social. Son códigos de conducta grupales que varían en el tiempo y en el espacio, se forman espontáneamente como el estilo de vestir, un determinado léxico, la manera de saludarse, el uso de tatuajes, etc. En ocasiones para ingresar a un determinado círculo social el interesado debe cumplir ciertos rituales, como

---

63 Véase, Fernando Savater. *El valor de elegir*. Ariel, 2003.

64 Es rasgo modal del venezolano medio la llamada "viveza criolla", la astucia para sacar provecho personal aun a costa de los derechos ajenos y de la convivencia social. El moquete de "pendejo" en esta especial "cultura" se usa para calificar despreciativamente a la persona que rechaza esa viveza, que se atiene al cumplimiento de reglas asociadas a la preservación del orden en la convivencia. "Pendejo" por ejemplo, es el hombre o mujer que en un alto cargo gubernamental no se vale de esa posición para enriquecerse ilegalmente, o para utilizar los bienes públicos para sus fines personales. El "vivo", y, por ende, el que se ajusta a esa "cultura del abuso y la corrupción" es quien hace lo contrario. Por ello, no pocos comentan ante el súbito enriquecimiento ilícito de un banquero, o de un funcionario público: "tiene todo el dinero del mundo" y si alguien se atreve a señalar que esa riqueza es indebida, la respuesta no se deja esperar: "y qué importa, si no lo hace él, lo hace otro".

ocurre con las pandillas de adolescentes en los barrios suburbanos de las grandes ciudades. En las sociedades modernas, caracterizadas por el pluralismo cultural, la religión ha perdido esa función de integración que la caracterizó en la Antigüedad y el Medievo. En las sociedades teocéntricas el poder de la Iglesia católica y la coerción que ejercía la amenaza del castigo eterno por el incumplimiento de los mandamientos judaicos-cristianos, no sólo era un medio de control social superior a las normas jurídicas, sino el factor fundamental de integración social. Además, el bautismo y la eucaristía constituían ritos ceremoniales por medio de los cuales la persona se integraba a la comunidad de fieles en Cristo. En el contexto de las contemporáneas sociedades democráticas, pluralistas, abiertas, heterogéneas, el Derecho es la única ordenación normativa que puede asegurar la integración de individuos que pertenecen a diferentes clases sociales, profesiones y oficios, nacionalidades, culturas, cultos y religiones, ideologías políticas, costumbres y estilos de vida, en un orden social relativamente estable, seguro y pacífico. Al extinguirse las culturas comunitarias, y transformarse la moral, la ética y la religión en un asunto de la conciencia individual, sólo el Derecho es susceptible de garantizar esa integración, y, por tanto, el básico control que demanda la preservación del orden público.

Como bien lo expresa Jaques Chevallier en su magnífica obra "El Estado postmoderno", en las sociedades contemporáneas el Derecho ocupa un espacio cada vez más importante en la vida social:

> *"...el paso por la norma jurídica aparece como indispensable para fijar algunos principios inalcanzables, estabilizar una situación, satisfacer pretensiones; el derecho tiende a convertirse en una "panacea" al sustituir a los otros métodos de regulación para solucionar los distintos problemas de la sociedad. Se puede ver en esta extensión la expresión del malestar en las sociedades contemporáneas: ella traduciría el aumento de los riesgos, el sentimiento de inseguridad, el fracaso de los mecanismos de autorregulación social, el quebrantamiento del vínculo social; "el abuso del derecho" sería la marca de una "sociedad de desconfianza", en la cual cada uno necesita sentirse protegido por una trama de normas que reducen la incertidumbre. La juridización creciente del vínculo social se traduce en el hecho de que, en adelante, el derecho debe regu-*

lar las relaciones humanas que estaban regidas hasta entonces por métodos de regulación extrajurídicos o basados en la confianza"[65].

En una palabra: en las sociedades contemporáneas occidentales el Derecho realiza una fundamental función de mediación en las relaciones sociales.

D. La mediación

Es una función exclusiva de la normatividad jurídica (en las sociedades modernas) por su alteridad y carácter externo, independiente de las convicciones individuales, aunque obviamente el grado de aceptación del Derecho coadyuva a su cumplimiento (la ética jurídica). No todas las relaciones sociales, los diversos y complejos intercambios humanos, son objeto de mediación jurídica, sólo los hechos sociales articulados al orden social (hechos de trascendencia social). Ya hice referencia a los convencionalismos o reglas sociales que median los intercambios conforme a usos, prácticas y costumbres que carecen de las notas de coercibilidad, coacción y sanción. Esas reglas en las sociedades contemporáneas se han debilitado en extremo como consecuencia de la crisis del vínculo social (la cortesía, las buenas maneras, el decoro, la etiqueta, etc.). También existen intercambios sociales directos y espontáneos, es decir, relaciones que no pasan por un canal de mediación, como ocurre con los vínculos afectivos entre amigos, amantes, hermanos, padres e hijos, etc. En el ámbito de las relaciones sociales jurídicamente relevantes es impensable la ausencia de mediación, pues la sola existencia de la norma que regula ese tipo de intercambios, es indefectible demostración de que toda relación jurídica es mediada, no es ni directa, ni espontánea.

D1. La mediación y las "piezas del Derecho"

La Teoría de las "piezas del Derecho" planteada por los juristas españoles Manuel Atienza y Juan Ruiz Maneiro[66], tiene la virtud de

---

[65] Jaques, Chevallier. *El Estado postmoderno*. Universidad Externado de Colombia, 2011, p. 198.

[66] Manuel Atienza, y Juan Ruiz Maneiro. *Las piezas del Derecho. Teoría de los Enunciados Jurídicos*. Ariel. Barcelona, 1996.

enfocar al Derecho como un sistema complejo integrado por diferentes piezas o elementos, de los que depende su operatividad o función social. Se trata de un enfoque básicamente sociológico que prescinde de consideraciones normativistas y axiológicas. No importa cuál sea el "contenido" del Derecho en una sociedad concreta, ni si el mismo se expresa en normas escritas dictadas por un parlamento o por el poder gubernamental (Derecho Legislado), por jueces (Derecho judicial), o por la propia sociedad (Derecho consuetudinario). Lo decisivo es la presencia de los elementos o datos objetivos que permitan constatar que lo jurídico es factor y proceso de regulación efectiva de las múltiples relaciones sociales, en particular en las situaciones de conflictos o controversias de intereses contradictorios. Partiendo de la premisa, basada en constataciones científicas (antropológicas, etnológicas), de que el Derecho no es consustancial a cualquier modalidad histórica de vida social, ya que han existido, y todavía aún existen tipos de sociedad en las que ese dato social está ausente, los mencionados autores se refieren a las llamadas "piezas" o elementos que prueban la presencia de lo jurídico en una determinada sociedad independientemente de su ubicación o localización en las diferentes etapas de la Historia.

El axioma que afirma que lo jurídico es un factor o componente innato a toda comunidad humana es falso, pero lo que sí forma parte de la existencia misma de cualquier comunidad, sociedad, grupo, es la presencia de reglas de conducta, de códigos de comportamiento humano, punto antes destacado, pues esos códigos integran el orden social mismo. No cabe la posibilidad de una estructura de relaciones interindividuales permanentes sin un orden determinado. La idea de una sociedad sin clases, sin Estado (autoridad), sin leyes, donde el hombre, libre al fin de la alienación del último de los sistemas históricos de explotación: el capitalismo, recobraría su plenitud y se autodeterminaría en libre asociación unos con otros, no es más que una utopía (Marx). La historia ha demostrado lo que ocurre en aquellas sociedades convertidas en laboratorios sociales de experimentación del socialismo marxista (leninista, estalinista, maoísta, castrista, chavista).

La supuesta explotación de los trabajadores por los dueños de los medios de producción, es sustituida por la muy real explotación de la sociedad entera por parte del Estado, a excepción de la clase política y burocrática dominante[67], sus familiares y la red de colaboradores. Lo contrario del orden social es la anarquía, y ésta es siempre una situación transitoria en determinados momentos de agudas crisis políticas, sociales e institucionales, pues no es factible la convivencia humana en medio de la anarquía y el caos. El ser humano, individual y colectivamente, tiende a crear un orden, necesidad antropológica asociada a la seguridad[68]. Vivir en la inseguridad absoluta, el no saber a qué atenerse, conduce al desquiciamiento colectivo, a un desastre antropológico, una situación en la que tienden a extinguirse las reglas básicas de la convivencia, a una lucha feroz por la supervivencia en la que todo es válido, caen los frenos morales, y la parte animal del hombre desplaza a la moral (el hombre puede transformarse en "lobo para el hombre": Hobbes).

---

67 La denominado "Dictadura del Proletariado" es en la realidad histórica una "dictadura sobre el proletariado", considerando que en poco tiempo el poder totalitario proletariza a la población entera: despoja las clases propietarias de sus bienes de producción y personales mediante confiscaciones, e impide que los proletarios se conviertan en propietarios por medio de la estatización de los medios de producción y la eliminación de los derechos económicos asociados a la producción de riquezas: la iniciativa privada, la libertad de empresa, trabajo, arte, profesión y oficio.

68 El despertar de la conciencia es el descubrimiento de los riesgos de la vida, el azar, lo fortuito, lo impredecible, lo desconocido. El ser humano teme por su vida (temor a la muerte), por su salud (temor a las enfermedades), por su subsistencia (temor al hambre, a la miseria), por su integridad física (temor a la agresión externa), por su satisfacción sexual y afectiva (temor a la soledad), por la extinción de su estirpe (temor a no dejar descendencia), por su reconocimiento social (temor al anonimato y a la indiferencia del grupo), por su vigor (temor a la vejez), por su legado espiritual después de la muerte (temor al olvido total), por lo que le espera más allá de la muerte (temor a lo desconocido). Esos temores, unidos a los instintos o impulsos genéticamente articulados a la conservación de la vida (búsqueda del alimento para satisfacer el hambre, a la pareja para satisfacer el deseo sexual y la necesidad de la procreación, creación y ejercicio de los medios para defenderse de las agresiones de los otros y de la hostilidad del medio natural), son la causa inicial de la Sociedad, la Economía, la Política, la Ciencia, la Técnica, el Arte, la Religión, la Ética y el Derecho. Esta última afirmación se apoya en la antropología en su carácter de ciencia general del fenómeno humano, la que, a diferencia de las ciencias que estudian dicho fenómeno dividiéndolo en partes inteligibles por sí solas, integra a la historia, la psicología, la sociología, la economía, el derecho, la política, la filosofía, etc., no como partes independientes, sino como componentes o planos de un fenómeno global. Y la antropología nos demuestra que es un rasgo común a la especie humana la búsqueda de seguridad contra todos esos riesgos y desafíos inherentes a la vida o existencia del individuo, de todos los individuos, de cada individuo: muerte, accidentes, enfermedades, pobreza, soledad, desamparo, vejez. Vid, Meier, Henrique. *Seguridad, Estado, Sociedad y Derecho*. Ediciones Homero. Caracas, 2004.

Pero, una situación semejante no es equiparable a las "sociedades de animales", pues en éstas impera el orden impuesto por las leyes de la ecología: el equilibrio ecológico, una armonía dinámica que solamente puede alterarse por la intervención humana. En el caos y la anarquía, la ferocidad humana es cualitativamente diferente y más peligrosa que la de los más temibles depredadores del reino animal. Emerge, sin obstáculos, la agresividad mórbida de la especie humana y ocurren los actos más despiadados y crueles. El orden supone forzosamente unas reglas de convivencia expresivas de un sistema de valores y creencias colectivas, y una estructura de autoridad con capacidad para hacerlas cumplir[69]. Ahora bien, esas reglas no necesariamente son jurídicas, como tampoco la función mediante la cual las mismas se cumplen es una función jurídica. Comunidades han existido y aún existen de manera excepcional en nuestros días viviendo en un tiempo prehistórico o si se quiere sin conciencia del concepto de la historia como devenir: pasado, presente y futuro[70]. Comunidades herméticas, cerradas, en las que los códigos de conducta se materializan en costumbres y tradiciones ancestrales; se imponen al individuo por el peso, la presión y la coacción inconsciente del todo comunitario. La comunidad vive dentro de cada individuo; cada individuo en todos sus momentos existenciales reproduce las creencias comunitarias. No existe separación entre individuo y comunidad, pues se carece de conciencia de identidad individual o

---

69 Hay excepciones, la Venezuela del presente cuyos pobladores viven, si a eso se le pude denominar "vivir" al garete, en una situación de inseguridad absoluta en todos los ámbitos de la existencia individual, familiar y colectiva. La desgraciada patria es escenario de atrocidades cometidas por el régimen criminal y por bandas e individuos que actúan sin control social alguno.

70 Para quienes vivimos en el tiempo cultural de la modernidad es harto difícil entender la concepción cíclica del tiempo en la que no hay una separación tajante entre presente, pasado y futuro; por el contrario, el tiempo es "cíclico" y por ello no existe un devenir continuo y lineal: un ayer, un hoy y un mañana. Las celebraciones rituales, las fiestas colectivas, reproducen cíclicamente el mito fundacional de la comunidad. Por ello, en las culturas comunitarias tampoco existe la idea del "progreso". En la idea del eterno retorno hasta el mismo espíritu vuelve a empezar. En la primera circularidad aparece un *tiempo mítico* que se caracteriza por la ausencia de valor de la temporalidad. Tal fue uno de los rasgos culturales de los primeros pueblos. Con la sacralización de la naturaleza surgen los mitos fundacionales que caracterizan a las primeras grandes culturas. Los egipcios y los mayas culminaron con una historia marcada por los tiempos de la naturaleza y la magia expresados en sus propios calendarios.

personal. La vida en su totalidad es comunitaria: el trabajo, el uso de los bienes de producción y consumo, las relaciones sexuales y afectivas, las fiestas, ritos y celebraciones. En ese contexto cultural los códigos de conducta contienen de manera indiferenciada elementos religiosos, económicos, estéticos, etc.

En la antigua Grecia ordenada políticamente en la Polis, el factor o elemento integrador y cohesionador lo fue la ética, en particular en las etapas de la democracia, cuando no se dio la separación entre gobernantes y gobernados: los ciudadanos griegos (excluidas las mujeres, los esclavos, los extranjeros), reunidos en asamblea, discutían y resolvían los asuntos de la ciudad. Integrados por un mismo concepto y estilo de vida, por una ética común: la del buen ciudadano, las leyes de la ciudad más que jurídicas eran morales (éticas). Careciendo de una organización del poder separada de la comunidad (Estado), los griegos cumplían las reglas de conducta por ellos mismos aceptadas de manera voluntaria y espontánea. Ejemplo patético de ese rigor ético es el ejemplo de Sócrates. Acusado de corromper a la juventud, prefirió el suicidio (la cicuta) que el extrañamiento de Atenas que le había sido propuesto sus amigos como alternativa, pues para él la ética de la Polis se hallaba por encima de su persona individual[71].

En la Antigüedad y el Medioevo cristiano, aunque puede hablarse de manifestaciones de lo jurídico, en verdad el factor religioso operó como elemento de mayor integración y cohesión que las leyes jurídicas. En pocas palabras, en sociedades teocéntricas, punto anteriormente destacado, los códigos religiosos cumplieron la función que hoy realiza el Derecho en las sociedades modernas. El temor de Dios, la amenaza de los castigos eternos por la infracción de los mandamientos de Dios y

[71] Sócrates (470 a 399 AC), murió a los 70 años de edad, aceptando serenamente esta condena dictada por un tribunal que le juzgó por no reconocer a los dioses atenienses y corromper a la juventud. Según relata Platón en la Apología que dejó de su maestro, éste pudo haber eludido la condena, gracias a los amigos que aún conservaba, pero prefirió acatarla y morir. Es un ejemplo histórico de ética y conciencia crítica, prefirió la muerte a abdicar de sus ideas. Fue víctima de una injusticia basada en una mentira. El magnífico pensador no corrompía a la juventud, enseñaba a los jóvenes el método del "conoce a ti mismo", es decir, de pensar por propia cuenta. Si hubiere vivido en la época del nacionalsocialismo en Alemania, del Comunismo Soviético o de la Cuba desde hace 61 años, hubiere muerto en un campo de concentración o de extermino, o fusilado.

de la Iglesia, tenía mayor poder de coerción que las normas jurídicas de las ciudades autónomas, los reinos territoriales, los feudos y las corporaciones gremiales[72]. De modo que el Derecho es fundamentalmente un producto de la modernidad. Para ser más precisos, - punto antes señalado - es con la modernidad cuando lo jurídico adquiere fisonomía propia, se separa de la religión y la moral, se autonomiza, aunque muchos de sus valores (lo jurídico tiene una dimensión axiológica) son de carácter metajurídico, provienen del mundo religioso y moral (por ejemplo, la prohibición de dar muerte a otro, salvo los casos de la legítima defensa y el estado de necesidad).

Prescindiendo de esa constatación histórica, la "teoría de las piezas del Derecho" se basa en un dato incontrovertible de la realidad social: la presencia de lo jurídico en las sociedades nacionales no es idéntica, ni uniforme, es decir, hay sociedades con mayor grado de juridicidad que otras[73]. Sin embargo, al margen de la mayor o menor organización jurídica de un Estado y una sociedad, es menester la existencia de unas "piezas" básicas o fundamentales para identificar a lo jurídico de manera inequívoca.

---

[72] Al respecto, resulta interesante citar un párrafo de la novela de Dan Brown, "Inferno", autor, asimismo, del Código de Da Vinci, en el que se refiere al poder de intimidación de la obra cumbre de Dante "La Divina Comedia" : "Considerada una de las obras más importantes de la literatura mundial, el inferno fue el primero de los tres libros de Dante Alighieri, un poema épico de 14.233 versos que describía su brutal descenso en el infra mundo, el tránsito a través del purgatorio, y la llegada final al paraíso. De las tres secciones de la Comedia –Inferno, Purgatorio y Paradiso -, la primera era de lejos la más leída y memorable. Compuesto a principios del siglo XIV, Inferno redefinió la percepción medieval de la condena eterna. Nunca antes el concepto del infierno había cautivado a las masas de un modo tan intenso. De la noche a la mañana, la obra de Dante convirtió el concepto abstracto de inframundo en algo aterrador. Era una visión visceral, palpable e inolvidable. No sorprende que, tras la publicación del poema, las iglesias católicas disfrutaran de un importante incremento en la asistencia de pecadores aterrados que querían evitar hacer en la versión del averno que había concebido el poeta florentino". Dan Brown. *Inferno.* Ediciones Planeta, Caracas, 2013, p. 81.

[73] Para el discurso jurídico prevaleciente en las escuelas de Derecho de las universidades del país, basta que en cualquier sociedad nacional exista un ordenamiento jurídico para aseverar la existencia de lo jurídico. Ello responde a la concepción formalista y positivista del fenómeno jurídico limitada a la dimensión formal normativa de este éste dato de la vida social, de innegable complejidad como cualesquiera de los otros que integran la estructura de las relaciones sociales: lo político, lo económico, lo institucional; lo cultural, en suma.

D2. La función mediadora y el proceso de mediación: el juez como órgano social del proceso de mediación

El que en una comunidad o sociedad existan reglas sociales de conducta que incluso puedan ser aplicadas por la fuerza por el individuo, élite o entidad institucional que asume y ejerce la autoridad suprema o superior del grupo (coacción), no implica necesariamente que esas reglas (escritas o consuetudinarias) constituyan Derecho. Lo jurídico, si bien requiere de normas (momento normativo), es mucho más que eso. Es un proceso complejo, una función social. De modo que sólo podemos postular la presencia del Derecho en una sociedad cuando en ella se realiza permanentemente un proceso o función de mediación, es decir, cuando los inevitables conflictos y desacuerdos entre los individuos se resuelven por medio de normas que se apliquen en forma extrajudicial, conforme al acuerdo convenido entre las partes, o mediante la intervención de un tercero arbitral, de una instancia imparcial que decida el conflicto con fundamento en normas previas (escritas o consuetudinarias), o creadas ex Novo con base en su propio criterio de justicia y de equidad en el supuesto de que para el caso concreto no existan normas previas aplicables. Ese tercero arbitral es el juez, aunque no se le llame así. Puede ser un juez institucional o funcionario del Estado, o un juez lego o de la comunidad como ocurre con los llamados jueces de paz. Puede ser la persona considerada como la más sabia en una aldea, o una junta de ancianos. No importa la forma o modalidad de la instancia que realiza la mediación (juez unipersonal o colegiado, profesional o lego, juez de Derecho o de equidad, estatal o de la comunidad); lo decisivo es la existencia de la mediación. Las normas o reglas adquieren la cualidad de jurídicas en ese proceso de mediación que hoy denominamos "función judicial" y que ha sido monopolizada por el poder del Estado (la estatalización de la administración de la justicia).

Las normas del ordenamiento jurídico-positivo son "potencialmente" jurídicas, pero si no se aplican en ese proceso de mediación son reglas inútiles. El "Derecho vivo" es el que realiza ese proceso de mediación. Esta es la primera pieza del Derecho. Cabe destacar que en el proceso de mediación el tercero arbitral [74] ha de resolver la controversia de conformidad con normas previas conocidas por los actores de tal controversia y la comunidad en general (principio de seguridad jurídica). La decisión no debe basarse en el puro arbitrio del juez, pues la justicia es contraria a la arbitrariedad. Sólo cuando no existan reglas jurídicas previas aplicables al caso (escritas, consuetudinarias, o creadas judicialmente en la solución de casos semejantes, o el llamado precedente judicial: Derecho legislado, Consuetudinario y Judicial), el juez queda habilitado para decidir creando una regla para la situación específica con fundamento en los principios generales del Derecho que forman parte de la comunidad de valores jurídicos de la sociedad de que se trate (entre tales, el principio de la equidad). Algunos de esos principios forman parte del Derecho positivo, como por ejemplo, "La ley es obligatoria desde su publicación en la Gaceta Oficial, o desde la fecha posterior que ella indique"(Art. 1 CC)[75]; "La ignorancia de la ley no excusa de su cumplimiento"(Art. 2 CC); "No podrán cobrarse impuesto, tasa, ni contribución que no estén establecidos en la ley" (CN, Art. 316, Principio de legalidad tributaria); otros, aunque no hayan sido positivizados en ley alguna, integran la comunidad de valores jurídicos de la sociedad de que se trate, que todo juez debería conocer (por ejemplo, el mencionado principio de la equidad). Por otra parte, para que el proceso de mediación sea eficaz es imprescindible que las partes (los actores del proceso) respeten y cumplan la decisión del juez. Si esa decisión es resistida es necesario que entre en juego otra de las piezas del Derecho: la coacción o fuerza al servicio de la administración de justicia.

D3. La coacción o fuerza: La función policial

Lo ideal para que opere el Derecho como factor de mediación de las relaciones sociales a fin de reducir en lo posible el uso de la violen-

---

74 La mediación de la instancia jurídica no necesariamente se realiza cuando los sujetos de una relación social jurídicamente relevante acuden al órgano arbitral para resolver la controversia, pues cada vez que se cumple en forma voluntaria una convención, un contrato y cualquier otro negocio jurídico lícito, lo jurídico media esa relación. No es una relación espontánea, directa: el contrato, el negocio jurídico opera como instrumento de mediación entre las partes. Y aunque un acuerdo de voluntades puede expresarse de manera verbal (el valor de la palabra dada), la seguridad jurídica postula la conveniencia de un instrumento escrito (tradicional o electrónico).

75 CC: Código Civil: CN: Constitución Nacional.

cia privada en la resolución de las disputas, es que los sujetos que solicitan la intervención del tercero arbitral (juez), acaten voluntariamente su decisión. Es decir, que en la sociedad exista un grado razonable de ética jurídica o el convencimiento por parte de la comunidad en general y de quienes acuden a la instancia judicial, del bien social o colectivo que se deriva del cumplimiento espontáneo del ordenamiento jurídico y de las decisiones judiciales. Pero, si ese principio ético no funciona, la garantía de la preservación del orden social y de protección o tutela de los derechos de las personas naturales y jurídicas, implica la puesta en práctica de la fuerza legítima del poder público (Estado)[76] para hacer cumplir tanto el ordenamiento jurídico general de la sociedad como las decisiones concretas de los órganos de la administración de justicia. Esa fuerza legítima es la que ejercen por los medios que le confiere la ley los órganos de seguridad pública y ciudadana comúnmente conocidos como policía (la función policial).

Es, por esa razón, que se dice que las normas jurídicas, a diferencia de las morales, éticas, religiosas y sociales, son coercibles, vale decir, potencialmente aplicables por la fuerza, aun contra la voluntad de los obligados. Y es lo que explica el deber constitucional de toda persona de cumplir y acatar la Constitución, las leyes de la República y los demás actos que en ejercicio de sus funciones dicten los órganos del Poder Público (Art. 131 CN). De lo contrario, si el Derecho no fuere coercible y, por tanto, de posible de aplicación por la fuerza (coacción), no sería tal, no operaría como medio o instrumento para garantizar el orden, la paz social o convivencia pacífica y la justicia. Cuando lo jurídico, por múltiples causas, no realiza esa función, en su lugar emerge la violencia privada, la anarquía y el caos social, o la acción brutal, desmesurada de

[76] En el país desde hace 21 años la denominada fuerza o violencia "legítima" del Estado que deriva del monopolio de los medios institucionales y recursos físicos para ejercer la función represiva, así como de la prohibición a las personas y grupos de hacerse justicia por sí mismos, ha venido paulatinamente perdiendo legitimidad. Los organismos de la policía nacional: la Guardia Nacional, hoy denominada cínicamente "Guardia del Pueblo" y la Policía Nacional Bolivariana, son utilizados por el otrora Estado para reprimir las protestas y manifestaciones de calle por parte de ciudadanos indefensos. Se trata de un auténtico "terrorismo de Estado". En esa política del terror intervienen también los colectivos armados por el régimen, grupos de notorios delincuentes sacados de las cárceles y de los antros del crimen para asesinar impunemente al pueblo democrático.

la fuerza estatal pura sin límites jurídicos (Estado totalitario)[77]. En lo referente a las decisiones judiciales es conveniente subrayar que la autoridad del juez es estrictamente declarativa. El juez decide quien tiene el mejor derecho en el caso controvertido y acuerda los medios para la ejecución de su sentencia; pero, carece de los recursos del poder físico o material para hacerla cumplir en situaciones de resistencia o rebeldía. Debe acudir al auxilio de la fuerza pública.

D4. Los operadores jurídicos o abogados

En la medida en que las relaciones sociales se fueron haciendo complejas, con la consiguiente diversificación y especialización de las normas jurídicas, en las sociedades nacionales surgió el oficio del abogado o experto en leyes y jurisprudencia cuya función es representar los derechos e intereses de los individuos y organizaciones sociales, tanto en juicio o relaciones litigiosas (juez), como fuera del proceso de mediación por ante el tercer arbitral (arreglo extrajudicial). La complejidad, ampliación y especialización del ordenamiento jurídico exigió de un conocedor de ese ordenamiento y de las estrategias del debate procesal en el proceso de mediación, pues en la generalidad de los casos el individuo común carecía y carece de esa sapiencia y experiencia. Asimismo, en las sociedades actuales el individuo no tiene disponibilidad de tiempo para atender las causas o juicios en los que actúe en condición de demandante o demandado, acusador o acusado. Los

77 Chevallier en si obra destaca la tendencia hacia un derecho flexible característico de las sociedades postmodernas. Señala que esa flexibilidad se constata en el "reflujo" de los elementos de coacción y de unilateralidad del Derecho moderno. En su concepto, más que recurrir a preceptos jurídicos tradicionales, se tiende a recurrir a técnicas más flexibles, propias de una "dirección jurídica no autoritaria" de las conductas: los textos indican "objetivos" por alcanzar, fijan "directivas" por seguir, formulan "recomendaciones" por respetar, pero sin darles fuerza obligatoria. En ese sentido, la norma no tiene carácter imperativo y su aplicación depende no de la sumisión sino de la adhesión de sus destinatarios. ¿Se trataría de un auténtico Derecho?, ¿Qué ocurriría si luego de adherirse a las normas sus destinatarios no la cumplen? ¿Cómo se garantizaría la eficacia de ese Derecho? Hay que recordar que en el clásico Derecho contractual el contrato es ley entre las partes que han suscrito el acuerdo en forma voluntaria, y que, en caso de incumplimiento por una de ellas, la otra tiene el derecho a demandar la ejecución del convenio mediante acción judicial. En algunos casos incluso se establecen cláusulas de penalización. Tengo serias dudas acerca de la naturaleza jurídica de esas leyes flexibles. Vid, Jaques Chevallier, ob. cit., pp. 246-247.

procesos se prolongan por años, ya que el debate judicial no se caracteriza precisamente por su sencillez. Los procedimientos son engorrosos y lentos. La lucha por la subsistencia, el trabajo, consume la mayor parte del tiempo de la persona. El productor, el trabajador, el comerciante, el profesional, el artista, el artesano, comprometido su tiempo vital por el quehacer económico (el hombre económico), no pueden dedicarse a defender sus derechos e intereses en casos de controversias intersubjetivas. Además, el crecimiento y diversificación de las actividades de la esfera económica (producción, importación, exportación, distribución, comercialización y consumo de bienes y servicios) y el desarrollo de nuevas tecnologías utilizadas en ese ámbito, plantea la necesidad de leyes regulatorias cuyo contenido técnico hace cada vez más difícil de entender e interpretar por los legos en Derecho (derecho tributario, laboral, agrícola, industrial, de las telecomunicaciones, ambiental, comercial, de la propiedad intelectual e industrial, bancario y financiero, petrolero, minero, etc.). En ese entorno social, los individuos y empresas (personas naturales y jurídicas) se ven forzados a delegar la defensa de sus derechos e intereses en los especialistas del ámbito jurídico (de las relaciones sociales jurídicamente relevantes): los abogados. Por esas razones, resulta imprescindible solicitar los servicios del abogado, para que abogue, es decir, defienda los derechos e intereses del sujeto requerido de un proceso de mediación. En la actual Constitución (de papel) los abogados son considerados como parte del sistema de justicia: "El sistema de justicia está constituido por el Tribunal Supremo de Justicia, los demás tribunales que determine la ley, el Ministerio Público, la Defensoría Pública, los órganos de investigación penal, los o las auxiliares y funcionarios y funcionarias de justicia, el sistema penitenciario, los medios alternativos de justicia, los ciudadanos que participan en la administración de justicia conforme a la ley y los abogados autorizados para el ejercicio" (Art. 253).

Los autores españoles, antes mencionados, se refieren a una escala o gradación de las sociedades de acuerdo con la presencia de las diferentes piezas de lo jurídico. Comunidades donde se aprecia un proceso de mediación sin la existencia de un poder coactivo (la policía: el Estado) al servicio del juez; comunidades en las que el juez es auxiliado por la coacción policial; aquellas en las que, además de las piezas anteriores, existen los abogados u operadores jurídicos; en fin, sociedades donde prevalece el Derecho consuetudinario y judicial, o el Derecho legislativo.

E. Los diferentes tipos de sociedades conforme al grado de presencia del Derecho como factor de regulación, control, integración y mediación social.

Con fundamento en esa "Teoría" no sería aventurado plantearse una gradación en el desarrollo jurídico de las diferentes sociedades: sociedades en las que la normatividad jurídica forma parte de la "normalidad social"; sociedades en las que se presentan conflictos entre la normatividad jurídica y la normalidad social, y, en fin, sociedades en las que impera una normalidad social ajena, divorciada, de la normatividad jurídica[78]. Las sociedades altamente desarrolladas desde el punto de vista jurídico se caracterizarían por la eficacia del Derecho en los procesos de mediación de los conflictos intersubjetivos, y, en consecuencia, por la reducción de la violencia social; en su extremo, en las que existe un abismo entre las exigencias normativas y las prácticas sociales, políticas, administrativas, judiciales, lo jurídico tendría una existencia o presencia meramente formal, su eficacia sería limitada, surgiendo la violencia y la corrupción como medios de resolución de controversias. La mayor o menor "juridicidad" no puede medirse por el sólo parámetro normativo o formal (el ordenamiento jurídico-positivo), tampoco por la apariencia de una institucionalidad judicial: el denominado "poder judicial", de organizaciones policiales, de abogados, etc., si en la realidad (política, institucional y social) los responsables del proceso de mediación, los jueces, carecen de la necesaria autonomía, independencia e imparcialidad para actuar como terceros arbitrales, cual es el caso de la Venezuela de nuestros días. El incremento de la violencia criminal y social en una sociedad nacional es manifestación de la "huida del Derecho", de su fracaso como función social de regulación, control e integración de las conductas humanas y de mediación de las relaciones de intercambio entre los individuos y organizaciones sociales. Las

[78] Véase, Henrique Meier. *Introducción al Estudio del Derecho.* Impresos Casamayor, Caracas 2009.

causas de esa "huida" pueden ser diversas: leyes de difícil o imposible aplicación por haber sido pensadas para otras realidades sociales; que formulan conductas humanas que chocan abiertamente con el sistema de creencias y valores prevalecientes en la sociedad; incapacidad del Estado para hacer cumplir las normas; ausencia de una comunidad de jueces (poder judicial) autónoma, imparcial e independiente de los otros poderes estatales; ausencia de consulta y participación social en la formulación y discusión de las normas; creencias y costumbres arraigadas respecto de la solución de las controversias mediante medios "a jurídicos" o "antijurídicos" (soborno de jueces, tráfico de influencias, chantaje o extorsión, amenaza de agresiones. etc.).

Esa "huida del Derecho" nos demuestra el inexorable vínculo, que es necesario reiterar hasta el cansancio, entre Derecho y sistema cultural[79]. Si en una sociedad concreta no se dan las condiciones culturales requeridas para la emergencia del Derecho como factor fundamental de

---

79 Una sociedad puede percibir el Derecho como expresión de los profundos anhelos, valores, intereses, necesidades y sentimiento generalizado del orden jurídico deseable compartido por los ciudadanos, familias, comunidades y organizaciones disímiles que conforman la sociedad civil, el Derecho como resultado de la confrontación de los diferentes intereses y expectativas de justicia y los acuerdos sociales básicos, en un proceso normativo permanente, dialéctico, participativo, para convertir en norma por la vía legislativa, jurisprudencial o consuetudinaria esa voluntad social plural, que exige de los legisladores y jueces una conexión permanente con esa fuente (la sociedad) material y dinámica del ordenamiento jurídico; o por el contrario, el Derecho puede percibirse como la pura expresión de la voluntad política del poder estatal, del hombre providencial , el partido político, los grupos poderosos de presión que controlen las decisiones de un Estado alejado de la sociedad civil. El Derecho como instrumento al servicio de los dueños del poder, fabricado como si se tratase de una obra artificiosa en instancias cerradas donde no se escucha la voz del colectivo. El concepto del Derecho estatal, escrito y oficial como la única fuente válida del ordenamiento jurídico, el rechazo a las manifestaciones jurídicas no oficiales, a las prácticas y costumbres reveladoras del sentido de la justicia natural y la equidad en las relaciones humanas. El Derecho fabricado por el Estado, por la voluntad circunstancial de un "iluminado", y reformado también cuantas veces ese querer arbitrario lo decida (Quodprincipiplacuitlegishabetvigorem", lo que gusta al príncipe tiene vigor de ley). El Derecho instrumento del poder, impuesto a la sociedad desde el Estado con la absurda pretensión de cambiar la sociedad, o el mito del poder revolucionario de la ley. Cultura que ignora la compleja articulación del Derecho con los factores que dinamizan la conducta social de los hombres, la economía, la historia, las tradiciones, las costumbres, la ética; que desestima el impacto de las leyes en la sociedad, el costo de su aplicación, los efectos adversos sobre situaciones jurídicas previamente adquiridas. Henrique Meier. Seguridad, Estado, Sociedad...ob. cit., p. 300.

regulación, integración, control y mediación, las leyes y demás tipos de normas jurídicas estarán condenadas a la ineficacia. En una sociedad carente de esas condiciones o supuestos, otros medios diferentes al Derecho cumplirán la función de mediación de las relaciones intersubjetivas, en particular aquellos expresivos del fenómeno social conocido como "corrupción" política, gubernamental (administrativa), judicial, social en general, cuyas prácticas sociales ya mencionamos[80]. Esa huida o reducción de lo jurídico propicia el caos, la anarquía, la anomia y la ingobernabilidad; y finalmente, en situaciones extremas, la guerra civil

[80] La extinción de lo jurídico propicia el caos, la anarquía, la anomia y la ingobernabilidad (vivimos entre el abuso de poder del otrora "Estado" o la arbitrariedad, y el "abuso de derecho", o la anarquía de los "ciudadanos") y finalmente, en situaciones extremas, la guerra civil o la total sustitución de los medios jurídicos por la imposición de la fuerza estatal, el "Estado-Fuerza" que puede legitimarse en "leyes autoritarias" para pretender justificar el uso ilimitado de la violencia estatal (los regímenes totalitarios). Hoy, que el concepto de "sustentabilidad" se ha venido aplicando en las esferas de la economía, el ambiente y el urbanismo, postulando como ideales el desarrollo económico sustentable, el aprovechamiento sustentable de los recursos naturales y bienes ambientales en general, y gestión sustentable de las ciudades, me atrevería a señalar, y no creo exagerar, que de persistir la corrupción como el sistema político, social, económico y cultural en el que se desenvuelve la vida nacional, esta sociedad no será sustentable, pues no es posible sostener un orden social estable sobre la prevalencia casi absoluta de las prácticas que conforman el fenómeno de la corrupción como expresión de valores contrarios a la vida, la libertad, la seguridad, la justicia, la honestidad, la prosperidad económica, el bienestar individual y colectivo (bien común), la tolerancia, la paz o convivencia pacífica, la solidaridad, la asociabilidad, el pluralismo y la preminencia de los derechos humanos. Y no es que la población se extinguiría, sino que desaparecería como sociedad civil relativamente autónoma respecto del "Estado". Nos convertiríamos como otros países del Hemisferio y de otras latitudes, en un pueblo sin esperanza, sometido, resignado, en proceso de empobrecimiento continuo, dedicado a la dura tarea de la mera sobrevivencia. El retrato de un pueblo resignado (sin defensas sociales) nos los ofrece el historiador Donald Rayfield al referirse a la Rusia de los años previos a la Revolución de Octubre (1917), y la apatía social respecto de la inminente amenaza del "terror rojo" representado por los bolcheviques: "Una sociedad cada vez más desmoralizada no veía la necesidad de extirpar aquel tumor. Cada vez resultaba más difícil encontrar comida, los transportes y los servicios sanitarios se colapsaban y la vida urbana y doméstica se veía amenazada por bandas de maleantes, así que la población se resignó a cualquier fuerza, de derechas o de izquierdas, se hiciese con el poder y comenzase a tomar decisiones" (Stalin y los Verdugos, Taurus historia, Colombia, 2004, p. 78). Revertir la corrupción y el delito como sistema social implica, insoslayablemente, una reacción política, moral y ética colectiva. No es sólo un asunto de mero cambio de gobierno, o de régimen político; se trata de una transformación compleja que exige sacrificio, voluntad y perseverancia. No la puede realizar un líder providencial, ni un partido político, o una coalición de partidos. Véase Henrique Meier. La corruptocracia. En www.soberania.org

o la total sustitución de los medios jurídicos por la imposición de la fuerza estatal, o la desaparición del "Estado de Derecho" por el "Estado de No Derecho"[81], o el "Estado-Fuerza" que puede legitimarse en "leyes autoritarias" para pretender justificar el uso ilimitado de la violencia estatal (los regímenes totalitarios).

CONCLUSIÓN

El Derecho no puede ser comprendido obviando su inserción en un entorno social concreto. Expresión de la cultura, reitero lo escrito en páginas precedentes, vale decir, creación humana, se halla condicionado por el sistema de creencias, mitos, representaciones colectivas, símbolos, tradiciones, usos y prácticas sociales de la sociedad; y a su vez puede operar cual factor de cambio cuando es formulado con la intención de modificar conductas contrarias a determinados valores éticos incorporados en sus enunciados normativos. El Derecho no es un sistema de normas para ser admirado, para producir emoción estética por la "perfecta" construcción de sus enunciados lingüísticos, o los abstractos ideales de justicia y seguridad jurídica, paz social y bien común. El Derecho tiene vocación existencial, es una función social que se legitima no sólo en los valores incorporados en el ordenamiento jurídico-positivo, sino, también, en su eficaz aplicación a la realidad, a la vida concreta, situada y temporalizada, de los hombres y mujeres que integran una sociedad específica. Por esa razón, postulamos que tanto el Derecho "ineficaz" como el "injusto" son perversiones de lo jurídico. La eficacia jurídica es indispensable para garantizar el buen orden en la convivencia. Sin embargo, la eficacia por sí sola no es garantía de un orden justo. Eficaz fue el "Derecho nazi", pero nadie en su sano juicio podría dudar del "orden injusto", contrario a la dignidad de la persona humana y sus derechos consustanciales, que se impuso por medio de las "leyes" del régimen nacionalsocialista alemán.

El juicio "sociológico" a la eficacia del Derecho es inseparable del juicio "ético" a la justicia del Derecho. Aunque no dudamos que el

[81] Véase, Ricardo González. *El Estado de No Derecho*. Editores del Puerto. Buenos Aires, 2007.

Derecho se caracterice por constituir un "orden coactivo", por tanto, que puede imponerse empleando la denominada "violencia legítima" del Estado, ese sólo rasgo no basta para legitimar lo jurídico. De lo contrario, las peores aberraciones y atrocidades podrían ser calificadas de Derecho porque integren un orden coactivo de leyes y normas estatales. Para nosotros no hay otro Derecho "legítimo" que aquel que reconoce y garantiza en sus normas la Doctrina de los Derechos Humanos; en pocas palabras, esa Doctrina nos permite reconocer el grado de justicia expresado en un determinado ordenamiento jurídico. Ni siquiera la aquiescencia de una mayoría ("legitimidad social") podría otorgarle "legitimidad axiológica" a un ordenamiento jurídico y un régimen político intrínsecamente injustos desde la perspectiva de los Derechos Humanos. En ese sentido, postulamos y defendemos que una sociedad jurídicamente desarrollada o en vías de serlo es aquella que tiende, por medio de su ordenamiento jurídico, a superar el orden de la naturaleza primaria donde sólo sobreviven los más fuertes (la ley implacable de la selección de las especies), por un orden superior donde reine la convivencia civilizada, y se aplique el principio de la igualdad de todos ante la ley reconociendo los desequilibrios individuales y sociales, las reales desigualdades humanas, y por tanto, la especial protección y tutela al débil jurídico (el débil social, económico, cultural, psíquico, etcétera).

En mi concepto la justicia a secas es inseparable de la justicia social. Rechazamos por igual la ideología del "ultraliberalismo conservador" que conduce al darwinismo social y económico (sólo sobreviven los más aptos), y la ideología del "socialismo estatizante" en sus diversas aplicaciones históricas (nacionalsocialismo, fascismo, comunismo) que en nombre de una supuesta justicia revolucionaria sacrifica las libertades y demás derechos humanos articulados a la dignidad de la persona humana. Rechazamos por igual la consideración de la persona como instrumento al servicio de la "razón económica y tecnológica" y como instrumento al servicio de la "razón transpersonalista del colectivismo estatal". La primera se expresa en la ideología de la "globalización de los mercados" y "la idolatría de la tecnología", y sus instrumentos de realización son las grandes corporaciones globales sin rostro, ni alma; la segunda se manifiesta en la ideología de las pretendidas revoluciones socialistas y sus instrumentos de realización son los Estados totalitarios (Cuba, Corea del Norte, Venezuela).

Oponemos a la violencia, las injusticias, el abuso de poder, y la corrupción fomentados desde las más altas instancias del "poder estatal", de un "Estado" y un "gobierno" convertidos en enemigos de la democracia y la convivencia civilizada, el poder de la razón y la justicia, el poder del Derecho como instrumento de realización de un orden de paz, seguridad y bien común. Aunque los dramáticos hechos que vivimos día a día parecieran hablarnos acerca de la inutilidad del Derecho en una sociedad donde impera la arbitrariedad, la injusticia, la violencia y el caos, no podemos perder la esperanza. Hoy más que nunca debemos levantar las banderas del Derecho justo y decir como exclamaba nuestro recordado e insigne profesor y maestro Arístides Calvani *"Los valores resplandecen más cuando se pisotean y violan"*. La restauración de una sociedad de convivencia civilizada y de un Estado democrático de Derecho pasa por corregir las graves injusticias, desigualdades y exclusiones del pasado que condujeron a las masas empobrecidas a confundir el rechazo a una dirigencia gubernamental, política, económica, gremial y académica insensible a esos problemas, sorda y ciega ante el clamor popular, con el rechazo al sistema democrático que tanto esfuerzo costó instaurar en el país.

Elche, España, enero de 2021.

BIBLIOGRAFÍA

ARTEAGA, Alberto. *Justicia venezolana la más débil del mundo*. En https://www.cambio16.com/en- venezuela-el-retardo-de-justicia-penal-propicia-compra-de-la-libertad-en-dolares/.

ATIENZA, Manuel y RUIZ MANEIRO, Juan. *Las piezas del Derecho. Teoría de los Enunciados Jurídicos*. Ariel. Barcelona, 1996.

AMODIO, Emanuel. *Cultura.* Editorial de la Universidad Central de Venezuela, Caracas, 1988.

AMNISTIA INTERNACIONAL. *Seguridad ciudadana y derecho a la vida en Venezuela*. En https://www.amnesty.org/download/Documents/AMR5389752018SPANISH.PDF.

BERNASCONI, Andrés. El carácter científico de la dogmática jurídica., Revista de Derecho de Valdivia, Chile.Vol. XX - N° 1 - Julio 2007, Páginas 9-37. Disponible en https://scielo.conicyt.cl/scielo.php?script=sci_arttext&pid=S0718-09502007000100001Ramírez.

BOBBIO, Norberto. *El Futuro de la Democracia*. Fondo de Cultura Económica. México. Traducción por José Fernández Santillán, 2008.

BOBBIO, Norberto. *Teoría General de la Política*. Trotta, Madrid, 2009.

BROWN, Dan. *Inferno*. Ediciones Planeta, Caracas, 2013.

CANETTI, Elías. *Masa y poder*. Muchnik Editores Barcelona España 1983.

CORTE SUPREMA DE JUSTICIA/ SALA POLÍTICO-ADMINISTRATIVA. *Sentencia del 9/01/1999*. En https://www.redalyc.org/pdf/197/19750125.pdf.

DE SABLE, Michel. *Des espaces urbaines agréables à vivre, places, rues, squares et jardins*. Ed., Du Moniteur, 1991.

DAIGNEAULT, André. *El buen Ladrón. Misterio de la misericordia.* VOZdePAPEL, 2005.

CHEVALLIER, Jaques. *El Estado postmoderno*. Universidad Externado de Colombia, 2011.

EL SAGRADO CORÁN. Biblioteca Islámica «Fátimah Az-Zahra» - En www.islamelsalvador.com

FUENTES, Carlos. *El Espejo Enterrado*. Fondo de Cultura Económica. México, 1994.

FREUD, Sigmund. *El Malestar de la Cultura*. Akal, 2016.

GONZÁLEZ, Ricardo. *El Estado de No Derecho*. Editores del Puerto. Buenos Aires, 2007.

GRODIRA, Fermín. *La Edad Media no fue tan oscura como nos la contaron.* En https://magnet.xataka.com/en-diez-minutos/la-edad-media-no-fue-tan-oscura-como-nos-la-contaron

HOBBES, Thomas. *Leviatán*. Nueva Visión, Buenos Aires, 1988.

KROTZ, Esteban. *Antropología Jurídica: Perspectivas Socioculturales en el Estudio del Derecho*. Anthropos Editorial. Universidad Autónoma Metropolitana. México 2002.

LÓPEZ CHEVARRÍA, José Luis. *El sentimiento constitucional en la obra de Pablo Lucas Verdú.* En https://revistas.juridicas.unam.mx/index.php/derecho-comparado/article/view/3057/3336.

MARÍ, José. *Código de Hammurabi.* En https://caminandoporlahistoria.com/codigo-hammurabi/

MEIER, Henrique. *El concepto de lo político en Karl Schmitt*. En http:// www.soberanía.org Aclaratoria: esa página fue clausurada en septiembre de 2016 por la narcotiranía militarista.

MEIER, Henrique. *La verdad del socialismo: dos caras de la misma moneda.* En http://www.soberanía.org Aclaratoria: esa página fue clausurada en septiembre de 2016 por la narcotiranía militarista.

MEIER, Henrique. *Seguridad, Estado, Sociedad y Derecho*, Homero, Caracas. 2004

MEIER, Henrique. *Introducción al Estudio del Derecho.* Impresos Casamayor, Caracas 2009.

MEIER, Henrique. *Las Comunas un despropósito descomunal.* Disponible en http://www.soberanía.org.

MEIER, Henrique. *Las relaciones individuo, sociedad y naturaleza: origen de la realidad ambiental. Bases antropológicas y culturales de la realidad ambiental.* Universidad Metropolitana. Caracas, 2014.

MEIER, Henrique. *Estado e Ideología.* Separata de la Revista de la Universidad Católica Andrés Bello, N° 27, Caracas.

MEIER, Henrique. *¿Qué es el Derecho?* Panapo, Caracas, 2001.

MEIER, Henrique. *Introducción al Estudio del Derecho.* Impresos Casamayor, Caracas 2009.

MEIER Henrique. *La corruptocracia.* En www.soberania.org

MEIER, Henrique. *El concepto de lo político en Karl Schmitt.* En http://soberania.org

MEIER Henrique. *Derecho y Sociedad: Las funciones del Derecho",* publicado en el N° 12 de la Revista Derecho y Sociedad de la Facultad de Derecho de la Universidad Monte Ávila. Disponible en https://drive.google.com/file/d/0Bw5v9Op6O-ZgTE9JVWFweGJBY0E/view

MORÍN, Edgar. *La Vía, Para el futuro de la humanidad.* Traducción de Nuria Petit. F, Paidós, Barcelona, 2011.

MORÍN, Edgar. *Introducción al Pensamiento Complejo.* Gedisa, Barcelona, pp. 97-98

OTERO, Miguel Henrique. *La doble estructura del poder en Venezuela.* Disponible en https://www.elnacional.com/opinion/la-doble-estructura-del-poder-en-venezuela/

PAZ, Octavio. *Hombres en su Siglo,* Biblioteca de Bolsillo, Seix Barral, Barcelona, 1990.

PAZ, Octavio. *Tiempo Nublado.* Seix Barral, Barcelona, 1983.

PESSOA, Fernando. *El Libro del Desasosiego.* El Acantilado, 2013.

RAYFIELD, Donald. *Stalin y los verdugos.* Taurus, 2003.

RECASENS SICHES, Luis. *Vida humana, sociedad y derecho.* La Casa de España en México, 1939.

RODRIGUEZ ITURBE, José. *Historia y Política.* En la obra colectiva "Sentido y Posibilidad. Clave para una interpretación social cristiana de la historia". Fondo Editorial Irfes. Buenos Aires, 1977.
ROUSSEAU, Charles. *El Contrato Social.* Edaf Ediciones, Madrid, 1979.
SANTA BIBLIA. Versión Reina- Valera, 1960. Holman.
SAVATER; Fernando. *Política para amador.* Editorial Ariel, Barcelona, 1992.
SAVATER, Fernando. *La Vida Eterna.* Editorial Ariel, Barcelona, 2007.
SAVATER, Fernando. *El valor de elegir.* Editorial Ariel, Barcelona, 2003.
VARGAS LLOSA, Mario. *La Civilización del Espectáculo.* Alfaguara, Colombia, 20

LIMITACIÓN Y CONTROL DEL PODER ANTES DE LA REPÚBLICA: APROXIMACIÓN AL ESTUDIO DEL DERECHO PÚBLICO HISPÁNICO

LUIS ALFONSO HERRERA ORELLANA*

SUMARIO

INTRODUCCIÓN

La generosa invitación de FUNEDA a participar en este homenaje a la trayectoria profesional y académica del profesor Jesús Caballero Ortiz es propicia para celebrar y agradecer sus valiosos aportes al derecho público venezolano, y también para destacar la singularidad de su perspectiva jurídica en el derecho administrativo nacional.

Dicha perspectiva se caracteriza por alejarse de posturas favorables al reconocimiento de amplias potestades a favor de la Administración Pública para con ello lograr la supuesta satisfacción del interés general, y más bien exigir de forma consistente la subordinación al derecho de toda manifestación de poder estatal, al estar en juego tanto el estado de derecho como los derechos subjetivos de los particulares.

---

* Licenciado en filosofía, abogado *summa cum laude* y especialista en derecho administrativo por la Universidad Central de Venezuela. Magíster en derecho constitucional por la Universidad Católica Andrés Bello. Profesor en la Universidad Central de Venezuela, en la Universidad Católica Andrés Bello de Venezuela y actualmente en la Universidad Autónoma de Chile. Cursante del programa de doctorado en Derecho en la Universidad de Los Andes, Chile.

Evidencia de lo señalado podemos encontrarla en "Consideraciones fundamentales sobre la responsabilidad administrativa en Francia y España y su recepción en la Constitución de 1999"[1], "¿Deben subsistir los contratos administrativos en una futura legislación?"[2] y "Una concepción amplia del contrato administrativo es contradictoria con las prerrogativas de la Administración"[3], entre otros trabajos de nuestro autor.

En dichos trabajos Caballero Ortiz aboga por una comprensión de la actividad administrativa subordinada a reglas ciertas y estables, por la protección de los particulares al interior de la relación jurídico-administrativa y por la toma de distancia respecto de tópicos que sirven como excusas para el ejercicio abusivo de potestades y competencias, así como para eludir la responsabilidad por ello.

Lo anterior tiene especial valor en un medio jurídico en el cual, por ejemplo, se debate aún si la responsabilidad patrimonial del Estado debe ser subjetiva u objetiva, o si las potestades de la Administración en sus relaciones contractuales deben estar o no establecidas de forma expresa en la ley, sin posibilidad de adiciones administrativas o jurisprudenciales.

Tanto en las materias a las que están dedicados los trabajos mencionados, como en otras relativas a la organización administrativa, la carrera administrativa, los derechos laborales de los funcionarios o la administración de justicia, Caballero Ortiz se ha esforzado por ofrecer a los problemas abordados, respuestas ajustadas tanto a las obligaciones de la Administración como a la protección de los derechos de los particulares.

Cercano a los puntos de vista de Eduardo García de Enterría y Tomás Ramón Fernández sobre el rol del derecho administrativo en una sociedad democrática, nuestro homenajeado ha impulsado entre nosotros, discreta pero sostenidamente, la tesis del necesario equilibrio entre

---

1 Publicado en *Estudios de Derecho Público. Libro Homenaje a Humberto J. La Roche*. Caracas: Tribunal Supremo de Justicia, 2001, pp. 255 a 270.

2 Publicado en *Libro Homenaje a Allan R. Brewer Carías*. Madrid: Editorial Civitas, 2003, Tomo II, pp. 1765 a 1778.

3 Publicado en *Ensayos de Derecho Administrativo, Homenaje a Nectario Andrade Labarca*. Caracas: Tribunal Supremo de Justicia, 2004, pp. 209 a 246.

potestad y libertad, entre Estado y persona, por lo que la lectura de su obra, tanto para los actuales como para los futuros juristas, es, más que recomendable, indispensable.

A propósito de esta singularidad de la obra de Caballero Ortiz, es que elegimos trabajar en esta modesta contribución a su libro homenaje un tema poco atendido por el derecho público venezolano de las últimas décadas, con importantes excepciones al respecto, como es el de la existencia de mecanismos de limitación y control de la actividad administrativa antes de la independencia, esto es, durante la vigencia del llamado "derecho indiano".

Esa poca atención se explica a partir de la convicción general que existe en nuestra disciplina de que la lucha jurídica contra el abuso del poder estatal comenzó en Venezuela y en las demás naciones hispanoamericanas, luego de la caída de la Monarquía española, a partir de la edificación de repúblicas democráticas.

Lo común, en efecto, es encontrar en manuales, tratados y artículos científicos dedicados al tema, la afirmación según la cual es a partir de la modernidad, y más en concreto a partir del surgimiento del derecho administrativo nacido de la revolución francesa, que comienzan a existir reglas y medios jurídicos para limitar y controlar el poder, a fin de poner coto a sus abusos y arbitrariedades[4].

De forma implícita, y a veces explícita, se afirma entonces que antes del siglo XIX, esto es, desde la antigüedad, y sobre todo desde la Edad Media hasta la caída de las monarquías absolutistas de Europa, no existían mecanismos para anular actuaciones contrarias a derecho, establecer la responsabilidad de las autoridades y restablecer situaciones jurídicas afectadas.

Tal afirmación, en el ámbito de la tradición hispánica, ha de matizarse a partir de una serie de investigaciones que vienen desarrollándose tanto en Europa como en América desde hace décadas, y cuyos resultados demuestran que, tanto en el derecho hispano como en el indiano, existieron y se aplicaron mecanismos de control del poder político,

---

4 Véase, entre otras fuentes, Juan Alfonso Santamaría Pastor, *Sobre la génesis del Derecho Administrativo español en el siglo XIX (1812-1845).*, Iustel, Madrid, 2006, pp. 36 y ss.

orientados a la protección de los súbditos y a establecer la responsabilidad de las autoridades por sus abusos o excesos[5].

Esos mecanismos, empero, no fueron conservados y mejorados luego de la fragmentación de la Monarquía española y el surgimiento de las repúblicas en América, sino que más bien, en medio del odio a lo español, la condena a un régimen colonial que no necesariamente fue el que existió[6], y el auge de la leyenda negra[7], fueron repudiados y olvidados.

De este modo, a diferencia de lo observado en la tradición anglosajona, en la que sí hubo una importante continuidad en el ámbito jurídico, en la tradición hispánica la ruptura fue casi total, lo que condujo a un proceso de importación compulsiva de instituciones y técnicas de control, en especial de las creadas en los Estados Unidos de América y en Francia para sus realidades, ajenas a nuestra tradición, que por cierto continua hasta el presente.

En vista de ello, el propósito de estas líneas será mostrar, de forma introductoria, (I) que la idea de limitación del poder de la autoridad es anterior a las revoluciones modernas y estaba presente en la tradición jurídica hispánica, (II) que en el derecho hispano e indiano existieron instituciones y técnicas orientadas a la limitación y control del poder,

---

5 En particular, es recomendable la revisión de José Cerda Costabal (Ed.). *El Estado de Derecho en el Mundo Hispánico*. Santiago: Tribunal Constitucional y Universidad Gabriela Mistral, 2019.

6 "Las pragmáticas de Carlos V, relativas a la incorporación de las Indias, no hacían otra cosa que aplicar al Nuevo Mundo leyes fundamentales de los reinos hispánicos, que en el fondo procuraban mantener la unidad de la monarquía contra la antigua práctica de la división hereditaria, y afirmar al mismo tiempo el poderío y predominio de los reyes frente a las aspiraciones señoriales de los nobles y -en Indias- de los grandes conquistadores (…) sí, los reinos indianos fueron similares a los de Flandes o Nápoles; unos territorios autónomos con sus gentes peculiares, sus propias leyes, usos y costumbres y una administración singular coordinada por el Consejo de Indias y dirigida por los Virreyes de México y Perú. Esto no quiere decir en modo alguno que se respetaran del todo las lenguas, usos y costumbres de los indios, ya que el modelo de república indiana se centraba en los centros urbanos donde vivían los españoles, pero sí que se dio a estos un trato diferenciado tal y como lo tenían otros súbditos de los distintos reinos que integraban la monarquía universal." Juan Garrido Rovira. *De la Monarquía de España a la República de Venezuela*. Universidad Monteávila, Caracas, 2008, pp. 63 y 64.

7 Sobre el tema, véase María Elvira Roca Barea. *Imperiofobia y leyenda negra. Roma, Rusia, Estados Unidos y el Imperio español*. Ediciones Siruela, Madrid, 2017.

(III) que la adopción por las repúblicas hispanoamericanas del derecho administrativo francés no era indispensable y que ha sido más bien problemática al no ser parte de la tradición jurídica propia, y (IV) que de esa elección institucional se han derivado importantes consecuencias prácticas que afectan hasta el presente la relación entre la Administración y los particulares, para finalizar con algunas reflexiones en torno a la pertinencia de conocer más a fondo el derecho indiano.

I. LA LIMITACIÓN DEL PODER ANTES DE LAS REVOLUCIONES MODERNAS: ANTECEDENTES DEL ESTADO DE DERECHO EN EL MUNDO HISPÁNICO

Es indiscutible que la división del poder, el principio de legalidad, los derechos subjetivos, la constitución como derecho y la tutela judicial son ideas modernas, que derivan tanto de la filosofía política como de los procesos de ajuste y ruptura que se desarrollan en Europa a partir del renacimiento y que llegan a su momento cumbre en el siglo XIX.

Por ello, los mecanismos de control jurídico que surgen de esas ideas, convertidas en leyes y en constituciones en principios y reglas exigibles en casos concretos, son también modernas, como el control de constitucionalidad de las leyes, el amparo, el control de juridicidad de los actos de la Administración y la tutela cautelar ante la actividad administrativa.

Ahora bien, aceptar lo anterior no debe implicar, necesariamente, el aceptar que antes de ese período, y en especial de la modernidad y las revoluciones políticas que en ella se producen, no existieron instituciones y técnicas de limitación y control del poder, solo que cimentadas en otras ideas y principios diferentes a las ideas modernas.

Es decir, resulta aconsejable no asumir las ideas corrientes sobre el oscurantismo medieval, el autoritarismo católico o el antiliberalismo de la monarquía hispánica[8], como lo plantea Enrique Krauze en un ensayo

---

[8] En contra de esta tesis, véase León Gómez Rivas. "Algunos antecedentes del liberalismo constitucional en España. El pensamiento político de la segunda escolástica", en *Procesos de Mercado: Revista Europea de Economía Política* No. 2, 2008.

en el que vincula el autoritarismo político de Andrés López Obrador a las ideas sobre la justicia de Tomás de Aquino[9].

En efecto, abundan las evidencias de que, tanto en la institucionalidad de la antigua Grecia, como en el derecho romano, en la institucionalidad impulsada por el cristianismo católico durante la edad media y luego durante el renacimiento y temprana modernidad, estuvieron presentes elementos políticos y jurídicos que procuraron impedir el ejercicio arbitrario del poder y proteger a los súbditos de los abusos de las autoridades[10].

Si del mundo hispánico se trata, bastará con rescatar hitos y propuestas como la obra de Isidoro de Sevilla, el *Liber Iudiciorum*, las Cortes de León, la Escuela de Traductores de Sevilla, Las Siete Partidas, el pactismo, los fueros, la existencia de recursos contra actos de autoridad, el Justicia de Aragón, los juristas jueces, el reconocimiento de la responsabilidad de la Administración y los principios de las Leyes de Indias.

Asimismo, las doctrinas de los teólogos juristas de la Escuela de Salamanca y otras Universidades del Reino de España, la mancomunidad hispánica ideada por el Conde Aranda que no llegó a ser aplicada y los eficaces acuerdos con los pueblos originarios de América, entre otras expresiones en los ámbitos tributarios, financieros y organizativos, para tener idea de la muy variada cantidad de fuentes jurídicas en que pueden hallarse valiosas expresiones premodernas de fórmulas jurídicas para reducir los casos de abuso de poder.

Dos ejemplos tomados de las fuentes mencionadas bastarán para tener una idea del tipo de mecanismos de limitación y control del poder presentes en el mundo hispánico, mucho antes de la creación del Consejo de Estado, el contencioso-administrativo y el recuso por exceso de poder o el de plena jurisdicción.

---

9 Martín Krauze, "Diez premisas sobre el poder", en *Letras Libres* mayo 2019. Recuperado el 26.02.21 de: https://bit.ly/3krRusi

10 Véase Jaime Eyzaguirre. *Historia del Derecho*. Santiago: Editorial Universitaria, 2019, pp. 54 y ss. También Francisco Tomás y Valiente. *Manual de Historia del Derecho Español*, Editorial Técnos, Madrid, 2001.

Nos referimos, en el caso del derecho castellano, a las Siete Partidas, Partida III, Título I, Ley III[11], Título II, Ley XIII[12], y en el caso del derecho indiano, a las Leyes de Indias, Libro II, Título II, Ley XIX[13]. Las disposiciones contenidas en esas fuentes dan cuenta de la preocupación por un ejercicio recto, controlado y subordinado al derecho del poder, de suma relevancia para el momento histórico en que se produjeron.

Valga aclarar que no se plantea en este trabajo que los principios e instituciones modernas no eran necesarias por existir ya en el mundo antiguo y medieval mecanismos suficientes limitar y controlar el poder político. Sin duda, eran necesarios e indispensables para lograr la plena subordinación del poder al derecho, meta que sigue presente, más que nunca, en nuestro tiempo, signado en muchas partes del mundo por un incremento del poder de los Estados a raíz de la pandemia del COVID-19.

Lo que se plantea es que urge recuperar el conocimiento de esos principios, mecanismos y técnicas premodernos, en especial presentes

---

11 "Ley III. *Qué quiere decir justicia et quántos son los mandamientos della*. Según departieron los sabios antiguos justicia tanto quiere decir como cosa en que se encierran todos los derechos de *qual natura* quiera que sean. Et los mandamientos de la justicia et del derecho son tres; el primero es home viva honestamente *quanto* en sí; el segundo *que non faga mal nin daño á otri*: el tercero que dé su derecho a cada uno".

12 "Ley XIII: *En qué manera pueden facer demanda en juicio contra el consejo de alguna cibdat o villa, o contra cabillo de alguna iglesia o convento de monesterio. Consejo de cibdat o de villa, o cabillo de eglesia o convento de religiosos a quien quisiesen demandar en juicio, tal demanda non puede seer fecha a todos comunalmente porque son muchos, más debenla facer al personero que fuese puesto para responder por ellos; casi de otra guisa lo feciesen a otras personas señaladas maguer de aquel lograr fuesen non valdrie aquella demanda, porque la cosa que todo el consejo, o el cabillo o el convento debiesen o fuesen tenudos de facer, non pueden apremiar por ella a personas ciertas de aquel lograr que la cumplan, como quier que todos en uno sean tenudos de la complir; bien asi como la debda que debiesen a ciertas personas de algunt lograr que non la podrien todos en uno demandar, más solamiente aquellos a quienes pertenesciese la demanda*".

13 "Ley XVIII: *Que el Consejo remedie los daños que se hubiere causado á terceros, por órdenes que se le hayan dado*. Ordenamos a los de nuestro Consejo de Indias, que si en las materias que le tocan por hecho propio nuestro, o por órdenes, que hayamos dado, se hubieren causado algunos daños, o agravios a terceros, los remedien y hagan que se les dé satisfacción, y procuren saber y entender, si en los tributos que pagan los Reynos, cuyo gobierno toca a dicho Consejo, y en la administración y cobranza de ellos hay algo que reformar y remediar, y lo hagan de forma que en esta parte quede segura nuestra conciencia, y Nos cierto de que se hace todo lo que cabe en la posibilidad de nuestra hacienda, y se compadece con los otros gastos precisos y anteriores, á que está obligada, ordenándolo así a los Tribunales inferiores, por quien esto corriere, y pidiéndoles cuenta de lo que hicieren".

en nuestra tradición, para establecer continuidad entre aquellos y los surgidos y consolidados entre los siglos XIX al XX, no solo para valorar mejor los avances en Occidente hacia la conquista del estado de derecho, sino también para salir de nuestro hondo desconocimiento de lo que aportó a ese tránsito la cultura de la que provenimos los venezolanos y demás hispanohablantes, a saber, la tradición hispánica.

II. EJEMPLOS DE INSTITUCIONES Y TÉCNICAS DE LIMITACIÓN Y CONTROL DEL PODER EN EL DERECHO HISPANO/CASTELLANO E INDIANO

La existencia tanto en la península ibérica como en los territorios americanos a partir de 1492 de una serie de instrumentos jurídicos de limitación y control del poder, así como de vías jurídicas para exigir en casos concretos la sujeción a derecho de las autoridades, ha llevado a destacados especialistas en la materia a hablar del más antiguo estado de derecho, al estudiar algunas de las principales instituciones del derecho hispano -luego, castellano- y del derecho indiano[14].

Al respecto se ha señalado que: "Paradójicamente, aquella forma que nos debiera ser más propia, la hispana e hispanoamericana, es la más desconocida. Señala al respecto Bravo Lira que "casi todo el mundo ha oído hablar de las sucesivas declaraciones de derecho, desde la francesa de 1789 hasta las más recientes, de las Naciones Unidas en 1948, el acuerdo de Helsinki en 1975. También, son bastante conocidos los documentos ingleses y estadounidenses como la Magna Carta de 1215, el Habeas Corpus Act de 1679 o la Declaración de derechos ilustrada, de Virginia de 1776. En contraste, sólo los especialistas tienen noticia de los cánones de los Concilios toledanos de 636 y 683; de la llamada Magna Charta leonesa de c. 1188; de los fueros locales de los siglos x a XIV; de las Partidas; de las Leyes de Indias; del amparo mexicano o de las cédulas de 1775, 1789 y 1797"[15].

---

14 Bernardino Bravo Lira. "El más antiguo Estado de derecho en Europa y en América (siglos XI al XXI). Parangón entre el *si recte facias* hispánico, el *rule of law* inglés y el *règne de la loi* ilustrado", en *Anuario de historia del derecho español*, No. 80, 2010.

15 Jaime Arancibia Mattar. "Responsabilidad de los gobernantes por daños y perjuicios causados a los gobernados en el Chile indiano: once casos de jurisprudencia (1552- 1798)". *Revista Chilena de Historia del Derecho*, número 18,1999, p. 53.

El grado de eficacia y universalidad de las vías en particular, por supuesto, es y siempre será materia de debate, pero no es ese el asunto prioritario en este trabajo, como sí lo es el insistir en que ellas existieron, junto a los instrumentos de limitación y control del poder, y que es motivo de sorpresa, cuando no de perplejidad, el que ninguno de ellos haya sido tenido en cuenta luego de las independencias y, más allá, de que no sean estudiados como sí se estudian técnicas y vías similares, generadas en la tradición del *common law* o en la francesa.

Constatar la existencia, vigencia y aplicación durante el medioevo y hasta inicios al menos del siglo XIX en el mundo hispánico, echa por tierra la tesis muy extendida en el ámbito jurídico y otros campos del conocimiento, de que el aprecio por la libertad y la lucha contra el abuso del poder fueron siempre elementos ajenos a la cultura hispanohablante, por motivos religiosos y políticos, y que solo afloraron en otras tradiciones occidentales, como la inglesa, la neerlandesa o la francesa, a las que no cabe más remedio que imitar.

Muy por el contrario, el aprecio y búsqueda de mecanismos jurídicos para proteger a las personas y sus libertades estuvo desde antiguo presente en el mundo hispánico[16], al punto que no se conformó con una simple implantación de las instituciones jurídicas hispanas al nuevo mundo, sino que se desarrolló todo un nuevo marco jurídico, aunque apoyado en contenidos básicos de aquél.

En palabras de Bravo Lira: "En tales condiciones no es posible un simple trasplante de formas jurídicas europeas al otro lado del océano. La América indiana presenta a cada paso situaciones nuevas, frente a las cuales las soluciones europeas resultan insuficientes. Por eso, para hacer posible su vigencia, es menester adecuarlas o forjar a partir de ellas otras más apropiadas a las necesidades y condiciones indianas"[17].

---

16 Como los que estudia Gustavo Villapalos Salas. *Los recursos contra los actos de gobierno en la baja Edad Media. Su evolución histórica en el reino castellano (1252-1504)*. Instituto de Estudios Administrativos, Madrid, 1976.

17 Prosigue el autor indicando: "Esto es, sin ir más lejos, lo que sucede con la protección jurídica de los gobernados frente a los gobernantes. Desconocida en la América indígena precolombina, cobra muy pronto enorme vuelo en la naciente América indiana, hasta el punto de dejar atrás a sus precedentes europeos, castellanos y portugueses. Así en esta materia el Nuevo Mundo toma la delantera sobre el Viejo. En consecuencia, puede hablarse sin hipérbole de un auge de la protección de los gobernados frente a los gobernantes. Así

De este modo, en áreas como la organización del gobierno, el control de los funcionarios, la administración de justicia, el funcionamiento de los cabildos, la organización de la hacienda real y el desarrollo del comercio ultramarino[18], es recomendable y hasta responsable conocer el grado de desarrollo y preocupación por la eficiencia y primacía del derecho que alcanzó el derecho castellano y el derecho indiano, a pesar no regirse por las ideas modernas de división del poder y garantía de derechos subjetivos fundamentales.

A la luz de esas realidades, la comprensión dominante sobre el tipo de absolutismo que se aplicó en los territorios americanos españoles, no necesariamente tiránico o despótico en términos similares al de otras monarquías, así como las restricciones al comercio con países enemigos de la Monarquía española, pueden adquirir una lectura diferente, en la que queden excluidas tesis acerca del supuesto atraso cultural de las sociedades hispanohablantes.

Resulta, entonces, conveniente volver al estudio o conocer más de cerca las instancias de producción y aplicación del derecho en el período virreinal, en lugar de colonial, de las actuales repúblicas hispanoamericanas, tales como, entre varias otras, el Consejo de Indias, los Virreinatos, Capitanías Generales, Reales Audiencias, los Cabildos y algunas autoridades locales productoras de los denominados "bandos de buen gobierno", posibles antecedentes de los modernos actos administrativos[19].

Mención aparte merecen las ideas y respuestas de los escolásticos tardíos, esto es, Francisco de Vitoria, Juan de Mariana, Domingo de

---

lo ha reconocido, por lo demás, desde hace décadas, la investigación. En 1970 señalaba García-Gallo que este régimen de protección se desenvuelve en los siglos XVI y XVII con un ritmo más acelerado en América que en la Península.' Por su parte, Villapalos comprueba que "si sus orígenes (de ese régimen) están en Castilla, la diversidad de circunstancias y la práctica regia, tendiente a una limitación del poder de las autoridades indianas, determinó en América un desarrollo del mismo, superior al dado en la Península". Bernardino Bravo Lira. "Protección jurídica de los gobernados en el nuevo mundo (1492-1992). Del absolutismo al constitucionalismo", en *Revista Chilena de Historia del Derecho* No. 16, 1990, p. 324.

18 Víctor Tau Anzoátegui. *¿Qué fue el Derecho Indiano?* Abeledo-Perrot, Buenos Aires, 1982, pp. 52 y 53.

19 Víctor Tau Anzoátegui. "Acerca de la elaboración y publicación de la ley en el Derecho Indiano", en *Anuario de historia del derecho español*, 2010, pp. 157-182

Soto, Tomás de Mercado, Martín de Azpilcueta, Diego Covarrubias y Francisco Suárez, entre otros, pioneras en la correcta comprensión del valor subjetivo de los bienes, la licitud del cobro de intereses, la libertad de contratar, la propiedad privada, la política monetaria y el origen de la inflación, la noción de derecho subjetivo, la dignidad de la persona humana y los principios del derecho internacional.

Es tal su trascendencia, más apreciada en sociedades no hispanohablantes que en las nuestras, que respecto de ellos se ha afirmado en reciente publicación: "Las enseñanzas de los autores presentados (...) pueden vitalizar y enriquecer los sistemas económicos de este siglo XXI. Su visión del ser humano creado a imagen y semejanza de Dios tiene que convertirse en la pieza central de la economía. Una economía basada en la propiedad privada que está fundamentada en la libertad humana. Esta libertad se desprende de la naturaleza humana, que como toda naturaleza, es creada por Dios. La propiedad privada 358 es un prerrequisito esencial para el respeto de las libertades económicas"[20].

III. LA INCONVENIENTE ADOPCIÓN POR LAS NACIENTES REPÚBLICAS HISPANOAMERICANAS DEL DERECHO ADMINISTRATIVO FRANCÉS

De un modo u otro, se asume que la adopción del derecho administrativo surgido en Francia luego de la caída de la monarquía absolutista de ese país fue una elección inevitable, por ser en el siglo XIX la mejor opción para las nacientes repúblicas hispanoamericanas ante el desafío de limitar y controlar el poder atribuido a los estados en proceso de conformación.

En efecto, si todo lo que existió durante el período "colonial" fue opresión, despotismo y arbitrariedad, de acuerdo con la narrativa de las independencias y el ideario bolivariano, ni en él, ni mucho menos en el derecho hispano, el aplicado en el Reino de España antes de la llegada a América de los europeos, se podía buscar y encontrar mecanismos para subordinar el poder al derecho, y asegurar los derechos a las personas.

[20] Alejandro A. Chafuen. *Raíces cristianas de la economía de libre mercado*. El Buey Mudo, Madrid, 2009, p. 357.

No habría, en tal escenario, más que importar lo que se necesitaba de aquellos países que mayor prestigio tenían en la tarea, no siendo nada sorprendente que la elección haya sido el derecho administrativo francés, pues en tal elección las nuevas repúblicas no hicieron más que seguir el proceso de "afrancesamiento" que la odiada España venía experimentando, en contra de sí misma, al menos desde fines del siglo XVI.

Sin embargo, la realidad es que sí existieron y se fueron potenciando, mediante un proceso evolutivo de siglos, múltiples mecanismos de limitación y control del poder en la tradición jurídica hispana-castellana-indiana que, tras las independencias, pudieron ser tomados como referencia para adoptarlos a los nuevos postulados republicanos, y evitar así rupturas radicales contrarias a la estabilidad y continuidad política, económica y social de las naciones en surgimiento.

Fue justo ello lo que Andrés Bello, gracias a sus estudios del poema del Mío Cid y Las Siete Partidas, entendió antes de iniciar el trabajo de preparación del Código Civil para Chile. En lugar de "copiar y pegar" el prestigioso texto francés o algún otro código europeo, asumió el enorme desafío de integrar el derecho civil y comercial castellano-indiano aplicable en dicho territorio con los principios y modernas regulaciones venidas de Francia[21].

El resultado fue una afortunada combinación de tradición con innovación jurídica, que hizo posible la producción de un texto jurídico que, en su mayor porcentaje, sigue estando vigente hoy día. Podría pensarse que ello tenía sentido en el ámbito del derecho privado, debido a la directa influencia del derecho romano en el derecho hispano, pero no así en el ámbito del derecho público, debido a su presunto menor desarrollo en la antigüedad.

Tal idea, no obstante, también hay que repensarla, si se tiene presente que: "...la mayoría de las normas expedidas, tanto en el Metrópoli como en las Indias, para regular la vida americana, pertenecieron a la

---

21 Véase al respecto Iván Jaksic. *Andrés Bello: la pasión por el orden.* Bid & Co y Universidad Católica Andrés Bello, Caracas, 2008, y Aristóbulo Pardo. "Andrés Bello y las Siete Partidas", en *Andrés Bello y el Derecho.* Editorial Jurídica de Chile, Santiago de Chile, 1982, pp. 231 y ss.

rama del derecho público. Un recorrido por las colecciones de leyes privadas y oficiales (cedularios, compilaciones y recopilaciones), así como por los textos doctrinales más destacados de la época, lo demuestra cabalmente. Esto no es de extrañar, la preocupación primera y primordial de la Corona española fue organizar debidamente el Nuevo Mundo, así como lograr un buen gobierno"[22].

Puestos en el momento histórico, se comprende que los factores políticos y culturales que imperaban en contra del Imperio español y a favor de sus rivales europeos en la época, así como la propia decadencia de dicho imperio y la decisión de "los libertadores" de romper con todo lo español, hayan generado semejante ruptura, con graves consecuencias ulteriores para todos los países hispanoamericanos[23].

Lo que no se comprende es que, pasado tanto tiempo desde entonces, no haya en el derecho público venezolano y del resto de la región, una revisión crítica de ese curso de acción, y que, al estudiar el surgimiento de los principios y técnicas de limitación del poder político, se siga afirmando que ello comenzó, en el ámbito del *civil law*, con el derecho administrativo nacido luego de la revolución francesa.

Asimismo, tampoco se comprende que no exista una valoración crítica, con miras a futuras y necesarias reformas institucionales y legislativas, respecto de la adopción de principios, criterios y figuras del derecho administrativo francés, contrarias a criterios sustantivos de limitación y control del poder presentes en el derecho hispano, que fueron expulsados del ámbito jurídico por su supuesto carácter no científico, lo que redujo al derecho administrativo a forma pura, favorable a la expansión estatal y a la precariedad del control sobre su acción.

En Francia de seguro existen suficientes razones para sostener que antes de la revolución de 1789, el llamado antiguo régimen, tenía todas las características absolutistas propias de un sistema contrario a toda idea de libertad y respeto a la dignidad humana, y que no es posible hallar en él mecanismos jurídicos para la limitar y controlar el poder

---

22 Beatríz Bernal Gómez, "El derecho indiano, concepto, clasificación y características", en *Ciencia Jurídica* Vol. 4, No. 7, 2015, p. 188.

23 Sobre el tema, véase íntegro Ángel Bernardo Viso. *Venezuela: identidad y ruptura*. Ediciones Libros Marcados, Caracas, 2011. También Juan Garrido Rovira. *Independencia, Derecho Nacional y Derecho Español*. Universidad Monteávila, Caracas, 2011.

político, por lo que fue inevitable "inventar" el derecho administrativo, con las características conocidas.

Pero afirmar lo mismo en el ámbito hispánico, es decir, insistir en la tesis de que la Monarquía española, tanto bajo los Austrias como sobre todo bajo los Borbones, era lo mismo que la Monarquía de Luis XIV, tiene hoy el desafío de refutar la evidencia aportada por los estudios del derecho hispánico, en particular del derecho indiano, buena parte de ellos recopilados por el Instituto Internacional de Historia del Derecho Indiano[24], que demuestran que tanto en el Reino de España como en los Reinos hispánicos de América, existieron criterios de justicia limitantes del poder, derivados del derecho romano, la tradición realista de la ley natural y de factores culturales propios del pluralismo político e ideas religiosas hispánicas.

No tener en cuenta nada de lo anterior, llevó a las nuevas Repúblicas a adoptar e insistir en mantener un sistema de control jurídico de la Administración alejado de criterios sustantivos y orientado por conceptos favorables al poder creciente del Estado moderno, apoyado en la noción de soberanía, que tal vez en Francia pudo resultar eficaz y suficiente, pero que no lo ha sido en países con otra tradición y cultura políticas, huérfanos desde las independencias de una idea común de sí, de su presente y de su futuro[25].

IV. ALGUNAS RAZONES DE LA INCONVENIENCIA DE ADOPTAR EL DERECHO ADMINISTRATIVO FRANCÉS, ENTRE OTRAS INSTITUCIONES JURÍDICAS AJENAS A LA TRADICIÓN HISPÁNICA

Sin perjuicio del necesario debate en torno a cada una de las afirmaciones que se plantean a continuación, y que un ejercicio similar se

---

[24] Adscrito a la Universidad de Alicate, dispone de una página web de muy útil consulta: https://bit.ly/3kq39YT

[25] Así como ignorantes de importantes avances que durante el período indiano se alcanzaron en el ámbito del derecho público hispánico, como lo expone Eduardo Soto Kloss, respecto de la responsabilidad patrimonial de la Administración -hay precedentes a la decisión *Blanco*, del Tribunal de Conflictos de Francia, del 08.02 de 1873, en *Derecho Administrativo*. Tomo I. Santiago: Editorial Jurídica de Chile, Santiago de Chile, 1996, pp. 258 y ss.

podría extender, por ejemplo, a ámbitos como el constitucional y el tributario, estimamos que la adopción de instituciones jurídicas foráneas en las nacientes repúblicas hispanoamericanas, entre ellas Venezuela, en lugar de contribuir ha dificultado la eficacia en la limitación y control del poder estatal.

En primer lugar, porque no han sido respuestas a una necesidad política y social interna, ni han sido debidamente adaptadas a la tradición jurídica de los países hispanoamericanos, que es en su raíz siempre fue plural, descentralizada y con importantes dosis de casuismo, gracias a la existencia de juristas y no de meros aplicadores formales de fuentes positivas.

En segundo lugar, porque no derivan de fundamentos que conecten con los valores, creencias y metas comunes de nuestros países, vinculados con el derecho romano, la teología católica y el pluralismo jurídico, al ser reflejo más bien de lo que otras sociedades han asumido como criterios rectores y metas a cumplir, como son el centralismo, la nación unificada, la legalidad abstracta y el laicismo anticlerical.

En tercer lugar, porque a diferencia de lo observado en Francia y otros países, en los que los medios y vías de control surgieron de necesidades de los particulares, en Venezuela y otros países hispanohablantes las instituciones adoptadas no surgieron ni se han ajustado a las demandas y necesidades de protección jurídica de los ciudadanos, sino que más bien se han incorporado de forma teórica, de arriba hacia abajo, sin siquiera medir su efectividad.

En cuarto lugar, empobreció el método jurídico practicado durante siglos previos en el mundo hispánico y debilitó el vínculo con el antiguo derecho romano, de modo que mientras en la tradición del *common law* se mantuvo la interacción entre ley general y criterio particular mejorándola con la técnica del precedente, la cultura jurídica hispánica que combinaba sistema y casuismo, en procura de las respuestas jurídicas más ajustadas a los hechos del caso examinado, fue repudiada y olvidada, asumiendo solo la perspectiva generalista de la ley.

En quinto lugar, se rompió de forma abrupta con la organización administrativa asentada durante siglos en los territorios americanos de la Monarquía hispánica, que incluso durante las "reformas borbónicas" tuvo manifestaciones de desconcentración del poder, autonomía de gestión y justicia distributiva, tal vez más importantes y beneficiosas que las estructuras observadas en los primeros decenios en muchas de las repúblicas hispanoamericanas.

En sexto lugar, generó un debilitamiento del juez y una ruptura con la antigua figura de los "juristas", asumiendo así, con marcada influencia del derecho francés en el ámbito del derecho público, la idea del juez como funcionario del Estado subordinado a la voluntad política que satisface el interés público y atiende las demandas ciudadanas, desvinculado de criterios sustantivos para interpretar y aplicar de forma prudente el derecho.

En séptimo lugar, la asumir una idea de soberanía nacional monolítica y excluyente de otras comunidades políticas, generó un cambio perjudicial en el tratamiento político y jurídico al problema de la convivencia pacífica con los integrantes de pueblos indígenas originarios, y permitió la adopción normativas discriminación y de exclusión de aquéllos, más cercanas a las normativas coloniales que no virreinales, aplicadas por otras monarquías europeas y la propia Francia, al conquistar territorios a los que no dieron igual trato que a sus metrópolis.

Por último, en octavo lugar, permitió un debilitamiento y hasta hostilidad permanente hacia las garantías jurídicas a la propiedad privada, a la libertad de contratos y a la estabilidad monetaria, entre otras materias económicas que recibieron importantes análisis de parte de teólogos juristas españoles, y que si bien, por comprensibles razones históricas no fueron en su momento acogidas y aplicadas por las autoridades monárquicas, llegaron a ser el primario fundamento de las teorías económicas de pensadores como Adam Smith y los integrantes de la escuela austríaca de economía, con Carl Menger a la cabeza.

Si hay algo de cierto en los planteamientos precedentes, es posible que algunas de las opciones a considerar en la actualidad para mejorar los mecanismos de limitación y control del poder, así como de protección de las personas, las podamos derivar del estudio del viejo derecho hispano/castellano, así como del derecho indiano, en tanto respuestas surgidas desde la propia tradición cultural a problemas universales del ser humano, surgidos de la vida en común, la necesidad de un poder político y el anhelo de asegurar la libertad ante aquél.

REFLEXIONES FINALES

En línea con las preocupaciones de nuestro homenajeado sobre la actividad administrativa y la protección de los particulares, somos del criterio que varios de los problemas que enfrenta hoy el derecho administrativo pueden encontrar ideas para su adecuado tratamiento en el estudio del derecho hispánico, tanto en el existente antes de 1942 como luego de la llegada de España a América.

Tanto en nuestro país como en otros de habla española, en áreas como la descentralización del poder, el control jurisdiccional de las autoridades, la responsabilidad de la Administración Pública y de los funcionarios y la juridicidad de los actos administrativos, es mucho lo que podemos aprender del derecho aplicado en la Monarquía española, antes y durante el período virreinal.

Con ello, lejos de renunciar al estudio de otras tradiciones culturales, como la inglesa, la francesa, la alemana, la estadounidense o la italiana, entre otras, se propone es ampliar y enriquecer con lo que la tradición propia, en otros tiempos, aportó a lo que siempre ha sido un proyecto común de la civilización occidental, surgida de la síntesis de la cultura griega, la cultura romana y los valores del cristianismo.

Entre otras singularidades, el estudio de las ideas de sistema y casuismo que estaban en la base de la práctica jurídica indiana podría mejorar la eficacia del derecho y su adaptación evolutiva, tanto legislativa como jurisprudencial, a la realidad social siempre cambiante.

Asimismo, el estudio de esas ideas contribuiría a moderar el perjudicial activismo judicial que se advierte en el derecho público actual, al recuperar criterios jurídicos sustantivos que orienten una judicatura prudente, alejada tanto del formalismo como del iusmoralismo.

Respecto de la organización administrativa, el estudio del derecho hispánico podría mejorar la valoración que se hace de técnicas como la desconcentración y la descentralización, la coordinación entre autoridades locales, la interaplicación de fuentes formales a varios niveles de gobierno y la mejor asignación de actividades administrativas para las Administraciones más cercanas a los ciudadanos.

Finalmente, estudiar las fuentes e ideas debatidas en el derecho hispánico, en particular de la los teólogos-juristas de la escolástica española de los siglos XVI y XVII, sin duda contribuirá a que del derecho administrativo sean excluidas, definitivamente, una serie de principios, técnicas y potestades contrarias a la propiedad privada, la libre empresa y la estabilidad de la moneda, que en gran medida han sido la causa del atraso hispanoamericano, y la caía en la opresión de la que fue, en su momento, la cuna de la libertad y la democracia en la región.

BIBLIOGRAFÍA

ARANCIBIA MATTAR, Jaime. Responsabilidad de los gobernantes por daños y perjuicios causados a los gobernados en el Chile indiano: once casos de jurisprudencia (1552- 1798). *RevIsta Chilena de Historia del Derecho,* (18), 1999, pp. 53-83.

BERNAL GÓMEZ, Beatríz. "El derecho indiano, concepto, clasificación y características", en *Ciencia Jurídica* Vol. 4, No. 7, 2015, pp. 183-193.

BERNARDO VISO, Ángel. *Venezuela: identidad y ruptura*. Ediciones Libros Marcados, Caracas, 2011.

BRAVO LIRA, Bernardino. "El más antiguo Estado de derecho en Europa y en América (siglos XI al XXI). Parangón entre el *si recte facias* hispánico, el *rule of law* inglés y el *règne de la loi* ilustrado", en *Anuario de historia del derecho español* No. 80, 2010, pp. 415-546.

BRAVO LIRA, Bernardino. "Protección jurídica de los gobernados en el nuevo mundo (1492-1992). Del absolutismo al constitucionalismo", en *Revista Chilena de Historia del Derecho* No. 16, 1990, pp. 315-342.

CERDA COSTABAL, José. *El Estado de Derecho en el Mundo Hispánico*. Tribunal Constitucional y Universidad Gabriela Mistral, Santiago, 2019.

CHAFUEN, Alejandro A. *Raíces cristianas de la economía de libre mercado*. El Buey Mudo, Madrid, 2009.

EYZAGUIRRE, Jaime. *Historia del Derecho*. Editorial Universitaria, Santiago, 2019.

GARRIDO ROVIRA, Juan. *Independencia, Derecho Nacional y Derecho Español*. Universidad Monteávila, Caracas, 2011.

GARRIDO ROVIRA, Juan. *De la Monarquía de España a la República de Venezuela*. Universidad Monteávila, Caracas, 2008.

GÓMEZ RIVAS, León. "Algunos antecedentes del liberalismo constitucional en España. El pensamiento político de la segunda escolástica", en *Procesos de Mercado: Revista Europea de Economía Política* No. 2, 2008, pp. 175-197.

JAKSIC, Iván. *Andrés Bello: la pasión por el orden*. Bid&Co y Universidad Católica Andrés Bello, Caracas, 2008.

PARDO, Aristóbulo. "Andrés Bello y las Siete Partidas", en *Andrés Bello y el Derecho*. Editorial Jurídica de Chile, 1982.

SOTO KLOSS, Eduardo. *Derecho Administrativo*. Tomo I. Editorial Jurídica de Chile, Santiago, 1996.

TAU ANZOÁTEGUI, Víctor. Acerca de la elaboración y publicación de la ley en el Derecho Indiano, en Anuario de historia del derecho español, 2010.

TAU ANZOÁTEGUI, Víctor. *¿Qué fue el Derecho Indiano?*. Abeledo-Perrot, Buenos Aires, 1982.

TOMÁS Y VALIENTE, Francisco. *Manual de Historia del Derecho Español*. Editorial Técnos, Madrid, 2001.

VILLAPALOS SALAS, Gustavo. *Los recursos contra los actos de gobierno en la baja Edad Media. Su evolución histórica en el reino castellano (1252-1504)*. Instituto de Estudios Administrativos, Madrid, 1976.

NOTAS SOBRE EL ACCESO A LA JUSTICIA PARA LA PROTECCIÓN DE LOS DERECHOS ECONÓMICOS, SOCIALES, CULTURALES Y AMBIENTALES (DESCA) Y GRUPOS EN SITUACIÓN DE VULNERABILIDAD EN EL SISTEMA INTERAMERICANO DE DERECHOS HUMANOS

DANIELA UROSA MAGGI*

SUMARIO

INTRODUCCIÓN

El objeto del presente estudio es analizar, grosso modo, el contenido y alcance del derecho de acceso a la justicia en el Sistema Interamericano de Derechos Humanos, tanto en su concepción como derecho humano protegido por la Convención Americana de Derechos Humanos (CADH) como el acceso a justicia interamericana. Asimismo, haremos

* Profesora, Boston College Law School. Profesora Aliada Internacional, Universidad Católica Andrés Bello.

especial referencia al acceso a la justicia de grupos en especial situación de vulnerabilidad y su tratamiento en las Reglas de Brasilia 2008 sobre acceso a la justicia de personas en condición de vulnerabilidad, aprobadas en la XIV Cumbre Judicial Iberoamericana y posteriormente actualizadas y adaptadas en el Foro de Quito de 2018[1] y los principales estándares de protección del acceso a la justicia para la protección de los derechos humanos de contenido económico, social, cultural y ambiental (DESCA) en el Sistema Interamericano de Derechos Humanos.

I. EL ACCESO A LA JUSTICIA. ALCANCE Y NATURALEZA JURÍDICA

El acceso a la justicia puede tener diferentes significados que hacen variar su alcance y contenido. Así, en *sentido formal* el acceso a la justicia se concibe como una *garantía* y se entiende como *la posibilidad efectiva de acudir a las instancias jurisdiccionales existentes en el ordenamiento jurídico para hacer valer los derechos o intereses de la persona*; en otras palabras, acceso a la justicia como la puerta de entrada a la garantía jurisdiccional. En atención a esa acepción, el análisis se centra en garantizar la universalidad del acceso a la justicia, es decir, que todos los particulares tengan la posibilidad de acudir a las instancias jurisdiccionales en igualdad de condiciones para hacer valer sus derechos e intereses; que esas condiciones no sean formalistas ni desproporcionadamente onerosas y que el acceso al servicio de justicia no se interrumpa u obstaculice aun siquiera en extraordinarias circunstancias, de manera de evitar que quede desnaturalizado.

Ahora bien, en *sentido material*, acceso a la justicia es considerado, *per se*, un derecho humano. En efecto, el derecho a la justicia es un derecho inherente a la persona humana, reconocido en todos los tratados internacionales de derechos humanos y en prácticamente todas las Constituciones escritas del mundo occidental. Por ello se entiende

---

1 El texto de las Reglas de Brasilia puede conseguirse en http://www.cumbrejudicial.org/comision-de-seguimiento-de-las-reglas-de-brasilia/documentos-comision-de-seguimiento-de-las-reglas-de-brasilia/item/817-cien-reglas-de-brasilia-actualizadas-version-abril-2018-xix-cumbre-judicial-asamblea-plenaria-san-francisco-de-quito

que el acceso a la justicia es un derecho humano y, al mismo tiempo, un derecho fundamental o constitucional[2].

Como derecho, el acceso a la justicia puede, a su vez, conseguir dos acepciones, una estricta y una amplia. De manera *estricta*, acceso a la justicia es el derecho de acudir a los tribunales sin limitaciones injustificadas ni condiciones desproporcionadamente onerosas. De manera *amplia*, ese derecho abarca también (i) la facultad de acudir a los medios judiciales o jurisdiccionales, que permitan la protección de derechos o intereses y la resolución de conflictos, (ii) la facultad de contar con el debido proceso y garantías de defensa durante el juicio y (iii) el derecho a obtener una sentencia justa, oportuna y efectivamente ejecutada. En este sentido y siguiendo al maestro González Pérez, el acceso a la justicia se entiende como un atributo inherente del ***derecho fundamental a la tutela judicial efectiva***, inescindible de sus otros atributos, es decir, del derecho a la defensa y debido proceso y del derecho a la efectividad del fallo, antes referidos[3].

En el plano internacional, uno de los primeros reconocimientos de ese derecho es el que se encuentra en la Declaración Americana de los Derechos y Deberes del Hombre, cuyo artículo XVIII establece que "*Toda persona puede ocurrir a los tribunales para hacer valer sus derechos. Asimismo debe disponer de un procedimiento sencillo y breve por el cual la justicia lo ampare contra actos de la autoridad que violen, en perjuicio suyo, alguno de los derechos fundamentales consagrados constitucionalmente*"[4]. Pocos meses después ese reconocimiento regional el acceso a la justicia alcanzaría reconocimiento en el plano internacional con la Declaración Universal de Derechos Humanos cuyo artículo 8 establece con aún más claridad que "*Toda persona tiene derecho a un recurso efectivo, ante los tribunales nacionales competentes, que la ampare contra actos que violen sus derechos fundamentales*

---

2 Juan Ignacio Pérez Curci, *El derecho fundamental de acceso a la justicia*, Editorial de la Universidad de Aconcagua, Mendoza, Argentina, 2015. pp. 27 y ss.

3 Jesús González Pérez, *El derecho a la tutela judicial efectiva*, Editorial Civitas, tercera edición, Madrid, 2001, pp. 439.

4 Aprobada en la Novena Conferencia Internacional Americana en Bogotá, Colombia, abril de 1948.

reconocidos por la constitución o por la ley"[5]. Como antes se dijo, en el ámbito del Derecho constitucional comparado, puede afirmarse que todas las Constituciones de Europa y América, salvo contadas excepciones, como es el caso de la Constitución cubana, recogen el derecho de acceso a la justicia como derecho fundamental[6].

En síntesis, el acceso a la justicia es una garantía fundamental de protección jurisdiccional de todos los derechos e intereses de la persona y es también, *per se*, un derecho humano susceptible de ser invocado y protegido de manera autónoma, bien en su sentido formal como derecho a acudir a las instancias jurisdiccionales sin dilaciones ni condiciones extremadamente onerosas, bien en su sentido material, como atributo inherente del derecho a la tutela judicial efectiva.

II. ACCESO A LA JUSTICIA Y SISTEMA INTERAMERICANO DE DERECHOS HUMANOS

Como antes señalábamos, el derecho de acceso a la justicia es garantía fundamental de protección de todos los derechos, tanto en el plano internacional -en relación con la protección de todos los demás derechos humanos-, como en el plano nacional, en relación no solo con los derechos fundamentales sino en general con todos los derechos e intereses jurídicos de la persona. Ese derecho consigue recepción expresa y extensa en el Sistema Interamericano de Derechos Humanos. Así, la Convención Americana de Derechos Humanos (CADH) establece tanto el derecho al acceso a la justicia interamericana (artículo 44 de la CADH) como el derecho de acceso a la justicia frente a los jueces y tribunales nacionales, a través del derecho a las garantías judiciales y debido proceso legal (artículo 8 de la CADH) y derecho a un recurso efectivo (artículo 25 eiusdem). De ese modo, el análisis del derecho de acceso a la justicia en el SIDH puede realizarse desde dos perspectivas:

---

5 Adoptada y proclamada por la Asamblea General en su Resolución 217 A (III), de 10 de diciembre de 1948.

6 Como excepción, nos referimos a la Constitución de la República de Cuba sancionada el 10 de abril de 2019.

1. Acceso a la Justicia Interamericana

El artículo 44 de la CADH establece que *"Cualquier persona o grupo de personas, o entidad no gubernamental legalmente reconocida en uno o más Estados miembros de la Organización, puede presentar a la Comisión peticiones que contengan denuncias o quejas de violación de esta Convención por un Estado parte"*. La norma contempla el derecho de petición ante la Comisión Interamericana, como puerta de entrada para procurar la protección regional de los demás derechos amparados por la Convención, la declaratoria de responsabilidad de los Estados y el restablecimiento del derecho lesionado en caso de incumplimiento, mediante el sistema de peticiones individuales, el cual tiene "*una relevancia central en la protección interamericana de derechos humanos, y se genera al Estado la obligación de permitir el ejercicio de este derecho sin obstaculizarlo*"[7].

Este sistema de peticiones interamericanas ha sido el medio de defensa no sólo para tramitar peticiones individuales sino también violaciones masivas y sistemáticas de los derechos humanos, es decir, no solo peticiones en nombre propio sino también a nombre de terceros a título individual o colectivo, sin exigir vínculo entre la víctima y el peticionante. En contraste, la Convención Europea de Derechos Humanos solo establece el derecho de petición de las víctimas o sus representantes como legitimados activos[8].

Las peticiones ante la Comisión son el modo de acceso ante la justicia interamericana, una vez que se han agotado las vías internas. En caso de que la Comisión conozca de peticiones individuales que considere deben ser elevadas a la Corte Interamericana de Derechos Humanos, ella misma o alguno de los Estados, presentará la causa ante la Corte. De este modo, el acceso a la justicia ante la Corte Interamericana no es directo ni inmediato. Sin embargo, una vez que la Corte conoce de una determinada petición en ejercicio de su jurisdicción contenciosa, sus reglas procedimentales disponen el *locus standi in judicio* de

7 Liliana Tojo, "Interpretación de los artículos 44-47 Competencia", A.A.V.V. *Convención Americana de Derechos Humanos. Comentario (Uribe G. Coordinadora académica)*, segunda edición, Konrad-Adenauer-Stiftung E. V., Bogotá, 2019, pp. 926 y ss.

8 Artículos 34 del Convenio Europeo de Derechos Humanos.

los peticionarios, es decir, su posible participación, en nombre propio, en todas las etapas del proceso. Ello constituye, en palabras del juez Cançado Trindade, una *"...histórica iniciativa de la Corte [por la cual] los individuos han logrado el reconocimiento de su condición de sujetos del Derecho Internacional de los Derechos Humanos, dotados de capacidad jurídico-procesal internacional*"[9]. El acceso de las víctimas ante las instancias internacionales y el reconocimiento del individuo como sujeto de Derecho Internacional, es ciertamente un cambio de paradigma respecto de la concepción tradicional del Derecho Internacional como un Derecho que regulaba relaciones jurídicas entre Estados.

Siguiendo las nociones previamente apuntadas, el acceso a la justicia interamericana debe ser entendido en la acepción material y amplia del término, es decir, como un verdadero derecho, no solo a acudir a las instancias judiciales sino además a obtener tutela jurisdiccional internacional efectiva. Así, como también señalara el juez Cançado Trindade, el *"...derecho de acceso a la justicia a nivel internacional (...) no se reduce al acceso formal, stricto sensu, a la instancia judicial internacional. En realidad, el derecho de acceso a la justicia abarca el acceso a la Corte Interamericana y encuéntrase implícito en diversas disposiciones de la Convención Americana, además de permear el derecho interno de los Estados Partes. El derecho de acceso a la justicia, dotado de contenido jurídico propio, significa, lato sensu, el derecho a obtener justicia. Configúrase, así, como un derecho autónomo, a la propia realización de la justicia"*. De allí que, agrega el juez Cançado, es fundamental abogar por el acceso directo a un tribunal competente, independiente e imparcial "tanto a nivel nacional como internacional" y que ese tribunal cuente con los recursos necesarios para dar efectividad al derecho al acceso a la justicia o, en sus palabras, el "*derecho al Derecho (...) que efectivamente salvaguarde los derechos fundamentales de la persona humana*"[10].

---

9 Antônio A. Cançado Trindade, "El derecho de acceso a la justicia internacional y las condiciones para su realización en el sistema interamericano de protección de los derechos humanos", *Revista IIDH* Vol. 37, San José, (Enero - Junio 2003), pp. 54 y ss.

10 Ibídem., pp. 54 y ss.

2. Acceso a la justicia en la Convención Interamericana y su interpretación por la Corte Interamericana de Derechos Humanos

El Instituto Interamericano de Derechos Humanos ha definido al acceso a la justicia como "*la posibilidad de que cualquier persona, independientemente de su condición, tenga la puerta abierta para acudir a los sistemas de justicia si así lo desea, ... a sistemas, mecanismos e instancias para la determinación de derechos y la resolución de conflictos*"[11].

El acceso a la justicia es un principio fundamental del Estado de Derecho y del sistema democrático, tal como reiteradamente ha señalado la Corte Interamericana[12]. Es una garantía del control judicial de los poderes públicos y una herramienta para evitar la impunidad, especialmente en casos de graves violaciones a los derechos humanos como lo son la violencia de género, desapariciones forzosas, ejecuciones extrajudiciales y leyes de amnistía, entre otros, al establecer la obligación de los Estados de investigar los hechos aún de oficio, de determinar las responsabilidades civiles y penales correspondientes y garantizar el acceso a la justicia de las víctimas o de sus familiares[13], evitando a toda costa la impunidad[14]. Por ende, es obligación fundamental de los

---

[11] Instituto Interamericano de Derechos Humanos (IIDH), Guía informativa, XVIII Curso Interdisciplinario en Derechos Humanos, p. 17 , citado en IIDH, *Manual autoformativo sobre acceso a la justicia y derechos económicos, sociales y culturales*, San José, Costa Rica, 2011, pp. 61 y ss.

[12] Entre otras muchas, Corte IDH, Caso Cantos Vs. Argentina. Fondo, Reparaciones y Costas. Sentencia de 28 de noviembre de 2002. Serie C No. 97, párr. 52; Caso Suárez Rosero Vs. Ecuador. Fondo. Sentencia de 12 de noviembre de 1997. Serie C No. 35, párr. 65; Caso Blake Vs. Guatemala. Fondo. Sentencia de 24 de enero de 1998. Serie C No. 36. párr. 102), Caso de la "Panel Blanca" (Paniagua Morales y otros) Vs. Guatemala. Fondo. Sentencia de 8 de marzo de 1998. Serie C No. 37, párr. 164; Caso de los "Niños de la Calle" (Villagrán Morales y otros) Vs. Guatemala. Fondo. Sentencia de 19 de noviembre de 1999. Serie C No. 63. párr. 234. Caso de la Comunidad Mayagna (Sumo) Awas Tingni Vs. Nicaragua. Fondo, Reparaciones y Costas. Sentencia de 31 de agosto de 2001. Serie C No. 79, párr. 112; Caso de las Hermanas Serrano Cruz Vs. El Salvador. Fondo, Reparaciones y Costas. Sentencia de 1 de marzo de 2005. Serie C No. 120, párr. 75.

[13] Cfr. Corte IDH, *Caso Radilla Pacheco v.* México, excepciones preliminares, fondo, reparaciones y costas, sentencia de 23 de noviembre de 2009, Serie C No. 209, párr. 141.

[14] Entre otras, véase Caso Myrna Mack Chang v. Guatemala, fondo, reparaciones y costas, Sentencia de 25 de noviembre de 2003. Serie C No. 101, párr. 156; Caso de la Masacre

Estados contar con vías judiciales suficientes y efectivas para la protección de todos los derechos e intereses jurídicos de la persona y garantizar el acceso a éstas sin limitaciones injustificadas o desproporcionadamente onerosas como modo de control de los actos de los poderes públicos[15].

Así lo ha entendido la Corte Interamericana, la cual ha señalado que cualquier norma o medida del Derecho nacional que limite o menoscabe el acceso a la justicia es contraria a la CADH[16] pues conlleva a la impunidad y a la ausencia de control de los órganos del poder público. Por ende, ha precisado también la Corte Interamericana, el derecho de acceso a la justicia es especialmente relevante cuando se trata de la justicia constitucional y justicia administrativa y de allí que la limitación del control judicial de la constitucionalidad de las leyes o de la legalidad de ciertos actos administrativos violan la CADH e impide el debido control de las actuaciones y omisiones de los poderes públicos, pilar fundamental del Estado de Derecho[17].

La Corte Interamericana ha señalado también reiteradamente que el acceso a la justicia es una "norma imperativa de Derecho Internacional"[18] que "*no se agota ante el hecho de que se tramiten los respectivos procesos internos, sino que exige que el Estado garantice que estos aseguren, en un tiempo razonable, la satisfacción de los derechos que*

---

de Pueblo Bello v. Colombia, fondo, reparaciones y costas, sentencia de 31 de enero de 2006, Serie C No. 140, párr. 145; Caso de la "Masacre de Mapiripán" v. Colombia, fondo, reparaciones y costas, sentencia de 15 de septiembre de 2005, Serie C No. 134, párrs. 137 y 232; Caso de la Comunidad Moiwana v. Surinam, excepciones preliminares, fondo, reparaciones y costas, sentencia de 15 de junio de 2005, Serie C No. 124, párr. 147.

15 En todo caso, ha aclarado la Corte que el derecho de acceso a la justicia de las víctimas no releva la obligación del Estado de investigar y sancionar las graves violaciones de derechos humanos, es decir, éste debe actuar de oficio y no supeditado a la acción privada. Cfr. *Caso de la Comunidad Moiwana v. Surinam*, excepciones preliminares, fondo, reparaciones y costas, sentencia de 15 de junio de 2005, Serie C No. 124, párr. 147.

16 Corte IDH. Caso del Tribunal Constitucional (Camba Campos y otros) Vs. Ecuador. Excepciones Preliminares, Fondo, Reparaciones y Costas. Sentencia de 28 de agosto de 2013. Serie C No. 268.

17 Corte IDH. Caso Trabajadores Cesados del Congreso (Aguado Alfaro y otros) Vs. Perú. Excepciones Preliminares, Fondo, Reparaciones y Costas. Sentencia de 24 de noviembre de 2006. Serie C No. 158.

18 Corte IDH. Caso Goiburú y otros vs. Paraguay. Fondo, reparaciones y costas, Serie C No. 153. 2006, párr. 131.

tienen las partes en los mismos"[19]. Al referirse al derecho de acceso a la justicia, la Corte ha englobado ese derecho como atributo del derecho a la tutela judicial efectiva, junto con el derecho a un juicio justo y a la efectiva y justa resolución de la controversia. Sin embargo, la misma Corte ha advertido que *"el derecho al acceso a la justicia no es absoluto y, consecuentemente, puede estar sujeto a algunas limitaciones discrecionales por parte del Estado, las cuales deben guardar correspondencia entre el medio empleado y el fin perseguido y, en definitiva, no pueden suponer la negación misma de dicho derecho"*[20].

Ahora bien, la jurisprudencia de la Corte Interamericana es especialmente prolija y completa al analizar la concepción subjetiva del derecho humano al acceso a la justicia. Así, recordemos que los artículos 8 y 25 de la CADH reconocen el derecho de acceso a la justicia nacional o doméstica para proteger cualquier derecho o interés, lo que incluye el derecho a un recurso efectivo y el derecho a las garantías judiciales del debido proceso legal.

Así, el artículo 25 convencional establece el derecho a la protección judicial de la siguiente forma:

> *"1. Toda persona tiene derecho a un recurso sencillo y rápido o a cualquier otro recurso efectivo ante los jueces o tribunales competentes, que la ampare contra actos que violen sus derechos fundamentales reconocidos por la Constitución, la ley o la presente Convención, aun cuando tal violación sea cometida por personas que actúen en ejercicio de sus funciones oficiales.*
> *2. Los Estados Parte se comprometen:*
> *a) a garantizar que la autoridad competente prevista por el sistema legal del Estado decidirá sobre los derechos de toda persona que interponga tal recurso;*

---

[19] Juana M. Ibáñez, "Interpretación del artículo 8 Garantías Judiciales", A.A.V.V. *Convención Americana de Derechos Humanos. Comentario (Uribe G. Coordinadora Académica)*, cit., pp. 266 y ss. Corte IDH. *Caso Bulacio vs. Argentina.* Fondo, reparaciones y costas, Serie C No. 100. 2003, párr. 114. Corte IDH. *Caso Palamara Iribarne vs. Chile.* Fondo, Reparaciones y Costas. Sentencia de 22 de noviembre de 2005. Serie C No. 135, párr. 188.

[20] Corte IDH. *Caso Cantos vs. Argentina.* cit., párr. 54. Corte IDH. Corte IDH. Caso Mémoli vs. Argentina. Excepciones Preliminares, Fondo, Reparaciones y Costas. Sentencia de 22 de agosto de 2013. Serie C No. 265, párr. 193.

> *b) a desarrollar las posibilidades de recurso judicial, y*
> *c) a garantizar el cumplimiento, por las autoridades competentes, de toda decisión en que se haya estimado procedente el recurso".*

La Corte Interamericana ha entendido que el artículo 25 de la Convención también consagra el derecho de acceso a la justicia. Al analizar el citado artículo 25, la Corte ha señalado que éste establece un compromiso de los Estados, traducido en una obligación positiva de los mismos, de procurar a las personas bajo su jurisdicción un recurso judicial efectivo contra cualquier acto u omisión que viole sus derechos fundamentales, es decir, bien se trate de derechos reconocidos en la Convención o bien incluso de aquellos que estén reconocidos por la Constitución o por la ley en cada ordenamiento doméstico.

Asimismo, la Corte ha sido enfática al señalar que el derecho a la protección judicial no se agota en la existencia formal de recursos judiciales, es necesario que los mismos tengan efectividad; por ende, *debe brindarse a la persona la posibilidad real de interponer un recurso que sea sencillo y rápido y que concluya con una sentencia de fondo oportuna, ajustada a derecho y que se ejecute de manera efectiva.* Por ende, cualquier norma jurídica o actuación de los poderes públicos nacionales que impida o dificulte hacer uso del recurso judicial de que se trate "*constituye una violación del derecho al acceso a la justicia, bajo la modalidad consagrada en el artículo 25 de la Convención Americana*"[21]. Asimismo ha señalado la Corte que "La inexistencia de recursos judiciales efectivos viola la CADH" (Corte IDH, Caso Castillo Pertuza y otros vs. Perú 1999) y que no basta con que existan los recursos en el ordenamiento jurídico, deben además ser efectivos.

En sentido similar, en el caso Pueblo Indígena Kichwa de Sarayaku Vs. Ecuador[22], la Corte se refirió al acceso a la justicia y las responsabilidades que el artículo 25 de la Convención genera respecto de los Estados, señalando que:

> *"...no basta con que los recursos existan formalmente, sino que los mismos deben tener efectividad. En ese sentido, en los términos del*

---

21 Corte IDH, *Caso Cantos vs. Argentina, cit., para 52.*

22 Corte IDH, Pueblo Indígena Kichwa de Sarayaku Vs. Ecuador. Fondo y reparaciones. Serie C No. 245. Sentencia de 27 de junio de 2012, párr. 263.

artículo 25 de la Convención, es posible identificar dos responsabilidades concretas del Estado. La primera, consagrar normativamente y asegurar la debida aplicación de recursos efectivos ante las autoridades competentes, que amparen a todas las personas bajo su jurisdicción contra actos que violen sus derechos fundamentales o que conlleven a la determinación de los derechos y obligaciones de estas. La segunda, garantizar los medios para ejecutar las respectivas decisiones y sentencias definitivas emitidas por tales autoridades competentes, de manera que se protejan efectivamente los derechos declarados o reconocidos". Esto último, debido a que una sentencia con carácter de cosa juzgada otorga certeza sobre el derecho o controversia discutida en el caso concreto y, por ende, tiene como uno de sus efectos la obligatoriedad o necesidad de cumplimiento. El proceso debe tender a la materialización de la protección del derecho reconocido en el pronunciamiento judicial mediante la aplicación idónea de dicho pronunciamiento. Por tanto, la efectividad de las sentencias y de las providencias judiciales depende de su ejecución. Lo contrario supone la negación misma del derecho involucrado".

Por su parte, el artículo 8 convencional dispone el derecho a las garantías judiciales, lo que abarca el derecho al debido proceso, el derecho a la defensa, el derecho al juez natural, el derecho a la igualdad procesal, el derecho asistencia jurídica gratuita y el derecho a traductor legal. Ha señalado la Corte Interamericana en reiteradas oportunidades[23] que el derecho a las garantías judiciales recogido en el artículo 8 de la CADH y el derecho a la protección judicial recogido en el artículo 25 eiusdem, son los dos derechos convencionales "*íntimamente ligados al derecho de acceso a la justicia*". Son además dos derechos de presencia permanente en los casos tramitados y decididos por la Corte, es decir, en casi todos los casos que ésta conoce se alega la violación del derecho de acceso a la justicia, al debido proceso o a la protección judicial efectiva, lo que precisamente lleva a entender agotada la vía interna y por ende procedente el acceso a la justicia interamericana.

[23] Corte IDH. Caso Blake vs. Guatemala, cit., párr. 61. Corte IDH. *Caso Cantos vs. Argentina.* cit., párrs. 52 y 54.

En consecuencia, y de acuerdo con los artículos 1 y 2 de la CADH, puede decirse que el derecho de acceso a la justicia, como en general todos los derechos humanos, comporta una doble actuación del Estado: de una parte, una obligación negativa de no impedir el acceso a la justicia, no provocar innecesario retardo procesal ni establecer condiciones onerosas que limiten indebidamente este derecho. Y de otra implica obligaciones positivas de los órganos de los Poderes Públicos de garantizar, promover y facilitar las condiciones necesarias para lograr la efectividad de la administración de justicia, removiendo las barreras normativas, económicas, sociales o culturales que impidan en acceso a la justicia de todas las personas (Opinión Consultiva OC- 11/90 del 10 de agosto de 1990, "Excepciones al agotamiento de los recursos internos, arts. 46.1, 46.2. a y 46.2.b CA)"[24].

A ambas obligaciones de los Estados parte respecto de la protección del derecho de acceso a la justicia nos referiremos de seguidas, pero muy en especial a las obligaciones positivas de los Estados de procurar y facilitar las condiciones necesarias para que grupos en especial situación de vulnerabilidad puedan ejercer efectivamente su derecho de acceso a la justicia, en particular cuando se trata de la protección judicial de los derechos económicos, sociales, culturales y ambientales (DESCA).

III. ACCESO A LA JUSTICIA Y GRUPOS EN ESPECIAL SITUACIÓN DE VULNERABILIDAD

1. La protección de las personas en situación de vulnerabilidad en el SIDH

En aras de garantizar la protección de los derechos humanos de todas las personas por igual, con criterio de inclusión social, los órga-

---

[24] En esa decisión la Corte estableció que "*La protección de la ley la constituyen, básicamente, los recursos que ésta dispone para la protección de los derechos garantizados por la Convención, los cuales, a la luz de la obligación positiva que el artículo 1.1 contempla para los Estados de respetarlos y garantizarlos, implica... el deber de los Estados Partes de organizar todo el aparato gubernamental y, en general, todas las estructuras a través de las cuales se manifiesta el ejercicio del poder público, de manera tal que sean capaces de asegurar jurídicamente el libre y pleno ejercicio de los derechos humanos.*" (párr. 23).

nos del Sistema Interamericano han dado particular importancia a la protección de personas y grupos que se encuentran en especial situación de vulnerabilidad, esto es, aquella persona o grupo que por razones históricas, sociales, económicas, culturales, profesionales o de otra índole, de carácter estructural o coyuntural, se encuentran en situación de minusvalía, riesgo jurídico o discriminación, lo que los hace titulares de una protección especial o reforzada, en ocasiones a través de medidas positivas por parte de los Estados, necesarias para dar cumplimiento a sus obligaciones generales de respeto y garantía de los derechos humanos de acuerdo al artículo 1 del Pacto de San José.

Esa protección especial o reforzada dependerá de las necesidades o circunstancias de cada grupo o persona particularmente vulnerable frente a cada situación específica. Como estableció la Corte en el caso Ximenes Lopes vs Brasil: "*La Corte Interamericana considera que toda persona que se encuentre en una situación de vulnerabilidad es titular de una protección especial, en razón de los deberes especiales cuyo cumplimiento por parte del Estado es necesario para satisfacer las obligaciones generales de respeto y garantía de los derechos humanos. La Corte reitera que no basta que los Estados se abstengan de violar los derechos, sino que es imperativa la adopción de medidas positivas, determinables en función de las particulares necesidades de protección del sujeto de derecho, ya sea por su condición personal o por la situación específica en que se encuentre...*"[25]. Implica, por ende, una discriminación positiva necesaria para lograr condiciones de igualdad a favor de grupos vulnerables.

En el mismo sentido, y a fin de lograr la igualdad material y no solo formal de grupos históricamente discriminados, la Corte ha precisado recientemente en el caso de los Empleados de la Fábrica de Fuegos de Santo Antonio de Jesús vs. Brasil lo siguiente:

> *"Por otra parte, la Corte encuentra que del artículo 24 de la Convención se desprende un mandato orientado a garantizar la*

[25] Corte IDH. Caso Ximenes Lopes vs. Brasil. Sentencia de 4 de julio de 2006. Fondo, reparaciones y costas. Serie C no. 149, párr. 103. Corte IDH. Caso Chinchilla Sandoval vs. Guatemala. Excepción Preliminar, Fondo, Reparaciones y Costas. Sentencia de 29 de febrero de 2016. Serie C no. 312.

igualdad material, lo que no sucedió en el presente caso. En ese sentido, el derecho a la igualdad garantizado por el artículo 24 convencional tiene dos dimensiones, la primera una dimensión formal, que establece la igualdad ante la ley. La segunda, una dimensión material o sustancial, que ordena la adopción de medidas positivas de promoción a favor de grupos históricamente discriminados o marginados en razón de los factores a los que hace referencia el artículo 1.1 de la Convención Americana. Lo anterior quiere decir que el derecho a la igualdad implica la obligación de adoptar medidas para garantizar que la igualdad sea real y efectiva, esto es, corregir las desigualdades existentes, promover la inclusión y la participación de los grupos históricamente marginados, garantizar a las personas o grupos en desventaja el goce efectivo de sus derechos, en suma, brindar a las personas posibilidades concretas de ver realizada, en sus propios casos, la igualdad material. Para ello, los Estados deben enfrentar activamente situaciones de exclusión y marginación"[26].

Se trata, sin duda, de un estándar fundamental del Sistema Interamericano. No en vano la mayoría de los Protocolos adicionales y Convenciones que integran el *corpus iuris* interamericano, la distribución de las relatorías de la Comisión Interamericana y la jurisprudencia de la Corte tienen a grupos vulnerables como parámetro, en atención a la garantía del derecho a la igualdad en el respeto y protección de los derechos humanos. Es además, fundamento del *ius constitutionale commune* latinoamericano[27].

Entre los grupos que recurrentemente han sido considerados en especial situación de vulnerabilidad se encuentran las mujeres víctimas de violencia o de discriminación de género[28]; niños, niñas y adolescen-

[26] Corte IDH. Caso Empleados de la Fábrica de Fuegos de Santo Antônio de Jesús vs. Brasil. Excepciones Preliminares, Fondo, Reparaciones y Costas. Sentencia de 15 de julio de 2020. Serie C No. 407, párr. 1999.

[27] García Ramírez, Sergio, "La 'navegación americana' de los derechos humanos: hacia un Ius Commune", A.A.V.V. *Ius Constitutionale Commune en América Latina. Textos básicos para su comprensión*, cit., pp. 55 y ss.

[28] Entre otras, véanse las consideraciones que en este sentido ha hecho la Corte IDH en el caso González y otras ("Campo Algodonero") vs. México. Excepción Preliminar, Fondo, Reparaciones y Costas. Sentencia de 16 de noviembre de 2009. Serie C no. 205.

tes[29]; personas mayores o de la tercera edad; personas afrodescendientes; inmigrantes, refugiados y desplazados; personas y pueblos indígenas y tribales[30]; personas con discapacidad física o mental[31]; personas LGBTI[32]; Personas presas o privadas de libertad; líderes políticos; periodistas; activistas de derechos humanos, entre otros.

La condición de persona o grupo especialmente vulnerable puede ser determinada respecto de la violación de cualquier derechos humanos, es decir, puede haber vulnerabilidad frente a la violación o falta de garantía de cualquier derecho humano, de allí que habrá casos de personas especialmente vulnerables a las violaciones de los derechos civiles y políticos, como serían por ejemplo, líderes políticos, defensores de derechos humanos, periodistas, entre otros y casos de grupos o personas vulnerables frente a la ausencia de garantía y protección de los derechos económicos, sociales y culturales, como serían, a manera de ejemplo, personas con discapacidad, niños, niñas y adolescentes, personas mayores, entre otras.

Lo importante, en todo caso, es que se trate de supuestos en los que la gravedad de la violación es superior a la medida de las violaciones de los derechos humanos en el marco de los Estados parte[33]. Para ello la doctrina ha propuesto la existencia de un test de vulnerabilidad, que permite una aproximación a la magnitud, intensidad y/o duración de

---

29 Entre otras, vid. las sentencias de la Corte IDH Condición jurídica y derechos humanos del niño. Opinión Consultiva OC-17/02 de 28 de agosto de 2002. Serie A no. 17; y Caso "Instituto de Reeducación del Menor" vs. Paraguay. Excepciones Preliminares, Fondo, Reparaciones y Costas. Sentencia de 2 de septiembre de 2004. Serie C no. 112.

30 Corte IDH. Caso del Pueblo Saramaka vs. Surinam. Excepciones Preliminares, Fondo, Reparaciones y Costas. Sentencia de 28 de noviembre de 2007. Serie C no. 172. Corte IDH. Caso Pueblo Indígena Kichwa de Sarayaku vs. Ecuador. Fondo y Reparaciones. Sentencia de 27 de junio de 2012. Serie C no. 245.

31 Caso Ximenes Lopes vs. Brasil (2006), cit.; caso Chinchilla Sandoval et al. vs. Guatemala (2016) y caso Furlan y familiares vs. Argentina. Excepciones Preliminares, Fondo, Reparaciones y Costas. Sentencia de 31 de agosto de 2012. Serie C no. 246.

32 Corte IDH. Caso Atala Riffo y niñas vs. Chile. Fondo, Reparaciones y Costas. Sentencia del 24 de febrero de 2012. Serie C no. 239. Corte IDH. Caso Rojas Marín y otra Vs. Perú. Excepciones Preliminares, Fondo, Reparaciones y Costas. Sentencia de 12 de marzo de 2020. Serie C no. 402.

33 Al respecto vid. Corte IDH. Caso de la Masacre de Pueblo Bello vs. Colombia. Fondo, Reparaciones y Costas. Sentencia de 31 de enero de 2006. Serie C no. 140.

la violación en cada caso concreto[34], en virtud de lo cual se analizan (i) las causas o razones estructurales, coyunturales, históricas, sociales, etc. de la vulnerabilidad, así como la potencialidad o inminencia de ésta y de la discriminación, de ser el caso; (ii) las circunstancias políticas, económicas, sociales en las que opera la vulnerabilidad en ese caso, así como el grado de exposición y sensibilidad de la o las víctimas y las características del derecho nacional y las políticas públicas frente a la posible vulneración. (iii) el impacto y consecuencias de la situación denunciada respecto de la persona o grupo de personas, tomando en cuenta sus condiciones particulares, como podrían ser psicológicas, sociales, fragilidad económica, entre otras[35].

En tales casos, será especialmente relevante el análisis de interseccionalidad, criterio incorporado por la Corte a fin de identificar en qué medida en el caso bajo estudio confluyen distintas condiciones de vulnerabilidad en un mismo individuo o grupo, lo que agrava aún más la situación y realza la necesidad o urgencia de las medidas positivas requeridas para su protección[36].

2. Reglas de Brasilia 2008 sobre acceso a la justicia de personas en condición de vulnerabilidad

Uno de los aspectos de fundamental importancia respecto de la protección de personas en condición de vulnerabilidad es la garantía de su derecho de acceso a la justicia. Así, como explican Andrei-Guzmán y Curtis, la pertenencia a grupos social, cultural o históricamente vulnerables es en ocasiones una clara barrera para su acceso a la justicia, tanto para la protección de sus derechos individuales como para la de sus derechos de carácter social o grupal"[37]. En otras palabras, la pertenencia a

---

34 Rosmerlin Estupiñán Silva, "La vulnerabilidad en la jurisprudencia de la Corte Interamericana de derechos humanos: esbozo de una tipología", A.A.V.V. Laurence Burgorgue-Larsen et.al. (Coord.) *Derechos Humanos y Políticas Públicas*, Comisión Europea, Universidad Pompeu Fabra, Barcelona, 2014, p. 193 y ss.

35 Ibídem, p. 201 y ss.

36 Andrea Catalina Zota-Bernal, "Incorporación del análisis interseccional en las sentencias de la Corte IDH sobre grupos vulnerables, su articulación con la interdependencia e indivisibilidad de los derechos humanos", *Eunomía. Revista en Cultura de la Legalidad*, No 9, octubre 2015 -marzo 2016, Universidad Carlos III de Madrid, pp. 67-85.

37 Federico Andreu-Guzmán y Christian Curtis, *Comentarios sobre las 100 Reglas de Brasilia sobre Acceso a la Justicia de las Personas en Condición de Vulnerabilidad*. Disponible en https://www.corteidh.or.cr/tablas/r29269.pdf

grupos sociales en situación de vulnerabilidad (indígenas, inmigrantes, personas en situación de pobreza crítica, personas de la tercera edad, niños, entre otros) es causa eficiente de mayores obstáculos en el acceso a la justicia y por ende es aún más difícil la protección de sus derechos humanos a pesar de que, paradójicamente, éstos suelen requerir de mayor protección que los del común de la ciudadanía a causa de su situación vulnerable. La razón de ello es, muchas veces, el desconocimiento de sus derechos y de las vías legales para su protección, en otras las limitaciones económicas que impiden ese acceso a la justicia, o bien limitaciones propias de determinado grupo, como puede ser el idioma en el caso de los grupos indígenas o la falta de estatus legal de inmigrantes o refugiados.

Por ende, a fin de procurar un mayor y mejor acceso a la justicia de personas en situación de vulnerabilidad se han dictado las **Reglas de Brasilia 2008 sobre acceso a la justicia de personas en condición de vulnerabilidad, aprobadas en la** XIV Cumbre Judicial Iberoamericana, posteriormente actualizadas y adaptadas en el Foro de Quito de 2018[38].

La finalidad de esas Reglas es, según su Capítulo I "*...garantizar las condiciones de acceso efectivo a la justicia de las personas en condición de vulnerabilidad, sin discriminación alguna, directa ni indirecta, englobando el conjunto de políticas, medidas, facilidades y apoyos que les permitan el pleno reconocimiento y goce de los Derechos Humanos que les son inherentes ante los sistemas judiciales*". En ese sentido, las Reglas recomiendan "*la elaboración, aprobación, implementación y fortalecimiento de políticas públicas que garanticen el acceso a la justicia de las personas en condición de vulnerabilidad*", a las que los servidores del sistema de justicia deben otorgarle un trato digno, adecuando el servicio a sus circunstancias singulares"[39].

A fin de determinar sus beneficiarios, las Reglas también definen qué debe entenderse como persona o grupo de personas en condición de

---

38 El texto de las Reglas de Brasilia puede conseguirse en http://www.cumbrejudicial.org/comision-de-seguimiento-de-las-reglas-de-brasilia/documentos-comision-de-seguimiento-de-las-reglas-de-brasilia/item/817-cien-reglas-de-brasilia-actualizadas-version-abril-2018-xix-cumbre-judicial-asamblea-plenaria-san-francisco-de-quito

39 Capítulo I, Sección Primera de las Reglas de Brasilia.

vulnerabilidad, y al respecto disponen que son aquellas personas cuya "*capacidad para prevenir, resistir o sobreponerse a un impacto que les sitúe en situación de riesgo, no está desarrollada o se encuentra limitada por circunstancias diversas, para ejercitar con plenitud ante el sistema de justicia los derechos reconocidos por el ordenamiento jurídico*". Entre las principales condiciones de vulnerabilidad se incluyen a edad, la discapacidad, la pertenencia a comunidades indígenas, a otras diversidades étnicas–culturales, entre ellas las personas afrodescendientes, así como la victimización, la migración, la condición de refugio y el desplazamiento interno, la pobreza, el género, la orientación sexual e identidad de género y la privación de libertad, entre otras, cuando las mismas dificultan el ejercicio con plenitud de sus derechos ante el sistema de justicia. La determinación de la condición de vulnerabilidad de las personas dependerá de las características específicas, o incluso de su nivel de desarrollo social y económico de cada país y circunstancias del caso concreto[40].

Dichas reglas incluyen un conjunto de estándares internacionales de protección entre los cuales destacan los siguientes:

En primer lugar, la *promoción de las condiciones necesarias para lograr la efectividad de la tutela judicial* de las personas en condición de vulnerabilidad, como son (i) el fomento de la cultura jurídica e información acerca de sus derechos y recursos de justicia existentes, (ii) promoción de la asistencia legal y defensa pública gratuita y de calidad, (iii) derecho a intérprete, si fuese necesario, como puede suceder con los indígenas y con los inmigrantes, (iv) derecho a la asistencia consular en el caso particular de los inmigrantes.

En segundo lugar, destaca la *revisión de los procedimientos y los requisitos procesales como forma de facilitar el acceso a la justicia*, lo que incluye (i) la adopción de medidas de organización y de gestión judicial menos onerosas y simplificadas, (ii) la flexibilización de los requisitos de acceso al proceso y legitimación procesal, promoción del principio de oralidad y principio de prueba anticipada, (iii) y medidas de celeridad en la gestión judicial.

---

[40] Sección segunda de las Reglas de Brasilia.

En tercer lugar, se hace referencia al *impulso de medios alternativos de resolución de conflictos* que involucren a personas en situación de vulnerabilidad, con la debida participación activa de éstas y especial mención al fomento de los medios de resolución de conflictos propios y tradicionales dentro de las comunidades indígenas.

En cuarto lugar, las Reglas incluyen medidas relativas a la celebración de actos judiciales a fin de que "*...en todas las actuaciones judiciales, en las que participe una persona en condición de vulnerabilidad, se respete su dignidad, otorgándole un trato diferenciado adecuado a las circunstancias propias de su situación*" y se facilite su participación, defensa, notificaciones, comprensión de lo que ocurre durante el debate procesal y conocimiento de sus derechos y deberes en juicio. Como estándares de protección durante la celebración de actos judiciales, son especialmente relevantes (i) la asistencia de la víctima, (ii) las condiciones de su comparecencia en juicio y (iii) las circunstancias particulares del sujeto, según se trate de niños, indígenas, inmigrantes o personas con discapacidad, entre otras.

En quinto lugar, se otorga especial protección al derecho a la intimidad, imagen y datos personales durante el juicio, y en sexto lugar se desarrollan reglas especiales relativas al principio de eficacia, como son (i) principio de colaboración, (ii) principio de cooperación internacional, (iii) principio de sensibilización y formación de profesionales del área de justicia, (iv) formación y apoyo en el uso de nuevas tecnologías, entre otras[41].

En definitiva, las Reglas de Brasilia persiguen facilitar y promover el acceso a la justicia de las personas en especial situación de vulnerabilidad y la sensibilización institucional y social de su especial condición, todo ello como medidas de discriminación positiva a fin de garantizar que tales personas y grupos cuenten con igualdad material en el alcance de su derecho a la tutela judicial efectiva.

Como ha señalado la doctrina, las Reglas de Brasilia son acordes a los estándares internacionales de derechos humanos tanto del SIDH como del Sistema universal, y persiguen su concreción y puesta en práctica por parte de los países cuyos poderes judiciales, ministerios

---

41 Capítulo IV de las Reglas de Brasilia.

públicos y defensorías publicas u oficiales participaron de la Conferencia que adoptó las mencionadas Reglas[42].

La Corte Interamericana ha tenido oportunidad de pronunciarse sobre el particular tratamiento del derecho de acceso a la justicia de personas en situación de vulnerabilidad. Entre otras, en el caso Forlán vs. Argentina, en el que un menor de edad, en situación de discapacidad y perteneciente a una familia de escasos recursos económicos, en una clara situación de interseccionalidad, no vio garantizado su derecho de acceso a la justicia para hacer valer la responsabilidad del Estado por el accidente ocurrido a la víctima y que le causara esa condición de discapacidad. La Corte afirmó en ese caso que a fin de evitar la discriminación estructural o bien procurar la igualdad material de las personas pertenecientes a grupos vulnerables, "*los Estados deben adoptar las medidas de carácter legislativo, social, educativo, laboral o de cualquier otra índole, necesarias para que toda discriminación asociada con las discapacidades sea eliminada, y para propiciar la plena integración de esas personas en la sociedad. **El debido acceso a la justicia juega un rol fundamental para enfrentar dichas formas de discriminación**"*[43]. En consecuencia:

> *"268. En el presente caso la Corte resalta que los menores de edad y las personas con discapacidad deben disfrutar de un verdadero acceso a la justicia y ser beneficiarios de un debido proceso legal en condiciones de igualdad con quienes no afrontan esas desventajas. Para alcanzar sus objetivos, el proceso debe reconocer y resolver los factores de desigualdad real de quienes son llevados ante la justicia. La presencia de condiciones de desigualdad real obliga a adoptar medidas de compensación que contribuyan a reducir o eliminar los obstáculos y deficiencias que impidan o reduzcan la defensa eficaz de los propios intereses".*

En la misma decisión agrega la Corte que *"en aras de facilitar el acceso a la justicia de las personas en condición de vulnerabilidad, es relevante la participación de otras instancias y organismos estatales*

---

42 Federico Andreu-Guzmán y Christian Curtis, ob. cit.

43 Corte IDH. Caso Furlán y familiares Vs. Argentina. Excepciones Preliminares, Fondo, Reparaciones y Costas. Sentencia de 31 de agosto de 2012. Serie C No. 246, párr. 135.

que puedan coadyuvar en los procesos judiciales con el fin de garantizar la protección y defensa de los derechos de dichas personas. 242. Además, la Corte reitera que si bien los derechos procesales y sus correlativas garantías procesales son aplicables a todas las personas, en el caso de los niños y las niñas el ejercicio de aquellos supone, por las condiciones especiales en las que se encuentran los menores de edad, la adopción de ciertas medidas específicas con el propósito de que gocen efectivamente de dichos derechos y garantías"[44].

La Corte Interamericana también se ha pronunciado en relación al derecho de acceso a la justicia de personas pertenecientes a comunidades indígenas, señalando que "*el acceso a la justicia y la protección especial que se debe otorgar a los pueblos indígenas se encuentra regulado en la Constitución del Estado de Guatemala. No obstante, este Tribunal ha establecido que la legislación por sí sola no es suficiente para garantizar la plena efectividad de los derechos protegidos por la Convención Americana, sino que comporta la necesidad de una conducta gubernamental que asegure la existencia, en la realidad, de una eficaz garantía del libre y pleno ejercicio de los derechos humanos*[45]". Asimismo, dispuso la Corte en la misma decisión que:

> "*...para garantizar el acceso a la justicia de las víctimas -en tanto miembros del pueblo indígena Maya- y que la investigación de los hechos se realice con la debida diligencia, sin obstáculos y sin discriminación, el Estado debe asegurar que aquellas puedan comprender y hacerse comprender en los procedimientos legales iniciados, facilitándoles intérpretes u otros medios eficaces para tal fin. Asimismo, el Estado deberá garantizar, en la medida de lo posible, que las víctimas del presente caso no tengan que hacer esfuerzos desmedidos o exagerados para acceder a los centros de administración de justicia encargados de la investigación del presente caso. Sin perjuicio de lo anterior, la Corte considera necesario ordenar al Estado el pago de una suma por concepto de gastos*

---

44 Corte IDH. Caso Furlán y familiares Vs. Argentina. Excepciones Preliminares, Fondo, Reparaciones y Costas. Sentencia de 31 de agosto de 2012. Serie C No. 246. Párr. 241-242

45 Caso Tiu Tojín Vs. Guatemala. Fondo, Reparaciones y Costas. Sentencia de 26 de noviembre de 2008, párr. 99. En el mismo sentido, Caso Comunidad Indígena Sawhoyamaxa Vs. Paraguay. Fondo, Reparaciones y Costas. Sentencia de 29 de marzo de 2006, párr. 167.

futuros, como una forma de garantizar que las víctimas puedan actuar en el proceso penal abierto ante la justicia ordinaria [...]"[46].

En similar sentido, en el caso Pueblo Indígena Kichwa de Sarayaku Vs. Ecuador[47], la Corte enfatizó que al implementar las garantías propias de acceso a la justicia *"...en lo que respecta a pueblos indígenas, es indispensable que los Estados otorguen una protección efectiva que tome en cuenta sus particularidades propias, sus características económicas y sociales, así como su situación de especial vulnerabilidad, su derecho consuetudinario, valores, usos y costumbres"*[48].

En definitiva, la jurisprudencia de la Corte, en sintonía con los lineamientos y estándares establecidos en las Reglas de Brasilia, ha hecho énfasis en la obligación positiva de los Estados de procurar las condiciones necesarias para que las personas en condición vulnerable tengan efectivo acceso a la justicia, facilitando ese acceso según las necesidades o requerimientos propios de su particular situación de vulnerabilidad.

IV. ACCESO A LA JUSTICIA Y PROTECCIÓN DE LOS DERECHOS ECONÓMICOS, SOCIALES, CULTURALES Y AMBIENTALES

1. Evolución de la justiciabilidad de los derechos económicos, sociales, culturales y ambientales en la jurisprudencia de la Corte Interamericana

El reconocimiento, protección y garantía de los derechos económicos, sociales y culturales consigue particular relevancia y complejidad

---

46 Caso Tiu Tojín Vs. Guatemala. Cit. En el mismo sentido, Caso Fernández Ortega y otros. Vs. México. Excepción Preliminar, Fondo, Reparaciones y Costas. Sentencia de 30 de agosto de 2010, párr. 200, Caso Pueblo Indígena Kichwa de Sarayaku Vs. Ecuador. Fondo y reparaciones. Sentencia de 27 de junio de 2012, párr. 264; Caso Comunidad Garífuna Triunfo de la Cruz y sus Miembros Vs. Honduras. Fondo, Reparaciones y Costas. Sentencia de 08 de octubre de 2015, párr. 228.

47 Pueblo Indígena Kichwa de Sarayaku Vs. Ecuador. Fondo y reparaciones. Sentencia de 27 de junio de 2012, párr. 264.

48 En el mismo sentido: Caso Fernández Ortega y otros. Vs. México. Excepción Preliminar, Fondo, Reparaciones y Costas. Sentencia de 30 de agosto de 2010, párr. 200.

en el ámbito interamericano, que no en vano es la región más desigual del mundo, caracterizada por alarmantes índices de pobreza, desigualdad, e insuficiente inclusión social. Tales derechos han contado con reconocimiento expreso como derechos humanos -en tono de desarrollo progresivo- desde la entrada en vigor del Pacto de San José (artículo 26). Sin embargo, el modo de protección de estos derechos por la jurisprudencia interamericana ha variado sustancialmente en el tiempo. Así, podría decirse que la protección de esos derechos ha evolucionado, y desde la creación de la Corte han variado los modos de protección.

En efecto, en una primera etapa los DESCA se protegían en la jurisprudencia interamericana de manera indirecta, es decir, mediante la protección de los derechos civiles y políticos, y de allí la llamada "socialización" de los derechos civiles o la "civilización" de los derechos humanos de contenido social con fundamento en el criterio de indivisibilidad e interdependencia de tales derechos, protección que se lograba especialmente a través de la garantía del derecho a la vida, a la dignidad humana, a la propiedad, a las garantías judiciales entre otras, entendiendo que tales derechos tienen no solo una vertiente negativa o de respeto por parte del Estado a la libertad de su titular de ejercerlo sin restricciones indebidas, sino además una vertiente positiva, en atención a la cual los Estados deben proveer las condiciones necesarias para el efectivo goce de tales derechos[49]. En esta primera etapa la interpretación literal del artículo 26 de la Convención daba preeminencia al principio de progresividad de los DESCA, ello a la luz del Protocolo Adicional a la Convención Americana sobre Derechos Humanos en materia de Derechos Económicos, Sociales y Culturales también conocido como Protocolo de San Salvador, que establece que únicamente los derechos a la educación y a la libertad sindical serán amparados por el sistema de peticiones individuales.

---

49 Entre otras, Corte IDH caso Comunidad Indígena Yakye Axa vs. Paraguay. Fondo, Reparaciones y Costas. Sentencia 17 de junio de 2005. Serie C no. 125; Caso de las niñas Yean y Bosico vs. República Dominicana. Excepciones Preliminares, Fondo, Reparaciones y Costas. Sentencia de 8 de septiembre de 2005. Serie C no. 130; y Corte IDH. Caso Suárez Peralta vs. Ecuador. Excepciones Preliminares, Fondo, Reparaciones y Costas. Sentencia de 21 de mayo de 2013. Serie C no. 261.

En una segunda etapa o etapa de justiciabilidad directa, la Corte Interamericana asume una nueva interpretación de la Convención Americana, a fin de dar protección directa a los derechos que derivan de las normas económicas, sociales y culturales de la Carta de la OEA, en conjunción con el artículo 26 del Pacto de San José y las normas del Protocolo de San Salvador. Si bien es cierto, determinó la Corte, que algunas de las obligaciones de los Estados parte que derivan del artículo 26 son de carácter progresivo y deberán ser satisfechas en la medida de las posibilidades y circunstancias de los Estados, hay otras que sí admiten exigibilidad directa y frente a las cuales puede la Corte ordenar a los Estados adoptar medidas eficaces para garantizar el acceso y disfrute de las prestaciones propias de los DESCA, sin discriminación alguna. De ese modo, a partir de la sentencia Lagos del Campo vs. Perú de 2017, la Corte Interamericana ha comenzado a dar protección directa al derecho al trabajo, derecho a la salud, derecho a la educación, derecho a la cultura, entre otros muchos derechos sociales, económicos y culturales[50].

No hay duda de que esta justiciabilidad directa de los DESCA es un gran avance en el ámbito de la jurisprudencia interamericana y la protección integral de los derechos humanos en la región. Queda sin embargo, como desafío actual lograr la efectividad requerida de esa protección, de manera que los Estados cumplan de forma oportuna y eficaz las decisiones de la Corte que contienen órdenes de hacer respecto de los DESCA. Tarea que no es fácil, pues ha de tomarse en cuenta la factibilidad y análisis económico de la decisión en cada caso concreto.

2. Acceso a la justicia y protección de los DESCA

La justiciabilidad de los DESCA es quizás uno de los aspectos más difíciles de abordar al reconocer jurídicamente estos derechos y

50 Sentencias de la Corte IDH Caso Lagos del Campo vs. Perú Excepciones Preliminares, Fondo, Reparaciones y Costas. Sentencia de 31 de agosto de 2017. Serie C no. 340; Caso Trabajadores Cesados de Petroperú y otros vs. Perú. Excepciones Preliminares, Fondo, Reparaciones y Costas. Sentencia de 23 de noviembre de 2017. Serie C no. 344; Caso San Miguel y otras vs. Venezuela. Fondo, Reparaciones y Costas. sentencia de 8 de febrero de 2018. Serie Con. 348. Caso Cuscul Pivaral y otros vs. Guatemala. Excepción Preliminar, Fondo, Reparaciones y Costas. Sentencia de 23 de agosto de 2018; y caso Poblete Vilches y otros vs. Chile. Fondo, Reparaciones y Costas. Sentencia de 8 de marzo de 2018. Serie C no. 349.

procurar su protección internacional. Reconocer constitucional o convencionalmente que la persona tiene derecho a la salud, derecho a la educación, derecho a la vivienda, derecho a la libertad económica, derecho al trabajo, derecho a la seguridad social, derecho al medio ambiente sano, derecho al acceso a las tecnologías, derecho al deporte, no es, en sí mayor problema. La complejidad está en los modos de exigibilidad de esos derechos para su efectivo goce y disfrute.

En el marco de ese reconocimiento, cobran especial relevancia -de nuevo- las obligaciones positivas de los Estados, mediante las cuales se procuren las condiciones para el goce de tales derechos, se facilite el acceso a la justicia para su exigibilidad y se remuevan los obstáculos económicos y financieros existentes en el acceso a los tribunales como consecuencia de la profunda desigualdad económica y social en la región, tal como expuso la Comisión Interamericana de Derechos Humanos en su Informe "*El Acceso a la justicia como garantía de los derechos económicos, sociales y culturales. Estudio de los estándares fijados por el sistema Interamericano de derechos humanos*"[51]. En este sentido, señala la Comisión la relevancia de la obligación de proveer servicios de asistencia jurídica y defensa pública gratuita cuando sea necesario según la condición socioeconómica de la persona y según la complejidad jurídica del caso, evitando así situaciones de exclusión sistemática en el acceso a la justicia, particularmente frecuentes respecto de grupos en condición de vulnerabilidad, como antes se explicó[52]. Asimismo deben revisarse las condiciones excesivamente onerosas al acudir a los tribunales, la localización de los mismos de manera de acercar la justicia al ciudadano y los costos del proceso[53].

---

51 Comisión IDH, "El Acceso a la justicia como garantía de los derechos económicos, sociales y culturales. Estudio de los estándares fijados por el sistema Interamericano de derechos humanos", OEA/Ser.L/V/II.129, Doc. 4, 7 septiembre 2007, http://www.cidh.org/countryrep/accesodesc07sp/Accesodescindice.sp.htm

52 Vid. En este sentido Corte IDH., *Excepciones al Agotamiento de los Recursos Internos* (arts. 46.1, 46.2.a y 46.2.b Convención Americana sobre Derechos Humanos). Opinión Consultiva OC-11/90 del 10 de agosto de 1990. Serie A No. 11. y Corte I.D.H., *Condición Jurídica y Derechos de los Migrantes Indocumentados.* Opinión Consultiva OC-18/03 de 17 de septiembre de 2003. Serie A No. 18.

53 Corte IDH., "*Caso Cantos*", cit.

Un segundo aspecto de especial relevancia apuntado en el informe de la Comisión es el del cumplimiento de las garantías del debido proceso en sede administrativa y el fomento del procedimiento administrativo como modo de garantía de los DESCA. Así, como bien señala la Comisión, es en el ámbito del procedimiento administrativo donde se determina la mayoría de las adjudicaciones relativas a los derechos sociales, económicos y culturales, pues en definitiva es a la Administración Pública a la que corresponde el ejercicio de la actividad prestacional y, en esa medida, la procura de las condiciones necesarias para la satisfacción de tales derechos. Por ende, es la perspectiva de los derechos sociales y no del control social o ejercicio arbitrario de la actividad administrativa de limitación la que debe regir el ejercicio de la Administración prestacional y de los procedimientos administrativos establecidos para dicho ejercicio.

Por ello, tanto los procedimientos administrativos iniciados a instancia de parte como los iniciados de oficio para la efectiva prestación de servicios públicos deben fundarse en los principios de eficacia, eficiencia, celeridad, buena fe, transparencia e igualdad con perspectiva de derechos humanos. Asimismo, durante los recursos administrativos relativos a esa actividad prestacional deben contarse con todas las garantías propias del debido proceso. En definitiva, en la medida en el que la Administración Pública cumpla con los principios de buena administración y satisfaga las necesidades propias de los DESCA mediante actuaciones de contenido prestacional, se evitará la judicialización de las peticiones administrativas y se logrará una más efectiva satisfacción de tales derechos, lo que sin duda redunda en el derecho de acceso a la justicia.

Un tercer aspecto relevante del acceso a la justicia para la protección de los DESCA es "la existencia de criterios claros sobre el debido proceso legal en sede judicial, en aquellos procesos dirigidos a determinar derechos económicos, sociales y culturales" y muy particularmente el derecho a la tutela judicial efectiva de los derechos sociales, lo cual "*...exige que los Estados brinden mecanismos judiciales idóneos y efectivos para la protección de los derechos sociales, tanto en* *su dimensión individual como colectiva*"[54] y que tengan en cuenta la naturaleza del derecho reclamado al momento de diseñar los procesos judiciales -urgencia y brevedad, con especial referencia al amparo- y las pretensiones procesales objeto de éstos, pues evidentemente las pretensiones tradicionales de nulidad de actuaciones administrativas no serán idóneas cuando lo que se pretende es una condena a prestación para la satisfacción de un derecho social o económico. Asimismo, la tutela judicial efectiva impone la posibilidad de exigibilidad directa del derecho social en sede judicial y no solo a través de la nulidad de actuaciones administrativas o legislativas y mecanismos eficientes de ejecución de sentencias que garanticen la efectividad de la tutela judicial.

En nuestro criterio, el "Talón de Aquiles" de la justiciabilidad de los DESCA y del derecho a la tutela judicial efectiva frente a la protección de estos derechos, uno de cuyos atributos esenciales es, como dijimos previamente, el acceso a la justicia, son las limitaciones a los modos de ejecución de ejecución de sentencias de condena a prestación, pues el poder de sustitución del juez estará por naturaleza limitado y por ende difícilmente se logrará su sustitución plenamente ejecutiva. Caben en este sentido las consideraciones y análisis que se han realizado respecto de los límites de la ejecución de sentencias condenatorias en el Derecho Procesal Administrativo[55].

En definitiva, y a pesar de las limitaciones de iure de las vías de ejecución de sentencias y las limitaciones de facto propias de la desigualdad socioeconómica y debilidad institucional de los países de la región, tal como afirma la Comisión que "*Estos estándares no sólo tienen un importante valor como guía de interpretación de la Convención Americana sobre Derechos Humanos ("Convención Americana", "Convención" o "CADH") para los tribunales nacionales, sino que pueden contribuir a mejorar la institucionalidad de las políticas y servicios sociales en los países americanos, y a fortalecer los sistemas de*

---

[54] Comisión IDH, "El Acceso a la justicia como garantía de los derechos económicos, sociales y culturales. Estudio de los estándares fijados por el sistema Interamericano de derechos humanos", cit., resumen ejecutivo, para. 23 y ss.

[55] Por todos, vid. el completo estudio de Derecho Procesal Administrativo comparado que realiza Miguel Ángel Torrealba Sánchez, *La ejecución de sentencias en el Proceso Administrativo Iberoamericano (España, Perú, Costa Rica, Colombia y Venezuela).*

fiscalización, transparencia y rendición de cuentas, así como los mecanismos de participación y vigilancia social de las políticas públicas en esta materia"[56].

[56] Comisión IDH, "El Acceso a la justicia como garantía de los derechos económicos, sociales y culturales. Estudio de los estándares fijados por el sistema Interamericano de derechos humanos", cit., para. 4.

EL BLOQUEO DE LA FUNCIÓN LEGISLATIVA Y DE LA FUNCIÓN CONTRALORA DE LA ASAMBLEA NACIONAL POR EL TRIBUNAL SUPREMO DE JUSTICIA: UNA INTRODUCCIÓN

CARLOS GARCÍA SOTO*

---

* Abogado, *magna cum laude* (Universidad Monteávila) y Doctor en Derecho, *sobresaliente cum laude* por unanimidad (Universidad Complutense de Madrid). Profesor de Derecho Administrativo en la Universidad Central de Venezuela y de Entorno Regulatorio en el IESA. Tesorero de la Asociación Venezolana de Derecho Administrativo. Ha sido Director de la Escuela de Derecho de la Universidad Monteávila.

INTRODUCCIÓN

En la larga crisis política venezolana, el período comprendido entre 2015 hasta nuestros días ha tenido un protagonista de excepción: la Asamblea Nacional electa en diciembre de ese año, con mayoría calificada para los partidos de oposición. Durante estos cinco años, la Asamblea Nacional ha intentado ser el valladar institucional frente al abuso del Poder Ejecutivo, del Poder Judicial, del Poder Ciudadano y del Poder Judicial.

La Asamblea Nacional constituye el lugar alrededor del cual la oposición venezolana ha enfrentado políticamente al régimen de Nicolás Maduro, al punto de que desde la Asamblea se ha aplicado el artículo 233 de la Constitución para que el Presidente de la Asamblea asuma la Presidencia encargada de la República, se dictó el *Estatuto que rige la transición a la democracia para restablecer la vigencia de la Constitución de la República Bolivariana de Venezuela*, que constituye la ruta político-constitucional diseñada por la Asamblea Nacional para construir una transición política en Venezuela.

Sin embargo, el Tribunal Supremo de Justicia ha dictado de forma sistemática decisiones para bloquear a la Asamblea Nacional en el ejercicio de sus funciones constitucionales. Desde la declaración de nulidad de prácticamente todas las Leyes dictadas por la Asamblea, hasta la persecución judicial de decenas de Diputados. El asedio institucional a la Asamblea Nacional comenzó a las pocas semanas de la elección de sus Diputados, en diciembre de 2015, y se ha mantenido desde entonces. Además, la Asamblea Nacional ha sido objeto de violencia institucional por una instancia llamada "Asamblea Nacional Constituyente", convocada y electa al margen de la Constitución en el año 2017.

El objeto de este ensayo es, precisamente, relatar de forma resumida cómo se dio el bloqueo de la Asamblea Nacional por el Tribunal Supremo de Justicia, mediante distintas decisiones que atacaron cada una de las funciones constitucionales típicas del Parlamento. Como sea que ese bloqueo inconstitucional tuvo su núcleo en las decisiones dictadas durante 2016, el acento será puesto en ese período.

Por ello, este estudio tiene un carácter introductorio en un caso de estudio para el constitucionalismo comparado: cómo desde el máximo tribunal se estableció una política judicial sistemática para bloquear al Parlamento. En este estudio introductorio nos centraremos en el bloqueo de la función legislativa y de la función contralora de la Asamblea Nacional por el Tribunal Supremo de Justicia.

I. LA ASAMBLEA NACIONAL EN EL SISTEMA CONSTITUCIONAL VENEZOLANO[1]

La Asamblea Nacional es uno de los cinco órganos del Poder Público Nacional. Concretamente, constituye el Poder Legislativo Nacional (artículo 136 de la Constitución). Su régimen de funcionamiento está previsto en la Constitución y en el Reglamento de Interior y Debates de la Asamblea Nacional[2].

Conforme a lo que ha sido una tradición constitucional venezolana, el régimen de organización del Poder Público Nacional en la Constitución, inicia con la regulación del Parlamento, como uno de los órganos del Poder Público Nacional. Sin embargo, a diferencia de lo que había sido nuestra tradición constitucional desde 1811, que había establecido Parlamentos bicamerales, el Parlamento diseñado en la Constitución de 1999 es unicameral[3], lo cual resulta contradictorio con la forma federal

1 Seguimos lo expuesto en Carlos García Soto, *La Asamblea Nacional: lugar en el sistema constitucional y funciones*, Universidad Monteávila-Editorial Jurídica Venezolana-Instituto de Estudios Parlamentarios Fermín Toro, Caracas, 2016, pp. 22-27.

2 Gaceta Oficial N° 6.014 extraordinario del 23 de diciembre de 2010.

3 Cfr. Ramón Guillermo Aveledo, *Curso de Derecho Parlamentario*, Universidad Católica Andrés Bello-Instituto de Estudios Parlamentarios Fermín Toro, p. 127. Véase igualmente Allan R. Brewer-Carías, *La Constitución de 1999 y la enmienda constitucional No. 1 de 2009*, Editorial Jurídica Venezolana, Caracas, 2011, p.136; Manuel Rachadell, *Evolución del Estado venezolano 1958-2015: de la conciliación de intereses al populismo autoritario*, Editorial Jurídica Venezolana-FUNEDA, Caracas, 2015, p. 136 y Gustavo Tarre Briceño, *Sólo el poder detiene al poder. La teoría de la separación de los poderes y su aplicación en Venezuela*, Editorial Jurídica Venezolana, Caracas, 2014, p. 235. Por otra parte, la Asamblea Nacional prevista en la Constitución de 1999 suprimió la figura del "Senador Vitalicio", así como la figura de los diputados adicionales por cociente. Véase Ramón Guillermo Aveledo, *Curso de Derecho Parlamentario*, cit., p. 127 María Amparo Grau, "La organización de los Poderes Públicos e la Constitución del 99: desarrollo y situación actual", en *El Derecho Público a los 100 números de la Revista de Derecho Público (1980-2005)*, Editorial Jurídica Venezolana, Caracas, 2006, p. 329 y Gustavo José Linares Benzo, "Las innovaciones de la Constitución de 1999", en *Revista de Derecho Público*, N° 81, Editorial Jurídica Venezolana, Caracas, enero-marzo, 2000.

del Estado venezolano (artículos 4 y 159 de la Constitución), como ya ha quedado señalado en la sección anterior.

La justificación a ese carácter unicameral de la Asamblea Nacional se señalará en la Exposición de Motivos de la Constitución de 1999, en estos términos:

> "El Poder Legislativo Nacional es ejercido por una Asamblea Nacional cuya estructura unicameral responde al propósito de simplificar el procedimiento de formación de las leyes, reducir el costo de funcionamiento del parlamento, erradicar la duplicación de órganos de administración y control y la duplicación de comisiones permanentes, entre otras cosas".

En todo caso, conforme al artículo 186 de la Constitución, "La Asamblea Nacional estará integrada por diputados y diputadas elegidos o elegidas en cada entidad federal por votación universal, directa, personalizada y secreta con representación proporcional, según una base poblacional del uno coma uno por ciento de la población total del país".

Adicionalmente, cada entidad federal elegirá, además, tres Diputados.

Por su parte, los pueblos indígenas elegirán tres Diputados de acuerdo con lo establecido en la Ley electoral, respetando sus tradiciones y costumbres.

El cálculo de la base poblacional implica que para cada proceso de elección de Diputados a la Asamblea Nacional deba determinarse el número exacto de Diputados a ser electos.

Para el ejercicio de algunas de sus funciones, la Asamblea Nacional puede nombrar Comisiones permanentes, temporales, ordinarias y especiales. En su receso funciona a través de la Comisión Delegada.

El período constitucional de la Asamblea y, en consecuencia, de los Diputados, es de cinco (5) años (artículo 192 de la Constitución).

Los Diputados, en tanto miembros de la Asamblea Nacional son "representantes del pueblo y de los Estados en su conjunto, no sujetos a mandatos ni instrucciones, sino sólo a su conciencia. Su voto en la Asamblea Nacional es personal" (artículo 201 de la Constitución). Además, "no son responsables por votos y opiniones emitidos en el ejercicio de sus funciones. Sólo responderán ante los electores o electoras y el cuerpo legislativo de acuerdo con la Constitución y los Reglamentos" (artículo 199 de la Constitución).

Cada diputado o diputada tendrá un suplente o una suplente, escogido o escogida en el mismo proceso (artículo 186 de la Constitución).

Como luego se verá con mayor detalle, la Asamblea Nacional prevista en la Constitución de 1999 es titular de una serie de competencias, que ejerce a partir de sus funciones propias, las cuales pueden clasificarse en (i) la función representativa; (ii) la función legislativa, (iii) la función política, (iv) la función contralora, (v) la función administrativa y (vi) la función jurisdiccional. En ejercicio de esas funciones, la actividad de la Asamblea Nacional es controlada judicialmente por la Sala Constitucional del Tribunal Supremo de Justicia.

De hecho, bajo el esquema de la Constitución de 1999 la Asamblea Nacional tiene competencias de control sobre los otros Poderes Públicos que son inusuales en el Derecho Constitucional contemporáneo, que incluso han sido calificadas como "una contradicción con el principio de la autonomía del Poder Judicial, del Poder Ciudadano y del Poder Electoral"[4]. Por ello, a pesar de lo que habitualmente se piensa, la Constitución de 1999 estableció la primacía de la Asamblea Nacional sobre los otros Poderes Públicos[5].

---

4 Allan R. Brewer-Carías, *La Constitución de 1999 y la enmienda constitucional No. 1 de 2009*, cit., p. 137. Véase su crítica inicial en "Reflexiones críticas sobre la Constitución de 1999", en *Revista de Derecho Público*, N° 81, Editorial Jurídica Venezolana, Caracas, enero-marzo, 2000, p. 13.

5 Al hacer referencia al Congreso previsto en la Constitución de 1961, advertiría Ambrosio Oropeza que "El poder legislativo, Parlamento o Congreso es el primero de los órganos superiores de que se ocupa la Constitución. En el orden jerárquico de los poderes públicos no se caracteriza por su preeminencia por los demás, ya que los tres poderes clásicos que cumplen las funciones del Estado son independientes y autónomos, dotado cada uno de atribuciones específicas. Pero si no jerárquicamente superior, el poder legislativo, es sí el más importante de los órganos estatales, en virtud de que estándole atribuida la facultad exclusiva de dictar la ley, le corresponde naturalmente la misión fundamental de establecer las reglas que presiden la organización social, el régimen jurídico bajo el cual deben vivir los ciudadanos, la orientación de la política en su más amplio sentido a fin de que el Estado alcance los altos fines de la vida colectiva. En cambio a los poderes ejecutivo y judicial les corresponde un papel, fundamental, ciertamente, pero, sin duda más modesto: el de ejecutar, el de hacer cumplir las leyes, asegurar la efectividad del régimen jurídico y las directivas que fija y determina el poder legislativo" (*La nueva Constitución venezolana de 1961*, Caracas, 1981, p. 405).

Esa primacía de la Asamblea Nacional sobre los otros Poderes Públicos en el sistema constitucional de la Constitución de 1999, se manifiesta al punto que la Asamblea Nacional tiene la potestad de remover a los titulares de los órganos de los Poderes Públicos no electos. En efecto, como se verá al analizar el contenido de las funciones políticas de la Asamblea Nacional, la Constitución permite a ésta remover a los integrantes del Poder Ciudadano, previo pronunciamiento del Tribunal Supremo de Justicia (artículo 279); remover a los integrantes del Consejo Nacional Electoral, previo pronunciamiento del Tribunal Supremo de Justicia (artículo 296), y remover a los Magistrados del Tribunal Supremo de Justicia, previa audiencia concedida al interesado, en caso de faltas graves ya calificadas por el Poder Ciudadano (artículo 265)[6].

II. LA ASAMBLEA NACIONAL Y SU PAPEL EN LA CRISIS POLÍTICA VENEZOLANA (2015-2020)

Como un reflejo de su lugar en el sistema constitucional venezolano que hemos descrito, la Asamblea Nacional ha tenido un papel central en la lucha por el restablecimiento de la democracia y la protección de los derechos de los ciudadanos.

Este rol ha asumido por la Asamblea Nacional se ha manifestado mediante el ejercicio de las funciones constitucionales propias de la Asamblea. Para ello, la Asamblea Nacional intentó implementar un

---

6 Esa primacía de la Asamblea Nacional sobre los otros órganos del Poder Público ha sido criticada por Allan R. Brewer-Carías, para quien "Todo ello es contrario al sistema de pesos y contrapesos, que basado en una efectiva autonomía e independencia entre los poderes, debería implicar fundamentalmente que la permanencia de los titulares de los Poderes Públicos no debe estar sujeta a la decisión de los otros poderes del Estado, salvo por lo que respecta a las competencias del Tribunal Supremo de enjuiciar a los altos funcionarios del Estado. Es decir, salvo estos supuestos de enjuiciamiento, los funcionarios públicos designados como titulares de los órganos del Poder Público, solo deberían cesar en sus funciones cuando se les revoque su mandato mediante referendo; por lo que los titulares de los Poderes Públicos no electos, deberían tener derecho a permanecer en sus cargos durante todo el período de tiempo de su mandato. Esta había sido la tradición del constitucionalismo venezolano" ("Prólogo. Sobre la Asamblea Nacional y la deformación de la institución parlamentaria", en Juan Miguel Matheus, La Asamblea Nacional: cuatro perfiles para su reconstrucción institucional, Universidad Monteávila-Editorial Jurídica Venezolana-Instituto de Estudios Parlamentarios Fermín Toro, Caracas, 2016, pp. 28-29).

programa legislativo, que fue boicoteado por la Sala Constitucional. Por otra parte, intentó ejercer las funciones típicas de control parlamentario, labor que fue objeto de asedio por la Sala Constitucional. El ejercicio de la función política característica del Parlamento, también sería objeto de bloqueo.

A partir de 2019 a través de la ruta de transición política que se ha impulsado a partir de la presidencia interina del Presidente de la Asamblea Nacional, Juan Guaidó, y el *Estatuto que rige la transición a la democracia para restablecer la vigencia de la Constitución de la República Bolivariana de Venezuela*, y el reconocimiento de más de 50 países de la presidencia encargada.

III. LA ASAMBLEA NACIONAL ANTE EL CERCO FORMADO POR EL TRIBUNAL SUPREMO DE JUSTICIA

1. Introducción

El cerco alrededor de la Asamblea Nacional se ha manifestado a través de distintas sentencias del Tribunal Supremo de Justicia que han bloqueado el ejercicio de las funciones constitucionales típicas de la Asamblea Nacional. También, ello se ha expresado a través de decenas de decisiones que han pretendido "enjuiciar" a Diputados de oposición, en bastantes ocasiones, con el supuesto aval del levantamiento de la inmunidad parlamentaria por parte de la llamada "Asamblea Nacional Constituyente"[7].

El cerco alrededor de la Asamblea Nacional se construyó y desarrolló en un período de tiempo breve: en el primer semestre de 2016, la Sala Constitucional dictó un conjunto de decisiones que bloquearon todas las facultades constitucionales de la Asamblea Nacional. Si bien luego ha habido decisiones posteriores en el período 2017-2020, desde un punto de vista institucional, ese cerco prácticamente se cerró ya en el primer semestre de 2016[8].

---

7 Véase, por ejemplo, Jorge Kiriakidis, "Notas sobre el asedio judicial a la inmunidad parlamentaria en Venezuela", en *Revista de Derecho Público*, N° 155-156, julio-diciembre, 2018.

8 Véanse las críticas a las decisiones dictadas por la Sala Constitucional en ese primer semestre de 2016 en *Revista de Derecho Público*, N° 145-146, enero-junio, 2016, pp. 267-469.

Ese cerco inició a días de haberse producido la elección de los Diputados de la Asamblea Nacional el 6 de diciembre de 2015, al día de hoy se expresa en que un grupo de Diputados ha pretendido constituir una junta directiva y un quórum de funcionamiento al margen de la Constitución y el propio Reglamento de Interior y Debates.

2. Las sentencias sobre la proclamación de los Diputados de Amazonas: la tesis del "desacato"

En efecto, la elección de Diputados a la Asamblea Nacional fue boicoteada a los pocos días de haberse producido, mediante un conjunto de decisiones dictadas por la Sala Electoral y de la Sala Constitucional que cuestionaban la proclamación de tres Diputados electos en pueblos indígenas.

Ante algunas declaraciones de miembros del PSUV de supuesta "compra de votos" en las elecciones del 6D, fueron presentados ante la Sala Electoral del TSJ diversos recursos contencioso electorales para impugnar algunas de las elecciones de Diputados a la AN. Ante uno de esos recursos, al cual se acompañaba una solicitud de amparo cautelar, fue declarada con lugar ese amparo cautelar. En consecuencia, la Sala Electoral ordenó, mediante la sentencia Nº 260 de 30 de diciembre de 2015, de forma provisional e inmediata, la suspensión de efectos de los actos de totalización, adjudicación y proclamación respecto de los candidatos electos por voto uninominal, voto lista y representación indígena en el estado Amazonas.

Ante esa decisión, la Asamblea Nacional decidió en su sesión ordinaria de 6 de enero proceder a la juramentación e incorporación de tres de los Diputados sobre los cuales recayó la medida cautelar: Nirma Guarulla, Julio Ygarza y Rommel Guzamana, éste último representante indígena.

Ante esa decisión de la Asamblea Nacional, el 7 de enero el recurrente que había presentado el recurso contencioso electoral y un grupo de Diputados del PSUV presentaron, entre otros recursos, una solicitud de declaratoria de desacato ante la Sala Electoral, con ocasión de la juramentación de los Diputados que fue realizada por la Asamblea Nacional el 6 de enero.

Sobre este recurso que la Sala Electoral dictó la sentencia Nº 1 de 11 de enero, la cual decidió (i) que tanto los miembros de la Junta Directiva de la Asamblea Nacional como los tres Diputados juramentados habrían incurrido en "desacato" de la sentencia Nº 260 de la Sala Electoral de 30 de diciembre de 2015; (ii) ratificar lo decidido en ese sentencia Nº 260; (iii) declarar viciadas de nulidad absoluta y por tanto inexistentes, aquellas decisiones dictadas por la Asamblea Nacional a partir de la incorporación de los tres Diputados; (iv) declarar nulos los actos futuros que dicte la Asamblea Nacional mientras se mantuviera la incorporación de los tres Diputados; (v) dejar sin efecto la juramentación de los tres Diputados, y (vi) ordenar la desincorporación inmediata de los tres Diputados.

Meses después, a través de la sentencia Nº 108 de 1 de agosto de 2016, la Sala Electoral volvió a declarar el "desacato" a las sentencias de la Sala Electoral Nº 260 de fecha 30 de diciembre de 2015 y Nº 1 del 11 de enero de 2016, y reiteró lo dispuesto esas decisiones previas.

Esta tesis del "desacato" fue utilizada desde entonces por el oficialismo para considerar como nula cualquier decisión dictada por la Asamblea Nacional. Se trataba, así, de un argumento de carácter político para impedir cualquier actuación de la Asamblea, como se verá.

3. El bloqueo de la función legislativa

Una de las funciones claves de la Asamblea Nacional es el ejercicio de la función legislativa, por la cual dicta, modifica o deroga Leyes.

Como manifestación de esa función, apenas fue electa la Asamblea Nacional, la nueva mayoría señaló una agenda legislativa a ser cumplida durante los primeros meses de su primer período de sesiones. Esa agenda legislativa atendía aspectos económicos, sociales y políticos.

Sin embargo, el ámbito de esa función legislativa fue bloqueado de diversos modos por el Tribunal Supremo de Justicia. Por una parte, la Sala Constitucional declaró la inconstitucionalidad de diversas Leyes sancionadas por la Asamblea. Por otra parte, estableció criterios que debía cumplir la Asamblea Nacional para el ejercicio de esa función, que resultaban contrarios a la Constitución, reduciendo al mínimo el ámbito de actividad legislativa de la Asamblea Nacional.

A. La limitación de la función legislativa para someterla al Poder Ejecutivo

Las bases del bloqueo de la función legislativa de la Asamblea por parte del Tribunal Supremo de Justicia serían puestas en la sentencia N° 269 de la Sala Constitucional de 21 de abril de 2016, mediante la cual la Sala Constitucional delimitó sustancialmente la función legislativa de la Asamblea Nacional.

La sentencia dicta una medida cautelar con ocasión de una demanda de nulidad interpuesta el 9 de marzo de 2011, hacía cinco años, contra algunos artículos del *Reglamento Interior y de Debates de la Asamblea Nacional*.

A través de la medida cautelar, la Sala Constitucional ordenó en cuanto al ejercicio de la función legislativa, entre otros aspectos, que (i) la Asamblea está obligada a consultar cada Proyecto de Ley con el Poder Popular con el objeto de "concertar" el Proyecto de Ley con ese "Poder"; (ii) el lapso para las consultas públicas será como mínimo de veinte días, el cual puede ser prorrogado por un lapso similar, a solicitud de las organizaciones que conforman el Poder Popular; (iii) el informe sobre el impacto e incidencia presupuestaria y económica, o en todo caso, el informe de la Dirección de Asesoría Económica y Financiera de la Asamblea Nacional que debe acompañar a todo proyecto de Ley, deben consultarse con carácter obligatorio por la Asamblea Nacional –a través de su Directiva- al Ejecutivo Nacional- por vía del Vicepresidente Ejecutivo- a los fines de determinar su viabilidad económica, aun los sancionados para la fecha de publicación de la sentencia; (iv) para el Presidente de la República dé el "cúmplase" a cualquier Ley, se requiere la verificación sobre la viabilidad de la Ley, a través de los Ministros del ramo y el Vicepresidente de la República.

Por ello, en esta decisión se limitó la potestad legislativa de la Asamblea Nacional, al limitarla al Poder Ejecutivo, lo cual supuso una forma de usurpación de funciones del Poder Ejecutivo sobre la Asamblea Nacional.

Sobre la base de lo dispuesto en esta decisión, la Sala procedería a declarar la nulidad de virtualmente todas las Leyes que ha dictado la Asamblea Nacional.

B. Leyes dictadas por la Asamblea Nacional declaradas inconstitucionales por el Tribunal Supremo de Justicia: algunos ejemplos

En efecto, el acoso de la Sala Constitucional sobre la Asamblea Nacional se expresó mediante decisiones que declararon la nulidad de prácticamente todas las Leyes que ha dictado la Asamblea[9]. Este bloqueo de la función legislativa fue particularmente importante durante el 2016, cuando la Asamblea Nacional intentó implementar algunas de las Leyes más importantes de su programa legislativo. Algunos ejemplos de estas decisiones son los siguientes:

a. La sentencia que declaró la inconstitucionalidad de la Ley de reforma de la Ley del Banco Central de Venezuela

La primera Ley sancionada por la Asamblea Nacional, la *Ley de reforma de la Ley del Banco Central de Venezuela*, fue declarada inconstitucional por la Sala Constitucional del Tribunal Supremo de Justicia a través de la sentencia Nº 259 de 31 de marzo, dictada a partir de la solicitud que fuera realizada por el Presidente de la República[10].

La sentencia parte de la base de que la Asamblea Nacional habría actuado con "desviación de poder", en la medida en la que el supuesto fin de la reforma habría sido asegurar el control político del Banco Central de Venezuela por parte de la actual mayoría de la Asamblea Nacional. Así, entre otros aspectos, (i) se declaró inconstitucional la facultad prevista en la Ley sancionada de que la Asamblea Nacional ratificara la designación del Presidente del BCV; (ii) se declaró también inconstitucional que la Asamblea Nacional pudiera llamar a comparecer al Presidente del Banco Central de Venezuela, y (iii) se declaró inconstitucional la facultad de la Asamblea Nacional para designar dos miembros del Directorio del Banco Central de Venezuela.

---

9 Una excepción fue el caso de la *Ley que Regula el Uso de la Telefonía Celular y la Internet en el Interior de los Establecimientos Penitenciarios*, que fue publicada en la Gaceta Oficial Nº 6.240 extraordinario del 15 de julio de 2016.

10 Véanse las críticas a esta decisión en José Ignacio Hernández G., "Comentarios a la reforma de 2015 de la Ley del Banco Central de Venezuela y su defensa por la Sala Constitucional", en *Revista de Derecho Público*, Nº 145-146, enero-junio, 2016.

Por supuesto, en realidad, sobre la base de esa posición asumida por la sentencia se encuentra la restricción de la función de control de la Asamblea Nacional sobre los otros Poderes Públicos, como habrá ocasión de precisar en otra nota.

b. La sentencia que declaró inconstitucional la *Ley de Amnistía y Reconciliación Nacional*

Otra de las Leyes incluidas en la agenda legislativa de la Asamblea Nacional sería la *Ley de Amnistía y Reconciliación Nacional.*

El 11 de abril la Sala Constitucional dictaría la sentencia Nº 264, por la cual declaró inconstitucional esa Ley, entre otras, por las siguientes razones: (i) no existirían los presupuestos políticos para conceder amnistías; (ii) en la Ley supuestamente se habrían incluidos delitos comunes distintos a los delitos políticos propios de las amnistías; (iii) algunos artículos de la Ley supuestamente violarían las garantías de legalidad y tipicidad previstas en el artículo 49 de la Constitución; (iv) algunos artículos supuestamente violarían los principios de justicia y responsabilidad; (v) resultaría supuestamente inconstitucional la amnistía sobre infracciones administrativas; (vi) supuestamente violaría el principio de soberanía; (vii) supuestamente violaría los derechos a la protección del honor, vida privada, intimidad, propia imagen, confidencialidad y reputación, y (viii) supuestamente resultaría inconstitucional por sus efectos en la sociedad y el ordenamiento jurídico.

La consecuencia sería entonces que la sentencia declaró inconstitucional la amnistía sobre todos y cada uno de los supuestos de amnistía contemplados en la Ley.

c. La sentencia que declaró constitucional la *Ley de Bono para Alimentación y Medicinas a Pensionados y Jubilados*, pero la sujetó a la verificación de la viabilidad económica

La sentencia Nº 327 de 28 de abril de 2016 declaró ajustada a la Constitución la *Ley de Bono para Alimentación y Medicinas a Pensionados y Jubilados*, la cual era una propuesta de contenido social en la agenda legislativa de la Asamblea Nacional.

Sin embargo, sujetó la entrada en vigencia de la Ley a que se constate la viabilidad económica que permita garantizar el cumplimiento de la finalidad social que involucra la Ley, en aplicación del criterio establecido por la Sala Constitucional en la sentencia Nº 269 de 21 de abril de 2016, más arriba reseñada. En consecuencia, la sentencia anuló la Disposición Final Única de la Ley, que ordenaba su entrada en vigencia a partir de su publicación en Gaceta Oficial.

d. La sentencia que declaró la inconstitucionalidad de la reforma a la *Ley Orgánica del Tribunal Supremo de Justicia*

Mediante la sentencia Nº 341 de 5 de mayo la Sala Constitucional declaró la inconstitucionalidad de la reforma a la *Ley Orgánica del Tribunal Supremo de Justicia* que había sido sancionada por la Asamblea Nacional el 7 de abril.

El objeto de la reforma de la Ley era fundamentalmente (i) aumentar el número de Magistrados de la Sala Constitucional de siete a quince Magistrados, y (ii) precisar con mayor detalle el proceso a seguir ante la Sala Constitucional en caso de que el Presidente de la República plantee a la Sala Constitucional que uno o varios artículos de una Ley sancionada por la Asamblea Nacional pudieran ser inconstitucionales.

La sentencia va a declarar inconstitucional la reforma, básicamente por las siguientes razones: (i) supuestamente la iniciativa legislativa en materia de organización y procedimientos judiciales correspondería de modo exclusivo y excluyente al Tribunal Supremo de Justicia; (ii) supuestamente para la modificación de cualquier proyecto de Ley se requiere la aprobación de las dos terceras partes de los miembros de la Asamblea Nacional presentes en la sesión; (iii) el aumento de Magistrados no sería "razonable" y carecería de "justificación lógica", y (iv) supuestamente la Asamblea Nacional habría incurrido en "desviación de poder" al sancionar la reforma.

e. La sentencia que declaró la inconstitucionalidad de la *Ley de Otorgamiento de Títulos de Propiedad a Beneficiarios de la Gran Misión Vivienda Venezuela*

Mediante la sentencia Nº 343 del 6 de mayo, la Sala Constitucional declaró la inconstitucionalidad de la *Ley de Otorgamiento de Títulos de Propiedad a Beneficiarios de la Gran Misión Vivienda Venezuela y otros Programas Habitacionales del Sector Público*, que había sido sancionada por la Asamblea Nacional el 13 de abril.

La sentencia, en resumen, va a concluir que la Ley sería inconstitucional porque (i) supuestamente sería contraria a los fines del Estado Democrático y Social de Derecho al no garantizar que el ejercicio progresivo del derecho de las familias a una vivienda digna no ceda ante el derecho de propiedad; (ii) al promover que las unidades habitacionales ingresen al mercado especulativo, para favorecer a quienes ejercen el dominio del mismo en detrimento de quienes ameritan de una protección reforzada por parte del Estado; (iii) para su sanción no se habría cumplido con las formalidades esenciales del procedimiento de formación de leyes previstas en la Constitución y en el *Reglamento Interior y de Debates de la Asamblea Nacional*, y (iv) la Asamblea Nacional habría incurrido en usurpación de funciones del Presidente de la República al condonar las deudas contraídas por los beneficiarios de esta política pública.

f. La sentencia que declaró la inconstitucionalidad de la *Ley especial para atender la crisis nacional de salud*

Por su parte, mediante la sentencia N° 460 de 9 de junio de 2016 la Sala Constitucional también declararía la nulidad por inconstitucionalidad de la *Ley Especial Para Atender la Crisis Nacional de Salud.* La sentencia declararía la nulidad de esa Ley por las razones siguientes: (i) porque supuestamente habría usurpado competencias atribuidas al Presidente de la República en materia de dirección de la acción de gobierno en el ámbito de los estados de excepción, así como en materia de relaciones internacionales; (ii) por establecer mecanismos de control parlamentario de la gestión del Ejecutivo Nacional distintos a los previstos por la Constitución; (iii) por incumplir con el procedimiento de formación de Leyes previsto en su Reglamento Interior y de Debates y (iv) obviar el criterio vinculante establecido por la Sala Constitucional en sentencia N° 269/2016, al no realizar la consulta obligatoria al Ejecutivo Nacional a fin de determinar la viabilidad económica de ley.

4. El bloqueo de la función contralora

Una de las funciones claves de la Asamblea Nacional es la de ejercer la función contralora sobre los otros órganos del Poder Público.

Esa función contralora de la Asamblea tiene su fundamento en el carácter democrático y plural del Parlamento. En las sociedades contemporáneas, el Parlamento, en nuestro caso la Asamblea Nacional, es el órgano de representación popular en el cual las organizaciones políticas representan las distintas opciones políticas de los ciudadanos.

Por ello, es natural y necesario que ese foro político en el que están representados los ciudadanos pueda ejercer funciones de control sobre la actuación de los órganos del Poder Público, como lo son el Poder Ejecutivo, el Poder Judicial, el Poder Electoral y el Poder Ciudadano.

Esa función de control de la Asamblea Nacional, sin embargo, fue cuestionada y restringida por el Tribunal Supremo de Justicia desde el mismo inicio de la legislatura de la Asamblea. Al igual que ocurrió con la función legislativa, la Sala Constitucional dictó una sentencia que estableció de forma general los límites impuestos a esta función, bloqueo que luego se manifestó de forma particular mediante sentencias sobre asuntos concretos.

A. Las bases de los límites al ejercicio de la función contralora

Esas bases a los límites de la función contralora serían puestos por sentencia N° 9 de la Sala Constitucional del Tribunal Supremo de Justicia de 2 de marzo de 2016.

El argumento central de la sentencia es que la facultad de control de la Asamblea Nacional sólo puede ejercerse sobre el Gobierno y la Administración Pública Nacional, ejercidos por el Poder Ejecutivo Nacional, y no podría aplicarse sobre la actuación de los otros órganos del Poder Público, como el Poder Judicial, el Poder Electoral y el Poder Ciudadano, ni tampoco sobre los órganos del Poder Ejecutivo, Estadal y Municipal. Por ello, concluye la sentencia:

> "Como se desprende de la jurisprudencia y doctrina citada, el control político- parlamentario previsto en los artículos 187.3, 222, 223 y 224 del Texto Fundamental, se extiende fundamentalmente sobre

el Poder Ejecutivo Nacional, y no sobre el resto de los Poderes Públicos (Judicial, Ciudadano y Electoral), tampoco sobre el poder público estadal ni el municipal (con excepción de lo previsto en el artículo 187.9 eiusdem), pues el control político de esas dimensiones del Poder lo ejercerán los órganos que la Constitución dispone a tal efecto, tal como se interpreta de los artículos 159 y siguientes de la Constitución".

En realidad, la intención de la Constitución no ha sido esa. Particularmente claro es el segundo párrafo del artículo 223, el cual expresamente señala, al hacer referencia a la facultad de control de las Comisiones de la Asamblea Nacional, y sin realizar distinciones, que "todos los funcionarios públicos o funcionarias públicas están obligados u obligadas, bajo las sanciones que establezcan las leyes, a comparecer ante dichas Comisiones y a suministrarles las informaciones y documentos que requieran para el cumplimiento de sus funciones".

Luego de esa posición restrictiva de carácter general sobre la función de control de la Asamblea Nacional, la sentencia especifica el ámbito como se ejercerá la función de control de la Asamblea sobre el Poder Ejecutivo Nacional, al señalar los siguientes criterios, "para impedir que ese control afecte el adecuado funcionamiento del Ejecutivo Nacional, y, en consecuencia, evitar que el mismo termine vulnerando los derechos fundamentales":

(i) la Asamblea Nacional debe coordinar con el Vicepresidente Ejecutivo el ejercicio de esa función de control sobre cualquier funcionario del Gobierno y de la Administración Pública Nacional. Por ello, corresponde al Vicepresidente Ejecutivo centralizar y coordinar todo lo relacionado con las comunicaciones que emita la Asamblea Nacional en el ejercicio de su función de control;

(ii) corresponde al Vicepresidente de la República considerar las circunstancias políticas, económicas y sociales en general que imperasen en la República para el momento en el que se coordina y ejerce el referido control;

(iii) el Poder Legislativo Nacional "debe sopesar que especialmente en estas circunstancias, la insistencia de peticiones dirigidas hacia el Poder Ejecutivo Nacional e, inclusive, hacia el resto de poderes públicos, pudiera obstaculizar gravemente el funcionamiento del Estado, en detrimento de la garantía cabal de los derechos de las ciudadanas y ciudadanos, así como también de los derechos irrenunciables de la Nación";

(iv) las convocatorias que realice la AN a los funcionarios "deben estar dirigidas justamente a los funcionarios y demás personas sometidas a ese control, indicar la calificación y base jurídica que la sustenta, el motivo y alcance preciso y racional de la misma (para garantizar a su vez un proceso con todas las garantías constitucionales), y en fin, orientarse por los principios de utilidad, necesidad, razonabilidad, proporcionalidad y colaboración entre poderes públicos (sin pretender subrogarse en el diseño e implementación de las políticas públicas inherentes al ámbito competencial del Poder Ejecutivo Nacional)";

(v) debe permitirse "a los funcionarios que comparecen, solicitar y contestar, de ser posible, por escrito, las inquietudes que formule la Asamblea Nacional o sus comisiones, e inclusive, también si así lo solicitaren, ser oídos en la plenaria de la Asamblea Nacional, en la oportunidad que ella disponga (parte de lo cual se reconoce, por ejemplo, en el referido artículo 245 Constitucional)", y

(vi) el ejercicio de la facultad de investigación debe ser compatible con la autonomía de cada órgano y con la debida comprensión de la cardinal reserva de informaciones que pudieran afectar la estabilidad y la seguridad de la República, y, en fin, compatible con los fines del Estado.

Finalmente, en cuanto al ámbito de la función contralora de la Asamblea Nacional, la sentencia se pronunciará sobre el modo del ejercicio de control parlamentario sobre la Fuerza Armada Nacional Bolivariana para advertir que el control que sobre ella puede ejercerse se realiza "a través de su Comandante en Jefe y del control parlamentario mediante el control político que se ejerce sobre su Comandante en Jefe y autoridad jerárquica suprema", limitando ese control a lo que exponga el Presidente de la República en el mensaje anual que presente a la Asamblea Nacional dentro de los días siguientes a la instalación de la Asamblea Nacional, mensaje previsto en el artículo 237 de la Constitución.

B. El bloqueo de la función contralora ejercida mediante la comparecencia de funcionarios a la Asamblea Nacional

Como una forma de restringir el ámbito de control de la Asamblea Nacional sobre los órganos de los otros Poderes Públicos, la sentencia Nº 9 de la Sala Constitucional del 1 de marzo de 2016 interpretó -y desaplicó- diversas normas de la (i) *Ley sobre el Régimen para la Comparecencia de Funcionarios y Funcionarias Públicos o los y las particulares ante la Asamblea Nacional o sus Comisiones* y del (ii) *Reglamento de Interior y de Debates de la Asamblea Nacional.*

En realidad, la Sala Constitucional era incompetente para interpretar esa Ley y el Reglamento, puesto que el recurso de interpretación sobre el que estaba conociendo la sentencia sólo podía pronunciarse sobre la interpretación de normas constitucionales. Es decir, no debía pronunciarse sobre normas de rango inferior a la Constitución, como lo son esa Ley y el Reglamento de Interior y de Debates.

Lo primero que advierte la sentencia es cuando esa Ley hace referencia a funcionarios, sólo puede entenderse como tales a los del Gobierno y la Administración Pública Nacional, excluyendo por ello inconstitucionalmente a los funcionarios de los otros Poderes Públicos, como ya fue señalado.

Por el contrario, tal y como señala expresamente el artículo 12 de la *Ley sobre el Régimen para la Comparecencia de Funcionarios y Funcionarias Públicos o los y las particulares ante la Asamblea Nacional o sus Comisiones*:

> "Artículo 12. La citación para la comparecencia de los integrantes del Poder Ciudadano: Defensor del Pueblo, Fiscal General de la República y Contralor General de la República; del Poder Electoral: Directivos del Consejo Nacional Electoral; del Poder Judicial: Magistrados del Tribunal Supremo de Justicia, así como del Poder Ejecutivo: Vicepresidente Ejecutivo o Vicepresidenta Ejecutiva de la República; y de los Ministros o Ministras, se hará del conocimiento previo de la Junta Directiva de la Asamblea Nacional, a los efectos de su coordinación".

Es decir, que conforme al artículo 12 de la Ley, los funcionarios de los otros Poderes Públicos pueden ser citados a comparecer a la Asamblea Nacional.

La sentencia, sin embargo, decidió desaplicar expresamente esa norma por considerarla inconstitucional. Con lo cual, a pesar de lo referido en la norma de la Ley, para la Sala Constitucional resultaría inconstitucional la aplicación de la función de control a funcionarios distintos a lo del Gobierno y la Administración Pública Nacional.

También la sentencia decidió desaplicar por considerarlas inconstitucionales las normas de esa Ley sobre el régimen sancionatorio en casos de falta de comparecencia ante las invitaciones que sean realizadas por la Asamblea Nacional y sus Comisiones (artículos 21 al 26).

En un sentido similar, a pesar de que el artículo 113 del *Reglamento de Interior y Debates de la Asamblea Nacional* expresamente regula que podrán ser interpelados e invitados a comparecer por la Asamblea Nacional o sus Comisiones los funcionarios del Poder Nacional, Estadal y Municipal, sin restringir el ámbito de esa facultad a los funcionarios del Gobierno y la Administración Pública Nacional, la sentencia decidió también desaplicar esa norma por considerarla inconstitucional.

Más allá de desaplicar esas normas por considerarlas inconstitucionales, la Sala decidió iniciar de oficio un proceso de control de la constitucionalidad de todas esas normas, para decidir si deben ser consideradas nulas y, por ello, como no vigentes. Igualmente, y sin que ello fuera objeto del asunto planteado, señaló que el Presidente de la República era competente para dictar un Reglamento sobre esa Ley.

De tal manera, pues, la Sala Constitucional restringió de modo específico el ámbito de actuación en materia de control de la Asamblea Nacional, al desaplicar las normas de la *Ley sobre el Régimen para la Comparecencia de Funcionarios* y del *Reglamento de Interior y Debates de la* Asamblea Nacional que regulan la comparecencia de funcionarios a la Asamblea Nacional y sus Comisiones[11].

---

[11] Véanse las críticas a esa decisión en Allan R. Brewer-Carías, "Comentarios al decreto Nº 2.309 de 2 de mayo de 2016: La inconstitucional "restricción" impuesta por el Presidente de la República, respecto de su potestad de la Asamblea Nacional de aprobar votos de censura contra los Ministros", en *Revista de Derecho Público*, Nº 147-148, julio-diciembre, 2016.

C. El caso de la Comisión de investigación de la Asamblea Nacional sobre el nombramiento de Magistrados

Otro ejemplo de cómo la Sala Constitucional ha impedido el ejercicio de la función de control por la Asamblea Nacional fue el caso de la Comisión de investigación de la Asamblea Nacional sobre el nombramiento de Magistrados.

Una de las iniciativas fundamentales que emprendió la nueva mayoría en la Asamblea Nacional fue la del nombramiento de una *Comisión Especial para el estudio del procedimiento de selección de Magistrados del Tribunal Supremo de Justicia*, algunos de los cuales fueron designados el 23 de diciembre de 2015, es decir, unos días antes de cesar en sus funciones la anterior Asamblea Nacional. Vale decir que la facultad de nombrar Comisiones Especiales es una potestad de la Asamblea Nacional reconocida expresamente en los artículos 193 y 223 de la Constitución.

Como una consecuencia de lo que en el ámbito del Derecho Público se denomina como "potestad de autotutela", se reconoce la potestad a los órganos del Poder Público de revisar sus propias decisiones, cuando se considere que la decisión tomada ha incurrido en algún vicio material o procedimental, que invalida esa decisión. Es decir, que si un órgano del Poder Público constata que incurrió en un determinado vicio al tomar la decisión, puede declarar la nulidad de esa decisión, y tomar la decisión correcta. En el ámbito de la Asamblea Nacional, esa potestad de autotutela se reconoce en el artículo 90 del *Reglamento Interior y de Debates de la Asamblea Nacional* vigente en este entonces, conforme al cual:

> "Las decisiones revocatorias de un acto de la Asamblea Nacional, en todo o en parte, requerirán del voto de la mayoría absoluta de los presentes. Igualmente, en los casos en que por error o por carencia de alguna formalidad no esencial se hubiese tomado una decisión por la Asamblea Nacional, ésta; una vez constatado el error o carencia, podrá declarar la nulidad de la decisión con el voto de la mayoría de los presentes".

En ejercicio de esa facultad de autotutela, por la cual la Asamblea Nacional puede revisar los actos que ha dictado previamente, el 1 de marzo de 2016 la Asamblea aprobaría el informe realizado por esa Comisión, en el que se cuestionó el modo como se había desarrollado el proceso de designación de tales Magistrados que fueron nombrados el pasado 23 de diciembre de 2015.

Pues bien, sobre uno de los aspectos sobre los que se pronunció la sentencia Nº 9 de la Sala Constitucional del 1 de marzo de 2016 fue, precisamente, la facultad que tiene la Asamblea Nacional de realizar investigaciones sobre el procedimiento de designación de los Magistrados del Tribunal Supremo de Justicia[12].

Sobre la base de esas consideraciones generales que había establecido en esa sentencia Nº 9 de la Sala Constitucional, la Sala entrará a analizar específicamente el supuesto de la Comisión designada por la Asamblea Nacional para el estudio del procedimiento de selección de los Magistrados del Tribunal Supremo de Justicia. Y señalará de modo terminante:

> "Aunque la creación de una comisión especial para investigación y estudio no tienen, en principio, limitaciones materiales (salvo las derivadas, entre otras, de los principios de autonomía de los Poderes Públicos y sujeción del poder al Texto Fundamental); cuando su objetivo es claramente inconstitucional y/o ilegal, al pretender revisar designaciones de altos funcionarios de otro Poder, al margen del control que le asigna la Constitución a la Asamblea Nacional y del régimen previsto para su remoción o destitución, ella y cualquier decisión o recomendación que aquélla o cualquier comisión realice es absolutamente nula y, en consecuencia, inexistente, así como cualquier decisión en la materia por parte de la Asamblea Nacional, todo ello con base en los artículos 7, 137, 138 y 139 de la Carta Magna".

---

12 Véase Allan R. Brewer-Carías, "La ratificación por la Sala Constitucional del Tribunal Supremo de su decisión de desconocimiento de la potestad de la Asamblea Nacional para revisar y revocar sus propios actos", en *Revista de Derecho Público*, Nº 147-148, julio-diciembre, 2016 y José Ignacio Hernández G., "Comentarios a la sentencia de la Sala Constitucional Nº 614/2016 (19-7-2016). A propósito de la inconstitucional designación de magistrados del Tribunal Supremo de Justicia", en *Revista de Derecho Público*, cit.

Luego insistirá la sentencia en tal argumento, al advertir que:

"Como puede apreciarse, la Asamblea Nacional participa en los procesos complejos e interinstitucionales de designación y remoción de magistrados y magistradas de este Máximo Tribunal, conforme lo pautan los artículos 264 y 265 Constitucional; en lo que a ello respecta, allí culmina su rol en el equilibrio entre Poderes Públicos para viabilizar la función del Estado. Crear una atribución distinta, como sería la revisión ad infinitum y nueva "decisión" sobre "decisiones" asumidas en los procesos anteriores de selección y designación de magistrados y magistradas, incluida la creación de una comisión o cualquier otro artificio para tal efecto, sería evidentemente inconstitucional, por atentar contra la autonomía del Poder Judicial y la supremacía constitucional, constituyendo un fraude hacia el orden fundamental que, siguiendo las más elementales pautas morales, no subordina la composición del Máximo Tribunal de la República al cambio en la correlación de las fuerzas político-partidistas a lo interno del Legislativo Nacional".

Y concluirá que:

"En tal sentido, constituye un imperativo de esta Sala declarar, como en efecto lo hace a través de esta sentencia, la nulidad absoluta e irrevocable de los actos mediante los cuales la Asamblea Nacional pretende impulsar la revisión de procesos constitucionalmente precluidos de selección de magistrados y magistradas y, por ende, de las actuaciones mediante las cuales creó la comisión especial designada para evaluar tales nombramientos, así como de todas las actuaciones derivadas de ellas, las cuales son, jurídica y constitucionalmente, inexistentes".

De tal manera, conforme a la referida sentencia, la Sala Constitucional ha concluido que la Asamblea Nacional no podría ejercer la potestad de autotutela que le corresponde al revisar el procedimiento por el cual tomó previamente la decisión de designar a los Magistrados nombrados el 23 de diciembre de 2015.

***

Este es, pues, el resumen de un caso grave de desmantelamiento institucional: la Asamblea Nacional electa en Venezuela en 2015 fue despojada de sus facultades constitucionales, principalmente de su función legislativa y de su función contralora, por el órgano que estaba llamado, precisamente, a proteger la Constitución, y a asegurar que hubiera un contexto institucional que permitiera a la Asamblea Nacional ejercer sus funciones.

El caso venezolano deja muchas lecciones políticas, institucionales y constitucionales. Entre ellas, la necesidad de un correcto diseño constitucional en cuanto a las funciones que corresponde ejercer en materia constitucional al máximo tribunal. En el caso venezolano, por ejemplo, no sólo el diseño constitucional de la Sala Constitucional es inconveniente y peligroso, sino que por nuestra práctica institucional, la propia Sala Constitucional ha ampliado el ya amplio margen constitucional de sus competencias.

VIOLACIÓN AL DERECHO DE PROPIEDAD DESDE LA REVOLUCIÓN BOLIVARIANA

RAFAEL BADELL MADRID*

I. INTRODUCCIÓN

Me da mucho gusto participar en esta obra en homenaje al Doctor Jesús Caballero Ortiz, lo que me da la oportunidad, en primer lugar, de manifestar, una vez más, mi admiración y aprecio por este gran jurista.

---

* Doctor en Derecho por la Universidad Católica Andrés Bello. Profesor titular de la Universidad Católica Andrés Bello. Individuo de Número de la Academia de Ciencias Políticas y Sociales. Socio fundador del Despacho de Abogados Badell & Grau. Ocupó la Cátedra Andrés Bello en la Universidad de Oxford. Senior Associate Member de la Universidad de Oxford.

Para rendir homenaje al doctor Jesús Caballero Ortiz voy a referirme a un tema muy importante dentro del derecho administrativo: El derecho de propiedad y las garantías establecidas para concretar sus limitaciones. En concreto, voy a formular algunas consideraciones sobre el desprecio al derecho de propiedad en Venezuela desde la revolución bolivariana.

En primer lugar, podemos decir que la evolución del derecho de propiedad en Venezuela puede ser dividida en tres etapas. La etapa inicial -influenciada por las corrientes doctrinarias que, en un principio, consideraron a la propiedad privada como un derecho absoluto- se extiende desde 1811 a 1914. Dentro de ella los textos constitucionales reconocieron la propiedad como un derecho absoluto, de carácter inviolable y que podía ser ejercido libremente. El derecho de propiedad era un derecho que no aceptaba limitaciones o restricciones, sino única y exclusivamente aquellas derivadas de la expropiación con fines de utilidad pública o para la ejecución de obras públicas previo juicio contradictorio y pago de justa indemnización; en modo alguno aceptaba este derecho la imposición de limitaciones distintas.

Un segundo período se extiende desde 1914 hasta 1999, en el que se abandonó el carácter absoluto de la propiedad y se estableció, por vez primera, la posibilidad de someter su ejercicio a limitaciones. Dentro de esta etapa fue la Constitución de 1947 la primera en reconocer en Venezuela la función social de la propiedad, señalando expresamente que "*en virtud de su función social, la propiedad estará sometida a las contribuciones, restricciones y obligaciones que establezca la ley con fines de utilidad pública o interés general*" (artículo 65, Constitución de 1947). A esta segunda etapa pertenece la primera Ley de Expropiación por Causa de Utilidad Pública o Social que se dictó en el país, el 4 de noviembre de 1947.

La Constitución de 1953 reprodujo la norma constitucional de 1947 que fue recogida finalmente en la Constitución de 1961, cuyo artículo 99 establecía: "*se garantiza el derecho de propiedad. En virtud de su función social, la propiedad estará sometida a las contribuciones, restricciones y obligaciones que establezca la ley con fines de utilidad pública o de interés social*".

En aplicación de estas normas constitucionales y de la ley de Expropiación por Causa de Utilidad Pública o Social de 1947, sobre todo desde 1960 hasta el año 2000, cuando hubo un proceso de construcción de grandes obras públicas en el país, se produjo una valiosa doctrina y jurisprudencia que fue explicando y consolidando los grandes temas de la expropiación, sobre todo la necesidad del juicio de expropiación como garantía, las garantías de la ocupación previa, el concepto de justa indemnización, el repudio a la expropiación de hecho, etc.

En la evolución del derecho de propiedad privada hay una tercera etapa que claramente comienza cuando se dicta la Constitución de 1999 y que se extiende, lamentablemente, hasta el presente, cuando todavía reina la oscuridad en nuestro estado de derecho. El mismo contenido de la norma constitucional de 1947, que regulaba el derecho de propiedad y sus limitaciones, lo reprodujo el artículo 115 de la Constitución de 1999; pero -como ocurre en tantos otros asuntos dentro de la llamada revolución bolivariana, que se inició en Venezuela con la llegada de Hugo Chávez al poder en 1999- una cosa es lo prevenido en el texto constitucional y otra muy distinta es lo acontecido en la realidad.

El artículo 115 de la Constitución establece que todo particular, titular del derecho de propiedad, tiene la facultad de usar, gozar, disfrutar y disponer de sus bienes; y para garantizar el ejercicio de los atributos del derecho, indica que "*sólo por causa de utilidad pública o social, mediante sentencia firme y pago oportuno de justa indemnización, podría ser declarada la expropiación de cualquier clase de bienes*".

La tutela del derecho de propiedad está concretada en la garantía expropiatoria, esta es, en el derecho a no ser desposeído de la propiedad privada sino mediante la expropiación, en los términos y condiciones consagrados en la Constitución[1]; es decir, a través de la declaratoria de utilidad pública o de interés social del bien a expropiar, sentencia firme y el pago de una justa y oportuna indemnización.

Esta tercera etapa se ha caracterizado por el desprecio y la involución del derecho de propiedad; por la eliminación de su esencia y

1 Véase Rafael Badell Madrid, "Algunas consideraciones sobre el derecho de propiedad y la jurisprudencia sobre la materia en Venezuela.", conferencia dictada en las *XI Jornadas Jurisprudenciales en Derecho Administrativo. Universidad de Yacambú.* Barquisimeto. 15 Noviembre 2014. Disponible en: http://badellgrau.com/?pag=205&ct=1745

protección. El derecho de propiedad ha sido atacado y vulnerado a partir de actuaciones provenientes del poder ejecutivo, mediante expropiaciones de hecho y, también, a través de expropiaciones indirectas. Ha habido violación del derecho de propiedad privada desde el poder legislativo, a través de leyes expropiatorias que desconocen la garantías de protección a la propiedad y, también, desde la omisión de actuación y sentencias dictadas por un poder judicial secuestrado por el régimen totalitario, que sirven para "legitimar" las medidas populistas y arbitrarias del poder ejecutivo y las normas inconstitucionales del poder judicial. De manera que en la violación al derecho de propiedad en Venezuela están comprometidos y son cómplices los poderes ejecutivo, legislativo y judicial.

En esta tercera etapa, a nivel legal, el régimen jurídico de la expropiación está contenido en la Ley de Expropiación por Causa de Utilidad Pública o Social (LEXP) del 1° julio de 2002, que derogó la Ley de Expropiación por Causa de Utilidad Pública o Social de fecha 4 de noviembre de 1947. Esta nueva ley, tal y como lo establece su artículo 1, tiene por objeto regular la expropiación forzosa por causa de utilidad pública o interés social, de los derechos y bienes pertenecientes a los particulares, necesarios para lograr la satisfacción del bien común. A tales fines, en sentido similar a la legislación derogada, la LEXP estableció los lineamientos procedimentales que deberán seguirse para proceder a la expropiación forzosa de los derechos y bienes.

En nuestro libro sobre esta materia hemos definido la expropiación "*como un instituto de derecho público, por medio del cual se confiere a la administración pública nacional, estadal y municipal, órganos descentralizados funcionalmente e incluso concesionarios, la potestad para adquirir, en el marco de un procedimiento legalmente establecido, de forma coactiva, cualquier clase de bienes de propiedad privada, susceptibles de apropiación, por causa de utilidad pública o interés social, siempre que así sea declarado mediante sentencia firme y previo el pago oportuno de justa indemnización a aquél contra quien obra la medida, por la merma sufrida en su patrimonio.*"[2]

[2] Vid. Rafael Badell Madrid, *Régimen Jurídico de la Expropiación en Venezuela*, Switt Print, Caracas, 2014. P.39

La expropiación es una doble garantía constitucional. Por un lado, como procedimiento, constituye un instrumento o cauce por el que se logra la tutela de los derechos y garantías individuales frente a la actividad administrativa de intervención que ejerce la administración. De otra parte, es una medida de resarcimiento patrimonial a favor de los ciudadanos por la transferencia coactiva de la propiedad.

Como garantía constitucional, presupone la existencia de dos elementos fundamentales que le dan origen, estos son: (i) la presencia de un interés o bien jurídico constitucionalmente tutelado y, (ii) la posibilidad de que dicho interés o bien jurídico pueda encontrarse en peligro o sea susceptible de agresión, requiriendo entonces, la creación de un instrumento capaz de asegurar su integridad y vigencia. Es a partir de esas dos notas fundamentales que se caracteriza el instituto de la expropiación como una garantía constitucional[3].

El derecho de propiedad es objeto de tutela constitucional, tal como se advierte el artículo 115 de la Constitución, el cual dispone que el titular de este derecho tiene la facultad de usar, gozar, disfrutar y disponer de sus bienes. Para garantizar el ejercicio de los atributos del derecho se advierte que "sólo por causa de utilidad pública o social, mediante sentencia firme y pago oportuno de justa indemnización, podría ser declarada la expropiación de cualquier clase de bienes". La tutela del derecho de propiedad se concretó en la garantía expropiatoria; es decir el derecho a no ser desposeído de la propiedad sino mediante la expropiación, en los términos y condiciones consagrados en la Constitución.

Hemos dicho antes que el procedimiento expropiatorio es en sí mismo una manifestación de esta garantía constitucional. La expropiación es un procedimiento de naturaleza compleja en el cual deben intervenir los tres órganos del poder público a objeto de garantizar el respeto del interés individual que va a ser sacrificado en beneficio del interés colectivo. Por eso, el procedimiento expropiatorio comprende tres fases: la que corresponde al órgano legislativo; la que es responsabilidad del órgano ejecutivo y la que realiza el control de la legalidad de la medida expropiatoria y de su ejecución, que lleva adelante el órgano judicial.

---

3 Pablo Lucas Verdú, "Garantías Constitucionales" en *Nueva Enciclopedia Jurídica*. t. X. Edit. F. Seix. Barcelona, 1985. pp. 545-546.

La fase legislativa, que corresponde a todos los órganos que conforman al poder legislativo, en los distintos niveles de descentralización territorial (nacional, estadal y municipal), se concreta, tanto con la sanción de las leyes de expropiación que disponen el procedimiento a seguir y desarrollan las condiciones para su procedencia (poder legislativo nacional) como con la declaratoria de utilidad pública o social de la actividad que va a justificar la expropiación.

La fase administrativa (poder ejecutivo nacional, estadal o municipal) se manifiesta con la emisión del decreto de expropiación, decreto de ejecución o decreto de afectación, en el que se debe indicar que la ejecución de la obra, anteriormente declarada de utilidad pública o social por el órgano legislativo, exige necesariamente que determinados bienes pasen a la propiedad del ente expropiante. Allí debe indicarse con toda claridad el bien que es necesario expropiar. Dentro de esa fase se incluye, luego que se ha dictado el decreto de afectación, el arreglo amigable, si es que el expropiado conviene en la legalidad de la expropiación, el justiprecio que se realice en esa sede administrativa y el pago.

Por último, la fase judicial que se desenvuelve ante el tribunal competente. De acuerdo al artículo 115 de la Constitución no hay expropiación si no hay sentencia firme que la declare. La función del juez es la de procurar y preservar el respeto a la garantía de los derechos del particular frente a la actuación de la Administración. Esta fase judicial controla la legalidad de la expropiación; la justeza de la indemnización a pagar, que la medida expropiatoria no empobrezca ni enriquezca al expropiado; asegura, por una parte, que quienes reciban la indemnización son los legítimos propietarios o titulares de otros derechos susceptibles de indemnización -arrendatarios, poseedores y titulares de bienhechurías- y, por la otra, que el bien expropiado entre al patrimonio del ente expropiante libre de todo vicio, riesgo o gravamen[4].

Es claro que este procedimiento expropiatorio complejo, constituye la garantía principal del derecho de propiedad y protege, por un lado,

---

[4] Sentencia de la SPA de la CSJ de fecha 12 de noviembre de 1991; caso: Corporación Venezolana de Guayana. Magistrado ponente: Josefina Calcaño de Temeltas Jurisprudencia Venezolana. Ramírez & Garay, Tomo 119, pp. 600-604.

los intereses de los particulares afectados por la medidas expropiatoria y, por el otro, los intereses del ente público expropiante.

Ahora bien, en contradicción con el texto constitucional y la LEXP, con la llegada al poder de Hugo Chávez comenzó un proceso, concertado entre el poder ejecutivo y los poderes legislativo y judicial, de desconstitucionalización y deslegalización general del Estado que ha traído como consecuencia la violación continua de todos los derechos y libertades y, entre ellos, principalmente el derecho de propiedad. Precisamente a esa circunstancia es a lo que nos vamos a hacer referencia en adelante.

La desconstitucionalización es un concepto acuñado por la doctrina, que explica el vaciamiento o desmontaje de normas, principios o valores de la Constitución, y puede ser realizado de forma expresa o tácita por los distintos operadores constitucionales, a través de "prácticas o costumbres *contra constitutionem*, vías de hecho, interpretaciones manipulativas de la ley suprema, o la sanción de normas subconstitucionales opuestas a ésta pero no declaradas inconstitucionales por los órganos custodios de la supremacía constitucional"[5].

De otra parte, la deslegalización consiste en la degradación de la regulación de la materia que debe ser regida mediante la ley como norma soberana, superior a cualquier otra por ser dictada por el órgano con la mayor representación de la voluntad del pueblo, al ámbito sublegal del reglamento, de resoluciones y demás actos administrativos.

Veamos a continuación cómo la desconstitucionalización y la deslegalización del ordenamiento jurídico venezolano ha incidido en el derecho de propiedad, a partir de las actuaciones de los poderes ejecutivo, legislativo y judicial.

II. VIOLACIONES AL DERECHO DE PROPIEDAD

1. Desde el Poder Ejecutivo

Teníamos muy claro que el presidente Hugo Chávez, que antes había intentado asaltar el poder a través de un golpe de estado, no respetaría el estado de derecho en general y en particular los derechos civiles,

---

5 Néstor Pedro Sagüés, "El concepto de desconstitucionalización", en *Revista de Derecho* número 2, Universidad Católica del Uruguay, Montevideo, 2007. p. 195

sociales, políticos y económicos y, dentro de ellos, desde el principio el derecho de propiedad, principalmente, fue amenazado y violado.

En efecto, no obstante lo dispuesto en el artículo 115 de la Constitución que garantiza el derecho de propiedad, ha habido en este período confiscaciones, ocupaciones, invasiones, saqueos, intervenciones, rescate de tierras y toda clase de violación al uso goce y disfrute del derecho de propiedad. Ha habido expropiaciones de hecho; expropiaciones sin procedimiento y sin que medie indemnización; especialmente expropiaciones sobre fincas agropecuarias, terrenos urbanos, hatos, fábricas, bancos[6], empresas telefónicas, empresas de electricidad, centrales azucareros, cadenas de supermercados, galpones, centros comerciales, productoras de café, sistema de transporte aéreo y marítimo, incluso de marcas comerciales[7].

De otra parte, se ha utilizado indebidamente la figura de la "*reserva de actividades*", no solo para excluir la libre iniciativa de los particulares, en determinadas actividades comerciales, sino para tomar posesión, sin procedimiento expropiatorio ni garantías judiciales, de empresas relacionadas con bienes y servicios conexos a las actividades primarias de hidrocarburos; de las empresas que operaban en el sector de transformación de hierro y de empresas de la industria de fabricación de cemento.

Un buen parámetro para medir el grado de desprecio e irrespeto al derecho de propiedad es la imagen del presidente Chávez paseando por el centro de Caracas, con un grupo de colaboradores, a los cuales preguntaba: ¿Y este edificio? La pregunta presidencial era respondida por alguno de sus acompañantes: "es un edificio donde funcionan locales privados de joyería" para sentenciar luego el presidente: "exprópiese".

Así la caminata presidencial, llena de populismo y de irrespeto al estado de derecho, tenía como alfombra las hojas de la Constitución

---

6 BanPro, Banco Bolívar, Banco Canarias, Banco Confederado, BaNorte, Banco Comercial C.A; Central Banco Universal; Baninvest, Banco de Inversión C.A; Banco Real, Banco de Desarrollo; Bancoro C.A Banco Universal; Banco del Sol, Banco de Desarrollo C.A, InverUnión Banco Comercial C.A, Helm Bank Venezuela S.A Banco Comercial; Banco Federal C.A; Banco Casa Propia; Casa Propia Entidad de Ahorros y Préstamo; Banvalor Banco Comercial C.A.

7 Vid. Francisco Delgado, *Chavismo y derecho*, Editorial Galipán, Caracas, 2017. Pp. 124 y 125.

que eran pisoteadas por el presidente y sus seguidores, particularmente en la norma referida al derecho de propiedad, artículo 115 y a la tutela judicial efectiva, artículo 26. La caminata presidencial fue televisada para que llegara a todos el mensaje populista de que Chávez vendría a redistribuir la propiedad de la manera que estimara más conveniente y que ningún valor tenía la disposición Constitucional que garantiza el derecho de propiedad y la Ley de Expropiación por Causa de Utilidad Pública o Social (LEXP), que establece el proceso judicial que es necesario cumplir para poder afectar este derecho. En eso, y en muchas cosas más, la voluntad del Chávez se sobrepondría al texto Constitucional, al legislador y al juez.

El presidente Maduro, sucesor de Chávez -como para que no quedara dudas de sus méritos para llevar adelante el proyecto revolucionario y de que estaba bien entrenado en eso de actuar con populismo y arbitrariedad- el 28 de mayo de 2018, en un mensaje televisado informó de la aplicación del plan "ubica tu casa", el cual, según sus propias palabras consiste en apropiarse de "las casas que han dejado los apátridas que han dejado el país", y del cual "será beneficiado" "todo el que tenga carnet de la patria".

En enero de 2021, desde la Asamblea Nacional, una emblemática diputada de la revolución, experta también en arbitrariedad y en actuar por las vías de hecho, ordenaba seguir y profundizar este camino de tomar las viviendas de los cinco millones de venezolanos que han tenido que huir del país para ponerse a salvo de la bárbara violación de los derechos humanos; del hambre, miseria y la anarquía, inseguridad y desorden como política de estado.

De esta forma, el inconstitucional plan de violar la propiedad privada de los venezolanos emigrantes, que intentó ponerse en marcha desde el 2018, fue reactivado a inicios de este año con el apoyo de la Asamblea Nacional, electa en el írrito proceso electoral llevado a cabo en diciembre de 2020 desprovisto de toda garantía electoral. En efecto, en lo que va de año, al menos 10 intentos de invasión de edificios y locales comerciales se han registrado en el centro de Caracas, algunos inclusive con el apoyo directo de diputados de la Asamblea Nacional[8].

---

8 Véase: https://www.lapatilla.com/2021/02/01/venezolanos-propiedad-privada/

Bajo este esquema de violación a la propiedad privada en el año 2020 se registraron ocupaciones ilegales a viviendas y residencias, locales comerciales y edificios industriales, todos con apoyo directo, complicidad, unas veces por acción y otras por omisión del Ejecutivo.

Pero además, en pandemia también ha sido trasgredido el derecho a la propiedad a partir de decretos y resoluciones dictados por el poder ejecutivo con fundamento en la declaratoria de estado de excepción de alarma para mitigar y erradicar los riesgos relacionados con el COVID-19 decretado el 13 de marzo de 2020[9], y que ha sido prorrogado hasta la actualidad, por más de un año.

Sobre esta declaratoria de estado excepción de alarma es necesario señalar, en primer lugar, que están viciados de inconstitucionalidad, por cuanto fueron dictados con absoluta prescindencia de la autorización de la AN, en violación del artículo 339 de la Constitución. Pero también son inconstitucionales los decretos de estado de excepción de alarma dictados ya en catorce oportunidades -desde marzo de 2020 hasta marzo de 2021- por cuanto violan el límite de 60 días establecido en el artículo 338 de la Constitución que dispone que: "*Dicho estado de excepción durará hasta treinta días, siendo prorrogable hasta por treinta días más*", por lo que se torna violatorio de los principios de temporalidad, provisionalidad y extraordinariedad propios del decreto de estado de excepción, consagrados en el artículo 338 de la Constitución, los artículos 5 y 11 de la LOEE, el artículo 27.1 de la CADH y el artículo 4 del Pacto Internacional de Derechos Civiles y Políticos.

Pero además, estos decretos de estado de excepción de alarma violan los criterios de necesidad e idoneidad de las medidas adoptadas dentro del estado de alarma y están viciados por la indeterminación e imprecisión de las restricciones a las garantías constitucionales, y por la inconstitucional delegación a otros órganos, como la Vicepresidencia ejecutiva y los Ministros, de la adopción de las regulaciones y medidas relativas al decreto de estado de excepción, en violación de los artículos 337 y 339 de la Constitución y el artículo 15 de la LOEE.

Ahora bien, estos decretos han servido de fundamento para limitar derechos constitucionales, entre ellos, el derecho de propiedad. Véase

---

9 Gaceta Oficial Extraordinaria número 6.519 del 13 de marzo de 2020.

como ejemplo el decreto número 4.169 de fecha 23 de marzo de 2020, por medio del cual se ordenó la suspensión del pago de los cánones de arrendamiento de inmuebles de uso comercial y de aquellos utilizados como vivienda principal, por seis meses, "a fin de aliviar la situación económica de los arrendatarios y arrendatarias por efecto de la pandemia mundial del coronavirus COVID-19".

Este decreto limitó uno de los elementos fundamentales del derecho de propiedad como es el derecho de disfrute, al disponer que por seis meses no podía exigirse:

> *"el pago de los cánones de arrendamiento que correspondan, ni los cánones vencidos a la fecha aún no pagados, ni otros conceptos pecuniarios acordados en los respectivos contratos de arrendamiento inmobiliario"*[10].

Asimismo el decreto 4.169 suspendió la aplicación del artículo 91 de la Ley para la Regularización y Control de los Arrendamientos de Vivienda, relativo a las causales de desalojo de un inmueble bajo contrato de arrendamiento, así como la causal de desalojo establecida en el literal "a" del artículo 40 del Decreto con Rango, Valor y Fuerza de Ley de Regulación del Arrendamiento Inmobiliario para el Uso Comercial.

El decreto 4.169 fue prorrogado por seis meses más, en términos idénticos, mediante el decreto número 4.279 de fecha 02 de septiembre de 2020,[11] y recientemente por seis meses más a través del decreto número 4.577 de fecha 07 de abril de 2021[12]. En todos los mencionados decretos se facultó al Ministerio del Poder Popular para Hábitat y Vivienda, a desarrollar los lineamientos generales que "permitan regular y controlar los cánones de arrendamiento de vivienda principal", por lo cual dicho Ministerio dictó en tres oportunidades (Resolución número 023[13], de fecha 01 de abril de 2020, Resolución número 32 del 23 de septiembre de 2020[14] y Resolución número 11, de fecha 16 de marzo

[10] Decreto número 4.169. Gaceta Oficial Extraordinaria número 6.522 del 23 de marzo de 2020.

[11] Gaceta Oficial número 41.956 del 23 de marzo de 2020.

[12] Gaceta Oficial número 42.101 del 07 de abril de 2020.

[13] Gaceta Oficial número 41.852 del 1 de abril de 2020.

[14] Gaceta Oficial número 41.971 del 23 de septiembre de 2020.

de 2021[15]), resoluciones mediante las cuales igualmente se suspendía por 6 meses (cada uno), "de manera especial y excepcional el pago de los cánones de arrendamientos de inmuebles utilizados para vivienda principal[16]".

El estado de excepción de alarma solo puede fundamentar la emisión y ejecución de actos que impliquen la limitación del ejercicio de derechos constitucionales cuando la garantía de alguno de estos derechos haya sido formalmente restringida en el decreto que declare ese estado de excepción, tal como lo exige el artículo 339 de la Constitución[17], en el que dispone que *"el decreto que declare el estado de excepción, en el cual se regulará el ejercicio del derecho cuya garantía se restringe..."*.

Los decretos de estado de excepción no permiten limitar el derecho de propiedad. Ellos facultan al presidente de la República -ilimitada e inconstitucionalmente- para *"dictar otras medidas de orden social, económico y sanitario que estime convenientes según las circunstancias presentadas, (...) con la finalidad de proseguir en la atención de la situación extraordinaria y excepcional que constituye el objeto de este Decreto".*[18]

Las limitaciones al derecho de propiedad establecidas en los decretos presidenciales como las resoluciones del Ministerio, que ordenan la suspensión del pago de cánones de arrendamiento, tanto para inmuebles comerciales como para inmuebles destinados a la vivienda principal, carecen de fundamento normativo y son inconstitucionales.

1.1. Expropiaciones de hecho

En el ejercicio de la potestad expropiatoria, como en toda otra actividad, la administración pública tiene el deber de ajustar su actuación al

15 Gaceta Oficial número 42.108 del 16 de abril de 2021

16 Se entendió por vivienda principal aquella que "se encuentra habitualmente ocupada de forma permanente, y que las partes demuestren ante la Superintendencia Nacional de Arrendamientos de Vivienda (SUNAVI), dicha condición.".

17 Jesús María Casal. *Estado de Excepción sin Estado de Derecho.* Academia de Ciencias Sociales y Políticas. Estudios Jurídicos sobre la Pandemia del COVID-19, Caracas, 2020. p. 45 y ss.

18 Ibidem.

bloque de la legalidad; es decir, actuar en todo sometida a lo establecido en la Constitución y la ley y, en general, al bloque de la legalidad.

Por oposición a la actuación sometida al derecho está la actuación de hecho. La protección a la actuación de hecho de la administración está prevista en la LEXP cuando señala que todo propietario a quien se prive del goce de su propiedad, sin llenar las formalidades previstas en la ley, «[...] *podrá ejercer todas las acciones posesorias o petitorias que correspondan, a fin de que se le mantenga en el uso, goce y disfrute de su propiedad, debiendo ser indemnizado de los daños y perjuicios que le ocasione el acto ilegal*» (Artículo 8 de la LEXP).

La expropiación de hecho ocurre, precisamente, cuando la administración omite cumplir el procedimiento constitucional y legalmente establecido. Se configura la expropiación de hecho cuando el apoderamiento por la administración de los derechos patrimoniales privados se efectúa sin mediar declaración expresa de utilidad pública y sin cumplir procedimiento alguno[19]. Pero también hay casos en los cuales, aun existiendo formalmente el decreto de expropiación y habiéndose dado inicio al procedimiento correspondiente, éste puede contener vicios, irregularidades, desviaciones y omisiones de tal magnitud que hagan nugatoria la garantía procedimental frente al particular expropiado, lo que equivaldría a una vía de hecho.

La vía de hecho se configura con el efectivo apoderamiento del respectivo bien, o cuando sea evidente la voluntad de la administración de proceder a tal apoderamiento[20]. Si la expropiación de hecho aún no se ha materializado mediante la efectiva afectación del bien a una causa de utilidad pública o social, el particular podría ejercer las acciones reivindicatorias previstas en el ordenamiento jurídico. Pero si, por el contrario, la obra o actividad para cuyo fin la Administración "expropió de hecho" se encontrara totalmente culminada, no resultarían procedentes las acciones reivindicatorias, sino la indemnización por daños y perjuicios ocasionados por la responsabilidad del Estado[21].

---

19 Eduardo García de Enterría, *Los principios de la nueva Ley de Expropiación Forzosa*, Editorial Civitas, Madrid, 1984.

20 Sentencia de la Sala Político-Administrativa de la Corte Suprema de Justicia del 26 de marzo de 1993; Caso: Ganadería El Cantón.

21 En este sentido se pronunció la Sala Político-Administrativa de la Corte Suprema de Justicia en sentencia de fecha 30 de junio de 1988 caso: María Margarita Añez de Santandreu.

Ese criterio fue reiterado por la Sala Político Administrativa de la Corte Suprema de Justicia en la emblemática sentencia recaída en el caso Inmobiliaria Cumboto de fecha 3 de octubre de 1990, al señalar que si la expropiación de hecho culmina con la definitiva construcción de la obra «[...] *mal puede el propietario mantener el uso o goce de su propiedad como lo señala el artículo 4 de la Ley de Expropiación por Causa de Utilidad Pública o Social -y agrega- El actor en el presente juicio es un acreedor de la República y la acción ejercida es para hacer valer el precio de la cosa expropiada, por aplicación analógica del artículo 8 eiusdem* [...]»[22].

La sentencia estableció también que la ocupación de hecho por parte de la República -a los solos efectos del cálculo de la indemnización- debe ser asimilada a la ocupación previa solicitada y ejecutada en virtud de un Decreto de Expropiación, previo al cumplimiento de lo pautado en la Ley que rige la materia; es decir, que la indemnización por la expropiación de hecho se asemeja a la justa indemnización de la expropiación legalmente efectuada.

Lo que interesa destacar es que la sentencia comentada, al aplicar los supuestos generales de la justa indemnización, extiende la responsabilidad de la administración no sólo al valor del bien, sino a todos los daños y perjuicios ocasionados por la vía de hecho ejercida. Precisamente, la aplicación del régimen expropiatorio a las denominadas expropiaciones *de facto*, propende al establecimiento de una noción sustantiva de la expropiación, lo que apareja la ampliación del régimen de la justa indemnización a distintos supuestos tanto de derecho como de hecho, y que procuran la reparación de los daños y perjuicios derivados de la responsabilidad de la Administración, en consonancia con el artículo 259 de la Constitución.

Una de las violaciones al derecho de propiedad más frecuente en este período al que nos estamos refiriendo son las llamadas expropiaciones de hecho o expropiaciones de facto, que al ser realizadas por las autoridades administrativas sin procedimiento y sin que medie

---

[22] Sentencia de la Sala Político-Administrativa de la Corte Suprema de Justicia de fecha 3 de octubre de 1990, caso: Imobiliaria Cumboto. Revista de Derecho Público número 44, 1990, pp. 214 -216.

indemnización, violan las garantías dispuestas para la protección del derecho de propiedad establecida en el artículo 115 de la Constitución. Vamos a referirnos a algunos de estos casos.

1.1.1. Empresas relacionadas con bienes y servicios conexos a las actividades primarias de hidrocarburos

Una de las violaciones más emblemáticas al derecho de propiedad en el período de la revolución chavista ha sido, sin duda, la posesión por parte de la administración pública, de forma inconstitucional, arbitraria, sin procedimiento y sin garantías judiciales, de más de 39 empresas relacionadas con bienes y servicios conexos a las actividades primarias de hidrocarburos, efectuada con fundamento en Ley Orgánica que Reserva al Estado Bienes y Servicios Conexos a las Actividades Primarias de Hidrocarburos[23].

Esta ley, dispuso en el artículo 2 que quedaban reservados al Estados los bienes y servicios conexos a la realización de las actividades primarias previstas en la Ley Orgánica de Hidrocarburos, que anteriormente eran realizadas directamente por Petróleos de Venezuela, S.A., (PDVSA) y sus filiales, y que fueron tercerizadas, "siendo esenciales para el desarrollo de sus actividades". Estos bienes y servicios fueron enumerados en el mencionado artículo 2 de la siguiente forma:

> *"1. De inyección de agua, de vapor o de gas, que permitan incrementar la energía de los yacimientos y mejorar el factor de recobro.*
> *2. De compresión de gas.*
> *3. Los vinculados a las actividades en el Lago de Maracaibo: Lanchas para el transporte de personal, buzos y mantenimiento; de barcazas con grúa para transporte de materiales, diesel, agua industrial y otros insumos; de remolcadores; de gabarras planas, boyeras, grúas, de ripio, de tendido o reemplazo de tuberías y cables subacuáticos; de mantenimiento de buques en talleres, muelles y diques de cualquier naturaleza."*

Además, la Ley autorizaba al ministerio con competencia en materia petrolera a determinar mediante resolución, aquellos bienes y

[23] Gaceta Oficial número 39.173 del 7 de mayo de 2009.

servicios de empresas o sectores que se encuentren dentro de las previsiones de los artículos 1 y 2 de dicha Ley.

Pero también, esta ley instaba a las personas naturales o jurídicas vinculadas a la materia, "colaborar en la entrega pacífica y ordenada de las operaciones, instalaciones, documentación, bienes y equipos afectos a las actividades a las que se refiere esta Ley, so pena de la aplicación de las sanciones administrativas y penales que pudieran corresponder, de conformidad con el ordenamiento jurídico", según lo establecido en el artículo 5 de la ley.

Con fundamento en los artículos 1, 2 y 4 de la Ley Orgánica que Reserva al Estado Bienes y Servicios Conexos a las Actividades Primarias de Hidrocarburos, el Ministerio del Poder Popular para la Energía y Petróleo dictó la Resolución número 054[24], que instruyó a Petróleos de Venezuela, S.A. o a la filial que esta designe, *"a tomar, el control de las operaciones y posesión inmediata de las instalaciones, documentación, bienes y equipos, afectos a las actividades a que se refiere esta Resolución."*. De conformidad con este artículo 2, este proceder debía constar en acta con la firma de las empresas afectadas pero en caso de no hacerlo mediante una simple inspección judicial extra-proceso o acta notarial[25].

Esta Resolución, como la Ley que le sirve de fundamento, es inconstitucional por cuanto viola todas las garantías del derecho de propiedad establecidas en el artículo 115 de la Constitución, que exigen que solo por causa de utilidad pública o interés social, mediante sentencia firme y pago oportuno de justa indemnización, podrá ser declarada la expropiación de cualquier clase de bienes.

En efecto, la Ley Orgánica que Reserva al Estado Bienes y Servicios Conexos a las Actividades Primarias de Hidrocarburos es inconstitucional, en primer lugar, por cuanto prescinde de la fase judicial del proceso expropiatorio. De otra parte la ley omite la necesidad de que exista una sentencia firme que declare la expropiación para tomar

---

24 Gaceta Oficial número 39.173 del 7 de mayo de 2009.

25 Vid. en María A. Grau, "Empresa Pública y Contratación Administrativa en Venezuela (desde un marco constitucional común al español, a una ilimitada acción empresarial del Estado en Venezuela", Tesis doctoral de la Universidad CEU-San Pablo, Madrid, 2015. p.163.

posesión de las empresas que realicen actividades primarias previstas en la Ley Orgánica de Hidrocarburos.

Pero también es inconstitucional la Ley Orgánica que Reserva al Estado Bienes y Servicios Conexos a las Actividades Primarias de Hidrocarburos desde que ordena la apropiación de las empresas que realizan las actividades que allí se detallan sin necesidad alguna de pagar un justo precio. La ley ordena al ministerio con competencia en materia petrolera para que determine qué empresas deberán pasar al dominio del estado y ordena a los propietarios de dichos bienes prestar la mayor colaboración en la "entrega pacífica" de dichos bienes, sin recibir indemnización alguna.

La Resolución 54 que desarrolla este inconstitucional precepto legal tampoco se refiere al pago de un justo precio, ni la intervención del juez; solo dispuso en el artículo 2 que "a efectos de dejar asentada la información específica de la instalaciones, bienes y equipos afectados por esta Resolución, se levantará una acta a ser suscrita entre representantes de Petróleos de Venezuela, S.A. o de la filial designada y de las empresas mencionadas en el artículo anterior; o mediante el mecanismo de levantamiento de un acta de inspección judicial o acta notarial, en un plazo no mayor de quince (15) días hábiles", como si se tratase de cualquier acto de disposición de la administración..

La expropiación, como mecanismo de apropiación forzosa es un proceso complejo, regulado constitucional y legalmente, que involucra la actuación de diversos órganos del poder público con la finalidad de garantizar el respeto al derecho de propiedad. Sin embargo, la citada ley, así como la Resolución que la desarrolla, crearon un nuevo procedimiento sub legal -sin intervención del juez y sin pago de justa indemnización- que pretende justificar la inconstitucional toma y control de las operaciones y la posesión inmediata de las instalaciones, bienes y equipos, afectos a las actividades primarias de hidrocarburos.

1.1.2. Empresas que operaban en el sector de transformación del hierro

En segundo lugar, tengamos en cuenta lo ocurrido con las empresas que operaban en el sector de transformación del hierro; nos referimos al caso de la adquisición forzosa de Venprecar (Venezolana de

Prerreducidos Caroní, C.A.) y Orinoco Iron, empresas propiedad de la sociedad extranjera INTERNATIONAL BRIQUETTES HOLDING (IBH), las cuales fueron objeto de expropiación a través de vías de hecho realizada por la República por órgano del Ministerio del Poder Popular para Industrias.

En efecto, en mayo del año 2009, mucho antes de haberse declarado la adquisición forzosa de dichas empresas, incluso antes de haberse declarado la afectación de los bienes de Venprecar y Orinoco Iron, estas compañías fueron ocupadas inconstitucionalmente por una "Comisión de Transición" designada por el Ministerio del Poder Popular para Industrias.

Cuatro años después de la ocupación de hecho de estas empresas, en el año 2013, se dictaron los Decretos números 695 y 697[26], por medio de los cuales se ordenó la adquisición forzosa de los bienes muebles, inmuebles y bienhechurías que sirven para el funcionamiento de dichas empresas a los fines de su expropiación.

Estos decretos pretendieron corregir los vicios de la ocupación de hecho llevada a cabo desde el año 2009, y que habían sido denunciados por INTERNATIONAL BRIQUETTES HOLDING (IBH), ante el Ministerio del Poder Popular para Industrias, mediante reclamación administrativa en la que solicitaron además la indemnización con indicación precisa de las cantidades a pagar, en vista de que hasta esa fecha, no se había seguido procedimiento de expropiación alguno, conforme a la LEXP, ni se pagado el valor de las empresas VENPRECAR y ORINOCO IRON.

Conviene tener presente que estos decretos de adquisición forzosa estuvieron indebidamente fundamentados en el Decreto número 6.058 con Rango, Valor y Fuerza de Ley Orgánica de Ordenación de las Empresas que desarrollan actividades en el sector siderúrgico en la Región Guayana[27], la cual reservó al Estado la industria de la transformación del mineral de hierro en dicha zona del país[28].

---

26 Ambos publicados en Gaceta Oficial número 6.119 extraordinario del 19 de diciembre de 2013.

27 Ley de fecha 30 de abril de 2008, publicada en Gaceta Oficial número 38.928 del 12 de mayo de 2008.

28 En este sentido, se reservó al Estado: "... *por razones de conveniencia nacional y en vista de su vinculación con actividades estratégicas para el desarrollo de la Nación, la indus-*

En efecto, esta Ley, pese a contener únicamente la declaratoria de utilidad pública de la empresa Sidor y sus filiales, fue utilizada por el Ejecutivo Nacional para apropiar materialmente y tomar el control operacional y administración de Venprecar y Orinoco Iron, sin procedimiento expropiatorio ni pago de indemnización alguna.

De conformidad con el artículo 2 de la mencionada Ley se ordenó "*... la transformación de la sociedad mercantil SIDOR C.A., sus empresas filiales y afiliadas, en empresas del Estado de conformidad con lo previsto en el artículo 100 de la Ley Orgánica de Administración Pública, con una participación estatal no menor del 60% de su capital social*". De igual forma se declaró de utilidad pública y de interés social las actividades que desarrolla la sociedad mercantil SIDOR C.A., sus empresas filiales y afiliadas, así como las obras, trabajos y servicios que fueran necesarios para realizarlas.

1.1.3 Industrias de fabricación de cemento

Un tercer caso, parecido a los dos anteriores, se produjo con ocasión a la reserva por parte del Estado de la industria de fabricación de cemento en la República. En el año 2008, el Presidente de la República dictó el Decreto con rango, valor y fuerza de Ley Orgánica de Ordenación de las Empresas Productoras de Cemento[29], mediante el cual el Estado se reservó la industria de fabricación de cemento en la República, por razones de conveniencia nacional y "*en virtud de su vinculación con actividades estratégicas para el desarrollo de la Nación*".

El artículo 2 de dicha Ley ordenó la transformación de las sociedades mercantiles CEMEX VENEZUELA, S.A.C.A. (Cementos Mexicanos), HOLCIM VENEZUELA, C.A. (empresa cementera suiza) y,

tria de la transformación del mineral del hierro en la región de Guayana, por ser esta una zona en la que se concentra el mayor reservorio de hierro, cuya explotación se encuentra reservada el Estado desde 1975". Tal como lo afirma María Amparo Grau: "La reserva puede calificarse sin duda particular, porque no se trata sólo de un ámbito de la actividad económica sino de uno referido, además, a un espacio territorial concreto, lo cual permite dudas acerca de que la justificación de halle en las características estratégicas de la actividad industrial, como prevé la norma Constitucional que posibilita la reserva, sino otras intenciones ajenas o adicionales no expresadas con esta específica motivación". Vid. María A. Grau, Ob. cit. p.165.

29 Publicada en Gaceta Oficial número 5.886 extraordinario de fecha 18 de junio de 2008.

C.A. FÁBRICA NACIONAL DE CEMENTOS S.A.C.A. (que era el GRUPO LAFARGE DE VENEZUELA, cementera francesa), sus empresas filiales y afiliadas, en empresas del Estado conforme al artículo 100 y siguientes de la Ley Orgánica de la Administración Pública, con una participación estatal no menor del 60% de su capital social. Así también, se declaró de utilidad pública y de interés social de las actividades que desarrollan las mencionadas personas jurídicas.

El uso de las vías de hecho para estatizar un sector de la actividad económica privada, sin dudas viola el derecho de propiedad privada y por lo tanto las garantías jurídicas de la libre empresa. "*En este sentido, el citado caso de las siderúrgicas venezolanas* [así como el caso de las cementeras] *son un ejemplo del uso de la vía de hecho para transferir a manos públicas empresas que pertenecían a los particulares quienes desarrollaban la actividad en régimen de concurrencia con el propio Estado*"[30].

De los tres casos antes expuestos puede deducirse la confusión entre reserva de la actividad como presupuesto para excluir la libre iniciativa privada, de la declaratoria de utilidad pública, como presupuesto para permitir el ejercicio de la potestad expropiatoria[31].

1.1.4. Tierras con vocación agraria

En cuarto lugar, vamos a referirnos a los casos en los que el Ejecutivo Nacional, a través del Instituto Nacional de Tierras (INTI) se apropió, sin procedimiento expropiatorio, de tierras con vocación agraria o bienhechurías edificadas sobre ellas de manos de particulares, bajo el fundamento de la Ley de Tierras y Desarrollo Agrario. Es el caso de la "intervención" del Ejecutivo Nacional de tierras pretendidamente del dominio público de la República que, al decir del Ejecutivo, estaban ocupadas ilegalmente por lo que no procede jurídicamente la expropiación (como procedería de tratarse de propietarios), sino la intervención para luego rescatar y destinar a fines agrarios[32].

El Ejecutivo Nacional, a través del INTI, impuso una ilegal e inconstitucional interpretación del artículo 11 de la Ley de Tierras

---

30 María Amparo Grau, ob. cit. p.164.

31 Ibidem. pp.165-166

32 Ibidem. p.117.

Baldías y Ejidos, y posteriormente del artículo 85 de la Ley de Tierras y Desarrollo Agrario para "tomar", "rescatar" o "intervenir" tierras agrarias; ocasionando un "*desapoderamiento* [que] *ha tenido lugar incluso en casos en los que los propietarios de los terrenos, si no en todos en su mayoría, opusieron títulos de propiedad registrados en las oficinas públicas*", y constituyendo "a la fecha, los de más flagrante y masiva violación de derechos de propiedad en Venezuela"[33], al prescindir de todo tipo de procedimiento judicial, por ende de contradictorio, y además de una justa indemnización.

La desviada forma de actuación consistía en abrir, de oficio, procedimientos administrativos para exigir a los poseedores de las tierras los títulos que acreditaran su propiedad y luego desconocer los títulos presentados y determinar, siempre en sede administrativa, que las tierras pertenecían a la República dado su carácter de tierras baldías. Se calificaba a los ocupantes como "ilegales" y, por ende, no se les reconocía, indemnización alguna por las bienhechurías construidas a quienes hasta entonces las tenían como dueños; se pasaba entonces a ocupar las tierras incluso utilizando la ayuda de las Fuerzas Armadas Nacionales.[34]

Estos procedimientos administrativos, que no eran verdaderos procedimientos de derecho sino actuaciones de hecho, y los actos que recaían sobre ellos, estuvieron todos viciados de desviación de poder, desde que su premeditada finalidad fue siempre la de desconocer el derecho de propiedad, en muchos casos a enemigos políticos, y empresarios. En todos esos casos el Ejecutivo Nacional, "*con apoyo en causas tan disímiles como el carácter ocioso de la tierra, la explotación de los trabajadores (en algunos casos se habló de esclavitud), la conservación del ambiente o el desarrollo agrario, ha asumido la posesión de miles de hectáreas de tierras con vocación agraria, bien a través del rescate de tierras, bien a través de la intervención de tierras u otras medidas de aseguramiento, pero nunca por vía de la expropiación*"[35].

---

33 Ídem.

34 Ídem.

35 Cfr. Antonio Canova González; Luis A. Herrera Orellana; y Karina Anzola Spadaro, *¿Expropiaciones o vías de hecho? (La degradación continuada del derecho fundamental de propiedad en la Venezuela actual)*, Universidad Católica Andrés Bello, Fundación de Estudios de Derecho Administrativo, Caracas, 2009. P. 116.

Entre los estos casos podemos mencionar la intervención de los hatos: 1) El Charcote (Estado Cojedes, 08-01-2005); 2) Hato Piñero (Estado Cojedes, 15.02.2005); 3) La Marqueseña (Estado Barinas, 18.09.2005); 4) Hato Guanayen-Los Guayeros (10.02.2016); 5) Hacienda Bucarito (Estado Lara, 29.06.2006); 6) Hato Calleja (Estado barinas, 12-07-2006); 7) Agropecuaria Buena Vista, Agropecuaria Montaña del Orinoco, Agropecuaria la Atascosa (Todos ubicados en el Estado Aragua e intervenidos en fecha de 25.03.2007); Hato La Yagüita, Hato El Caribeño, Hato las Mercedes, Hato Bartolero, Hato San Gregorio El Viejo, Hato Cabuyare, Hato Coronero (Estado Apure, 25.03.2007); Hatos Las Cunaguaras, Hato la Esperanza, Hato San Francisco (estado Apure, 25.03.2007); Hato La Viereña (Estado Apure, 25.03.2007), Fundo Agrobárbara (Estado Barinas 25.03.2007), Fundo Sucesión Bolívar (Estado Portuguesa), Fundo Arrecife Los González (Estado Guárico), (25.03.2007); Hato Caroní (Estado Barinas 09.03.2009); Hato Tamarindo (Estado Barinas, 09.03.2009), Hato El Piñal (Estados Lara y Portuguesa 06.03.2009); Finca El Maizal (Estado Lara, 06.03.2009); Hato Santa Cruz (Estado Barinas, 25.03.2009); Hato Morichalito (Estado Apure, 11.05.2009); Hacienda Santa Clara (Estado Carabobo, 02.05.2009); Haras San Isidro (Estado Carabobo, 20.04.2009); Haras Gran Derby (Estado Carabobo, 20.04.2009), Haras La Primavera (Estado Carabobo 20.04.2009); Haras La Quebrada (Estado Aragua 20.04.2009); Hacienda Santa Teresa (Estado Aragua, 20.04.2009)[36].

Uno de esos casos de particular gravedad fue es de las 14 haciendas propiedad de Vestey Group Limited ("Vestey"), empresa con sede en el Reino Unido que operó en el negocio de ganadería en Venezuela desde 1909, a través de su filial Agroflora, la cual fue expropiada de hecho en el año 2005, mediante el uso de la Fuerza Armada Nacional.

Este caso llegó a instancia del CIADI en el año 2012 cuando el grupo Vestey demandó a Venezuela, alegando que el gobierno de Venezuela había expropiado a Agroflora sin procedimiento legal y sin compensación alguna. En el año 2016 el CIADI dictó laudo a favor de Vestey, y condenó a Venezuela a pagar US$ 98.145.325, que el tribunal consideró que era el valor justo de mercado de los bienes de Agroflora

36 Cfr. Antonio Canova González; Luis A. Herrera Orellana; y Karina Anzola Spadaro, ob. cit. P. 118 y ss.

en el momento de la expropiación. Pese a los esfuerzos de Venezuela por anular el laudo del CIADI, el mismo quedó firme y fue solicitada su ejecución por la Corte del Distrito de Columbia, Estados Unidos. En el año 2020 la representación de la Procuraduría General de la República de Venezuela llegó a un acuerdo con la empresa Vestey según el cual el Estado de Venezuela tendrá que hacer los pagos correspondientes a partir de fines del mes de julio de 2022[37].

1.2. Expropiaciones indirectas

La expropiación indirecta es muy conocida en el ámbito internacional, se trata de limitaciones impuestas por el Estado al derecho de propiedad -especialmente de empresas e inversionistas extranjeros- que son consideradas como excesivamente restrictivas al punto de que impiden el aprovechamiento económico de la propiedad, por lo cual se considera que equivalen a medidas expropiatorias, pese a no existir transferencia de propiedad[38].

En la expropiación indirecta el inversionista conserva el título legal de la propiedad, pero ve limitados gravemente sus derechos de uso, goce y disfrute de la propiedad como consecuencia de la interferencia del Estado.

La determinación de si un acto estatal equivale a expropiación indirecta es una de las cuestiones fundamentales en esta materia. En efecto, no toda medida regulatoria del Estado en la economía o ámbito de actuación de la empresa de que se trate, es considerada expropiación indirecta. Entre los supuestos comunes de expropiación indirecta se encuentran las transacciones forzosas, la imposición o intervención en el control gerencial de las empresas, las medidas para transferir la inversión a manos locales, los tributos excesivos y la expulsión del inversionista.

---

37 Véase "Comunicado de la Procuraduría Especial de la República sobre negociación judicial con la empresa Vestey", del 27 de enero de 2021. Disponible en: https://presidenciave.com/internacional/comunicado-de-la-procuraduria-especial-de-la-republica-sobre-negociacion-judicial-con-la-empresa-vestey1/

38 José I. Hernández "El arbitraje internacional de inversiones, la intervención administrativa en la economía y el Derecho administrativo global" en *Constitución, Derecho Administrativo y Proceso: Vigencia, Reforma e Innovación. XVII Jornadas centenarias del Colegio de Abogados del Estado Carabobo.* Fundación Estudios de Derecho Administrativo (FUNEDA), Caracas, 2014.

Véase como ejemplo de expropiación indirecta el caso de Matesi, una empresa productora de hierro briqueteado en caliente, que fue constituida en Venezuela por Tenaris (una empresa de Luxemburgo), Talta (una filial portuguesa de Tenaris) y SIDOR, y que a partir del año 2009 fue anunciada su nacionalización por el presidente Hugo Chávez y luego en el año 2010 fue declarada de utilidad pública e interés social mediante Decreto N.° 8.280 del 14 de junio de 2011, conforme al cual se emitió una orden de adquisición forzosa de: "todos los bienes muebles, inmuebles y bienhechurías, presuntamente propiedad o en posesión de Matesi".

Los efectos de estas medidas despojaron a Matesi de todos sus bienes y activos productivos. Sin embargo, no ocurrió ni la transferencia de los pasivos ni de las acciones de Matesi al Estado, dejando a los accionistas de Matesi una sociedad vacía con pasivos, sin la capacidad de generar ingresos.

Esta situación ocasionó que tanto Tenaris como Talta demandaran a Venezuela ante el CIADI por lo que consideraron una "expropiación indirecta" de sus inversiones. El CIADI determinó mediante laudo del 29 de enero de 2016[39] que Venezuela había incumplido sus obligaciones estipuladas en los artículos 4(1)(b) y 4(1)(d) del Tratado con Luxemburgo y los Artículos 4(a) y 4(c) del Tratado con Portugal (firmados con ocasión de la constitución de Matesi en Venezuela), los cuales estaban referidos a la obligación de no adoptar ninguna medida de expropiación o nacionalización, ni cualquiera otra cuyo efecto sea desposeer directa o indirectamente a los inversores de la Parte Contratante de las inversiones que les pertenezcan en su territorio, salvo que cumplieran determinadas condiciones. Venezuela fue condenada al pago de la suma de USD 87.300.000 a las partes demandantes.

Otro caso de expropiación indirecta, esta vez por tributos excesivos, puede identificarse en la Reforma del Código Orgánico Tributario del año 2014[40], la cual no solo fue dictada inconstitucionalmente por el

---

[39] Disponible en: http://icsidfiles.worldbank.org/icsid/ICSIDBLOBS/OnlineAwards/C1820/DC7492_Sp.pdf

[40] Decreto con Rango, Valor y Fuerza de Ley del Código Orgánico Tributario publicado en la Gaceta Oficial de la República Bolivariana de Venezuela número 6.152 Extraordinario, de fecha 18 de noviembre de 2014.

Presidente de la República mediante Decreto Ley, en usurpación de las potestades legislativas de la Asamblea Nacional y violación de la reserva legal tributaria, establecida en el artículo 317 de la Constitución, sino que además contempla impuestos y penas al incumplimiento de las normas tributarias que exceden los límites de proporcionalidad, atentando directamente contra el derecho de propiedad y la capacidad económica de los particulares.[41] En efecto, esta normativa, identificada por Carlos Weffe como un ejemplo del "derecho penal del enemigo", por ejemplo, tipifica sanciones cuya medida es absolutamente desproporcionada, "*a través del agravamiento general de las penas aplicables, concretado a través del incremento de las multas en un promedio general superior al 200% de la pena originalmente prevista en el Código Orgánico Tributario de 2001*"; abusa de las penas fijas, en contradicción con el principio de culpabilidad; y la generaliza la clausura como pena general aplicable a los ilícitos formales[42].

2. Desde el Poder Legislativo

2.1. De la violación a las garantías del derecho de propiedad

Conforme la Ley de Expropiación por Causa de Utilidad Pública o Interés Social[43], para que la expropiación sea procedente, es necesario que esté debidamente justificada en razones de utilidad pública o de interés social; que se proceda a sustanciar y decidir un proceso judicial, razón por la cual la Constitución exige sentencia firme; y que se realice al pago de una justa y oportuna indemnización.

Como hemos señalado anteriormente, la expropiación puede ser también considerada, desde el punto de vista adjetivo o formal, como

---

41 Carlos Weffe, "La legislación delegada tributaria de 2014 (1): parte general. Síntesis analítica". En *XIV Jornadas de Derecho Público 2015, Impacto de los Decretos–Leyes: balance y perspectiva*, Centro de Estudios de Derecho Público de la Universidad Monteávila, Caracas, 2015. Pp. 129.

42 Ibidem. p. 182

43 Publicada en Gaceta Oficial número 37.475 de 1 de julio de 2002. La LEXP del año 2002 deroga la Ley de Expropiación por Causa de Utilidad Pública o Social sancionada el 4 de noviembre 1947 y publicada en la Gaceta Oficial de los Estados Unidos de Venezuela número 22.458 de fecha 6 de noviembre de 1947, que había sido a su vez reformada parcialmente por el Decreto número 184 sancionado el 25 de abril de 1958 publicado en la Gaceta Oficial de la República de Venezuela número 25.642 de fecha 26 de abril de 1958.

un procedimiento de naturaleza compleja, en el cual debe procurarse la intervención de los tres poderes públicos a objeto de garantizar el respeto del interés individual que va a ser sacrificado en aras del interés colectivo, y que en este sentido se ha señalado que el procedimiento expropiatorio comprende tres fases: la legislativa, la administrativa y la judicial.

La jurisprudencia ha entendido que la existencia del procedimiento expropiatorio constituye la garantía principal de esa institución, pues el ente público sólo podrá expropiar siguiendo los trámites formales establecidos, todo ello en respeto del principio de legalidad. El cumplimiento de dicho procedimiento, tal y como lo ha señalado el Tribunal Supremo de Justicia, tiende a proteger, por un lado, los intereses de los particulares afectados y, por el otro, los intereses del ente público expropiante, que tendrá la seguridad de que el bien expropiado estará libre de todo vicio, riesgo o gravamen[44].

Ahora bien, hay un conjunto de normas que violan esa garantía de la Expropiación. Algunas de ellas amplían indebidamente el requisito de la utilidad pública o interés social; otras dejan de lado el proceso judicial para permitir expropiaciones administrativas sin la debida garantía del control del Juez y otro grupo de normas violan el principio de la justa indemnización.

De otra parte, la expropiación no puede ser considerada como una sanción. Como ya reiteramos previamente, y tal como dispone el artículo 115 constitucional, la expropiación como adquisición coactiva de bienes, única y exclusivamente procede por razones de utilidad pública e interés social, nunca en razón de la comisión de un ilícito, caso contrario a la confiscación y al decomiso, que si son configuran medios coactivos de adquisición de la propiedad privada, como consecuencia de algún delito cometido. Sin embargo, existen leyes dentro de nuestro ordenamiento jurídico que contrariando al artículo 115 constitucional, establecen la expropiación como sanción por la comisión de ilícitos.

---

44 Sentencia de la Sala Político-Administrativa de la Corte Suprema de Justicia de fecha 12 de noviembre de 1991; caso: Corporación Venezolana de Guayana. Magistrado ponente: Josefina Calcaño de Temeltas Jurisprudencia Venezolana. Ramírez & Garay, Tomo 119, pp. 600-604.

2.1.1. De la violación a la garantía de declaración de utilidad pública e interés social

2.1.1.1. Ley Orgánica de Precios Justos

Entre las normas que amplían la declaración de utilidad pública e interés social de una manera arbitraria, podemos mencionar las contenidas en el artículo 6 de la derogada Ley para la Defensa de las Personas en el Acceso a los Bienes y Servicios (LDEPABIS) (hoy artículo 7 de la LOPJ), en el cual se establecía:

> *"Se declaran, y por lo tanto son de utilidad pública e interés social, todos los bienes necesarios para desarrollar las actividades de producción, fabricación, importación, acopio, transporte, distribución y comercialización de bienes y servicios (...)".*

Con fundamento en esta declaración abierta de utilidad pública fueron expropiadas numerosas empresas, entre ellas la filial de Owens Illinois, empresa trasnacional estadounidense especializada en la fabricación de envases de vidrio para alimentos y bebidas, en Venezuela.

En efecto, según el Decreto número 7.751, mediante el cual se autorizó la adquisición forzosa de los bienes muebles, inmuebles y bienhechurías presuntamente propiedad de la sociedad mercantil Owens Illinois de Venezuela, C.A.[45], dicha empresa fue expropiada, entre otras razones[46], con motivo de que la Ley para la Defensa de las Personas en el Acceso a los Bienes y Servicios, declaraba de utilidad pública e interés social todos los bienes necesarios para desarrollar las actividades de producción, fabricación, importación, acopio, transporte, distribución y comercialización de bienes y servicios.

De igual forma, la Ley Orgánica de Precios Justos publicada en la Gaceta Oficial número 40.340, del 23 de enero de 2014, reformada en el año 2015, extendía los supuestos de declaración de utilidad pública cuando formulaba una declaratoria general mediante la cual -no una obra pública en particular todo bien de propiedad privada destinado a la actividad económica particular es de utilidad pública, estableciendo

---

[45] Gaceta Oficial número 39.538 del 26 de octubre de 2010.

[46] Según el mencionado Decreto de adquisición forzosa, la empresa Owen Illinois había "venido ejecutando prácticas que devienen en la violación del ejercicio de la libre competencia, afectando con éstas a otros productores y productoras".

la expropiación como sanción en caso de ilícitos económicos y administrativos y permitiendo la apropiación anticipada sin intervención del juez y sin garantía procesal alguna.

La declaración expuesta con anterioridad establecía un rango exageradamente amplio de bienes y actividades declaradas de utilidad pública e interés social. Este tipo de disposiciones otorgan un grado máximo de discrecionalidad a la Administración, que partiendo de una declaración tan amplia y generalizada, podría iniciar procedimiento expropiatorio de casi cualquier bien que se encuentre dentro del territorio nacional.

De este modo, se desconstitucionalizó la expropiación como una garantía constitucional, desde que anuló la intervención que debe hacer el órgano legislativo en el proceso expropiatorio, siendo la participación de los tres poderes del estado (ejecutivo, legislativo y judicial) uno de los pilares fundamentales de la expropiación como garantía.

2.1.1.2. Ley Orgánica de Emergencia para Terrenos y Viviendas

Otra ley que amplió la declaración de utilidad pública o social al punto de eliminarla fue la Ley Orgánica de Emergencia para Terrenos y Viviendas, que con el objeto de "hacerle frente con éxito y rapidez a la crisis de vivienda" (artículo 1°), declaró "de utilidad pública, interés social e importancia estratégica, los inmuebles no residenciales, así como los terrenos urbanos o rurales abandonados, ociosos, subutilizados o sobre los que exista un uso inadecuado a los fines de poblamiento, para el buen vivir de la población en las Áreas Vitales de Viviendas y de Residenciales (AVIVIR)" (artículo 5°).

2.1.2 De la violación a la garantía de que exista un proceso judicial y se declare la expropiación mediante sentencia firme

2.1.2.1 Ley Orgánica de Emergencia para Terrenos y Vivienda

La Ley Orgánica de Emergencia para Terrenos y Vivienda[47] y la Ley Orgánica de Precios Justos regulan medidas expropiatorias admi-

[47] Gaceta Oficial número 6.018 Extraordinaria, del 29 de enero de 2011.

nistrativas, es decir, sin que medie la intervención del juez. Ello obviamente viola el requisito constitucional -artículo 115- que exige que la expropiación, y sus incidencias como son las ocupaciones, sea sustanciada y decretada por el juez competente.

La Ley Orgánica de Emergencia para Terrenos y Vivienda tiene por objeto, conforme a su artículo 1°, establecer un conjunto de mecanismos extraordinarios destinados a hacerle frente con éxito y rapidez a la crisis de vivienda. Dentro de dichos mecanismos, encontramos la ocupación previa por parte del Ejecutivo Nacional de terrenos o inmuebles no residenciales, en caso de que la ejecución de una obra llegare a ser urgente. Esta ocupación previa procede sin que medie procedimiento expropiatorio alguno, y está prevista en los artículos 10 y 11 de la LOETV, que establecen:

> *Artículo 10: "Cuando la ejecución de la obra se califique de urgente, procederá la ocupación previa del terreno o inmueble no residencial afectado, para su ejecución inmediata en los términos establecidos en la presente Ley".*
> *Artículo 11: "La ocupación previa, señalada en el artículo precedente, será competencia única y exclusiva del Ejecutivo Nacional".*

Esta norma es inconstitucional por cuanto permite la ocupación del bien a expropiar sin la intervención del juez y sin ningún tipo de procedimiento que garantice los derechos del expropiado. Por la naturaleza y gravedad de la medida, la ocupación previa del inmueble a expropiar solo procede como una incidencia dentro del juicio de expropiación y en cumplimiento del procedimiento legalmente establecido.

Así lo disponen los artículos 56 y 57 de la LEXP. Para que sea acordada la ocupación previa, deben cumplirse los siguientes requisitos:

- **a.** Que se haya introducido la demanda de expropiación.
- **b.** Que la obra a ser ejecutada sea de las consideradas como de utilidad pública por el artículo 14 de la Ley, es decir, aquellas que se encuentran exceptuadas de la formalidad de la declaratoria previa de utilidad pública por ser evidentemente de esa naturaleza. En todo caso, conviene advertir que la ocupación previa puede ejercerse además sobre otros bienes que por Ley

han sido declarados de utilidad pública (i.e. Decreto Nº 318. Ley Orgánica sobre Promoción de la Inversión Privada bajo el Régimen de Concesiones). Así lo ha establecido la Sala Político-Administrativa del Tribunal Supremo de Justicia al señalar:

«[...] Que existen otras disposiciones normativas contenidas en instrumentos con rango de ley formal en las cuales se concreta igualmente una declaratoria de utilidad pública para la ejecución de ciertas obras o para la realización de determinadas actividades cuya formulación tiene lugar, igualmente, ***con carácter general y para todos los casos****, en términos similares a aquellos en que tiene lugar la calificación contenida en el artículo 11 de la Ley de Expropiación (artículo 14 de la Ley vigente), declaraciones estas otras que, en la medida en que han sido formuladas con el anotado carácter y siempre que se encuentren contenidas igualmente en un instrumento con rango de ley formal, han sido estimadas jurisprudencialmente como susceptibles de sustentar la procedencia de una declaración judicial de ocupación previa [...]»*[48].

c. Que el sujeto expropiante califique la ejecución de la obra como de urgente realización.

d. Que se justiprecie el bien a expropiar por la comisión de avalúo a que se refiere el artículo 19 de la Ley. Este valúo tiene como objeto establecer una garantía por los posibles daños que puedan serle causados al expropiado con la ocupación del inmueble, por parte del sujeto expropiante, de no llevarse a cabo la expropiación. Por lo tanto, el mismo es provisional y no tiende en forma alguna a determinar el monto de la justa indemnización a ser pagada, sino el monto de la garantía. Éste se practica a instancia del sujeto expropiante por la Comisión de Avalúos que se especifica en el artículo 19 de la LEXP y no es impugnable.

e. Que se consigne la cantidad en que se haya valorado el bien.

f. Que se haya dado aviso al propietario y a los ocupantes, y que se haya llevado a cabo una inspección judicial sobre el bien, a

[48] Sentencia de la Sala Político-Administrativa del Tribunal Supremo de Justicia del 6 de julio de 2000. Caso: Sucesión Cadenas Carrizo. Magistrado Ponente: Dr. Carlos Escarrá. Exp. 14132.

objeto de dejar constancia de las circunstancias de hecho que deben ser tomadas en cuenta para el justiprecio definitivo del bien. La inspección judicial tiene por objeto dejar constancia de las circunstancias de hecho que puedan desaparecer o cambiar por la ocupación, y que deban tenerse en cuenta para la fijación del valor del bien, una vez que se proceda a su avalúo definitivo, después de declarada la expropiación. En el curso de tal inspección, el propietario podrá hacer las observaciones que tenga a bien anotar, las cuales por más extensas y minuciosas que sean deberán hacerse constar en el acta. Deberá remitirse copia de estas actuaciones a la mayor brevedad al Juez de la expropiación, para que sean agregadas a los autos y tomadas en consideración para la fijación del justiprecio.

2.1.2.2. Ley Orgánica de Precios Justos

Por otro lado, la Ley Orgánica de Precios Justos del 2014, en su artículo 7, otorgaba la potestad al Estado de "*(...) adoptar medida de ocupación temporal e incautación de bienes mientras dure el procedimiento expropiatorio, la cual se materializará mediante la posesión inmediata, puesta en operatividad, administración y el aprovechamiento del establecimiento, local, bienes, instalaciones, transporte, distribución y servicios por parte del órgano o ente competente del Ejecutivo Nacional (...)*".

Esta potestad otorgada al Ejecutivo Nacional de ocupar temporalmente los bienes afectados, sin previo procedimiento y sentencia que decrete la ocupación, es ratificada en el artículo 39 de la misma ley cuando establece la posibilidad por parte del funcionario competente, de declarar la ocupación temporal inmediata de los bienes afectados, como medida preventiva en los procedimientos de inspección y fiscalización:

> *Artículo 39: "Si durante la inspección o fiscalización, el funcionario actuante detectara indicios de incumplimiento de las obligaciones previstas en la presente Ley, y existieren elementos que permitan presumir que se pueda causar lesiones graves o de difícil reparación a la colectividad; podrá adoptar y ejecutar en el mismo*

acto, medidas preventivas destinadas a impedir que se continúen quebrantando las normas que regulen la materia. Dichas medidas podrán consistir en: (...) 2. Ocupación temporal de los establecimientos o bienes indispensables para el desarrollo de la actividad, o para el transporte o almacenamiento de los bienes comisados."

Esas medidas de ocupaciones administrativas temporales son inconstitucionales desde que son ejecutadas por la propia administración, sin intervención o control por parte del juez, y sin el debido procedimiento.

2.1.3. De la violación a la garantía de la justa indemnización

2.1.3.1. Ley para la determinación del justiprecio de bienes inmuebles en los casos de expropiaciones de emergencia con fines de poblamiento y habitabilidad

De acuerdo a lo previsto en el artículo 115 de la Constitución, desarrollado por la LEXP y por la jurisprudencia, la justa indemnización es un concepto amplio que se aplica no sólo en el supuesto de la expropiación, sino en general, en toda acción administrativa, legal o no, que comporte una limitación al derecho de propiedad.

El Decreto con Rango, Valor y Fuerza de Ley para la determinación del justiprecio de bienes inmuebles en los casos de expropiaciones de emergencia con fines de poblamiento y habitabilidad[49], del 15 de junio de 2012, constituye una clara violación al principio de justa indemnización. La ley tiene por objeto establecer el procedimiento para determinar el justiprecio de los inmuebles a ser adquiridos por el Estado venezolano, a los fines de poblamiento y habitabilidad, en los casos de expropiación de emergencia previstos en la ley que regula la materia de emergencia para terrenos y vivienda. (Artículo 1).

A tales efectos, el referido Decreto establece que "el justiprecio del inmueble se determinará utilizando como base de cálculo, el último valor de compra de dicho inmueble, indicado en el respectivo documento de propiedad debidamente protocolizado" (artículo 3°), valor éste que

[49] Gaceta Oficial número 39.945, del 15 de junio de 2012.

se actualizará conforme al promedio aritmético simple de (i) la variación del índice nacional de precios al consumidor (INPC), (ii) la tasa de interés pasiva nominal de los depósitos a plazo superiores a noventa (90) días capitalizable mensual, y (iii) la tasa de interés activa nominal promedio ponderada, todas de acuerdo con lo publicado por el BCV, sin embargo, en cualquier caso, se establece que para "determinar el justiprecio del inmueble, no se podrá considerar el precio del mercado o el valor del mercado" (artículo 3°). Este procedimiento viola las garantías en la determinación del justiprecio. Obsérvese que la ley contraría de manera flagrante el artículo 115 de la Constitución y toda la jurisprudencia sobre la justa indemnización.

El trámite a que se hacer referencia es contrario a las garantías que prevalecen en la determinación del justiprecio de un bien que sea objeto de expropiación. En primer lugar, el método establecido no se corresponde con la realidad de las cosas, ni con el precio real del bien en el mercado, lo que vulnera el derecho de propiedad del expropiado. En segundo lugar, no se establece la posibilidad de intervención judicial, con lo cual la Administración Pública (parte interesada) sería la encargada de realizar el trámite, condicionando de inmediato su validez. La intervención judicial, junto al pago oportuno de la justa indemnización, es una garantía del derecho de propiedad (artículo 115 de la Constitución).

2.1.3.2. Ley de Tierras y Desarrollo Agrario

De otra parte, es igualmente importante señalar respecto a la violación de la garantía de la justa indemnización, lo dispuesto en el artículo 90 de la Ley de Tierras y Desarrollo Agrario, declarado nulo por sentencia de la Sala Constitucional del Tribunal Supremo de Justicia, el cual establecía el rescate por parte del Instituto Nacional de Tierras (INTI) de fundos propiedad del Instituto Agrario Nacional, sin otorgar la correspondiente indemnización a los ocupantes por las bienhechurías ejecutadas en ellos. Esta disposición fue impugnada mediante recurso de nulidad en el caso Fedenaga vs. Ley de Tierras y Desarrollo Agrario, en el cual la SCTSJ en su sentencia del 20 de noviembre de 2002, con ponencia del Magistrado Antonio García García, sostuvo lo siguiente:

> *"No reconocer la propiedad de los bienes que existan sobre las tierras del indicado Instituto Nacional de Tierras, atenta contra el*

derecho a la propiedad, y hace que el Instituto incurra en un enriquecimiento sin causa, pues se subvierte la idea de accesión inmobiliaria en sentido vertical, que acarrea la inconstitucionalidad de la norma".[50]

El derecho a la propiedad puede limitarse, por razones de utilidad pública o interés social, pero la limitación no puede suponer el desconocimiento del derecho. Dado su rango constitucional, una limitación en los atributos del derecho de propiedad -usar, gozar o disponer, que llegue a eliminarlo, supondría la negación del derecho. Ese fue el caso del mencionado artículo 90 de la Ley de Tierras y Desarrollo Agrario, cuando establecía el rescate por parte del INTI de fundos propiedad del Instituto Agrario Nacional, sin otorgar la correspondiente indemnización a los ocupantes por las bienhechurías ejecutadas en ellos.

2.1.4. Del establecimiento de la expropiación como sanción

Ya hemos dicho que la expropiación es una potestad que permite al Estado apropiarse de un bien para satisfacer las necesidades de interés público. En principio la expropiación no es una sanción. Excepcionalmente algunos ordenamientos jurídicos, como ocurre España, regulan la expropiación como sanción cuando el propietario incumple con alguna finalidad asignada por ley a ciertos bienes. De esta forma, según la legislación española, para que se dé la expropiación sancionatoria, "debe haber una ley específica que establezca cómo deben ser usados los bienes en cuestión y un posterior incumplimiento de ese uso predeterminado por parte del propietario privado"[51]. El Estado puede, en este caso, expropiar el bien para sí mismo o dejarlo en estado público de venta[52].

---

50 Sentencia de la SCTSJ del 20 de noviembre de 2002, caso Fedenaga vs. Ley de Tierras y Desarrollo Agrario.

51 Samantha Sánchez Miralles, "Estado actual del régimen de expropiaciones en Venezuela", en *Revista Electrónica de Derecho Administrativo Venezolano* N° 10, Caracas, 2016. P.267. Disponible en: http://www.ulpiano.org.ve/revistas/bases/artic/texto/REDAV/10/REDAV_2016_10_247-309.pdf

52 Véase Eduardo García de Enterría y Tomás-Ramón Fernández. *Curso de Derecho Administrativo* II. Novena Edición. Civitas Ediciones. Madrid, 2004, p. 337.

Ahora bien, de conformidad con el ordenamiento constitucional venezolano, la expropiación es una limitación al derecho de propiedad que solo procede si razones de utilidad pública o interés social así lo justifican, mediante un procedimiento que requiere la intervención de los órganos ejecutivo, legislativo y judicial y previo el pago de justa y oportuna indemnización.

De forma que de acuerdo a la letra de la Constitución en Venezuela la expropiación no una sanción; sin embargo, en los últimos años se han dictado leyes que establecen, inapropiadamente, a la expropiación como una sanción. Veamos como ejemplo de ello la Ley de Tierras y Desarrollo Agrario, la Ley Orgánica de Precios Justos del año 2014 y la Ley para la Regularización y Control de los Arrendamientos de Vivienda.

La Ley de Tierras y Desarrollo Agrario contempla en sus disposiciones, la expropiación agraria como sanción a los propietarios de tierras con vocación agrícola que no tienen un nivel óptimo de productividad. Véase así los artículos 68 y 69 que establecen que:

> *Artículo 68*
> *A los fines de la presente Ley, se declaran de utilidad pública o interés social, las tierras con vocación de uso agrícola, las cuales quedan sujetas a los planes de seguridad agroalimentaria de la población, conforme a lo previsto en el artículo 305 de la Constitución de la República.*
> *Artículo 69*
> *De igual manera, se declara de utilidad pública e interés social, a los efectos de la presente Ley, la eliminación del latifundio como contrario al interés social en el campo, conforme a lo previsto en el artículo 307 de la Constitución de la República. En tal sentido, el Instituto Nacional de Tierras (INTI), procederá a la expropiación de las tierras privadas que fueren necesarias para la ordenación sustentable de las tierras de vocación agrícola, para asegurar su potencial agroalimentario, quedando subrogado en todos los derechos y obligaciones que de conformidad con esta Ley puedan corresponder a la República.*

Se desprende de los citados artículos que la Ley de Tierras no solo establece una amplia e indeterminada declaración de utilidad pública sobre todas las tierras con vocación agropecuaria del país, sino que además regula a la expropiación como una consecuencia que puede proceder a instancia del Instituto Nacional de Tierras para sancionar el latifundio.

De igual manera, la Ley Orgánica de Precios Justos del año 2014[53] (reformada en el año 2015[54]) en su artículo 7, establecía la expropiación como sanción a la comisión de ilícitos económicos, en la misma forma, impone la ocupación de los bienes como sanción aplicable a las infracciones referidas a la especulación, alteración fraudulenta de bienes y servicios, acaparamiento, boicot y al condicionamiento de venta de bienes y prestación de servicios. En efecto, el artículo 7 de la Ley Orgánica de Precios Justos del 2014 señalaba que:

> *Artículo 7º. Se declaran y por lo tanto son de utilidad pública e interés social, todos los bienes y servicios requeridos para desarrollar las actividades de producción, fabricación, importación, acopio, transporte, distribución y comercialización de bienes y prestación de servicios.*
>
> *El Ejecutivo Nacional puede iniciar el procedimiento expropiatorio cuando se hayan cometido ilícitos económicos y administrativos de acuerdo a lo establecido en el artículo 114 de la Constitución de la República Bolivariana de Venezuela y, cualquiera de los ilícitos administrativos previstos en el presente Decreto con Rango, Valor y Fuerza de Ley Orgánica.*
>
> *En todo caso, el Estado podrá adoptar medida de ocupación temporal e incautación de bienes mientras dure el procedimiento expropiatorio, la cual se materializará mediante la posesión inmediata, puesta en operatividad, administración y el aprovechamiento del establecimiento, local, bienes, instalaciones, transporte, distribución y servicios por parte del órgano o ente competente del Ejecutivo Nacional, a objeto de garantizar la disposición de dichos bienes y servicios por parte de la colectividad. El órgano o ente ocupante deberá procurar la continuidad de la prestación del servicio o de las fases de la cadena de producción, distribución y consumo, de los bienes que corresponda.*
>
> *En los casos de expropiación, de acuerdo a lo previsto en este artículo, se podrá compensar y disminuir del monto de la*

53 Gaceta Oficial número 6.156 Extraordinario del 18 de noviembre de 2014.

54 Gaceta Oficial número 40.787 del 12 de noviembre de 2015.

indemnización lo correspondiente a multas, sanciones y daños causados, sin perjuicio de lo que establezcan otras leyes.

De esta forma, la Ley Orgánica de Precios Justos del 2014 establecía expresamente la expropiación como consecuencia inmediata de la comisión de ilícitos económicos y administrativos, no como un mecanismo excepcional y extraordinario de apropiación forzosa por causa de utilidad social o interés público. Pero además, establecía, igualmente en violación del derecho de propiedad, que en el marco de dicho procedimiento expropiatorio, el Estado podría ocupar o incautar temporalmente del local, establecimientos o bienes del infractor, a través de la posesión inmediata, puesta en operación y el aprovechamiento.

Por último, la Ley para la Regularización y Control de los Arrendamientos de Vivienda -que regula relaciones privadas de un contrato de naturaleza netamente civil- establece de igual forma la expropiación como sanción en el artículo 145, ubicado dentro del Título VII denominado "De las sanciones", que dispone que:

"Artículo 145
De la reincidencia
En los casos de una primera reincidencia, se aplicará a infractores el doble de la multa impuesta, y si el infractor reincidiera tercera vez en la falta, y éste fuere dueño de más de cinco inmuebles al arrendamiento de vivienda, la Superintendencia Nacional de Arrendamiento de Vivienda dará inicio a los trámites pertinentes a fin de expropiar el inmueble o inmuebles, según sea el caso.
El inmueble o los inmuebles expropiados serán adjudicados a los arrendatarios o arrendatarias que habiten el mismo al momento de la expropiación."

Así pues, de conformidad con la Ley para la Regularización y Control de los Arrendamientos de Vivienda, la expropiación procede a instancia de la Superintendencia Nacional de Arrendamiento de Vivienda, como una sanción – insistimos, no como un mecanismo excepcional de apropiación forzosa por causa de utilidad pública o interés social, en caso de que los dueños *de más de cinco inmuebles al arrendamiento de vivienda* incurran por tercera vez en la infracción de las disposiciones de la Ley, desvirtuando de esta forma la figura constitucional de garantía del derecho de propiedad de la expropiación.

2.1.5. De la disminución de los atributos de uso, goce y disposición de la propiedad

2.1.5.1. Ley de Regularización y Control de Arrendamiento de Vivienda

La Ley de Regularización y Control de Arrendamiento de Vivienda, establece en sus artículos 84 y 88 la obligación de las empresas constructoras de desarrollos habitacionales de más de diez inmuebles, de destinar un porcentaje de viviendas para su arrendamiento, y que al cumplir diez años de su construcción, los propietarios tendrán el compromiso de ofertar en venta al arrendatario el inmueble:

> *Artículo 84: "(...) las empresas constructoras de desarrollos habitacionales de más de diez inmuebles deberán destinar un porcentaje de viviendas para el arrendamiento. Ese porcentaje será fijado mediante resolución del Ministerio del Poder Popular con competencia en materia de vivienda y hábitat".*
> *Artículo 88: "En aquellos inmuebles construidos, según lo referido en el artículo 84 de la presente Ley (...) al cumplir diez años de construcción, los propietarios tendrán el compromiso de ofertar la venta al arrendatario o arrendataria que esté en el inmueble, y el precio de venta será el que se determine conforme lo establezca la Superintendencia Nacional de Arrendamiento de Vivienda".*

De igual manera, en la Disposición Transitoria Quinta, la LRCAV garantiza el derecho de adquisición de los arrendatarios que ocupen viviendas construidas sobre edificios que tengan veinte años o más dedicados al arrendamiento: "(...) los arrendatarios y arrendatarias que ocupen viviendas constituidas sobre edificios que tengan veinte años o más dedicados al arrendamiento, tendrán el derecho a adquirirla, exceptuando del cumplimiento de la presente disposición a los pequeños arrendadores. A tal efecto el propietario o arrendador, procederá de acuerdo al capítulo relativo a la preferencia ofertiva, establecido en este instrumento legal, en un lapso no mayor de sesenta días a partir de la entrada en vigencia de la presente Ley".

En este caso, las disposiciones anteriormente expuestas suponen medidas expropiatorias, debido a que limitan los elementos de uso, goce y disfrute de la propiedad al obligar al propietario a dar en arrendamiento un porcentaje de los inmuebles construidos, no pudiendo elegir entre alquiler o venta del inmueble. Además el propietario estaría obligado a ofertar en venta la vivienda después de 10 años del contrato de arrendamiento, obligación que supone una modalidad de imposición legal de venta de patrimonio obligatoria y violatoria del principio de libre disposición del derecho de propiedad, caso idéntico con lo dispuesto en la disposición transitoria quinta de la LRCAV, que obliga a los arrendadores de viviendas construidas en edificios dedicados por veinte o más años al arrendamiento, a ofertarlas en venta a los arrendatarios.

Estas disposiciones fueron objeto de recurso de nulidad ante la SCTSJ, en el cual la Sala sentenció el 16 de octubre de 2014 que:

> *"(...) las normas garantizan el derecho del propietario al pago del precio de venta del inmueble una vez vencidos los lapsos legalmente establecidos para que termine la relación arrendaticia y opere el traspaso de propiedad del inmueble.*
> *Según lo expuesto, ni todos los inmuebles están sujetos a las normas atacadas, ni las medidas que se establecen implican la confiscación de los mismos, sino que prevén el pago del precio de venta y con ello, la garantía de incolumidad del patrimonio del arrendador.*
> *En consecuencia de lo expuesto, esta Sala no considera desproporcionadas las medidas atacadas y de allí que se desestima el alegato de violación del derecho de propiedad, ya que los límites del derecho a la propiedad que contienen las normas impugnadas, se enmarcan dentro de los principios de reserva legal e interés general que justifican la restricción de este derecho a los fines de garantizar el derecho a la vivienda digna y así se declara."*

2.1.6. De la violación a las garantías del derecho de propiedad intelectual. Artículo 325 de la Ley Orgánica del Trabajo, Las Trabajadoras y los Trabajadores

La LOTTT, en su artículo 325 viola la Constitución en tanto que transgrede el derecho de los trabajadores a la creación intelectual contemplado en el artículo 98 de la Constitución al disponer que niega la protección de las creaciones intelectuales a los empleados de los entes públicos y a los proyectos financiados por el Estado, puesto que considera que las invenciones, mejoras y otros objetos de la propiedad intelectual realizados por el estado o los entes públicos o por cuenta de éste, caen en el dominio público, negando que estas creaciones inmateriales sean protegidas como bienes de propiedad intelectual y que sus creadores tengan sobre ella tanto los derechos morales (autoría) como los derechos patrimoniales.

De acuerdo con lo dispuesto en el mencionado artículo 325 de la LOTTT, no parecería posible obtener ningún derecho de exclusividad sobre las invenciones y creaciones, modelos o signos relativos al sector público, puesto que establece expresamente que: "la producción intelectual generada bajo relación de trabajo en el sector público, o financiado a través de fondos públicos que origine derechos de propiedad intelectual se considerará del dominio público, manteniéndose los derechos al reconocimiento público del autor".

Teniendo como consecuencia lo anterior que las invenciones, dibujos, modelos de utilidad, modelos industriales, esquemas de trazado de circuitos integrados, software, hardware; por no hablar de los derechos de autor, que son los relativos al arte; a la ciencia y, a la tecnología, pueden ser utilizados libremente por cualquiera. De lo anterior, aparece claro que no puede solicitarse derecho de exclusividad alguno ante las autoridades administrativas sobre tales bienes y que tampoco puede demandarse, el uso espontaneo e inconsulto de tales bienes por parte de terceros, independientemente de la forma como se realice.

Como ejemplo de la violación de los derechos intelectuales podemos mencionar el uso de la marca y distintivos de la compañía Kellogg´s, la cual fue intervenida por Nicolás Maduro en el año 2018 tras el comunicado de dicha empresa de cesar operaciones en el país.

En efecto, en mayo de 2018, luego de que Alimentos Kellogg´s anunciara que se veía forzada a no continuar operando en Venezuela, Maduro comunicó la expropiación de sus instalaciones e impulsó el reinicio de actividades bajo el control del Estado. Ahora bien, esta expropiación de hecho no solo produjo la apropiación de todos los activos de Kellogg´s en Venezuela, sino que además comenzó a usurpar su marca y hacer uso indebido de ella en el territorio nacional, distribuyendo los productos con la misma imagen que lo hacía Kellogg´s, pero incluyendo impreso el logo del «Gobierno Bolivariano de Aragua», la región en la que están ubicadas las plantas expropiadas[55].

Cabe destacar, no es primera vez que el gobierno usurpa marcas de compañías expropiadas. Esta práctica es ya recurrente. Lo hace de igual forma con la marca "Diana" para la producción de aceites, y "Fama de América", para la distribución de café[56].

Sobre este asunto la empresa Kellogg´s comunicó que el uso de sus marcas no estaba autorizado en Venezuela, a la vez que denunció la apropiación, uso y comercialización indebida de sus activos, advirtiendo que ejercería las acciones legales pertinentes.

3. Desde el Poder Judicial

3.1. En primer lugar, el poder judicial ha violado el derecho de propiedad, y por ende el derecho a la tutela judicial efectiva, desde que se ha abstenido de protegerlo ante las continuas violaciones a sus atributos, tanto por hechos de particulares, como por actos y vías de hechos del poder ejecutivo y violaciones desde el poder legislativo. Por omisión, los tribunales de la República han contribuido al desconocimiento del derecho de propiedad a partir de su desprotección jurisdiccional.

3.2. De otra parte, el poder judicial también ha contribuido activamente en la limitación del derecho de propiedad a través de interpretaciones inconstitucionales. Téngase como buen ejemplo la sentencia número 85 de fecha 24 de enero de 2002, el famoso caso "Asodeviprilara", de la Sala Constitucional del Tribunal Supremo de Justicia, mediante la cual se interpretó el derecho de propiedad a partir de la de la cláusula de estado social a que se refiere el artículo 2 de la Constitución.

En esta oportunidad, la Sala determinó que en el Estado Social de Derecho, mediante la ley o la interpretación de esta según los principios fundamentales de la Constitución de 1999, se puede limitar la autonomía de la voluntad en los contratos, igualmente y dentro de parámetros

---

55 "Kelloggs demandará a gobierno de Maduro por uso indebido de sus marcas", en Banca y Negocio, 02 de octubre de 2019. Disponible en: https://www.bancaynegocios.com/kellogg-demandara-a-gobierno-de-maduro-por-uso-indebido-de-sus-marcas/

56 Ibidem.

legales, puede restringir la propiedad, y hasta expropiarla, si por causa de utilidad pública o interés social fuere necesario (artículo 115 constitucional). En efecto, la Sala Constitucional estableció que:

> *"Como se explica en este fallo, las restricciones legales a la propiedad o a la libertad económica, son inherentes a la existencia del Estado Social de Derecho y su meta de proteger a las personas ante las conductas desequilibrantes tendentes a explotar a sectores de la población. Este signo distingue al Estado Social de Derecho del Estado Liberal."*

Pero ya en el año 2000 la Sala se había pronunciado sobre la función social de la propiedad para justificar los límites que pueden ser impuestos a la propiedad, determinando que:

> *"la Constitución de la República garantiza el derecho a la propiedad, pero de ninguna manera como un derecho absoluto sino relativo, con las limitaciones legales, dada la función social de la propiedad que la somete a las restricciones, contribuciones y obligaciones que establezca la Ley".*[57]

3.3. Otra interpretación inconstitucional, que es también buen ejemplo de cómo desde el poder judicial se ha contribuido a la violación al derecho de propiedad, es la sentencia de la SC del 16 de octubre de 2014 que resolvió el recurso de nulidad por inconstitucionalidad interpuesto contra la Ley de Regularización y Control de Arrendamiento de Vivienda, cuyos artículos 84 y 88 establecen la obligación de las empresas constructoras de desarrollos habitacionales de más de diez inmuebles, de destinar un porcentaje de viviendas para su arrendamiento, y que al cumplir diez años de su construcción, los propietarios tendrán el compromiso de ofertar en venta al arrendatario el inmueble. De igual manera, en la Disposición Transitoria Quinta, la LRCAV garantiza el derecho de adquisición de los arrendatarios que ocupen viviendas construidas sobre edificios que tengan veinte años o más dedicados al arrendamiento: "(…) los arrendatarios y arrendatarias que ocupen viviendas constituidas sobre edificios que tengan veinte años o más dedicados al

---

57 Sentencia de la Sala Constitucional de fecha 27 de octubre de 2000.

arrendamiento, tendrán el derecho a adquirirla, exceptuando del cumplimiento de la presente disposición a los pequeños arrendadores. A tal efecto el propietario o arrendador, procederá de acuerdo al capítulo relativo a la preferencia ofertiva, establecido en este instrumento legal, en un lapso no mayor de sesenta días a partir de la entrada en vigencia de la presente Ley".

La SC formuló una interpretación contraria a la Constitución cuando sentenció:

> *"(...) las normas garantizan el derecho del propietario al pago del precio de venta del inmueble una vez vencidos los lapsos legalmente establecidos para que termine la relación arrendaticia y opere el traspaso de propiedad del inmueble.*
> *Según lo expuesto, ni todos los inmuebles están sujetos a las normas atacadas, ni las medidas que se establecen implican la confiscación de los mismos, sino que prevén el pago del precio de venta y con ello, la garantía de incolumidad del patrimonio del arrendador.*
> *En consecuencia de lo expuesto, esta Sala no considera desproporcionadas las medidas atacadas y de allí que se desestima el alegato de violación del derecho de propiedad, ya que los límites del derecho a la propiedad que contienen las normas impugnadas, se enmarcan dentro de los principios de reserva legal e interés general que justifican la restricción de este derecho a los fines de garantizar el derecho a la vivienda digna y así se declara."*

Como dijimos previamente, en estos casos se viola el derecho de propiedad desde que se limitan los elementos de uso, goce y disfrute de la propiedad al obligar al propietario a dar en arrendamiento un porcentaje de los inmuebles construidos, no pudiendo elegir entre alquiler o venta del inmueble. Además el propietario estaría obligado a ofertar en venta la vivienda después de 10 años del contrato de arrendamiento, obligación que supone una modalidad de imposición legal de venta de patrimonio obligatoria y violatoria del principio de libre disposición del derecho de propiedad, caso idéntico con lo dispuesto en la disposición transitoria quinta de la LRCAV, que obliga a los arrendadores de viviendas construidas en edificios dedicados por veinte o más años al arrendamiento, a ofertarlas en venta a los arrendatarios.

III. CONSIDERACIÓN FINAL

Fundamentado en el proceso de desconstitucionalización y deslegalización que ha existido en el país en los últimos 20 años, se ha producido la lesión del derecho de propiedad desde todos los órganos del poder público.

Desde el poder ejecutivo se ha violado el derecho de propiedad a través de las vías de hecho, expropiaciones indirectas, apropiación de bienes, equipos, instalaciones y demás activos sin pago de indemnización alguna, sin intervención del juez y sin tomar en cuenta los derechos e intereses de los expropiados abusando de sus facultades de poder público.

Desde el poder legislativo se ha desconstitucionalizado el derecho de propiedad, mediante leyes que declaran abierta e indefinidamente la utilidad pública de bienes y servicios, dejando a la discrecionalidad del poder ejecutivo la determinación de tales bienes; leyes que prescinden de la participación del poder judicial en el procedimiento expropiatorio, en detrimento de las garantías, derechos e intereses de los particulares; leyes que regulan a la expropiación como mecanismo para sancionar infracciones legales; en general leyes que disminuyen los atributos de uso, goce y disposición de la propiedad.

Finalmente, desde el poder judicial se ha violado el derecho de propiedad, principalmente, por la abstención de la jurisdicción constitucional en decidir a favor del derecho de propiedad, ante las constantes agresiones y perturbaciones promovidas por el poder ejecutivo y frente a las disposiciones legislativas inconstitucionales; antes y por el contrario desde la jurisdicción constitucional se han dictado sentencias interpretativas de la Constitución que desconocen y degradan el derecho de propiedad.

IV. BIBLIOGRAFÍA

BADELL MADRID, Rafael, "Algunas consideraciones sobre el derecho de propiedad y la jurisprudencia sobre la materia en Venezuela.", conferencia dictada en las XI Jornadas Jurisprudenciales en Derecho Administrativo. Universidad de Yacambú. Barquisimeto. 15 Noviembre 2014. Disponible en: http://badellgrau.com/?pag=205&ct=1745

_____________, *Régimen Jurídico de la Expropiación en Venezuela.* Swiftt Print, C.A., Caracas, 2014.

BREWER-CARÍAS, Allan, "El último golpe al estado de derecho: una "ley constitucional" "antibloqueo" para rematar y repartir los despojos de la economía estatizada, en un marco secreto y de inseguridad jurídica basado en la "inaplicación" discrecional de leyes por parte del ejecutivo nacional", Nueva York, 14 de octubre de 2020. Disponible en: http://allanbrewercarias.com/

BRITO GARCÍA, Luis, "Proyecto Ley Antibloqueo"," *News Ultimas noticias*, 3 de octubre de 2020, disponible en: https://theworldnews.net/ve-news/proyecto-de-ley-antibloqueo-luis-brito-garcia

CANOVA GONZÁLEZ, Antonio; HERRERA ORELLANA, Luis A.; y ANZOLA SPADARO, Karina, *¿Expropiaciones o vías de hecho? (La degradación continuada del derecho fundamental de propiedad en la Venezuela actual)*, Universidad Católica Andrés Bello, Fundación de Estudios de Derecho Administrativo, Caracas, 2009.

CASAL, Jesús M. *Estado de Excepción sin Estado de Derecho*. Academia de Ciencias Sociales y Políticas. Estudios Jurídicos sobre la Pandemia del COVID-19, Caracas, 2020

DELGADO, Francisco, *Chavismo y derecho*, Editorial Galipán, Caracas, 2017.

GARCÍA DE ENTERRÍA, Eduardo, *Los principios de la nueva Ley de Expropiación Forzosa*, Editorial Civitas, Madrid, 1984.

GARCÍA DE ENTERRÍA, Eduardo y FERNÁNDEZ, Tomás-Ramón. *Curso de Derecho Administrativo* II. Novena Edición. Civitas Ediciones. Madrid, 2004.

GRAU, María A., "Empresa Pública y Contratación Administrativa en Venezuela (desde un marco constitucional común al español, a una ilimitada acción empresarial del Estado en Venezuela", Tesis doctoral de la Universidad CEU-San Pablo, Madrid, 2015.

HERNÁNDEZ, José I., "El arbitraje internacional de inversiones, la intervención administrativa en la economía y el Derecho administrativo global" en *Constitución, Derecho Administrativo y Proceso: Vigencia, Reforma e Innovación. XVII Jornadas centenarias del Colegio de Abogados del Estado Carabobo.* Fundación Estudios de Derecho Administrativo (FUNEDA), Caracas, 2014.

PÁEZ, Marisol, "La expropiación indirecta frente al CIADI: consideraciones para la autorregulación de los actos administrativos de los Estados". *Revista de Estudios Internacionales de la Universidad de Chile* número 153, abril-junio, 2006.

SAGÜÉS, Néstor P., "El concepto de desconstitucionalización", en *Revista de Derecho* número 2, Universidad Católica del Uruguay, Montevideo, 2007.

SÁNCHEZ MIRALLES, Samantha, "Estado actual del régimen de expropiaciones en Venezuela", en *Revista Electrónica de Derecho Administrativo Venezolano* N° 10, Caracas, 2016. Disponible en: http://www.ulpiano.org.ve/revistas/bases/artic/texto/REDAV/10/REDAV_2016_10_247-309.pdf

VERDÚ, Pablo L. "Garantías Constitucionales" en *Nueva Enciclopedia Jurídica*. t. X. Edit. F. Seix. Barcelona, 1985.

WEFFE, Carlos, "La legislación delegada tributaria de 2014 (1): parte general. Síntesis analítica". En *XIV Jornadas de Derecho Público 2015, Impacto de los Decretos–Leyes: balance y perspectiva*, Centro de Estudios de Derecho Público de la Universidad Monteávila, Caracas, 2015.

II. ORGANIZACIÓN ADMINISTRATIVA

LA POTESTAD ORGANIZATIVA DE LA ADMINISTRACIÓN PÚBLICA NACIONAL CENTRAL

JOSÉ PEÑA SOLÍS*

1. INTRODUCCIÓN

El presente trabajo tiene como finalidad realizar una aproximación a los lineamientos generales de la potestad organizativa de la Administración Pública Nacional Central, que abreviaremos como Administración Central, pese que a partir del Decreto con fuerza de Ley Orgánica de Administración Pública (DFLOAP) de 2008, sin ningún fundamento, se pasó a denominar "Nivel Central", y así se mantuvo en el de 2014, que es el vigente. Dicho trabajo estará sustentado en el análisis de las

* Abogado *summa cum laude*, Doctor en Derecho y Profesor Titular de la Universidad Central de Venezuela.

normas pertinentes de la Constitución de 1999 y del mencionado último decreto legislativo, así como en la doctrina española y la nacional. El trabajo tiene básicamente un carácter descriptivo, pero en algunas partes, cuando la situación normativa y fáctica lo amerite, formulamos algunas tesis críticas[1]. Cabe advertir previamente que la doctrina española utiliza el sintagma "potestad organizatoria", pero en el ámbito doctrinario venezolano se ha generalizado la utilización del término "potestad organizativa", que es el que preferimos en este trabajo.

2. PLANTEAMIENTO GENERAL

La potestad organizativa ha sido definida por la doctrina como "el conjunto de facultades que cada Administración ostenta para configurar su propia estructura. La posibilidad, por consiguiente, de autoorganizarse" (PARADA)[2]. La definición anterior concebida en términos sencillos y muy descriptivos, ya que refleja correctamente el aspecto sustantivo de la referida potestad; no obstante, tiene un carácter parcial, en virtud de que alude solo a una de una de la dos clases de esa potestad en que suele dividirla la doctrina, precisamente la referida a la autoorganización, y omite la denominada potestad general de organización administrativa, según la tesis de MUÑOZ MACHADO, quien atendiendo la titularidad de la misma la divide entre general, la cual se caracteriza por ser asumida por la Constitución y ejercida mediante leyes o actos normativos con fuerza de ley, y la potestad especifica de autoorganización que corresponde a las Administraciones Públicas mediante actos de rango sublegal[3]. Por tanto, la acepción restringida de

---

1 Para una visión crítica derivada de la nueva normativa del DFLOAP de 2014, acerca del acrecentamiento sin límites reales de la Administración Pública Nacional. Cfr. Luis Herrera Orellana, "La potestad organizativa en el Decreto con Rango, Valor y Fuerza de Ley Orgánica de la Administración Pública de 2014", *Boletín Electrónico de Derecho Administrativo de la UCAB* N° 1, Universidad Católica Andrés Bello. Caracas, 2016, pp.21-30. Disponible en http://w2.ucab.edu.ve/tl_files/POSTGRADO/BEDA/Numero%201%20(2016)/BEDA%201%20004%20-%20La%20potestad%20organizativa...%20LAH.pdf

2 Ramón Parada, *Derecho Administrativo I*, undécima edición, Marcial Pons, Madrid, 1992. p.15. En esa misma orientación conceptual, véase Miguel Sánchez Morón, *Derecho Administrativo*, segunda edición, Tecnos. Madrid, 2006. p. 222.

3 Santiago Muñoz Machado, *Tratado de Derecho Administrativo y Derecho Público General III*, Editorial Iustel, Madrid, 2009, p. 613.

PARADA no permite evidenciar las discusiones doctrinarias que se han suscitado en torno al Poder Público que debe ejercer su titularidad. Por supuesto, que nos estamos refiriendo a aquella que está expresamente establecida en la Constitución, obedeciendo al principio de la separación de poderes, e igualmente a los grados de operacionalización de la potestad bajo examen.

En ese orden de ideas, cabe señalar que en lo concerniente a la creación de los órganos superiores de la Administración Pública, como son los Ministerios, se suelen esgrimir dos tesis contrapuestas en la doctrina y en el Derecho positivo. La primera, que es formulada como consecuencia del advenimiento de la Revolución Francesa, postula que es de la competencia del Poder Legislativo la ordenación del Poder Ejecutivo; por tanto, cuáles y cuántos deben ser los Ministerios corresponde determinarlo exclusivamente a la Ley (reserva legal). La segunda, de más reciente data, sostiene lo contrario, esto es, que corresponde al Poder Ejecutivo su propia autoordenación y; por consiguiente, determinar mediante decreto cuáles y cuántos deben ser los Ministerios (potestad reglamentaria). Los argumentos que suelen utilizarse para sostener una u otra tesis son resumidos por SANTAMARÍA PASTOR (1991) así:

> "La modificación de la planta ministerial –es decir, la creación, extinción y alteración de los Ministerios– ha experimentado tradicionalmente una acusada tensión entre su reserva a la Ley formal y su entrega a la potestad reglamentaria: no es de extrañar si se tiene en cuenta que lo que está en juego es la configuración misma del Gobierno. De una parte el principio de la supremacía parlamentaria, la conveniencia de limitar el gasto público y los problemas de ajuste que suscita todo cambio en la estructura ministerial son factores que abogan por reservar a la ley todo tipo de alteraciones en dicha estructura (al objeto de dificultarla en alguna forma), de otra, la delicada operación en que consiste la formación de cualquier Gobierno, y las lógicas variaciones en el programa político de cualquier Presidente son circunstancias que aconsejan confiar al propio Gobierno –en definitiva, a su Presidente– la definición de la planta ministerial..."[4].

---

4 Juan Santamaría Pastor, *Fundamentos de Derecho Administrativo I,* primera reimpresión. Editorial Ramón Areces, Madrid, 1991. pp. 907-909.

Sin duda que la situación dilemática planteada por el citado autor español en relación con la creación, modificación y extinción de los Ministerios, órganos superiores de la Administración Central, se extiende a los otros niveles (directivos y operativos) de esa misma rama de la Administración y de la Administración Descentralizada funcionalmente; por lo tanto, resulta necesario analizar cada Derecho positivo, o conocer las tendencias doctrinarias o jurisprudenciales en cada país, en caso de que la situación no aparezca regulada expresamente, para saber con una mínima certeza a quien corresponde la titularidad de la potestad organizativa.

Sin embargo, esa determinación requiere que previamente el operador jurídico tenga el debido conocimiento de la manera como se desagrega la potestad organizativa, y en tal sentido resulta de bastante ayuda la tesis de GARCÍA-TREVIJANO, quien sostiene al respecto, que esa desagregación comprende las fases de "creación, establecimiento y puesta en marcha. Mediante la creación se procede a dar existencia jurídica a la organización, dotarle de sus competencias y de su estructura esencial. En la fase de establecimiento se desarrolla la estructura y se distribuyen las competencias entre los distintos órganos, atendiendo, si es el caso, a los criterios sentados en la fase de creación. Finalmente, la puesta en marcha, consiste en la organización de los elementos personales y materiales necesarios para su funcionamiento"[5].

Ahora bien, en la época actual los nuevos cometidos, la dimensión estructural, así como el pluralismo que caracteriza a las Administraciones Públicas, ha conducido a la superación de la situación dilemática antes expuesta, para lo cual se ha recurrido a la división normativa de esa potestad entre el Poder Legislativo y el Poder Ejecutivo, atendiendo a las fases indicadas por García-Trevijano. Por ello cuando adquiere primacía acentuada la tesis concerniente a la reserva legal de la potestad organizativa, aun en el marco del aludido proceso de división normativa, la tendencia apunta a que tanto la creación como el establecimiento deben estar expresamente regulados en una Ley, o en un acto con fuerza o rango de ley. Cuando se mantiene esa primacía en forma atenuada,

[5] José García-Trevijano-Fos, *Tratado de Derecho Administrativo tomo II*, Editorial Revista de Derecho Privado, Madrid, 1968. p. 456.

entonces la tendencia apunta a dejar a la ley únicamente la fase de creación, y al Ejecutivo la de establecimiento, quedando siempre la puesta en marcha en manos de este último el Poder.

La solución normativa descrita en el párrafo anterior, coincide con las tesis que se han formulado doctrinariamente, tanto en los países en los que está prevista legalmente, como en aquellos en que no existe dicha previsión, y debemos añadir que es la predominante actualmente en el Derecho comparado, pero ello no obsta, para que las Cartas Constitucionales estatuyan otras soluciones, sobre todo para órganos de relevancia constitucional, como por ejemplo, reservar, en esos casos, a la Ley todas las fases en que se desagrega la potestad organizativa. Queda pues, de esta manera expuesto el marco general del ejercicio de la potestad bajo examen, correspondiendo ahora determinar su operacionalización en el ordenamiento jurídico venezolano.

3. LA POTESTAD ORGANIZATIVA EN LA CONSTITUCIÓN DE 1999

3.1. La potestad organizativa en la Constitución de 1961

La Constitución de 1961, en lugar de privilegiar a la figura de los Ministros, como ocurría en las anteriores, lo hace con los Ministerios, y en ese sentido, por cuanto concernía a la potestad organizativa en su artículo 193, disponía: "...La ley orgánica **determinará el número y la organización de los Ministerios y su respectiva competencia,** así como también la organización y funcionamiento del Consejo de Ministros". Sin duda que la norma constitucional además de rígida resultaba muy amplia, en virtud de que extendía la reserva legal a la creación, supresión y reestructuración de los Ministerios, a su estructura organizativa y a sus respectivas competencias, todo lo cual estaba regulado en la derogada Ley Orgánica de la Administración Central, razón por la cual parecía acertado sostener que configuraba una reserva legal absoluta, en términos de la doctrina italiana, porque atribuía a la Ley la disciplina integral, es decir, de todas las fases de la potestad bajo examen (creación, establecimiento y puesta en marcha), tipificando consecuencialmente una total interdicción de la potestad reglamentaria del Poder Ejecutivo Nacional en esta materia.

3.2. El "*iter*" constituyente de los artículos 156, num. 20 y 236, num. 32 de la Constitución de 1999

El sucinto examen del precepto regulador de la potestad organizativa de los Ministerios en la Constitución anterior, permitía concluir que dicha potestad estaba reservada en forma absoluta a la Ley, configurando de esa manera una interdicción para el reglamentista. Pues bien, la Constitución de 1999 produce en esa materia una modificación muy significativa, cuyo examen amerita que sucintamente se describa el "iter" constituyente de las normas contenidas en los artículos 156, numeral 32, y 236, numeral 20, mediante las cuales se consagra *ex novo* la aludida modificación. Ese iter fue el siguiente: en el Anteproyecto de Constitución presentado a la Asamblea Nacional Constituyente el artículo 156, num. 32, figuraba con el número 174, numeral 26, en los siguientes términos:

> "Es de la competencia de los órganos del Poder Público Nacional:
> *1. Omissis.*
> *26. La legislación en materia de derechos, deberes y garantías constitucionales, la civil, mercantil, penal, penitenciaria, de procedimientos y de derecho internacional privado (....), la de notaría y registro público; la de bancos y la de seguros; la de lotería, hipódromos y apuestas en general;* ***la de organización y funcionamiento de los órganos del Poder Público Nacional y demás órganos e instituciones nacionales del Estado****, y las relativas a todas las demás materias de la competencia nacional.".*
> *El artículo 236, numeral 20, figuraba en el Anteproyecto de Constitución con el número 277, numeral 21, con el siguiente tenor literal:*
> *"Son atribuciones y deberes del Presidente de la República:*
> *1. Omissis*
> *21.* ***Fijar el número, organización y competencia de los Ministerios y otros organismos de la Administración Pública Nacional, así como también la organización y funcionamiento del Consejo de Ministros, dentro de los principios y lineamientos señalados por la correspondiente ley de bases."***

En la sesión del 2 de noviembre de 1999 de la Asamblea Nacional Constituyente, se produjo la **primera discusión** del precepto contenido en el artículo 174, numeral 26 del Anteproyecto (156, numeral 32 de la

Constitución), sobre la base del Informe presentado por la correspondiente Comisión, siendo aprobado en los mismos términos del Anteproyecto, con la única variación que pasó a ser de numeral 26 a numeral 29. Sin embargo, pese al carácter anecdótico que pueda revestir, debemos relatar que en esa primera discusión ni siquiera se llegó a leer completamente la disposición, pues consta en el Diario de Debates que el Presidente de la Asamblea, expresó "Leo el numeral 29" y cuando había leído aproximadamente hasta la mitad, concretamente después de la parte que dice "sanidad animal y vegetal", al parecer se "cansó", dejando de leerlo, sustituyendo lo que faltaba por un **etcétera**. Ha de advertirse que precisamente en la parte no leída del precepto estaba la innovación, la cual consistía en incluir –ya que no figuraba en la Constitución de 1961– la **potestad organizativa** en las competencias del Poder Público Nacional. Por supuesto, que esa relevante innovación pasó al parecer absolutamente inadvertida para todos los constituyentes, al punto que ni siquiera fue objeto de lectura.

En la sesión del 4 de noviembre de 1999 fue sometido a **primera discusión** el artículo 277, numeral 21, del Anteproyecto (236, numeral 20 de la Constitución), sobre la base del informe presentado por la respectiva Comisión, siendo aprobado sin ningún tipo de modificación, pese a que también contenía un significativo cambio en la materia concerniente a la potestad organizativa relativa a la creación de los Ministerios, en comparación con la Constitución de 1961, igualmente pasó inadvertido para los constituyentes, pues no fue objeto ni siquiera de un comentario. En la segunda discusión celebrada el 13 de noviembre de 1999, el constituyente R. COMBELLAS propuso que en el numeral 21, que había pasado a ser el 20, se cambiara "ley de bases por ley orgánica", y motivó su proposición así "...Es un problema de redacción y de confusión, en realidad debe ser ley orgánica. La única ley de base es la que otorga delegación legislativa" (sic).

Ante esa proposición, el Presidente de la Asamblea Nacional Constituyente expresó "De tal manera que es de redacción y pasa a la comisión de estilo con la aclaratoria que presentó el constituyente Ricardo Combellas. Si no hay otra objeción se da por aprobada". Y finalmente el precepto fue aprobado con esa única modificación, por lo que resulta válido sostener – que al parecer para los constituyentes efectivamente el cambio de ley de base por ley orgánica era un asunto de redacción– pues se mantuvo en idénticos términos el resto de la disposición contenida en el Anteproyecto, lo que evidentemente no era cierto ni siquiera en los términos en que estaba concebido el Anteproyecto, que diferenciaba categóricamente entre las leyes de base –cuya denominación fue cambiada finalmente por la de **leyes habilitantes**", mucho menos a nivel de la doctrina y la jurisprudencia nacionales. No obstante, la intervención del constituyente resultó providencial, porque de lo contrario podía haberse producido el exabrupto que toda la potestad organizativa de la Administración Pública Nacional, por disposición expresa de la Constitución, hubiera sido monopolizada mediante decretos legislativos derivados de las correspondientes leyes habilitantes ("base" en términos del aludido constituyente)..

Hemos considerado necesario referirnos a esos "pasajes" de la Asamblea Nacional Constituyente ocurridos en la aprobación de las dos disposiciones bajo examen, que pueden parecer meramente anecdóticos, pero que podrían ser objeto de examen por el intérprete al momento de formular una tesis hermenéutica sobre la concepción de la potestad organizativa relativa a la creación los Ministerios, y en general de los órganos del Poder Público Nacional, así como de los demás órganos e instituciones nacionales, prevista en los citados preceptos constitucionales. Lo que podría haber conducido a que prevaleciese una tesis que sustentara el absurdo antes indicado, máxime si se tiene en cuenta que el régimen que ha gobernado el país durante los últimos veintiún años, ejerció el control absoluto de la Asamblea Nacional durante los primeros quince años del siglo XXI, y para el período 2021-2025 continuará con ese control.

3.3. Hacia la proposición de una tesis hermenéutica sobre el sentido y alcance del artículo 156, num 32, de la Constitución

En el intento de formular la referida tesis, en nuestro criterio, deben considerarse los aludidos antecedentes constitucionales casi como inexistentes, o en términos metodológicos iguales a cero, pues si en un caso ni siquiera fue leída la disposición que era objeto de la discusión, y en el otro, se aprobó sin más cambiar una ley habilitantes (de base) por una ley orgánica, porque constituía un "problema de redacción", no resulta lógicamente posible llegar a otra conclusión. Luego, corresponde entonces realizar el análisis de los mencionados esquemas normativos constitucionales, acudiendo al resto de los métodos de la interpretación jurídica y a la doctrina nacional y extranjera. Y para el logro de ese cometido resulta de inestimable ayuda la clasificación de la potestad organizativa propuesta por Muñoz Macado, cuya aplicación nos conduce, en primer lugar, a destacar que la Constitución de 1999 en el artículo 156, numeral 20, incluye en la norma tradicionalmente emblemática de la **reserva legal** en las Constituciones venezolanas ("la legislación en materia de..."), a la **potestad organizativa general**, por lo demás en términos amplios y operacionales, en la materia relativa a la **organización y funcionamiento de los órganos del Poder Público Nacional y demás órganos e instituciones nacionales del Estado,** lo que revela que la "ratio" de dicha norma es indudablemente sustraer esa materia del ámbito competencial del reglamentista y atribuírsela a la Asamblea Nacional; y en consecuencia, estatuir su regulación única y exclusivamente mediante Ley formal.

En segundo lugar, que esa potestad es asumida parcialmente por la propia Constitución, al crear los órganos del Poder Público Nacional y demás órganos superiores e instituciones del Estado, entre los cuales destacan los de rango o relevancia constitucional, es decir, aquellos que integran los cinco poderes Públicos Nacionales, entre los cuales lógicamente está la Administración Pública al integrar orgánicamente el Ejecutivo, verbigracia, los Ministerios, la Presidencia de la República y la Vicepresidencia Ejecutiva, con la importante particularidad que examinaremos más adelante. Pero también el ámbito de aplicación material de ese precepto constitucional se extiende a los órganos de los restantes Poderes Públicos, e inclusive a instituciones nacionales como el Banco Central de Venezuela, que forma parte de la Administración Pública, si bien no está integrado orgánicamente a esta.

En tercer lugar, el desarrollo de esa potestad general organizativa (organización y funcionamiento de los referidos órganos) es reservado de manera exclusiva a la ley formal, razón por la cual deben ser excluidos de esa reserva, pese a que tienen igual fuerza que una ley formal, los decretos legislativos, porque la Constitución impone que casi todos ellos sean regulados mediante leyes formales orgánicas, bien por denominación constitucional o para organizar los poderes públicos (art. 203, encabezamiento), aunque en criterio de la doctrina venezolana tal reserva de ley orgánica de Parlamento, ha sido violada flagrantemente por el Gobierno Nacional[6].

En cuarto lugar, a la luz del precepto bajo examen, la potestad general organizativa de la Administración Pública Nacional Central en principio, es de reserva legal, como si lo es completamente también la potestad organizativa de la Administración Nacional descentralizada funcionalmente, -aunque no es objeto del trabajo-, en virtud de que el sintagma "instituciones nacionales" a que alude el artículo 156, numeral 32, constitucional, incluye a los entes públicos descentralizados funcionalmente, tesis que se refuerza con lo dispuesto en el artículo 142 constitucional, conforme al cual los institutos autónomos solo pueden crearse mediante ley, o decretos legislativos. "Tales **instituciones**...estarán sujetas al control del Estado, en la forma que la ley establezca". Cabe recordar que dentro de ese ámbito de aplicación no están incluidos los entes descentralizados de derecho privado estatal, que como es bien sabido también integran a la Administración Descentralizada funcionalmente.

En quinto lugar, quedaría por dilucidar entonces, si efectivamente el ámbito subjetivo de aplicación del precepto constitucional bajo examen, consagratorio de la potestad general organizativa de la Administración Pública Nacional es amplísimo, particularmente en el caso de la Central. Y para lograr ese cometido, se pueden esgrimir dos tesis; la primera, que la Constitución al crear esa reserva de ley, los órganos administrativos deberán tener trazado un diseño organizativo completo y exhaustivo en la Ley que los crea o los regula (competencias., estructura organizativa, desarrollo de la estructura y distribución de la competencia entre los órganos que integran dicha estructura, dotación de elementos personales y materiales). Pero esta tesis implicaría que la Administración Pública carecería de la segunda clase de potestad organizativa, que se traduce en que esta es dotada de la facultad de autoorga-

6 Por todos Cfr. Nélida Peña Colmenares, La delegación legislativa en el ordenamiento jurídico venezolano, Editorial CIDEP, Caracas, 2020, p. 239.

nización, a que alude la doctrina española, que consiste en crear nuevos órganos, modificar y extinguir los existentes, atribuirle sus competencias, etc. Sin embargo, si bien dicha tesis pudiere encontrar respaldo en el tenor literal del precepto bajo examen de la Constitución, y más aún, de su interpretación aislada, pues es cierto que se refiere literalmente a las fases de "organización y funcionamiento" de la potestad, en realidad revela una posición extrema en materia de potestad organizativa, basada en el principio de reserva legal absoluto, que, como ya dijimos, encontró respaldo en los inicios de la discusión sobre la atribución de la titularidad de la referida potestad, porque en esos tiempos se reivindicaba un monopolio parlamentario sobre todas y cada una de las fases en que se desagrega la potestad de organización de la Administración, mediante instrumentos de rango legal.

Demás está hacer notar que esa postura doctrinaria resultó superada desde hace bastante tiempo, siendo sustituida por la segunda tesis a que nos referimos *supra*, la cual postula la división de la potestad bajo examen, entre el Parlamento y el Poder Ejecutivo (Administración Pública), atendiendo a los elementos integrantes de la misma, algunos de las cuales resultan regulados por ley (reserva legal), y otros por reglamentos (reserva de la Administración). Aparte de la pertinencia de esta última tesis, por lo demás con una gran recepción en el Derecho comparado, consideramos que la misma debe imponerse en el ordenamiento venezolano, máxime si se pondera el fin servicial (tutela de intereses públicos) que el texto constitucional, le asigna a la Administración Pública (art. 141), cuyo logro está sujeto a que las Administraciones puedan enfrentar los nuevos retos que surgen de una economía y una sociedad globalizada, y a su vez de las particularidades que reviste cada comunidad, para lo cual requieren estar dotados de una estructura organizativa flexible que se adapte a esas situaciones en forma rápida y eficiente, y es obvio que ello resulta sumamente difícil si todas las modificaciones de la potestad organizativa solo son posibles mediante reformas legales emanadas del Parlamento; de allí que el aludido carácter servicial de la Administración, abone a favor de la tesis que propugna la división de la potestad organizativa entre el Parlamento y el Ejecutivo, correspondiéndole a este último las fases de establecimiento y puesta en marcha de ella, o en otros términos ejercería la potestad de autoorganizarse. Pero si aún quedara alguna duda acerca de la potestad de autoorganización de los órganos que integran la Administración Central, basta examinar el artículo 236, numeral 20, de la Constitución y concordarlo con el 156, num 32, *eiusdem*.

3.4. La potestad organizativa o autoorganizativa atribuida al Presidente de la República de crear los Ministerios, otros organismos de la Administración Pública Nacional y del Consejo de Ministros, prevista en el artículo 236, num 20 constitucional

3.4.1. La configuración de la excepción prevista en el artículo citado en el epígrafe

Es necesario reiterar que el antes examinado artículo 156, numeral 32, establece que la potestad organizativa general de la Administración Pública Nacional es de reserva legal, dado que ninguna otra conclusión puede extraerse de su supuesto de hecho, que alude claramente a los órganos del Poder Público Nacional, y a los demás órganos e instituciones de carácter nacional, puesto que dentro de los órganos del Poder Público Nacional, están incluidos los que forman el Poder Ejecutivo, y en definitiva los siguientes órganos superiores de la Administración Pública: los Ministerios, el Consejo de Ministros, la Vicepresidencia Ejecutiva, la Procuraduría General de la República y el Consejo de Estado Sin embargo, debemos destacar que tal regla admite una excepción en la disposición contenida en el artículo 236, numeral 20, *eiusdem*, que regula de una manera especial la potestad organizativa en lo tocante a los órganos de la Administración Pública Nacional, los cuales son creados por la Constitución, pero todo lo concerniente a la fijación de su número, organización y funcionamiento es reservado al Presidente de la República en Consejo de Ministros, según la referida excepción constitucional que examinaremos de seguidas.

3.4.1.1. Razones para postular la configuración de la excepción

A diferencia de la disciplina contenida en la Constitución derogada, que ya dijimos reenviaba expresamente a una ley orgánica todo lo concerniente a la regulación de los Ministerios, es decir, que declaraba materia de reserva legal la fase de creación en sentido amplio (número, organización competencia y funcionamiento) de la potestad organizativa, la Constitución de 1999 reserva a la Administración (Presidente de la República) esa potestad, mediante la excepción configurada en el citado artículo 236, numeral 20, que preceptúa:

> *"Son obligaciones del Presidente o Presidenta de la República:*
> *1. Omissis*
> *20. **Fijar el número, organización y competencia de los ministerios y otros organismos de la Administración Pública Nacional, así como también la organización y funcionamiento del Consejo de Ministros, dentro de los principios y lineamientos señalados por la correspondiente ley orgánica.**"*

El examen del precepto transcrito impone por razones metodológicas, en primer lugar, tratar de determinar si efectivamente el mismo establece una excepción a la regla de la potestad organizativa prevista en el artículo 156, numeral 32, de la Constitución. En tal sentido observamos que ciertamente el precepto antes mencionado (236, num 20) particulariza la portada general del citado artículo 156, numeral 32, cuyo ámbito -recordamos- se extiende a **todos los órganos del Poder Público Nacional y demás órganos e instituciones nacionales del Estado**, de tal manera que la disposición abarca a cualquier órgano del Poder Nacional, independientemente de que forme parte del Poder Legislativo, Ejecutivo, Judicial, Ciudadano o Electoral; por tanto, la expresión agota el universo de los que podrían denominarse, en términos generales, "órganos nacionales", de tal suerte que desde esa perspectiva interpretativa no puede existir ningún órgano de esa clase que esté excluido del ámbito material del precepto constitucional (artículo. 156, num 32).

Ni tampoco están excluidas las denominadas constitucionalmente "instituciones nacionales del Estado", aunque la denominación formal no encuadra en la terminología del ordenamiento jurídico venezolano, porque debe admitirse que con el sintagma "instituciones nacionales" se alude a los entes públicos que forman parte de la Administración Nacional Descentralizada funcionalmente, tales como los Institutos Autónomos, las universidades públicas y el Banco Central de Venezuela, los cuales en el marco de dicho ordenamiento se denominan técnicamente entes públicos; no obstante, dejando de lado esa impropiedad lexical, debe admitirse que tratándose de una norma con ese carácter general, resulta correcto desde el punto de vista de la técnica constituyente, que en otra norma de la propia Constitución, pueda configurarse una excepción a una regla general como la contenida en el citado artículo 156, numeral 32, siempre que la segunda tenga un carácter explícito y específico. Planteada así la situación se impone armonizar a ambas disposiciones constitucionales para lograr la formulación de una tesis hermenéutica correctamente sustentada.

En segundo lugar, en el marco del análisis que venimos realizando, es necesario señalar que el artículo 236, que enumera las atribuciones y obligaciones del Presidente de la República, y confiere a este, en el numeral 20, de manera expresa y explícita, la potestad organizativa de fijar el número de ministerios, regular su organización y establecer sus competencias, así como la de otros "organismos" de la Administración Pública Nacional y del Consejo de Ministros, es decir, que establece una especie de reserva a la Administración en lo tocante a la potestad organizativa general y la de autoorganización, con la precisión que hará más adelante, solamente de los mencionados órganos, siempre ajustándose a los principios y lineamientos establecidos por la correspondiente ley orgánica, motivo por el cual resulta razonable pensar que la voluntad de la Constitución es excluir de la potestad organizativa general, concebida en los términos antes expuestos, la contemplada en el citado artículo 156, numeral 32, *eiusdem*.

Y correlativamente atribuírsela a la Administración Pública (Presidente de la República), en virtud –insistimos- de que es la propia Constitución la que se encarga, mediante una regulación especial contenida en el esquema normativo concerniente a las atribuciones del Presidente de la República (236, numeral 20), de incluir dentro de estas a las fases la de potestad organizativa, pero al mismo tiempo sustraerla de la norma que disciplina esa potestad en forma general, configurándose de esa manera la excepción a la competencia general atribuida a la Asamblea Nacional (156, num. 32).

Antes de seguir adelante es necesario precisar detalladamente la dimensión de la potestad organizativa que configura la referida excepción, y en ese orden de ideas, en cuanto a la titularidad de la potestad referida a la creación de los órganos, observamos que la misma constituye **una reserva constitucional** en el caso de los Ministerios, del Consejo de Ministros, de la Vicepresidencia Ejecutiva, de la Procuraduría General de la República y del Consejo de Estado, porque es la propia Constitución la que crea estos órganos, concretándose la **reserva reglamentaria** en la potestad atribuida a la propia Administración para que se autoorganice, es decir, para que regule todo lo relativo a su organización, competencias y funcionamiento, y cuando se trate de los Ministerios fijar su número, que podría considerarse como una forma de creación en segundo grado, porque en la fijación de ese número está implicado la supresión, fusión y la creación de nuevos ministerios. Cabe advertir que la modalidad de la potestad de autoorganizarse no aplica para el caso de la Procuraduría General y el Consejo de Estado, porque la Constitución reserva a la ley, como se verá más adelante. En el caso del resto de los órganos administrativos nacionales, la potestad organizativa que la Constitución reserva a la Administración Pública comprende tanto la titularidad como la autoorganización.

De modo que el sistema constitucional regulatorio de la aludida potestad está diseñado sobre la base de esas dos normas fundamentales: una de carácter general (artículo 156, numeral 32), de una gran amplitud, en vista de que su ámbito material, como hemos dicho, se extiende a todos los órganos del Poder Público Nacional, independientemente de que revistan carácter administrativo o no, y a las "instituciones nacionales", en la cual dicha potestad aparece atribuida al Poder Legislativo, en los términos expuestos; y otra de carácter especial (art. 236, numeral 20), restringida exclusivamente a la Administración Pública Nacional, como lo veremos más adelante, en la cual dicha potestad está atribuida al Presidente de la República en Consejo de Ministros (Administración).

En tercer lugar, es preciso añadir y destacar que la potestad organizativa especial atribuida al Presidente de la República en Consejo de Ministros, está sujeta en su ejercicio a los principios o lineamientos establecidos en la correspondiente ley orgánica, de tal suerte que la referida potestad aparece formalmente condicionada por la actividad legislativa, de allí que no resulte exactamente equiparable, aun reduciéndola al sector material que constituye su objeto, a la potestad organizativa general contemplada en el artículo 156, numeral 32, constitucional, por las razones que explicamos antes.

3.4.1.2. Análisis del precepto constitucional (artículo 236, num 20) contentivo de la excepción

A la luz de los tres argumentos anteriores ha quedado demostrada la configuración de la referida excepción, así como su validez desde el punto de vista de la técnica constituyente, corresponde ahora examinar el precepto constitucional que la contiene, y en primer lugar, se observa que su ámbito material, en principio aparece taxativamente delimitado en cuanto concierne a los **Ministerios y al Consejo de Ministros y otros "organismos" de la Administración Pública**, pero en cambio, la disposición deja al proceso interpretativo la identificación de los "otros **organismos**" de la Administración Pública Nacional. Para intentar realizar esa identificación, es preciso, reiterar que en el ordenamiento jurídico venezolano "órgano" y "organismos" tienen idéntica connotación conceptual, motivo por el cual debe rechazarse cualquier intento que, basado en la doctrina o en Derechos positivos extranjeros, pretenda establecer una diferencia centrada en la posesión de personalidad jurídica por el "organismo", y en la carencia de personalidad jurídica por el órgano, o sea, en la equiparación del "organismo" al ente, y en el presente caso al ente público.

Formulamos esta advertencia porque reiteramos que hemos venido observando una tendencia creciente a trasladar leyes extranjeras a nuestro ordenamiento, especialmente de España, lo cual en sí mismo no es negativo, dado el extraordinario avance que en el campo del Derecho Público se ha producido en ese país después de la caída de la dictadura de Franco, siempre que se realice el debido control de calidad, a los fines de ajustar todas o algunas disposiciones de esas leyes al contexto socio jurídico venezolano. Por lo demás la inexistencia de diferencia entre órgano y organismo, basada en la titularidad o no de persona jurídica, se desprende sin ningún tipo de dudas, del artículo 15 del DFLOAP.

En segundo lugar, dilucidado como ha quedado que órganos y organismos en Venezuela son conceptos idénticos, queda por determinar a qué "organismos", o -*rectius*- órganos pretende referirse la Constitución, en el precepto bajo examen (art. 236, num. 20), cuando después de mencionar a los Ministerios añade **y otros organismos de la Administración Pública Nacional**, siendo la variable esencial a que debe acudir el intérprete en esa tarea el carácter funcional y orgánico de los órganos referidos en el precepto, es decir, a los que ejerzan funciones administrativas y estén integrados a la Administración Pública, o que excepcionalmente su carácter administrativo se pueda inferir de la enunciación y ubicación topográfica en el texto constitucional.

Pues bien, sobre la base de esa variable pueden clasificarse los órganos en; i) constitucionales identificados expresamente en la disposición bajo examen, que son únicamente los Ministerios y el Consejo de Ministros, ii) constitucionales que ejercen funciones sustancialmente administrativas y están ubicados topográficamente en el Título V de la Constitución (De la organización del Poder Público Nacional), en su Capítulo II (Del Poder Ejecutivo Nacional) los cuales son un número *clausus*, a saber: la Vicepresidencia Ejecutiva (art. 239), la Procuraduría General de la República (art.247), el Consejo de Estado (art.251) y iii) los órganos que se definan como tales orgánica y funcionalmente que cree el Presidente de la República en ejercicio de la potestad bajo examen, a saber: las Vicepresidencias Sectoriales, la Comisión Central de Planificación, las Juntas Ministeriales, las autoridades regionales, los Sistemas de Apoyo a la Administración Pública, los órganos rectores de los Sistemas de Apoyo, los Consejos Nacionales, los Comisionados y Comisiones Presidenciales e interministeriales, los servicios desconcentrados sin personalidad jurídica, las autoridades únicas de área y las Misiones, todos los cuales han sido creados inconstitucionalmente por el legislador parlamentario y el legislador delegado ejerciendo respecto de ellas la potestad organizativa plena (titularidad y autoorganización).

En tercer lugar, una vez identificados los órganos que son objeto del ejercicio de la potestad organizativa (potestad de autoorganización) de rango o relevancia constitucional se impone determinar si la misma está acotada en la propia Constitución. Así, reiteramos que con respecto a esta clase de órganos, el Presidente de la República tiene atribuida parcialmente la potestad organizativa general de los Ministerios y del Consejo de Ministros en virtud de que como es bien sabido su creación *stricto sensu* y la enunciación de sus rasgos generales es materia de reserva constitucional, correspondiéndole totalmente la potestad de autoorganización.

Esa es la razón por la cual el constituyente se cuida de especificar las fases de la potestad que atribuye al Presidente de la República (fijar el número, organización y competencia de los Ministerios y organización y funcionamiento del Consejo de Ministros), la cual puede ejercer mediante decretos normativos de rango sublegal, respetando lineamientos y principios generales que estatuya la correspondiente Ley Orgánica. Sin embargo, esa potestad queda limitada en los casos de la Procuraduría General de la República y del Consejo de Estado, en virtud de que la autoorganización es materia de reserva legal de Parlamento y de reserva legal ordinaria, tal como lo establecen los artículos 247 y 251 constitucionales los cuales establecen respectivamente, en el caso de la primera que "La ley orgánica determinará su organización competencia y funcionamiento", y en el del segundo que "La ley respectiva determinará sus funciones y atribuciones".

Por consiguiente, el Presidente de la República está facultado por el artículo bajo examen para ejercer la potestad organizativa general (titularidad) y de autoorganización de los organismos *–rectius-* órganos típicamente administrativos que carecen de relevancia o rango constitucional es decir, crearlos, establecer su organización, funcionamiento, estructura organizativa y sus competencias, mediante decretos normativos de rango sublegal, pero teniendo presente que en el ejercicio de dicha potestad debe ajustarse estrictamente a los principios y lineamientos de la respectiva de la ley orgánica, que actualmente es el DFLOAP de 2014, tal como lo ordena el artículo 236, num 20, constitucional. A luz de todos los razonamientos anteriores debemos concluir que el ejercicio de la potestad organizativa de la Administración Pública (del Presidente de la República en Consejo de Ministros), está limitada parcialmente por la propia Constitución (reserva constitucional) , en lo que respecta a la "creación" *stricto sensu* de los Ministerios y del Consejo de Ministros y la Vicepresidencia Ejecutiva, siendo que respecto a las otras fases (potestad de autoorganización) está facultado para su ejercicio pleno. En cambio, para el resto de los órganos administrativos tiene atribuida tanto la potestad general organizativa (titularidad de creación), como la de autoorganización siempre ajustándose a los principios y lineamientos establecidos por la respectiva ley orgánica.

No cabe duda que la Constitución vigente dotó al Poder Ejecutivo de una potestad organizativa de los órganos de la Administración Pública Nacional Central, como no lo había hecho texto constitucional alguno, en virtud de que le atribuyó todas las fases en que se desagrega la misma, con la particularidad de que su ejercicio en materia de Ministerios comprende la fijación del número de estos, facultad que comprende también su supresión, modificación y creación de nuevos al fijar su número. De esa manera, el Poder Legislativo perdió una competencia fundamental que siempre había formado parte de la reserva legal, y que sin duda favorecía la actividad contralora que constitucionalmente está obligado a ejercer sobre la Administración Pública Nacional, pues la supresión de un Ministerio o la creación de uno nuevo, supone directa o indirectamente un acto de evaluación de la política sectorial desarrollada por el Ministerio que se suprime, o de la proyectada para el que se pretenda crear.

Ante lo podría ser considerado una especie de *capitis deminutio* en que queda el Parlamento en el ejercicio de la potestad organizativa de la Administración Pública en la Constitución de 1999, los legisladores deberán realizar un trabajo bastante acucioso para establecer los principios y los lineamientos (límites) que condicionarán el ejercicio efectivo de esa potestad por el Ejecutivo. En ese orden de ideas cabe destacar que constituye un límite relevante, el contenido en el artículo 17 del Decreto con fuerza de Ley Orgánica de la Administración Pública, el cual establece el principio de responsabilidad fiscal, que condiciona la creación de nuevos órganos o entes en la Administración Pública que impliquen un aumento en el gasto recurrente de la República, sin que se creen fuentes de ingresos ordinarios de igual o mayor magnitud a los necesarios para permitir su funcionamiento, pero la experiencia de los últimos veinte años, demuestra que el Gobierno ha ignorado este importante principio, en virtud de que ha creado, modificado y suprimido Ministerios y otros órganos de la Administración Pública, haciendo caso omiso del mismo. Otro límite, también previsto en el señalado decreto legislativo, es el contemplado en su artículo 16, parte *in fine* que contiene la prohibición de crear órganos administrativos que suponen la duplicación de competencias de otros órganos ya existentes, que igualmente ha sido violado por el Ejecutivo Nacional.

3.4.1.3. La eliminación de la potestad organizativa de la Administración Pública Nacional que el artículo 236, numeral 20, le confiere al Presidente de la República en Consejo de Ministros

a) La tesis sobre la inconstitucionalidad de la eliminación de la potestad organizativa

Conviene recordar que la Administración Pública ha estado regida hasta ahora por tres instrumentos jurídicos de rango legal: la Ley Orgánica de la Administración Pública (LOAP) de 2001, que estuvo vigente hasta 2008, cuando fue derogada por el Decreto con fuerza de Ley Orgánica de la Administración Pública (DFLOAP), el cual a su vez fue derogado por el DFLOAP de 2014, que como es bien sabido es el vigente. En la primera ley fue suprimida al Presidente de la República la potestad organizativa que le confiere el artículo 236, numeral 20, en virtud de que en la misma se reguló la organización, funcionamiento y competencia de los Ministerios, así como la organización y funcionamiento del Consejo de Ministros, con excepción de la facultad para determinar el número de Ministerios (crearlos y suprimirlos), que ha venido ejerciendo a plenitud y hasta podría decirse sin ningún orden el Presidente de la República, pues la organización ministerial ha venido creciendo, decreciendo y vuelto a crecer, al punto que de los originales trece Ministerios que existían en el año 1999, a la fecha de hoy son treinta y tres.

Además esa regulación normativa de rango legal se extendió a la creación, organización y funcionamiento de órganos de la Administración Pública Nacional, como los gabinetes sectoriales, los comisionados y comisiones presidenciales e interministeriales, los consejos nacionales, los sistemas de apoyo a la Administración Pública Nacional, los órganos o entes rectores de los sistemas de apoyo, las autoridades únicas de área, los servicios desconcentrados sin personalidad jurídica, las oficinas nacionales, las misiones y las vicepresidencias sectoriales, entre otros. Esta tendencia legislativa que se inició con la LOAP de 2001, se ha mantenido casi inalterada, en los mencionados decretos legislativos de 2008 y 2014, configurándose de esa manera una ostensible inconstitucionalidad, en vista de que se suprime la **reserva reglamentaria del Presidente de la República prevista en el precepto bajo examen**, de ejercer casi plenamente la potestad de organizar a la Administración Pública Nacional Central, utilizamos el adverbio "casi", porque estando vigente esos instrumentos normativos, el Presidente de la República ha creado nuevos órganos no previstos en los mismos, desde luego, con actos normativos de rango sublegal siendo el caso más importante durante la vigencia de la LOAP, la creación de las denominadas Misiones en un número que alcanzó aproximadamente la treintena, mediante la cuales sustrajo competencias importantes de las carteras ministeriales, creando una especie de Administración Pública paralela.

En el decreto legislativo de 2008 fueron introducidos estos órganos, aunque conviene destacar que unas –muy pocas Misiones- fueron creadas mediante instrumentos normativos de rango legal. Inclusive el Ejecutivo Nacional ha seguido creando nuevos órganos administrativos. Un ejemplo similar al anterior que podemos traer a colación es el de las Vicepresidencias Sectoriales, la cuales fueron creadas por el Presidente de la República, no estando previstas en el DFLOAP de 2008, siendo incluidas en el de 2014, a pesar de la singular relevancia de estos órganos, tanto por las competencias que se le atribuyen, como por el alto rango jerárquico que ocupan en la estructura organizativa de la Administración Central.

Cabe observar que ninguno de los preceptos de los referidos tres instrumentos normativos, mediante los cuales el legislador parlamentario o delegado, usurpa la potestad organizativa de la Administración Pública Nacional Central, hasta ahora ha sido cuestionado ni en sede doctrinaria ni en judicial, y tal situación resulta hasta paradójica, si se tiene en cuenta que los dos decretos legislativos que han estado vigentes durante un poco más de doce años, emanaron precisamente del Poder que teóricamente debería ser el más interesado en su nulidad, y en consecuencia reivindicar la potestad que le otorga la Constitución, como lo es el propio Ejecutivo Nacional

b) La tesis sobre la compatibilidad constitucional de la supresión de la potestad organizativa del Presidente de la República

No dejamos de reconocer que puede sostenerse la compatibilidad constitucional de los preceptos legales que prevén o crean los órganos que actualmente conforman a la Administración pública Central, y a tal efecto se invocaría el mismo artículo 236, numeral 20, constitucional, en la parte que condiciona el ejercicio de la potestad bajo examen por parte del Presidente de la República, al deber de este de ajustarse a los principios y lineamientos señalados por la correspondiente **ley orgánica**, y que el legislador al diseñar la estructura organizativa de la Administración Central no haría más que concretar modalidades de esos principios y lineamientos aludidos constitucionalmente.

Pero esa tesis que al parecer pudo ser esgrimida sin ninguna problema por el legislador parlamentario o delegado al sancionar o dictar los tres instrumentos normativos antes enunciados, se enfrenta a un obstáculo derivado del examen de la estructura topográfica del DLOAP vigente, que conduce indudablemente a constatar que los principios y bases (lineamientos) del funcionamiento y organización de la Administración Pública, están ubicados en su Título II, y el "Nivel Central de la Administración Pública Nacional" en el Título III, y ese obstáculo se confirma cuando se examina el contenido de ambos títulos, pues sin duda el primero está dedicado como bien lo dice su denominación, a sentar los principios y bases de la organización y funcionamiento de la Administración Pública, y el segundo a diseñar la estructura organizativa de la Administración Central, y es claro que los principios y bases sentados en el DFLOAP, son los parámetros que por mandato constitucional condicionan el ejercicio tanto de la potestad general, con excepción de esta referida a la titularidad que el constituyente se reserva con relación a la creación de los Ministerios y al Consejo de Ministros, como la potestad de autoorganizarse de la Administración Central, en el caso de los demás órganos administrativos, que se concreta en la titularidad y la organización y funcionamiento de los mismos, es decir, en crearlos, en determinar su estructura organizativa en atribuirle sus competencias y en su puesta en funcionamiento.

Más aún, extremando los argumentos sobre tesis de la compatibilidad constitucional de las referidas normas legales bajo examen, entonces habría que admitir que cuando el Poder Ejecutivo crea y regula órganos no previstos en el diseño de la estructura organizativa de la Administración Central: trazado por el Decreto legislativo, los actos normativos sublegales de creación de los mismos, serían ilegales por emanar al margen de las referidas normas legales. Por tanto conforme a los razonamientos anteriores resulta indudable la inconstitucionalidad del ejercicio de la potestad organizativa de la Administración Pública Central que la Constitución le atribuye al Presidente de la República, por el legislador parlamentario o delegado tal como ha venido sucediendo desde 2001.

4. CONCLUSIONES

Primera. La interpretación concordada de los artículos 156, numeral 32 y 236, numeral 20, de la Constitución, revela el diseño de la potestad organizativa de la Administración Pública Central, concebida en sus dos modalidades; la potestad general y la potestad de autoorganización, la cual aparece articulada en los sistemas de reserva constitucional, legal y reglamentaria o de Administración Pública, destacando la última por su importancia cualitativa y cuantitativa en el caso de la potestad de la Administración Central, cuyo ejercicio es atribuido en forma casi total (titularidad y autoorganización) al Presidente de la República de la República en Consejo de Ministros, con la excepción de la ejercida por el propio constituyente al limitarse a crear los órganos constitucionales que ejercen funciones administrativas: Ministerios, Consejo de Ministros, Vicepresidencia Ejecutiva, Procuraduría General de la República y Consejo de Estado, configurándose de esa manera la aludida **reserva constitucional** y; finalmente, **la reserva legal** en su modalidad de ley orgánica de Parlamento, que se concreta en la sujeción estricta del Presidente de la República en el ejercicio de la potestad organizativa, a los principios y lineamientos señalados por la correspondiente **ley orgánica**.

Segunda. El análisis de cómo en la práctica ha sido ejercida la potestad organizativa de la Administración Central, pone en evidencia la clara usurpación de la misma por el legislador parlamentario y el legislador delegado, al sustituir al Presidente de la República en Consejo de

Ministros, en el ejercicio tanto la potestad general como la potestad de autoorganización, lo que sin duda configura una violación ostensible de los artículos 156, numeral 32 y 236, numeral 20, de la Constitución, y lo más grave es que la aludida transgresión ha venido ocurriendo durante veinte años, sin que se haya producido una sola denuncia de la misma en sede jurisprudencial o doctrinaria, amén de la inconstitucionalidad implicada en la regulación de la Administración Pública mediante un decreto con fuerza de ley orgánica durante los últimos doce años, en lugar de la ley orgánica, como lo ordena el texto constitucional.

LA TRANSFORMACIÓN DE PETRÓLEOS DE VENEZUELA S.A.: DE LA CONSTITUCIÓN EXITOSA DE UNA EMPRESA DEL ESTADO A SU TOTAL DESTRUCCIÓN INSTITUCIONAL POSTERIOR*

ALLAN R. BREWER-CARÍAS**

---

* Trabajo para el *Libro Homenaje al Profesor Jesús Caballero Ortíz*, Funeda, 2021.

** Profesor emérito, Universidad Central de Venezuela, donde fue director del Instituto de Derecho Público (1978-1987). Ha sido profesor Simón Bolívar, Universidad de Cambridge (1985-1986); profesor asociado de la Universidad de París II (1989-1990); profesor invitado en la Universidad Paris Nantèrre (1992); profesor adjunto de Derecho en Columbia Law School, Nueva York (2006-2008). En Venezuela, fue presidente de la Comisión de Administración Pública de la Presidencia (1969-1972); Senador por el Distrito Federal (1980-1986); ministro de Estado para la descentralización (1993-1994), miembro de la Asamblea Nacional Constituyente (1999).

hidrocarburo en 2017. X. El vaciamiento de PDVSA como holding de la industria petrolera a partir de 2017, con la creación en paralelo de una "industria petrolera militar" excluida además del régimen nacional del control fiscal. XI. La ilegal reorganización de la industria petrolera dispuesta por decreto de 2018, la final degradación del holding petrolero, y el fin de la transparencia en materia de contratación en la industria petrolera.

No solo no podía dejar de participar en este merecido *Libro Homenaje al profesor Jesús Caballero Ortiz* que muy afectuosamente le ofrecen sus amigos bajo la coordinación de nuestra común amiga, Belén Ramírez Landaeta, desde la *Fundación de Estudios de Derecho Administrativo,* Institución que el propio profesor Caballero también contribuyó a fundar hace ya varias décadas; sino que tampoco podía dejar de hacerlo que no fuera escribiendo sobre uno de los temas específicos que nos han vinculado desde hace tantos años, como es el de la Administración Pública Descentralizada y, en particular, el de las empresas del Estado.

El profesor Caballero Ortiz en su larga y brillante trayectoria profesional y académica se ha destacado en muchas áreas del derecho público, habiendo sido sin embargo, el tema de los entes descentralizados del Estado, uno entre los cuales dejó una importante obra escrita, como fueron sus libros sobre: *Las Empresas del Estado (1982)* y *Los Institutos Autónomos (1995);* ambos editados por la Editorial Jurídica Venezolana, y cuyos textos sentaron las bases doctrinales para el estudio de la Administración descentralizada funcionalmente en Venezuela.

Sobre el tema también me había ocupado desde los años sesenta del siglo pasado, motivo que nos unió en la tarea conjunta de elaborar un Proyecto de Ley de la Administración Descentralizada. que luego tuvo sus consecuencias legislativas. En efecto, cuando mi recordado amigo Carmelo Lauría ejercía en 1975 el cargo de Ministro de Estado para las Industrias Básicas, me solicitó que trabajara en la elaboración de un Proyecto de **Ley reguladora de los institutos autónomos y empresas del Estado, para lo cual no hice otra cosa que no fuera solicitarle a Jesús Caballero que me acompañara en la empresa. El resultado fue la elaboración en conjunto de un *Proyecto de***

Ley Orgánica de la Administración Descentralizada, **junto con su** ***Exposición de Motivos;*** **texto que luego volvimos a trabajar unos años después, en 1982, para presentar en conjunto** a la Cámara de Diputados**, desde el** Instituto de Derecho Público, un ***Proyecto de Ley Orgánica de la Administración Descentralizada.***

Dichos textos, sin duda, luego sirvieron para la redacción de la parte sobre la Administración Descentralizada de la Ley Orgánica de la Administración Pública de 2001.

En ese marco de relaciones académicas y profesionales, para esta obra homenaje a Jesús Caballero, he preparado este trabajo sobre la evolución de Petróleos de Venezuela S.A., la cual, después que se creó en 1975 y que durante los últimos lustros del siglo XX fue la empresa del Estado más exitosa en la historia de nuestra Administración Pública, en las dos décadas que han transcurrido del siglo XXI ha pasado a ser una empresa fallida resultado de un despiadado proceso de destrucción institucional desarrollado desde el gobierno.

INTRODUCCIÓN

La empresa *Petróleos de Venezuela S.A.* fue creada como la empresa matriz de la industria petrolera nacionalizada, con la forma de sociedad anónima y con el Estado como único accionista (es decir, como empresa del Estado), de conformidad con lo previsto en la *Ley Orgánica que Reserva al Estado la Industria y el Comercio de los Hidrocarburos* de 29 de agosto de 1975[1] (*Ley de Nacionalización Petrolera*).

El único objeto con el cual fue creada la empresa fue el de gestionar la industria petrolera nacionalizada, desarrollando su actividad con criterio empresarial, con autonomía respecto del Gobierno, y con el fin económico específico de generar ganancias derivadas de su actividad, sin interferencia política, y hacer los aportes económicos al Estado fundamentalmente mediante el llamado impuesto de explotación y el impuesto sobre la renta.

Si bien desde el inicio se dispuso que su Junta Directiva sería designada por el Presidente de la República, la empresa se estableció también

1 Ver *Gaceta Oficial* No. 1769, del 29 de agosto de 1975.

desde el inicio como una entidad descentralizada de la Administración Central, sujeta a control de tutela accionarial, pero con la autonomía necesaria para realizar sus actividades industriales y comerciales, sujeta a las reglas del derecho privado, con capacidad de comprar y vender, de demandar y ser demandada, siendo responsable de sus propias finanzas, para lo cual debía ser administrada como una entidad económica separada, no sujeta a las prescripciones presupuestarias que rigen para los órganos de la Administración Central, no estando los miembros de su junta directiva y el resto de su personal sujeto a las normas relativas a los empleados públicos, sino a la legislación laboral.

Así fue que se creó PDVSA, como una empresa comercial cuyo fin era el de generar beneficios económicos empresariales, lo que explica que después de veinte años de operar con tal carácter, en 1994, era catalogada como la segunda mayor empresa petrolera del mundo,[2] y la mayor empresa de cualquier sector de América Latina;[3] tiempo en el cual, además de haber consolidado una política de internacionalización del negocio petrolero, comenzaba a consolidar nuevas inversiones en Venezuela con participación de capital privado, mediante Convenios de Asociaciones Estratégicas suscritos con empresas extranjeras en el marco de la política de la Apertura Petrolera aprobada por el Congreso en ejecución de lo previsto en el artículo 5 de la Ley Orgánica de Nacionalización.

Esta situación duró hasta 2002, cuando, de acuerdo con la política definida por el entonces presidente Hugo Chávez, éste designó como Ministro de Energía y Minas a Rafael Ramírez, con muy poca experiencia en el manejo empresarial de la misma, entre otras funciones, con el

2 Ver "Pdvsa, Segunda petrolera más grande del mundo. La empresa estatal Petróleos de Venezuela (PDVSA) es la segunda corporación petrolera más importante del mundo, según la última clasificación de la publicación especializada *Petroleum Intelligence Weekly* (PIW)", en EFE, *El Tiempo*, Bogotá, 12 diciembre 1994, disponible en: https://www.eltiempo.com/archivo/documento/MAM-263571

3 Ver José Toro Hardy, "Sobre la tragedia de la industria petrolera," prólogo del libro: Allan R. Brewer-Carías, *Crónica de una destrucción. Concesión, Nacionalización, Apertura, Constitucionalización, Desnacionalización, Estatización, Entrega y degradación de la Industria petrolera*, Universidad Monteávila, Editorial Jurídica Venezolana, Caracas, 2018, p. 20. Disponible en: http://allanbrewercarias.com/wp-content/uploads/2018/06/9789803654276-txt-Cr%C3%B3nica-destrucci%C3%B3n-ARBC-PAGINA-WEB.pdf

fin de "tomar control total de PDVSA" para lo cual resultaba "necesario aniquilar su autonomía técnica"[4] y así, poder "despejar el camino para la politización de la industria petrolera nacional."[5] El mismo Chávez expresó esta meta en un mensaje ante la Asamblea Nacional, acerca de cuán importante era para sus fines políticos la necesidad de "tomar el control de PDVSA", confesando que en 2002 había provocado la crisis de la industria con ese propósito,[6] comenzando por despedir no solo a la plana ejecutiva de PDVSA sino, en apenas unas horas, a 23.000 de sus empleados, entre ellos, a 12.371 profesionales, técnicos y supervisores.[7]

Con ello se inició el proceso de destrucción institucional de PDVSA y de la industria petrolera en el país, para lo cual, en el marco antes reseñado, Chávez designó a Rafael Ramírez como Ministro de Energía y Minas y a partir de entonces, de ser la industria petrolera nacionalizada el negocio exitoso que fue, administrada sin injerencias del gobierno, PDVSA pasó a ser transformada gradualmente en una especie de agencia del mismo, directamente controlada, que asumió específicamente sus políticas sociales, abandonando totalmente su antiguo carácter orientado hacia los negocios, quedando al final reducida a despojos.

---

4 Ver José Ignacio Hernández, "La apertura petrolera o el primer intento por desmontar el pensamiento estatista petrolero en Venezuela," prólogo del libro: Allan R. Brewer-Carías, *Crónica de una destrucción. Concesión, Nacionalización, Apertura, Constitucionalización, Desnacionalización, Estatización, Entrega y degradación de la Industria petrolera*, Universidad Monteávila, Editorial Jurídica Venezolana, Caracas 2018, p. 52. Available at: http://allanbrewercarias.com/wp-content/uploads/2018/06/9789803654276-txt-Cr%C3%B3nica-destrucci%C3%B3n-ARBC-PAGINA-WEB.pdf

5 Ver la referencia en Henry Jiménez Guanipa, "La destrucción y la ruina de Venezuela. ¿cómo llegamos a este punto?, prólogo del libro de: Allan R. Brewer-Carías, *Crónica de una destrucción. Concesión, Nacionalización, Apertura, Constitucionalización, Desnacionalización, Estatización, Entrega y degradación de la Industria petrolera*, Universidad Monteávila, Editorial Jurídica Venezolana, Caracas 2018, p. 68. Disponible en: http://allanbrewercarias.com/wp-content/uploads/2018/06/9789803654276-txt-Cr%C3%B3nica-destrucci%C3%B3n-ARBC-PAGINA-WEB.pdf

6 *Ídem.*

7 Ver la referencia en Eddie A. Ramírez, "Años de desatino (2002-2018)," prólogo del libro: Allan R. Brewer-Carías, *Crónica de una destrucción. Concesión, Nacionalización, Apertura, Constitucionalización, Desnacionalización, Estatización, Entrega y degradación de la Industria petrolera*, Universidad Monteávila, Editorial Jurídica Venezolana, Caracas 2018, p. 37. Disponible en: http://allanbrewercarias.com/wp-content/uploads/2018/06/9789803654276-txt-Cr%C3%B3nica-destrucci%C3%B3n-ARBC-PAGINA-WEB.pdf

Las bases para la adopción de esas decisiones habían comenzado a ser sentadas dos años antes, cuando Chávez al iniciar su gobierno en febrero de 1999 designó a Alí Rodríguez Araque como su Ministro de Energía y Minas, quien desde esa posición, y luego, en 2002, desde la Presidencia de PDVSA dejaría sembrada la semilla de la destrucción de la industria y de la empresa, junto con la destrucción de la propia política de la Apertura Petrolera que había sido tan exitosa.

Alí Rodríguez, así, soterradamente, en el seno del gobierno comenzó a hacer todo lo que no pudo lograr como diputado que en el Congreso los dos períodos constitucionales anteriores, en particular en 1993, cuando se opuso a la aprobación parlamentaria de la política de la Apertura Petrolera y de las Condiciones para las celebración de los Convenios de Asociaciones Estratégicas con empresas petroleras extranjeras para la explotación de la faja Petrolífera del Orinoco; ni como impugnante que fue ante la Corte Suprema de Justicia, del Acuerdo del Congreso de 1994 mediante el cual se fijaron las condiciones y se autorizó la celebración de los Convenios de Asociación, pues la demanda fue declarada sin lugar y rechazada por la Corte Suprema en septiembre de 1999.[8]

Esa muy importante decisión se dictó, ya cuando Rodríguez estaba en ejercicio del cargo de Ministro de Energía y Minas, el cual ocupó hasta el año 2000, cuando fue nombrado Secretario General de la OPEP. Dos años más tarde, en 2002, fue nombrado Presidente de PDVSA, para junto con Rafael Ramírez, nombrado en su sustitución

8 A mí me correspondió, junto con el Dr. Román José Duque Corredor, defender la constitucionalidad y legalidad de los actos parlamentarios relativos a la Apertura Petrolera en ese juicio ante la Corte Suprema , en representación de PDVSA, contra la impugnación de Alí Rodríguez y otros. Véase el texto de la sentencia y todos los documentos del juicio en Allan R. Brewer-Carías, *Crónica de una destrucción. Concesión, Nacionalización, Apertura, Constitucionalización, Desnacionalización, Estatización, Entrega y Degradación de la Industria Petrolera*, Con Notas a manera de Presentación de: José Toro Hardy, Francisco Monaldi, Eddie Ramírez, José Ignacio Hernández, Henry Jiménez Guanipa, Enrique Viloria Vera y Luis Giusti; y un APÉNDICE con los documentos del *Caso del Juicio de nulidad de la autorización parlamentaria* para los contratos de la "Apertura Petrolera" (1996-1999), Colección Centro de Estudios de Regulación Económica-Universidad Monteávila, Nº 3, Universidad Monteávila, Editorial Jurídica Venezolana, Caracas, 2018. Disponible en: http://allanbrewercarias.com/wp-content/uploads/2018/06/9789803654276-txt-Cr%C3%B3nica-destrucci%C3%B3n-ARBC-PAGINA-WEB.pdf

como nuevo Ministro de Energía y Minas, proceder a ser los instrumentos del gobierno para asegurarse la toma directa de control de PDVSA y de toda la industria petrolera, y terminar destruyéndolas.

Para este fin, a partir de 2004 y durante todo el gobierno de Chávez, se estableció una perniciosa simbiosis que continuó durante el gobierno de Nicolás Maduro hasta 2019, conforme a la cual, el Ministro del Petróleo, miembro del Gabinete Ejecutivo Nacional, encargado de ejercer el control de tutela sobre PDVSA, comenzó a ejercer simultáneamente el cargo de Presidente de la Junta Directiva de PDVSA, el órgano controlado por el Ministro, transformando a la empresa, *de facto,* en un ente dependiente del gobierno central, donde el Ministro se controlaba a sí mismo como Presidente de la empresa.

Este proceso implicó, progresivamente, que los activos de PDVSA comenzaron a ser usados por parte del gobierno como si se tratase de recursos propios; ignorando la condición de empresa del Estado de la misma, para lo cual se comenzó con la reforma de los Estatutos de la misma con el objeto, primero, de establecer un mecanismo de injerencia del Ministro en la gestión de la empresa y, segundo, de permitir la designación a un ministro del Gabinete Ejecutivo como Presidente de su Junta Directiva; despojándose a PDVSA de su independencia, asegurándose un férreo control político de la misma similar al que el gobierno ejerce respecto de los órganos de la Administración Pública Central.

Ello llevó a que se sometiera a la compañía a la obtención de aprobaciones del Ejecutivo Nacional para las decisiones comerciales ordinarias; desviándose las actividades de la compañía del sector petrolero hacia la ejecución de políticas sociales, actuando directamente a nombre del Ejecutivo Nacional. Tal como lo explicó Eddie Ramírez: "Hasta 2002, PDVSA y sus filiales fueron administradas de manera eficiente como un negocio," y luego "pasó de ser una empresa que estaba en el negocio de los hidrocarburos y que ejecutaba programas de responsabilidad social, a una empresa cuya misión es social, que tiene actividades relacionadas con los hidrocarburos."[9]

---

[9] *Ídem*, pp. 38, 41.

I. EL ORIGEN DE PDVSA COMO ENTIDAD DESCENTRALIZADA DEL ESTADO CON PROPÓSITOS EMPRESARIALES

Como se ha dicho, inicialmente PDVSA, tal como se estableció expresamente en el *Informe para la nacionalización de la Industria Petrolera* considerado por el Congreso venezolano en 1975, redactado por la Comisión Presidencial de la Reversión Petrolera de 1974, fue creada para la tarea de asumir la administración de la industria petrolera, una vez nacionalizada, como "una entidad independiente distinta de la Administración Pública [Central], sujeta a las directrices insertadas por el Estado contenidas en el Plan de la Nación". El Informe insistió en afirmar que la intención era la de "mantener a la Administración Petrolera Nacional al margen de las normas y prácticas burocráticas concebidas fundamentalmente para organismos públicos y no para entidades modernas y complejas dedicadas a la producción a gran escala para realizar transacciones cuantiosas y frecuentes". De hecho, la Administración Petrolera Nacional se concibió como "una organización integrada verticalmente, multiempresarial y dirigida por una Casa Matriz de propiedad exclusiva y única del Estado", con sociedades que fueran "aptas para actuar con entera eficiencia en el campo mercantil", actuando con "autosuficiencia y capacidad para la renovación de sus cuadros gerenciales".[10]

Fue de acuerdo con estas recomendaciones que el 29 de agosto de 1975, el Congreso promulgó la *Ley Orgánica que reserva al Estado la Industria y el Comercio de los Hidrocarburos,*[11] cuyo Artículo 5 dispuso, con respecto a las actividades reservadas (desarrolladas hasta ese momento por empresas extranjeras privadas concesionarias), que las mismas deberían ser realizadas "directamente por el Ejecutivo Nacional o a través de entidades de su propiedad". A tal fin, el Artículo 6 de

---

10 Ver las referencias al *Informe* en Allan R. Brewer-Carías, "Consideraciones sobre el régimen jurídico-administrativo de Petróleos de Venezuela S.A.," en Revista *de Hacienda*, No. 67, Año XV, Ministerio de hacienda, caracas, 1977, p. 80. Disponible e n: http://allanbrewercarias.net/Content/449725d9-f1cb-474b-8ab2-41efb849fea8/Content/II.4.107.%20CONSID.REG.JUR.ADMIN.PETROLEOS%20VZLA%201977.pdf

11 Ver *Gaceta Oficial* No. 1769 del 29 de agosto de 1975.

dicha Ley Orgánica dispuso que el Ejecutivo Nacional crearía "con las formas jurídicas que considere conveniente, las empresas que juzgue necesario para el desarrollo regular y eficiente" de las actividades reservadas. Esta disposición también autorizó al Ejecutivo Nacional a "atribuir a una de las empresas las funciones de coordinación, supervisión y control de las actividades de las demás, pudiendo asignarle la propiedad de las acciones de cualquiera de estas empresas".

El Artículo 7 de la Ley Orgánica dispuso que dichas empresas "se regirán por la Ley Orgánica y sus reglamentos, por sus propios estatutos, por las disposiciones que dicte el Ejecutivo Nacional y por las del derecho común que les fueren aplicables". Es decir, las empresas propiedad del Estado deberían regirse preponderantemente por el derecho privado, aunque no en forma exclusiva porque, al ser empresas propiedad del Estado, también están siempre sujetas al derecho público.[12]

En consecuencia, el día siguiente a la promulgación de dicha Ley Orgánica de Nacionalización, el Presidente de la República emitió el Decreto No. 1123 del 30 de Agosto de 1975[13] que creó "una empresa

---

12 Ver Allan R. Brewer-Carías, "Consideraciones sobre el régimen jurídico-administrativo de Petróleos de Venezuela S.A.," in *Revista de Hacienda*, No. 67, Año XV, Ministerio de hacienda, Caracas, 1977, pp. 83-84. Disponible en: http://allanbrewercarias.net/Content/449725d9-f1cb-474b-8ab2-41efb849fea8/Content/II.4.107.%20CONSID.REG.JUR.ADMIN.PETROLEOS%20VZLA%201977.pdf. En este sentido, la Sala Constitucional del Tribunal Supremo, en su decisión No. 464 del 3 de marzo de 2002, definió a las empresas propiedad del estado, como PDVSA, como "personas estatales con forma jurídica de derecho privado", lo que implica, como consecuencia, "que el régimen jurídico aplicable a las mismas sea un régimen mixto, tanto de derecho público como de derecho privado, aun cuando sea preponderantemente de derecho privado, debido a su forma, pero no exclusivamente, dado que su íntima relación con el Estado las somete a las reglas obligatorias de derecho público dictadas para la mejor organización, funcionamiento y control de ejecución de la Administración Pública, por parte de los órganos que se integran a ésta o coadyuvan al logro de sus cometidos." (Caso: *Interpretación del Decreto de la Asamblea Nacional Constituyente de fecha 30 de enero de 2000, mediante el cual se suspende por 3 días la negociación de la Convención Colectiva del Trabajo),* in *Revista de Derecho Público,* N° 89-92, Editorial Jurídica Venezolana, Caracas, 2000, pp. 218, 219. Disponible en: http://allanbrewercarias.com/wp-content/uploads/2007/08/2002-REVISTA-89-90-91-92.pdf.

13 Ver Allan R. Brewer-Carías, "Consideraciones sobre el régimen jurídico-administrativo de Petróleos de Venezuela S.A.," en *Revista de Hacienda*, No. 67, Año XV, Ministerio de hacienda, Caracas, 1977, pp. 83-84. Disponible en: http://allanbrewercarias.net/Content/449725d9-f1cb-474b-8ab2-41efb849fea8/Content/II.4.107.%20CONSID.REG.JUR.ADMIN.PETROLEOS%20VZLA%201977.pdf (citando la Gaceta Oficial No. 1770 del 30 de agosto de 1975).

estatal, bajo la forma de sociedad anónima, que cumplirá la política que dicte en materia de hidrocarburos el Ejecutivo Nacional, por órgano del Ministerio de Minas e Hidrocarburos..." (Art. 1).[14] Por lo tanto, como expresé en 1985, no hay duda de que:

> *"la intención del Legislador fue estructurar a la Administración Petrolera Nacionalizada a través de empresas del Estado (entes o personas estatales), con forma de sociedad mercantil y, por tanto, con un régimen mixto de derecho público y de derecho privado...".*[15]

Por lo tanto, como también escribí en 1985:

> *"Petróleos de Venezuela, S.A., por tanto, es una "empresa estatal", o empresa del Estado, de propiedad íntegra del mismo y que responde a las políticas que aquél dicte, y, como tal, está integrada dentro de la organización general de la Administración del Estado, como ente de la administración descentralizada, pero con forma de sociedad anónima, es decir, como persona de derecho privado"*[16].

---

[14] Por esto fue que la Sala Constitucional del Tribunal Supremo ha explicado que PDVSA y sus filiales son empresas propiedad del estado bajo la forma de derecho público. Ver la Decisión No. 464 del 3 de marzo de 2002 (Caso: *Interpretación del Decreto de la Asamblea Nacional Constituyente de fecha 30 de enero de 2000, mediante el cual se suspende por 3 días la negociación de la Convención Colectiva del Trabajo),* en *Revista de Derecho Público,* N° 89-92, Editorial Jurídica Venezolana, Caracas 2000, p2p. 218, 219. Disponible en: http://allanbrewercarias.com/wp-content/uploads/2007/08/2002-REVISTA-89-90-91-92.pdf

[15] Ver Allan R. Brewer-Carías, "El carácter de Petróleos de Venezuela, S.A. como instrumento del Estado en la industria petrolera," en *Revista de Derecho Público*, N° 23, Julio-Septiembre 1985, Editorial Jurídica Venezolana, Caracas 1985, pp. 77-80. Disponible en: http://allanbrewercarias.com/wp-content/uploads/2007/08/rdpub_1985_23.pdf.

[16] *Ídem.* Por lo tanto, de conformidad con la Constitución de Venezuela y los estatutos correspondientes, PDVSA y sus filiales, como también se afirmó en la Decisión No. 464 del 3 de marzo de 2002 (Caso: *Interpretación del Decreto de la Asamblea Nacional Constituyente de fecha 30 de enero de 2000, mediante el cual se suspende por 3 días la negociación de la Convención Colectiva del Trabajo),* de la Sala Constitucional del Tribunal Supremo de Justicia, son parte de la Administración Pública Nacional, notando que: "aunque [PDVSA] es una compañía constituida y organizada en la forma de sociedad anónima, está fuera de dudas, y así lo reafirma la Constitución de la República Bolivariana de Venezuela, que la misma se encuentra enmarcada en la estructura general de la Administración Pública Nacional . . ." [Caso: *Interpretación del Decreto de la Asamblea Nacional Constituyente de fecha 30 de enero de 2000, mediante el cual se suspende por 3 días la negociación de la Convención Colectiva del Trabajo*], ver en *Revista de Derecho Público,* N° 89-92, Editorial Jurídica Venezolana, pp. 219. Disponible en: http://allanbrewercarias.com/wp-content/uploads/2007/08/2002-REVISTA-89-90-91-92.pdf

En Venezuela, la Administración Pública está integrada por la "Administración Pública Central" y por la "Administración Pública Descentralizada". Según la Constitución de Venezuela (Artículo 242) y la Ley Orgánica de la Administración Pública (Artículos 59-61), la Administración Pública Central, dirigida por el Ejecutivo Nacional, está integrada por los órganos del gobierno en sí, tales como los distintos Ministerios.[17] La Administración Pública Descentralizada, por otra parte, está integrada por entidades como las corporaciones públicas y las empresas comerciales propiedad del Estado como PDVSA y sus filiales, que no son parte del gobierno en sí, aun cuando deban estar adscritas al respectivo Ministerio del gobierno.[18] Fue por eso que la Sala Constitucional del Tribunal Supremo, al referirse al régimen aplicable a PDVSA y sus empresas filiales, explicó que "les permite diferenciarse claramente, no solo de la Administración Pública centralizada y de los institutos autónomos, sino también de otras empresas propiedad del estado."[19]

En todo caso, al igual que todas las empresas estatales, PDVSA y sus empresas filiales están sujetas a normas de derecho público. Por ejemplo, además de las disposiciones de la Ley Orgánica de la Administración Pública, las disposiciones de la Ley de Contrataciones Públicas (Artículo 3)[20] y la Ley Orgánica de la Procuraduría General (Artículo 9).[21] Además, como ente descentralizado de la Administración Pública Nacional está, desde luego, sujeta a todas las regulaciones y principios relativos al funcionamiento de la Administración Pública

---

17 *Ver* Artículos 160, 174, 236.20 de la Constitución; *ver también* Allan R. Brewer-Carías, *Derecho Administrativo en Venezuela*, Editorial Jurídica Venezolana, Segunda Edición, 2015, p. 52; disponible en: http://allanbrewercarias.com/wp-content/uploads/2013/08/9789803651992-txt.pdf.

18 *Ver* Artículos 142; 300.

19 Ver la Decisión No. 464 de la Sala Constitucional del Tribunal Supremo del 3 de marzo de 2002 (Caso: *Interpretación del Decreto de la Asamblea Nacional Constituyente de fecha 30 de enero de 2000, mediante el cual se suspende por 3 días la negociación de la Convención Colectiva del Trabajo)*, en *Revista de Derecho Público*, N° 89-92, Editorial Jurídica Venezolana, Caracas 2000, pp. 218, 219. Disponible en: http://allanbrewercarias.com/wp-content/uploads/2007/08/2002-REVISTA-89-90-91-92.pdf

20 *Ver Gaceta Oficial* N° 6.154 Extraordinaria del 19 de noviembre de 2014. Disponible en: http://www.mindefensa.gob.ve/COMISION/wp-content/uploads/2017/03/LCP.pdf.

21 *Ver Gaceta Oficial* N° 37.347 del 17 de diciembre de 2001. Disponible en: http://www.oas.org/juridico/spanish/mesicic3_ven_anexo23.pdf

incluidos en la Ley Orgánica (en particular, el Título II. Principios y bases del funcionamiento y organización de la Administración Pública: artículos 3-28, 33-43), así como en otras leyes relativas a los órganos y entes de la Administración Pública, como la Ley Orgánica de Procedimientos Administrativos; la Ley Orgánica de Bienes Públicos (Artículo 4);[22] y la Ley Orgánica de la Administración Financiera del Sector Público (Artículo 6).[23]

Las empresas estatales también son parte del "Sector Público", según lo define el Artículo 5 de la Ley Orgánica de la Administración Financiera del Sector Público, que específicamente comprende:

> "8. Las sociedades mercantiles en las cuales la República o las demás personas a que se refiere el presente artículo tengan participación igual o mayor al cincuenta por ciento del capital social. Quedarán comprendidas, además, las sociedades de propiedad totalmente estatal, cuya función, a través de la posesión de acciones de otras sociedades, sea la de coordinar la gestión empresarial púbica de un sector de la economía nacional [...]"[24]

Adicionalmente, y siguiendo el sentido de las disposiciones de la *Ley Orgánica de Nacionalización* de 1975, PDVSA fue constitucionalizada en el Artículo 303 de la Constitución de 1999, el cual le asigna directamente lo que ya tenía, es decir, "la gestión de la industria petrolera." Según el artículo 2 de sus Estatutos, PDVSA, de hecho, fue creada desde 1975 para cumplir su función corporativa de implementar la política nacional en materia de hidrocarburos, es decir, para generar beneficios como empresa comercial en dicho sector. Tal era la "política nacional que debía implementarse."[25] Por lo tanto, no es correcto decir que "PDVSA fue creada mediante decreto presidencial, no para generar ganancias, sino como una compañía nacional para implementar la po-

[22] *Ver Gaceta Oficial* N° 39.952 del 26 de junio de 2012.

[23] Artículo 5. Ver Gaceta Oficial No. 6210 Extraordinaria del diciembre de 2015, disponible en: http://historico.tsj.gob.ve/gaceta_ext/diciembre/30122015/E-30122015-4475.pdf#page=1

[24] *Ver Gaceta Oficial* No 6.210 Extraordinaria, del 30 de diciembre de 2015. Disponible: http://www.bod.com.ve/media/97487/GACETA-OFICIAL-EXTRAORDINARIA-6210.pdf.

[25] *Ver*, por ejemplo, los Estatutos de PDVSA, reformados por el Decreto No. 2184, *Gaceta Oficial No. 37.588* (10 de diciembre de 2002).

lítica nacional en materia de hidrocarburos" como se afirmó en el caso ante la Corte Distrital de los Estados Unidos de Delaware, (*Crystallex International Corporation v. República Bolivariana de Venezuela* del 9 de agosto de 2018), aceptando el planteamiento de Crystallex (p. 402). Por el contrario, bajo la Ley de Nacionalización y el decreto de su creación, PDVSA debía generar ganancias y *esa* era la "política nacional que debía implementarse".

A pesar de las disposiciones de derecho público que regulan a PDVSA, el hecho es que la empresa, según lo antedicho, fue constituida como una compañía de derecho privado, inscrita en el Registro Mercantil de acuerdo a las normas del Código Mercantil, y disponiendo sus estatutos que los miembros de la Junta Directiva de la compañía, aun cuando fueran designados por el Presidente de la República, debían desempeñar sus funciones a tiempo completo (Artículo 20), sin tener la condición de empleados públicos, por lo que estarían sujetos a la Ley del Trabajo.

Esto implicó que ningún Ministro, miembro del Ejecutivo Nacional, ni ningún otro funcionario público podía ser designado como miembro de la Junta Directiva de PDVSA. Por el contrario, el Ministro de Energía y Petróleo solo sería un miembro de la Asamblea de Accionistas de la compañía (Artículos 7 y 11), sin tener ninguna participación directa en la administración de la compañía, y mucho menos algún control en las operaciones diarias de la empresa. En particular, el Artículo 29 de los Estatutos de PDVSA dispuso lo siguiente:

> *"Cláusula Vigésima Novena. No podrán ser miembros de la Junta Directiva de la sociedad durante el ejercicio de sus cargos, los Ministros del Despacho, los miembros del Tribunal Supremo de Justicia, el Procurador General de la República y los Gobernadores de los Estados y del Distrito Federal. Tampoco podrán ser miembros de la Junta Directiva de la sociedad las personas que tengan con el Presidente de la República o con el Ministro de Energía y Minas parentesco hasta el cuarto grado de consanguinidad o segundo de afinidad"*[26].

[26] Ver, por ejemplo, los Estatutos de PDVSA del 2002, modificados por el Decreto N° 2.184 del 10 de diciembre de 2002, en la *Gaceta Oficial* N° 37.588 del 10 de diciembre de 2002.

Esa condición efectiva separación de PDVSA respecto de la Administración Pública centralizada que existió al crearse la empresa, y que fue celosamente preservada por todos los gobiernos democráticos por más de 25 años, fue el factor clave que contribuyó al desarrollo de la misma como empresa comercial, administrada independientemente de cualquier control o interferencia política, lo que sirvió al propósito de generar ganancias como ente estatal que gestionaba la industria petrolera, haciendo aportes al Estado únicamente a través del sistema de impuesto sobre la renta.

Esta fue la condición de PDVSA hasta el 2002, cuando lamentablemente toda esta separación comenzó a cambiarse luego de que el entonces presidente Hugo Chávez designara en 1999 Alí Rodríguez Araque como Ministro de Energía y Minas, y luego en 2002 como Presidente de PDVSA; y además, en el mismo año 2002 designara a Rafael Ramírez como Ministro de Energía y Minas. Con ello, Chávez buscó asegurar definitivamente la intervención política de PDVSA,[27] y crear la llamada "nueva PDVSA", totalmente controlada por el Gobierno, al servicio de la "revolución venezolana."[28] Con esa mira, además, Chávez decidió proceder a la entrega incontrolada de petróleo a Cuba.

II. LA PRIMERA DECISIÓN QUE CONDUJO A LA DESTRUCCIÓN: EL CONVENIO INTEGRAL DE COOPERACIÓN CON CUBA DE 2000 Y EL INCONSTITUCIONAL COMPROMISO PETROLERO SUSCRITO SIN APROBACIÓN DE LA ASAMBLEA NACIONAL QUE ASEGURÓ LA ENTREGA INCONTROLADA DE PETRÓLEO A CUBA A PARTIR DE 2001

En efecto, apenas fue electo Presidente de la República después de la entrada en vigencia de la Constitución de 1999, y ya con Ali Rodríguez Araque designado como Ministro de Energía y Minas, Hugo

27 Ver *Gaceta Oficial* No. 37.486, del 17 de julio de 2002, pp. 32.628 y 324.629

28 Ver "La nueva PDVSA es la institución de la revolución Venezolana," noviembre de 2006, disponible en: http://www.pdvsa.com/index.php?option=com_content&view=article&id=1845:3184&catid=10&Itemid=589&lang=es

Chávez firmó en Caracas el 30 de octubre de 2000, como "Presidente de Venezuela," un Convenio Integral de Cooperación con el "Comandante en Jefe Fidel Castro," como Presidente de la República de Cuba, con el "interés común por promover y fomentar el progreso de sus respectivas economías," mediante el cual las Partes se comprometieron "a elaborar de común acuerdo, programas y proyectos de cooperación," para cuya ejecución se debía considerar "la participación de organismos y entidades de los sectores públicos y privados de ambos países y, cuando sea necesario, de las universidades, organismos de investigación y de organizaciones no gubernamentales" (art. 1).

Dicho Convenio[29] no solo no fue nunca publicado en *Gaceta Oficial* de la República de Venezuela, sino que, violando la Constitución, nunca fue sometido a la aprobación por parte de la Asamblea Nacional como lo exigía el artículo 151 de la Constitución recién sancionada. Por ello, en 2001, el conocido experto petrolero Leonardo Montiel Ortega formuló una petición ante la Fiscalía General de la República, requiriendo la "revisión de la vigencia" del Convenio Integral de Cooperación, precisamente porque el mismo no había sido sometido a la aprobación de la Asamblea Nacional. Sin embargo, la Consultoría Jurídica del Ministerio Público mediante memorándum de 7 de octubre de 2000,[30] argumentó que la obligación de someter los tratados celebrados por la República a la aprobación por la Asamblea Nacional antes de su ratificación por el Presidente de la República, conforme al artículo 154, está exceptuada respecto de aquellos tratados mediante los cuales "se trate de ejecutar o perfeccionar obligaciones preexistentes de la República."

Con base en ello, dicho Consultor Jurídico "inventó," por su cuenta, ya que el texto del Convenio Integral de Cooperación de 2000 nada dice al respecto, que el mismo "tiene como antecedente el Convenio Básico de Cooperación Técnica suscrito entre ambos gobiernos, el 6 de noviembre de 1992, publicado en *Gaceta Oficial* 4506 Extraordinario

---

29 Véase en *http://www.embajadacuba.com.ve/cuba-venezuela/convenio-colaboracion/; y en: http://www.cubadebate.cu/especiales/2010/11/07/convenio-integral-de-coopera-cion-venezuela-cuba/#.Wtysb61DnMU.*

30 Véase Memorándum: *Ministerio Público MP Nº DCJ-11-20-785-2001 FECHA:20010710,* en http://catalogo.mp.gob.ve/min-publico/doctrina/bases/doc-tri/texto/2001/350-2001.pdf.

del 23 de diciembre de 1992, en vigor a partir del 26 de marzo de 1993," indicando que el mismo:

"contempla como objetivo, promover el desarrollo reciproco de la cooperación técnica entre las Partes, a través de la formulación de programas y proyectos específicos en áreas y sectores de interés mutuo, relacionados con el desarrollo económico y social de ambos países" (art. 1).

Agregando, además, que el artículo 2 de aquél Convenio de 1992,

"establece que la cooperación técnica, podría comprender la realización conjunta o coordinada de programas de investigación, desarrollo y capacitación; la organización de seminarios, conferencias y cursos de postgrado; el intercambio de información, documentación y publicaciones técnicas y científicas; así como cualquier otro tipo de cooperación técnica y científica acordada entre las partes".

Igualmente, el artículo 3 del viejo Convenio disponía que las Partes podrían hacer uso de diferentes medios para ejecutar las formas de cooperación, entre los cuales estaba "el intercambio de investigadores y personal especializado para la prestación de servicios de consultoría y asesoramiento dentro de proyectos específicos y de adiestramiento; el envío o intercambio de equipos y materiales para la ejecución de programas o proyectos de cooperación técnica y científica; así como cualquier otro medio acordado por las partes."

Era claro y evidente, en todo caso, que se trataba de cooperación técnica y científica, y por supuesto no podía sustentar un convenio por ejemplo en el cual la República se comprometiera, por ejemplo, a vender petróleo, a determinados precios, como fue precisamente una de las obligaciones que asumió Venezuela en el Convenio de Cooperación de 2000.

Sin embargo, el Consultor Jurídico del Ministerio Público, afirmó falsamente que lo que se hizo con el Convenio Integral de Cooperación suscrito con la República de Cuba, el 30 de octubre de 2000, fue desarrollar los "objetivos" de aquél Convenio de 1992, que sí había sido publicado en *Gaceta Oficial*, concluyendo que era posible afirmar:

"que el Convenio Integral de Cooperación con la República de Cuba no requería aprobación por parte de la Asamblea Nacional,

ya que mediante el mismo se ejecutan o perfeccionan las obligaciones contraídas por los Gobiernos de Venezuela y Cuba en el Convenio Básico de Cooperación Técnica de 1992".

Para ello, el Consultor Jurídico se basó en la afirmación de Fermín Toro (Manual de Derecho Internacional Público), que no es aplicable al caso, de que "Es innecesario aprobar dos veces una misma obligación u obligaciones que versen sobre lo mismo y se complementan. En otras palabras, la aprobación no es requerida porque ya ha sido concedida con anterioridad." Lo cual evidentemente es falaz porque lo que se aprobó en 1992 no es lo mismo que lo que se contrató en 2000.[31]

El Convenio Integral de Cooperación suscrito entre la República Bolivariana de Venezuela y la República de Cuba, por tanto, contrariamente a lo afirmado por el Consultor Jurídico del Ministerio Público, no cumplió con los requisitos consagrados en el ordenamiento jurídico, pudiendo considerárselo inconstitucional.[32]

Sin embargo, el Convenio Integral de Cooperación ha estado en aplicación desde 2000.

Conforme al mismo, por una parte,

"la República de Cuba prestará los servicios y suministrará las tecnologías y productos que estén a su alcance para apoyar el amplio programa de desarrollo económico y social de la República Bolivariana de Venezuela, de los cuales esta no disponga y previa solicitud de acuerdo con el listado contenido en el Anexo I, que se entenderá como parte integrante de este convenio"[33].

En relación con dicho listado que abarca: "1. Agroindustria Azucarera y sus derivados; 2. Turismo; 3. Agricultura y Alimentación; 4. Venta de Productos; 5. Productos para Plagas; 6. Venta de otros productos seleccionados; 7. Transporte; 8. Educación; 9. Deportes; 10. Servicios de Salud y Formación de Personal en Cuba," se previó que "los bienes y servicios serán definidos cada año, según el acuerdo de ambas par-

---

31 Véase el texto en *Informe FGR, 2001, T.III.*, pp. 125-128.

32 Véase el texto en *Informe FGR, 2001, T.III.*, pp. 125-128.

33 El listado comprende una extensa gama de actividades, que puede consultarse en la publicación del Convenio hecha por la Organización de Estados Americanos, en https://www.oas.org/juridico/mla/private/rexcor/rexcor_resp_ven9.pdf.

tes, precisando el monto monetario, las especificaciones, regulaciones y modalidades en que serán entregados. Estos bienes y servicios serán pagados por la República Bolivariana de Venezuela, en el valor equivalente a precio de mercado mundial, en petróleo y sus derivados" (art. 2).

Por la otra parte, conforme al artículo 3 del Convenio, República Bolivariana de Venezuela se comprometió:

> *"a proveer a la República de Cuba a solicitud de ésta y como parte de este Convenio Integral de Cooperación, bienes y servicios que comprenden asistencia y asesorías técnicas provenientes de entes públicos y privados, así como el suministro de crudos y derivados de petróleo, hasta por un total de cincuenta y tres mil (53.000) barriles diarios. Estos volúmenes serán presentados en un programa de nominaciones, de carácter trimestral y anualizado por las empresas CUPET y CUBAMETALES a PDVSA en las cantidades y condiciones que se establecerán anualmente entre Las Partes, tomando como referencia las bases del Acuerdo Energético de Cooperación de Caracas."*

En este caso, los precios debían ser "determinados por el mercado en base a las fórmulas aplicables," y las venas debían ser: "sobre las bases de un esquema de financiamiento mixto de corto y largo plazo, utilizándose las escalas aplicables al Acuerdo Energético de Caracas" (art. 3).

Por su parte, conforme al artículo 4 del Convenio, la República de Cuba ofreció:

> *"gratuitamente a la República Bolivariana de Venezuela los servicios médicos, especialistas y técnicos de la salud para prestar servicios en lugares donde no se disponga de ese personal. Los médicos especialistas y técnicos cubanos en la prestación de sus servicios en la República Bolivariana de Venezuela ofrecerán gratuitamente entrenamiento al personal venezolano de diversos niveles que las autoridades soliciten".*

Sin embargo, se previó que "la parte venezolana cubrirá los gastos de alojamiento, alimentación, transportación interna," garantizando el gobierno de Cuba "a todos los galenos y demás técnicos sus salarios y la atención adecuada a los respectivos familiares en la Isla".

El Convenio Integral de Cooperación, se ha desarrollado a través de múltiples contratos de interés nacional,[34] los cuales tampoco nunca fueron sometidos a la aprobación por parte de la Asamblea Nacional, todo en violación de lo que exige el artículo 150 de la Constitución.

Como consecuencia de estos Convenios, en definitiva, Venezuela, mediante los mismos, aceptó entre otras cosas, dejarse invadir por personas y funcionarios cubanos, y entregar al Estado cubano el control de muchas áreas y servicios de la Administración del Estado venezolano, para lo cual además pagó en petróleo, con consecuencias catastróficas como las que se han conocido recientemente: la propia pérdida de la inversión venezolana en la refinería ubicada en Cienfuegos, que por deudas, pasó a ser adquirida totalmente por Cuba; y la compra por parte del Estado Venezolano de petróleo en el mercado internacional para ser envido a Cuba, cuando en el país no sólo disminuyó la producción sino que hay déficit en el abastecimiento interno.

Ambas situaciones fueron reseñadas por la prensa internacional, por lo que para darse cuenta de ello, ante el secreto que en el país ha tenido todo lo que se refiere al Convenio Integral, basta recurrir a lo expresado en las noticias internacionales en la siguiente forma:

En cuanto a la Refinería Camilo Cienfuegos se trataba una empresa mixta constituida en abril de 2006 entre la empresa cubana Cuvenpetrol S.A. y PDVSA, en el marco de la Alianza Bolivariana para los Pueblos de Nuestra América (ALBA), en la cual PDVSA tenía el 49 % de las acciones. Sin embargo, ese porcentaje accionario según anunció el diario *Granma*, citado por *Reuters*, lo perdió PDVSA desde agosto de 2017, comenzando la Refinería a operar como entidad estatal plenamente cubana, bajo la égida de Unión Cuba Petróleo (CUPET), para "saldar deudas ante el incumplimiento de compromisos por parte de Venezuela"

---

34 Véase por ejemplo el Convenio de prestación de servicios tecnológicos integrales para la transformación y modernización del sistema de identificación, migración y extranjería suscrito entre la república de Venezuela y entre otros la Sociedad mercantil Albert Ingeniería y Sistema, constituida en La Habana, y por el cual Venezuela pagó más de 172 millones de dólares. Véase el texto en http://www.elnuevo-herald.com/ultimas-noticias/article1553516.ece/BINARY/EXCLUSIVO:%20Contrato%20confiden-cial%20entre%20Cuba%20y%20Venezuela%20para%20transformaci%C3%B3n%20del%20sistema%20de%20identificaci%C3%B3n.

con Cuba por "servicios profesionales" no pagados que habría recibido y por el "alquiler de tanqueros."[35]

En cuanto a la compra de petróleo en el mercado internacional por PDVSA para ser enviado a Cuba, según se reportó en la prensa internacional, entre 2017 y los primeros meses de 2018, PDVSA compró "cerca de 440 millones de dólares en crudo extranjero y lo ha enviado directamente a Cuba en condiciones flexibles de crédito, que a menudo implicaron pérdidas, según documentos internos de la empresa a los que Reuters tuvo acceso." El reportaje agregó:

> *"Los envíos constituyen la primera evidencia documentada de que el país miembro de la OPEP adquiere crudo para abastecer a sus aliados regionales en lugar de venderles petróleo de sus propias reservas.*
>
> *Venezuela realizó las entregas con descuentos, que no se habían informado anteriormente, pese a su gran necesidad de divisas para sostener su economía e importar alimentos y medicinas en medio de una escasez generalizada.*
>
> *Las compras de petróleo en el mercado abierto para subsidiar a Cuba, uno de los pocos aliados políticos que le quedan a Venezuela, revelan el profundo deterioro de su sector energético bajo el gobierno del presidente Nicolás Maduro.*
>
> *Las compras se produjeron luego de que la producción de crudo de Venezuela tocó un mínimo de 33 años en el primer trimestre, una baja de 28 por ciento en 12 meses. Las refinerías de la nación operaron en ese lapso a un tercio de su capacidad y los trabajadores han renunciado por miles en meses recientes.*
>
> *PDVSA compró el crudo hasta 12 dólares por barril más caro de lo que facturaba cuando enviaba el mismo petróleo a Cuba, según precios en documentos internos revisados por Reuters.*
>
> *Pero es posible que Cuba nunca pague en efectivo por los cargamentos, ya que Venezuela siempre ha aceptado bienes y servicios de*

[35] Véase las reseñas de Sarah Marsh y Marianna Parraga, "Cuba takes over Venezuela stake in refinery joint venture," en Reuters, 14 de diciembre de 2017, en https://www.reuters.com/article/cuba-venezuela/cuba-takes-over-venezuela-stake-in-refinery-joint-venture-idUSL8N1OE79H; y de Sabrina Martín, "Cuba le arrebata a Venezuela refinería de PDVSA tras impago de "servicios prestados," en PanAmPost, 15 de diciembre de 2017, en https://es.panampost.com/sabrina-martin/2017/12/15/cuba-arrebata-vzla-refineria-pdvsa/amp/?__twitter_impression=true.

la isla a cambio de petróleo bajo un pacto firmado en el 2000 por los difuntos líderes Hugo Chávez y Fidel Castro." [36]

III. LAS CATASTRÓFICAS CONSECUENCIAS DE LA SIMBIOSIS ENTRE EL ÓRGANO DE CONTROL Y EL ÓRGANO CONTROLADO Y CÓMO PDVSA PASÓ A SER UN ENTE TOTALMENTE CONTROLADO POR EL EJECUTIVO, PERDIENDO SU CARÁCTER GERENCIAL

Luego de firmado en Convenio de entrega mediante el cual Venezuela, no sólo suministró en forma incontrolada durante dos décadas petróleo a Cuba, sino que incluso pagó para ser invadida por ese país, en el ámbito interno, con Alí Rodríguez como Ministro de Energía y Minas, en mayo de 2001 Chávez procedió a reformar los estatutos de PDVSA, creando, en una primer aproximación, un "Consejo de Accionistas" para "asesorar al Ejecutivo Nacional," es decir, al propio Ministerio de Energía y Minas, "en la formulación y vigilancia del cumplimiento de los lineamientos y políticas que, a través del Ministerio de Energía y Minas, debe establecer o acordar de conformidad con la Cláusula Segunda de esta Acta Constitutiva-Estatutos" (Artículo 38, 39), comenzando así a permitir que el Ministro interviniera en las operaciones de la compañía.[37]

Dos años más tarde, en noviembre de 2004, el presidente Chávez logró sus objetivos de intervenir directamente en la administración de PDVSA, al designar a su Ministro de Energía y Minas, Rafael Ramírez, simultáneamente, como Presidente de PDVSA,[38] violando los Estatutos de la empresa que prohibían expresamente que los Ministros pudieran

---

[36] Véase la reseña de **Marianna Parraga y Jeanne Liendo/Reuters,** "Exclusive: As Venezuelans suffer, Maduro buys foreign oil to subsidize Cuba," en *Reuters*, 15 de mayo de 2017, en https://ca.reuters.com/article/idCAKCN1IG1TO-OCABS?utmsour-ce=34553&utm_medium=partner; y "Mientras los venezolanos sufren, gobierno de Maduro compra petróleo extranjero para subsidiar a Cuba," en *Lapatilla.com*, 15 de mayo de 2018, en https://www.lapatilla.com/site/2018/05/15/insolito-venezuela-compro-petroleo-extranjero-para-subsidiar-a-cuba-en-medio-de-crisis-interna/.

[37] Ver Decreto Nº 1.313 del 29 de mayo de 2001 en la *Gaceta Oficial* No. 37.236, del 10 de julio de 2001, pp. 318.941

[38] Ver *Gaceta Oficial* No. 38.082, del 12 de diciembre de 2004, p. 336.308

ser miembros de la Junta Directiva de la compañía (Cláusula 29). La abierta violación de los Estatutos de PDVSA con este nombramiento, por tanto, provocó una nueva reforma estatutaria *ex post facto,* precisamente para "regularizar" que Rafael Ramírez como Ministro de Petróleo permaneciera en la Junta, como Presidente de la compañía.[39]

Una nueva reforma de los Estatutos fue posteriormente aprobada mediante Decreto Ejecutivo en 2008[40], en la que se estableció expresamente que para lograr sus objetivos, PDVSA debía seguir los lineamientos y políticas del Ejecutivo Nacional establecidas o hechas de conformidad con las leyes aplicables, "a través del Ministerio del Poder Popular para Energía y Petróleo" (Cláusula Segunda, según enmienda). Además, se agregó un texto para permitir que el Presidente de la República pudiera autorizar al Presidente de PDVSA o a alguno de los miembros de la Junta Directiva, a ser dirigentes de organizaciones políticas mientras desempeñaran el cargo, una actividad que hasta tal enmienda, estaba expresamente prohibida (Cláusula Trigésima, según enmienda).[41]

Los Estatutos de PDVSA fueron reformados de nuevo en 2011, esta vez para permitir que además del Ministro de Energía y Minas, quien era al mismo tiempo Presidente de la compañía, la designación de dos Ministerios adicionales en la Junta Directiva de PDVSA: el Ministro de Planificación y Finanzas, Jorge Giordani, y el Ministro de Relaciones Exteriores, Nicolás Maduro. A tales fines, con esta reforma se derogó la citada Cláusula 29 de los Estatutos con todas sus prohibiciones.[42] Por lo tanto, desde 2011, no uno sino tres miembros del Gabinete Ejecutivo Nacional se comenzaron desempeñar como miembros de la Junta Directiva de PDVSA. Además de esto, el Viceministro de Energía y Minas (Bernard Mommer) también era miembro de la Junta Directiva de PVDSA.

---

39 Ver enmienda de la Cláusula Vigésima Novena en el Decreto Nº 3.299 de fecha 7 de diciembre de 2004, en la *Gaceta Oficial* No. 38.081, del 7 de diciembre de 2004, pp. 336.271

40 Ver Decreto Nº 6.234 del 15 de julio de 2008 en la *Gaceta Oficial* No. 38.988, del 6 de agosto de 2008, pp. 363.187

41 Ver los comentarios acerca de esta enmienda en https://www.analitica.com/economia/desde-pdvsa-hasta-psuvsa/

42 Ver Decreto No 8.238, en la *Gaceta Oficial* 39681, del 15 de mayo de 2011

Después de la elección de Nicolás Maduro como Presidente de Venezuela en abril de 2013, Rafael Ramírez fue ratificado como Presidente de PDVSA, y el 22 de abril de 2013, fue ratificado simultáneamente como Ministro de Petróleo y Minas del nuevo gobierno,[43] cargos que ocupó hasta septiembre de 2014. Esto significa que durante diez años seguidos, Rafael Ramírez, el Ministro de Petróleo y Minas, fue al mismo tiempo el Presidente de PDVSA, y en tales caracteres, el principal responsable de desmantelar la independencia y autonomía de PDVSA que antes había tenido desde su creación en 1975,[44] y con ello la destrucción de la industria petrolera.

Esa práctica de hacer que el Ministro de Petróleo fuera al mismo tiempo el Presidente de PDVSA y, como tal, involucrado en las operaciones diarias de la empresa, continuó después de la salida de Ramírez, de modo que el entonces Presidente Maduro designó en 2014 a Eulogio Del Pino (quien era Presidente de la Corporación Venezolana del Petróleo, una filial de PDVSA, y también antiguo miembro de la Junta Directiva de PDVSA) como Presidente de PDVSA,[45] y en agosto de 2015, lo designó para ejercer simultáneamente como Ministro de Petróleo y Minas.[46]

Esta simbiosis se vio brevemente interrumpida en 2017, solo por unos meses, cuando el 24 de agosto de ese año, Eulogio Del Pino fue nuevamente designado como Ministro de Petróleo,[47] nombrándose a Nelson Martínez como Presidente de PDVSA.[48] Ambos ocuparon tales

---

43 Ver *Gaceta Oficial* No. 40151 del 22 de abril de 2013, p. 400.835

44 Ver en general acerca de este proceso: Allan R. Brewer-Carías, *Crónica de una destrucción. Concesión, Nacionalización, Apertura, Constitucionalización, Desnacionalización, Estatización, Entrega y degradación de la Industria petrolera*, Universidad Monteávila, Editorial Jurídica Venezolana, Caracas 2018. Disponible en: http://allanbrewercarias.com/wp-content/uploads/2018/06/9789803654276-txt-Cr%C3%B3nica-destrucci%C3%B3n-ARBC-PAGINA-WEB.pdf

45 Ver *Gaceta Oficial* No. 40.488, del 2 de septiembre de 2014, p. 414.654

46 Ver *Gaceta Oficial* No. 40.727, del 19 de agosto de 2015, p. 422.884. Asdrúbal Chávez, también antiguo miembro de la Junta Directiva, fue designado brevemente como Ministro de Petróleo y Minas antes de Eulogio Del Pino, ver *Gaceta Oficial* No. 40.488, del 2 de septiembre de 2014, p. 414.652

47 Ver Decreto No. 3.042 del 24 de agosto de 2017 en la *Gaceta Oficial* No. 41.221, del 24 de agosto de 2017, p. 437.327

48 Ver Decreto No. 3.043 en la Gaceta Oficial No. 41.22, del 24 de agosto de 2017, p. 437.328.

cargos hasta el 4 de noviembre de 2017, cuando fueron detenidos bajo acusación penal de corrupción.[49] Martínez luego falleció mientras estaba detenido en diciembre de 2018.[50]

La sustitución de los destituidos tuvo lugar el 26 de noviembre de 2017, cuando Manuel Quevedo, un general de la Guardia Nacional sin conocimiento alguno de la industria petrolera, fue designado por Maduro, también simultáneamente, como Ministro de Petróleo[51] y Presidente de PDVSA,[52] cuyos cargos conservó durante el período de usurpación de la Presidencia por Maduro, hasta el 27 de abril de 2020.[53] En esa fecha, ya PDVSA totalmente destruida, Nicolás Maduro designó a Asdrúbal José Chávez Jiménez como Presidente Interino de la empresa.[54]

La trayectoria institucional de PDVSA arriba descrita, en la que un Ministro era al mismo tiempo Presidente de la compañía, permitiendo al gobierno intervenir en la administración al día a día de la misma y tener injerencia en sus operaciones diarias, fue por ejemplo, la base para que la Corte Distrital de los Estados Unidos para el Distrito de Delaware en una decisión que adoptó en el caso *Crystallex International Corporation v. República Bolivariana of Venezuela* (C.A. No. 17-mc-151-LPS) del 9 de agosto de 2018, afirmara que entre la República y PDVSA no había una clara separación corporativa,[55] la cual no tenía autonomía

---

49 Ver la información en https://www.lapatilla.com/2017/11/30/saab-confirma-detencion-de-eulogio-del-pino-y-nelson-martinez/; https://www.noticiascandela.informe25.com/2017/12/en-detalles-la-detencion-de-del-pino.html

50 Ver la información en: https://elpais.com/internacional/2018/12/13/america/1544721965_258574.html; https://www.elnacional.com/venezuela/politica/reuters-fallecio-nelson-martinez-presidente-pdvsa_263171/

51 Ver Decreto No. 3.177, del 26 de noviembre de 2017 en la Gaceta Oficial No. 6.343 Extraordinaria del 26 de noviembre de 2017.

52 Ver Decreto No. 3.178 del 26 de noviembre de 2017 en la Gaceta Oficial No. 6.343 Extraordinaria del 26 de noviembre de 2017.

53 Ver Gaceta Oficial No. 6.531 Extraordinaria del 27 de abril de 2020.

54 Ver Decreto No. 4.191 del 27 de abril de 2020. Gaceta Oficial No. 6.531 Extraordinaria del 27 de abril de 2020.

55 Por el contrario, esta situación que podía aplicarse en la relación que existía entre PDVSA y el gobierno de H. Chávez y N. Maduro antes de febrero de 2019, cambió cuando se designó una nueva *Junta Directiva Ad-Hoc de PDVSA y sus filiales* para la protección de sus bienes e intereses en el exterior, mediante Decreto de 8 de febrero de 2019 del Presidente Interino Juan Guaidó, con la autorización de la Asamblea Nacional y conforme a lo previsto en los artículos 15 y 34.3 del *Estatuto de Transición hacia la Democracia y el restablecimiento de la vigencia de la Constitución* de fecha 5 de febrero de 2019, que

para realizar sus funciones económicas, llegando a la conclusión de que para la justicia en los Estados Unidos, PDVSA no era sino un *alter ego* de la República.[56] Es decir, consideró que eran la misma cosa, con el objeto de hacer responder con sus bienes a PDVSA y sus filiales, por los daños que había causado la República por decisiones irresponsables adoptadas, casualmente por el Ministro de Energía y Minas cuando era a la vez Presidente de PDVSA.

Y es que efectivamente, con esa perversa simbiosis organizativa, PDVSA, la otrora más importante empresa petrolera del Continente, se convirtió en una entidad que sirvió, no sólo de "caja chica" del Ejecutivo para la atención y financiamiento de toda suerte de programas sociales y de importaciones de bienes de la más diversa índole, lo que no solo abrió las puestas a la corrupción oficial a niveles todavía ni sospechados, sino que multiplicó por cuatro, en diez años, el número de empleados de PDVSA, llegando a ser la empresa peor gerenciada del Continente, que dejó de invertir en el negocio petrolero. En ese esquema organizativo, en el sector de la industria petrolera nacionalizada, Petróleos de Venezuela S.A., pasó a ser un apéndice de la Administración Central, desapareciendo en su funcionamiento todos los objetivos y propósitos definidos en 1975, cuando se creó; todo ello con efectos catastróficos para su funcionamiento y su misión.

Ello, en todo caso, se diseñó mediante una serie de decisiones que se fueron tomando en el Ejecutivo Nacional desde el inicio del Gobierno de Chávez, con la participación de Alí Rodríguez Araque y Rafael Ramírez, ambos Ministros de Energía y Minas y Presidentes de PDVSA.

---

garantiza e impone la autonomía funcional y gerencia autónoma de las empresas. Ello ha implicado la necesaria separación de la gerencia de PDVSA y sus filiales en el exterior, no solo del régimen de N. Maduro sino del propio Gobierno de Transición, de manera que desde 2019 no puede considerarse que el gobierno de Venezuela a cargo de Juan Guaidó ejerza sobre esas empresas en el exterior un "excesivo control" sobre sus operaciones día a día, como sucedía antes de febrero de 2019, no existiendo en las relaciones entre el Gobierno y PDVSA y sus filiales, la relación "de principal y agente" que se desarrolló durante los gobiernos de Chávez y Maduro. Véase sobre el régimen del gobierno de transición: Allan R. Brewer-Carías, *La transición a la democracia en Venezuela. Bases constitucionales y obstáculos usurpadores*, Iniciativa Democrática España y las Américas, Editorial Jurídica Venezolana, Caracas / Miami 2019, pp. 242-251.

56 Disponible en: https://www.italaw.com/sites/default/files/case-documents/italaw10190.pdf

IV. LA REFORMA DE 2001 DE LA LEY ORGÁNICA DE NACIONALIZACIÓN DE 1975 PARA REDUCIR LA PARTICIPACIÓN DE CAPITAL PRIVADO EN LA EXPLOTACIÓN PETROLERA A TRAVÉS DE LA FÓRMULA DE EMPRESAS MIXTAS

Entre esas decisiones se destaca la adoptada por el Presidente Hugo Chávez en 2001, dictando mediante Decreto-Ley No 1510 de 2 de noviembre de 2001 la nueva Ley Orgánica de Hidrocarburos,[57] que derogó expresamente la Ley Orgánica de Nacionalización petrolera de 1975 y, con ello las bases de la Apertura petrolera, es decir, la posibilidad de que capital privado pudiese participar en la explotación de las actividades primarias de los hidrocarburos mediante los Convenios de asociación que aquella Ley estableció, y conforme a la cual se desarrolló el proceso de las Asociaciones Estratégicas para la explotación de la faja Petrolífera del Orinoco y de explotaciones petroleras costa afuera.

La Ley Orgánica de Hidrocarburos de 2001, en efecto, si bien estableció en sus artículos 33 a 37 la posibilidad de participación del capital privado en la explotación de actividades primarias, ello lo limitó a la figura de empresas mixtas en las cuales necesariamente el Estado debía tener una participación mayor del 50% de su capital social. Con ello se modificó el sentido del control estatal sobre los Convenios de Asociación que regulaba la Ley Orgánica de Nacionalización derogada, y que permitía que con un capital mayoritario privado, sin embargo, el Estado pudiera suscribir Convenios de Asociación manteniendo el control del mismo. Con la nueva Ley en cambio, si bien se previó que el capital público en las empresas mixtas fuera mayor al 50% del capital social, el control podría estar en manos de la participación privada, pues bien es sabido que el control de las empresas no necesariamente depende de la composición accionaria.

Siendo la intención de la Ley Orgánica de Hidrocarburos restringir la posibilidad de participación del capital privado (no estatal) en las actividades primarias de hidrocarburos imponiendo para ello la forma de las empresas mixtas, resultó incomprensible que en diciembre de 2001,

---

57 Véase en *Gaceta Oficial* N° 37.323 de 13 de noviembre de 2001.

después de que se hubiera dictado el Decreto-Ley y que el mismo fuera publicado en *Gaceta Oficial* (13 de noviembre de 2001), en virtud de una *vacatio legis* que muy "convenientemente" que se estableció en el mismo para que la Ley comenzara a regir el 1° de enero de 2002, precisamente dentro de ese lapso, el mismo promulgante de la Ley, el propio Ejecutivo Nacional, se hubiera apresurado a someter a la Asamblea Nacional (17 de diciembre de 2001) la solicitud de autorización para la celebración de un Convenio de Asociación (que la nueva Ley prohibía) conforme a los términos de la vieja Ley de Nacionalización de 1975 que estaba derogando, con una empresa estatal China, filial de la empresa *China Nacional Petroleum Corporation* para la producción de bitumen, y producción de Orimulsión en la cual la Filial de PDVSA tenía solo el 30 % de participación en el capital social.[58]

Ahora, respecto de los Convenios de Asociación que se habían suscrito desde 1993, incluido este de 2001, desde el punto de vista jurídico, el cambio de régimen de participación del capital privado en la nueva Ley Orgánica de Hidrocarburos de 2001, no los afectaba pues las nuevas previsiones de la ley no podía tener efectos retroactivos En consecuencia, todos los Convenios de Asociación que se habían suscrito con anterioridad a 2001, no sólo los resultantes de las rondas de negociaciones de 1993 y 1997 en el marco de la Apertura Petrolera, sino el autorizado a última hora en diciembre de 2001, continuaron vigentes en sus respectivos términos contractuales conforme a los cuales habían sido suscritos, de acuerdo con el Marco autorizado por las Cámaras Legislativas y las previsiones del artículo 5 de la Ley de Orgánica de Nacionalización de 1975.

Pero ello fue solo hasta 2006, cuando ya consolidada la política de acabar con la Apertura Petrolera y destruir a PDVSA, se procedió a la eliminación de la participación del capital privado en la industria que

58 El Convenio de Asociación Estratégica la empresa estatal chinas, *China Nacional Oil and Gas Exploration and Development Corporation* como empresa filial de la empresa *China Nacional Petroleum Corporation* y la empresa Bitúmenes Orinoco (BITOR) filial de Petróleos de Venezuela SA PDVSA, para la producción de Bitúmen, diseño, construcción y operación de un módulo de producción y emulsificación de bitúmen natural para la elaboración de Orimulsión; en el cual la empresa BITOR sólo tenía el 30 % de participación en el capital social. Véase el Acuerdo autorizatorio de la Asamblea Nacional en *Gaceta Oficial* N° 37.347 del 17 de diciembre de 2001.

había sido posible conforme a los contratos suscritos antes de 2001, procediéndose en la forma siguiente: *primero,* mediante la sanción de la *Ley de Regularización de la Participación Privada en las Actividades Primarias Previstas,* de abril 2006, se procedió a extinguir, es decir, a dar por terminados unilateral y anticipadamente los Convenios Operativos que entonces existían, para la realización de operaciones no relacionadas con las actividades primarias de hidrocarburos; *segundo,* mediante la emisión por Decreto-Ley 5200 de la *Ley de Migración a Empresas Mixtas de los Convenios de Asociación de la Faja Petrolífera del Orinoco, así como de los Convenios de Exploración a Riesgo y Ganancias Compartidas,* febrero 2007, se procedió a terminar unilateral y anticipadamente los Convenios de Asociación y de Explotación a Riesgo que existían y que se habían suscrito entre 1993 y 2001, previéndose sin embargo, en este último caso, la posibilidad de que dichos convenios de asociación se pudieran "convertir" en empresas mixtas con capital del Estado en más del 50% del capital social (Arts. 22 y 27 al 32 LOH); y *tercero*, mediante la sanción de la *Ley sobre los Efectos del Proceso de Migración a Empresas Mixtas de los Convenios de Asociación de la Faja Petrolífera del Orinoco; así como de los Convenios de Exploración a Riesgo y Ganancias Compartidas,* octubre 2007, se procedió a "confiscar" los intereses, acciones, participación y derechos de las empresas que formaban parte de dichos Convenios y Asociaciones, cuando no hubiesen acordado migrar a las referidas empresas mixtas.

Los preparativos para la adopción de estas tres decisiones, sin embargo, como se ha dicho, se comenzaron a definir desde 2004, cuando se comenzaron a modificar unilateralmente términos contractuales importantes para los Convenios de Asociación, como los relativos al porcentaje para el cálculo del impuesto de explotación o regalía.

V. LAS MEDIDAS INICIALES PARA EL DESMANTELAMIENTO DE LA APERTURA PETROLERA: LA VIOLACIÓN DEL CONVENIO DE FIJACIÓN DEL PORCENTAJE DE LA REGALÍA DE LAS ASOCIACIONES ESTRATÉGICAS

En efecto, de acuerdo con lo establecido en el artículo 7 de la ley Orgánica de Nacionalización de 1975, PDVSA y sus empresas filiales, no solo quedaron sometidas a sus propias prescripciones, sino a las que se establecían en la vieja Ley de Hidrocarburos de 1967,[59] por ejemplo, en lo que se refiere al pago de los impuestos y contribuciones que habían sido establecidas para las antiguas empresas concesionarias. Entre ellas, estaba el pago de los "impuestos de explotación," regulados en el artículo 41 de dicha ley de Hidrocarburos, los cuales a pesar de su nombre, en realidad nunca fueron considerados como "impuestos" sino como una participación estatutaria o legal del Estado en el valor del crudo extraído, es decir, una *regalía*, que los antiguos concesionarios debían pagar por la explotación petrolera,[60] calculada en relación con la cantidad de crudo extraído por los mismos, medido en el área de producción y en sus instalaciones.

La aplicación de dichas normas a PDVSA y sus filiales originó que en el marco de la Apertura Petrolera, y de los Convenios de Asociación que se suscribieron con la autorización del Congreso, el 29 de mayo de 1998 se suscribiera un "*Convenio de Regalía para las Asociaciones Estratégicas de la Faja Petrolífera del Orinoco*", entre la República y la empresa PDVSA Petróleo y Gas S.A.; el cual también era aplicable a las empresas operadoras de las Asociaciones Estratégicas y a las empresas extranjeras que eran parte de las mismas para la explotación del crudo pesado de la *Faja Petrolífera del Orinoco.* Se trataba, por tanto, de una pieza más en la relación contractual entre el Estado y las empresas parte en los Convenios de Asociación.

Ese Convenio de regalía, estableció para un periodo de 9 años, un porcentaje reducido del 1% para calcular el impuesto de explotación o regalía, como parte de toda la estructura contractual establecida con las empresas extranjeras en el marco de las Asociaciones Estratégicas, habiendo sido el mismo, el primer objetivo de intervención por parte del gobierno en 2004, al disponer unilateralmente un aumento de dicho

---

59 *Official Gazette* N° 1.149 Extra. September 15, 1967.

60 Ver Luís R. Casado Hidalgo, *Temas de Hacienda Pública*, Contraloría General de la República, Caracas 1987, pp. 139 ff. and 143 ff.; Luís González Berti, *Compendio de Derecho Minero Venezolano*, Universidad de Los Andes, Tomo I, Mérida 1960, pp. 449 ff; Rufino González Miranda, *Estudios acerca del régimen legal del petróleo en Venezuela*, Universidad Central de Venezuela, Caracas, 1958, pp. 344 ff; A.D. Aguerrevere, *Elementos de Derecho Minero*, Caracas 1954, p. 167.

porcentaje del 1% al 16 2/3 %,; lo que se hizo mediante Oficio de octubre de 2004 del Ministro de Energía y Minas dirigido al Presidente de Petróleos de Venezuela S.A., notificado igualmente a las operadoras de los Convenios de Asociación por Oficios de noviembre de 2004 del Director de Explotación y producción del Ministerio de Energía y Minas, y a las empresas extranjeras parte de los convenios de asociación, por oficios del octubre de 2004 del Presidente de PDVSA CVP.

Ello, sin duda, constituyó una primera ruptura de las cláusulas y obligaciones contractuales, modificando además unilateralmente el equilibrio económico de los contratos, que la República estaba obligada a respetar. Las empresas parte de los Convenios de Asociación, en ese caso, no reaccionaron judicialmente contra esta decisión reclamando compensación, pero sin duda si entendieron cuál era el mensaje que se estaba dando, y que apuntaba a demoler todo el esquema de la Apertura petrolera.

VI. LA "ESTATIZACIÓN" DE LA INDUSTRIA PETROLERA EN 2006-2007 CON LA TERMINACIÓN UNILATERAL Y ANTICIPADA DE LOS CONTRATOS OPERATIVOS Y DE LOS CONVENIOS DE ASOCIACIÓN RESPECTO DE LAS ACTIVIDADES PRIMARIAS DE HIDROCARBUROS

Y ello, en efecto, ocurrió solo dos años después, entre 2006 y 2007, cuando el Estado procedió a poner término unilateralmente tanto a los Convenios Operativos como a las Asociaciones Estratégicas que se habían celebrado con empresas privadas antes de la reforma de la ley de Hidrocarburos de 2001, y que habían continuado en ejecución en virtud del principio de irretroactividad de la ley, que a partir de entonces fue ignorado.

En efecto, en cuanto a los Convenios Operativos que se habían suscrito conforme a la legislación anterior, entre las filiales de PDVSA y empresas privadas, como se dijo, el 18 de abril de 2006 se dictó la *Ley de Regularización de la Participación Privada en las Actividades Primarias Previstas,*[61] con el específico objeto de "regularizar la parti-

[61] Véase en *Gaceta Oficial* N° 38.419 de 18 de abril de 2006.

cipación privada en las actividades primarias," mediante la extinción de dichos Contratos, la cual el Legislador consideró que había:

> *"sido desnaturalizado por los Convenios Operativos surgidos de la llamada apertura petrolera, al punto de violar los intereses superiores del Estado y los elementos básicos de la soberanía" (art. 1).*

La consecuencia fue la declaración, en el artículo 2 de la Ley, de dichos Convenios Operativos surgidos de la Apertura Petrolera como "incompatible con las reglas establecidas en el régimen de nacionalización petrolera," disponiendo no solo la extinción de los mismos sino prohibiendo que "continuarse la ejecución de sus preceptos, a partir de la publicación de esta Ley en la *Gaceta Oficial*" (art. 2). En este caso, fue evidente el compromiso de la responsabilidad del Estado por los daños causados por la terminación unilateral y anticipada de los contratos, generando derechos de los cocontratantes a ser indemnizados, ya que la medida se configuró como una expropiación de derechos contractuales.

La Ley fue, además, tajante, al prescribir que "ningún nuevo contrato podrá otorgar participación en las actividades de exploración, explotación, almacenamiento y transporte inicial de hidrocarburos líquidos, o en los beneficios derivados de la producción de dichos hidrocarburos, a persona alguna de naturaleza privada, natural o jurídica, salvo como accionista minoritario en una empresa mixta, constituida de conformidad con la Ley Orgánica de Hidrocarburos en la cual el Estado asegure el control accionario y operacional de la empresa" (Art. 3); disponiéndose en la Ley la estatización de las actividades que venían realizándose en el marco de dichos Convenios, disponiéndose que "la República, directamente o a través de empresas de su exclusiva propiedad, reasumirá el ejercicio de las actividades petroleras desempeñadas por los particulares,"(art. 4).

Luego, en 2007, y en uso de la delegación legislativa establecida en una Ley habilitante gestionada por el Ejecutivo Nacional, el Presidente Hugo Chávez, asistido por su Ministro de Energía y Petróleo, Rafael Ramírez, quien a la vez era Presidente de PDVSA, y por supuesto los otros Ministros del Gabinete, dispusieron la terminación unilateral y anticipada de todos los Convenios de Asociación suscritos entre 1993 y 2001 que conformaron la Apertura Petrolera, lo que ocurrió mediante

Decreto Ley No. 5.200, contentivo de la *Ley de Migración a Empresas Mixtas de los Convenios de Asociación de la Faja Petrolífera del Orinoco, así como de los Convenios de Exploración a Riesgo y Ganancias Compartida.*[62] Ello implicó, para los contratistas que no aceptaran los términos unilaterales fijados por el Estado de transformarse en empresas mixtas, la expropiación de sus derechos contractuales, generándose en ellos un derecho consecuente a ser justamente indemnizados por los daños y perjuicios causados por la ejecución de dicha Ley, quedando comprometida gravemente la responsabilidad de la República; lo que originó infinidad de demandas contra el Estado y PDVSA y sus empresas filiales ante tribunales arbitrales internacionales, generando una monumental deuda cuyas consecuencias aún no se sabe cuáles terminarán siendo. Y todo por la monumental irresponsabilidad del conductor operativo de toda esa política, es decir, el Sr. Rafael Ramírez, como Presidente de PDVSA.

Con esta Ley, en definitiva, se le dio efecto retroactivo a la Ley Orgánica de Hidrocarburos al disponerse que los contratistas de los Convenios de Asociación debían ajustarse a la misma, y ordenarse que serían "transferidas a las nuevas empresas mixtas:"

> *"todas las actividades ejercidas por asociaciones estratégicas de la Faja Petrolífera del Orinoco, constituidas por las empresas Petrozuata, S.A.; Sincrudos de Oriente, S.A., Sincor, S.A., Petrolera Cerro Negro S.A. y Petrolera Hamaca, C.A; los convenios de Exploración a Riesgo y Ganancias Compartidas de Golfo de Paria Oeste, Golfo de Paria Este y la Ceiba, así como las empresas o consorcios que se hayan constituido en ejecución de los mismos; la empresa Orifuels Sinovensa, S.A, al igual que las filiales de estas empresas que realicen actividades comerciales en la Faja petrolífera del Orinoco, y en toda la cadena productiva, serán transferidas a las nuevas empresas mixtas".*

La consecuencia inmediata de la Ley fue *la transferencia a la empresa petrolera estatal* del control de todas las actividades que las Asociaciones realizaban, quedando despojadas las empresas que eran parte de los Convenios de asociación, de su participación e inversiones, dis-

62 Véase en *Gaceta Oficial* N° 38.623 de 16 de febrero de 2007.

poniéndose un lapso breve para poder constituir empresas mixtas conforme lo indicara el propio Estado, al término del cual, si no se llegaba a un acuerdo para ello, la República, a través de Petróleos de Venezuela, S.A. y sus filiales, pasaría a *asumir directamente las actividades* ejercidas por las asociaciones, sin que se previera ninguna compensación por el despojo, todo lo cual como se dijo, lo que originó fue el derecho de los antiguos contratistas a ser justamente indemnizados por los daños y perjuicios causados.

El despojo quedó confirmado, semanas después, al dictarse la *Ley sobre los Efectos del Proceso de Migración a Empresas Mixtas de los Convenios de Asociación de la Faja Petrolífera del Orinoco; así como de los Convenios de Exploración a Riesgo y Ganancias Compartidas* de 5 de octubre de 2007,[63] mediante la cual los Convenios de Asociación que habían dado origen a las asociaciones estratégicas "quedaron extinguidos" disponiéndose "la transferencia del derecho a ejercer actividades primarias a las empresas mixtas que se constituyeron."

Con ello, el Estado optó por "confiscar" definitivamente los derechos de las empresas que habían sido parte de los Convenios de Asociación, violando el artículo 116 de la Constitución, al disponer incluso expresamente que los activos utilizados para la realización de las actividades de tales asociaciones, incluyendo derechos de propiedad, derechos contractuales y de otra naturaleza," "quedan transferidos [...] sin necesidad de acción o instrumento adicional, a las nuevas empresas mixtas constituidas como resultado de la migración de las asociaciones" (art. 4).

Esta actuación irresponsable del Estado y, en particular, del Ejecutivo Nacional conducido por el Ministro de Energía y Minas, Rafael Ramírez, encargado del sector petrolero, condujo a que las empresas extranjeras reclamaran la indemnización debida por las confiscaciones, y ello lo hicieron, como se ha dicho, ante Tribunales arbitrales internacionales: en unos casos, ante los tribunales del Centro Internacional de Arreglo de Diferencias sobre Inversiones (CIADI) del Banco Mundial) en el marco tanto de los Convenios Bilaterales de protección de inversiones de los cuales Venezuela era parte, como de la Ley de Protección

---

63 Véase en *Gaceta Oficial* N° 38.785 del 8 de octubre de 2007.

de Inversiones de 1999; y en otro casos, ante los tribunales arbitrales de la Cámara de Comercio de Nueva York (ICC), conforme a las cláusulas arbitrales contenidas en todos los Convenios de Asociación, conforme lo autorizaba el artículo 151 de la Constitución.

En cuanto a las demandas ante el Centro de Arbitrajes CIADI intentadas después de 2008, por parte de muchas empresas extranjeras petroleras que habían invertido en el proceso de la Apertura Petrolera, y además, por parte de empresas del sector minero o vinculadas con la explotación de minerales, intentadas con fundamento en lo previsto en Tratados Bilaterales de Protección de Inversiones (BIT) que en los lustros anteriores había suscrito la República con otros Estados, se destacan las siguientes, intentadas antes de que Venezuela denunciara en Convenio CIADI en 2012, tal como se informa en el sitio web oficial del Centro:

ICSID Case Nº ARB/07/4, *Eni Dación B.V. v. Bolivarian Republic of Venezuela* (Subject Matter: Hydrocarbon rights) (Annulment Proceeding Pending);

ICSID Case Nº ARB/10/14, *Opic Karimun Corporation v. Bolivarian Republic of Venezuela* (Subject Matter: Oil exploration and production) (Concluded);

ICSID ABC/14/10 *Highbury International AVV, Compañía Minera de Bajo Caroní AVV, and Ramstein Trading Inc. v. Bolivarian Republic of Venezuela* (Subject Matter: Mining concession) (Concluded).

ICSID Case Nº ARB/11/1, *Highbury International AVV and Ramstein Trading Inc. v. Bolivarian Republic of Venezuela* (Subject Matter: Mining concession) (Annulment Proceeding Pending);

ICSID Case Nº ARB(AF)/11/1, *Nova Scotia Power Incorporated v. Bolivarian Republic of* Venezuela (Subject Matter: Coal supply agreement) (Concluded);

ICSID Case Nº ARB(AF)/11/2, *Crystallex International Corporation v. Bolivarian Republic of* Venezuela (Subject Matter: Mining company) (Concluded);

ICSID Case Nº ARB/11/10, *The Williams Companies,* International Holdings B.V., WilPro Energy Services (El Furrial) Limited and WilPro Energy Services (Pigap II) Limited v. Bolivarian

Republic of Venezuela (Subject Matter: Gas compression and injection enterprises) (Concluded);

ICSID Case N° ARB/07/27, *Venezuela Holdings and others (Mobil Corporation) v. Bolivarian Republic of Venezuela* (Subject Matter: Oil and gas enterprise) (Concluded);

ICSID Case N°. ARB/07/30, *ConocoPhillips Petrozuata B.V., ConocoPhillips Hamaca B.V. and* ConocoPhillips *Gulf of Paria B.V. v. Bolivarian Republic of Venezuela* (Subject Matter: Oil and gas enterprise) (Pending);

ICSID Case N° ARB/09/3, *Holcim Limited, Holderfin B.V. and Caricement B.V. v. Bolivarian* Republic *of Venezuela* (Subject Matter: Cement production enterprise) (Pending: Suspension of the proceeding 2010);

ICSID Case N° ARB(AF)/09/1, *Gold Reserve Inc. v. Bolivarian Republic of Venezuela* (Subject Matter: Mining company) (Concluded);

ICSID Case N° ARB(AF)/04/6, *Vannessa Ventures Ltd. v. Bolivarian Republic of Venezuela* (Subject Matter: Gold and copper mining project) (Concluded);

ICSID Case N° ARB/08/15, *CEMEX Caracas Investments B.V. and CEMEX Caracas II* Investments *B.V. v. Bolivarian Republic of Venezuela* (Subject Matter: Cement production enterprise) (Concluded);

ICSID Case N° ARB/10/5, *Tidewater Inc. and others v. Bolivarian Republic of Venezuela* (Subject Matter: Maritime–support services) (concluded);

ICSID Case N° ARB/10/9, *Universal Compression International Holdings, S.L.U. v. Bolivarian Republic of Venezuela* (Subject Matter: Oil and gas enterprise) (Pending);

ICSID Case N° ARB(AF)/17/4 *Venoklim Holding B.V. v. Bolivarian Republic of Venezuela* (Subject Matter: Lubricant production facilities) (Pending);

ICSID Case N° ARB/16/40, *Saint Patrick Properties Corporation. v. Bolivarian Republic of Venezuela* (Subject Matter: Marine transport and related services enterprise (Pending);

ICSID Case Nº ARB (AF) /14/1, *Anglo American PLC v. Bolivarian Republic of Venezuela* (Subject Matter: Mining Concession) (Pending);

ICSID Case Nº ARB/12/23, *Tenaris S.A. and Talta - Trading e Marketing Sociedade Unipessoal Lda. v. Bolivarian Republic of Venezuela* (Subject Matter: production of hot briquetted iron steel products) (Pending: Annulment Proceeding);

ICSID Case Nº ARB/12/22 *Venoklim Holding B.V. v. Bolivarian Republic of Venezuela* (Subject Matter: (Lubricant production facilities) (Pending: Annulment Proceeding);

ICSID Case Nº ARB/12/19, *Ternium S.A. and Consorcio Siderurgia Amazonia S.L. v. Bolivarian Republic of Venezuela* (Subject Matter: Steel production facilities) (Concluded);

ICSID Case Nº ARB(AF)/12/5, *Rusoro Mining Ltd. v. Bolivarian Republic of Venezuela* (Subject Matter: Gold exploration and exploitation operations) (Concluded);

ICSID Case Nº ARB/12/13, *Saint-Gobain Performance Plastics Europe v. Bolivarian Republic of Venezuela* (Subject Matter: (Proppant production) (Pending: Annulment Proceeding).[64]

Además, como se dijo, muchos otros casos fueron llevados ante el mecanismo de arbitraje de la Cámara Internacional de Comercio de Nueva York (ICC), cuyos tribunales arbitrales conocieron de las respectivas demandas intentadas por empresas petroleras extranjeras, con base en las cláusulas arbitrales incluidas en cada uno de los contratos de la Apertura Petrolera, habiéndose condenado a la República en muchos de dichos casos.

El resultado fue catastrófico por las consecuencias que tuvieron y que siguen teniendo las condenas arbitrales contra Venezuela, PDVSA y sus filiales; todo por la irresponsabilidad de quienes tomaron las decisiones que condujeron a dichos procesos arbitrales, en particular, Hugo Chávez y Rafael Ramírez, las cuales, por lo demás, aceleraron el colapso de la industria petrolera.

64 Véase la relación de los casos presentados ante el CIADI (ICSID) en: https://icsid.worldbank.org/en/Pages/cases/casedetail.aspx?CaseNo=ARB/14/10 (consultado: 29/4/2018)

Todavía en 2020, las secuelas de las condenas multimillonarias contra la República, PDVSA y sus filiales se estaban manifestando ante las Cortes de los Estados Unidos, ante los cuales, como antes se dijo, los inversionistas lesionados acudieron demandando a las empresas filiales de PDVSA, alegando que la misma era el alter ego de la República, es decir, que a los efectos judiciales se debía considerar como el mismo Estado, para así pretender ejecutar contra PDVSA y sus filiales, las deudas de la República por la violación de los convenios de protección de inversiones cometida por las decisiones conducidas por Rafael Ramírez, como Ministro de Energía, Minas y Petróleo.

VII. LA NACIONALIZACIÓN DE LOS BIENES Y SERVICIOS CONEXOS CON LAS ACTIVIDADES PRIMARIAS DE HIDROCARBUROS DECRETADA EN 2009

Pero el daño causado a la República y a PDVSA con la estatización de la industria petrolera en 2006 y 2007 no cesó allí, sino que continuó en 2009 con la confiscación, de hecho, de los servicios conexos con la industria petrolera.

En efecto, conforme a la Ley Orgánica de Nacionalización de 1975, y posteriormente, conforme a la Ley Orgánica de Hidrocarburos de 2001, además de la participación de las empresas privadas en las actividades reservadas de la industria y el comercio de hidrocarburos mediante los Convenios operativos y los Convenios de asociación que fueron terminados en 2006 y 2007,[65] los particulares y empresas

---

[65] Véase la Ley de Migración a Empresas Mixtas de los Convenios de Asociación de la Faja Petrolífera del Orinoco, así como de los Convenios de Exploración a Riesgo y Ganancias Compartidas (*Gaceta Oficial* Nº 38.623 de 26-2-2007). Ley sobre los Efectos del Proceso de Migración a Empresas Mixtas de los Convenios de Asociación de la Faja Petrolífera del Orinoco; así como de los Convenios de Exploración a Riesgo y Ganancias Compartidas de 5 de octubre de 2007 (*Gaceta Oficial* Nº 38.785 del 08-10-2007). Sobre estas leyes véase, Allan R. Brewer-Carías, "La estatización de los convenios de asociación que permitían la participación del capital privado en las actividades primarias de hidrocarburos suscritos antes de 2002, mediante su terminación anticipada y unilateral y la confiscación de los bienes afectos a los mismos", en Víctor Hernández Mendible (Coordinador), *Nacionalización, Libertad de Empresa y Asociaciones Mixtas*, Editorial Jurídica Venezolana, Caracas 2008, pp. 123-188.

privadas también podían participar y siguieron participando en las actividades conexas con la industria y el comercio de los hidrocarburos, que no eran de las reservadas al Estado, particularmente prestando servicios o realizando obras mediante contratos celebrados con las empresas del Estado.

Ese fue el caso de las empresas que suscribieron mediante procesos licitatorios llevados a cabo incluso antes de la entrada en vigencia de la Ley Orgánica de Hidrocarburos de 2001, contratos con la empresa PDVSA Petróleo y Gas S.A. (luego PDVSA Petróleo. S.A.) para la prestación a PDVSA, por ejemplo, de los servicios de inyección de agua, de vapor o de gas, y de compresión de gas; y de los servicios vinculados a las actividades petroleras desarrolladas en particular, en el Lago de Maracaibo, como los servicios de lanchas para el transporte de personal, buzos y mantenimiento; los servicios de barcazas con grúa para transporte de materiales, diesel, agua industrial y otros insumos; los servicios de remolcadores; los servicios de gabarras planas, boyeras, grúas, de ripio, de tendido o reemplazo de tuberías y cables subacuáticos; los servicios de mantenimiento de buques en talleres, muelles y diques.

En esos casos, la empresa petrolera nacional encomendó a empresas privadas, generalmente a consorcios que agrupaban a empresas extranjeras con nacionales, la realización de actividades que entonces no estaban reservadas al Estado, ni estaban destinadas a satisfacer necesidades colectivas, y que sólo estaban destinadas a prestar servicios eminentemente técnicos a una sola empresa para la realización de sus actividades, como era el caso de PDVSA Petróleo y Gas S.A. Las actividades que constituían el objeto de los contratos celebrados con empresas privadas o consorcios, por otra parte, a pesar de tratarse de actividades conexas con las actividades primarias de hidrocarburos que estaban a cargo de PDVSA, no sólo no eran actividades reservadas al Estado, sino que no constituían en sí mismas actividades de explotación petrolera.

En mayo de 2009, sin embargo, todos esos servicios fueron nacionalizados, mediante la sanción de la *Ley Orgánica que reserva al Estado bienes y servicios conexos a las actividades primarias de*

Hidrocarburos[66] (Ley de Reserva de 2009) mediante la cual se dispuso que dichas actividades pasarían a ser ejecutadas, "directamente por la República; por Petróleos de Venezuela, S.A. (PDVSA) o de la filial que ésta designe al efecto; o, a través de empresas mixtas, bajo el control de Petróleos de Venezuela, S.A., (PDVSA) o sus filiales." (Art. 1).

La nacionalización de los mencionados bienes y servicios conexos y la asunción inmediata de los mismos por parte de PDVSA, implicaba la obligación para el Estado de compensar a los accionistas privados de las empresas, a cuyo efecto dispuso la Ley de Reserva que el Ejecutivo Nacional podía "decretar la expropiación, total o parcial de las acciones o bienes de las empresas que realizan los servicios referidos" de conformidad con lo previsto en la Ley de Expropiación por Causa de Utilidad Pública o Social, en cuyo caso "el ente expropiante será Petróleos de Venezuela S.A., (PDVSA) o la filial que ésta designe" (Art. 6).

En la práctica, sin embargo, lo que ocurrió fue una confiscación generalizada de activos, con efectos desastrosos que se manifestaron con gran crudeza en las explotaciones del Lago de Maracaibo, donde tuvieron un gran impacto por el desmantelamiento y abandono total de una de las principales actividades que antes se desarrollaban en el mismo, y le habían dado por décadas vida económica durante tantos años. Esos efectos desastrosos fueron incluso reconocidos siete años después, en 2016, en forma bizarra, por el propio Ministro del Petróleo, Eulogio Del Pino, quien a su vez en ese momento era también el Presidente de PDVSA, en una exposición pública que hizo ante la a la XXXVIII Asamblea General Ordinaria de la Cámara Petrolera de Venezuela (CPV) en julio de 2016, en la cual admitió que "hubo un error en las estatizaciones" que se hicieron en 2009, refiriéndose en particular a las empresas de servicios de la Costa Oriental del Lago de Maracaibo; agregando que:

> *"debemos ir a nuevo modelo con mayoría del sector privado y eso pasa por un reconocimiento de errores. Creo que lo que se hizo en el Lago de Maracaibo tuvo muchos errores, debemos reconocerlo y hemos ido a un esquema en el cual a todos aquellos empresarios, que aún quieran continuar, vamos a devolverle sus actividades"*[67].

66 Véase en *Gaceta Oficial* N° 39.173 del 7 de mayo de 2009.

67 Véase la reseña: "Eulogio Del Pino: Fue un error lo que se hizo con empresas del lago de Maracaibo," en Petroguía, 27 de julio de 2016, en http://www.petro-guia.com/pub/ar-

Esto, por supuesto, solo fue una muestra más de la irresponsabilidad absoluta de los funcionarios responsables de la nacionalización, teniendo a la cabeza a Rafael Ramírez, quien en ese momento ocupaba el cargo de Ministro de Energía y Petróleos, y era a la vez el Presidente de PDVSA, y quien sin duda fue quien concibió y ejecutó la confiscación, generando no solo la responsabilidad de la República de por confiscar de hecho a las empresas afectadas, sino la ruina de las actividades petroleras del Estado Zulia.

Para proceder a corregir los "errores cometidos," sin embargo, en este caso debía derogarse la Ley Orgánica que reservó al Estado los bienes y servicios conexos a las actividades primarias de hidrocarburos de 2009, y por supuesto, indemnizarse a las empresas que fueron expoliadas. Sin embargo, ello no se hizo, y lo que se hizo fue pretender privatizar las actividades y servicios conexos en forma torcida, mediante un decreto ejecutivo, por supuesto totalmente inconstitucional, dictado en abril de 2018, en supuesta ejecución de una inconstitucional "Ley Constitucional contra la guerra económica para la racionalidad y uniformidad en la adquisición de bienes, servicios y obras públicas,"[68] dictada por la inconstitucional y fraudulenta Asamblea Nacional Constituyente[69] en enero de 2018.

Mediante esta Ley Constitucional – categoría que, por supuesto, no existe en el ordenamiento constitucional venezolano –, contrariamente a lo que se expresa en las frases vacías contenidas a lo largo de su

ticle/eulogio-del-pino-fue-un-error-lo-que-se-hizo-con-empresas-del-lago-de-maracaibo. Igualmente la reseña: "Del Pino: Expropiaciones en el Lago fueron un error. ***El ministro extendió la mano a los privados y dijo que podían trabajar con 80% y 20% Pdvsa,"*** en *Quepasa*, 28 de julio, 2016, en http://www.que-pasa.com.ve/economia/del-pino-expropiaciones-en-el-lago-fueron-un-error/. Ante ello, el ex Ministro del Petróleo y expresidente de PDVSA, Rafael Ramírez, indicó que: "Ante unas declaraciones que dio, pidiendo disculpas y asumiendo "errores" por la nacionalización que hicimos de las operaciones acuáticas, viajé a Caracas y lo visité a su Despacho. Le dije, "mira, no te vayas a convertir en el entreguista de nuestra política petrolera" no escuchó, hoy está preso." Véase Rafael Ramírez Carreño, "El problema de PDVSA está en Miraflores," en aporrea.org, 22 de abril de 2018, en https://www.aporrea.org/energia/a262147.html

68 Véase *Gaceta Oficial* Nº 41.318 del 11 de enero de 2018.

69 Véase Allan R. Brewer-Carías, *Usurpación Constituyente, 1999, 2017. La historia se repite: una vez como comedia y la otra como tragedia*, Editorial Jurídica Venezolana International, 2018.

texto, no sólo se reformó parcial y tácitamente la Ley de Contrataciones Públicas de 2014, sino que se eliminó totalmente el proceso transparente de selección de contratistas en la contratación pública mediante licitación, particularmente en la industria petrolera nacional, y precisamente respecto de todos los servicios que habían sido nacionalizados en 2009, con lo cual puede decirse que se contribuyó a institucionalizar la cleptocracia en el país. [70]

El objeto de la reforma fue supuestamente establecer "normas básicas de conducta para la Administración Pública, en todos sus niveles, que promuevan la honestidad, participación, celeridad, eficiencia y transparencia en los procesos de adquisición y contratación de bienes, servicios y obras públicas. Facilite los mecanismos de control de tales procesos, y estimule la participación equilibrada de todos los agentes económicos en la inversión y justa distribución de recursos destinados las compras públicas" (art. 1). Pero todo ello no fue más que una nueva y gran mentira que se evidencia cuando se analiza el sentido y efecto de lo regulado,[71] lo cual contrariamente lo que asegura es la ausencia honestidad, transparencia y control en la contratación pública, pero encubierta con previsiones llenas de galimatías, y declaraciones rimbombantes.

---

70 Véase los comentarios en Allan R. Brewer-Carías, "La institucionalización de la cleptocracia en Venezuela: la inconstitucional reforma tácita del régimen de contrataciones públicas, y la inconstitucional eliminación, por decreto, de la licitación para la selección de contratistas en la industria petrolera, y de la nacionalización de las actividades auxiliares o conexas con la industria," New York, 18 de abril de 2018, en http://allanbrewercarias.com/wp-content/uploads/2018/04/182.-Brewer.-doc.-Institucionalizaci%C3%B3n-Cleptocracia.PDVSA_.pdf

71 Como lo observó Sergio Sáez: "De la lectura [de esta norma] se puede inferir, que transcurridos dieciocho (18) años de éste régimen, visto los nefastos resultados y el desastre al cual ha conducido al país, *después de haber dilapidado más de millón y medio de millones de dólares* de ingresos petroleros, y la inmensa deuda que adquirieron, la carencia de recursos financieros e la imposibilidad de conseguir financiamiento externo que sobrepasa los *doscientos mil millones de dólares*, reconoce el régimen que la grosera corrupción los sobrepasó, y debe buscar limpiar la negra imagen y retornar a la honestidad, participación, celeridad, eficiencia y transparencia en los procesos de adquisición y contratación de bienes, servicios y obras públicas; y lo más grave, que reconocen la ausencia de los controles derivados de los equilibrios de los poderes públicos (Contraloría General de la República y Comisiones de Finanzas y de Contraloría de la Asamblea Nacional)." En Sergio Sáez, Auditor Social, "¿Qué hay detrás de la Ley Constitucional Contra la Guerra Económica para la Racionalidad y Uniformidad de la Adquisición de Bienes, Servicios y Obras Públicas?, Abril 04 de 2018 (Consultado en original).

Si bien el sentido de la Ley Constitucional no es fácil de ser identificado a cabalidad, el resultado inmediato de la misma fue, primero, que la Ley de Contrataciones Públicas quedó relegada como ley supletoria en materia de contratación pública, al disponer la "Ley Constitucional" que sus disposiciones debían ser "aplicadas de forma preferente por la administración pública nacional, estadal y municipal" (art. 2), quedando así la vigencia plena de Ley de Contrataciones Públicas relegada a la discreción interpretativa de cualquier funcionario; y segundo, además, que los principios de la licitación en la selección de contratistas podían ser eliminados, como efectivamente ocurrió respecto de las contrataciones en las empresas de la industria petrolera, que es la más importante industria del país, a pesar de su deterioro, eliminándose formalmente toda idea de trasparencia en el manejo de las compras y adquisiciones por parte de las empresas del Estado de la misma.

En efecto, entre las disposiciones de la "Ley Constitucional" en materia de contrataciones públicas por parte de "entes del Estado con fines empresariales" estableció que salvo en lo relativo a "concesiones," (las cuales, por lo demás dejaron de existir hace lustros en el país), las mismas debían ser:

> *"objeto de regulación especial, en términos tales que otorguen a dichos entes la agilidad y eficiencia suficientes, sin menoscabo de la transparencia de los procesos de contratación y del ejercicio de las funciones de control de los órganos competentes" (art. 19).*

Aparentemente, a pesar de la redacción de la norma, se trata de un régimen de exclusión total de la aplicación a las contrataciones pública por parte de las empresas del Estado, de las disposiciones de la misma "Ley Constitucional," salvo respecto de las concesiones las cuales, sin embargo, a pesar de su inexistencia en la práctica, sí estarían sujetas a la "Ley Constitucional."

Para tales efectos, el régimen aplicable a las empresas del Estado debía estar regulado en una "regulación especial," siendo la primera de ellas, la contenida en el confuso decreto dictado por el Presidente de la República Nº 3.368 de 12 de abril de 2018, contentivo, a su vez, de otro decreto Nº 44 dictado en el marco Excepción y Emergencia Económica

(Decreto N° 3.239 de 9 de enero de 2018),[72] en el cual, en ejecución de la "Ley Constitucional" comentada (art. 19), se estableció un "régimen especial y transitorio para la gestión operativa y administrativa de la industria petrolera nacional," con una "vigencia hasta el 31 de diciembre de 2018, prorrogable por un (1) año" (art. 12), para que "contribuya de manera definitiva al aumento de las capacidades productivas de Petróleos de Venezuela S.A., PDVSA, sus empresas filiales, y la industria petrolera nacional en general" (art. 1), como si ello pudiera "decretarse."

En todo caso, para ello, se reguló un régimen excepcional en el manejo de las empresas del Estado en la industria petrolera nacional, mediante el cual, en primer lugar, se procedió a ampliar los poderes del Ministerio de Petróleos en relación con la organización, gestión y funcionamiento de las empresas de la industria petrolera; y a tal efecto, el artículo 2 del decreto, atribuyó al Ministro del Poder Popular de Petróleo, "además de las facultades de control y tutela establecidas en el ordenamiento jurídico," es decir, en la Ley Orgánica de la Administración Pública y en la Ley Orgánica de Hidrocarburos, "las más amplias facultades de organización, gestión y administración de las empresas de la industria petrolera del sector público, en especial Petróleos de Venezuela S.A., PDVSA, y sus empresas filiales, en los términos expuestos en este decreto," detallando al efecto numerosas competencias para ello (art. 3).

En ejercicio de esas competencias puede decirse que se autorizó al Ministro del Petróleo para hacer materialmente lo que le viniera en ganas con las empresas de la industria petrolera nacional, incluso "suprimir" a Petróleos de Venezuela S.A. lo que no sólo es un soberano disparate, sino que sería violatorio de la Constitución (art. 303).

Como parte del régimen especial, se eliminó el proceso de la licitación en la contratación pública por parte de las empresas de la industria petrolera, y con ello, se produjo la derogación "oblicua" de la Ley Orgánica que reservó al Estado bienes y servicios conexos a las actividades primarias de hidrocarburos de 2009.

---

72 Véase en *Gaceta Oficial* N° 41.376 de 12 de abril de 2018. En cuanto a basarse en el régimen de Estado de Excepción y emergencia económica, debe recodarse que de acuerdo con el artículo 338 de la Constitución, el mismo sólo puede durar 120 días, aun cuando el decretado ya tiene más de dos años, y sin siquiera haber sido aprobado por la Asamblea Nacional.

En efecto, para ello, entre las decisiones adoptadas en dicho decreto No. 3.368 de 12 de abril de 2018, estuvo nada más ni nada menos que la de la eliminación para las contrataciones por parte de Petróleos de Venezuela, S.A., y sus empresas filiales, de toda forma de licitación pública, es decir, en la industria petrolera se eliminó toda modalidad de control o selección de contratistas basada en principios de transparencia,[73] estableciendo en cambio solo dos modalidades de contratación: la consulta de precios y la adjudicación directa.

Y fue precisamente con la previsión de los casos de contratación mediante adjudicación directa que puede decirse que se produjo la privatización de los servicios y bienes conexos a las actividades primarias de la industria petrolera que habían sido nacionalizados en 2009, pero sin que dicha Ley se hubiese derogado o modificado, lo que es absolutamente inconstitucional, pues mediante un decreto no se puede reformar una ley orgánica.

Con esta autorización, en efecto, al poder proceder las empresas de la industria petrolera a contratar mediante adjudicación directa todos dichos servicios enumerados en la norma, lo que se hizo fue mediante el decreto 3.368 de 12 de abril de 2018, derogar la Ley Orgánica que reserva al Estado bienes y servicios conexos a las actividades primarias de Hidrocarburos,[74] la cual por su "carácter estratégico" como se ha dicho, en su momento había reservado al Estado "los bienes y servicios, conexos a la realización de las actividades primarias previstas en la Ley Orgánica de Hidrocarburos" (Art. 1).

Al redactor del decreto N° 3.368 de 12 de abril de 2018, por lo visto, se le "olvidó" que a partir de la entrada en vigencia de la Ley Orgánica de reserva de 2009, las actividades auxiliares y conexas

---

[73] Como lo observó el antiguo Ministro del petróleo y Presidente de PDVSA, Rafael Ramírez, responsable directo de la debacle de la industria petrolera la cual no ocurrió solo en los últimos años: Maduro emite un decreto ilegal, donde le da al ministro Quevedo potestades de modificar los contratos de las Empresas Mixtas con los socios privados. Contratos aprobados por la Asamblea Nacional, de interés público, que deben ser del conocimiento, de la discusión de los ciudadanos. Pero no, ya no será así, los modificaran las transnacionales de acuerdo a sus intereses. Por otra parte, el Decreto instruye saltarse, así a la torera, ¡todos los procedimientos de control establecidos en la Administración Pública!". Véase en Rafael Ramírez Carreño, "El problema de PDVSA está en Miraflores," en *aporrea.org*, 22 de abril de 2018, en https://www.aporrea.org/energia/a262147.html.

[74] Véase en *Gaceta Oficial* N° 39.173 del 7 de mayo de 2009.

reservadas solo podían ser ejecutadas "directamente por la República; por Petróleos de Venezuela, S.A. (PDVSA) o de la filial que ésta designe al efecto; o, a través de empresas mixtas, bajo el control de Petróleos de Venezuela, S.A., (PDVSA) o sus filiales," (Art. 1), excluyendo la posibilidad de que puedan ser ejecutadas por empresas privadas.

Por ello, al establecerse mediante decreto 3.368 normas para la contratación por adjudicación directa con contratistas privados algunos de dichos servicios auxiliares y conexos, las mismas derogaron tácitamente, y por decreto, la Ley Orgánica de reserva de 2009, lo cual por supuesto es inconstitucional.

VIII. EL ENCUBRIMIENTO POR PARTE DEL GOBIERNO EN 2016, USANDO LA SALA CONSTITUCIONAL DEL TRIBUNAL SUPREMO, DE LAS CATASTRÓFICAS CONSECUENCIAS DE LA DESTRUCCIÓN DE LA INDUSTRIA PETROLERA DURANTE 2004-2014

Luego de todas las desacertadas decisiones antes analizadas, adoptadas en el campo de la industria petrolera bajo la conducción de Rafael Ramírez como Ministro de Energía, Minas y Petróleo y como Presidente de PDVSA, la cuales condujeron a su total destrucción, luego de que abandonó los despojos que había logrado provocar pasando a ocupar un cargo diplomático en el servicio exterior de Venezuela, una vez que la Asamblea Nacional electa en diciembre de 2015 se instalara bajo control de la oposición, conforme a sus competencias constitucionales y luego de la inacción absoluta de la previa legislatura ante el descalabro y destrucción de la industria petrolera, el 7 de febrero de 2016, a través de la Comisión Permanente de Contraloría, inició una investigación con ocasión de supuestas irregularidades ocurridas en PDVSA, durante ese periodo comprendido entre los años 2004-2014.

A tal efecto, el Presidente de dicha Comisión parlamentaria diputado Freddy Guevara Cortéz le envió al Sr. Ramírez tres Comunicaciones sucesivas, en las cuales se le notificó al Sr. Ramírez que ante la referida Comisión cursaban sendas investigaciones en relación con su gestión, a los efectos de que compareciera a la misma, concediéndose le los plazos necesario para que presentara en su descargo la documentación pertinente para ejercer su derecho a la defensa.

En la primera comunicación de fecha 5 de abril de 2016, se le informó a Ramírez que en la referida Comisión se estaba realizando una investigación "*por presuntas irregularidades ocurridas en la empresa Petróleos de Venezuela Sociedad Anónima (PDVSA), durante el ejercicio de su cargo como Presidente de la estatal, en el período comprendido entre los años 20042014,*" solicitándole su comparecencia con el objeto, entre otros aspectos, de que le aclarara *"al país cuál fue el uso dado al Patrimonio Público de la Nación por la Empresa insigne de Venezuela, PDVSA;"* ofreciéndole la posibilidad de *"esclarecer las irregularidades administrativas que se suscitaron en el transcurrir de su gestión como Presidente de PDVSA,"* tomando en cuenta que el rol que Ramírez *"ostentaba durante el periodo comprendido entre los años 2004 y 2014 no sólo involucraba encabezar la Junta Directiva de una Sociedad, en un sentido más amplio,"* sino que *"su cargo comprendía detentar las directrices de la empresa insigne del país, encargada de recaudar cerca de la totalidad del ingreso de la Nación,"* teniendo una *"responsabilidad aún mayor para manifestar cuentas claras y aclarar lo sucedido con el dinero de todos los venezolanos, el cual, sin duda alguna, hubiese evitado esta extenuante crisis."*

En la segunda comunicación, igualmente de fecha 5 de abril de 2016, también se le informó al Sr. Ramírez que la misma Comisión Permanente de Contraloría estaba realizando otra investigación "*por presuntas irregularidades ocurridas en la empresa PDVSA durante el ejercicio de su cargo como Presidente, en el período comprendido entre los años 2004-2014, vinculadas con el uso indebido del fondo de pensiones de los trabajadores de PDVSA; irregularidades en el manejo de los recurso destinados al mantenimiento de la refinería Amuay, que ocasionó graves daños en la misma; irregularidades en la administración de fondos que ingresaron en las cuentas de la banca Privada D'Andorra; por perjuicios pecuniarios por la adquisición de títulos y otros instrumento financiero con fondos de la empresa estatal en el banco Espírito Santo de Portugal; y con irregularidades en la celebración de contratos con PDVSA.*".

En la tercera comunicación, de fecha 21 de abril de 2016, igualmente se le informó al Sr. Ramírez que la misma mencionada Comisión Permanente de Contraloría de la Asamblea Nacional estaba realizando *"investigaciones vinculadas a la adquisición masiva de alimentos importados por parte de la empresa filial PDVAL, ente adscrito a la empresa estatal PDVSA, durante el periodo comprendido entre los años 20042014, años en el cual usted [Rafael Ramírez] ejerció el cargo de Presidente.".*

El investigado, Rafael Ramírez, violando lo establecido tanto en la Ley sobre el Régimen para la Comparecencia de Funcionarios Públicos y los Particulares ante la Asamblea Nacional o sus Comisiones no compareció ante la Comisión Permanente de la Asamblea Nacional, sino que con fecha 28 de septiembre de 2016 lo que hizo fue acudir mediante representante ante la Sala Constitucional del Tribunal Supremo de Justicia, para demandar la nulidad por razones de inconstitucionalidad de la decisión de la Comisión de Contraloría de iniciar la investigación y de las comunicaciones emitidas en el marco de la misma, solicitando, además, que se ordenase a la Asamblea Nacional que se abstuviera de "reeditar actuaciones" en su contra; y requiriendo de la Sala emitiera una medida cautelar innominada de "suspensión inmediata de los efectos de los actos impugnados." Entre otras cosas debe destacarse que PDVSA estaba en ese mismo momento en proceso de concluir, sin la autorización de la Asamblea Nacional, un contrato de interés público nacional contentivo de una enorme operación de financiamiento externo, con prenda sobre acciones de una filial de la industria constituida en el Estado de Delaware (Citgo Corporation),[75] motivo por el cual, entre las razones para solicitar la medida de suspensión efecto estaba que la investigación parlamentaria "podría desencadenar una reacción adversa

[75] Dicho contrato efectivamente fue suscrito en octubre de 2016 luego de la suspensión judicial de la investigación sobre la actuación de Ramírez en PDVSA. Véase sobre dicho contrato de interés público nacional y sus vicios por haber carecido de la autorización de la Asamblea Nacional en: Juan Cristóbal Carmona Borjas, *Derecho y Finanzas. Hidrocarburos y Minerales.* Volumen II: *Actividad Petrolera y Finanzas Públicas en Venezuela*, Caracas 2016, pp. 429 ss.; Román J. Duque Corredor, "Opinión sobre la inconstitucionalidad del Bono PDVSA 2020," 19 de abril de 2020, pp. 2, 3. Disponible en: https://presidenciave.com/regiones/jurista-roman-j-duque-corredor-respalda-la-inconstitucionalidad-de-los-bonos-pdvsa-2020/. Véase el texto también en: https://www.acienpol.org.ve/wp-content/uploads/2020/04/Nulidad-de-la-Bonos-2020-de-PDVSA.pdf; y Rafael Badell Madrid, "Contratos de interés público," in *Revista de Derecho Público*, No. 159-160, Julio-diciembre 2019, Editorial Jurídica Venezolana, Caracas 2020, p. 11, 12, 13. También publicado en Badell & Grau Law Firm Portal, http://www.badellgrau.com/, disponible en: http://www.badellgrau.com/?pag=205&ct=2592

[…] en los inversionistas, en todos aquellos países a los cuales puede acudir la República para el intercambio de crédito."

Después de declarar su competencia para conocer de la acción de nulidad, en virtud de que se trataba de actos parlamentarios dictados en ejecución directa e inmediata de la Constitución, la Sala Constitucional mediante sentencia Nº 893 de 25 de octubre de 2016,[76] admitió la demanda, y sin más, procedió en la misma a decidir sobre la solicitud de cautelar que había sido formulada junto con la demanda, estimando que existían:

> *"elementos que sirven de convicción acerca de las lesiones graves o de difícil reparación que se estarían ocasionando a la empresa Petróleos de Venezuela Sociedad Anónima (PDVSA) e, incluso, contra la República directamente, además de la posible vulneración en los derechos del accionante de autos, ciudadano Rafael Darío Ramírez Carreño; lo que podría desencadenar una reacción adversa en los procedimientos arbitrales que cursan en la actualidad, en los inversionistas, en todos aquellos países a los cuales puede acudir la República para el intercambio de crédito y, en fin, en los diversos actos relacionados con esta materia que interesan a la Nación, a diversos Estados y a la Región, tomando en cuenta la trascendencia de PDVSA en el orden económico, social y constitucional."*

La Sala Constitucional igualmente estimó que se encontraba satisfecha la presunción de buen derecho, ya que, supuestamente, "la gestión de PDVSA, se encontraba monitoreada permanentemente por todos los órganos de control del Estado," declarando así procedente la medida cautelar solicitada, sin ninguna otra argumentación, por lo que, en consecuencia, decidió que se:

> *"suspenden los efectos de la investigación abierta e impulsada desde principios del presente año por la Comisión Permanente*

[76] Véase en http://historico.tsj.gob.ve/decisiones/scon/octubre/191316-893-251016-2016-16-0940. HTML. Véase el comentario en: Allan R. Brewer-Carías, "El intento fallido de la Asamblea Nacional de ejercer el control político sobre la Administración Pública investigando la actuación de PDVSA, y su anulación por la Sala Constitucional," en *Revista de Derecho Público*, No. 147-148, (julio-diciembre 2016), Editorial Jurídica Venezolana, Caracas 2016, pp. 358-359.

de Contraloría de la Asamblea Nacional con relación a supuestas irregularidades ocurridas en la empresa Petróleos de Venezuela, S.A. durante el período comprendido entre los años 2004-2014, expediente signado bajo el N° 1648, incluyendo las actuaciones que al respecto desplegó en la misma los días 17 de febrero y 5 y 21 de abril de 2016; así como también de todos los actos derivados de esa o de cualquier otra investigación relacionada con los pretendidos hechos que haya iniciado durante el presente año o que pretenda comenzar la Asamblea Nacional hasta que culmine el proceso adelantado en razón de la presente demanda; sin menoscabo de la nulidad por inconstitucionalidad de los respectivos actos de la Asamblea Nacional, en razón del desacato que mantiene a la Sala Electoral del Tribunal Supremo de Justicia, declarada por esta Sala en sentencia N° 808/2016, reiterada en la sentencia N° 810 del mismo año. Así se decide."

Y así, pura y simplemente, la Sala Constitucional le cercenó a la Asamblea Nacional su potestad de controlar la actuación de órganos de la Administración Pública, como son las empresas del Estado, incluso de la más importante entre todas ellas, como es PDVSA; y de investigar las actuaciones de quien había sido su Presidente durante el período investigado.

Con esta decisión, en definitiva, como lo afirmó Nicolás Maduro cuatro años después, en diciembre de 2020, su gobierno protegió a Rafael Ramírez, confesando que habían cometido con ello "el error garrafal" de encubrir la actuación de Rafael Ramírez al frente de PDVSA. Eso lo reportó el diario *El Nacional*, el 4 de diciembre de 2020, en un reportaje titulado:

"Maduro afirmó que encubrió a Ramírez cuando la AN lo acusó de corrupción.
"Rafael Ramírez encabezaba una mafia de ladrones, de saqueadores de Pdvsa", reconoció el oficialista el jueves durante un encuentro con varios periodistas en Miraflores."[77]

---

77 Véase en El Nacional, 4 de diciembre de 2020, disponible en: https://www.elnacional.com/venezuela/maduro-afirmo-que-encubrio-a-ramirez-cuando-la-an-lo-acuso-de-corrupcion/

En el reportaje de prensa en el cual también fue publicado el video del encuentro de Maduro con periodistas, se lee lo siguiente:

> *"Nicolás Maduro, afirmó este jueves que encubrió al exministro y expresidente de la estatal Petróleos de Venezuela, Rafael Ramírez, cuando la Asamblea Nacional en 2016 lo acusó de casos de corrupción.*
> *"Con Rafael Ramírez cometimos un error garrafal. Por allá en la Asamblea Nacional, que nos tocó a nosotros tener mayoría, la oposición sacó un conjunto de denuncias contra él, y nosotros por solidaridad automática lo protegimos", dijo Maduro.*
> *La Comisión de Contraloría del Parlamento, denunció en 2016 que durante la década (2004-2014) en la que Ramírez sirvió como presidente, la corrupción en PDVSA de amplia escala.*
> *Al expresidente de la estatal lo responsabilizan por la malversación de unos 11.000 millones de dólares.*
> *"Rafael Ramírez encabezaba una mafia de ladrones, de saqueadores de Pdvsa", reconoció Maduro."*[78]

"A confesión de parte, relevo de pruebas," diría un lego.

Maduro, sin embargo, en su exposición / confesión de encubrimiento tuvo unos lapsus de carácter temporal, pues aparentemente se le olvidó que en diciembre de 2015 la oposición había ganado la mayoría en la Asamblea Nacional, razón por la cual desde enero de 2016 su gobierno perdió la mayoría que antes había tenido en la misma. Por ello, la Comisión de Contraloría de la Asamblea que inicio la investigación en contra de Rafael Ramírez por su actuación en PDVSA, no fue en realidad como erradamente dijo, la que su gobierno antes había controlado, sino la Comisión de la nueva Asamblea Nacional que ya su gobierno no controlaba.

El encubrimiento confesado por el Jefe de Estado dado al Sr. Ramírez, por tanto, no fue producto de ninguna decisión política parlamentaria de supuestamente abandonar una investigación, sino más

---

78 Idem. Disponible en https://www.elnacional.com/venezuela/maduro-afirmo-que-encubrio-a-ramirez-cuando-la-an-lo-acuso-de-corrupcion/. Véase sobre ello la respuesta de Rafael Ramírez a Nicolás Maduro, en Rafael Ramírez Carreño, "Maduro, a mí ni me protegiste, ni hubo solidaridad automática," en *Aporrea.org*, 5 de diciembre de 2020, disponible en: www.aporrea.org/actualidad/a297970.html

grave aún, de otro órgano del Estado que sí permaneció controlado por el gobierno a pesar de la pérdida de la mayoría parlamentaria, que ha sido la Sala Constitucional del Tribunal Supremo de Justicia, la cual en este caso fue el instrumento del gobierno mediante el cual el mismo encubrió a Ramírez, es decir, como dijo el propio Maduro, "*nosotros por solidaridad automática lo protegimos.*".

Y en efecto así fue, primero con la medida cautelar antes comentada dictada por la Sala Constitucional del Tribunal Supremo de Justicia mediante la sentencia Nº 893 de 25 de octubre de 2016, y luego, en el mismo juicio, mediante la decisión definitiva del caso adoptada mediante sentencia No. 88 de 24 de febrero de 2017 en la cual, como lo expresó la *ONG Acceso a la Justicia,"* la Sala Constitucional:

> *"anuló los actos de control e investigación adelantados por la Asamblea Nacional contra PDVSA por presuntos delitos de corrupción y, adicionalmente, ordenó investigar al diputado Freddy Guevara por el Poder Ciudadano, porque (en opinión de la Sala) podría haber cometido un delito"*[79].

Para decidir, la Sala Constitucional, aparte de formular declaraciones fútiles generales sobre los esfuerzos del régimen de supuesta lucha contra la corrupción, lo primero que hizo fue citar las sentencias No. 7 de 11 de febrero de 2016[80] y No. 9 de 1 de marzo de 2016[81], mediante

---

79 Véase *Acceso a la Justicia*: "De cómo un diputado pasó de investigador a investigado," 27 de marzo de 2017, disponible en https://accesoalajusticia.org/de-como-un-diputado-paso-de-investigador-a-investigado/

80 Véase en http://historico.tsj.gob.ve/decisiones/scon/febrero/184885-07-11216-2016-16-0117.HTML. Véase los comentarios en Allan R. Brewer-Carías, . "El control político de la Asamblea Nacional respecto de los decretos de excepción y su desconocimiento judicial y Ejecutivo con ocasión de la emergencia económica decretada en enero de 2016, en *VI Congreso de Derecho Procesal Constitucional y IV de Derecho Administrativo, Homenaje al Prof. Carlos Ayala Corao, 10 y 11 noviembre 2016*, FUNEDA, Caracas 2017. pp. 291-336; y "La usurpación definitiva de la función de legislar por el Ejecutivo Nacional y la suspensión de los remanentes poderes de control de la Asamblea con motivo de la declaratoria del estado de excepción y emergencia económica," en *Revista de Derecho Público*, No. 145-146, (enero-junio 2016), Editorial Jurídica Venezolana, Caracas 2016, pp. 444-468.

81 Véase en http://historico.tsj.gob.ve/decisiones/scon/marzo/185627-09-1316-2016-16-0153.HTML. Véanse los comentarios en Allan R. Brewer-Carías, "El fin del Poder Legislativo: la regulación por el Juez Constitucional del régimen interior y de debates de la

las cuales le cercenó el poder de control político parlamentario a la Asamblea Nacional, llegado a afirmar que el "control político parlamentario previsto en los artículos 187.3, 222, 223 y 224 constitucionales se circunscribe en esencia al Ejecutivo Nacional," buscando excluir absurda e inconstitucionalmente dicho control respecto de los entes descentralizados de la Administración Pública. A ello añadió la Sala que debía impedirse que "ese control afecte el adecuado funcionamiento del Ejecutivo Nacional," imponiéndole inconstitucionalmente a la Asamblea que debía necesariamente coordinar el ejercicio de sus potestades de control "con el Vicepresidente Ejecutivo o Vicepresidenta Ejecutiva, tal como lo impone el artículo 239.5 Constitucional," el cual regula las funciones de dicho Vicepresidente, pero no las de la Asamblea.

La Sala Constitucional, sin embargo, para anular los actos de la Asamblea Nacional de investigación sobre Rafael Ramírez y su actuación en PDVSA, y así "encubrir" las mismas por orden del gobierno, recurrió a dicha "doctrina" considerando que en la investigación se había supuestamente cometido "graves vicios formales y sustanciales de nulidad por inconstitucionalidad" porque la Comisión de Contraloría no se había sometió, en su investigación, a la coordinación con el Vic Presidente Ejecutivo;[82] indicando además, que los actos impugnados

---

Asamblea Nacional, y la sujeción de la función legislativa de la Asamblea a la aprobación previa por parte del Poder Ejecutivo," en *Revista de Derecho Público,* No. 145-146, (enero-junio 2015), Editorial Jurídica Venezolana, Caracas 2016, pp. 428-443; y en "El ataque de la Sala Constitucional contra la Asamblea Nacional y su necesaria e ineludible reacción. De cómo la Sala Constitucional del Tribunal Supremo pretendió privar a la Asamblea Nacional de sus poderes constitucionales para controlar sus propios actos, y reducir inconstitucionalmente sus potestades de control político sobre el gobierno y la administración pública; y la reacción de la Asamblea Nacional contra a la sentencia Nº 9 de 1-3-2016," en http://www.allanbrewer-carias.com/Content/449725d9-f1cb-474b-8ab2-41efb849fea3/Content/Brewer.%20El%20ataque%20Sala%20Constitucional%20v.%20Asamblea%20Nacional.%20SentNo.%209%201-3-2016).pdf.

82 Sobre ello, con razón, la ONG Acceso a la Justicia indicó: "Esta interpretación indica que la función parlamentaria queda entonces en manos del Vicepresidente; lo que no solamente va contra toda lógica (porque la AN puede controlar la labor del mismo Vicepresidente, por ejemplo y sobre todo porque la Constitución establece exactamente todo lo contrario), sino que ignora el principio de separación de poderes establecido claramente en el artículo 136 de la Constitución." Véase *Acceso a la Justicia*: "De cómo un diputado pasó de investigador a investigado," 27 de marzo de 2017, disponible en https://accesoalajusticia.org/de-como-un-diputado-paso-de-investigador-a-investigado/

de la investigación parlamentaria contrariaban "de manera sustancial lo señalado por el orden constitucional vigente para el momento en el que fueron dictados, pues no indican de manera suficiente el *motivo* y alcance preciso y racional de la misma (para garantizar a su vez un proceso con todas las garantías constitucionales)" cuando es elemental que el detalle de una investigación parlamentaria está en las miles de páginas de los expedientes que cursan en la Asamblea, para cuya revisión se notifica y cita debidamente al investigado.

Y con base en esos infundados argumentos, la Sala concluyó simplemente declarando:

> "procedente la presente solicitud de nulidad y, en consecuencia, que carecen de validez y eficacia los actos dictados en el marco de la investigación aprobada por la plenaria de la Comisión Permanente de Contraloría de la Asamblea Nacional, el 17 de febrero de 2016, y que se reflejan en las comunicaciones suscritas los días 5 y 21 de abril de 2016 por el Presidente de la referida Comisión, con ocasión de supuestas irregularidades ocurridas en la empresa Petróleos de Venezuela Sociedad Anónima (PDVSA), durante el periodo comprendido entre los años 20042014, en el que el accionante se desempeñó como Presidente de la mencionada persona jurídica."

La Sala, finalmente, ordenó remitir copia de su sentencia a la "Contraloría General y al Ministerio Público de la República Bolivariana de Venezuela, a objeto de que ambas instituciones, dentro del ámbito de sus competencias, determinen si es procedente o no ordenar el inicio de las investigaciones respectivas, en contra del diputado Freddy Guevara," Presidente de la Comisión de Contraloría que inicio la investigación contra el Presidente de PDVSA Rafael Ramírez durante el período 2004-2014, "encubierto" por el gobierno como lo confesó el Jefe del Estado en la época, mediante la sentencia, por el solo hecho de que para garantizarle su derecho a la defensa viajó en misión oficial a Nueva York, donde el investigado tenía su residencia, para asegurarse que recibiría las notificaciones de la investigación iniciada.

IX. ALGUNAS SECUELAS DE LA DESTRUCCIÓN: LA INCONSTITUCIONAL ELIMINACIÓN DEL CONTROL PARLAMENTARIO SOBRE LOS CONTRATOS DE CONSTITUCIÓN DE EMPRESAS MIXTAS PARA DESARROLLO DE ACTIVIDADES PRIMARIAS EN MATERIA DE HIDROCARBURO EN 2017

Un paso siguiente en la saga de desacertadas decisiones adoptadas en el campo de la industria petrolera bajo la conducción de Rafael Ramírez como Ministro de Energía, Minas y Petróleo y como Presidente de PDVSA, que provocaron su total destrucción, luego de que abandonó los despojos que había logrado provocar, fue la inconstitucional decisión de la Sala Constitucional del Tribunal Supremo de Justicia adoptada en 2017, mediante la cual la misma eliminó el control parlamentario sobre los contratos de interés nacional relativos a la constitución de empresas mixtas petroleras, que era de carácter obligatorio en el marco de los artículos 150 y 151 de la Constitución.

En efecto, conforme a dichas normas y al artículo 33 de la Ley Orgánica de Hidrocarburos de 2001, la Asamblea Nacional tiene a su cargo ejercer el control sobre el proceso de constitución de empresas mixtas en el sector de hidrocarburos, las cuales se rigen por los términos y condiciones que establezca la Asamblea Nacional, mediante Acuerdo aprobando la creación de la respectiva empresa mixta. Esta norma no adolece de oscuridad ni ambigüedad alguna. Sin embargo, la empresa del Estado, la Corporación Venezolana del Petróleo, SA. el día 28 de marzo de 2017 presentó ante la Sala Constitucional del Tribunal Supremo de Justicia un "recurso de interpretación" de dicha norma que fue decidido al día siguiente, en lo que puede considerarse el proceso constitucional más corto en la historia de la Justicia Constitucional en Venezuela, mediante sentencia Nº 156 de fecha 29 de marzo de 2017[83].

La Sala Constitucional consideró que como la Asamblea Nacional no podía funcionar por estar en una supuesta situación de "desacato" de sentencias anteriores de la Sala Electoral, que supuestamente le impe-

[83] Véase en http://historico.tsj.gob.ve/decisiones/scon/marzo/197364-156-29317-2017-17-0325.HTML

dían ejercer sus funciones conforme a la Ley Orgánica de Hidrocarburos, resolviendo en consecuencia, nada más ni nada menos que asumir "de pleno derecho," y, por supuesto, inconstitucionalmente, la totalidad de las competencias de la Asamblea Nacional, y en consecuencia, "*asumir de pleno derecho*" el "*ejercicio de la atribución constitucional contenida en el artículo 187, numeral 24" de la Constitución*," incluyendo la de aprobar los contratos de interés nacional para la constitución de las empresas mixtas para la explotación petrolera.

Es decir, de un plumazo, como de la nada, la Sala Constitucional del Tribunal Supremo de Justicia, como Jurisdicción Constitucional, *decidió usurpar, in toto, de pleno derecho, todas las competencias de la Asamblea Nacional,* para lo cual no tiene competencia en forma alguna, constituyendo ello una usurpación de funciones en los términos del artículo 138 de la Constitución; y todo ello, mediante una interpretación del artículo 33 de la Ley Orgánica de Hidrocarburos, dispuesta con "carácter vinculante y valor *erga omnes.*"[84]

Así, la Sala Constitucional, de forma general advirtió, en el marco de los supuestos poderes absolutos que decidió asumir, que: "mientras persista la situación de desacato y de invalidez de las actuaciones de la Asamblea Nacional, esta Sala Constitucional garantizará que las competencias parlamentarias sean ejercidas directamente por esta Sala o por el órgano que ella disponga, para velar por el Estado de Derecho;" con lo cual, incluso, todas las competencias que la Constitución y las leyes atribuyen a la Asamblea Nacional, podían llegar a ser ejercidas "por el órgano que [la Sala] disponga," auto atribuyéndose un poder universal de delegar y disponer de las funciones legislativas de la Asamblea, y decidir a su arbitrio cuál órgano del Estado podía legislar en algún caso, o cuál órgano podía controlar, en otro. Dicha sentencia ni más ni menos se configuró como un golpe de Estado dado contra la Constitución,[85]

---

84 Véase en http://historico.tsj.gob.ve/decisiones/scon/marzo/197285-155-28317-2017-17-0323.HTML.

85 Véase en Allan R. Brewer-Carías, "El golpe de Estado judicial continuado, la no creíble defensa de la Constitución por parte de quien la despreció desde siempre, y el anuncio de una bizarra "revisión y corrección" de sentencias por el Juez Constitucional por órdenes del Poder Ejecutivo (secuelas de las sentencias no. 155 y 15 6 de 27 y 29 de marzo de 2017)," en http://allanbrewercarias.net/site/wp-content/uploads/2017/04/150.-doc.-BREWER.-EL-GOLPE-DE-ESTADO-Y-LA-BIZARRA-REFORMA-DE-SENTENCIAS.-2-4-2017.pdf

dictada con alguna intención precisa vinculada sin duda al sector hidrocarburos,[86] habiendo sido celebrada por el Presidente de la República como una "sentencia histórica," para cuya ejecución, según informó la prensa, pediría "sugerencias a la Procuraduría General de la República y a la Sala Constitucional para cumplir con las órdenes dictadas por el máximo órgano judicial,"[87] como si ésta última fuera un órgano asesor del Ejecutivo.

La sentencia sin duda violentó el orden constitucional, lo que condujo luego al absurdo, y fue que el Consejo de Defensa de la Nación exigiría de la Sala que hicieran "las aclaratorias" necesarias,[88] exhortándola a "revisar" su sentencia.[89] Y la Sala, sumisa, violando el artículo 252 del Código de Procedimiento Civil en la madrugada del día 1 de abril de 2017 hizo montar en la página web del Tribunal Supremo la información de que se había dictado la Nº 158 mediante las se "aclaró de Oficio" la sentencia Nº 156 de fecha 29 de marzo de 2017, en lo "que respecta al punto 4.4 del dispositivo cuyo contenido está referido a que la Sala Constitucional garantizará que las competencias parlamentarias sean ejercidas directamente por ésta o por el órgano que ella disponga, para velar por el Estado de Derecho, el cual se suprime."

---

86 Recurso que según se indicó por la ONG Acceso a la Justicia, tuvo su motivación en que el Poder Ejecutivo había ofrecido "a la petrolera rusa Rosneft una participación en la empresa mixta Petropiar a cambio de ayuda para pagar bonos de la deuda que están próximos a vencerse, pero para concretar el acuerdo se requiere la aprobación de la Asamblea Nacional según la Ley de Hidrocarburos." Véase en "TSJ: no aclares que oscureces. Las verdaderas repercusiones de las aclaratorias de las sentencias del TSJ," Acceso a la Justicia, Caraca 1 de abril de 2017, en http://www.accesoalajust-icia.org/wp/infojusticia/noticias/tsj-no-aclares-que-oscureces/.

87 Véase la reseña: "Nicolás Maduro: El TSJ ha dictado una sentencia histórica. Durante el Consejo de Ministros, el jefe de Estado señaló que además pedirá sugerencias a la Procuraduría General de la República para cumplir con las órdenes dictadas por el máximo órgano judicial," en El nacional, 28 de marzo de 2017, en http://www.el-nacional.com/noticias/gobierno/nicolas-maduro-tsj-dictado-una-sentencia-historica_87784

88 Véase la reseña "Maduro, tras instalar Consejo de Defensa de la Nación: Tengo fe de que se harán las aclaratorias necesarias," Noticiero digital, 31 Marzo, 2017, en http://www.noti-cierodigital.com/2017/03/maduro-tengo-fe-absoluta-de-que-este-consejo-hara-las-acla-ratorias-necesarias/.

89 Véase su texto en "Consejo de Defensa Nacional exhorta al TSJ a revisar sentencias 155 y 156 // #MonitorProDaVinci,'1 de abril de 2017, en http://prodavinci.com/2017/04/01/ac-tualidad/consejo-de-defensa-nacional-exhorta-al-tsj-a-revisar-sentencias-155-y-156-monitorprodavinci/.

Y a renglón seguido, como si se tratase de un juego inocente, el Sr. Maduro, Presidente de la República, en vista de este anuncio, afirmó que después de haber enfrentado "una situación compleja" informaba que "en pocas horas, activando los mecanismos de la Constitución, fue superada exitosamente la controversia que surgió entre dos poderes," comentando que: "me tocó como Jefe de Estado actuar. Actué rápido, sin dilación, sin demoras y ya en la madrugada de hoy 1 de abril habíamos superado absolutamente la controversia que había surgido."[90]

Sin embargo, la realidad fue que la Sala, en definitiva, convirtiendo la sentencia anterior en una medida cautela, resolvió dejar incólumes todas las otras decisiones contenidas en la sentencia Nº 156, entre ellas, precisamente la que usurpó la función de control por parte de la Asamblea Nacional sobre la creación de empresas mixtas, al permitir al Gobierno crearlas en el sector hidrocarburos bajo el control de la Sala. En la nueva sentencia No 158, además, la Sala Constitucional ratificó que la Asamblea Nacional no podía ejercer sus funciones constitucionales por encontrarse en "desacato" y la Sala mantiene su criterio de la usurpación de funciones de la Asamblea Nacional, impidiéndole ejercer sus funciones.

Con base en esta sentencia, se produjo el absurdo de que el 6 de julio de 2017, el Secretario Permanente del Consejo de Ministros, alegando actuar "de conformidad con lo establecido en la antes mencionada sentencia Nº 158 del 1 de abril de 2017, de la Sala Constitucional del Tribunal Supremo de Justicia," como si se tratase de una "ley," acudió ante dicha Sala solicitando "la autorización y aprobación" a la constitución de la Empresa Mixta Petrosur S.A., de Producción, Mejoramiento y Comercialización de Petróleo Crudo Pesado y extra Pesado en el Área Denominada Junín 10 de la faja Petrolífera del Orinoco, entre la Corporación Venezolana de Petróleo, S.A (CVP) y *Stichting Administratiekantoor* Inversiones Petroleras Iberoamericanas, remitiendo a la Sala la documentación necesaria.

---

90 Véase la reseña: "Maduro: Actué rápido y pudimos superar exitosamente la controversia entre el TSJ y el MP," en *Noticiero Digital*, 1 de abril de 2017, en http://www.noticierodigital.com/2017/04/maduro-actue-rapido-y-pudimos-superar-exitosamente-la-controversia-entre-el-tsj-y-el-mp/.

La Sala decidió sobre la petición, como si se tratase de un "proceso judicial" y de una "sentencia," precisamente dictando la sentencia Nº 533 de 10 de julio de 2017,[91] en la cual, haciendo referencia a la antes mencionada sentencia Nº 156 de fecha 29 de marzo de 2017, expresamente dispuso que:

> *"no existe impedimento alguno para que el Ejecutivo Nacional constituya empresas mixtas en el espíritu que establece el artículo 33 de la Ley Orgánica de Hidrocarburos, a cuyo efecto el Ejecutivo Nacional, por órgano del Ministerio de Energía y Petróleo, deberá informar a esta Sala de todas las circunstancias pertinentes a dicha constitución y condiciones, incluidas las ventajas especiales previstas a favor de la República."*

Y así, la Sala Constitucional, violando la Constitución y la Ley de Hidrocarburos, y usurpando las funciones de control que corresponden a la Asamblea Nacional, pasó a examinar los recaudos entre los cuales estaba la aprobación por la Junta Directiva de PDVSA en fecha 22 de marzo de 2017 de la constitución de la empresa mixta, conforme al Memorándum de Entendimiento que había sido suscrito por los potenciales accionistas, y la propuesta de aprobación presentada al Presidente de la República el 26 mayo de 2017, y aprobación por el Consejo de Ministros con fecha 13 de junio de 2017; indicando la Sala haber examinado el "Acuerdo de Estudio Conjunto para el Campo Junín Sur de la Faja Petrolífera del Orinoco, constante de trece cláusulas, suscrito por el ciudadano Orlando Chacín Vicepresidente de PDVSA, y por el Consejero Delegado ciudadano José Ramón Blanco de Inversiones Petroleras Iberoamericanas, en cuyas cláusulas séptima y octava referidas a la resolución de conflictos y ley aplicable," se daba "estricto cumplimiento a lo dispuesto en el artículo 151 constitucional," pero sin indicarse si se trataba o no de una cláusula arbitral y a cuál ley se sometía el contrato; indicando además, que el contrato contaba con la aprobación del Procurador General de la República.

De todo ello, la Sala concluyó "administrando justicia, en nombre de la República por autoridad de la ley," como si se tratase de una sentencia dictada en algún proceso judicial, "y en atención a lo dispuesto

---

91 Véase en http://historico.tsj.gob.ve/decisiones/scon/julio/200937-533-10717-2017-17-0731.HTML

previsto en la sentencia Nº 156 de fecha 29 de marzo de 2017," declarar "procedente la autorización y aprobación a la constitución de la Empresa Mixta Petrosur, S.A." citando el artículo 236.14 de la Constitución como si se tratase de un contrato de interés público nacional a ser suscrito por el Presidente de la República, lo cual no sucedió.

Lo que hizo el Presidente de la República en "ejecución" de la sentencia, fue dictar un Decreto Nº 3.038 de 22 de agosto de 2017,[92] mediante el cual, de nuevo, lo que hizo fue "autorizar" la creación de la referida empresa mixta mediante contrato a ser suscrito por las partes contratantes mencionadas, la Corporación Venezuela del Petróleo S.A. con 60 % del capital social y la empresa *Stichting Administratiekantoor Inversiones Petroleras Ibero-americanas* con el 40 % del capital social.

Esta empresa, co-contratante de la empresa estatal, la cual fue seleccionada "a dedo," sin proceso de licitación alguno,[93] habría sido constituida en La Haya, solo unos meses antes, en abril de 2017, como empresa "*Financiële holdings*"[94] y, por tanto, sin experiencia alguna en materia petrolera. Sin embargo, según se anunció en la prensa española, el Sr. José Ramón Blanco, citado como representante de la empresa en la sentencia aprobatoria del contrato dictada por el Tribunal Supremo de Justicia, habría sido directivo de la empresa Repsol.[95]

---

92 Véase en *Gaceta Oficial* Nº 41.219 de 22 de agosto de 2017.

93 Véase lo expuesto por Elías Matta, diputado y vicepresidente de la Comisión de Energía y Minas de la Asamblea Nacional, en la reseña "Elías Matta: Asignación por Petrosur a inversiones petroleras iberoamericanas viola la Constitución,' en *Primicias 24.com*, 21 de septiembre de 2017, en . https://www.primicias24.com/pri-micias-nacionales/elias-matta-asignacion-por-petrosur-a-inversiones-petroleras-iberoamericanas-viola-la-constitucion/.

94 Véase la referencia al registro el 19 de abril de 2017, en https://drim-ble.nl/bedrijf/den-haag/k68585209/stichting-administratiekantoor-inversiones-petroleras-iberoamericanas.htmln . Véase la reseña de Ascensión Reyes: "Gobierno entregó bloque Junín 10 a empresa creada hace 4 meses en Holanda. Inversiones Petroleras Iberoamericanas fue constituida en abril y su consejero, José Ramón Blanco Balín, es investigado por un caso de corrupción en España," en *El Nacional*, Caracas 11 de agosto de 2017, en http://www.el-nacional.com/noticias/econo-mia/gobierno-entrego-bloque-junin-empresa-creada-hace-meses-holanda_198133.

95 Véase la reseña de Mariza Recuero, "Nicolás Maduro adjudica a un imputado en 'Gürtel' un negocio petrolero," en *El Mundo*, 9 de agosto de 2017, en http://www.elmundo.es/espana/2017/08/09/598a0afc22601d58478b457e.html. Véase además la información "Maduro adjudicó contrato petrolero en la Faja a imputado en caso de corrupción en España," en CCD, Cuentas Claras contra la delincuencia organizada, 9 de agosto de 2017, en https://www.cuentasclarasdigital.org/2017/08/maduro-adjudico-contrato-petrolero-en-la-faja-a-imputado-en-caso-de-corrupcion-en-espana/.

X. EL VACIAMIENTO DE PDVSA COMO HOLDING DE LA INDUSTRIA PETROLERA A PARTIR DE 2017, CON LA CREACIÓN EN PARALELO DE UNA "INDUSTRIA PETROLERA MILITAR" EXCLUIDA ADEMÁS DEL RÉGIMEN NACIONAL DEL CONTROL FISCAL

Conforme a la Ley Orgánica que reserva al Estado la industria y el comercio de los hidrocarburos de 1975, al producirse la nacionalización de la industria petrolera se dispuso que el Ejecutivo nacional, a los efectos de la organización, administración y gestión de las actividades reservadas, atribuiría a "una de las empresas las funciones de coordinación, supervisión y control de las actividades de las demás, pudiendo asignarle la propiedad de las acciones de cualquiera de esas empresas," (art. 6). Y así precisamente se creó a Petróleos de Venezuela S.A., la cual pasó en 1999 a ser la única empresa del Estado de rango constitucional (art. 303), funcionando como holding de la industria petrolera, adscrita al Ministro para el Petróleo.

Ese esquema se rompió formalmente a partir de 2016, al crearse en paralelo a PDVSA, otra empresa petrolera, pero militar, adscrita al Ministerio para la Defensa y, por tanto, desvinculada, en el marco de la organización de la Administración Pública, del sector de energía y petróleo.

En efecto, con fecha 10 de febrero de 2016, y mediante decreto Nº 2.231 de 10 de febrero de 2016,[96] el Presidente de la República en Consejo de Ministros, en uso de las atribuciones establecidas en la Ley Orgánica de la Administración Pública para crear empresas del Estado, procedió a crear la Compañía Anónima Militar de Industrias Mineras, Petrolíferas y de Gas (CAMIMPEG), indicando como motivación para ello, que se trataba de una empresa que respondería a un "nuevo modelo de gestión" de acuerdo a "Revolución Bolivariana," y a un "modelo económico productivo ecosocialista" para "desarrollar tecnologías propias de nuestra industria militar," quedando adscrita dicha empresa, por tanto, al Ministerio para la Defensa. (art. 1).

De acuerdo al decreto, el objeto social de la empresa abarca absolutamente todos los aspectos imaginables tanto de la industria petrolera,

96 Véase en *Gaceta Oficial* Nº 40.845, de 10 de febrero de 2016.

como de la industria del gas y de la industria minera (art. 3), siendo en materia petrolera aún más amplió que lo previsto como objeto social en los estatutos de la propia PDVSA, resultando en consecuencia, que dicha empresa militar, tiene las competencias no solo de PDVSA, sino de todas sus empresas filiales como Corpoven, S.A, PDVSA Petróleo, S.A., y Bariven, S.A, y con ello, el riesgo de que posiblemente se producirá el vaciamiento progresivo de todas estas empresas, las cuales es posible que queden como cascarones vacíos.

Y todo ello, además, con el agravante de que la nueva industria petrolera militar ha quedado, por obra de la dictadura judicial, fuera del marco de control fiscal que ejerce la Contraloría General de la República. Para ello, la Sala Político Administrativa del Tribunal Supremo de Justicia, en sentencia de 14 de diciembre de 2016,[97] dictada con motivo de un recurso de interpretación formulado por los propios abogados del Estado, es decir, la Procuraduría General de la República, insólitamente excluyó a la empresa a propia Compañía Anónima Militar de Industrias Mineras, Petrolíferas y de Gas (CAMIMPEG), del ámbito de control fiscal por parte de la Contraloría General de la República, por ser una "empresa militar," quedando sometida a pesar de no tener nada que ver con el "componente militar," al control externo de la Contraloría General de la Fuerza Armada Nacional Bolivariana.

XI. LA ILEGAL REORGANIZACIÓN DE LA INDUSTRIA PETROLERA DISPUESTA POR DECRETO DE 2018, LA FINAL DEGRADACIÓN DEL HOLDING PETROLERO, Y EL FIN DE LA TRANSPARENCIA EN MATERIA DE CONTRATACIÓN EN LA INDUSTRIA PETROLERA

Como ya ha sido señalado, en enero de 2018, la inconstitucional y fraudulenta Asamblea Nacional Constituyente[98] dictó una inconstitucional "Ley Constitucional contra la guerra económica para la racionalidad y uniformidad en la adquisición de bienes, servicios y obras

---

97 Disponible en http://historico.tsj.gob.ve/decisiones/spa/diciembre/194202-01421-151216-2016-2011-0044.HTML.

98 Véase Allan R. Brewer-Carías, *Usurpación Constituyente, 1999, 2017. La historia se repite: una vez como comedia y la otra como tragedia*, Editorial Jurídica Venezolana International, 2018.

públicas,"[99] mediante la cual reformó parcial y tácitamente la Ley de Contrataciones Públicas de 2014, eliminando totalmente el proceso transparente de selección de contratistas, con efectos principales en la industria petrolera nacional, en la cual se eliminó todo proceso de licitación.[100]

El objeto de la reforma fue supuestamente establecer:

> *"...normas básicas de conducta para la Administración Pública, en todos sus niveles, que promuevan la honestidad, participación, celeridad, eficiencia y transparencia en los procesos de adquisición y contratación de bienes, servicios y obras públicas. Facilite los mecanismos de control de tales procesos, y estimule la participación equilibrada de todos los agentes económicos en la inversión y justa distribución de recursos destinados las compras públicas" (art. 1).*

Pero todo ello no fue más que una gran mentira que queda en evidencia cuando se analiza el sentido y efecto de lo regulado, lo cual, contrariamente, lo que asegura es la ausencia honestidad, transparencia y control en la contratación pública, previendo la posibilidad de eliminación de los principios de la licitación en la selección de contratistas, como efectivamente ocurrió respecto de las contrataciones en las empresas de la industria petrolera.

Para ello, se estableció en la Ley Constitucional que el régimen aplicable a las empresas del Estado debía estar regulado en una "regulación especial," el cual se previó para las empresas de la industria petrolera mediante el Decreto Nº 3.368 de 12 de abril de 2018,[101] estableciéndose un "régimen especial y transitorio para la gestión operativa

---

99 Véase *Gaceta Oficial* Nº 41.318 del 11 de enero de 2018.

100 Véase los comentarios en Allan R. Brewer-Carías, "La institucionalización de la cleptocracia en Venezuela: la inconstitucional reforma tácita del régimen de contrataciones públicas, y la inconstitucional eliminación, por decreto, de la licitación para la selección de contratistas en la industria petrolera, y de la nacionalización de las actividades auxiliares o conexas con la industria," New York, 18 de abril de 2018, en http://allanbrewercarias.com/wp-content/uploads/2018/04/182.-Brewer.-doc.-Institucionalizaci%C3%B3n-Cleptocracia.PDVSA_.pdf.

101 Véase en *Gaceta Oficial* Nº 41.376 de 12 de abril de 2018. En cuanto a basarse en el régimen de Estado de Excepción y emergencia económica, debe recodarse que de acuerdo con el artículo 338 de la Constitución, el mismo sólo puede durar 120 días, aun cuando el decretado ya tiene más de dos años, y sin siquiera haber sido aprobado por la Asamblea Nacional.

y administrativa de la industria petrolera nacional," con una "vigencia hasta el 31 de diciembre de 2018, prorrogable por un (1) año" (art. 12), para que "contribuya de manera definitiva al aumento de las capacidades productivas de Petróleos de Venezuela S.A., PDVSA, sus empresas filiales, y la industria petrolera nacional en general" (art. 1).

La ilusión de los gobernantes del Estado forajido que hemos padecido los venezolanos ha sido que, con el solo texto de las leyes, los decretos y las resoluciones que dictan, creen que pueden cambiar la realidad; y esa ilusión parece no tener límites; y lo peor es que algunos efectivamente creen que la realidad cambió con solo "decretarla;" solo porque así lo dice la ley o el decreto!![102]

La realidad en todo caso es otra, que es la que existe a pesar de la letra de los textos legales; y trágicamente, como es bien sabido, es que la industria petrolera venezolana en 2018 ya estaba en un estado de deterioro como nunca antes se había visto, de manera que de haber sido veinte años antes la empresa más importante de toda América Latina, en 2018 había quedado en la ruina, con una producción disminuida, altamente burocratizada e ineficiente, con refinerías cerradas, con una deuda pública astronómica,[103] y minada por una corrupción rampante, al punto de que sus últimos directivos desde 2017 al dictarse el decreto ya estaban todos detenidos o escapados, acusados todos de corrupción.[104]

---

102 Véase José Ignacio Hernández, "¿De qué se tratan las medidas excepcionales que tomó el gobierno sobre PDVSA?," en *Prodavinci,* 17 de abril de 2018, en https://prodavinci.com/de-que-se-tratan-las-medidas-excepcionales-que-tomo-el-gobierno-sobre-pdvsa/?platform=hootsuite

103 Véase sobre ello, entre los comentarios expertos más recientes de Francisco Monaldi e Igor Hernández, *Weathering Collapse: An Assessment of the Financial and Operational Situation of the Venezuelan Oil Industry,* CID Working Paper Nº 327, 2016; Ramón Espinasa, y Carlos Sucre, *La caída y el colapso de la industria petrolera venezolana,* Agosto de 2017 (consultado en original); Carlos Bellorín *El Furrial: el espectacular declive de un gigante petrolero,* Prodavinci, 11 de agosto de 2016: http://historico.prodavinci.com/blogs/el-furrial-el-espectacular-declive-de-un-gigante-petrolero-por-carlos-bellorin/.

104 Véase la reseña: "Fiscal general de Venezuela anuncia la detención de expresidentes de Pdvsa," donde se indica: "El fiscal general de Venezuela, Tarek William Saab, anunció este jueves la detención del exministro para la Energía y Petróleo, Eulogio del Pino, y del expresidente de Petróleos de Venezuela (Pdvsa), Nelson Martínez, por su presunta vinculación con hechos de corrupción en la estatal petrolera." Véase en *Telesur,* 30 de noviembre de 2017, en https://www.telesurtv.net/news/Fiscal-general-de-Venezuela-anuncia-la-detencion-de-expresidentes-de-Pdvsa-20171130-0033.html.

En todo caso, y por lo visto, creyendo en la magia de las palabras de un decreto, con el fin mencionado de supuestamente aumentar la capacidad productiva "de Petróleos de Venezuela S.A., PDVSA, sus empresas filiales, y la industria petrolera nacional en general," se reguló un régimen excepcional en el manejo de las empresas del Estado en la industria petrolera nacional atribuyéndosele en el artículo 2 del decreto, al Ministro del Poder Popular de Petróleo, "además de las facultades de control y tutela establecidas en el ordenamiento jurídico," es decir, en la Ley Orgánica de la Administración Pública y en la Ley Orgánica de Hidrocarburos, "las más amplias facultades de organización, gestión y administración de las empresas de la industria petrolera del sector público, en especial Petróleos de Venezuela S.A., PDVSA, y sus empresas filiales, en los términos expuestos en este decreto" (art. 3); incluso hasta para "suprimir" a Petróleos de Venezuela S.A. lo que no sólo es un soberano disparate, sino que sería violatorio de la Constitución (art. 303).

Con ello, se eliminó de hecho el rol que al menos estatutariamente correspondía a Petróleos de Venezuela S.A., como *holding* de la industria petrolera, perdiendo materialmente toda la relativa autonomía que podía tener como empresa del Estrado en su relación con el órgano de tutela, que ya en buena parte se había perdido con el ejercicio simultáneo por la misma persona del cargo de Ministro de Energía y Petróleo y Presidente de PDVSA.

Por otra parte, como antes se observó, el Decreto No. 3.368 de 12 de abril de 2018, eliminó para las contrataciones por parte de Petróleos de Venezuela, S.A., y sus empresas filiales, de toda forma de licitación pública, estableciendo en cambio solo dos modalidades de contratación: la consulta de precios y la adjudicación directa. Con ello, como lo observó José Ignacio Hernández, sin duda se "aceleran los procedimientos de procura de PDVSA y sus empresas filiales, pero reducen los controles que previenen la corrupción y la gestión ineficiente del gasto público, sin que el decreto prevea medidas concretas para atender esos riesgos."[105]

New York, Diciembre de 2020

105 Véase José Ignacio Hernández, "¿De qué se tratan las medidas excepcionales que tomó el gobierno sobre PDVSA?," en *Prodavinci*, 17 de abril de 2018, disponible en https://prodavinci.com/de-que-se-tratan-las-medidas-excepcionales-que-tomo-el-gobierno-sobre-pdvsa/?platform=hootsuite.

LOS CONTRATOS DE INTERÉS PÚBLICO NACIONAL Y LAS EMPRESAS DEL ESTADO: EL CASO DE PDVSA

JOSÉ IGNACIO HERNÁNDEZ G.*

SUMARIO

INTRODUCCIÓN

En la obra del profesor Jesús Caballero Ortiz destacan dos temas, que constituyen el objeto de este estudio: las empresas del Estado y los contratos públicos, en especial, los contratos de interés público. Precisamente, este estudio explica las razones por las cuales las empresas del Estado pueden celebrar contratos de interés público regidos por el artículo 150 de la Constitución, tomando en cuenta, como caso de estudio, a Petróleos de Venezuela, S.A. (PDVSA).

---

* Doctor en Derecho, Universidad Complutense de Madrid; Profesor de Derecho Administrativo en la Universidad Central de Venezuela y la Universidad Católica Andrés Bello; Profesor invitado, Universidad Castilla-La Mancha; Fellow, Growth Lab-Harvard Kennedy School.

Este tema, además, permite abordar críticamente una distinción que, en nuestra opinión, resulta confusa, a saber, la distinción entre Poder Ejecutivo y Administración Pública. Más allá de los aspectos teóricos, la distinción es de utilidad pues algunas de las normas constitucionales sobre contratos de interés público nacional, como el artículo 187.9, aluden a contratos suscritos por el Poder Ejecutivo. Esto ha dado lugar a cierta línea de interpretación que podría llevar a concluir, erradamente, que solo la República, a través del Poder Ejecutivo, puede suscribir contratos de interés público nacional, mientras que las empresas del Estado no podrían celebrar esos contratos, pues son entes descentralizados que no formarían parte del Poder Ejecutivo.

Este tema es especialmente relevante pues en 2019 PDVSA cuestionó ante la Corte del Distrito Sur de Nueva York la constitucionalidad de títulos valores emitidos en 2016 garantizados con el 50,1% de las acciones de Citgo Holding, Inc., con base en los Acuerdos de la Asamblea Nacional de 16 de septiembre de 2016 y 15 de octubre de 2019. Este argumento se basó en la violación del artículo 150 constitucional, pues PDVSA no podía haber suscrito el contrato que otorgó en garantía esas acciones sin control previo de la Asamblea, al tratarse de contratos de interés público nacional sujetos al artículo 150 constitucional. Como se observa, este argumento pasa por aceptar que las empresas del Estado sí pueden celebrar contratos de interés público nacional[1].

Para abordar este tema, en el merecido homenaje al profesor Jesús Caballero Ortiz, este artículo se divide en dos partes. La primera explica por qué las empresas del Estado sí son parte del Poder Ejecutivo, en especial, de cara a las normas constitucionales sobre contratos de interés público. La segunda parte repasa el estado actual de la doctrina y jurisprudencia, a los fines de concluir por qué, sustantivamente, empresas públicas como PDVSA pueden celebrar contratos de interés público, sometidos a los controles establecidos en la Constitución.

1 Este artículo, en todo caso, no analiza el fondo del juicio ante la Corte del Distrito Sur, aspecto que será tratado en una monografía. Los principales documentos de ese juicio son de acceso público, incluyendo el testimonio del profesor Allan R. Brewer-Carías, sobre la aplicación del artículo 150 constitucional a PDVSA. Vid.: https://dockets.justia.com/docket/circuit-courts/ca11/19-11124

I. LA DISTINCIÓN ENTRE PODER EJECUTIVO Y ADMINISTRACIÓN PÚBLICA Y LOS CONTRATOS DE INTERÉS PÚBLICO SUSCRITOS POR EMPRESAS DEL ESTADO

La expresión "contratos de interés público nacional" aparece en cinco normas de la Constitución: *(i)* en el artículo 150, que es la norma básica en la materia, junto con el artículo 151; *(ii)* en el artículo 187.9, sobre las potestades de control del Poder Legislativo; *(iii)* en el artículo 236.14, sobre la competencia de la Presidencia de la República para suscribir esos contratos, y *(iv)* en el artículo 247, sobre las funciones de la Procuraduría General de la República. En uno solo de esos casos, la Constitución establece una relación entre los contratos de interés público nacional y el Ejecutivo Nacional. Así, de acuerdo con el numeral 9 del artículo 187 de la Constitución, corresponde a la Asamblea Nacional:

> *"Autorizar al Ejecutivo Nacional para celebrar contratos de interés nacional, en los casos establecidos en la ley. Autorizar los contratos de interés público nacional, estadal o municipal con Estados o entidades oficiales extranjeros o con sociedades no domiciliadas en Venezuela"*

Esta norma plantea la duda acerca de si solo el "Poder Ejecutivo" puede celebrar contratos de interés público nacional. La duda no es solo teórica, sino práctica. Si se considera que solo el Poder Ejecutivo, como sinónimo de "Administración Pública Central", puede suscribir contratos de interés público nacional, entonces, las empresas del Estado (parte de la Administración Pública Descentralizada) no podrían celebrar esos contratos, pues no serían parte del Poder Ejecutivo. Esta sección explica por qué esta conclusión es errada.

Como se explica en la segunda parte, el artículo 187.9 no puede ser interpretada de manera literal y aislada, y por el contrario, debe considerar el resto de las normas constitucionales, en especial, los artículos 150 y 151, que en modo alguno limitan los contratos de interés público nacional al "Poder Ejecutivo Nacional". Pero, al margen de ello, en esta sección se explica por qué, desde la perspectiva del artículo 187.9 de la Constitución, el concepto de "Ejecutivo Nacional" debe equipararse al de "Administración Pública Nacional", incluyendo a la Administración Centralizada y Descentralizada, y por ende, a las empresas del Estado.

1. Breve introducción crítica a la distinción tradicional entre Poder Ejecutivo y Administración Pública

El Derecho Administrativo venezolano no ha prestado especial atención a su propio concepto, a diferencia de otros sistemas en los cuales el debate conceptual se ha extendido[2]. En nuestra opinión, esto responde al proceso de formación histórica de la doctrina de Derecho Administrativo en Venezuela.

En efecto, como hemos explicado en otro lugar, la doctrina del Derecho Administrativo venezolano surge al socaire de las Leyes administrativas dictadas durante el primer tercio del siglo pasado, con lo cual, su enfoque fue predominantemente exegético y no dogmático[3]. La evolución del Estado administrativo en Venezuela llevó a una profusa jurisprudencia, cuya sistematización daría lugar a la primera obra dogmática del Derecho Administrativo venezolano, a saber, la tesis doctoral de Allan R. Brewer-Carías, de 1963. Brewer-Carías, al construir el sistema de Derecho Administrativo venezolano sobre la base de la jurisprudencia, tomó en cuenta la línea de interpretación jurisprudencial que había sostenido que el principio de separación de poderes no implica una férrea distinción, sino más bien, reglas de organización que no impiden la colaboración entre los Poderes Públicos. Como resultado de ello, Brewer-Carías propuso el estudio del concepto de Derecho Administrativo desde la distinción orgánica y funcional de la Administración Pública, o sea, desde la interpretación jurisprudencial del principio de separación de poderes. Este concepto de Brewer-Carías es, en esencia, el concepto que asumió la doctrina venezolana[4].

---

2 Véase, por ejemplo, a Juan-Cruz Alli Aranguren, *La construcción del concepto de Derecho administrativo español,* Civitas, Madrid, 2006, pp. 94 y ss.

3 José Ignacio Hernández G., "Los orígenes de la doctrina de Derecho Administrativo en Venezuela", en *Ensayos de Derecho Administrativo. Libro homenaje a Jorge Fernández Ruiz,* Universidad Externado de Colombia, Bogotá, 2016, p. 117 y ss.

4 Vid. Allan Brewer-Carías, *Las instituciones fundamentales del Derecho administrativo y la jurisprudencia venezolana,* Colección Tesis de Doctorado, Volumen IV, Publicaciones de la Facultad de Derecho de la Universidad Central de Venezuela, Caracas, 1964. Sobre

Desde una posición tradicional, el concepto orgánico de Administración Pública ha girado en torno al Poder Ejecutivo, lo que es, principalmente, una conclusión basada en la evolución histórica del Estado, como se ha concluido en Derecho comparado[5]. Al definir Poder Ejecutivo, en especial en el Poder Nacional, sin embargo, la doctrina venezolana tiende a partir de un análisis limitado a la Presidencia, Vicepresidencia y Ministros. Como resultado ello, la Administración Pública Nacional Descentralizada tiende a excluirse del concepto de Poder Ejecutivo. Desde el punto de vista de la organización administrativa, por ello, el concepto de Poder Ejecutivo Nacional se limitaría a ciertos órganos de la Administración Pública Nacional Central, pero no a los entes de la Administración Pública Nacional Descentralizada[6].

No compartimos esta distinción. Si partimos del método de interpretación literal de la Constitución -que no es el único método aplicable- hay que recordar el contenido del artículo 225 constitucional:

> *"El Poder Ejecutivo se ejerce por el Presidente o Presidenta de la República, el Vicepresidente Ejecutivo o Vicepresidenta Ejecutiva, los Ministros o Ministras y demás funcionarios o funcionarias que determinen esta Constitución y la ley".*

La Constitución no limita el concepto de Poder Ejecutivo a la Presidencia, Vicepresidencia y Ministros, pues también incluye a los "funcionarios" que determine la Constitución y la Ley. Llama la atención que la Constitución alude a "funcionarios" y no a figuras subjetivas, como órganos o entes. Con lo cual, interesa recordar que el concepto constitucional de funcionario, como ha apuntado Jesús Caballero Ortiz[7], es asumido en la Constitución con amplitud, incluyendo en espe-

---

el impacto de esa obra, vid. *Libro homenaje a las instituciones fundamentales del Derecho administrativo y la jurisprudencia venezolana,* Editorial Jurídica Venezolana, Caracas, 2015. Las reflexiones expuestas en este trabajo se toman de lo que explicamos en esa obra, en nuestro artículo "Las instituciones fundamentales del Derecho administrativo y la jurisprudencia venezolana cincuenta años después", pp. 19 y ss.

5 Sebastián Martín-Retortillo Baquer, *Instituciones de Derecho administrativo,* Civitas, Madrid, 2007, pp. 81 y ss.

6 Entre otros, vid. José Araujo-Juárez, *Introducción al Derecho administrativo constitucional,* Paredes, Caracas, 2009, pp. 41 y ss.

7 Allan Brewer-Carías, "Bases constitucionales del derecho de la función pública", en *Revista de Derecho Constitucional* N° 5, Caracas, 2001, pp. 21 y ss.

cial a los funcionarios de la Administración Pública (incluyendo a entes de la Administración Pública Descentralizada).

Así, el artículo 144 de la Constitución alude al estatuto de la función pública de los "funcionarios de la Administración Pública", mientras que el artículo 145 alude, en general, a los funcionarios "al servicio del Estado". La primera expresión incluye a los funcionarios regulados en la Ley del Estatuto de la Función Pública -como los funcionarios de carrera a los cuales alude el artículo 146, de nuevo, en relación con la Administración Pública- mientras que la segunda expresión alude, en general, a todos los empleados del Estado -más allá de los funcionarios de carrera.

Interesa destacar que los artículos 144 y 146 hacen alusión a los funcionarios de la Administración Pública, pero no a funcionarios del Poder Ejecutivo. Luego, desde la perspectiva de esos dos artículos, lo razonable es concluir que los funcionarios de la Administración Pública a los cuales ellos hacen alusión, son también los funcionarios a los cuales remite el artículo 225, o sea, funcionarios del Poder Ejecutivo. Esto es, que para la Constitución, ***los funcionarios del Poder Ejecutivo a los cuales se refiere el artículo 225, son también funcionarios de la Administración Pública, aun cuando el concepto de funcionario también se aplica en relación con el Estado en general.***

Por su parte, el concepto de Administración Pública está contenido en el artículo 141:

> *"La Administración Pública está al servicio de los ciudadanos y ciudadanas y se fundamenta en los principios de honestidad, participación, celeridad, eficacia, eficiencia, transparencia, rendición de cuentas y responsabilidad en el ejercicio de la función pública, con sometimiento pleno a la ley y al derecho".*

Como se observa, sin mayor orden, la Constitución alude a funcionarios del *Poder Ejecutivo* y funcionarios de la *Administración Pública*, definiendo ambos conceptos de manera independiente. No hay en la Constitución ninguna regla que, con claridad, permita comprender la relación entre Poder Ejecutivo *Nacional* y Administración Pública *Nacional*. Empero, en los artículos 160 y 169 de la Constitución, para estados y municipios, sí establecen esa conexión: en el Poder Ejecutivo reside el *Gobierno y la Administración*[8].

Es por lo anterior que el método literal es insuficiente para trazar la relación, en el ámbito del Poder Nacional, entre Poder Ejecutivo y Administración Pública. Sin embargo, la aplicación analógica de los artículos 160 y 169 permite concluir que ***el Poder Ejecutivo comprende a la Administración Pública, aun cuando también incluye al "Gobierno".*** Esta es la distinción entre Gobierno y Administración Pública, conocida en el Derecho Comparado, que permite concluir que ***el Poder Ejecutivo Nacional incluye al Gobierno Nacional y a la Administración Pública Nacional***[9]. Es decir, que los funcionarios de la Administración Pública son también funcionarios del Poder Ejecutivo en los términos del artículo 225 constitucional, pero en el entendido que hay otros funcionarios del Poder Ejecutivo que conforman al Gobierno -como figura distinta a la Administración Pública.

En todo caso, el concepto de Poder Ejecutivo, en el citado artículo 225, no se limita a lo que dispone la Constitución, pues también se incluyen a los funcionarios que determine la Ley. Como es sabido, no existe ninguna *Ley del Poder Ejecutivo Nacional*, pero sí existe la *Ley Orgánica de la Administración Pública*. Nuevamente, es revelador que el legislador -como hizo el artículo 141 constitucional- haya aludido a Administración Pública y no al Poder Ejecutivo. En todo caso, la Ley Orgánica de la Administración Pública aplica tanto a los órganos de la Administración Central como a los entes de la Administración Pública Descentralizada, de acuerdo con su artículo 15. Dentro del primer grupo, el artículo 44 de la Ley incluye a los llamados "órganos superiores":

> *"Son órganos superiores de dirección del nivel central de la Administración Pública Nacional, la Presidenta o Presidente de la República, la Vicepresidenta Ejecutiva o Vicepresidente Ejecutivo, el Consejo de Ministros, las Vicepresidentas o Vicepresidentes Secto-*

---

8 José Ignacio Hernández G., *Introducción al concepto constitucional de Administración Pública en Venezuela,* Editorial Jurídica Venezolana, Caracas, 2011, en especial, pp. 51 y ss.

9 La distinción entre Gobierno y Administración es tradicional. Vid.: Laubadère, André de, *Traité élémentaire de Droit Administratif, Tomo I,* cuarta edición, Librairie Générale de Droit et de Jurisprudence, Paris, 1967, pp. 12 y ss.

> *riales, las ministras o ministros, las viceministras o viceministros; y las autoridades regionales.*
> *Son órganos superiores de consulta del nivel central de la Administración Pública Nacional, la Procuraduría General de la República, el Consejo de Estado, el Consejo de Defensa de la Nación, las juntas sectoriales y las juntas ministeriales".*

Los órganos de la Administración Pública Central no se agotan en estos órganos superiores. Pero, en todo caso, lo cierto es que esos órganos superiores forman parte de la Administración Pública, con la advertencia de que también forman parte de la Administración Pública los órganos de la Administración Central que no califican como "órganos superiores", ***así como los entes de la Administración Pública, incluyendo a las empresas del Estado definidas en el artículo 103 de la Ley.*** Los funcionarios de esos entes son funcionarios de la Administración Pública (Descentralizada). Así lo ratifica el artículo 3 de la Ley contra la Corrupción, cuyo numeral 2 alude, expresamente, a los funcionarios de las empresas del Estado. Por ello, ***de acuerdo con las Leyes de Derecho Administrativo, es posible concluir que los funcionarios de las empresas del Estado y, en general, de los entes administrativos, son también funcionarios de la Administración Pública***[10].

No hay ninguna regla en la Constitución o en estas Leyes que expresamente excluya a los funcionarios de los entes administrativos, esto es, los funcionarios de la Administración Pública Descentralizada, del concepto de Poder Ejecutivo. Por el contrario, de acuerdo con la remisión del artículo 225 constitucional, es posible concluir que los funcionarios del Poder Ejecutivo definidos por la Ley, incluyendo los funcionarios de los entes administrativos, son también funcionarios del Poder Ejecutivo, en los términos de la Ley Orgánica de la Administración Pública y la Ley contra la corrupción.

Quizás la confusión se ha generado al considerar que solo integran al Poder Ejecutivo los órganos -más bien, funcionarios- mencionados expresamente en el artículo 225, a saber, el Presidente de la República,

---

[10] José Ignacio Hernández G., "El concepto de funcionario público en la nueva Ley contra la Corrupción", en *El régimen jurídico de la función pública en Venezuela. Homenaje a la Doctora Hildegard Rondón de Sansó,* FUNEDA-Centro de Investigaciones Jurídicas, Caracas, 2004, pp. 163 y ss.

el Vicepresidente Ejecutivo, y los Ministros. Pero ya vimos que esa enumeración no es taxativa, pues también abarca a los "*demás funcionarios o funcionarias que determinen esta Constitución y la ley*". Como concluimos, puede afirmarse que tanto la Constitución como las Leyes (Ley Orgánica de la Administración Pública y Ley contra la corrupción), califican como funcionarios de la Administración Pública a funcionarios no enumerados expresamente en el artículo 225, pero que deben entenderse incorporados al Poder Ejecutivo.

Tampoco existe, observamos, coincidencia entre los funcionarios enumerados en el artículo 225 constitucional y los "órganos superiores" a los cuales alude la Ley Orgánica de la Administración Pública. Así, el Consejo de Ministros, las Vicepresidencias Sectoriales, los Viceministerios y las autoridades regionales, son órganos superiores, pero no están enumerados expresamente en el artículo 225 constitucional. Ello no podría colocar en duda que esos órganos son, también, parte del Ejecutivo.

Se podrá objetar a esta interpretación que el artículo 225 constitucional alude a "funcionarios", y no a figuras subjetivas, y que solo son funcionarios aquellos que conforman a la Administración Pública Centralizada. Este posible argumento confunde el concepto de funcionario de carrera con el de funcionario: el primero es la especie, mientras que el segundo es el género, como se desprende del artículo 145 constitucional. El artículo 225 constitucional alude a funcionarios, no a funcionarios de carrera. Y de acuerdo con el artículo 145 de la Constitución y la Ley contra la Corrupción, los empleados de la Administración Pública Descentralizada son funcionarios (aun cuando no sean funcionarios de carrera).

Todas estas normas constitucionales y legales deben interpretarse, además, en el marco del principio de separación horizontal de poderes previsto en el artículo 137 de la Constitución. De acuerdo con esa norma, el Poder Público Nacional se "*divide en Legislativo, Ejecutivo, Judicial, Ciudadano y Electoral*". Este principio, como es sabido, no es más que una técnica de distribución orgánica de las funciones del Estado, para implementar un sistema de pesos y contrapesos que prevenga abusos de poder[11]. De ello resulta que, por definición, no puede haber

[11] Gustavo Tarre Briceño, *Solo el poder detiene al poder*, Editorial Jurídica Venezolana, Caracas, 2014, pp. 273 y ss.

ningún funcionario que no pueda adscribirse a ninguno de los cinco Poderes Públicos del ámbito Nacional. Por el contrario, necesariamente, todo funcionario debe adscribirse a cualquiera de esos cinco Poderes. Esto plantea un problema pues en la distinción del artículo 137 no se alude a la Administración Pública.

El Derecho comparado, como vimos, permite concluir que históricamente, la Administración Pública se adscribe al Poder Ejecutivo, todo lo cual permite comprender que ***el Poder Ejecutivo incluye o abarca a la Administración Pública***. Desde la tradicional visión del Derecho Administrativo Venezolano, expuesta por Brewer-Carías, ello corresponde con el concepto orgánico de Administración Pública[12]. La excepción es el ejercicio de los llamados actos de Gobierno, que como Eloy Lares Martínez explicó, responde a un concepto formal, antes que material. Así, el Poder Ejecutivo dicta actos de Gobierno cuando actúa en ejecución directa e inmediata de la Constitución, por ejemplo, al designar a Ministros[13].

De igual manera, hay que recordar que los otros órganos del Poder Público también ejercen la función administrativa, de manera incidental (como sucede con el Poder Legislativo y el Poder Judicial) o de manera principal (como sucede con el Poder Ciudadano y el Poder Electoral). Luego, funcionalmente, también cabe aludir, en estos casos, a Administración Pública[14]. Tanto más pues, como hemos observado en otro lugar, el concepto de Administración Pública del artículo 141 constitucional no fue asumido dentro de la separación del Poder Público Nacional, sino como una disposición general aplicable a todo el Poder Público regulado en el Título IV de la Constitución[15].

---

12 Allan Brewer-Carías, "El concepto de Derecho administrativo en Venezuela", en *Revista de Administración Pública Nº 100-102,* Madrid, 1983, pp. 685 y ss.

13 Eloy Lares Martínez, *Manual de Derecho administrativo*, décima segunda edición, Facultad de Ciencias Jurídicas y Políticas, Caracas, 2001, pp. 179 y ss.

14 Allan Brewer-Carías, "La Administración Pública", en *El Derecho administrativo venezolano en los umbrales del Siglo XXI. Libro homenaje al Manual de Derecho administrativo de Eloy Lares Martínez*, Editorial Jurídica Venezolana-Universidad Monteávila, Caracas, 2006, pp. 48 y ss.

15 José Ignacio Hernández G., *Introducción al concepto constitucional de Administración Pública en Venezuela,* cit.

No es posible, bajo este marco conceptual, concluir que los entes de la Administración Pública Nacional no están incluidos en el Poder Ejecutivo. No solo por la interpretación de los artículos 141, 144, 145 y 146 de la Constitución en concordancia con la Ley Orgánica de la Administración Pública y la Ley contra la corrupción, sino, además, por cuanto ello derivaría en una conclusión contraria al artículo 137 constitucional, esto es, la existencia de entes y funcionarios de la Administración Pública que, sin embargo, no pertenecen ni al Poder Ejecutivo ni a ninguno de los otros órganos del Poder Público Nacional.

En resumen, ***el concepto de Administración Pública debe coincidir con el Poder Ejecutivo, en el sentido que en el Poder Nacional, el Poder Ejecutivo comprende a la Administración Pública, tanto centralizada como descentralizada***.

2. PDVSA y el Poder Ejecutivo

Las consideraciones anteriores permiten comprender por qué PDVSA forma parte del Poder Ejecutivo, de acuerdo con el artículo 145 de la Constitución, en especial, a los fines del artículo 187.9, antes citado.

En efecto, PDVSA es una empresa del Estado, en tanto su capital social pertenece exclusivamente a la República. Como empresa del Estado, y de acuerdo con Jesús Caballero Ortiz, PDVSA se somete a normas de Derecho Administrativo[16]. Incluso, de acuerdo con la Ley Orgánica de la Administración Pública, PDVSA es parte de la Administración Pública, en específico, la Administración Pública Nacional Descentralizada, como precisa su artículo 103.

La naturaleza de PDVSA como ente de la Administración Pública es incluso más evidente si recordamos que PDVSA fue creada para ejercer funciones privativas del Estado, asociadas a la nacionalización de la industria petrolera[17], como ahora reconoce el artículo 303 de la

---

16 Jesús Caballero Ortiz, *Las empresas públicas en el Derecho venezolano*, Editorial Jurídica Venezolana, Caracas, 1982, pp. 53 y ss.

17 Isabel, Boscán de Ruesta, "Consideraciones sobre la naturaleza legal de Petróleos de Venezuela, S.A.", en *Revista de Derecho Público N° 9*, Caracas, 1982, pp. 60 y ss., y Brewer-Carías, Allan, "El carácter de Petróleos de Venezuela S.A. como instrumento del Estado en la Industria Petrolera", en *Revista de Derecho Público N° 23*, 1985, pp. 81 y ss.

Constitución, de acuerdo con el cual PDVSA es el "*ente creado para el manejo de la industria petrolero*"[18].

Excluir a PDVSA del Poder Ejecutivo no modifica ninguna de esas conclusiones, y crea problemas conceptuales. En efecto, si se asume que a pesar de las actividades de interés público que ejerce, PDVSA no es parte del Poder Ejecutivo, entonces, cabría preguntar cómo PDVSA se incluye dentro del artículo 137 de la Constitución. Así, negar que PDVSA forma parte del Poder Ejecutivo, llevaría a concluir que esa empresa del Estado, como ente de la Administración Pública a cargo de tareas de inequívoco interés público, no estaría ubicada en ninguno de los Poderes Públicos.

Al respecto, cabe insistir que PDVSA, como ente de la Administración Pública, es también Poder Público, regulado por el Título IV de la Constitución, y en concreto, por el artículo 141. Como parte del Poder Público Nacional, necesariamente, PDVSA debe adscribirse a alguno de los órganos del Poder Público Nacional mencionados en el artículo 137. La única posibilidad coherente con las normas constitucionales y legales comentadas, y con el Derecho comparado, es que PDVSA, como parte del Poder Público Nacional, se inscribe dentro del Poder Ejecutivo -únicamente a los fines del artículo 137.

Otro argumento adicional es la adscripción, regla de organización administrativa que aplica a todo ente, y bajo el cual la Administración Pública Central ejerce el control de tutela. En el caso de PDVSA, esa empresa está adscrita al Ministerio con competencia en hidrocarburos, que inequívocamente forma parte del Poder Ejecutivo. No sería coherente afirmar que PDVSA no forma parte del Poder Ejecutivo, cuando está adscrita a ese Poder.

Luego, los funcionarios de PDVSA son funcionarios del Poder Ejecutivo Nacional, de acuerdo con la Constitución (artículos 144, 145, 225y 303) y de acuerdo con la Ley (Ley Orgánica de la Administración Pública y Ley contra la corrupción). Por ello, PDVSA se rige por el Derecho común del Poder Ejecutivo, o sea, el Derecho Administrativo, incluyendo a las normas constitucionales sobre contratos públicos y los

---

18 José Ignacio Hernández G., *El pensamiento jurídico venezolano en el Derecho de los Hidrocarburos,* Academia de Ciencias Políticas y Sociales, Caracas, 2016.

contratos de interés público nacional, a los cuales hace alusión el artículo 187.9. Luego, cuando esa norma alude a los contratos celebrados por el Ejecutivo Nacional, debe incluirse también a los contratos celebrados por PDVSA.

II. LA CAPACIDAD DE PDVSA DE SUSCRIBIR CONTRATOS DE INTERÉS PÚBLICO NACIONAL

PDVSA, como ente del Poder Ejecutivo Nacional, o sea, como parte de la Administración Pública Nacional Descentralizada, puede suscribir contratos de interés público nacional regulados por el artículo 150 de la Constitución. Incluso asumiendo que PDVSA no es parte del Poder Ejecutivo -conclusión que no compartimos- también puede concluirse, como mayoritariamente ha sostenido la doctrina, que PDVSA puede celebrar contratos de interés público nacional. Esta conclusión es relevante pues, de acuerdo con el artículo 150 constitucional, todo contrato de interés público celebrado por PDVSA con sociedades no domiciliadas en Venezuela, debe ser previamente autorizado por la Asamblea Nacional.

1. Introducción al concepto de contratos de interés público en el Derecho Administrativo venezolano

El Derecho Constitucional venezolano ha regulado de manera bastante confusa una categoría especial de contratos que pueden ser celebrados por el Estado, comúnmente referidos como "contratos de interés público" o en su caso "contratos de interés nacional", como anticipamos en la introducción. La Constitución de 1999 unificó esas categorías y precisó el referido concepto, ahora referido al "contrato de interés público", el cual, si es celebrado por órganos del Poder Público Nacional, es considerado como un "contrato de interés público nacional"[19].

[19] Entre otros, véase lo tratado en Rafael Badell Madrid, "Contratos de interés público nacional", en *Revista de Derecho Administrativo Nº 19*, Caracas, 2004, pp. 41 y ss.; Allan Brewer-Carías, *Las instituciones fundamentales del Derecho administrativo y la jurisprudencia venezolana*, cit., pp. 48 y ss.; Luis H. Farías Mata, "La teoría del contrato administrativo en la doctrina, legislación y jurisprudencia venezolanas", *Libro Homenaje al Profesor Antonio Moles Caubet, Tomo II*, Universidad Central de Venezuela, Facultad de

La doctrina ha manejado dos tesis para definir a este tipo de contrato. Por un lado, y en ***sentido amplio***, se ha sostenido que todo contrato suscrito por la Administración Pública Nacional es un contrato de interés público nacional; otra tesis, más ***restrictiva***, apunta a que solo ciertos contratos suscritos por la Administración Pública pueden ser considerados contratos de interés público nacional. Esta segunda tesis es la que tiene mayor consenso, lo que exige entonces ponderar qué elementos permite distinguir los contratos de interés público nacional de los otros contratos que no revisten tal característica. Al respecto, se sostiene que los contratos suscritos por la Administración son contratos de interés público nacional, solamente si su objeto o causa interesa ***especial o intensamente*** a la soberanía nacional[20]. Como se aprecia, se trata de un criterio impreciso que solo puede concretarse caso por caso[21].

El Tribunal Supremo de Justicia adoptó esta segunda tesis en sentencia de la Sala Constitucional de 24 de septiembre de 2002, caso *Andrés Velásquez*, señalando cuatro condiciones para calificar a un contrato como contrato de interés público nacional[22]:

> *"1.- Que sean celebrados por la República, a través de los órganos que componen al Ejecutivo Nacional competentes en esta materia.*
> *2.- Que su objeto sea determinante o esencial para la realización de*

Ciencias Jurídicas y Políticas, Caracas, 1981, p. 956; Jesús Caballero Ortiz, "Los contratos administrativos, los contratos de interés público y los contratos de interés nacional en la Constitución de 1999", en *Libro Homenaje a la Facultad de Ciencias Jurídicas y Políticas de la Universidad Central de Venezuela. 20 años de especialización en Derecho Administrativo, Volumen I,* Tribunal Supremo de Justicia, Caracas, 2001, p. 140; Gonzalo Pérez Luciani, "Contratos de interés nacional, contratos de interés público y contratos de empréstito públicos", en *Escritos del Dr. Gonzalo Pérez Luciani*, Fundación Bancaribe, Caracas, 2013, pp. 499 y ss. y Eloy Lares Martínez, "Contratos de interés nacional", en *Libro homenaje al profesor Antonio Moles Caubet, Tomo I,* Universidad Central de Venezuela, Caracas, 1981, pp. 117 y ss.

20 A favor de esa tesis, y además de la doctrina ya citada, vid. Mélich-Orsini, José, "La noción de contratos de interés público", *Revista de Derecho Público N° 33,* Caracas, 1981, pp. 33 y ss.

21 Véase lo que explicamos en Hernández G., José Ignacio, *Derecho Administrativo y arbitraje internacional de inversiones,* CIDEP-EJV, Caracas, 2016, pp. 123 y ss.

22 Sentencia de la Sala Constitucional N° 2241 de 24 de septiembre de 2002, sobre la *nulidad del artículo 80 de la Ley Orgánica de la Administración Financiera del Sector Público.*

los fines y cometidos del Estado Venezolano. 3.- Que satisfagan los intereses individuales y coincidentes de la comunidad nacional y no tan sólo de un sector particular de la misma, como ocurre en los casos de contratos de interés público estadal o municipal, en donde el objeto de tales actos jurídicos sería determinante o esencial para los habitantes de la entidad estadal o municipal contratante. 4.- Que impliquen la asunción de obligaciones cuyo pago total o parcial se estipule realizar en el transcurso de varios ejercicios fiscales posteriores a aquel en que se haya causado el objeto del contrato, en vista de las implicaciones que la adopción de tales compromisos puede generar en la vida económica y social de la Nación".

Estas cuatro condiciones pueden resumirse en dos elementos que caracterizan al "contrato de interés público nacional". Así, *(i)* este contrato debe comprometer erogaciones que se extienden más de un período económico y *(ii)* en su conjunto, el contrato debe envolver obligaciones que pueden comprometer la soberanía nacional (o "la vida económica y social de la Nación"). Este último elemento es el que alude a la especial intensidad de la afectación del contrato -por su causa u objeto- al interés público, en lo que puede considerarse como un criterio cualitativo.

Por ello, la figura del contrato de interés público nacional, en el marco del artículo 150 constitucional, responde a una específica expresión del principio de separación de poderes y de control parlamentario sobre ciertos contratos celebrados por la Administración pública, en especial, por los órganos y entes que conforman a la Administración Pública Nacional. Aun cuando ésta tiene autonomía para celebrar contratos para atender su giro o tráfico, en casos excepcionales, ciertos contratos celebrados por ésta deben ser previamente autorizados por el Poder Legislativo.

Cabe acotar que de acuerdo con el artículo 150 constitucional, los contratos de interés público nacional se someten al control de la Asamblea Nacional solo en dos situaciones: *(i)* en los casos que determine la Ley y *(ii)* en contratos celebrados con "*entidades oficiales extranjeras o con sociedades no domiciliadas en Venezuela*". Debe asimismo aclararse que aun cuando la Constitución alude la aprobación de la Asamblea Nacional, lo cierto es que en este segundo caso el control parlamentario no es posterior sino previo, pues la norma señala que "no podrán celebrarse" contratos de interés público nacional sin control de la Asamblea Nacional[23].

Con lo cual, la Administración no puede suscribir o firmar contratos de interés público nacional sin control previo de la Asamblea Nacional, si se trata de contratos celebrados con "*entidades oficiales extranjeras o con sociedades no domiciliadas en Venezuela*", más allá de lo que disponga la Ley. Luego, en este segundo caso, el control de la Asamblea Nacional es un control previo autorizatorio.

Para lo que luego se explicará, conviene apuntar que, según una posición doctrinal, el contrato de crédito público es un contrato ordinario que puede ser celebrado por la Administración Pública y que, en todo caso, está sujeto a controles específicos en materia de control presupuestario, razón por la cual este contrato no puede ser calificado como de interés público[24]. Sin embargo, la citada sentencia del Tribunal Supremo de Justicia de 2002 concluyó que el contrato de crédito público puede ser calificado como contrato de interés público si reúne las condiciones fijadas para ello[25]. Más importante todavía: la Ley Orgánica de la Administración Financiera del Sector Público reconoce que el contrato de crédito público *puede* ser un contrato de interés público, si reúne las condiciones cualitativas que se desprenden del artículo 150 constitucional[26].

---

23 Rafael Badell Madrid, "Contratos de interés público nacional", cit., p. 60.

24 Sobre la naturaleza de esos contratos, entre otros, véase el análisis de Gonzalo Pérez Luciani, en "Contratos de interés nacional, contratos de interés público y contratos de empréstito públicos", *cit.* Concluye el autor que el contrato de empréstito no puede ubicarse ni dentro de la categoría de contratos de interés nacional ni dentro de la categoría de contrato de interés público (p. 581). En general, vid. Ezra Mizrachi, "Los contratos de empréstito", en *Régimen jurídico de los contratos administrativos*, Fundación de la Procuraduría General de la República, Caracas, 1991, pp. 169 y ss.

25 En la citada sentencia se indica que "*existen otras operaciones de crédito público que sí son generadoras de contratos de interés público nacional, y por tanto, de obligatorio control previo por parte de la Asamblea Nacional, como es el caso de aquellas operaciones en las que se acuerde el préstamo de recursos, con el consecuente endeudamiento para la Nación, o se acuerde el refinanciamiento de la deuda pública externa, entre otras*". Cfr. Giancarlo Henríquez Maionica, "Introducción al Sistema Presupuestario en la Ley Orgánica de la Administración Financiera del Sector Público y en su Reglamento Nº 1", en *El Derecho Público a los 100 números de la Revista de Derecho Público (1980-2005)*, Editorial Jurídica Venezolana, Caracas, 2006, p. 407.

26 De conformidad con el artículo 97 de esa Ley, el Ejecutivo Nacional "*una vez sancionada la Ley Especial de Endeudamiento Anual, podrá realizar las operaciones de crédito*

Por ello, la Administración Pública, dentro de los contratos públicos que celebra, puede suscribir una especial categoría, excepcionalmente calificada como "contratos de interés público". Al margen del marco legal aplicable a estos contratos, lo cierto es que todo contrato calificado de "interés público" suscrito con sujetos no domiciliados en Venezuela siempre debe ser previamente autorizado por la Asamblea Nacional, de acuerdo con el artículo 150 constitucional. El propósito de ese control, como se desprende del artículo 151 constitucional, es reducir riesgos de reclamaciones extranjeras que puedan comprometer el interés público, todo lo cual explica por qué, además del criterio cualitativo relacionado con el interés público, se exige que la otra parte contratante sea un sujeto no domiciliado en Venezuela[27].

En resumen, los contratos de interés público nacional son una especie de los contratos públicos que puede celebrar la Administración Pública Nacional, caracterizados por su especial afectación al interés público. Esto es relevante pues todo contrato de interés público suscrito con sujetos no domiciliados en Venezuela, siempre deberá ser previamente autorizado por la Asamblea Nacional.

2. ¿Puede PDVSA celebrar contratos de interés público nacional?

Tomando en cuenta el concepto de contrato de interés público aceptado en el Derecho venezolano, cabe examinar si PDVSA puede

---

público previstas en ella, en las mejores condiciones financieras que puedan obtenerse e informar semestralmente a la Asamblea Nacional; salvo aquellas que impliquen la celebración de contratos de interés público nacional, *estadal o municipal con Estados o entidades oficiales extranjeras o con sociedades no domiciliadas en Venezuela, en cuyo caso se requerirá la autorización previa de la Asamblea Nacional, acompañando la opinión del Banco Central de Venezuela*" (destacado nuestro).

27 Como es sabido, el artículo 151 constitucional establece un principio general, que admite excepciones: los contratos de interés público se someten al Derecho venezolano y las reclamaciones derivadas de éstos serán resueltas por Tribunales venezolanos. Ese principio se orienta a prevenir reclamaciones extranjeras, lo que demuestra que el control parlamentario del artículo 150 constitucional se orienta a reducir riesgos de reclamaciones formuladas por sujetos no domiciliados en Venezuela, que puedan afectar al interés público. Sobre este artículo 151, por todos., *vid.*: Claudia Madrid, "El artículo 151 de la Constitución de la República ¿inmunidad? ¿exclusividad? o ¿las dos cosas?", en *Boletín de la Academia de Ciencias Políticas y Sociales N° 143*, Caracas, 2005, p. 423, y Tatiana Maekelt, "Inmunidad de jurisdicción de los Estados", en *Libro Homenaje a José Mélich-Orsini, Volumen I*, Instituto de Derecho Privado- Facultad de Ciencias Jurídicas y Políticas de la Universidad Central de Venezuela, Caracas, 1982, pp. 213 y ss.

celebrar este tipo de contratos, lo que nos permitirá repasar la -criticada- distinción entre Poder Ejecutivo y Administración Pública.

A. Las dos tesis manejadas en el Derecho venezolano

Aun cuando la doctrina no ha analizado en detalle si PDVSA puede celebrar contratos de interés público nacional, la discusión deriva, principalmente, del confuso tratamiento de la reciente jurisprudencia y de algunos comentarios doctrinales aislados. La discusión, como veremos, se centra en considerar que solo el Poder Ejecutivo, entendido como la Administración Pública Central de la República, puede celebrar contratos de interés público nacional.

a. La tesis negativa

En doctrina, Eloy Lares Martínez señaló lo siguiente[28]:

> *"Debe observarse que la Constitución atribuye al Presidente de la República celebrar contratos de interés público y añade que esta atribución debe ser ejercida en Consejo de Ministros (...) Corresponde, pues, exclusivamente al Ejecutivo Nacional celebrar los contratos de interés nacional. Luego es necesario para que un contrato pueda recibir esa calificación, que una de las partes contratantes sea la República".*

Como se aprecia, Lares concluye que en tanto la Constitución alude a los contratos suscritos por el Presidente de la República, a través del Poder Ejecutivo, solo la República -y no entes descentralizados- pueden celebrar contratos de interés público.

El artículo 236 de la Constitución, en su numeral 14, precisa que corresponde al Presidente de la República celebrar los contratos de interés público nacional. Pero no dispone que solo la República, a través del Presidente de la República, puede celebrar esos contratos. De otro lado, como vimos, el artículo 187.9 constitucional alude a los contratos del Poder Ejecutivo, pero no a los contratos suscritos por la República, ni en todo caso limita el concepto de contratos de interés público a aquellos celebrados por la República a través del Poder Ejecutivo.

[28] Eloy Lares Martínez, "Contratos de interés nacional", ob. cit., p. 137.

Incluso, es preciso aclarar que el artículo 187.9 solo alude al Poder Ejecutivo en uno de los dos supuestos previstos en esa norma. Como vimos, la norma regula dos tipos de controles parlamentarios: *(i)* los controles "*en los casos establecidos en la ley*", y *(ii)* los controles en contratos suscritos "*con Estados o entidades oficiales extranjeros o con sociedades no domiciliadas en Venezuela*". Solo en el primer caso se alude a la autorización "*al Ejecutivo Nacional para celebrar contratos de interés nacional*", pues en el segundo caso solo se hace alusión a "*autorizar los contratos de interés público nacional, estadal o municipal…*".

En todo caso, con base en estas normas, Lares concluyó que una de las partes contratantes debía ser la República, excluyendo con ello la posibilidad de contratos de interés público suscritos por entes de la Administración Pública, incluyendo empresas del Estado como PDVSA.

Más recientemente, la discusión acerca de si las empresas del Estado pueden celebrar contratos de interés público ha derivado de la citada sentencia de 24 de septiembre de 2002, la cual señala que "*estarán incluidos dentro de la especie de contratos de interés público nacional, todos aquellos contratos celebrados por la República, a través de los órganos competentes para ello del Ejecutivo Nacional cuyo objeto sea determinante o esencial para la realización de los fines y cometidos del Estado venezolano en procura de dar satisfacción a los intereses individuales y coincidentes de la comunidad nacional*". Esta afirmación pudiera dar a entender que solo la República –pero no los entes descentralizados- pueden suscribir contratos de interés público nacional. Como observó críticamente Brewer-Carías[29]:

> *"Toda esta precisión terminológica que se hizo en la sentencia, y la restricción de la noción de los contratos de interés público, a los solos celebrados por la Republica, los Estados y los Municipios, excluyendo de la calificación a los celebrados por los institutos autónomo y las empresas del Estado, con lo cual la noción de contrato de interés público pasó a ser solo una categoría de los contra-*

[29] Allan Brewer-Carías, "La mutación de los contratos de interés público nacional por el Juez constitucional en Venezuela y el cercenamiento de los poderes de control político de la Asamblea Nacional", en *Revista de Derecho Público Nº 151-152,* Caracas, 2017, pp. 371 y ss.

> *tos públicos, en realidad no tenía ninguna justificación o necesidad de ser establecida para resolver lo que se había demandado..."*

De igual manera, la Sala Constitucional del Tribunal Supremo de Justicia en 2016, dictó otra sentencia con el propósito de reducir el concepto de contrato de interés público[30]. En esa oportunidad, y volviendo sobre la sentencia de 2002, se concluyó que el Banco Central de Venezuela no está sujeto al control del artículo 150 al tratarse de un ente con autonomía constitucional distinto al Poder Ejecutivo Nacional[31].

Empero, en realidad, ninguna de esas dos sentencias, de manera expresa, señala que solo la República -y no empresas del Estado, como PDVSA- pueden celebrar contratos de interés público.

La sentencia del 2002 conoció de la nulidad del artículo 80 de la Ley Orgánica de la Administración Financiera del Sector Público, de acuerdo con el cual "*una vez sancionada la ley de endeudamiento anual, el Ejecutivo Nacional procederá a celebrar las operaciones de crédito público en las mejores condiciones financieras que puedan obtenerse e informará periódicamente a la Asamblea Nacional*". La norma fue impugnada al considerarse que, más allá del control derivado de la Ley de endeudamiento, todo contrato de interés público -incluso, de crédito público- quedaba sujeto al control de la Asamblea Nacional en los términos del artículo 150 constitucional. Así lo estimó la Sala Constitucional, la cual incluso "modificó" el citado artículo 80, en estos términos:

> *"Una vez sancionada la ley de endeudamiento anual, el Ejecutivo Nacional podrá celebrar operaciones de crédito público en las mejores condiciones financieras que puedan obtenerse e informará periódicamente a la Asamblea Nacional, salvo aquellas que impliquen la celebración de contratos de interés público nacional, estadal o municipal con Estados o entidades oficiales extranjeras o con sociedades no domiciliadas en Venezuela, en cuyo caso se requerirá la autorización previa de la Asamblea Nacional".*

---

30 Sala Constitucional, sentencia N° 618 de 20 de julio de 2016, caso *Brigitte Acosta Isasis.*

31 Véase la crítica en Allan Brewer-Carías, "La mutación de la noción de contratos de interés público nacional hecha por la Sala Constitucional, para cercenarle a la Asamblea Nacional sus poderes de control político en relación con la actividad contractual de la administración pública y sus consecuencias", cit.

Por ello, el tema a decidir en esta sentencia no era si las empresas del Estado están sometidas al artículo 150 constitucional, punto sobre el cual nada dice la sentencia analizada. Antes por el contrario, la sentencia se refirió solo al Poder Ejecutivo y a la República, ***pues la norma cuya nulidad conocía solo aplica a la República***. Mal habría podido la Sala, al decidir sobre la inconstitucionalidad de una norma aplicable a la República, interpretar el régimen jurídico de las empresas del Estado.

Esto no impide criticar que, al enunciar las condiciones del contrato de interés público, la sentencia haya aludido solo a la República. Pero, se insiste, esto no puede interpretarse en el sentido que la sentencia limitó el concepto de contrato de interés público a aquellos suscritos por la República, ni mucho considerar que tal interpretación era vinculante. El único efecto vinculante de la sentencia citada fue la nulidad y "modificación" del artículo 80 precitado, que solo aplica a la República. Pero la sentencia nunca afirmó que las empresas del Estado, como entes distintos a la República, no pueden celebrar contratos de interés público[32].

La segunda sentencia, de 2016, tampoco afirma que las empresas del Estado no están sometidas al artículo 150 constitucional. Lo único que afirma esa sentencia es que el Banco Central de Venezuela no está sometido a esa norma pues no puede considerarse parte del Poder Ejecutivo, en tanto ello violaría su autonomía. La afirmación es criticable, pero en todo caso, ella nada dice sobre el régimen de los contratos suscritos por las empresas del Estado.

En resumen, con la excepción del citado comentario de Lares, no hay en el Derecho venezolano ninguna opinión fundada de acuerdo con la cual las empresas del Estado no se someten al artículo 150 constitucional. El Tribunal Supremo de Justicia, al interpretar el concepto de contratos de interés público, tampoco ha afirmado que las empresas del Estado quedan excluidas del artículo 150 constitucional.

---

32 Como en general ha aclarado Brewer-Carias. Vid.: *Derecho Administrativo. Estudios,* Cuadernos de la Cátedra de Derecho Administrativo Allan R. Brewer-Carías de la Universidad Católica Andrés Bello, Caracas, 2020, p. 33.

b. Tesis positiva

Diversos autores, e incluso, sentencias del Tribunal Supremo de Justicia, han concluido que empresas del Estado pueden celebrar contratos de interés público. En efecto, en su estudio sobre los contratos de interés público, Rafael Badell Madrid ha aceptado que las empresas del Estado pueden celebrar este tipo de contratos, citando para ello una sentencia de la Sala Constitucional de 2003, sobre la que luego volveremos[33]. Una afirmación similar había sido formulada, antes, por Allan R. Brewer-Carías[34]. Con mayor detalle, José Araujo Juárez ha concluido lo siguiente[35]:

> *"las empresas del Estado en sus relaciones y operaciones comerciales con Estados o entidades oficiales extranjeras o con sociedades no domiciliadas en Venezuela, que por su importancia y magnitud económico-financiera, pudieran comprometer gravemente el patrimonio económico de la República, pueden celebrar contratos que califiquen como contratos de interés público y, por ende, sometidos al régimen de control parlamentario que establece la Constitución".*

La práctica forense corrobora esta afirmación. Así, como recuerda Badell, la Sala Constitucional, en sentencia Nº 953 de 29 de abril de 2003, caso *EDELCA*, concluyó que una empresa del Estado -EDELCA- podía celebrar contratos de interés público nacional. Más allá de los criterios empleados para afirmar esta conclusión, este dato es relevante pues esa sentencia se dictó *después* del comentado criterio de 2002, que de manera relativa, aplicó el concepto de contratos de interés público a aquellos suscritos por la República. Si la intención de la Sala, en su decisión de 2002, hubiese sido excluir absolutamente a las empresas

---

33 Rafael Badell Madrid, "Contratos de interés público nacional", cit. El autor cita la sentencia de la Sala Constitucional Nº 953 de 29 de abril de 2003, caso EDELCA.

34 Para Allan R. Brewer-Carías, las empresas del Estado pueden celebrar contratos de interés público. Cfr.: "Los contratos de interés nacional y su aprobación legislativa", en *Revista de Derecho Público Nº 11*, Caracas, 1982, pp. 49 y ss.

35 *Cfr.* José Araujo-Juárez, "Régimen general de Derecho Público relativo a las Empresas del Estado", en *Nacionalización, Libertad de Empresa y Asociaciones Mixtas*, Universidad Central de Venezuela, Caracas, 2008, p. 229.

públicas de este concepto, así lo habría afirmado en 2003, al analizar la naturaleza del contrato suscrito por EDELCA.

La Sala Constitucional ratificó que las empresas del Estado sí pueden celebrar contratos de interés público en su sentencia de 5 de abril de 2006, en el caso *Elettronica Industriale S.P.A.* Allí la Sala Constitucional, citando el antecedente de 2002:

> *"Así, conforme a la jurisprudencia de la Sala Constitucional de este Alto Tribunal, este contrato aun cuando fue celebrado por una empresa del Estado venezolano, pudiera ubicarse en los contratos de interés público nacional, ya que la República fue quien financió y aportó el dinero para el contrato. En este orden de ideas, dice la Sala Constitucional del Tribunal Supremo de Justicia que son contratos de interés público aquellos "contratos celebrados por la República, a través de los órganos competentes para ello del Ejecutivo Nacional cuyo objeto sea determinante o esencial para la realización de los fines y cometidos del Estado venezolano en procura de dar satisfacción a los intereses individuales y coincidentes de la comunidad nacional y no tan solo de un sector particular de la misma, como ocurre en los casos de contratos de interés público estadal o municipal, en donde el objeto de tales actos jurídicos sería determinante o esencial para los habitantes de la entidad estadal o municipal contratante, que impliquen la asunción de obligaciones cuyo pago total o parcial se estipule realizar en el transcurso de varios ejercicios fiscales posteriores a aquél en que se haya causado el objeto del contrato, en vista de las implicaciones que la adopción de tales compromisos puede implicar para la vida económica y social de la Nación". (Ver. sentencias de la Sala Constitucional N° 2.241 del 24 de septiembre de 2002 y N° 953 del 29 de abril de 2003).*

La sentencia asoma un criterio cualitativo, referido a la participación de la República en el contrato suscrito por la empresa del Estado, lo que en nuestra opinión -como luego ampliamos- responde al concepto restrictivo de contratos de interés público. Pero lo importante es que se admitió que contratos suscritos por empresas del Estado quedan sometidos al citado artículo 150.

Pero, en todo caso, doctrina y jurisprudencia han concluido, en la teoría y en la práctica, que empresas del Estado pueden celebrar contratos de interés público. Ello es coherente con el principio general antes enunciado, de acuerdo con el cual y los fines del artículo 150 constitucional, las empresas del Estado, como entes de la Administración Pública Nacional, son entes del Poder Público Nacional que, como tal, deben entenderse integradas al Poder Ejecutivo y sometidas al bloque constitucional y legal que rige a los contratos públicos, entre ellos, el precitado artículo 150.

B. PDVSA y los contratos de interés público nacional

En tanto ente descentralizado del Poder Público Nacional, PDVSA ***es parte de la Administración Pública Nacional, y además, debe ser considerada parte del Ejecutivo Nacional***. En la sección anterior concluimos que, desde diversos métodos de interpretación, es posible concluir que en Venezuela, los conceptos de "Administración Pública" y "Poder Ejecutivo" son sinónimos, en el sentido que el Poder Ejecutivo, de acuerdo con la Ley Orgánica de la Administración Pública, está integrado por órganos y entes, en este caso, empresas del Estado. Negar esa conclusión implicaría admitir que PDVSA no está integrada a ningún Poder Público, lo que contradice el sentido funcional del principio de separación de poderes. Si PDVSA es Poder Público Nacional, en tanto ente de la Administración Pública, entonces, necesariamente, debe estar integrada a alguno de los cinco órganos de ese Poder -y la única conclusión racional es que está integrada al Poder Ejecutivo, en especial, pues PDVSA está adscrita a ese Poder.

Por lo tanto, PDVSA, como ente del Poder Ejecutivo Nacional y de la Administración Pública Nacional Descentralizada, puede celebrar contratos de interés público, en la medida en que la Constitución alude a los contratos suscritos por el Poder Ejecutivo. Pero incluso sin tener que afirmar esta conclusión, desde el artículo 150 constitucional es posible afirmar que, también, PDVSA puede celebrar contratos de interés público nacional.

Esta afirmación se ancla en el concepto de "interés público" que, como vimos, ha sido interpretado en sentido restrictivo, para aludir a los contratos que afectan intensamente a la soberanía nacional. Inequívocamente, PDVSA puede celebrar contratos que afectan intensamente a la soberanía nacional, pues se trata de una empresa del Estado de naturaleza única.

Como Jesús Caballero Ortiz concluyó, PDVSA es una empresa del Estado creada para la implementación de las políticas públicas derivadas de la nacionalización del sector[36]. Por ello, como veíamos antes, PDVSA es una empresa del Estado de naturaleza única, pues no solo tiene a su cargo la realización de actividades económicas, sino que en realidad, ellas es el instrumento creado para coordinar las políticas públicas en las actividades reservadas al Estado, primero en la *Ley Orgánica que Reserva al Estado la Industria y el Comercio de los Hidrocarburos* y luego, en la *Ley Orgánica de Hidrocarburos*. El interés público presente en las actividades de PDVSA no solo deriva de ese rol -corroborado por el artículo 303 constitucional- sino además, por su relevancia económica, en tanto PDVSA es responsable de producir la práctica totalidad de las divisas de exportación de la economía venezolana[37].

En la práctica, además, se ha reconocido que PDVSA puede celebrar contratos de interés público. Así, tradicionalmente el Poder Legislativo ha ejercido controles previos sobre contratos suscritos por PDVSA para la realización de actividades de exploración y producción, bajo la premisa según la cual esos contratos son contratos de interés público nacional.

Así, bajo el hoy derogado artículo 5 de la *Ley Orgánica que Reserva al Estado la Industria y el Comercio de los Hidrocarburos*, el Poder Legislativo controló los contratos suscritos en el marco de la llamada "apertura petrolera", lo que entre otras motivaciones, encontró justificación en las normas sobre contratos de interés público, de acuerdo con la entonces Corte Suprema de Justicia[38]. Así, al considerar si los contratos amparados en el citado artículo 5, y sujetos al control parlamentario previo, son contratos de interés público, la Corte opinó favorablemente, en estos términos:

---

[36] Jesús Caballero Ortiz, *Las empresas públicas en el Derecho venezolano*, *ob. cit.*

[37] *Cfr*. Pedro Luis Sosa y Luis Roberto Rodríguez Pardo, *El Petróleo como instrumento del progreso*, IESA, Caracas, 2013, pp. 98 y ss.

[38] Sentencia de 17 de agosto de 1999, caso *Simón Muñoz*.

"Primero: Con relación al interés público del cual están revestidos los Convenios de Asociación a que se refiere el Acuerdo del Congreso impugnado, estima esta Corte que en el punto 4 de la motiva del presente fallo, referido a la Cláusula Sexta, se dejó claramente establecido que su naturaleza jurídico, es la de un contrato administrativo, o de interés público dadas las características allí extensamente analizadas.

Debe además, dejarse sentado en esta oportunidad, visto lo alegado por los recurrentes, que la contratación administrativa aludida se encuentra vinculada al interés público o colectivo, pues, como se ha dicho -y aquí se reitera- es precisamente este elemento el que mueve a la Administración a realizar este tipo de contratación. Así se declara".

Además, bajo la vigente *Ley Orgánica de Hidrocarburos*, todos los Acuerdos dictados por la Asamblea Nacional para autorizar la creación de empresas mixtas, se han basado, entre otras normas, en el artículo 150 de la Constitución, todo lo cual corrobora que PDVSA puede celebrar contratos de interés público y por ende, quedar sometida a ese artículo[39].

Más recientemente, la Asamblea Nacional también ha calificado a ciertos contratos suscritos por PDVSA como contratos de interés público, tomando en cuenta los criterios de la citada sentencia de 2002[40].

---

39 Entre muchos otros, véanse los "Acuerdos mediante los cuales se aprueba la constitución de las empresas mixtas que en ellos se mencionan (Petrocuragua, S.A., Petrolera Kaki, S.A., Petromiranda, S.A., Baripetrol, S.A., Petrowarao, S.A., Petrorinoco, S.A., Petrocaracol, S.A., Petronado, S.A., Petroperijá, S.A., Lagopetrol, S.A., Petroboscán, S.A., Petroven-Bras, S.A., Petroindependiente, S.A., Petrolera Mata, S.A., Petroquiriquire, S.A., Petrowayu, S.A., Boquerón, S.A., Petrocabimas, S.A., Petroguárico, S.A., Petroregional del Lago, S.A., Petroritupano, S.A.)", publicados en la Gaceta Oficial Nº 38.430 de 5 de mayo de 2006. El primer considerando es el siguiente: "de conformidad con lo previsto en el artículo 150 de la Constitución de la República Bolivariana de Venezuela, y en concordancia con lo establecido en el artículo 33 del Decreto con Fuerza de Ley Orgánica de Hidrocarburos".

40 Acuerdo de la Asamblea Nacional de 24 de abril de 2018. Al analizar un contrato supuestamente suscrito por PDVSA (el "PDVSA Litigation Trust Agreement"). Acuerdo segundo: "*Advertir a la comunidad internacional que la celebración del "PDVSA US LITIGATION TRUST" es inconstitucional por cuanto viola lo previsto en el artículo 187 numeral 9 de la Constitución de la República Bolivariana de Venezuela, al omitir los mecanismos de control a los que debía someterse el referido fideicomiso, ya que es evidente que el cum-*

En tales casos, en ejercicio de las funciones de control previstas en el artículo 187 constitucional, la Asamblea Nacional ha concluido que PDVSA sí está sometida al artículo 150, por lo que respecta al control autorizatorio.

Por supuesto, no todo contrato suscrito por PDVSA es contrato de interés público, visto la tesis restrictiva que impera en nuestro Derecho. Así, los contratos propios del giro o tráfico de PDVSA, no pueden ser calificados como contratos de interés público ni se rigen por el artículo 150. Como Brewer-Carías ha resumido "*no hay duda que, por ejemplo, los contratos que excedan de la normal administración y que suscriban las empresas del Estado con forma societaria serían auténticos contratos de interés nacional*"[41], con lo cual, contratos de la normal administración o gestión comercial no deben quedar regulados por el artículo 150. Tal y como resume Jesús Caballero Ortiz, los contratos de interés público, incluso en referencia a empresas del Estado, se distinguen por su aspecto cualitativo[42]:

> "*...la importancia del contrato, su magnitud económica-financiera y la trascendencia que implique para el desarrollo del país en términos cualitativos y cuantitativos deben ser los índices a tomar en cuenta para determinar en qué casos debe quedar un determinado tipo de contrato calificado como de interés público nacional, como sometido a la Asamblea Nacional, independientemente de que en él pueda quedar comprometida la ejecución de un servicio público*".

---

plimiento, incumplimiento o negligencia en la ejecución del mismo afecta directamente el interés público pues es innegable que la recuperación del patrimonio de la República es determinante para la realización de los fines y cometidos del Estado venezolano en la procura de dar satisfacción a los intereses individuales y coincidentes de la comunidad nacional, convirtiéndolo, por sus características en un típico supuesto de contrato de interés público".

41 Vid. Allan Brewer-Carías, *Tratado de Derecho Administrativo. Tomo III*, Editorial Jurídica Venezolana, Caracas, 2013, p. 636. Criticando la imprecisión de la sentencia de 2002, del autor, véase también "Sobre los contratos del Estado en Venezuela," en Revista *Mexicana Statum Rei Romanae de Derecho Administrativo, N° 6, Homenaje al Dr. José Luis Meilán Gil*, Facultad de Derecho y Criminología de la Universidad Autónoma de Nuevo León, Monterrey, Enero-Junio 2011, pp. 207 y ss.

42 Jesús Caballero Ortiz, "Los contratos administrativos, los contratos de interés público y los contratos de interés nacional en la Constitución de 1999", cit., pp. 144 y 145.

Ello es relevante pues por su actividad, es común que PDVSA -y sus empresas filiales domiciliadas en Venezuela- celebren contratos con sociedades no domiciliadas en Venezuela, lo que no implica que esos contratos deban ser autorizados previamente por la Asamblea. Solo de manera excepcional, ciertos contratos que involucren intensamente al interés público, por su causa u objeto, deberán ser autorizados previamente por la Asamblea Nacional si son celebrados con sujetos domiciliados en el extranjero.

En resumen, PDVSA puede celebrar contratos de interés público por tres razones:

.- PDVSA, como ente del Poder Público Nacional, forma parte del Poder Ejecutivo. Con lo cual, cuando la Constitución alude a los contratos de interés público suscritos por el Poder Ejecutivo Nacional, debe incluirse también a aquellos celebrados por PDVSA.

.- Al margen de ello, desde el artículo 150 constitucional, y de acuerdo con la doctrina y la práctica forense, PDVSA como empresa del Estado puede celebrar contratos de interés público.

.- PDVSA es el instrumento creado por el Estado para conducir políticas públicas de hidrocarburos, de inequívoco interés público. Por ello, en la práctica, se la concluido que PDVSA puede celebrar contratos de interés público.

3. Los contratos de crédito público suscritos por PDVSA como contratos de interés público. El caso especial de los contratos de garantía

Ya estudiamos que los contratos de crédito público pueden ser considerados contratos de interés público, como lo reconoce la Ley Orgánica de la Administración Financiera del Sector Público. A pesar de que un sector de la doctrina, como vimos, había objetado esta conclusión, este punto está resuelto, hoy día, por el Derecho positivo. Claro está, lo anterior no quiere decir que todo contrato de crédito público sea contrato de interés público, vista la tesis restrictiva aplicable. Solo los contratos de crédito público que reúnan la condición referida al especial grado de afectación al interés público quedarán sometidos al artículo 150.

Esta conclusión es relevante pues al margen de los controles parlamentarios derivados de la Ley Orgánica de la Administración Financiera del Sector Público sobre los contratos de crédito público, todo contrato de crédito público que reúna las condiciones de contrato de interés público queda sometido al control parlamentario del artículo 150 constitucional, si es celebrado con sujetos no domiciliados en Venezuela. En tanto ese control deriva de la Constitución, no puede ser alterado por ninguna Ley.

A. Breve introducción al régimen jurídico de los contratos de crédito público de PDVSA

PDVSA se somete a la Ley Orgánica de la Administración Financiera del Sector Público con las solas excepciones previstas en ésta. En tal sentido, cabe recordar que PDVSA está expresamente excluida del control parlamentario previo sobre las operaciones de crédito público según el artículo 101[43]:

> *"Artículo 101. Se exceptúan de lo dispuesto en este Título:*
> *1. El Banco Central de Venezuela.*
> *2. Banco de Desarrollo Económico y Social de Venezuela (BANDES).*
> *3. Las sociedades mercantiles del Estado dedicadas a la intermediación financiera y de seguros, regidas por la Ley de Instituciones del Sector Bancario y las regidas por la Ley de Empresas de Seguros y Reaseguros.*
> ***4. Las sociedades mercantiles creadas o que se crearen de conformidad con la Ley Orgánica de Hidrocarburos y las creadas o que se crearen de conformidad con el artículo 10 del Decreto Ley Nº 580 del 26 de noviembre de 1974, mediante el cual se reservó al Estado la industria de la explotación del mineral del hierro (…)"*** *(destacado nuestro).*

Por lo tanto, PDVSA no requiere autorización parlamentaria previa para suscribir contratos de crédito público, solamente en los términos regulados en el citado Título III. Esta exclusión se justifica ante la necesidad de garantizar un marco jurídico flexible a las operaciones de

[43] Gaceta Oficial Nº 6.210 extraordinario de 30 de diciembre de 2015.

crédito público que realiza PDVSA para el financiamiento de sus actividades dentro del sector de hidrocarburos. Sin embargo, esta exclusión no puede ser manipulada fraudulentamente a los fines de contratar operaciones de crédito público cuyo verdadero beneficiario es la República –quien sí se sujeta al control previo autorizatorio de la Asamblea Nacional. Como tal, la exclusión del control previo autorizatorio solo aplica a operaciones de crédito público realizadas por PDVSA para sufragar gastos propios de su actividad, y no así gastos asociados a la actividad de la República.

En todo caso, la exclusión de PDVSA a la comentada Ley es parcial. Por un lado, solo aplica al Título III de la Ley, referido al "sistema de crédito público"[44]. De otro lado, PDVSA queda sujeta a un específico control derivado del artículo 101, en cuanto a la certificación de su capacidad de pago.

B. La independencia del control parlamentario sobre operaciones de crédito público y los contratos de interés público

El control parlamentario sobre contratos de crédito público es independiente del control sobre contratos de interés público. Mientras que el primero se inserta dentro del control parlamentario sobre el presupuesto, el segundo es un mecanismo excepcional de protección, en especial, frente a reclamaciones extranjeras. Por ello, mientras que el control parlamentario sobre operaciones de crédito público es materia de la reserva legal, el control sobre contratos de interés públicos es de reserva constitucional, en los términos del comentado artículo 150.

De allí el criterio de la Sala Constitucional de 2002, según el cual que determinado contrato de interés público está excluido del control parlamentario sobre operaciones de crédito público, nada dice sobre su sometimiento al control parlamentario del artículo 150 constitucional. Por ello, aun cuando PDVSA puede contratar operaciones de crédito público sin control parlamentario previo -en la Ley correspondiente de endeudamiento- sí queda sometida al control parlamentario previo, en

---

44 La exclusión del Título III aplica para todas las operaciones de crédito público así definidas en el vigente artículo 80 de la Ley, incluyendo por ello "el otorgamiento de garantías".

el caso de los contratos de crédito público que califiquen excepcionalmente como contratos de interés público suscritos con sujetos no domiciliados en Venezuela y, por ende, sujetos al artículo 150.

Nótese que el ámbito de esos controles es distinto. El control parlamentario sobre operaciones de crédito público se concentra en la Ley que autoriza límites máximos de endeudamiento -pues, de manera indebida, se suprimió el control previo a cargo de la Comisión Permanente de Finanzas y Desarrollo Económico. El control del artículo 150, por el contrario, es previo y específico a cada contrato. Luego, PDVSA puede realizar operaciones de crédito público, incluyendo el otorgamiento de garantías, al margen de la Ley de endeudamiento, pero siempre queda sometida al citado artículo 150, en función a las características propias de los contratos de crédito público que, excepcionalmente, sean catalogados como contratos de interés público.

C. Los contratos de garantía sobre acciones de Citgo suscritos por PDVSA son contratos de interés público

Un caso excepcional en el cual contratos de crédito público celebrados por PDVSA pueden calificar como contratos de interés públicos, es cuando PDVSA otorga garantía sobre las acciones de su activo más importante en el extranjero, a saber, Citgo. PDVSA es accionista único de PDV Holding, Inc., sociedad tenedora de acciones de Citgo Holding, Inc., quien a su vez es tenedora de acciones de Citgo Petroleum Corporation. Todas esas filiales están domiciliadas en Delaware, Estados Unidos, y por ende, se rigen por el Derecho de Estados Unidos. Empero, PDVSA como sociedad mercantil domiciliada en Venezuela, se rige por el Derecho venezolano y por ende, por el artículo 150 constitucional. Esto permite considerar si el contrato suscrito por PDVSA para otorgar en garantía acciones de Citgo, se somete al artículo 150.

Un argumento que se ha expuesto para objetar la aplicación del artículo 150, es que PDVSA puede celebrar operaciones de crédito público, incluyendo el otorgamiento de garantías, sin control parlamentario. Esta conclusión, como vimos, solo aplica respecto a la exclusión del comentado Título III, en especial, respecto de la Ley de endeudamiento. Pero ello no puede impedir la aplicación del control parlamentario previo derivado del artículo 150 constitucional. Con lo cual, el hecho de que las operaciones de crédito público no han sido autorizadas por la Asamblea Nacional, no puede emplearse como prueba de que PDVSA no se somete al artículo 150 constitucional, pues el objeto de ese control no es la realización de operaciones de crédito público.

Ahora bien, solo en dos casos PDVSA ha suscrito este tipo de contratos, y en ambos casos, la Asamblea Nacional ha considerado que se trata de contratos de interés públicos sometidos al artículo 150 constitucional. Así, en octubre de 2016 PDVSA suscribió el acuerdo para ceder en colateral el 50,1% de acciones de Citgo Holding, Inc., a favor de los tenedores de los títulos valores emitidos en 2016, conocidos como el "Bono PDVSA 2020". Luego, en noviembre de ese año PDVSA comprometió el 49,9% restante en colateral a favor de Rosnfet, como garantía a un contrato de suministro con cláusula de prepago.

Ambas operaciones de crédito público podían ser realizadas por PDVSA al margen de la Ley de endeudamiento, al tratarse de operaciones excluidas del Título III de la Ley Orgánica de la Administración Financiera del Sector Público. Pero ello no impide considerar que estos contratos de garantía se someten al artículo 150 constitucional, pues como vimos, el control parlamentario sobre operaciones de crédito público es distinto al control parlamentario sobre contratos de interés público. En efecto:

.- Ya explicamos que PDVSA debe ser considerada como parte del Poder Ejecutivo Nacional, en tanto ente de la Administración Pública Nacional Descentralizada. Por ello, cuando la Constitución alude a contratos de interés público suscritos por el Poder Ejecutivo, deben entenderse incluidos los contratos suscritos por PDVSA. A todo evento, de acuerdo con la práctica, las empresas del Estado y, en particular, PDVSA, pueden celebrar contratos de interés público, sometidos por ende al artículo 150 constitucional.

-. La naturaleza jurídica única de PDVSA realza la conclusión según la cual esa empresa del Estado puede celebrar contratos que de manera intensa impacten en la soberanía nacional. De acuerdo con el artículo 303 constitucional, PDVSA es el ente creado para conducir políticas públicas de "interés público", lo que en modo alguno prejuzga sobre su naturaleza mercantil y la autonomía funcional con la cual ha de actuar.

.- El argumento según el cual PDVSA no puede celebrar contratos de interés público pues solo la República, por medio del Poder Ejecutivo, puede suscribir estos contratos, no encuentra fundamento en el Derecho Público venezolano. Como vimos, debe entenderse que la expresión "Poder Ejecutivo" es equivalente a "Administración Pública", con lo cual, PDVSA forma parte del Poder Ejecutivo. Pero al margen de ello, el artículo 150 de la Constitución no limita el concepto de contrato de interés público a aquellos suscritos la República excluyendo a los contratos suscritos por empresas del Estado, como tampoco lo hace ninguna sentencia del Tribunal Supremo de Justicia. Por el contrario, tanto antes como después de la Constitución, se ha concluido que PDVSA puede celebrar contratos de interés público.

.- Los contratos de crédito público celebrados por PDVSA que puedan ser considerados contratos de interés público, quedan sometidos al artículo 150 constitucional y al control parlamentario allí previsto. La exclusión de PDVSA al control presupuestario solo aplica a la Ley de endeudamiento, pero no al control previo de la Asamblea Nacional sobre contratos de interés público suscritos con sociedades extranjeras, que quedan sometidos al artículo 150 constitucional.

.- Solo en casos excepcionales los contratos de crédito público pueden ser considerados contratos de interés público, tomando en cuenta el criterio cualitativo, de intensa afectación al interés público. Los contratos de crédito público suscritos por PDVSA para atender su giro o tráfico ordinario no pueden ser considerados como contratos de interés público, pues no reúnen la condición de especial afectación al interés público. Con lo cual, todo contrato de crédito público celebrado con sociedades no domiciliadas en Venezuela, que pueda ser excepcionalmente considerado contrato de interés público, debe estar previamente autorizado por la Asamblea, en los términos del citado artículo 150.

.- Los contratos por los cuales se compromete el 100% de las acciones sobre Citgo en garantía no son contratos ordinarios. Primero, pues el objeto de esos contrarios es único: las acciones de Citgo, en concreto, de Citgo Holding, Inc., propiedad de la filial de PDVSA, PDV

Holding, Inc., solo pueden darse en garantía una vez[45]. Segundo, pues esos contratos comprometen el control accionarial del activo más importante de PDVSA en el exterior, como es Citgo, que cumple un rol fundamental en la comercialización internacional del crudo venezolano. PDVSA puede celebrar contratos de garantía con sociedades mercantiles domiciliadas en el extranjero sin quedar sometida al artículo 150 constitucional, en tanto se trate de contratos ordinarios a su giro o tráfico mercantil. Pero los contratos de garantía sobre las acciones de Citgo, por las razones dadas, no son ordinarios, sino más bien únicos y excepcionales.

.- Ambos contratos fueron suscritos por PDVSA para financiar su actividad económica en Venezuela. Los contratos de financiamiento principales (a saber, la emisión del "Bono PDVSA 2020" y el contrato de suministro con cláusula de prepago) son operaciones de crédito público reguladas por el Derecho venezolano, como incluso reconoció PDVSA en los documentos relacionados con la emisión de los títulos valores. Ciertamente, esas operaciones se excluyen del citado Título III, pero no del resto de normas de Derecho Público venezolano. Con lo cual, los contratos de garantía son accesorios a operaciones de crédito público reguladas por el Derecho venezolano, y además, conexos con las actividades reservadas al Estado a cargo de PDVSA. Luego, que el objeto de las garantías esté en el extranjero, no implica que esos contratos quedan sustraídos del Derecho venezolano.

.- Se aclara que la naturaleza de interés público deriva de la especialidad del objeto de los contratos de garantía, pero no de los contratos principales. PDVSA puede emitir títulos valores y celebrar contratos de suministro con cláusula de prepago como parte de su giro o tráfico, sin quedar por ello sometida al artículo 150. El elemento determinante en los casos bajo estudio fue por ello el objeto de los contratos de garantía.

Cabe además agregar que en el caso del contrato de colateral del Bono 2020, tanto Román J. Duque Corredor como Rafael Badell Madrid han concluido que se trata de contratos de interés público, en tanto fueron suscritos por PDVSA para atender áreas sensibles al interés pú-

---

45 Eventualmente podría constituirse garantía sobre el excedente de la venta de acciones dadas en garantía.

blico. Con lo cual, ambos autores concluyen que ese contrato se somete al artículo 150 constitucional. Así, de acuerdo con Duque Corredor[46]:

> *"Debe recordarse que cuando PDVSA ofertó el canje de los Bonos 2017 por los Bonos 2020, garantizados con el 50,1% de las acciones de Citgo Holding, Inc.; en septiembre de 2016, la Asamblea Nacional cuestionó la operación, entre otras razones, porque la emisión de esos Bonos era un contrato de interés público nacional que debía ser autorizados por la Asamblea Nacional, en los términos del segundo párrafo del artículo 150 constitucional, debido al colateral sobre Citgo. PDVSA, gubernamental. Y, que se celebró sin tal autorización porque el gobierno de Maduro sostuvo que PDVSA no está sometida al artículo 150 de la Constitución, pues esa norma solo rige para la República y no a las empresas del Estado como PDVSA. Esta opinión tuvo como único fundamento una manipulación de la interpretación de la sentencia de la Sala Constitucional número 2.241 de 24 de septiembre 2002. En efecto, esta sentencia no establece que las empresas del Estado quedan excluidas del artículo 150 constitucional..."*

De acuerdo con Rafael Badell Madrid[47]:

> *"Ciertamente ese contrato de emisión del Bono PDVSA 2020, así como el contrato de garantía de ese bono sobre el 50,1% de las acciones de Citgo Holding, Inc., tiene el carácter de contrato de interés público por cuanto fueron suscritos por dos empresas del Estado como son PDVSA y PDVSA Petróleos S.A.; se ofreció en garantía un activo de especial importancia para el país, como es el caso de Citgo; no se trata en modo alguno de contratos rutinarios u ordinarios del giro comercial de PDVSA, antes y por el contrario constituyen operaciones verdaderamente extraordinarias; y fueron suscritos con sociedades domiciliadas en el extranjero.*
>
> *De allí que, a nuestro juicio, la emisión del Bono PDVSA 2020, así como su respectiva garantía, es un contrato de interés público nacional que ha debido ser sometido al procedimiento de revisión y*

---

46 "Nulidad de los Bonos PDVSA 2020", *Revista de Derecho Público número 160-161*, Caracas, 2020, p. 350

47 "Los contratos de interés público", en *Revista de Derecho Público número 159-160*, Caracas, 2020, p. 18.

autorización de la Asamblea Nacional, de conformidad con lo dispuesto por el artículo 150 de la Constitución y se ha debido cumplir el requisito de solicitar la opinión previa del Procurador General de la Republica como lo exige el artículo 247 de la Constitución".

Este fue el principal argumento esgrimido por PDVSA cuando, en 2019, cuestionó ante la Corte del Distrito Sur de Nueva York la constitucionalidad de títulos valores emitidos en 2016 garantizados con el 50,1% de las acciones de Citgo Holding, Inc., con base en los Acuerdos de la Asamblea Nacional de 16 de septiembre de 2016 y 15 de octubre de 2019. En el primer Acuerdo, aprobado *antes* de la suscripción de los contratos de emisión y garantía, la Asamblea Nacional objetó la capacidad de PDVSA de ceder, en garantía, las acciones de Citgo, invocando el artículo 187.9 constitucional, o sea, la norma de control sobre contratos de interés público. PDVSA, entonces bajo control del Gobierno Nacional, ignoró la advertencia y en octubre celebró los contratos de emisión y garantía. El segundo Acuerdo ratificó el primero, además, para declarar la nulidad de la cesión en garantía de las acciones de Citgo, por violación del artículo 150 constitucional.

En el caso del contrato de suministro con cláusula prepago celebrado en noviembre de 2016 con Rosneft, similar pronunciamiento fue emitido por la Asamblea Nacional en Acuerdo de 4 de marzo de 2020, bajo los mismos argumentos sostenidos en los Acuerdos relacionados con los títulos valores emitidos en 2016.

Esos Acuerdos no fueron resultado de una interpretación sobrevenida para repudiar operaciones de crédito público. Como vimos, incluso con anterioridad a la Constitución de 1999 se había reconocido que PDVSA puede celebrar contratos de interés público, conclusión luego ratificada al amparo del artículo 150 de la Constitución. En especial, todos los contratos para constituir empresas mixtas se basan en Acuerdos dictados por la Asamblea Nacional que ratifican la aplicación del artículo 150, lo que es una conclusión coherente con el Derecho Administrativo Venezolano.

CONCLUSIONES

El Derecho Constitucional venezolano ha reconocido que existen determinados contratos suscritos en ejercicio de las funciones propias del Poder Ejecutivo que deben ser sometidos a control parlamentario, en especial, si son celebrados con sujetos no domiciliados en Venezuela. Este control parlamentario es una clara excepción al principio de separación de poderes, lo que lleva a concluir que tal control solo puede aplicar a casos excepcionales. Para describir esa excepcionalidad, el Derecho Constitucional venezolano alude a los "contratos de interés público", principalmente, regulados en el artículo 150 de la Constitución.

El artículo 187.9 constitucional alude, también, al control parlamentario sobre los contratos de interés público celebrados por el Poder Ejecutivo, lo que ha llevado a concluir -en una posición minoritaria- que solo la República puede suscribir esos contratos. Sin embargo, esta exclusión no es explícita en el artículo 150 constitucional, que es la norma de referencia sobre esta materia en Venezuela.

En todo caso, la correcta interpretación del artículo 187.9 constitucional exige analizar la expresión "Poder Ejecutivo" en el contexto de las normas constitucionales sobre Poder Ejecutivo y Administración Pública, que permiten concluir que los funcionarios de la Administración Pública Nacional son, también, funcionarios del Poder Ejecutivo Nacional, lo que se extiende a los funcionarios de la Administración Pública Descentralizada y, más en concreto, de empresas del Estado. Así, desde un punto de vista práctico, es necesario ubicar a las empresas del Estado en alguna de las cinco ramas descritas en el artículo 137 constitucional, y solo es coherente ubicarlas dentro del Poder Ejecutivo, en los términos de la Ley Orgánica de la Administración Pública.

Más allá de este aspecto, lo cierto es que desde el artículo 150, no existe ninguna justificación para excluir a las empresas del Estado de las figuras subjetivas del Poder Nacional que pueden celebrar contratos de interés público. Más allá de su forma jurídica, tales empresas son Administraciones Públicas, sometidas a Derecho Administrativo, cuya actividad además es actividad administrativa.

Respecto de PDVSA, esta conclusión es incluso más evidente, pues esa empresa del Estado tiene naturaleza única, en tanto es el ente creado para la coordinación de políticas públicas de inequívoco interés público, relacionados con el sector de hidrocarburos, como lo reconoce el artículo 303 constitucional. Por ello, antes y después de la Constitución de 1999, doctrina, jurisprudencia y actos legislativos han reconocido que PDVSA puede celebrar contratos de interés público sometidos al artículo 150 constitucional.

Esta conclusión, en todo caso, es excepcional, y no puede aplicar a contratos comunes al giro o tráfico de PDVSA. Antes por el contrario, solo ciertos contratos que impacten intensamente a la soberanía nacional, y que no sean contratos propios de su giro o tráfico, pueden ser considerados contratos de interés público. Esta calificación es aplicable, incluso, a contratos de crédito público, siempre y cuando reúnan esa especial condición. En los términos de la Ley Orgánica de la Administración Financiera del Sector Público, PDVSA puede celebrar contratos de crédito público al margen de la Ley de endeudamiento, incluyendo contratos de garantía, como contratos comunes a su giro o tráfico. Solo aquellas operaciones de crédito público que excepcionalmente reúnan las condiciones del contrato de interés público quedan sometidas al citado artículo 150.

Tal es el caso de los contratos celebrados por PDVSA por los cuales, en 2016, se cedió en garantía de acreedores domiciliados en el extranjero las acciones de Citgo Holding. Inc. Estos contratos fueron celebrados por PDVSA en relación con las actividades de esa empresa en Venezuela, razón por la cual la capacidad de contratación de PDVSA se regía por el Derecho venezolano, incluyendo el artículo 150 constitucional. Además, en tanto esas garantías responden a una operación excepcional que afecta al activo más importante de PDVSA en el extranjero, los contratos de garantía eran contratos de interés público nacional celebrados con sociedades no domiciliadas en Venezuela, que debían ser autorizados previamente por la Asamblea Nacional.

Boston, diciembre de 2020.

ALGUNAS PARTICULARIDADES ORGANIZATIVAS Y FUNCIONARIALES EN LAS UNIVERSIDADES NACIONALES AUTÓNOMAS

ARMANDO RODRÍGUEZ GARCÍA*

SUMARIO

INTRODUCCIÓN

El objetivo que nos propusimos al elaborar estos apuntes fue sistematizar, en un conjunto medianamente ordenado de notas, algunos de los datos que contribuyen a identificar ciertas particularidades de las Universidades Nacionales autónomas, en su cualidad de expresión institucional dentro de la Administración pública venezolana. A tal fin se dedica particular atención a los aspectos relativos a su estructura organizativa, así como al régimen aplicable al cuerpo académico, en concreto, al sistema funcionarial propio del personal docente y de investigación, a lo que se agregan unas breves menciones sobre cuestiones atinentes al orden de los procedimientos administrativos De esta manera, se pasa revista a algunas de las categorías y técnicas jurídicas aplicables regularmente a estas instituciones, para insistir, desde la perspectiva seleccionada en esta ocasión, en la variedad y complejidad que impregnan al fenómeno de la Administración pública.

Entonces, cabe precisar que con el ejercicio resultante de las reflexiones aquí recogidas, no se pretende apurar una exégesis detenida del régimen jurídico administrativo de la Universidad como resultado

* Profesor de la Universidad Central de Venezuela: Director de Posgrado en Ciencias Jurídicas y Políticas (UCV); Coordinador de Posgrado en Derecho Administrativo (UCV).

último; antes bien, se apunta a subrayar la valoración que consideramos corresponde asignarle a los datos relevantes de la complejidad, el dinamismo y la variedad, como notas distintivas de la Administración, entendiendo que éstos son referentes útiles cuando se pretende facilitar el conocimiento, la enseñanza y la aplicación práctica del Derecho administrativo.

En efecto, siguiendo las atinadas enseñanzas del profesor Moles en sus *Lecciones*, compartimos como postulado básico que, "...Todo sistema de derecho se encuentra calificado por su propio objeto. Este le sirve de adjetivación. Por ejemplo, el Derecho Penal o Criminal tiene por objeto el delito y las consecuencias que origina (responsabilidad penal o pena). Pues bien, *el objeto del Derecho Administrativo es la administración,* o dicho de una manera más precisa, *la administración pública o del Estado..."*[1], de donde surge la necesidad metodológica de precisar el alcance de la noción de Administración pública para resolver el punto neurálgico que implica determinar el objeto de interés y el alcance de esa disciplina jurídica.

Advertimos, de partida, que la tarea indicada escapa, obviamente, al alcance de esta abreviada presentación. Por otra parte, ese asunto encuentra abundante atención en la literatura especializada, la cual viene sobradamente calificada por la solidez que exhiben los soportes argumentales y por los créditos personales de sus autores, lo que releva de la necesidad de construir respuestas adicionales ante tal interpelación.

De momento resulta suficiente y útil la identificación de la administración desde la doble perspectiva que aporta su faceta subjetiva u organizativa que viene unida a sus manifestaciones operativas o funcionales, todo lo cual se percibe con enfoque de unidad, dentro de la vertiente que aporta el sistema jurídico que le sirve de apoyo y delimita sus respectivos parámetros.

De esta forma, la presencia de un fenómeno único con doble expresión, una administración subjetiva y una administración funcional que se manifiestan de manera simultánea y complementaria, ha

---

1 Ver, Antonio Moles Caubet, "Lecciones de Derecho Administrativo. Parte General". *Revista de la Facultad de Ciencias Jurídicas y Políticas.* Universidad Central de Venezuela. Nº 84. Caracas, 1992. Pág.95.

servido a lo largo del tiempo para sistematizar buena parte del Derecho administrativo. A partir de la visión que identifica una bifurcación básica se van abriendo subcapítulos en cada una de esas expresiones primordiales, para adentrarse en el estudio, la explicación y la práctica de las modalidades y expresiones que lo desarrollan de manera más específica, sin perder el sentido de unidad, arropado por los principios generales que, atendiendo a tal cualidad, pueden o no venir expresados en disposiciones normativas formales.

Ahora bien, es importante tener presente que la administración pública, en su esencia, es un fenómeno que antecede al Derecho administrativo. En efecto, siguiendo a Giannini, conviene recordar que si bien entendemos que la Administraciones públicas son hoy las de los Estados, no es menos cierto que, en un sentido sociológico, pueden identificarse bajo esa denominación a las de cualquier organización de grupo anterior al Estado, por lo que también cuenta para su comprensión integral, la noción histórica[2]; y por consiguiente, el análisis de las múltiples y variadas manifestaciones de la administración, tanto en sentido funcional como en su vertiente organizativa abrevan en ámbitos de distinto origen que en algunos casos consisten en realidades meta jurídicas (gerenciales, tecnológicas, sociales, etc.), y en otros, asimilando instituciones y categorías desarrolladas en espacios jurídicos distintos al espectro propio del Derecho administrativo, como puso de manifiesto hace ya tiempo el recordado profesor Martín-Retortillo[3], destacando el sentido lógico de tal circunstancia.

En este mismo orden de ideas, es fácil observar una tendencia marcada hacia la ampliación y la diversificación de los modos de presentarse la administración pública, que resulta correlativo al dinamismo de la sociedad en general pues, en gran medida, la administración pública, en su estructura y en el ritmo de su funcionamiento es un reflejo del ritmo al que evolucionan los complejos sociales y las realidades económicas y políticas a las cuales está vinculada con mayor o menor intensidad de relación.

---

2 Ver, Massimo Severo Giannini, *Premisas sociológicas e históricas del Derecho administrativo*. Instituto Nacional de Administración Pública. Madrid, 1980

3 Ver: Sebastián Martín-Retortillo Baquer, *El Derecho Civil en la génesis del Derecho Administrativo y sus instituciones*. Instituto García Oviedo. Universidad de Sevilla, Sevilla, 1960.

Esa nota de variedad y dinamismo puede ser un factor de peso para el empleo de símiles y simplificaciones en el ejercicio de la investigación y la enseñanza, en la propuesta y aplicación de soluciones, y en la interpretación y aplicación del Derecho administrativo. Así, por ejemplo, asimilar la estructura de Municipio al Estado nacional advirtiendo que la diferencia se reduce a una cuestión de escala o tamaño; darle valor universal al paralelismo de las formas como una regla fija de resultado inequívoco, o en definitiva entender que toda la Administración pública se organiza y funciona bajo un patrón uniforme o único, puede resultar un método útil, en un muchas ocasiones, pero desde luego, no carente de riegos, pues basarse en homologaciones donde no hay equivalencia real de elementos conduce a error.

Estas son formas de lograr una aproximación rápida a las nociones, a través de imágenes de fácil captación y recuerdo que permiten dar un cierto sentido de dominio y comprensión sobre la cuestión; sin embargo, no dejan de ser insuficientes a los efectos de perfilar la realidad o reconocer el sentido más preciso de las cosas, o incluso, pueden ser el camino a la falsa apreciación y la confusión.

Por eso resulta útil, y hasta necesario, tal como sucede en el tema que nos ocupa, realizar la tarea de ahondar en los detalles, para destacar las particularidades o las diferencias, según el caso, más que las semejanzas o puntos de cercanía y coincidencia que inducen a emplear el símil o la analogía como soporte de la explicación, es decir, poner de relieve los datos que, dentro del amplio espacio que implica el género, subrayar la singularidad determinada por matices o por rasgos profundos, teniendo presente la advertencia de Giannini cuando precisa que, "El Estado es un conjunto organizado de administraciones desagregadas y consecuentemente con órganos desagregados. Ninguna norma lo ha establecido así, pero lo que sucede es que ha nacido así"[4], lo que podríamos glosar agregando que, por lo que derivamos de la experiencia conocida y la evaluación racional delos elementos disponibles, es esta la tendencia previsible hacia el futuro.

---

4 Massimo Severo Giannini, *El Poder Público. Estados y Administraciones Públicas*. Civitas, Madrid, 1991. p. 97.

En síntesis, se intenta ofrecer una posibilidad más de apreciar en su real magnitud la tupida frondosidad de ese extenso bosque que es la Administración pública, esta vez, poniendo la mirada sobre las particularidades que se encuentran en uno de los muchos árboles que lo componen (la Universidad), en tanto se trata de una especie dentro del género, que presenta una forma particularmente compleja de administración, la cual, adicionalmente, viene marcada en su forma, en su funcionamiento y en su antigüedad, por la singular misión que corresponde desempeñar en la sociedad.

1. ANTIGÜEDAD, EVOLUCIÓN Y MISIÓN INSTITUCIONAL

Atendiendo a perfilar las notas que apuntan a las particularidades dentro de lo general, en el caso de la Universidad como institución inserta en la estructura del conjunto integral que se identifica como la Administración pública, cabe abrir la revisión tomando en consideración su origen remoto, su antigüedad y los referentes de mayor significación en el trayecto recorrido hasta desembocar en la situación actual.

No cabe duda en cuanto a entender la importancia del dato referente al origen y antigüedad dela Universidad en el mundo occidental, cuando se indica que esa institución se enrumba a alcanzar el milenio de su existencia.

En efecto, la aparición de la primera Universidad en el ámbito geográfico donde se aloja en sus fases iniciales la cultura de Occidente se ubica en Bolonia, en el año 1088, es decir, en plena Edad Media, y cuatro siglos antes de que surgiera el Estado Moderno, por destacar un aspecto que reviste interés para el objetivo específico de esta reflexión. Luego aparecen en secuencia, las Universidades de Oxford en 1096, Cambridge en 1209, París en 1160, Salamanca en 1218, Padua en 1222, Coímbra en 1290, para cubrir el espectro de Europa con una institución que guarda características similares y de esa manera se afianza en el medio de las sociedades medievales, aunque con alcance ciertamente limitado por las características de localismo y limitaciones de comunicación que dominan el ambiente del asentamiento territorial la época, como un refugio intelectual que permite preservar y cultivar sistemáticamente la inclinación humana hacia la búsqueda del conocimiento.

Ya en los inicios de la Edad Moderna, con el Descubrimiento de las tierras americanas y el consecuente proceso de poblamiento que adelantan los distintos Estados europeos se produce la exportación de elementos sociales, políticos, técnicos y culturales propios de su desenvolvimiento, dentro de los cuales se cuentan los relativos a la educación. De esta manera aparece la Universidad en territorio americano, registrando como primeras experiencias la de Santo Tomás de Aquino, en la isla de La Española, actual Republica Dominicana (1538), y la de San Marcos, en Lima (1551).

Conviene considerar que en la época se produce una tendencia sostenida en cuanto a la fundación de Universidades, en tanto centros de formación superior identificados con diferentes menciones, lo que funciona como una fórmula de soporte y afianzamiento del proceso de urbanización empleado como técnica central de la conquista y colonización, pues conlleva el sentido de asentamiento estable de la población, con vocación de permanencia, de donde es fácil derivar el valor que acompaña a esta institución en cuanto a su potencial como factor de primera línea en la proyección de las comunidades.

En ese contexto citamos, como dato de interés más inmediato a este análisis, la creación del Seminario de Santiago de León de Caracas (Seminario de Santa Rosa), mediante Real Cedula de Felipe V, expedida el 21 de diciembre de 1721. Con ello queda previsto que esa Institución dicte las materias de Teología, Medicina, Filosofía y Derecho, y de esa manera se instala la primera institución universitaria en el territorio de lo que luego será Venezuela. Esta es la actual Universidad Central de Venezuela (UCV) que, estando ya cercana a cumplir los tres primeros siglos de existencia, forma parte de la Administración pública venezolana. En un sentido similar aparece el caso de la actual Universidad de los Andes (ULA), que inicia su remota andadura institucional en 1785, cuando Fray Juan Ramos de Lora funda una casa de estudios para la instrucción de jóvenes con vocación sacerdotal que en 1889 recibe el título de Real Colegio Seminario de Buenaventura; en 1806 obtiene autorización del Rey Carlos IV para conferir grados mayores y menores en Filosofía, Teología y Cánones, y luego, el 21 de septiembre de 1810, la Junta Superior de Gobierno de la Provincia de Mérida le otorga titulación de Real Universidad de San Buenaventura de Mérida de los Caballeros.

Entonces tenemos que la Universidad, entendida en términos genéricos, es una institución históricamente anterior al Estado moderno, y en el caso del Continente americano, se incorpora como una figura arraigada y difundida con amplitud durante la etapa colonial, con lo cual, tiene mayor antigüedad que los Estados que surgieron a partir de las guerras de independencia, ocurridas principalmente a lo largo primera mitad el siglo XIX, que concluyen instalando la forma republicana de gobierno en esta parte del mundo.

Para centrarnos en el caso de las Universidades oficiales, resulta que estamos en presencia de Administraciones cuya existencia puede ser anterior a los Estados de los cuales forman parte, lo que es un dato a tomar en consideración como información pertinente a los fines de manejar las particularidades que, en su condición de Administraciones públicas, acompañan a estas instituciones. Independientemente del referente cronológico específico que pueda arrojar una determinada Universidad, lo cierto es que, al formar parte de ese género, comparte una suerte de memoria institucional que la hace parte de una manifestación cultural marcada por la impronta de la tradición en el que se conjuga el enigma de su permanencia en el tiempo, unida a la juvenil vitalidad y la capacidad de actualización constante que la identifican y le permiten fungir como cauce de estímulo y potencia prospectiva para las sociedades de todos los tiempos.

Desde esta perspectiva puede afirmarse que la Universidad y el Municipio son las dos instituciones administrativas que, viniendo de la etapa previa al surgimiento de la República, superan incólumes el periodo de profundas transformaciones marcado por la guerra de independencia y las posteriores revoluciones intestinas que ocuparon todo el siglo XIX, operando ambas hasta el momento presente, bajo el principio jurídico administrativo de la autonomía, aunque este opera en forma no idéntica para cada uno de los casos, como se insistirá más adelante.

Se entiende sin dificultad que a lo largo de un prolongado trayecto como el que cumple la institución universitaria se produzcan cambios y adaptaciones que, sin embargo, no han alterado el sentido de lo esencial y lo vivaz de su presencia, en el cumplimiento de su función perenne consistente en la búsqueda del saber, en la exploración y construcción del conocimiento, así como en su transferencia y difusión.

El ensamblaje de lo permanente y lo variable en la sucesión del tiempo es una cualidad inherente al fenómeno institucional que significa la Universidad, tal como lo hace notar el profesor Moles, "...El mundo moderno, como sucede con todo proceso histórico, combina equilibradamente la continuidad y el cambio. En esto consiste, sin duda, la fórmula del progreso...Así, la Universidad prosigue, siquiera sea con variantes inherentes a los tiempos nuevos, una misma misión fundamental, características y definidora, que justifica el nombre mantenido a lo largo de ocho siglos. De otra manera se perpetraría una mixtificación del lenguaje. Mas esta es precisamente la gran aventura de las Universidades, desde su florecimiento medioeval, al que sigue su decadencia progresiva hasta readquirir nueva pujanza cuando durante el siglo XIX se convierten en el motor intelectual de la gran revolución científica, la más respetable y la más trascendental de las revoluciones..."[5]. Esto significa que la Universidad ha tenido un mismo destino a través de su dilatada trayectoria y con independencia de la forma o modalidades organizativas, para lo cual, ha debido preservar su vigencia y actualidad al lado de sus variantes históricas.

De hecho, aun siendo diversas las modalidades organizativas que se han empleado para la fundación y operación de las universidades, se guarda un sentido de referencia a la unidad conceptual que define a la institución, afincada en el sentido de libertad para la creación y prosecución del conocimiento; esto es lo que, en definitiva, moldea el sentido y la fuerza de la autonomía académica, como noción nuclear de la autonomía universitaria.

Es en virtud de este conjunto de razones como, a través de su insigne andadura, la Universidad afianza su posición principal en la estructura de la Sociedad, soportada en la función del liderazgo intelectual ejercido a lo largo del tiempo por intermedio de la comunidad científica, y

[5] Antonio Moles Caubet, El concepto de autonomía universitaria. En *Estudios de Derecho Público*. Universidad Central de Venezuela. Facultad de Ciencias jurídicas y Políticas. Instituto de Derecho Público. Caracas, 1997. Pág. 263.

todo ello, a través de las tareas esenciales de investigación, docencia y extensión que se amalgaman para producir la fórmula esencial que constituye la expresión integral de su misión.

La investigación científica y la docencia, entendida como la tarea de enseñanza propiamente dicha, son las actividades originales de las universidades, que se complementan mutuamente hasta integrarse como elementos nucleares inseparables, esenciales en la construcción conceptual de lo que significa su misión y determinantes para el despliegue de su función y el logro cabal de sus objetivos, lo que se refleja entre otras cosas, en el monopolio para el otorgamiento de títulos y certificaciones acreditativos de ese nivel superior de la formación intelectual.

La actividad de extensión como parte del hacer universitario aparece hacia finales del siglo XVIII y principios del XIX, en el contexto de los importantes fenómenos sociales y políticos de esa época. Junto a los factores de orden sociológico y filosófico imperante como consecuencia del impulso provocado por el pensamiento de los ideólogos revolucionarios, al igual que el aporte fundamental de los teóricos de la Ilustración alemana y, desde luego, el que corresponde a los filósofos racionalistas y empiristas ingleses, la extensión se apoya en los efectos de la Revolución Industrial, prestando atención al avance y la difusión de los conocimientos tecnológicos y las novedosas técnicas de producción masiva, lo que, junto a la concepción generalizada de la vida social abre la mirada de la Universidad hacia el entorno de la sociedad, mediante la puesta en marcha cursillos de información y adiestramiento en forma sistemática y sostenida.

En ese sentido se refiere la aparición de un sólido movimiento hacia la configuración de la "extensión universitaria" como expresión estable, institucional, de la Universidad, a partir de experiencias como el *Toynbee Hall* de Londres - proveniente de la iniciativa de miembros del cuerpo de profesores de las Universidades de Cambridge y Oxford -, que se establece como un centro (club) de *fraternidad* de docentes, estudiantes y obreros, con la finalidad de propiciar el intercambio abierto, para *extender* informalmente el conocimiento científico y cultural, como una modalidad que forma parte del ideal universitario.

El impacto de este antecedente se aprecia de manera directa en la experiencia que se vive en la Universidad de Oviedo, donde surge el llamado "Grupo de Oviedo", constituido como un colectivo de profesores e intelectuales republicanos, krausistas y liberales, que apuntan a impulsar la vigorización científica, apalancada por medio de la extensión de la actividad universitaria. Curiosamente, es un Catedrático de Derecho Político y Administrativo, miembro de ese Grupa, Don Adolfo Posada, quien acuña una definición inicial de "extensión universitaria", en estos términos: "toda labor de carácter educativo y social, realizada por la Universidad, fuera de su esfera docente", y como consecuencia directa de ese movimiento renovador, la Universidad de Oviedo decide instalar una Secretaría de Extensión que concretiza la institucionalización de esa nueva categoría de tarea, produciendo ya resultados tangibles que se recogen en la obra que presenta el Profesor Aniceto Sela, Catedrático y Secretario de la Extensión, bajo el título: "Extensión Universitaria. Memoria correspondiente a los Cursos de 1898 a 1909", editada por la Librería General de Victoriano Suárez, en Madrid, en el año 1910[6].

Pues bien, todos estos datos que, expuestos de manera muy abreviada contemplan un largo y complejo trayecto institucional y conceptual, permiten recoger como, de una u otra forma, proyectan su influencia, con alcance global, y de ese modo, alimentan la identidad de la Universidad como institución a escala mundial. Pero además, tienen un nivel de impacto nada despreciable en las condiciones particularizadas de la institución universitaria en los espacios domésticos, y así podemos advertirlo al entrar en contacto con los dispositivos jurídicos formales aplicables a esta institución.

Desde la perspectiva que aportan estas referencias se puede matizar la información derivada de la lectura y observar su presencia en trasfondo de diversas menciones dispersas a lo largo del texto de la Ley de Universidades, en los cuales se identifica su finalidad esencial con la "tarea de buscar la verdad y afianzar los valores trascendentes del hombre" (art. 1); en atención a lo cual se entiende que, institucionalmente, le "corresponde colaborar en la orientación de la vida del país mediante

---

6 Ahora está disponible una edición en facsímil ("Extensión Universitaria"), publicada por la Universidad de Oviedo, en 2007.

su contribución doctrinaria en el esclarecimiento de los problemas nacionales" (art. 2), a cuyo efecto, "las Universidades deben realizar una función rectora en la educación, la cultura y la ciencia" (art. 3); y a los fines de dar cabal cumplimiento a esa misión, "sus actividades se dirigirán a crear, asimilar y difundir el saber mediante la investigación y la enseñanza; a completar la formación integral iniciada en los ciclos educacionales anteriores; y a formar los equipos profesionales y técnicos que necesita la Nación para su desarrollo y progreso" (art.3).

En síntesis, la antigüedad de la institución acompañada de su variación en el tiempo sin alterar las cualidades que la identifican y que determinan el valor, sentido y alcance de su misión prestacional a favor de la sociedad, con efectos estructurales para su desenvolvimiento, generan elementos de diferenciación importantes con otras instituciones.

Tales elementos distintivos de la institución, en términos generales, se hacen mucho más significativos cuando la Universidad considerada ostenta la cualidad de Administración pública, pues ello implica un factor adicional y decisivo de distinción, esta vez, a lo interno del mapa que recoge la estructura administrativa del Estado, lo que se percibe en distintos puntos organizativos y funcionales, permitiendo entonces, reforzar la característica de diversidad, variedad y dinamismo que arropa, naturalmente, a la Administración y por consiguiente, influye en la comprensión del Derecho administrativo.

2. PARTICULARIDADES EN CUANTO A LA ESTRUCTURA ORGANIZATIVA

Para el abordaje inicial de este punto, partimos de considerar que la estructura organizativa no puede entenderse racionalmente como un fin en sí mismo; pues, atendiendo a la precedencia lógica de los conceptos, si bien toda organización cuenta con una estructura, con la arquitectura que identifica su aspecto fisonómico, no es menos cierto que, de igual manera, la existencia de esa organización está asociada o sujeta a una función para cuyo cumplimiento, precisamente, se establece la correspondiente estructura.

En resumen, por principio, la estructura sirve a la función y como se ha visto, en el caso de las Universidades, su función genérica primordial se encamina a la formación de profesionales y científicos en los grados superiores del conocimiento, conjuntamente con la producción de la investigación científica, de la elaboración y comprobación del conocimiento, lo que presupone la libertad de acción para esas tareas en el entorno de un ambiente donde, por definición, impera el espíritu crítico. En definitiva, el perfil de su función pone sobre el tapete el principio de autonomía académica como puntal de la autonomía universitaria de tal modo que "La autonomía universitaria es, pues, en primer término, libertad de la ciencia e incorporación de esa libertad en el proceso formativo"[7].

En el caso de las universidades, el sentido operativo de la estructura organizativa atendiendo a la función de la organización, presenta un valor medular el tema de la autonomía académica en el contexto de la autonomía universitaria cobra, lo que cobra especial significado cuando nos ocuparnos del análisis de la Universidad que comporta la cualidad de Administración pública, a cuyo efecto emplearemos como guía referencial las previsiones normativas que nos resultan más útiles al efecto.

En primer término se indica que, desde el punto de vista de su organizativo, la estructura prevista para el desempeño de la función esencial de la Universidad, esto es, para cumplir con las tareas de investigación y docencia, descansa en las unidades académicas que en la Ley de Universidades se identifican como Facultades ("La Universidad realiza sus funciones docentes y de investigación a través del conjunto de sus Facultades" -art. 47-). Su existencia y estructura obedece al criterio de sistematización y especialización del conocimiento científico ("por su especial naturaleza a cada Facultad corresponde enseñar e investigar una rama particular de la Ciencia o de la Cultura, pero todas se integran en la unidad de la Universidad y deben cumplir los supremos fines de ésta…" - art. 47-).

A su vez, las Facultades se organizan en Escuelas e Institutos, que actúan de manera complementaria para atender la docencia y la investigación. Así, conforme al artículo 68 de la Ley de Universidades, "Las labores docentes de cada Facultad serán realizadas a través de las

---

7 Eduardo García de Enterría, "La autonomía universitaria". *Revista de Administración Pública*. número 117 (septiembre-diciembre 1988): Madrid, 1988. p. 12

Escuelas que la integran. Por su especial naturaleza a cada Escuela corresponde enseñar e investigar un grupo de Disciplinas fundamentales y afines dentro de una rama de la Ciencia o de la Cultura", y de su parte, el artículo 77, dispone que "Los Institutos son centros destinados a la investigación y a colaborar en el perfeccionamiento de la enseñanza. Los Institutos estarán adscritos a las Facultades y tendrán, en la investigación, el mismo rango que las Escuelas en la escala docente".

Finalmente, las Escuelas - que solo pueden funcionar integradas en una determinada Facultad, a tenor de lo pautado en el artículo 74 de la Ley - están constituidas por las Cátedras, entendidas como la unidad académica integrada por los profesores dedicados al manejo de una determinada asignatura dentro del pan de estudios correspondiente, y los Departamentos, que se conforman por el conjunto de las Cátedras que se integran en la unidad de una disciplina (art. 69)

A estas previsiones de orden general debe añadirse la posibilidad de optar por modelos de estructura académica distintos, por iniciativa de la propia Universidad, atendiendo a lo previsto en el artículo 187: "Las Universidades podrán, a título de experimentación debidamente justificada y planificada adoptar una estructura académica distinta de la prevista en la presente Ley, siempre que ello no comporte alteración en la composición o en la forma de designación o de elección de los órganos directivos de la Universidad".

De su parte, la dinámica que marca el desenvolvimiento de la actividad universitaria lleva a la instalación de otras estructuras dedicadas a la docencia y la investigación, como sucede con las unidades académicas dedicadas a los estudios de posgrado o estudios de cuarto nivel, que van tomando presencia de manera progresiva, para el manejo de ese nivel de enseñanza, de acuerdo al diseño apropiado a ámbito científico de cada Facultad, en aplicación de las potestades organizativas de la Universidad, contempladas como autonomía organizativa y académica en los numerales 1 y 2 del artículo 9 de la misma Ley.

El punto anotado no es excepcional, antes bien, aparece como una tendencia usual en la formación de estructuras académicas de la Universidad la técnica del desarrollo progresivo, a partir de unidades primarias o iniciales de corte informal o con carácter experimental, que desembocan en su configuración como estructuras de más sólida envergadura, o bien en la diversificación del contingente de unidades operativas. Así ha sucedido, por ejemplo, en la formación de los Centros de Estudios de Posgrado, que tienen su origen remoto en la oferta de algunos programas específicos ofertados por la Universidad Central de Venezuela en la década de 1940, primordialmente el área de Medicina; también de esta manera se originan algunos de los Institutos de investigación, como es el caso del Instituto de Derecho Público de la Universidad Central de Venezuela, que se origina en el Seminario de Derecho Público. Pero esto también ocurre mucho antes, con la conformación progresiva de las Cátedras, atendiendo a la progresión de los planes de estudio, tal como indica Ruggeri Parra[8] que sucede, desde la época colonial, al explicar la evolución de los estudios de Derecho Político.

Estas unidades están servidas directamente por órganos colegiados y unipersonales como son la Asamblea y el Consejo de Facultad, el Consejo de Escuela, los Consejos Técnicos de Institutos, las Comisiones de Postgrado, los Directores de Escuela, Instituto y Posgrado, los Jefes de Cátedra y Departamento. Además, se despliegan las unidades de apoyo y coordinación requeridas para el funcionamiento de esa estructura.

En su conjunto general, la estructura de la Universidad contempla la figura del Consejo Universitario, órgano colegiado, integrado por el Rector, los Vice-Rectores, el Secretario, los Decanos, representantes de los profesores, de los estudiantes y de los egresados, además de un delegado del Ministerio de Educación. El Consejo Universitario funge como "autoridad suprema" de la Universidad y ejerce sus funciones por órgano del Rector, Vice-Rectores y Secretario (arts. 24 y 25).

De la misma manera se contemplan otros órganos como son, el Consejo de Desarrollo Científico y Humanístico, el Consejo de Fomento, el Consejo de Apelaciones, la Comisión de Cultura, la Comisión Electoral, etc., que están previstos en la Ley, o han sido creados por vía de normativa interna, como es el caso de la Comisión Clasificadora Central del Personal Docente y de Investigación, las Comisiones Clasificadoras Sectoriales, los Comités Académicos de los Cursos de Posgrado, las Comisiones de Estudios de Posgrado, el Consejo Central de

8 Pablo Ruggeri Parra, *Elementos de Derecho Constitucional*. Caracas, 1963. pp. 30 y ss.

Estudios de Posgrado y otros, encaminados a cubrir diferentes aspectos de soporte al funcionamiento general de la Institución, teniendo como común denominador, brindar el apoyo necesario a la función esencial de docencia e investigación que determina la misión institucional.

Junto a este vasto elenco de unidades integradas como estructura, aparece un importante catálogo de órganos con funciones permanentes o accidentales, encargados de tareas específicas, accidentales o puntuales, propias de la función esencial, como serían los jurados de evaluación para exámenes de conocimiento, ascensos, trabajos y tesis de grado, etc.; y otros de carácter auxiliar o complementario de tareas eventuales o permanentes, tales como instrucción de procedimientos sancionatorios o investigaciones, comisiones de contratación, o comisiones para revisión curricular o para evaluar e informar sobre diversos aspectos que completan el mapa, etc.

Más que la descripción o el análisis detenido de la estructura de la Universidad, el tema a destacar se centra en sus particularidades como Administración, que podemos indicar en forma abreviada, señalando el carácter complejo y horizontal o plano que predomina en las relaciones internas y el funcionamiento de las estructuras la organización. En efecto, partiendo del papel central que corresponde a las Facultades, se aprecia que no existe una estructura y funcionamiento marcado por el principio de jerarquía que resulta usual en los organismos de la Administración pública (directa o descentralizada), como modalidad de funcionamiento y relacionamiento entre sus componentes estructurales.

De esta forma, la estructura que sirve para el desempeño de la Universidad es, en buena medida, la resultante acumulada de los eventos producidos en ese extenso arco de tiempo que define su andadura institucional. Esa estructura dibuja, en sus líneas maestras, una organización que se conforma como un conjunto holístico de componentes, los cuales operan mediante mecanismos de interacción organizada a través de tareas determinadas que se complementan por la vía de relaciones de intercambio, mediante contactos e interacciones resueltas por medio de múltiples puntos de porosidad variable. Es decir, en este caso, hablamos de una estructura que, en definitiva, se aleja claramente de la imagen piramidal con predominio de la verticalidad centralizada, de esos niveles de decisión marcados por las relaciones de superioridad y subordinación que sirve usualmente para ilustrar la figura de los organismos administrativos alojados en la Administración central o directa, pero también, en forma singularizada, para identificar la estructura interna de los entes que forman parte de la fórmula organizativa y funcional que agrupamos bajo la denominación genérica de Administración descentralizada o indirecta.

Sin duda, cabe entender que tal particularidad de la Universidad viene asociada al principio de libertad que invade inevitablemente a la investigación científica y a la docencia, conjuntamente con la presencia - también inexcusable - del espíritu crítico que, como método, concita la salvaguarda de la eficiencia y de la honestidad que son un reclamo natural del oficio, a lo cual ya hemos aludido con anterioridad.

Como parte de la puesta en práctica de las potestades organizativas de la Universidad, derivadas del principio de autonomía, se observa una clara tendencia a la incorporación de órganos colegiados (consejos, comisiones, juntas, equipos), encargados de participar en la tramitación de estable y permanente de asuntos de corte rutinario, o bien, en calidad de órganos puntuales y precarios (*ad hoc)* provistos para atender el manejo y resolución de una tarea concreta, con cuya resolución desaparecen.

La tendencia a incorporar órganos colegiados en la estructura de la organización cobra importancia para el análisis en curso, primordialmente en aquellos casos de órganos de composición plural que se integran de manera permanente como parte de las estructuras y, sobre todo, cuando cuentan con capacidad para intervenir de forma regular en el trámite de procedimientos administrativos.

Un detalle que vale destacar en este momento, como reafirmación del dato relativo a la pertinencia de considerar el factor evolutivo de la Universidad a lo largo de su trayecto histórico, es la asociación que se puede establecer, entre la indicada tendencia a favorecer la proliferación de órganos colegiados y complejos en su estructura, con la preponderancia que adquiere el tema de la participación y la fórmula de la cogestión en el ámbito universitario, a partir de los movimientos estudiantiles ocurridos inicialmente en Europa, en el año 1968, los cuales irradian sus efectos en un panorama geográfico mucho más amplio, al cual no escapa nuestra realidad doméstica, al punto que no podemos perder de vista la relación que esos eventos tienen con los ocurridos en nuestro espacio por esas mismas fechas, que desembocan, entre otras cosas, en la reforma de la Ley de Universidades de 1970. Del mismo modo es conveniente recoger la presencia - también usual -, de una tendencia que apunta a la acentuación de la intervención de la Administración central en la función de la Universidad, amparándose en la planificación del sector educativo, de donde se derivan, entre otros, algunos mecanismos de orden presupuestario, justificados en la preservación de la garantía de acceso general a la educación[9], lo que tampoco ha sido una manifestación extraña a nuestra realidad nacional.

En concreto, y haciendo abstracción de las valoraciones más o menos pertinentes sobre este aspecto de la cuestión que nos ocupa, es lo ciento que la existencia de los órganos colegiados en una proporción importante dentro de la organización provoca consecuencias que impactan natural y objetivamente su funcionamiento, atendiendo a condiciones o términos generales de agilidad y eficiencia.

Así, por una parte, esa circunstancia convoca a conformar una estructura de fuentes normativas más compleja para la resolución de los temas a decidir, desde el punto de vista jurídico, puesto que se hace necesario incorporar la consideración de los grupos normativos relativos al funcionamiento mismo de estos órganos, por las formalidades que acompañan a su propia existencia (constitución, convocatoria, agenda, quórum, votación, ejecución, etc.), lo que desde luego compite en desventaja operacional con la cualidad que en términos de sencillez, inmediatez o simplicidad aporta la actividad a través de órganos unipersonales.

Adicionalmente, el funcionamiento del órgano colegiado en sí mismo, atiende a pautas de corte más complejo y hasta complicado, pues su composición amerita actuar por medio de sesiones de trabajo sujetas a los tramites imprescindibles a tal fin, comenzando por la necesidad de cubrir el formalismo de constitución y funcionamiento del órgano (convocatoria, agenda y quórum de constitución y decisión) para todas y cada una de las sesiones, sean estas regulares u ordinarias o extraordinarias, con lo cual, ya solo esto implica contar con un agente auxiliar

9 Al respecto véase Eduardo García de Enterría: “La autonomía...”. Ob. cit.

específico (secretaría) o cargar con esa tarea como trabajo adicional a alguno de sus miembros, lo que agrega faena y costos a la producción de las decisiones.

Por otro lado, entra en consideración el incremento que se produce en cuanto al grado de complejidad que afecta la construcción de cada decisión, en atención a la participación de un grupo de personas con puntos de vista, posiciones y hasta intereses diferentes, e inclusive discrepantes sobre el asunto planteado a consideración lo que por otra parte, puede obedecer, no a una posición preconcebida sino a la manera distinta de percibir el planteamiento de tema a decidir y sus matices, con lo que destaca otra exigencia natural de esta opción, consistente en la necesidad de manejar una comunicación adecuada, suficiente y útil para facilitar el funcionamiento del órgano.

Un punto adicional en este aspecto de la cuestión, viene dado por el hecho de que, en la integración de los órganos colegiados de la Universidad concurren como miembros, quienes por el ejercicio de sus funciones conforman otras estructuras de la organización, o tienen posiciones personales generadoras de vínculos o relaciones específicas con ese cuerpo colegiado o sus decisiones. Por vía de ejemplo, es el caso de los Directores de Escuela y de Instituto que asisten al Consejo de Facultad, o de los Jefes de Departamento que forman parte del Consejo de Escuela, por mencionar solo algunos de los supuestos posibles. Esta situación puede conducir a supuestos de duplicidad de oportunidades de decisión sobre un mismo asunto, así como de planteamientos de inhibición que afectaría el quórum de decisión, añadiendo complicación a la oportunidad de resolución de las cuestiones en agenda.

En fin, la existencia de una estructura con este perfil implica una fórmula de comportamiento que trae consigo un cierto predominio en el empleo de las técnicas parlamentarias para el funcionamiento de la organización, lo que por su misma naturaleza, implica el manejo de unos tiempos de decisión y respuesta que difieren de lo que son, por ejemplo, los códigos temporales sobre los cuales se establecen los lapsos, términos y plazos aplicables a los procedimientos administrativos en función de la Ley Orgánica de Procedimientos Administrativos. Así, por ejemplo, el artículo 5 de esa Ley prevé la resolución de los asuntos que no requieran sustanciación, dentro de los veinte (20) días siguientes a su presentación, con lo que, si se trata de un órgano colegiado que se reúne con una frecuencia de una sesión al mes, prácticamente imposible cumplir con la norma; pero incluso si la pauta de sesiones es más corta, la posibilidad de ajustarse a la norma depende de la existencia del quórum y demás condiciones indicadas antes, para que pudiera darse ese cumplimiento en condiciones del ajuste temporal.

Todo ello, sin olvidar que el funcionamiento a través de la estructura colegiada abre la oportunidad para inyectar el proceso de toma de decisiones con influencias montadas en visiones, interés u objetivos parciales de algunos de sus miembros; lo que, sin ser una nota negativa, en sí misma, puede conducir a perturbar injustificadamente los términos de contenido de la decisión, o la oportunidad debida para tomarla, o bien, a concluir en una decisión basada más en la negociación o acuerdo coyuntural que en el predominio de los criterios de fondo. Ello es así, porque la participación es eficiente para fundamentar decisiones de base, para establecer directrices generales de actuación, pero puede ser francamente ineficiente, y hasta perturbadora, en el manejo de las actividades de gestión, en el tratamiento de los asuntos concretos.

En cualquier caso, sin pretender un recorrido pormenorizado de elementos que agoten en detalle este aspecto, la cuestión planteada alude a la constatación de tal configuración estructural como una peculiaridad de la institución universitaria que, por sus efectos jurídicos y por su impacto en la gestión, convoca a su conocimiento y consideración, a efectos de tomar en cuenta la diversidad de factores que concurren en la realidad de la Administración pública, lo que a su vez impone el empleo adecuado de criterios de ponderación, derivados de la complejidad y diversidad de objeto, en el conocimiento, el análisis, la enseñanza y la aplicación del Derecho administrativo.

3. PARTICULARIDADES EN CUANTO AL RECURSO HUMANO: EL CUERPO ACADÉMICO (PERSONAL DOCENTE Y DE INVESTIGACIÓN)

El personal al servicio de la Universidad púbica o nacional requerido para el cumplimiento directo de sus funciones esenciales (investigación y docencia) y su régimen jurídico funcionarial, constituye un dato de alto nivel definitorio en cuanto a las particularidades de esta Administración dentro del contexto general de la Administración pública.

Esto es así, por cuanto el régimen indicado encaja en la categoría general de la función pública, compartiendo a tal efecto, con el profesor Ramón Parada Vásquez que, "… con el términos función pública suele designarse tanto el conjunto de hombres a disposición del Estado que tienen a su cargo las funciones y servicios públicos, como el régimen jurídico a que están sometidos y la organización que les encuadra…"[10]; de donde cobra fuerza, con singular alcance e intensidad, la mención contenida en el artículo 104 de la Constitución vigente, en cuanto a las personas dedicadas a prestar el servicio educativo: "La educación estará a cargo de personas de reconocida moralidad y de comprobada idoneidad académica. El Estado estimulará su actualización permanente y les garantizará la estabilidad en el ejercicio de la carrera docente, bien sea pública o privada, atendiendo a esta Constitución y a la ley, en un régimen de trabajo y nivel de vida acorde con su elevada misión…."; el subrayado nuestro, pone el acento en el reconocimiento constitucional de una "carrera docente pública", por lo que nos interesa de manera directa en esta oportunidad.

En tal sentido procede considerar, en primer término, que el Profesor de una Universidad Nacional es un funcionario público, lo que afianza la ubicación del enfoque relativo al régimen funcionarial aplicable en el ámbito del Derecho administrativo. Ahora bien, se trata de un funcionario regido por un estatuto propio, y en consecuencia, es un régimen excluido del alcance de la Ley general de la materia, por disposición expresa de la misma.

En efecto, es así como lo dispone la Ley del Estatuto de la Función Pública[11] en el artículo 1, Parágrafo Único, numeral 9: "La presente Ley regirá las relaciones de empleo público entre los funcionarios y las funcionarias públicos (sic) y las administraciones públicas nacionales, estadales y municipales…Parágrafo Único: Quedarán excluidos de la aplicación de esta Ley … 9. Los miembros del personal directivo,

10 Ver, Ramón Parada Vázquez, *Derecho administrativo II. Organización y Empleo Público*. Ed. Marcial Pons. 15ª edición. Madrid, 2002, p. 392

11 Gaceta Oficial Nº 37522 de fecha 6 de septiembre de2002.

académico, docente, administrativo y de investigación de las universidades nacionales...".

Es así como el régimen funcionarial del personal académico (Docente y de Investigación) queda establecido a partir de las disposiciones pertinentes de la Ley de Universidades - que tiene carácter estatutario para las Universidades nacionales -, lo que se complementa con los reglamentos derivados de esa Ley, lo que interesa destacar, en particular, por su relevancia en cuanto al carácter de Administración pública que ostentan estas Universidades, destacando entonces, la figura de los reglamentos "autónomos o independientes, desvinculados de la ley, dictados en virtud de la autonomía normativa", tal como precisa el profesor Moles[12], en tanto la fuente regulatoria proviene de la iniciativa y el ejercicio de las atribuciones que corresponden a la propia Administración que debe aplicarla al seno de su organización.

De esta forma, las pautas básicas del régimen, contenidas en la Ley de Universidades, fijan la configuración de una plataforma funcionarial académica que parte de la consideración de dos tipos de funcionarios que cumplen tareas de docencia e investigación. Por una parte, aquellos que la Ley denomina miembros "ordinarios" del personal docente y de investigación (art. 87), quienes se incorporan en la carrera funcionarial académica, dispuesta en base a mecanismos de ubicación y ascenso dentro de un escalafón que se transita mediante la combinación de credenciales o méritos científicos, y años de servicio (art. 89). Por otra parte, la plataforma funcionarial académica general se completa con estas tres categorías de funcionarios: a) Auxiliares docentes y de investigación; b) Investigadores y Docentes libres; y c) Profesores contratados, dentro de las cuales se ubican los denominados por la Ley, miembros "especiales" del personal docente y de investigación (art. 88).

Al respecto cabe precisar que, si bien en el artículo 86 de la Ley se mencionan a las figuras de profesores "honorarios" y "jubilados", como *categorías* de miembros del personal docente y de investigación, junto

---

12 Antonio Moles Caubet, "Estudio analítico de la Sentencia de la Corte Primera de lo Contencioso Administrativo de 1° de julio de 1981 sobre provisión de Jefes de Departamentos". *Revista de Derecho Público* N° 13 (enero-marzo 1983). Editorial Jurídica Venezolana. Caracas, 1983. p. 201.

a las de "ordinarios" y "especiales", aquellas figuras están referidas a situaciones jurídicas puntuales, inscritas o no dentro de la relación funcionarial, y en consecuencia, no son verdaderas categorías taxonómicas de la estructura funcionarial.

En efecto, en el caso de los profesoras jubilados (art.102), no se trata de una categoría de miembro del personal docente y de investigación, sino de una situación concreta de quienes, perteneciendo al cuerpo docente, han ejercido un derecho derivado, precisamente, de la relación funcional preexistente, con base a los supuestos de edad, tiempo de servicio o incapacidad, en las condiciones contempladas al efecto (art.102); de esta forma, la situación de jubilado es compatible con todas las categorías de miembros ordinarios del personal docente y de investigación, en la que, además, se contempla la cualidad de miembro del Claustro Universitario (art. 30, 1). De su parte, la figura de Profesor Honorario, no está asociada a la relación funcionarial en sentido estricto, pero comporta una inclusión en el cuerpo académico, acordada en atención a la consideración de los excepcionales méritos en labores científicas, culturales o profesionales, que opera como una distinción honorífica (art. 101), aun cuando encuentra derivaciones en el funcionamiento de las estructuras organizativas, como la integración a la Asamblea de Facultad (art. 52)

En todo caso, de lo visto se destaca la existencia de una plataforma de personal esencial para el cumplimiento de la función de la Universidad instalada en un verdadero substrato institucional que exhibe características muy particulares en comparación con la estructura funcionarial típica o usual en el común de las Administraciones públicas, dentro de lo que destaca como un hecho, la existencia de una "comunidad científica" que supera los límites de una determinada Universidad, alcanza a las Universidades públicas y privadas, e incluso desborda los límites propios de las fronteras de un país, llegando a tocar dimensiones internacionales, con efectos operativos admitidos sin dificultad, que se suman a las particularidades indicadas, como pueden ser la incorporación participación de docentes de una Universidad en actividades formales de una distinta (integración de tribunales evaluadores de tesis o trabajos de estudiantes o de pruebas de ascenso de docentes, así como la incorporación como invitados en programas formales de formación en licenciatura y posgrado o en grupos y proyectos de investigación), sin que ello comporte más tramite que reconocimiento de la condición de docente, con la correspondiente pertenencia a la "comunidad científica". Todo lo dicho comporta, por otra parte, la construcción y el empleo de un verdadero código deontológico del oficio académico que, en buena medida inunda el comportamiento individual y colectivo, permeando hacia los nervios de la institución en una intensidad silente que no es fácil de encontrar en otros aparatos administrativos.

De otra parte, la carrera funcionarial académica correspondiente a los miembros ordinarios del personal académico comporta un proceso de selección, ingreso y ascensos que descansa en el juicio de los pares, es decir, es una función que se concreta en la tarea de evaluación que cumplen miembros del cuerpo docente mediante el desempeño de un oficio eventual consistente en la integración de Jurados para la realización de concursos y pruebas de ascenso, lo que es una expresión de que en la estructura burocrática de la Universidad se aloja el principio de autonomía.

El tránsito regular de la carrera docente se inicia por la vía del concurso para acceder, en principio, a la categoría de Instructor quedando sujeto al cumplimiento de un plan de formación y capacitación, a menos que por sus méritos profesionales, docentes o científicos pueda ser ubicado en una jerarquía superior (art. 91).

A partir de allí se abre el campo para los sucesivos ascensos del profesor mediante la ubicación en las categorías subsiguientes ordenadas en esta forma: Asistente, Agregado, Asociado y Titular. Los ascensos en el escalafón se producen de acuerdo con las credenciales o méritos científicos y los años de servicio cumplidos en cada nivel, y a tal fin se emplea la presentación de un trabajo como credencial de mérito, a la consideración de un Jurado dispuesto al efecto (art. 89).

En cuanto al tiempo de permanencia en cada nivel del escalafón docente, la Ley contempla un *mínimo* de dos años como Instructor ("haber ejercido como Instructor, *al menos durante dos años*" dispone el artículo 94). Luego, el profesor debe permanecer, al menos, cuatro años como Asistente ("durarán cuatro años en el ejercicio de sus funciones", señala el artículo 94), y lo mismo como Agregado ("durarán cuatro años en sus funciones" es la expresión empleada en el artículo 95), para poder optar al ascenso correspondiente. Finalmente, el profesor Asociado debe permanecer "*por lo menos*, cinco años" (art.96) en esa categoría (lo que se reafirma en el artículo 97: "Para ser Profesor Titular se requiere haber sido Profesor Asociado *por lo menos durante cinco* años"), pero además, en este caso, se agrega como requisito acreditar el título de Doctor, para optar al ascenso a profesor Titular, último nivel de la escala.

En resumen, el tiempo de permanencia en cada una de las categorías del escalafón atinente a la carrera académica, se establece como una condición mínima a cumplir en esa ubicación, esto es, como un requisito mínimo para abrir válidamente la opción al ascenso. No como un término o plazo prescriptivo para el cumplimiento de una obligación jurídica que se imponga al docente, cumplido el cual, sin que se aborde el trámite de ascenso, el profesor quede incurso en algún tipo de incumplimiento, falta o infracción susceptible de reconvención y mucho de menos, del supuesto de alguna sanción.

La observación al respecto, aunque resulta una obviedad, no deja de ser pertinente pues, tal vez como resultado de la percepción proveniente de un lector inadvertido, o la carencia de una suficiente y adecuada reflexión sobre el tema, o incluso, de alguna lectura prejuiciada en la materia, ha dado espacio a planteamientos orientados a sostener que, en cabeza del profesor ordinario existe la obligación legal de ascender al cumplirse los tiempos indicados en la norma, lo que no pasa de ser una *leyenda urbana*, un *fantasma interpretativo* conducente al absurdo jurídico que solo puede aportar apoyo a un enfoque prejuiciado y absurdo en cuanto a la cualidad académica o la envergadura ética de aquellos que permanecen en alguna ubicación por un tiempo mayor al tiempo mínimo requerido para el ascenso. De hecho, la incontestable realidad de nuestro ambiente académico permite constatar la existencia ampliamente mayoritaria de profesores que han permanecido en una misma ubicación durante periodos superiores a los contemplados en las normas aludidas, sobre cuyas cualidades docentes, actualización, producción intelectual, responsabilidad y vocación de servicio no tiene cabida ningún juicio negativo ni reproche, por esta causa.

En fin, lo que destaca como punto a retener es el particular diseño del esquema que concreta la carrera funcionarial docente en las

Universidades nacionales y el modo de aplicación del régimen jurídico correspondiente, a lo que se añade la presencia de la reglamentación interna como fuente directa, expresión de la autonomía universitaria, en tanto hablamos de una modalidad específica de Administración pública.

De otra parte, resulta pertinente apuntar que en diseño funcionarial de la Universidad pública no hay un patrón simétrico y uniforme de relación entre el escalafón en la carrera y el desempeño de cargos o la integración en los diferentes órganos dela estructura; así, por vía de ejemplo destacamos que, para ocupar los cargos de Rector, Vicerrector, Secretario y Decano, no hace falta haber alcanzado una posición determinada o mínima en el escalafón, aunque si se exige el título de Doctor y el ejercicio de funciones docentes o de investigación por un periodo no menor de cinco años (arts. 28 y 64). En el caso de los Directores de Escuela, tampoco se necesita alcanzar una posición en el escalafón, siendo suficiente "tener título universitario y pertenecer al personal docente o de investigación" (art.72); tampoco se exige en la Ley un escalafón determinado para ocupar la Dirección de Institutos de Investigación. En cambio, para ser miembro del Consejo de Apelaciones ("organismo superior de cada universidad en materia disciplinaria") se requiere estar ubicado, como mínimo en la categoría de Asociado (art. 43).

De su parte, en los distintos reglamentos internos se multiplican los supuestos que corroboran lo indicado en cuanto a la asimetría o desvinculación de la ubicación en el escalafón de la carrera académica con la ocupación de cargos en la estructura administrativa y la gestión estrictamente académica, lo que permite concluir que, en cuanto a la carrera docente, no hay relación de jerarquía entre profesores, en razón de la ubicación en el escalafón o en la antigüedad en la carrera (como sucede, por ejemplo, en con el estamento militar).

De este modo, el hábitat del funcionariado académico propio de nuestra Universidad Nacional (entiéndase Universidad pública autónoma) aloja de forma natural, un conjunto de relaciones dentro de una estructura compleja que no responde a la idea de verticalidad centralizada, en el cual, un mismo funcionario docente puede ocupar simultáneamente diversas posiciones o realizar tareas que abren vínculos de distinto orden con otros miembros del cuerpo académico, sin que ello perturbe el funcionamiento del sistema, como ocurriría en cualquier otra Administración. Por ejemplo, un profesor en el cargo de Director de Escuela (a quién, junto al Consejo, le corresponde el gobierno de la Escuela - art.69 - y coordinar las labores de los departamentos y las Cátedras - art.73, 2 -), como docente, forma parte de un Departamento o Cátedra que están bajo la jefatura de otros colegas docentes, y a su vez, puede ser jurado evaluador, o estar sometido a la evaluación de esos u otros miembros del personal docente que dirige, lo que ocurre de igual manera en los casos de ascensos o de evaluaciones en estudios de posgrado, con lo cual se produce el complejo de relaciones compatibles con el ejercicio de cargos, sin que prive una relación de jerarquía, como es común en otras formas de organizaciones administrativas.

A lo antes dicho se agrega la previsión de algunas situaciones específicas dentro del régimen funcionarial académico de la Universidad, como son la excedencia activa y pasiva, y el año sabático, que también encuentran su razón de ser en la particular naturaleza de la función docente y de investigación propia del cuerpo académico.

En resumen, los rasgos indicados, aun cuando lo han sido de manera sumaria, permiten entender que la relación funcionarial atinente a los profesores - también llamado personal docente y de investigación, o personal académico - que laboran para las Administraciones públicas autónomas que se identifican como Universidades Nacionales, constituyen un cuadro singular por lo complejo de sus contenidos, en los cuales aparecen una diversidad de categorías y situaciones integradas mediante multiplicidad de órganos, cargos, tareas y oficios de diferente factura que se despliegan en un marco estatutario alimentado en forma decisiva por la normativa autonómica, dentro de lo cual juega papel predominante la carrera funcionarial docente con perfiles de singularidad derivados de la naturaleza de la función, lo que determina un rasgo de particularidad como Administración pública.

4. EL PERFIL DEL USUARIO O ADMINISTRADO

Otro dato que contribuye a descubrir las particularidades de las Universidades Nacionales como Administración pública es el correspondiente a los usuarios o destinatarios de su función esencial y el régimen aplicable a sus relaciones jurídico administrativas, esto es, los alumnos que se incorporan al nivel de la enseñanza superior en esas instituciones.

Comenzando por indicar que se trata de un conglomerado de administrados con un perfil personal definido de manera homogénea como sujeto de la relación con esa Administración, y además, un perfil de carácter necesario para producir tal condición.

Esto conduce a la generación un rasgo de uniformidad en cuanto a los sujetos destinatarios o usuarios de la función, que contrasta claramente al momento de hacer comparación con la realidad que opera en cualquier otro sector dentro de las distintas áreas de gestión que despliegan las Administraciones públicas central o descentralizada, en las cuales, lo común es la heterogeneidad de los administrados que se asimilan entre sí, no por las características personales que les sean comunes, sino por su coincidencia en la relación de usuario o destinatario de la actividad de esa concreta Administración.

En efecto, los sujetos que se vinculan con una Universidad Nacional mediante una relación jurídico administrativa entablada en atención a la actividad prestacional que determina la función esencial (enseñanza) de aquella, tienen como rasgo común y requisito necesario, el hecho de haber alcanzado un nivel determinado de instrucción o formación (bachillerato), dentro del espectro cultural de la población. Una identidad de grupo con esta característica no resulta ser un marcador usual, ni mucho menos un dato tan determinante, para el común de las Administraciones públicas, y en consecuencia, para las relaciones jurídicas resultantes de su actividad.

La nota de singularidad insertada en este dato se hace presente desde el momento que da inicio a la relación jurídico administrativa entre la Universidad (Administración pública) y el administrado o usuario (estudiante), es decir, desde la tramitación del ingreso como diciente a los programas que la institución de enseñanza ofrece, lo que ocurre a través de un proceso de selección que lleva adelante la Universidad, lo que también en este caso ocurre en aplicación del principio de autonomía como soporte de la gestión.

Conviene advertir que esta mención no ignora la existencia real de maniobras de injerencia e intervención desde las instancias del Estado para orientar o perturbar esa tarea, lo que de ordinario sucede apelando a los requerimientos de la planificación centralizada del sector educativo.

No obstante, lo que interesa destacar en este momento es la existencia del método de selección como modo de cualificar al usuario o destinatario de la función, con lo cual tenemos que tanto los docentes como los dicientes, los funcionarios encargados de desplegar la función como los destinatarios de la misma adquieren esa condición mediante la aplicación de mecanismos de selección que forman parte de la arquitectura estatutaria de la institución.

A lo anterior se suma el hecho de que quienes adquieren la condición o status de alumnos, quedan incorporados a la Institución, junto a los profesores, pasan a formar parte de la "comunidad de interesas espirituales" que, de acuerdo a lo prescrito por la Ley (art. 1), identifica a la Universidad como Institución.

Desde luego, en tanto dato inserto en la base de la noción, esa integración institucional alcanza a todo tipo de Universidad, incluyendo las Privadas, pero pasa a ser un factor digno de especial atención como dato que da color particular a la figura de la Universidad pública, atendiendo a su condición de Administración, pues significa que los destinatarios de su gestión son parte estable de su propia estructura, lo que no ocurre en otras Administraciones.

Es igualmente destacable el hecho de que la pertenencia o incorporación de los alumnos a la Universidad no se reduce a una simple mención retórica, idealizada o simbólica sin mayores consecuencias prácticas Tampoco se limita al reconocimiento formal de una manifestación de participación en un colectivo; antes bien, esa mención significa la integración estatutaria en la estructura orgánica, lo que comporta, entre otras consecuencias, la participación como elector en los procesos de designación de autoridades y la integración efectiva en órganos de gestión y decisión, tanto administrativa como académica, a través de fórmulas de representación, dando forma y presencia a la figura modal que se ha denominado cogobierno.

Todo ello viene acompañado por la existencia de una relación jurídico administrativa de base, constituida por el vínculo institución-alumno que comporta un vasto y complejo conjunto de supuestos variados, imbricados bajo el objetivo general de la educación, de la formación como núcleo de la función administrativa. En la complejidad y amplia magnitud de ese tejido se aprecia la presencia de relaciones de múltiple factura y alcance, desde la forma típica de la vinculación que existe entre prestador y usuario, propia de la ecuación que dibuja el proceso de enseñanza-aprendizaje, hasta la de formar parte de órganos de la estructura administrativa con todas sus consecuencias, pasando por la cualidad de elector y la sujeción a un régimen disciplinario, derivados directamente del status jurídico de alumno, hasta la posibilidad de una relación de empleo (auxiliar docente y de investigación o preparador) que teniendo como presupuesto la condición de alumno, lo ubica como miembro especial del personal docente y de investigación.

De forma tal que, el particular ensamblaje de integración personal derivado de la fórmula que sustenta la incorporación de los destinatarios de la función en la estructura de la Administración encargada de la prestación y sus consecuencias, dibuja una nota de particularidad que resalta como muy llamativa y de singular fuerza, al comparar esta figura de la Administración con cualquier otra posible expresión; porque además, los alumnos comparecen a la escena como un factor imprescindible, un verdadero ingrediente activo para la existencia de la función, y no un receptor o destinatario pasivo de la prestación.

A tal punto llega esta vinculación interactiva de la Universidad con el alumno, que sobrepasa la vigencia formal del status administrativo y transfiere sus efectos a una situación derivada, cual es la de "egresado", lo que destaca como un dato igualmente eficiente dentro de la perspectiva que venimos aplicando.

Como un matiz propio y destacado, que resulta extraño a cualquier otra figura de Administración pública, en el caso del tipo de institución universitaria publica, objeto de nuestra atención, las personas que han sido destinatarias de la prestación atinente a la función administrativa resultan ser sujetos de un nuevo vínculo con la Universidad. En efecto, ese usuario pasa a adquirir estatutariamente la categoría de egresado, la cual, al tiempo que supone la finalización de la relación primordial o primaria mediante la obtención de la titulación respectiva, implica la aparición de un vínculo nuevo y permanente.

Tal vez el aspecto de mayor interés que encontramos al revisar este aspecto del tema, es que esa nueva relación no se reduce a una simple mención protocolar derivada de un sentir penetrado por la nostalgia, sino que lleva consigo un robusto contenido de componentes de orden jurídico francamente relevantes, los cuales se manifiestan en la inclusión de los egresados en órganos administrativos de gestión y de dirección académica de primera línea en la conducción de la organización, como son el Consejo Universitario, los Consejos de Facultad y los Consejos de Escuela, lo que ocurre por medio de la elección de representantes que pasan a formar parte de esas instancias (arts. 25, 58, 70 y 129 LU).

En suma, el tema del destinatario específico de la función propia de la Universidad - entendida en su manifestación organizativa y funcional de Administración pública -, arroja cuestiones de interés y marcada utilidad, entre otras, la posibilidad de ser acotado como un conjunto homogéneo con un perfil cultural en el entorno social, la forma de generación de la condición de destinatario o usuario (ingreso), los diversos y complejos vínculos con la administración que llevan a formar parte de la misma, incluso a partir de la cesación de esos vínculos y su transformación por otros nuevos y distintos que comportan la situación de egresado, son datos que contribuyen a fundamentar la particularidad de la Universidad pública como entidad integrada al mapa de la Administración.

EPÍLOGO

El trayecto por los distintos puntos tratados conduce a corroborar algunas de las particularidades que acompañan a la figura de las Universidades nacionales autónomas, en tanto son expresión organizativa y funcional de la Administración pública.

No tenemos duda en cuanto a que una revisión más detenida y profunda permitirá ampliar el catálogo de datos que exponen rotundamente esas singularidades, como pueden ser los aspectos relativos a la presencia determinante de las técnicas electorales para la designación de autoridades y miembros de órganos encargados de distintas funciones y el régimen jurídico-organizativo que le sirve de soporte, así como, la existencia de un específico régimen disciplinario que descansa sobre una singular formula de procedimientos y órganos dispuestos a tal fin, y que comprende la previsión de supuestos sancionatorios aplicables a docentes y dicentes con la inclusión de mecanismos de revisión de la decisiones mediante recursos internos que contemplan la actuación del Consejo de Apelaciones como órgano específicamente dispuesto al efecto.

Todos estos aspectos permiten dejar constancia de la singularidad que podemos predicar de la institución universitaria que encaja en la categoría de Administración pública, como tantas veces se ha precisado, lo que resulta un ejercicio suficientemente cargado de sustancia e interés, por lo que significa en sí mismo el conocimiento detallado de una determinada organización administrativa, más aún si ésta presenta unas características de robustez y frondosidad que permiten pasar revista a muchas de las categorías y técnicas del Derecho administrativo, y observar cómo se comportan en ese entorno concreto.

Sin embargo, el sentido del objetivo que nos hemos propuesto, apunta a permitir constatar, a través de esta verificación, la complejidad global de la Administración Pública, y con ello la frondosidad, amplitud, diversidad y dinamismo propios del Derecho administrativo como disciplina, cuyo conocimiento, enseñanza y aplicación no conviene reducir, mediante el empleo irreflexivo de simplificaciones y analogías.

Antes bien, esa riqueza de contenidos y opciones invita a estimular la curiosidad por explorar las capas internas de la substancia y sus antecedentes para, de esa forma, poder conocer lo que se ubica más allá de las palabras integradas en la sintaxis de las normas, y entonces, aumentar con ello nuestras capacidades de percibir, construir y trasmitir.

LAS ASOCIACIONES PÚBLICO-PRIVADAS EN SURAMÉRICA

GABRIEL SIRA SANTANA*

SUMARIO

INTRODUCCIÓN

Desde hace algunos años se oye hablar de las asociaciones público-privadas (APP, por sus siglas en español[1]) como una modalidad de colaboración entre el sector público y el sector privado que, al reducir el gasto público y propender a una obra o servicio de calidad superior, permite a la Administración Pública alcanzar con mayor eficacia objetivos cónsonos con el interés general, si bien el contenido de estas asociaciones no queda del todo claro y las aproximaciones doctrinales van desde considerarlas un mecanismo novedoso de gobernanza –término que también ha calado recientemente el foro[2]– que favorece la competencia

---

* Abogado mención *summa cum laude* y especialista en Derecho Administrativo, mención honorífica, por la Universidad Central de Venezuela (UCV). Profesor de pregrado y de la Especialización en Derecho Administrativo de la UCV. Profesor de Teoría Política y Constitucional en la Universidad Monteávila. Investigador del Centro para la Integración y el Derecho Público (CIDEP). Este trabajo se da en el marco del Programa de Investigadores Invitados del Instituto de Derecho Público de la Facultad de Ciencias Jurídicas y Políticas de la UCV.

1 También conocidas como alianzas, colaboraciones o participaciones público-privadas, mientras que en inglés se les denomina *public-private partnerships* (PPP, 3P o P3).

2 Véase José Ignacio Hernández G., "El concepto de Administración Pública desde la buena gobernanza y el Derecho Administrativo Global. Su impacto en los sistemas de Derecho Administrativo de la América española", en *Anuario da Facultade de Dereito da Universidade da Coruña*, N° 16, Universidade da Coruña, La Coruña, 2012, pp. 197-223, en http://hdl.handle.net/2183/12007 El autor indica que "[l]a gobernanza no es, ciertamente, un concepto nuevo, aun cuando en este contexto pretende aludir a los requisitos necesarios para que la toma de decisiones en un Estado sea resultado de procesos abiertos, que propicien la interacción de todos los interesados (Gobierno, sector económico, ciudadanos, entre otros)". Sobre la vinculación de las APP con la gobernanza véase Janio Morales

mediante licitaciones públicas y transparentes, hasta quienes plantean que las APP no son más que un esfuerzo por cambiarle el nombre a instituciones ya conocidas para presentarlas como algo nuevo y exento de los vicios tradicionales[3].

No obstante, a pesar de esta diversidad de criterios, en el foro parece haber cierta uniformidad en cuanto a que las APP plantean *(i)* la necesidad de cooperación entre el sector público y el sector privado *(ii)* para obtener un beneficio que es común a ambos y al interés general, tal como sería la prestación de un servicio o la ejecución de una obra, siendo que *(iii)* la asociación contará con un largo plazo para el desarrollo de este objeto, *(iv)* los términos de la asociación pueden ser adaptados de acuerdo con las situaciones que se presenten durante su vigencia, y *(v)* los riesgos del proyecto son compartidos equitativamente entre ambas partes[4].

Es decir, que estas asociaciones no crearían una tercera institución –como ocurre por ejemplo con las empresas mixtas en materia de hidrocarburos en Venezuela[5], aun cuando nada impide que como parte del convenio se acuerde la constitución de una persona jurídica dedicada exclusivamente al objeto de la APP– ni consistirían en la privatización de una actividad o sector en donde la Administración se

Alegía, "Las alianzas público privadas: las nuevas herramientas estratégicas de cohesión, gobernanza y desarrollo en el siglo XXI", en *Sociedad y Utopía. Revista de Ciencias Sociales*, N° 35, Universidad Pontificia de Salamanca, Salamanca, 2010, pp. 181-200, en http://www.sociedadyutopia.es/images/revistas/35/35.pdf

3 Véase (en inglés) Graeme A. Hodge y Carsten Greve, "Public - Private Partnerships: An International Performance Review", en *Public Administration Review*, vol. 67, N° 3, American Society for Public Administration, Washington DC, 2007, pp. 545-558, en https://doi.org/10.1111/j.1540-6210.2007.00736.x y la bibliografía allí citada.

4 Ibíd., p. 546. En el mismo sentido, en adición a buena parte de los trabajos citados en esta colaboración, Julio V. González García, "Contrato de colaboración público-privada", en *Revista de Administración Pública*, N° 170, CEPC, Madrid, 2006, pp. 7-39, en http://www.cepc.gob.es/publicaciones/revistas/revistaselectronicas?IDR=1&IDN=621&IDA=26467

5 Véase Luis Ernesto Andueza Galeno, "El régimen jurídico aplicable a las empresas mixtas a las que se refiere el artículo 22 de la Ley Orgánica de Hidrocarburos", en *Derecho y Sociedad*, N° 8, Universidad Monteávila, Caracas, 2009, pp. 57-108. Una alternativa a estas empresas para lograr una mayor participación privada puede verse en Juan Cristóbal Carmona Borjas, "Modalidades no asociativas de participación del sector privado en el ejercicio de actividades reservadas en el ámbito de los hidrocarburos líquidos", en *Jornada Anual de la Asociación Venezolana de Derecho Administrativo. Año 2020*, AVEDA y CIDEP, Caracas, 2020, pp. 61-83.

separe por completo del mismo[6], sino, más bien, podrían verse como un contrato en el que cada parte aporta los recursos de los que disponga –sean estos patrimoniales o más cercanos a lo intangible, como sería el conocimiento y la experiencia (el conocido *know-how*)[7]– para alcanzar un objetivo común a los intereses de la sociedad[8], a la par que comparten los riesgos que de ello derivan[9].

En este orden de ideas se mueve el foro internacional al definir a las APP como "una técnica ecléctica para armonizar los intereses públicos y privados, donde bienes públicos se ponen a disposición durante un plazo determinado a favor del empresario, sin que implique trasferir al

---

6 Véase José Ignacio Hernández G., "Constitución económica y privatización", en *Revista de Derecho Constitucional*, N° 5, Editorial Sherwood, Caracas, 2011, pp. 327-342. El autor define a la privatización como "la política económica arbitrada por la Administración y en cuya virtud se transfieren al sector privado bienes y servicios a fin de alcanzar los objetivos de esa política que son, observamos, los fines propios de toda liberalización: estímulo e incentivo de la iniciativa privada y de la libre competencia y mejora de la prestación de los bienes y servicios privatizados, principalmente".

7 Téngase presente que hay autores que sostienen que en este tipo de asociaciones, al momento de negociarse los recursos que cada sector aportará, la carga financiera siempre debe recaer en el agente privado. Véase entre otros Carlos Alberto Barreto Nieto, "Modelo de asociación pública-privada: un enfoque de teoría de contratos", en *Revista de Economía Institucional*, Vol. 13, N° 25, Universidad Externado de Colombia, Bogotá, 2011, p. 253, en https://papers.ssrn.com/sol3/papers.cfm?abstract_id=2001047

8 Nótese que a pesar de que estas asociaciones tienden al interés general, hay sectores del foro que apuntan que en ellas la sociedad civil queda de lado por lo que más que una relación bilateral (Administración Pública -inversor privado) debería darse un vínculo tripartito en el que se sume a la sociedad civil como órgano de control (la llamada asociación público-privada-social). Véase Rafael E. Valenzuela Mendoza, "Relaciones asociativas como instrumento de cambio en la gestión pública", en *Revista Estado, Gobierno y Gestión Pública*, N° 24, Universidad de Chile, Santiago de Chile, 2014, pp. 71-95, en https://doi.org/10.5354/0717-8980.2017.45038

9 Véase sobre los riesgos en general Pascual Berrone et al., *Asociación Público-Privada en América Latina. Guía para gobiernos regionales y locales*, CAF, Bogotá, 2018, pp. 37-44, en https://scioteca.caf.com/handle/123456789/1179 donde los autores destacan que si bien históricamente es común transferir al sector privado la mayoría de los riesgos que derivan de una contratación pública por considerarse que dicho sector es el que tiene mayores incentivos para afrontarlos, "hay riesgos que no pueden ser controlados por el sector privado, como los relativos a la aprobación de licencias ambientales y expropiaciones. En estas circunstancias, el sector privado no tiene suficientes instrumentos para manejar variables que no dependen de su buen hacer, lo que puede resultar en fallas del proyecto. Siendo este el caso, el Gobierno debe asumir un rol en cuanto a asegurar estos riesgos, bien compartiéndolos parcialmente con el sector privado, bien trasladándolos a la casilla del sector público".

sector privado el bien o el servicio"[10], constituyéndose entonces como "una especie de cooperación institucionalizada entre los dos sectores de la economía (...) con base a la experiencia (...) de cada asociado, la cual responde mejor a las necesidades públicas, a través de una repartición adecuada de los necesarios recursos y de los riesgos"[11].

Es otras palabras, una APP sería un "acuerdo mediante el cual el gobierno contrata a una empresa privada para construir o mejorar obras de infraestructura, así como para mantenerlas y operarlas por un período prolongado", en el que dicha empresa recibe como contraprestación "un flujo de ingresos a lo largo de la vida del contrato" que provendría de los usuarios de la infraestructura comentada o el propio gobierno[12].

De este modo, estaríamos frente a "un traslado al privado no tan solo del financiamiento y construcción de la obra sino también de la responsabilidad de operar y mantener la misma, sometiéndose además a ciertos estándares de calidad del servicio", requiriéndose como punto de partida un acuerdo entre el sector público y el sector privado que podría derivar de la iniciativa del Estado o del propio particular[13]; elementos estos que constituyen puntos clave de la definición de las APP a nivel regional según constataremos más adelante.

Ahora bien, al pasearse por estas aproximaciones conceptuales sobre las asociaciones público-privadas es probable que el lector encuentre similitudes con la figura de las concesiones, reguladas en Venezuela por medio del Decreto con Rango y Fuerza de Ley Orgánica sobre

---

10 Henry Alexander Mejía, "Los asocios público-privado: algunas formas de implementación en el Derecho Comparado", en *Contrataciones públicas en el marco de los derechos sociales fundamentales*, INAP, Madrid, 2017, p. 150. El autor agrega que esta técnica puede darse a través de dos modalidades según la remuneración que reciba el privado devengue del socio público o del usuario, y puede consistir en actividades como el diseño, construcción, adquisición, mantenimiento, operación o explotación de un bien, así como la combinación de dos o más de estas actividades bajo esquemas que –de acuerdo con sus iniciales en inglés-se denominan BOT, BTO, BROT, BLOT, BOOT, BOO, BBO, LDO o WAA.

11 Antonio Maniatis, "Nuevos derechos en la colaboración público-privada", en *Anuario da Facultade de Dereito da Universidade da Coruña,* N° 22, Universidade da Coruña, La Coruña, 2018, pp. 176-187, en https://doi.org/10.17979/afdudc.2018.22.0.5181

12 Eduardo Engel et al., *Economía de las asociaciones público-privadas. Una guía básica*, Fondo de Cultura Económica, México DF, 2014, formato Kindle, loc. 179.

13 Javiera Cid Vega, "Diálogo competitivo en el contexto de las asociaciones público-privadas en la Unión Europea", en *Derecho Administrativo para el siglo XII. Hacia el garantísmo normativo y la transparencia institucional*, Fórum, Belo Horizonte, 2018, p. 248.

Promoción de la Inversión Privada bajo el Régimen de Concesiones de 1999[14].

Dicho vínculo tiene un razón de ser y es que, aunque suele decirse que las APP "constituyen un paso adelante respecto de la figura tradicional de la concesión de obra pública y de servicios públicos, en ese proceso de participación del sector privado en este tipo de contratos públicos con el Estado", a fin de cuentas, nos encontramos frente a un "modelo concesional, en donde el sector privado se obliga a la construcción, mejora y mantenimiento de una infraestructura; y, el sector público aporta los recursos económicos necesarios para que el proyecto muestre una rentabilidad financiera adecuada para ser atrayente respecto del empresario privado"[15]; ideas sobre las cuales gira la concesión en nuestro país[16].

Es esta semejanza entre las APP y las concesiones lo que ha llevado a sectores del foro internacional –donde estas asociaciones han sido analizadas con mucho más detalle que en Venezuela– a concluir que "con la participación público-privada sucede que, su noción, y, por tanto, efectos jurídicos, dependen del tribunal decisor, del tratadista ponente, del legislador de turno y peor aún, de la opinión pública que (…) paradójicamente venera a las comúnmente denominadas APP´s, pero crucifica a las concesiones, sin parar mientes en que, en esencia, son lo mismo"[17].

---

14 Publicado en Gaceta Oficial Nº 5.394 Extraordinario del 25-10-1999.

15 Jorge Enrique Romero Pérez, "Consideraciones sobre la asociación pública-privada", en *Revista de Ciencias Jurídicas*, Nº 137, Universidad de Costa Rica, San José, 2015, pp. 102 y 110, en https://revistas.ucr.ac.cr/index.php/juridicas/article/view/21973

16 Véase en general José Araujo-Juárez, *Derecho Administrativo. Parte general*, 2º reimp., Ediciones Paredes, Caracas, 2010, pp. 627-639.

17 Luis A. Ortiz Zamora, "Los contratos de participación público privada en el derecho costarricense", en *Revista Iberoamericana de Derecho Administrativo y Regulación Económica*, Nº 24, IJ Editores, Buenos Aires, 2019, en https://ar.ijeditores.com/pop.php?option=articulo&Hash=101235489a1c5a32f3fc04949fe89bac Véase en sentido similar José Antonio Esperón Lázaro, "Los diferentes modelos de colaboración público-privada y su control", en *Revista Española de Control Externo,* Vol. 10, Nº 28, Tribunal de Cuentas, Madrid, 2008, pp. 187-198, en https://www.tcu.es/repositorio/119976f0-6546-4ca7-884d-b78679cc85e3/Revista%2028.pdf donde el autor afirma que "[l]a línea divisoria entre los contratos de concesión de obra pública y los de gestión de servicios, por una parte, y los de colaboración público-privada, por otra (…) es significativamente difusa porque los objetos de ambos tipos de contratos son muy similares".

No obstante lo dicho, otro sector del mismo foro ha abogado porque entre las APP y las concesiones existe una relación género-especie y estas últimas serían solo una de las tantas modalidades contractuales que las primeras reúnen[18], derivándose de ello, en consecuencia, la necesidad de estudiar cómo son reguladas las APP en el derecho comparado –limitándonos en esta ocasión a los Estados suramericanos hispanohablantes[19]– a fin de hallar elementos que puedan servir de inspiración al legislador venezolano para una eventual regulación de las asociaciones público-privadas como parte de las medidas a tomar para hacer frente a la crisis económica, política y social que aqueja al país.

Lo anterior, visto que a pesar de que hemos adelantado que las APP requieren por definición términos que puedan ser adaptados de acuerdo con las situaciones que se presenten a lo largo de su vigencia, no se duda que ellas también necesitan de un marco jurídico idóneo para su correcto desarrollo en donde se precisen algunas de sus particularidades y, muy especialmente, cuáles son los derechos y obligaciones de cada sector, así como sus diferencias con otras modalidades de contratación pública[20].

---

18 Véase Pierre Nalvarte Salvatierra, "Conceptos y alcances básicos de las asociaciones público-privadas", en *Revista Derecho & Sociedad*, N° 49, Pontificia Universidad Católica del Perú, Lima, 2017, p. 324, en http://revistas.pucp.edu.pe/index.php/derechoysociedad/article/view/19898 El autor incluye dentro de ese universo de contratos a las *joint ventures* y los contratos atípicos. Asimismo, véase Luis Miguel Macho, "Las formas de colaboración público-privada en el derecho español", en *Revista de Administración Pública*, N° 175, CEPC, Madrid, 2008, pp. 157-215, en http://www.cepc.gob.es/ca/publicacions/revistes/acces-al-fons-historic-de-revistes?IDR=1&IDN=652&IDA=27023 quien distingue entre la colaboración público-privada contractual (gestión de servicios, concesión de obra pública o urbanística y contratos administrativos típicos) y la colaboración público-privada institucionalizada (sociedades de economía mixta).

19 Nótese que, aunque escapa del objeto de estudio que nos hemos propuesto, se tiene conocimiento que en otros países del continente americano también existen leyes dedicadas a este tema, tal como sería la Lei Parceria Público-Privada N° 11.079 de 2004 (Brasil) y la Ley Especial de Asocio Público y Privado de 2013 (El Salvador).

20 Véase en este sentido Jerónimo Lau Alberdi, "El régimen de participación público-privada (PPP): concepto, fundamento y posibilidades de inversión en materia energética", en *Revista Argentina de Derecho de la Energía, Hidrocarburos y Minería*, N° 12, Editorial Ábaco, Buenos Aires, 2017, pp. 199-238, quien indica que "la experiencia ha demostrado que un régimen de PPP sin flexibilidad es un sistema destinado al fracaso", por lo que "deben extremarse los recaudos a la hora de plasmarlo en una norma, pues si se cae en el error de reglamentar minuciosamente cada uno de sus aspectos, los proyectos que puedan surgir al amparo de ese ordenamiento jurídico estarán condenados al fracaso, si es que

Es en virtud de esta necesidad que –según detallaremos de seguida– países como Argentina, Colombia, Ecuador, Paraguay, Perú y Uruguay han dictado leyes especiales sobre la materia que nos ocupa, mientras que en otros como Bolivia, Chile y Venezuela ello sigue siendo una materia pendiente, sin que por ello debamos entender que sea imposible cualquier tipo de alianza o asociación entre el sector público y privado para alcanzar los objetivos del Estado[21].

Este estudio lo presentamos como un sencillo homenaje al profesor Jesús Caballero Ortiz, quien en su importante obra bibliográfica aborda en más de una ocasión el tema de la contratación con el Estado y la necesidad de limitar las prerrogativas de la Administración a fin de evitar abusos del Poder en desmedro de los particulares contratantes y el propio interés general que se persigue con estas contrataciones[22].

---

logran instrumentarse. Se necesita una ley marco, lo más breve posible, donde se sienten los principios fundamentales y se marquen las directrices necesarias a fin de dar un régimen jurídico sólido y eficaz a los distintos actores". En sentido similar se pronuncia Javier Robalino Orellana, "Las asociaciones público-privadas (APP): una opción para contratación administrativa en Latinoamérica", en *Revista de Derecho Foro*, N° 13, Universidad Andina Simón Bolívar, Quito, 2010, pp. 97-108, en https://revistas.uasb.edu.ec/index.php/foro/article/view/383/379 para quien "[s]i bien las APP se están aplicando, se lo hace, en la mayoría de países como variaciones de la contratación administrativa tradicional o como expresiones mutantes del derecho de las privatizaciones. Es menester dar a estas formas de contratación un contenido específico, para lo cual algunos países latinoamericanos deberán emprender reformas al respecto".

21 En adición a lo ya dicho sobre la concesión en Venezuela, respecto a Bolivia, puede revisarse Lenny Roxana Cáceres Frías, "Gestión de las alianzas estratégicas de inversión conjunta como plataforma para iniciar la discusión respecto a la aplicabilidad de las asociaciones público privadas en Bolivia", en *Revista Jurídica de Derecho*, Vol. 7, N° 9, Universidad Mayor de San Andrés, La Paz, 2018, pp. 164-180, en https://repositorio.umsa.bo/xmlui/handle/123456789/19875 donde se comenta el Decreto Supremo N° 3.469/2018 por el que se regulan los contratos de alianza estratégica de inversión conjunta como un primer paso en pro de las APP. En tanto, sobre el caso chileno puede verse Claudio Moraga Klenner, "¿Hace falta una ley de asociaciones público-privadas en Chile?", en *Estudios sobre el régimen jurídico de las asociaciones público-privadas*, Universidad Externado de Colombia, Bogotá, 2014, pp. 105-134, donde luego de ratificar la inexistencia de una ley especial el autor señala que, más allá de la Ley de Concesiones de Obras Públicas, el ordenamiento jurídico chileno posee disposiciones aisladas que promueven asociaciones similares en materia de municipalidades, deporte, financiamiento urbano, servicios sanitarios, servicios eléctricos, telecomunicaciones, entre otros.

22 Véase, entre otros trabajos del mismo autor, Jesús Caballero Ortiz, "Una concepción amplia del contrato administrativo es contradictoria con las prerrogativas de la Administración", en *Ensayos de Derecho Administrativo. Libro homenaje a Nectario Andrade Labarca*, vol. I, Tribunal Supremo de Justicia, Caracas, 2004, pp. 209-246.

Tema este de las prerrogativas que cobra relevancia en relación con las APP, según veremos a continuación.

1. ARGENTINA

En el año 2016 el Congreso argentino sancionó la Ley de Contratos de Participación Público-Privada (Ley Nº 27.328)[23], cuyos antecedentes normativos son los decretos Nº 1.299/2000 y Nº 967/2005[24] con los que se buscó promover a las APP en el país pero, en la práctica, no hubo mayor éxito dado el contexto político y económico que resultaba adverso en el primer caso y la deficiente técnica legislativa del decreto en el segundo[25].

Esta ley –reglamentada por Decreto Nº 118/2017[26]– define en su artículo 1 a los contratos de participación público-privada como "aquellos celebrados entre los órganos y entes que integran el sector público nacional (…) y sujetos privados o públicos (…) con el objeto de desarrollar proyectos en los campos de infraestructura, vivienda, actividades y servicios, inversión productiva, investigación aplicada y/o innovación tecnológica", traduciéndose estos proyectos en "actividades de diseño, construcción, ampliación, mejora, mantenimiento, suministro de equipamientos y bienes, explotación u operación y financiamiento" que pueden derivar de la iniciativa pública o privada (artículo 17).

De este modo, estos contratos se presentan como "una modalidad alternativa a los contratos regulados por las leyes 13.064 y 17.520, y sus modificatorias, y por el decreto 1023/2001 y sus modificatorias"

---

23 Publicada en Boletín Oficial Nº 33.514 del 30-11-2016, en http://servicios.infoleg.gob.ar/infolegInternet/anexos/265000-269999/268322/texact.htm

24 El primero publicado en Boletín Oficial Nº 29.559 del 04-01-2001 y el segundo en Nº 30.718 del 17-08-2005, en http://servicios.infoleg.gob.ar/infolegInternet/anexos/65000-69999/65655/texact.htm y http://servicios.infoleg.gob.ar/infolegInternet/anexos/105000-109999/108806/norma.htm, respectivamente.

25 Véase Alejandro Einstoss Tinto, *Contratos de asociación público - privada ¿Una solución al déficit de inversión en infraestructura en Argentina?*, Centro de Estudios para el Cambio Estructural, Buenos Aires, 2018, pp. 19-20, en http://fcece.org.ar/wp-content/uploads/informes/participacion-publico-privada.pdf

26 Publicado en Boletín Oficial Nº 33.570 del 20-02-2017, en http://servicios.infoleg.gob.ar/infolegInternet/anexos/270000-274999/271968/texact.htm

(artículo 2)[27] y entre sus características a destacar encontramos que: *(i)* el proyecto no puede tener una duración superior a treinta y cinco años, con inclusión de sus eventuales prórrogas (literal "D" del artículo 4); *(ii)* la selección del contratista ocurre mediante licitación o concurso público (artículo 12); *(iii)* puede acordarse la constitución de sociedades anónimas, fideicomisos u otros esquemas asociativos para la ejecución del contrato (artículo 7); y *(iv)* la supervisión del contrato por parte del Estado se califica como "indelegable", correspondiéndole esta al órgano o ente contratante o al organismo que se haya creado en la jurisdicción para tal fin (artículo 21).

No obstante, si bien estas disposiciones son relevantes, el foco de nuestra atención hemos de dirigirlo al artículo 9 de esta ley que, entre las veinticuatro previsiones que determina deben incluir los contratos de participación pública-privada "[s]in perjuicio de lo que se establezca en la reglamentación, en los pliegos y en la documentación contractual"[28], enlista:

a. *En cuanto a su ejecución*: *(i)* estándares objetivos de calidad y eficiencia; *(ii)* el régimen de las garantías; *(iii)* los mecanismos para controlar el cumplimiento del contrato y las eventuales sanciones por incumplimiento; *(iv)* la posibilidad de que cualquiera de las partes suspenda temporalmente la ejecución de sus obligaciones previo incumplimiento de la otra; y *(v)* los procedimientos para dirimir controversias de índole técnica, interpretativa o patrimonial como función que podría recaer en un panel integrado por profesionales o representantes de universidades de acreditada imparcialidad y trayectoria, así como en árbitros nacionales o internacionales de preverse una cláusula arbitral.

---

27 Las normas versan sobre la licitación o contratación directa para la construcción, trabajos o servicios de industria que se ejecuten con fondos del Tesoro de la Nación (Ley N° 13.064), la concesión de obras públicas para la construcción, conservación o explotación de estas mediante el cobro de tarifas (Ley N° 17.520) y el régimen de contrataciones de la Administración Nacional (Decreto N° 1.023/2001).

28 Véanse algunos ejemplos de condiciones adicionales en los contratos suscritos a la fecha por la Dirección Nacional de Vialidad de la Argentina –como parte del Proyecto Red de Autopistas y Rutas Seguras-en https://www.argentina.gob.ar/jefatura/ppp/contratos-registrados

b. *En cuanto al equilibrio económico-financiero*: *(i)* el reparto equitativo de los aportes y riesgos, con inclusión de factores como el hecho del príncipe o el alea económica extraordinaria del contrato; *(ii)* los aportes que hará el órgano o ente contratante[29]; *(iii)* la "forma, modalidad y oportunidades de pago de la remuneración (…) así como también, los procedimientos de revisión del precio del contrato a los fines de preservar la ecuación económico-financiera del contrato"; *(iv)* los instrumentos que permitan adaptar el contrato a las necesidades de financiamiento y a los avances tecnológicos que se produzcan durante su vigencia; y *(v)* la posibilidad de que la Administración modifique unilateralmente el contrato siempre que tales cambios versen únicamente sobre su ejecución, hasta por un 20 % del valor del contrato y sin atentar contra el equilibrio económico-financiero ya mencionado.

c. *En cuanto a su terminación*: *(i)* la "titularidad y el régimen de explotación, afectación y destino, luego de la terminación del contrato, de los bienes, muebles e inmuebles, que se utilicen y/o que se construyan durante su vigencia"; *(ii)* los bienes que revertirán o que serán transferidos al Estado al extinguirse el contrato; *(iii)* la imposibilidad de que, ante la terminación anticipada por motivos de interés público, la Administración limite su responsabilidad con base directa, supletoria o analógica en la legislación vigente[30]; y *(iv)* la facultad de ceder en todo o en parte el contrato una vez transcurrido al menos 20 % de su

---

29 En el literal "G" del artículo comentado se indica que estos "podrán consistir, entre otros, en aportes de dinero, cesión de fondos obtenidos de operaciones de crédito público, de la titularidad de bienes, de créditos presupuestarios, fiscales, contractuales o de cualquier otra naturaleza cuya cesión sea admitida por la normativa aplicable, en la cesión de derechos, en la constitución de derechos de superficie sobre bienes del dominio público y/o privado, el otorgamiento de avales, beneficios tributarios, subsidios, franquicias, y/o la concesión de derechos de uso y/o de explotación de bienes del dominio público y/o privado, y cualquier otro tipo de concesión u otros aportes susceptibles de ser realizados por el Estado nacional".

30 En el literal "P" del artículo comentado se hace mención expresa a la restricción para invocar la Ley Nº 21.499 (Expropiaciones), la Ley Nº 26.944 (Responsabilidad Estatal) y el Decreto Nº 1.023/2001 (Contrataciones del Estado).

duración original o realizado el 20 % de la inversión prevista, en cuyo caso, al ser la cesión aprobada por el contratante, el cedente quedará librado de toda obligación.

De este modo, las APP argentinas constituirían una alternativa al régimen usual de la contratación pública a través de la cual se pretende alcanzar un *mejor equilibrio* entre la posición del sector público y privado al limitarse las prerrogativas del primero y aumentar las garantías del segundo[31].

Estas diferencias entre la contratación tradicional y las APP podemos notarlas, por ejemplo, en el hecho que el contrato donde se asiente la asociación público-privada debe prever un reparto equitativo de los riesgos[32] mientras que, en las concesiones tradicionales, "el concesionario asume todos los riesgos técnicos y económicos, tanto en la fase de la construcción de la obra cuanto en la de ejecución, así como aquellos relativos a la viabilidad comercial del proyecto"[33].

Asimismo, el *rol garantista* de las APP se aprecia en circunstancias como que *(i)* la interpretación del contrato puede recaer en un tercero y no obligatoriamente en cabeza del órgano o ente contratante, favoreciéndose en consecuencia la idea de imparcialidad y tecnicidad; *(ii)* el énfasis en la importancia del equilibrio económico-financiero y la necesidad de asegurar su permanencia a lo largo del contrato; *(iii)* la restricción del universo de eximentes de responsabilidad que

---

31 Véase en este sentido Juan Carlos Cassagne, "Sobre los contratos de asociación pública privada (PPP) en Argentina", en *Revista Iberoamericana de Derecho Administrativo y Regulación Económica*, N° 1, IJ Editores, Buenos Aires, 2012, en https://ar.ijeditores.com/articulos.php?idarticulo=62169&print=1 para quien "la idea de una asociación de intereses y esfuerzos (…) prevalece durante la vida del contrato, lo que necesariamente justifica que se atenué y en algunos casos se supriman del régimen o cláusula contractual determinadas prerrogativas de poder público que posee la Administración en los contratos administrativos (rescisión unilateral por razones de interés público) que desalientan las inversiones privadas, aumentando el riesgo político y el costo de los proyectos".

32 Entendidos como "cualquier factor, evento o influencia que amenaza la finalización de un proyecto ya sea en términos de plazos, costos o calidad comprometida". Véase Patricia Guglielminetti y Pascual Bensadon, "Algunos aspectos jurídico-económicos de la asociación público-privada e infraestructura pública (a propósito del decreto 967/05)", citado en Ezequiel Cassagne, "El régimen de participación público-privada en Argentina", en *Anuario Iberoamericano de Regulación. hacia una regulación inteligente,* Universidad Externado de Colombia, Bogotá, 2019, p. 597.

33 E. Cassagne, ob. cit., p. 594.

podría alegar la Administración en relación con la terminación anticipada del contrato; y *(iv)* el hecho que, al operar una cesión, el contratista original pierde todo vínculo con la APP mientras que, en las contrataciones públicas ordinarias, este permanece atado al proyecto como responsable solidario (artículo 13 del Decreto Nº 1.023/2001).

De lo aquí planteado podría surgir una interrogante y es que, sí ya existe un régimen de contrataciones y concesiones públicas que supone menos cargas para la Administración al satisfacer el interés general, ¿por qué ella optaría por la modalidad de las APP que podría resultarle más gravosa (de materializarse un riesgo) y en donde debe renunciar a algunas de sus prerrogativas como sería la interpretación unilateral del contrato y la rescisión unilateral por razones de interés público?

La respuesta que ofrece el foro argentino gira en torno a dos motivos fundamentales: por un lado, la necesidad de atraer inversionistas que de otra forma se abstendrían de contratar con el Estado para satisfacer los requerimientos básicos de la población que no puede quedar desasistida[34] y, por el otro, el hecho que si bien el contrato podría resultar más oneroso a corto o mediano plazo, la Administración espera conseguir un producto de mejor calidad a largo plazo (el llamado *value for money*) y, con ello, brindar una respuesta más eficiente a las necesidades del colectivo[35] a la par de mayor seguridad jurídica a los contratistas[36].

---

34 Piénsese por ejemplo en la necesidad de construir hospitales para salvaguardar el derecho a la salud en un Estado que por sus propios medios no cuente con la posibilidad de llevar a cabo tal labor mediante la contratación de obra pagada con el erario público, requiriéndose en consecuencia del auxilio del sector privado que, bajo un modelo típico de concesión y dada la poca seguridad jurídica que estos ofrecen al responder a variaciones sociopolíticas y presentar un bajo equilibrio económico-financiero, preferiría no ofertar o hacerlo de una forma muy superior a lo esperado, acudiendo al sobreprecio como método para contrarrestar los posibles efectos adversos de la contratación, lo que en definitiva resultaría perjudicial para el Estado que vería mermados los recursos que podría destinar a otras actividades.

35 Nótese que el principio de la eficacia es uno de los baluartes de la APP y ha sido estudiado a profundidad por el foro, tal como puede constatarse en Francisco Domínguez Sampedro, "La eficiencia económica en las colaboraciones público-privadas", en *Revista Española de Control Externo*, Vol. 10, Nº 28, Tribunal de Cuentas, Madrid, 2008, pp. 199-224, en https://www.tcu.es/repositorio/119976f0-6546-4ca7-884d-b78679cc85e3/Revista%2028.pdf

36 E. Cassagne, ob. cit., pp. 597-598.

Estas ventajas, argüidas a su vez por las organizaciones internacionales que promueven a las APP[37], se reiteran en el resto de los países estudiados como las principales razones que llevan a los Estados a prever en sus ordenamientos a las APP como una modalidad *más amigable* de las concesiones, como constataremos de seguida.

2. COLOMBIA

En 2012 –cuatro años antes que lo hiciera Argentina, según vimos– el Senado colombiano sancionó la Ley por la cual se establece el Régimen Jurídico de las Asociaciones Público Privadas (Ley Nº 1.508)[38], cuyo objeto es regular a estas asociaciones como "instrumento de vinculación de capital privado, que se materializan en un contrato entre una entidad estatal y una persona natural o jurídica de derecho privado, para la provisión de bienes públicos y de sus servicios relacionados, que involucra la retención y transferencia de riesgos entre las partes y mecanismos de pago, relacionados con la disponibilidad y el nivel de servicio de la infraestructura y/o servicio" (artículo 1), siempre que la inversión sea superior a seis mil salarios mínimos mensual legal vigente (parágrafo 1 del artículo 3)[39].

Esta ley, que fue reglamentada por Decreto Nº 1.467/2012[40], destaca expresamente la relación género-especie que hemos mencionado

37 Véanse por ejemplo las publicaciones del Centro de Recursos para Asociaciones Público-Privadas del Banco Mundial en su sitio web (https://ppp.worldbank.org/public-private-partnership/es/asociaciones-publico-privadas), el Libro Verde sobre la Colaboración Pública-Privada y el Derecho Comunitario en Materia de Contratación Pública y Concesiones aprobado por la Comisión Europea en 2004 (https://op.europa.eu/es/publication-detail/-/publication/94a3f02f-ab6a-47ed-b6b2-7de60830625e/language-es) y, en inglés, el *Guidebook on Promoting Good Governance in Public-Private Partnerships* de las Naciones Unidas (https://unece.org/DAM/ceci/publications/ppp.pdf).

38 Publicada en Diario Oficial Nº 48.308 del 10-01-2012, en https://www.alcaldiabogota.gov.co/sisjur/normas/Norma1.jsp?i=45329 La ley ha sido reformada parcialmente por las leyes Nº 1.753 de 2015, 1.882 de 2018 y 1.955 de 2019.

39 A la fecha de cierre de esta colaboración la suma equivaldría a poco más de USD 1.500.000. De ser el contrato inferior a esta cifra el mismo habría de tramitarse de acuerdo con los mecanismos de contratación pública ordinaria.

40 Publicado en Diario Oficial Nº 48.483 del 06-07-2012, en https://www.alcaldiabogota.gov.co/sisjur/normas/Norma1.jsp?i=48266#0

en cuanto a las APP y las concesiones (artículo 2), y que las primeras versan sobre el diseño, construcción, reparación, mejoramiento, equipamiento, operación y mantenimiento de una infraestructura y sus servicios asociados –con inclusión de la infraestructura requerida para la prestación de servicios públicos–, siempre que el sector privado obtenga como retribución "el derecho a la explotación económica de esa infraestructura o servicio, en las condiciones que se pacte, por el tiempo que se acuerde, con aportes del Estado cuando la naturaleza del proyecto lo requiera" (artículo 3).

Asimismo, la ley precisa que *(i)* el proyecto que desarrolle la APP no puede tener una duración superior a treinta años, con inclusión de sus eventuales prórrogas (artículo 6); *(ii)* la selección del inversor privado se regirá por los procesos ordinarios de contratación pública (artículo 3); *(iii)* los contratos deben contar con "una eficiente asignación de riesgos, atribuyendo cada uno de ellos a la parte que esté en mejor capacidad de administrarlos, buscando mitigar el impacto que la ocurrencia de los mismos pueda generar sobre la disponibilidad de la infraestructura y la calidad del servicio" (artículo 4); y *(iv)* la retribución que recibirá el inversor privado estará subordinada al cumplimiento de estándares de calidad (artículo 5)[41].

En tanto, por lo que se refiere a las particularidades del contrato de asociación, ellas dependerán de si se trata de un proyecto de iniciativa pública o privada, siendo esta una de las principales diferencias con el régimen de las concesiones que en Colombia siempre son de iniciativa pública[42].

Así, en el primer caso la selección será mediante las modalidades conocidas en Venezuela como el concurso abierto o cerrado (artículo 10 de la Ley N° 1.508) y habría de evaluarse en cada contratación la capacidad jurídica, financiera y técnica de los oferentes y seleccionarse

---

41 Véase en general Jennifer Henao Jaramillo, "Asociaciones público privadas en la actividad contractual: nuevo modelo de gestión pública dirigido a la concreción de los fines del Estado", en *Revista Ratio Juris*, Vol. 14, N° 28, Universidad Autónoma Latinoamericana, Medellín, 2019, pp. 67-108, en https://doi.org/10.24142/raju.v14n28a3

42 Véase la Ley por la cual se expide el Estatuto General de Contratación de la Administración Pública (Ley N° 80), publicada en Diario Oficial N° 41.094 del 28-10-1993, en https://www.alcaldiabogota.gov.co/sisjur/normas/Norma1.jsp?i=304

la oferta más favorable de acuerdo con los factores mencionados, en adición a la mejor relación costo-beneficio (artículo 12).

Por su parte, en el segundo caso –es decir, los contratos de iniciativa privada– la ley indica que "[l]os particulares podrán estructurar proyectos de infraestructura pública o para la prestación de sus servicios asociados, por su propia cuenta y riesgo, asumiendo la totalidad de los costos de la estructuración, y presentarlos de forma confidencial y bajo reserva a consideración de las entidades estatales competentes" (artículo 14), quienes de forma motivada, luego de realizar los estudios pertinentes en cuanto a su viabilidad y vinculación con las políticas públicas que le competen, podrán aceptar o no los proyectos sin que la mera presentación de la iniciativa genere algún derecho al particular u obligación al Estado (artículo 16).

Finalmente, la ley agrega que si se trata de un proyecto de iniciativa privada pueden darse dos situaciones: la primera, que el mismo requiera recursos públicos (que no podrán superar el 20 % del presupuesto estimado de inversión), y la segunda, que dichos recursos no sean necesarios.

En el primer supuesto el proyecto habrá de someterse a licitación pública y el promotor únicamente tendrá una bonificación en su calificación. De ser seleccionado, se procederá a la firma de la APP y, en caso contrario, recibirá como contraprestación una suma que habría de determinar la Administración antes de proceder al llamado a concurso por concepto de los estudios que el particular haya realizado para la estructuración del proyecto (artículo 17).

Por el contrario, si el proyecto no requiere de estos fondos, la Administración anunciará en el "Sistema Electrónico para la Contratación Pública" la existencia del mismo y su disposición a firmar la APP con el promotor –tal como si se tratase de una contratación directa– salvo que un tercero desee ejecutar el proyecto pues, de ocurrir esto último, la Administración habrá de evaluar la oferta que esté presente dándosele al promotor la posibilidad de mejorar la suya (artículos 19 y 20).

En todo caso, sea una APP que surge de la iniciativa privada o del sector público, la ley establece como disposiciones comunes a ambas modalidades que *(i)* en todos los contratos deben incluirse cláusulas exorbitantes como sería la caducidad y la interpretación y terminación unilateral del contrato (artículo 22); *(ii)* todos los recursos que se manejen en el proyecto deben ser administrados a través de un patrimonio autónomo constituido a tal efecto por el contratista (artículo 24); *(iii)* todas las APP deben ser incorporadas en el Registro Único de Asociación Público Privada (RUAPP), el cual tendrá carácter público y detallará el estado de la asociación así como los proyectos que hayan sido rechazados (artículo 25)[43]; y *(iv)* es necesario que en los contratos se especifiquen los bienes muebles e inmuebles del Estado o de los particulares afectos a la prestación del servicio o a la ejecución del proyecto y que revertirán al primero a la terminación del contrato (artículo 31).

Conforme con lo aquí narrado veríamos entonces que el énfasis de la legislación especial sobre las APP en Colombia radica en que –al contrario de las concesiones– ellas pueden ser de iniciativa privada[44] y la remuneración del sector privado se condiciona al nivel de servicio[45], lo que junto a otras medidas como la supresión de los anticipos y el hecho que solo puedan acordarse ajustes presupuestarios hasta por un 20 % del valor del contrato reduciría el gasto público; si bien el Estado no renuncia o reduce sus prerrogativas al momento de contratar como sí vimos ocurre en Argentina, afirmándose en consecuencia que "[e]n

---

43 Véanse los reportes que trimestralmente publica este Registro –donde se indica, por ejemplo, cuántos proyectos han sido incluidos y sus etapas, porcentaje de proyectos de iniciativa privada y pública, y la ubicación de las iniciativas-en https://www.dnp.gov.co/programas/participaci%C3%B3n-privada-%20y-en-proyectos-de-infraestructura/asociaciones-publico-privadas/Paginas/documentos-app.aspx

44 Véase en general Paula Andrea Guarín Prieto y Luis Fernando Torres Ramírez, *Todo lo que necesitas saber sobre las asociaciones público privadas de iniciativa privada*, Procuraduría General de la Nación, Bogotá, 2015, pp. 12-15, en https://www.procuraduria.gov.co/portal/media/file/AsociacionesPublicasPrivadas.pdf y Laura María Vergara Aguilera, *El papel de las asociaciones público privadas (APP) dentro de los contratos de concesión de obra*, Universidad Santo Tomás, en https://repository.usta.edu.co/handle/11634/2128

45 Véase Carlos Andrés González Serna, "De los avances legislativos en asociaciones público-privadas (APP): los retos en estructuración de proyectos de iniciativa privada", en *Justicia Juris*, Vol. 10, Nº 1, Universidad Autónoma del Caribe, Barranquilla, 2014, p. 26, en https://doi.org/10.15665/rj.v10i1.296 donde el autor expresa que la principal diferencia de las APP con la contratación tradicional "radica en que la contraprestación no viene dada por la construcción de la obra, la entrega de la misma para tomar la foto, sino por su utilización efectiva y de calidad o por la explotación del servicio bajo estándares preestablecidos".

esencia, los proyectos de APP de iniciativa pública que establece la Ley 1508 de 2012 son una nueva generación de concesiones"[46].

Pero, si el Estado no renuncia a sus prerrogativas al momento de contratar y las APP parecen brindar mayores ventajas a la Administración que al inversionista que para poder celebrar este tipo de contrato debe contar con patrimonios autónomos, inscribirse en registros y dejar de percibir anticipos, entre otras medidas de interés, ¿por qué Colombia se ha consagrado en los últimos años como uno de los países de la región con un mayor desarrollo de las APP[47]?

La respuesta parece estar en el hecho que al mediar un reparto más equitativo de riesgos y objetivarse elementos de la contratación –entre ellos: que los bienes sujetos a la reversión deben ser especificados previamente en el contrato en vez de ser todos los empleados en la concesión, como prevé el artículo 19 de la Ley Nº 80, y que para optarse por esta modalidad la Administración debe realizar un estudio previo donde concluya, con base en criterios objetivos[48], que la APP genera más valor por dinero (*value for money*) favoreciendo así que únicamente se inicien proyectos que sean efectivamente viables, eficientes y en los que haya una relación ganar-ganar para todas las partes involucradas–, el sector privado ha visto aumentada su seguridad jurídica en un grado suficiente –si bien no tanto como quisiera, ya que persisten las

---

46 Instituto de Ciencia Política Hernán Echavarría Olózaga, *Boletín Nº 197: Asociaciones Público Privadas Ley 1508 de 2012*, Bogotá, 2016, p. 3, en http://www.icpcolombia.org/dev/wp-content/uploads/2016/08/2012.02.01-Boleti%CC%81n-197-Asociaciones-Pu%CC%81blico-Privadas.pdf

47 Véase Ginette Sofía Lozano Maturana, "Las asociaciones público-privadas: una oportunidad de crecimiento y desarrollo económico y social", en *Revista Divergencia*, Nº 23, Universidad Externado de Colombia, Bogotá, 2017, pp. 16-29, en https://revistas.uexternado.edu.co/index.php/diver/article/view/5103/6159 La autora precisa que estas asociaciones han tenido gran auge en el sector transporte, educación, cultura, agua, salud, justicia y edificaciones públicas en general.

48 Véanse algunos de estos criterios en la Resolución Nº 3.656 del 20-12-2012 del Departamento Nacional de Planeación, por la cual se establecen parámetros para la evaluación del mecanismo de asociación público privada como una modalidad de ejecución de proyectos de que trata la Ley 1.508 de 2012 y el Decreto número 1.467 de 2012, publicada en Diario Oficial Nº 48.651 del 21-12-2012 y disponible en https://colaboracion.dnp.gov.co/CDT/Participacin%20privada%20en%20proyectos%20de%20infraestructu/Resoluci%C3%B3n%203656%20de%202012.pdf

prerrogativas mencionadas– para considerar que la inversión ofrece un nivel aceptable de rentabilidad (mayor ganancia a menor riesgo), lo que lo motiva finalmente a contratar con el Estado[49].

Es decir que el éxito de una APP, más allá de que en la misma existan o no prerrogativas a favor de la Administración Pública contratante, vendría de la mano de un clima que ofrezca seguridad al inversionista privado de que obtendrá una ganancia a largo plazo (sea esta la prevista originalmente o la que resulte de los ajustes que se realicen para asegurar el equilibrio económico-financiero del contrato[50]), y a la Administración de que los proyectos que emprenda por esta vía se verán materializados de acuerdo con estándares de calidad y en los tiempos pautados.

3. ECUADOR

Tres años después de la ley colombiana sobre APP, en el año 2015, la Asamblea Nacional de Ecuador sancionó la Ley Orgánica de Incentivos para Asociaciones Público-Privadas y la Inversión Extranjera[51], hoy reglamentada por Decreto Ejecutivo N° 1.190/2020[52].

Esta ley orgánica –que parte de los principios de sostenibilidad fiscal, distribución adecuada de riesgos, valor por dinero, cobertura social y el respeto de los derechos de los usuarios y de propiedad de las partes (artículo 3) y crea un Comité Interinstitucional de Asociaciones

---

49 Nótese que en esta decisión también influyen elementos propios de la realidad política, económica y social de este Estado cuyo estudio escapa del objeto de esta colaboración, pero que suelen presentarse en el foro como un escenario favorable para estas inversiones. Véase al respecto José Manuel Vassallo, *Asociación Público-Privada en América Latina. Afrontando el reto de conectar y mejorar las ciudades*, CAF, Bogotá, 2018, pp. 14-15 y 34-85, en https://scioteca.caf.com/handle/123456789/1376

50 Véase en general Libardo Rodríguez, *El equilibrio económico en los contratos administrativos*, 3° ed., Editorial Jurídica Venezolana y Temis, Caracas, 2015.

51 Publicada en Registro Oficial Suplemento N° 652 del 18-12-2015, en http://historico.energia.gob.ec/wp-content/uploads/downloads/2018/07/ro_ley_organica_de_incentivos_para_asociaciones_publico-privadas_y_la_inversion_extranjera_ro_652_sup_18-12-2015.pdf

52 Publicado en Registro Oficial Suplemento N° 333 del 19-11-2020, en https://www.registroficial.gob.ec/index.php/registro-oficial-web/publicaciones/suplementos/item/13908-suplemento-al-registro-oficial-no-333

Público-Privadas como autoridad central en la materia (artículo 4)– define a las APP como "la modalidad de gestión delegada por la que el Gobierno Central o los Gobiernos Autónomos Descentralizados encomiendan al gestor privado, la ejecución de un proyecto público específico y su financiamiento total o parcial, para la provisión de bienes, obras o servicios a cambio de una contraprestación por su inversión, riesgo y trabajo, de conformidad con los términos, condiciones, límites y más estipulaciones previstas en el contrato de gestión delegada" (artículo 8).

Es decir que –en palabras del foro ecuatoriano– nos encontraríamos frente a una "contratación a largo plazo de servicios públicos 'en paquete', en donde no se paga por la obra en sí, sino por la disponibilidad y/o uso del servicio inherente a la operación de dicha obra por un plazo determinado, conforme a los precios y estándares de calidad establecidos contractualmente"[53].

Como vemos, se trata de una definición cónsona con las traídas a colación en el caso argentino y colombiano, siendo de igual forma similar las características de esta *gestión delegada* ya que la ley orgánica prevé que el proyecto *(i)* podrá ser de iniciativa pública o privada (artículo 11); *(ii)* puede consistir en la construcción, equipamiento, operación, mantenimiento, rehabilitación de obras públicas, así como el desarrollo de actividades productivas, de investigación y desarrollo (artículo 14); *(iii)* la selección del gestor privado será mediante concurso público (artículo 12); y *(iv)* es posible que las diferencias se sometan a arbitraje nacional o regional (artículo 19); si bien se agregan algunas particularidades como la mención expresa al desarrollo de determinados sectores a través de APP[54] y que la estabilidad jurídica que busca garantizar la ley "se extiende a los aspectos regulatorios sectoriales y

53 Inés María Baldeón Barriga, "Las asociaciones público privadas (APP) en el marco jurídico ecuatoriano", en *Revista de Derecho Foro*, N° 25, Universidad Andina Simón Bolívar, Quito, 2016, pp. 101-124, en https://revistas.uasb.edu.ec/index.php/foro/article/view/465

54 Véase el artículo 13 según el cual "[s]erán objeto de los contratos de gestión delegada, los proyectos públicos desarrollados en los sectores de interés general. Estos, para efectos de la aplicación de esta Ley, serán aquellos bienes, obras o servicios provistos por el Gobierno Central o los Gobiernos Autónomos Descentralizados, determinados en las leyes o por el Comité Interinstitucional de Asociaciones Público-Privadas, tales como infraestructura, desarrollo urbano, proyectos inmobiliarios y aquellos vinculados con vialidad e i nfraestructuras portuaria y aeroportuaria".

específicos que hayan sido declarados como esenciales en los correspondientes contratos de gestión delegada", salvo que tales normas sean declaradas posteriormente como inconstitucionales (artículo 15).

Lejos de esto, poco más agrega la ley en relación con la constitución de la asociación y su posterior ejecución visto que el resto de su articulado se dedica es a establecer una serie de incentivos fiscales para promover estas asociaciones[55], por lo que para conocer el contenido de los contratos y demás caracteres hemos de acudir al reglamento ya citado –en el que, por ejemplo, se incluye la existencia del Registro Nacional de Asociaciones Público-Privadas de acceso público (artículo 11), la necesidad de que la Administración especifique los resultados que espera lograr mediante "indicadores específicos, medibles, alcanzables, relevantes y programables" (artículo 18), el plazo de treinta años como la duración ordinaria del contrato prorrogable solo por motivos técnicos (artículo 45) y la reversión de las obras y bienes al finalizar el contrato (artículo 76)–, así como otros instrumentos de rango sublegal[56].

De este modo, y aunque la legislación ecuatoriana podría parecer insuficiente al compararla con sus homólogas de Argentina y Colombia[57], es posible afirmar que la misma recoge los principios básicos de las APP –entre otros: la distribución de riesgos y el *value for money*

---

[55] Véase en general Marlon Manya Orellana, "Asociaciones público-privado (APP) y su ley orgánica de incentivos tributarios en el Ecuador", en *Revista de Administración Tributaria*, N° 42, Centro Interamericano de Administraciones Tributarias, Ciudad de Panamá, 2017, pp. 35-48, en https://www.ciat.org/Biblioteca/Revista/Revista_42/Espanol/2017_RA_42_manya.pdf

[56] Véase por ejemplo la Resolución CIAPP-R-009-ABRIL-2017 del Comité Interinstitucional de Asociaciones Público-Privadas, sobre la presentación y aprobación de proyectos bajo la modalidad de asociación público-privada, y la Guía Metodológica para la Presentación y Aprobación de Proyectos bajo la Modalidad de Asociación Público-Privada del mismo comité, en http://historico.energia.gob.ec/wp-content/uploads/downloads/2018/07/1.-Resolucio%CC%81n-No.-9-Comite-APP.pdf y http://historico.energia.gob.ec/wp-content/uploads/downloads/2018/07/2.-Gui%CC%81a-Metodologica.pdf, respectivamente.

[57] Esta insuficiencia ha sido puesta de relieve por el mismo foro ecuatoriano al afirmarse –por ejemplo– que "esta ley trae una definición ambigua de la APP" y "no aporta novedad al sistema jurídico ecuatoriano ya que a nivel conceptual, la Ley maneja conceptos iguales o parecidos a los de la Ley de Modernización en la que se encontraba regulada la concesión". Véase Ximena Vera Fernández, *Asociaciones público-privadas y concesiones administrativas*, trabajo de grado, Universidad San Francisco de Quito, Quito, 2017, pp. 58-59, en http://repositorio.usfq.edu.ec/handle/23000/6756

como criterios para determinar la retribución que recibirá el sector privado–, que habrían de desarrollarse luego por la vía contractual de acuerdo con el proyecto que se pretenda ejecutar dada la adaptabilidad que caracteriza a nuestro objeto de estudio.

Asimismo, el hecho que la ley enfatice que el derecho a la propiedad del inversionista debe ser respetado, que en caso de diferencias puede acudirse al arbitraje si se previó una cláusula al respecto –aun cuando en el caso internacional este se haya limitado a sistemas de integración regional– y que de haber cambios en la legislación estos no afectarán a las APP que se encuentren en curso –cimentando el principio de irretroactividad de la ley– se valoran como disposiciones normativas favorables a la seguridad jurídica de quien se plantee celebrar una alianza de este tipo con el Estado y, con ello, una más eficiente satisfacción de la necesidad colectiva que motiva la contratación.

No obstante, y al contrario de lo visto en Colombia donde las faltas del ordenamiento jurídico son suplidas por la confianza que parece existir en el gobierno de acuerdo con las fuentes citadas, en Ecuador estas asociaciones no reportan mayor éxito a la fecha visto que, si bien "[a] partir de esta reglamentación Ecuador ha mantenido una actitud proactiva en la implementación del modelo con una importante cartera de proyectos APP (…) centradas por completo en el sector vial y portuario", el país "sigue enfrentando importantes retos para implementar su programa de APP, entre los que se encuentra la creación de una unidad técnica especializada que, siguiendo el modelo de otros países, permita centralizar la actividad de este sector", requiriéndose en consecuencia que la legislación especial se acompañe de un "ambiente de inversión sólido y atractivo para las empresas privadas"[58].

En otras palabras, el éxito de las APP como modalidad de contratación –y de otras políticas públicas en general, como podrá advertir el lector– no depende únicamente de que exista un marco jurídico que las regule y acuerde incentivos para su promoción como ocurre en Ecuador –al preverse diversas exenciones tributarias a favor de los inversionistas que celebren este tipo de contratos con la Administración– pues ello,

---

58 J. M. Vassallo, *Asociación Público-Privada en América Latina. Afrontando…*, ob. cit., p. 31.

aun cuando se considera un *paso necesario* para la constitución de estas asociaciones, no será el único factor a considerar dada la convergencia de elementos de corte político, económico y social que bien podrían traducirse en riesgos del contrato y que el Estado no puede ignorar si desea que las APP prosperen y que estas, a la larga, no sean un modelo que repita las fallas de las concesiones tradicionales que se buscan dejar de lado con las asociaciones público-privadas.

Este planteamiento, consideramos, habría de tenerse presente en el país de argüirse que la inclusión de las APP en nuestro ordenamiento constituiría un mecanismo idóneo para enfrentar la crisis harto conocida.

4. PARAGUAY

Las APP son reguladas en Paraguay por la Ley para la Promoción de la Inversión en Infraestructura Pública y Ampliación y Mejoramiento de los Bienes y Servicios a Cargo del Estado, sancionada por el Congreso en el año 2013 (Ley N° 5.102)[59] y reformada parcialmente por la Ley N° 5.567 de 2016[60].

Esta ley, reglamentada por Decreto N° 4.183/2020[61], define a los contratos de participación público-privada como aquellos "en virtud de los cuales las Administraciones Contratantes participan con personas jurídicas de derecho privado en un proyecto de inversión relacionado con el objeto de esta Ley [es decir, la infraestructura pública y la prestación de los servicios a los que las mismas estén destinadas o que sean complementarios a ellas, así como la producción de bienes y la prestación de servicios[62]], a través de una relación jurídica contractual de largo plazo, con una distribución de compromisos, riesgos y beneficios

---

59 En https://www.bacn.gov.py/archivos/4669/20160401130109.pdf

60 En http://snip.hacienda.gov.py/normativas/ley_5567.pdf

61 En http://app.gov.py/wp-content/uploads/2020/12/DECRETO4183.compressed_wr12mz0f.pdf

62 Nótese que entre los proyectos a desarrollar la ley enlista en su artículo 52 a las hidrovías, autopistas, líneas ferroviarias, puentes, aeropuertos internacionales, hospitales, centros educativos y penitenciarias; la provisión de agua potable y servicios de saneamiento, así como servicios de telecomunicaciones y de generación, trasmisión, distribución y comercialización de energía eléctrica; la producción, refinamiento y comercialización de hidrocarburos, combustibles y lubricantes; entre otros.

entre las partes" (literal "C" del numeral 2 del artículo 2), siempre que estos proyectos superen los 12.500 salarios mínimos mensuales[63].

En este sentido, y como hemos visto es usual en la región, la ley comentada precisa que *(i)* el proyecto no puede tener una duración superior a treinta años, con inclusión de sus eventuales prórrogas (literal "F" del numeral 1 del artículo 2); *(ii)* la selección del contratista se realizará por licitación pública (artículo 20); *(iii)* el contratista debe constituir –como en el caso colombiano– una sociedad anónima con el objeto específico de desarrollar el proyecto, siendo con esta empresa con quien se suscribirá la APP, aunque de forma sustitutiva puede optarse por la administración de los recursos que requiera el proyecto a través de un fideicomiso (artículo 27); *(iv)* la APP surge de la iniciativa pública o privada una vez realizados los análisis técnicos, económicos y jurídicos correspondientes (artículos 16 y 17); *(v)* todas los proyectos desarrollados bajo esta modalidad deben inscribirse en un registro público de acceso libre, como también vimos ocurre en Colombia y Ecuador (artículo 13); *(v)* en los contratos de APP debe preverse el financiamiento total o parcial de la inversión por parte del sector privado, que siempre se encargará de la operación y el mantenimiento de la infraestructura final, y pudiese adicionalmente estar obligado a su diseño, construcción, reparación, equipamiento y mejora (artículo 3); y *(vi)* en caso de controversias estas podrán ser sometidas a arbitraje de derecho –siempre que se refieran a cuestiones de derecho privado– o paneles de expertos si versan sobre discrepancias de naturaleza económica o financiera (artículo 41).

De esta forma vemos que la legislación paraguaya se asemejaría al caso colombiano y ecuatoriano en donde si bien la Administración no reduce sus prerrogativas al momento de celebrar una APP como sí ocurre en Argentina[64], la correcta distribución de riesgos[65] y la necesidad

---

63 A la fecha de cierre de esta colaboración la suma equivaldría a poco más de USD 4.800.000. De ser el contrato inferior a esta cifra el mismo habría de tramitarse de acuerdo con los mecanismos de contratación pública ordinaria.

64 Véanse por ejemplo los artículos 32 y 35 de la Ley N° 5.102, conforme con los cuales la Administración paraguaya puede modificar unilateralmente el contrato por razones de interés público o suspenderlo, respectivamente.

65 Véase al efecto el artículo 6 del reglamento de esta ley que clasifica los riesgos –que habrán de distribuirse en atención al caso concreto– en de ingeniería y construcción, operaciona-

de realizar arduos estudios previos que garanticen la factibilidad del proyecto[66] se considerarían motivos suficientes para catalogar a estas asociaciones como una *nueva forma de contratación pública*, diferente a las concesiones, que incentiva la inversión privada en el país al dotar a los contratos de mayor seguridad jurídica[67], a la par de facilitar la iniciativa de este sector que podría presentar proyectos a la Administración para su evaluación, aprobación y posterior ejecución, sin que por ello pueda obviarse la necesidad de que se realicen los concursos respectivos pues la APP no constituye un medio para proceder sin más a la contratación directa y evitar las licitaciones públicas. Planteamientos estos que resultan cónsonos con los registros que hemos mencionado y el deber de la Administración de asegurar la transparencia de la contratación en todas sus etapas.

5. PERÚ

Aun cuando Perú fue el primero de los países reseñados en esta colaboración en contar con una ley especial en materia de APP[68], hoy en día nuestro objeto de estudio está regulado por una norma de más reciente data: el Decreto Legislativo que Regula la Promoción de la Inversión Privada mediante Asociaciones Público Privadas y Proyectos

---

les, de mercado, ambientales, financieros, políticos y derivados de conflictos sociales, caso fortuito o fuerza mayor. Esta clasificación se compagina con trabajos como el de P. Berrone et al., ob. cit., que clasifican a los riesgos en de expropiación de tierras o de disposición del terreno, diseño, construcción, ambiental y social, inversiones adicionales, terminación anticipada del contrato, explotación, ingresos, demanda, financiación, inflación, tasa de interés, tipo de cambio, regulatorio, sobrecostes de explotación, y político.

66 Véanse los artículos 34 a 41 del reglamento donde se alude, entre otros, al análisis de costo-beneficio, indicadores de rentabilidad económica y social, estudios de valor por dinero, estimaciones de impacto presupuestario y ambiental, y la ya mencionada evaluación y asignación de riesgos.

67 Véase Gustavo Hinz, *Las alianzas público privadas en Paraguay*, en https://www2.deloitte.com/py/es/pages/finance/articles/alianzas-publico-privadas-en-paraguay.html

68 A saber: el decreto legislativo de 2008 que aprobó la ley marco de asociaciones público - privadas para la generación de empleo productivo y dictó normas para la agilización de los procesos de promoción de la inversión privada (Decreto Legislativo N° 1012), reformado parcialmente por la Ley N° 29.771 y el Decreto Legislativo N° 1.016. El texto que recoge las reformas puede consultarse en https://www.mef.gob.pe/es/normatividad-sp-29923/portemas/7030-decreto-legislativo-n-1012-2/file

en Activos (Decreto Legislativo Nº 1.362) de 2018[69], reglamentado por Decreto Supremo Nº 240-2018-EF del mismo año[70].

Este decreto legislativo califica la promoción de las APP como de "interés nacional (...) para contribuir al crecimiento de la economía nacional, al cierre de brechas en infraestructura o en servicios públicos, a la generación de empleo productivo y a la competitividad del país" (artículo 3) y determina que ellas se rigen –entre otros– por los principios de enfoque de resultados, transparencia, competitividad, valor por dinero y adecuada distribución de riesgos (artículo 4), independientemente de si se trata de una APP autofinanciada o cofinanciada según su desarrollo requiera o no fondos públicos (artículo 22).

En este sentido las APP peruanas –entendidas como "una modalidad de participación de la inversión privada, mediante contratos de largo plazo en los que interviene el Estado, a través de alguna entidad pública y uno o más inversionistas privados" a fin de desarrollar "proyectos de infraestructura pública, servicios públicos, servicios vinculados a infraestructura pública y servicios públicos, investigación aplicada, y/o innovación tecnológica" (artículo 20)– coincidirían con lo visto a nivel regional en el sentido que *(i)* el proyecto no puede tener una duración superior a sesenta años, lo que constituye el plazo más largo de los países estudiados (artículo 52); *(ii)* la selección del contratista se da de forma competitiva (artículo 34); *(iii)* los contratos resultan de la iniciativa pública o privada (numeral 3 del artículo 20), siendo que en este último caso el procedimiento para su celebración se asemeja al caso colombiano ya tratado[71]; *(iv)* toda APP debe hacerse constar en el Registro Nacional de Contratos de Asociaciones Público Privadas, que tiene carácter público (artículo 59 de la ley en concordancia con el artículo 139 del reglamento); y *(v)* el Estado puede constituir fideicomisos para la administración de pagos e ingresos derivados de los contratos APP (artículo 54).

---

69 Publicado en El Peruano del 23-07-2018, en https://www.proyectosapp.pe/RepositorioAPS/0/2/JER/NL_IP_AUTOSOTENIBLE/DL_N_1362.pdf

70 Publicado en El Peruano del 30-10-2018, en https://www.proyectosapp.pe/RepositorioAPS/0/2/JER/NL_IP_AUTOSOTENIBLE/DS_N_240_2018_EF.pdf

71 Véanse los artículos 76 a 108 del Decreto Supremo Nº 240-2018-EF.

Asimismo, como también lo hiciera Argentina, la legislación es cónsona con la idea de reducir las prerrogativas del Estado al celebrar una APP al punto de prever que toda modificación del contrato requiere del acuerdo de ambas partes (artículo 55) y que los contratos deben incluir cláusulas arbitrales para la resolución de controversias (artículo 56)[72], así como las ya usuales indemnizaciones a favor del inversionista en caso de rescisión unilateral del contrato (artículo 25).

De este modo el legislador peruano parece haber respondido a los requerimientos del foro que en el año 2007, antes de que se sancionara la primera ley en esta materia, planteaba que "el marco legal actual es insuficiente para incentivar y llevar más allá las potencialidades que pueden generarse con respecto a las Asociaciones Público Privadas" y "[p]areciese inclusive que se defiende la idea de que la concesión es la única modalidad participativa para incluir al sector privado en una APP", por lo que era imperativo "reflexionar sobre la pertinencia de regular algunas normas que brinden sustento jurídico, tanto a los principios aplicables a la PPP, las fórmulas o modalidades que ésta puede emplear, y las reglas necesarias para optar por fórmulas de financiamiento flexibles, así como los procedimientos necesarios para ello, y las autoridades competentes para la realización de tales iniciativas"[73].

---

72 Esta última obligación no ha estado exenta de comentarios en el foro peruano, como se constata en Ramón Huapaya Tapia, "Diez tesis sobre las asociaciones público - privadas (APP) en nuestro régimen legal", en *Revista de Derecho Administrativo*, N° 13, Pontificia Universidad Católica del Perú, Lima, 2013, pp. 28-31, en http://revistas.pucp.edu.pe/index.php/derechoadministrativo/article/view/13465/14092

73 Ramón Huapaya Tapia y Giuliana Vergaray D'arrigo, "Algunos apuntes en relación con la 'participación público-privada' y su vinculación con el derecho administrativo y la inversión en infraestructura y servicios públicos", en *Revista de Derecho Administrativo*, N° 3, Pontificia Universidad Católica del Perú, Lima, 2007, pp. 122-123, en http://revistas.pucp.edu.pe/index.php/derechoadministrativo/article/view/16318 Nótese que los autores agregaban, en consonancia con lo dicho al inicio de esta colaboración, que "[n]o obstante el reclamo efectuado por la necesidad de una regulación normativa de la PPP en nuestro país, al menos de forma general, no es menos cierto que tampoco es nuestra intención propugnar una regulación cerrada o muy detallada o amplia con respecto a dicha institución. Debemos recordar que la PPP es una institución flexible, es una nueva filosofía de relacionamiento entre el sector público y privado para las inversiones en infraestructura, y por tanto, requiere normas adecuadas para dar pie a la creatividad en la estructuración de fórmulas jurídicas para su desarrollo, utilizando siempre, claro está, las instituciones básicas de la contratación pública y el derecho administrativo".

Ello es justamente lo que plantea el decreto legislativo traído a colación para promover la inversión privada en el país –muy especialmente en aquellos casos que las concesiones tradicionales prevén una baja rentabilidad económica aunque esta a nivel social sea alta– mediante un modelo de contratación flexible que resulta más atractivo al inversionista que la concesión clásica[74], dado que los riesgos y cargas financieras que asume el sector privado son efectivamente compensadas por las eventuales ganancias y el *apoyo* por parte del Estado que, más que la autoridad en la materia, ha de comportarse como un verdadero socio sin que por ello deje de lado el interés general llamado a proteger.

No obstante, como advertimos en el caso de Ecuador, la existencia de una buena regulación en la materia no basta por sí sola para que las APP alcen vuelo en un país. Así lo recuerda el foro cuando, al analizar el caso de Perú, apunta que "ha alcanzado un desempeño semejante al de los mejores países de la región en su marco normativo e institucional, además de haber logrado impresionantes mejoras en su clima de inversión. Sin embargo, algunos conflictos sociales y protestas ambientales han creado dificultades políticas en el desarrollo de algunos proyectos clave para el país"[75], confirmándose así que la correcta implementación de las asociaciones público-privadas va de la mano con la reducción de los riesgos sociales, económicos y políticos que puedan afectar al proyecto.

6. URUGUAY

Por último en los países que conforman esta reseña, la Asamblea General de Uruguay reguló a las APP por la Ley sobre los Contratos de Participación Público-Privada para la Realización de Obras de Infraestructura y Prestación de Servicios Conexos de 2011 (Ley Nº 18.786)[76].

---

74 Véase sobre las concesiones en Perú y sus limitaciones: Diego Zegarra Valdivia, "Concesión administrativa e iniciativa privada", en *Themis*, Nº 39, Pontificia Universidad Católica del Perú, Lima, 1999, pp. 99-119, en http://revistas.pucp.edu.pe/index.php/themis/article/view/10383

75 José Manuel Vassallo, *Asociación Público Privada en América Latina. Aprendiendo de la experiencia*, CAF, Bogotá, 2015, p. 22, en https://scioteca.caf.com/handle/123456789/758

76 En https://www.impo.com.uy/bases/leyes/18786-2011

Esta ley, reglamentada en 2012[77], define a los contratos de participación público-privada como "aquellos en que una Administración Pública encarga a una persona de derecho privado, por un período determinado, el diseño, la construcción y la operación de infraestructura o alguna de dichas prestaciones, además de la financiación", siempre que la Administración haya resuelto que "otras modalidades alternativas de contratación no permiten la mejor forma de satisfacción de las finalidades públicas" (artículo 2).

Es decir, que la elección de la APP tendría un carácter secundario frente a las modalidades clásicas y solo procedería de considerarse la forma más eficaz de satisfacer el interés general en cuanto a obras de infraestructura[78], advirtiéndose que de tratarse de un contrato sobre centros educativos, de salud o reclusión los mismos no podrán incluir la prestación de servicios educativos, sanitarios ni de seguridad, respectivamente (artículo 3).

Por lo que respecta a las características de las APP en Uruguay vemos que ellas coinciden con el resto de la región en el sentido que *(i)* el proyecto no puede tener una duración superior a treinta y cinco años, con inclusión de sus eventuales prórrogas (literal "G" del artículo 4); *(ii)* la selección del contratista ocurre mediante concurso público (artículo 19); *(iii)* la APP podrá ser de iniciativa pública o privada, llevándose en este último caso un procedimiento de selección como el visto en Colombia (artículo 15); *(iv)* debe preverse una adecuada distribución de riesgos así como la retribución que recibirá el inversor privado con base en estándares de calidad (literales "B" a "D" del artículo 17); y *(v)* toda APP debe hacerse constar en un registro que al efecto llevará el Ejecutivo Nacional (artículo 14).

Asimismo podemos apreciar que el régimen uruguayo presenta similitudes con Argentina y Perú en materia de prerrogativas, ya que determina que la modificación unilateral del contrato procederá

---

77 En https://www.impo.com.uy/bases/decretos/17-2012

78 Nótese que en el artículo 3 se precisa que estos proyectos podrán consistir en obras viales, ferroviarias, portuarias y aeroportuarias; infraestructura energética e hidráulica; disposición y tratamiento de residuos; e infraestructura social como cárceles, centros de salud y de educación, viviendas de interés social, complejos deportivos y obras de mejoramiento, equipamiento y desarrollo urbano.

únicamente por los supuestos que se hayan previsto en el mismo (artículo 47) y todo conflicto en cuanto a la interpretación, ejecución, cumplimiento y extinción de la APP deberá someterse a arbitraje (artículo 54), si bien se declara de utilidad pública las expropiaciones de bienes inmuebles destinados a ejecución de proyectos de participación público-privada (artículo 59) por lo que este último riesgo permanece latente.

De este modo, la ley vendría a recoger "las soluciones más actualizadas" en materia de contratación pública, destacándose –como hemos visto en la región– la importancia de la asignación de riesgos que "se convierte en un elemento clave en este tipo de contratos" a fin de evitar que "el agente privado, colocado en la situación de enfrentar riesgos que no le son propios o no está en las mejores condiciones de administrar, compensa esta situación trasladando el mayor costo económico que los riesgos generan, al precio del contrato"[79].

No obstante, nuevamente vemos que una regulación del tema que nos ocupa –por garantista que sea– no es suficiente para asegurar el éxito de estos proyectos pues "[a] pesar de las buenas expectativas que se formaron en torno a la aprobación de la normativa, lo cierto es que el arranque del modelo en el país está siguiendo un ritmo inferior a lo esperado. Tras cinco años transcurridos desde la aparición de la ley solo dos proyectos APP habían sido adjudicados en 2017"[80], señalándose como las causas de esta baja implementación –entre otros– "resistencias políticas y administrativas producto de procedimientos fuertemente instaurados como lo son las licitaciones" en contraposición a las novedosas APP que requieren que la Administración las demande explícitamente al motivar que las modalidades clásicas de contratación son poco eficaces, requiriéndose en consecuencia un procedimiento de formación y capacitación de los funcionarios que no ha ocurrido[81].

79 Pablo Schiavi, "La participación público-privada en el desarrollo de infraestructuras y servicios relacionados en el Uruguay primeras reflexiones sobre la Ley N° 18.786" en *Revista de Derecho de la Universidad de Montevideo*, Vol. 10, N° 20, Universidad de Montevideo, Montevideo, 2011, pp. 84-85, en http://revistas.um.edu.uy/index.php/revistaderecho/article/view/640

80 J. M. Vassallo, *Asociación Público-Privada en América Latina. Afrontando...*,ob. cit., p. 28.

81 Guillermo Fuentes, "¿Reforma silenciosa del Estado?: proceso político de la ley de Participación Público-Privada en Uruguay", en *Revista de Administração Pública*, Vol. 51,

En consecuencia, como apuntan en el foro uruguayo, "buena parte del éxito en propiciar, prolongar y aumentar la participación de la iniciativa privada en proyectos de infraestructuras radica, en nada más y nada menos, que en construir y reforzar día a día la confianza mutua entre las partes: la empresa privada y la Administración Pública concedente"[82], a lo que se suma la importancia de la simplificación administrativa –sin dejar de lado las competencias de supervisión propias de la Administración– visto que la legislación uruguaya acuerda atribuciones a múltiples órganos y entes en vez del modelo de autoridad central que hemos visto en otros países y, con ello, aumentan considerablemente los trámites, tiempos y burocracia en general, atentando a larga contra la eficacia de la APP[83].

CONCLUSIÓN

Las leyes especiales sobre asociaciones público-privadas reseñadas en esta colaboración permiten apreciar cómo las APP han calado en el derecho latinoamericano como un modelo de contratación complementario a las tradicionales concesiones y contratos de obra, con el que se pretende alcanzar una mayor eficacia en materia de infraestructura y servicios públicos.

En este sentido, las asociaciones público-privadas constituirían un contrato cuya definición no dista en demasía de las concesiones –así como tampoco la necesidad de que la selección del contratista se dé por concurso público y que la relación se extienda por un lapso prolongado de hasta treinta, treinta y cinco o sesenta años, según el país del que se trate–, encontrándose la principal diferencia entre ambos modelos en cuatro ideas fundamentales:

La *primera*, que la asociación público-privada podrá derivar de la iniciativa del sector público –como ocurre en materia de concesiones– o

N° 6, FGV EBAPE, Rio de Janeiro, 2017, p. 1015, en https://www.scielo.br/pdf/rap/v51n6/1982-3134-rap-51-06-1005.pdf

82 P. Schiavi, ob. cit., p. 118.

83 Véase en general Pablo Schiavi, "Régimen institucional de la participación público-privada en Uruguay", *Revista Digital de Derecho Administrativo*, N° 17, Universidad Externado de Colombia, Bogotá, 2017, pp. 213-241, en https://doi.org/10.18601/21452946.n17.12

el sector privado, siendo que en este último caso ello no será óbice para que se proceda a la asignación del proyecto por la vía concursal contando el proponente únicamente con ciertas ventajas en su calificación.

La *segunda*, que la asociación debe prever –como vimos reiteran las leyes de los seis países tratados, en consonancia con los dichos del foro en la materia– una distribución de riesgos adecuada en el sentido que estos recaigan en cabeza del socio que tenga una mejor capacidad para enfrentarlos o mitigarlos a fin de que estos afecten en la menor medida posible a la infraestructura o servicio al que se refiera la APP, al contrario del modelo concesional clásico en el cual los riesgos son asumidos sin más por el sector privado que, como mecanismo para palearlo, tiende a aumentar sus costos con el impacto que ello genera en el erario público.

La *tercera*, que la retribución que recibirá el socio privado se hace depender de estándares de calidad y eficiencia que deben ser valorados objetivamente por la Administración de acuerdo con lo que se haya determinado en el contrato o prevea el ordenamiento jurídico –con inclusión de actos de rango sublegal como serían los manuales de buenas prácticas–, bajo el argumento de que de esta forma el socio privado contará con una motivación adicional para entregar un producto de calidad en los lapsos acordados para ello, a la par que al objetivarse los elementos que serán tomados en cuenta por la Administración al evaluar dicho producto disminuye la discrecionalidad del funcionario y aumenta la seguridad jurídica del inversor.

Y la *cuarta*, justamente vinculada con el principio de seguridad jurídica mencionado, es que estos contratos tienden a colocar a la Administración y al socio privado en una situación de mayor paridad al promover mecanismos como el arbitraje para la resolución de conflictos –visto en todas las leyes menos en el caso colombiano– y disminuir en algunas ocasiones las clásicas prerrogativas de la Administración en cuanto a la modificación o terminación unilateral del contrato, si bien sobre esto último no hay uniformidad y mientras algunos países como Argentina, Perú y Uruguay aluden expresamente a ello, otros como Ecuador y Paraguay callan o, incluso, como ocurre en Colombia, se indica que la Administración contará en las APP con su usual universo de prerrogativas. E igual falta de uniformidad encontraríamos en cuanto a las expropiaciones, la reversión de bienes y la necesidad de crear empresas cuyo objeto único sea la ejecución del objeto de la APP, según vimos.

En otras palabras, la APP no es consustancial con la supresión de prerrogativas a favor de la Administración, en tanto sí lo será respecto a la adecuada distribución de riesgos y la remuneración basada en estándares de calidad (*value for money*).

Ahora bien, si luego de este sobrevuelo por las APP en Suramérica regresamos al Estado venezolano podemos constatar que esta tendencia que hemos visto presente en buena parte del continente al menos desde el año 2008 en Venezuela no se ha positivizado. Realidad que no ha de resultarnos extraña si tenemos presente que en el país, más bien, ha imperado durante más de veinte años una política que denigra a la empresa privada y los derechos económicos de los particulares que, lógicamente constituyen prerrequisitos de una asociación de este tipo[84].

No obstante lo anterior, pensando a futuro, bien podríamos preguntarnos si en Venezuela haría falta sancionar una ley sobre APP o si, por el contrario, bastaría con una reforma puntual del Decreto con Rango y Fuerza de Ley Orgánica sobre Promoción de la Inversión Privada bajo el Régimen de Concesiones de 1999 que tendiera a optimizar algunas de sus disposiciones.

La duda surge del hecho que al comparar el decreto ley en cuestión con la legislación comentada vemos por ejemplo que los artículos 17 a 19 del primero prevén la posibilidad de que la concesión surja de la iniciativa privada –que recordará el lector es uno de los principales baluartes que incluye la legislación sobre APP– mientras que en otras tantas oportunidades se hace alusión a que el concesionario debe cumplir con estándares o niveles mínimos de calidad (artículo 36, 37 y 51) y la posibilidad de que la Administración determine en el pliego de condiciones y el contrato cuál será la remuneración que recibirá el concesionario

84 Véase sobre algunos de estos ataques, a modo de ejemplo, Juan Domingo Alfonzo Paradisi et al., *Análisis jurídico económico y financiero de la Ley Orgánica de Precios Justos y de la normativa complementaria*, FUNEDA, Caracas, 2014 y José Ignacio Hernández G., *La expropiación en el Derecho Administrativo venezolano*, Universidad Católica Andrés Bello, Caracas, 2014.

(artículo 7, 24 y 33), por lo que consideramos nada impediría que en el contrato dicha remuneración se hiciera depender de estándares de calidad y eficiencia, como promueven las APP.

Asimismo, el decreto ley señala en su artículo 61 que podrán emplearse medios alternativos como la conciliación y la transacción "[p]ara la solución de los conflictos que surjan con motivo de la ejecución, desarrollo o extinción de los contratos regulados por este Decreto-Ley", pudiendo acudirse también a tribunales arbitrales "cuya composición, competencia, procedimiento y derecho aplicable serán determinados de mutuo acuerdo, de conformidad con la normativa que rige la materia"[85] y que "[c]uando se trate de la solución de diferencias de carácter exclusivamente técnico, las partes podrán someter la solución del asunto al conocimiento de expertos directamente designados por ellas", lo que coincidiría con una de las ventajas de la APP respecto a las concesiones en Suramérica según comentamos, y que en el país ya se encontraría satisfecho.

En tanto, otras circunstancias como lo son el hecho que el concesionario tenga que constituir una sociedad mercantil "cuyo objeto será la construcción rehabilitación, modernización, ampliación y explotación de obras y servicios públicos, incluyendo particular referencia al objeto de la concesión adjudicada" (literal "A" del artículo 29) no parecen ser determinantes ya que vimos las leyes de APP prevén en ocasiones que estas sociedades son requeridas (Colombia, Paraguay) y en otras son facultativos (Argentina, Perú).

Donde sí parecería haber diferencia –y, por ende, necesidad de reforma o mayor precisión– es en lo que se refiere a los riesgos visto que la ley parte que el concesionario participa "por su cuenta y riesgo" (artículo 2), abstrayéndose a la Administración de este elemento, si bien luego, al precisarse el contenido del pliego de condiciones, se indica que en él debe indicarse el "[g]rado de riesgo que asume el participante durante la construcción de la obra o prestación del servicio" (literal "D"

---

85 Si bien la materia escapa de nuestro objeto de estudio, se recomienda la consulta de Rafael Badell Madrid, *Medios alternativos de solución de conflictos en el Derecho Administrativo venezolano. Especial referencia al arbitraje en los contratos administrativos*, en https://www.badellgrau.com/?pag=17&ct=75

del artículo 24), abriéndose la posibilidad de que este no sea absolutamente para el concesionario[86].

Finalmente, a pesar de que vimos ello no es una medida intrínseca a las APP y que por sí sola no garantiza el éxito de este modelo de contratación, sería recomendable el estudio de las prerrogativas a favor de la Administración que hoy en día se encuentran previstas en términos absolutos que no dan lugar a negociaciones al momento de contratar[87] y están signadas por conceptos jurídicos indeterminados[88] que en definitiva atentan contra la eficacia del contrato y el equilibrio económico-financiero (literal "C" del artículo 33)[89].

Sobre estas prerrogativas el homenajeado en esta obra colectiva ha afirmado en más de una ocasión que dadas sus implicaciones, las mismas deben circunscribirse "a un ámbito reducido [de] la noción de contrato administrativo", que quedaría limitada a aquellos en los cuales

---

86 Nótese, no obstante, que más adelante el decreto ley indica que "[l]as obras se ejecutarán a entero riesgo del concesionario, incumbiéndole hacer frente a cuantos desembolsos fueren precisos hasta su total terminación. La República no será responsable de las consecuencias derivadas de los contratos que celebre el concesionario con los constructores o suministradores" (literal "C" del artículo 31), de lo que podría desprenderse que el grado de riesgo durante la construcción sería total en cabeza del concesionario pero en otras etapas de la concesión (operación, mantenimiento, entre otras) podría distribuirse de un modo más equitativo.

87 Véase por ejemplo el artículo 38 del decreto ley según el cual "[d]e surgir discrepancias entre las partes durante la ejecución del contrato acerca de la interpretación o el alcance de cualesquiera de sus disposiciones, el ente concedente, de no lograrse un acuerdo, interpretará mediante acto administrativo debidamente motivado las estipulaciones o cláusulas objeto de la diferencia".

88 Véase por ejemplo el artículo 39 del decreto ley, conforme con el cual "el ente concedente podrá modificar, por razones de interés público y mediante acto debidamente motivado, las características de las obras y servicios contratados", y el artículo 53 que prevé que "[l]as concesiones podrán rescatarse anticipadamente por causa de utilidad o interés público, mediante acto administrativo debidamente motivado del ente concedente", si bien en ambos casos se prevé la necesidad de indemnizar al concesionario.

89 Véase sobre el equilibrio, entre otros, el literal "C" del artículo 33 del decreto ley conforme con el cual "[d]esde el momento en que se perfeccione el contrato, nacen para el concesionario los derechos a: c. Solicitar la revisión del régimen económico de la concesión y del plazo de ejecución por causas sobrevinientes, y a obtener, si fuere el caso, las compensaciones a que hubiere lugar que podrán hacerse efectivas por medio de la revisión del régimen tarifario u otras fórmulas de remuneración del concesionario, de su fórmula de reajuste o del plazo del contrato, pudiendo utilizarse para ello uno o varios de estos factores a la vez".

"la Administración encomienda efectivamente al cocontratante la ejecución misma del servicio público", siempre que se trate de su "prestación inmediata y directa" y sea un servicio "de relevancia para la colectividad; de un servicio de gran importancia que, debiendo ser prestado por el Estado, éste lo encomienda por un contrato a un particular"[90].

De este modo, continua el autor, solo en los contratos que versen sobre servicios públicos podrían incluirse prerrogativas o cláusulas exorbitantes[91] "que tienen por objeto conferir a las partes derechos o imponerles obligaciones que son extraños a los que pueden ser libremente consentidos en el marco de las leyes civiles y comerciales", si bien el tema se ha prestado a debates al momento de determinar si se requiere que el contrato se refiera a la ejecución del servicio público o basta con que exista una "participación directa del cocontratante en el funcionamiento del servicio público, sin que tenga a su cargo la verdadera ejecución del referido servicio" o, inclusive, la mera asociación de este con el servicio en cuestión[92].

No siendo nuestra intención ahondar en los pormenores de la noción del servicio público, los contratos administrativos, ni las cláusulas exorbitantes tratadas a profundidad por Caballero Ortiz junto a otros

90 Jesús Caballero Ortiz., *Una concepción…*, ob. cit., pp. 223 y 246.

91 Ténganse como ejemplos de estas cláusulas la dirección, control, interpretación, modificación y resolución unilateral del contrato, así como la posibilidad de sancionar el incumplimiento del contratista. Véase en general José Araujo-Juárez, *La teoría de la cláusula exorbitante. El tránsito de la cláusula derogatoria a la potestad administrativa contractual en los sistemas de contratación pública*, CIDEP y Editorial Jurídica Venezolana, Caracas, 2017.

92 Jesús Caballero Ortiz., *Una concepción…*, ob. cit., p. 214. El autor, siguiendo a Paul Amselek y la doctrina francesa en la materia, destaca que el servicio público "es una fórmula engañosa que recubre, bajo una apariencia formal de unicidad, una multiplicidad de criterios jurisprudenciales diferentes que derivan del objeto del contrato, así por ejemplo, el hecho de que el contrato tenga por finalidad confiar al cocontratante la ejecución misma de un servicio público, o que tal objeto constituya una modalidad de ejecución de un servicio público constituyen criterios variables manejados por la jurisprudencia". Esta afirmación es confirmada por Caballero Ortiz dentro de nuestras fronteras cuando, páginas más adelante, hace un repaso de cómo la Sala Político-Administrativa de la extinta Corte Suprema de Justicia y del actual Tribunal Supremo de Justicia han moldeado el término de acuerdo con el caso que conocían para concluir que "la noción de contrato administrativo (…) ha perdido toda sustantividad, al quedar fundamentada en criterios tan disímiles" y "es muy factible que cualquier contrato celebrado por la Administración pueda ser calificado como administrativo, con las consecuencias que (…) ello implica en el plano de las prerrogativas".

temas propios de la contratación pública como lo sería la distinción entre los contratos de interés público y los contratos de interés nacional[93], hemos traído a colación el criterio del homenajeado para hacer frente a una interrogante que deseamos dejar como reflexión final y planteamos del siguiente modo: sabido que la concesión de servicios públicos suele verse como el "ejemplo más típico" de un contrato "cuyo vínculo jurídico queda regulado fundamentalmente por el derecho público"[94] y, por ende, serían contratos donde tienen cabida las prerrogativas de la Administración Pública a tenor del Decreto con Rango y Fuerza de Ley Orgánica sobre Promoción de la Inversión Privada bajo el Régimen de Concesiones, ¿podría modificarse este decreto ley a fin de disminuir o incluso suprimirse estas prerrogativas en determinadas concesiones (aquellas que quieran calificarse como APP en el argot reciente) con la intención de favorecer los principios de eficacia, valor por dinero y seguridad jurídica que promueven estas asociaciones?

Si partimos, como lo hace Caballero Ortiz, de que "legislativamente se encuentran consagradas tales prerrogativas de la Administración en relación a determinados contratos" –a saber, las concesiones en virtud del decreto ley indicado– y que "su interpretación es restrictiva y no cabe respecto a ellas la interpretación analógica"[95], somos de la opinión que nada impediría entonces la reforma propuesta a fin de preverse la posibilidad que al celebrar una asociación público-privada la Administración pueda reducir o renunciar a las prerrogativas que el ordenamiento le reconozca a título facultativo –y no imperativo– con la intención de promover la inversión privada en el quehacer público y, con ello, una mejor satisfacción del interés general por medio de estas asociaciones.

93 Véase Jesús Caballero Ortiz, "Los contratos administrativos, los contratos de interés público y los contratos de interés nacional en la Constitución de 1999", en *Estudios de Derecho Administrativo. Libro homenaje a la Universidad Central de Venezuela, Facultad de Ciencias Jurídicas y Políticas, con ocasión del vigésimo aniversario del curso de Especialización en Derecho Administrativo*, t. I, Tribunal Supremo de Justicia, Caracas, 2001, pp. 139-155.

94 Jesús Caballero Ortiz, "¿Deben subsistir los contratos administrativos en una futura legislación?", en *El Derecho Público a comienzos del siglo XXI. Estudios en homenaje al profesor Allan R. Brewer Carías*, t. II, Editorial Civitas, Madrid, 2003, p. 1765.

95 Ibíd., p. 1772.

No obstante, y como lo atestigua la experiencia latinoamericana analizada, el éxito de un programa de APP va más allá de un ordenamiento jurídico garantista –prevea o no prerrogativas a favor de la Administración– y requiere de la confluencia de elementos de corte económico, político y social para que estas asociaciones generen verdaderos resultados y no sean, como dijésemos al inicio, solo un esfuerzo por cambiarle el nombre a instituciones ya conocidas (básicamente, la concesión) para presentarlas ahora como algo nuevo y exento vicios.

Cierto es que el derecho comparado que hemos citado a lo largo de esta colaboración podría servir de inspiración al legislador venezolano para regular en un futuro cercano a las APP, pero cierto es también que, como también reseñamos *ut supra*, en más de uno de estos países se ha adoptado este modelo de contratación y los resultados han sido los mismos que los observados con las concesiones tradicionales.

A fin de cuentas, nos encontramos frente a una asociación entre dos personas –una pública y otra privada– y, como toda asociación, su éxito requerirá que haya confianza recíproca y buena voluntad para lograr los objetivos trazados; lo que hoy difícilmente podría afirmarse existe en el país cuando se tiene un Poder Público cuyos principales cabecillas ven al sector privado como un enemigo que debe ser eliminado y sus bienes absorbidos a favor del creciente Estado para sus políticas paternalistas, y un sector privado que, como consecuencia de lo anterior, cada vez tiene menos interés en contratar con el Estado aumentando a la larga las carencias de infraestructuras y servicios en el país y, con ello, las penurias de la población.

En otras palabras, la crisis que aqueja el país no la hallaremos en figuras como las APP si, junto con ellas, no se impulsan verdaderos cambios estructurales y de mentalidad en cuanto a la relación Estado – sociedad y el rol que compete a cada sector.

LA FUNDACIÓN DEL ESTADO. RÉGIMEN DE DERECHO PÚBLICO. CONTROL PÚBLICO

JOSÉ ARAUJO-JUÁREZ*

SUMARIO

INTRODUCCIÓN

1. Planteamiento general – En materia de fundaciones del Estado, si interesante resulta el estudio del régimen de Derecho público sobre su creación, constitución y la gestión pública (J. Araujo-Juárez)[1], no lo es menos el de su régimen del control público.

El Estado Constitucional[2], sea cual fuere el concepto que sobre su naturaleza se tenga, ha sido creado para cumplir determinados

* Profesor de Postgrado e Investigador Asociado del Instituto de Investigaciones Jurídicas de la Universidad Católica Andrés Bello, Venezuela. Miembro del Instituto Internacional de Derecho Administrativo, del Foro Iberoamericano del Derecho Administrativo, de la Asociación de Derecho Administrativo Iberoamericano, de la Asociación Española e Iberoamericana de Profesores e Investigadores de Derecho Administrativo; y Miembro de Honor de la Asociación Mexicana de Derecho Administrativo, de la Asociación Dominicana de Derecho Administrativo y Miembro Honorario de la Asociación Venezolana de Derecho Administrativo.

1 Vid. *in extenso* a José Araujo-Juárez,"La fundación del Estado. Régimen de Derecho público. Parte General". En *Revista Venezolana de Legislación y Jurisprudencia*. N° 16. Caracas, 2021.

2 Según la doctrina, el Estado Constitucional como forma jurídica de organización de la convivencia social, de configuración del Estado en su conjunto, cuya razón de ser es la salvaguarda de la libertad individual –entendida como la capacidad del ciudadano para autodeterminarse–, como su seña de identidad, surge como experiencia histórica en la Europa continental a finales del siglo XVIII, y evoluciona desde entonces hasta convertirse en lo

fines constitucionales, de acuerdo con el Art. 3 de la Constitución (C)[3]. Para ello se le dota de la técnica de la potestad, que es una técnica de la Teoría general del Derecho, como concretamente se manifiesta el llamado en la teoría política el «poder público», y por eso mismo, ni es ni puede lógicamente ser, ilimitada, incondicionada o absoluta, sino estrictamente tasada en su extensión y contenido, lo cual viene a ser una concepción capital en la concepción actual del estado de Derecho (E. García de Enterría)[4], que le permiten el ejercicio de funciones propias mediante el desenvolvimiento de numerosas actividades.

Pero con mayor o menor intensidad, tales potestades y actividades están sujetas a un régimen de control público –sistemas y procedimientos– (J. Araujo-Juárez)[5], y es para mí una satisfacción poder colaborar con este breve trabajo sobre la materia en el Libro Homenaje que muy merecidamente se le dedica al amigo y Prof. Jesús Caballero Ortiz, por su muy reconocida trayectoria en la actividad académica y profesional, tanto en el sector público como en el privado.

§1. Control público – En su significación jurídica, debemos señalar como premisa fundamental, que los titulares de las funciones estatales y, de manera concreta de la función administrativa, están sometidos con la mayor amplitud en su ejercicio, en la concepción de un Estado Constitucional, a diversos controles públicos, los cuales van hacer efectivo el principio de juridicidad y el principio de eficacia.

Sostiene L. Parejo Alfonso[6] que, sin perjuicio de que el control carezca, en el plano jurídico y como categoría de un significado,

que es hoy, estación de llegada del trayecto histórico del Estado constitucional: el modelo *Estado social y democrático de Derecho* –y agregamos, *de Justicia*–, la última expresión categorizada del Estado constitucional. Vid. *in extenso* a Araujo-Juárez, J. (2021). *Constitución administrativa*. Consultado en original y en proceso de publicación.

3 En Venezuela, la Constitución de 1999 fue el fruto de un arduo proceso constituyente y aprobada mediante Referendo del 15-12- 1999, publicada en la Gaceta Oficial N° 36.600, del 30-12-1999, y después publicada con correcciones en la Gaceta Oficial N°5.453 Extr., del 24-03-2000.

4 Eduardo García De Enterría y T. R. Fernández, (2020). *Curso de Derecho Administrativo* T. I, Décimonovena edición. Civitas-Thomson Reuters, Madrid, 2020, pp. 488 y 489.

5 Vid. a José Araujo-Juárez, *La justicia administrativa y el contencioso de anulación*. Caracas, FUNEDA-CIDEP, Colección compactos N° 4, Caracas, 2019, pp. 25-56.

6 Luciano Parejo Alfonso, *Lecciones de Derecho Administrativo*, 10ª Edición revisada, actualizada y ampliada., Tirant Lo Blanch, Madrid, 2020, p. 1119.

contenido y alcance precisos, puede decirse, con carácter general, que es una función que aparece revestida de las notas características siguientes:

(i) Consiste en una actividad de confrontación o comprobación para le emisión de un juicio con arreglo a un criterio.

(ii) Que un ente u órgano realiza respecto de la actividad de otro.

(iii) Y conlleva, sobre la base del juicio emitido, la adopción de una medida de contenido y alcance muy diversos.

(iv) Y con producción de los consecuentes efectos, positivos o negativos, en aquella actividad, los cuales son diversos dependiendo del carácter de la medida adoptada.

Ahora, tomando a préstamo la modalidad metodológica que impusieron K. Loewenstein y M. García Pelayo[7], a quienes se sigue en este tema, la doctrina clasifica el sistema de control público sobre la Administración Pública desde sus diversos ángulos y enfoques y, por ende, las clasificaciones pueden obedecer a distintos criterios, a saber: finalidad o naturaleza de la actividad; oportunidad; objeto; ubicación del órgano o del titular del control; y por último, la vinculación de los órganos entre los cuales se establece la actividad de control (J. R. Dromi[8]).

Así las cosas, y tal vez sea la más importante, la clasificación del control público atiende a la finalidad o naturaleza de la actividad, así: (i) el control administrativo; (ii) el control legislativo; y por último, (iii) el control jurisdiccional, siendo solo el control administrativo el de consideración presente, por obvias razones de espacio.

A. RÉGIMEN DEL CONTROL DE TUTELA

I. Control administrativo

§2. Planteamiento general – La doctrina sostiene que el fenómeno de la Administración Pública descentralizada funcionalmente consiste en la transferencia de competencias de una persona jurídica político

[7] Karl Loewenstein. *Teoría de la Constitución*, Traducción y estudio por A. Gallego Anabitarte, Reimpresión de la 2ª. ed., Ariel, Barcelona, pp. 149-468; y Manuel García-Pelayo, *Derecho Constitucional Comparado*, Madrid, 1959, pp. 294-324.

[8] J. R. Dromi, (1979). *Prerrogativas y Garantías Administrativas, 2° Parte. Garantías del Administrado.*, UCT, Tucumán, p. 9 y ss.

territorial, generalmente, a otra u otras personas jurídicas distintas del ente público territorial transferidor. Se está en presencia de una distribución de competencias, no entre órganos de una misma organización jerárquica, sino entre personas jurídicas distintas, con el objeto de lograr según la Ley Orgánica de la Administración Pública –LOAP–[9], una mayor eficacia en el desempeño de las funciones administrativas, o más concretamente «cuando el mejor cumplimiento de los fines del Estado así lo requiera»[10].

En el mismo sentido se pronuncia la doctrina nacional[11], cuando señala que la personalidad jurídica constituye un supuesto jurídico-organizativo de la Administración Pública descentralizada, y añade que este concepto puede considerarse en sentido formal u orgánico, y en sentido material o funcional.

En el Derecho positivo, la Administración Pública descentralizada funcionalmente es también un proceso de transferencia de competencias que prevé la LOAP como fórmula para flexibilizar la organización de la Administración Pública. En efecto, el Título IV "*De la Desconcentración y de la Descentralización Funcional*" de la LOAP permite, en su Capítulo II, la flexibilización y adaptación de las formas de organización de la Administración Pública mediante la descentralización administrativa funcional, para que responda con agilidad a los cambios del entorno, restricciones en los recursos y cambios en su misión y rol sobre el sector que regulan; a la vez que responda al proceso de descentralización y de constitución de nuevos ejes regionales de desarrollo territorial.

§3. Concepto – En el caso de la descentralización administrativa funcional, se contemplan, inexcusablemente, distintos medios de control público por parte de los órganos y entes de la Administración

9 Publicada en la Gaceta Oficial Nº 37.305, de fecha 17-10-2001. Posteriormente fue reformada mediante Decreto con Rango, Valor y Fuerza de Ley Orgánica de la Administración Pública, publicada en la Gaceta Oficial Nº 5.890 Extr., de fecha 31-07-2008. Publicada en la Gaceta Oficial Nº 6.147 Extr., de fecha 17-11-2014.

10 Vid. Art. 29 de la LOAP.

11 Juan Garrido Rovira, "Ámbito orgánico de aplicación a las fundaciones de la normas sobre las fundaciones, asociaciones y sociedades civiles del Estado y el control de los aportes públicos a las instituciones privadas similares". En Revista de Derecho Público, Nº 21, Caracas, p. 27.

Pública que eviten las dificultades que los mismos han tenido para ejercer un efectivo control sobre los entes descentralizados funcionalmente.

En consecuencia, bajo los parámetros del nuevo paradigma de la Administración Pública, se establece una regulación del control público que deben ejercer los ministros y otros órganos de control, nacionales, estadales, de los distritos metropolitanos y municipales respecto de los entes descentralizados funcionalmente que le estén adscritos, así como otros medios de control público a cargo de órganos competentes.

Así, el concepto de control administrativo, en general, comprende las actividades realizadas por la Administración Pública de un orden superior, orientadas a verificar y a asegurar que las funciones de los organismos y entidades que integran el sector, cumplan con las políticas sin comprometer la descentralización y la autonomía.

Es sabido que la administración en cuanto actividad material, ya no está circunscrita en la Administración Pública *strictu sensu*. En efecto, la acción administrativa ha desbordado el marco de las personas públicas propiamente dichas y, más allá de la conocida fórmula de los establecimientos públicos, noción que se correspondía primitivamente a la descentralización administrativa por servicios –denominados legalmente institutos autónomos e institutos públicos–, integra en la actividad también a personas jurídica de Derecho privado.

Este fenómeno, uno de los más importante de la vida administrativa actual, posee un doble aspecto: 1.º, mediante la colaboración de los particulares en las taras de interés general –por ej., los concesionarios–; y 2.º, la creación por los Poderes públicos de órganos de intervención con forma jurídica de personas de Derecho privado, con las variantes más diversas –sociedades, asociaciones, fundaciones–, y que conforman también la categoría de los entes o entidades descentralizadas funcionalmente.

El ente o entidad descentralizada funcionalmente recibe sus atribuciones directamente de la ley con atribución de personalidad jurídica y, sin embargo, su separación no es absoluta, para que no quebrante el principio de la unidad de la Administración Pública. Considerada en su conjunto, esta es, en verdad, una sola, con los mismos deberes esenciales, aunque con diversas actividades específicas.

En efecto, la realización de las funciones administrativas presupone una organización, es decir, un conjunto de personas públicas vinculadas entre sí, lo que origina el denominado *control de tutela* (vinculación material), esto es, la función de vigilancia por parte del órgano de tutela sobre los entes descentralizados funcionalmente que se manifiesta a través de distintos mecanismos. A su vez, la *adscripción* (vinculación orgánica) se refiere a un conjunto de órganos y personas jurídicas vinculados organizativamente entre sí por el control de tutela.

En consecuencia, bajo los parámetros del nuevo paradigma de la Administración Pública se establece una regulación del control de tutela que deben ejercer ministros y demás órganos de control en las Administraciones Públicas centrales nacional, estadales, distritales o municipales sobre sus respectivos órganos desconcentrados y sobre los entes descentralizados funcionalmente.

La primera consecuencia importante del principio de unidad de la Administración Pública es, pues, la necesidad del control administrativo sobre el ente descentralizado funcionalmente, el establecimiento de un estrecho control con lo que se evita la debilitación de la autoridad central y se mantiene la unidad de la acción administrativa, denominado *control de tutela*, por oposición tanto a la relación de *jerarquía administrativa* entre órganos de la misma Administración Pública, como al control público que ejerce la Administración Pública sobre los particulares por razón de la *relación de sujeción especial*, esto es, por la especial condición en que se encuentren, como por ejemplo, los concesionarios de servicios públicos.

§4. Modalidades – Como cuestión previa, reiteramos que la importancia de determinar o no la naturaleza de su personalidad jurídica –cuyo concepto tiene origen en el Derecho privado–, radica en que una estructura subjetiva de Derecho público permite determinar, conforme a la LOAP y al Decreto N° 677 contentivo de las Normas sobre las Fundaciones, Asociaciones y Sociedades Civiles del Estado y el Control de los Aportes Públicos a las Instituciones Privadas Similares (NFASCE)[12], en el caso de la figura de la fundación estatal, la relación de tutela orgánica (la adscripción), o la relación de tutela material (el control

[12] Vid. Gaceta Oficial N° 3.574 Extr., de fecha 21-06-1985.

de tutela), respectivamente, que la vincula con la Administración Pública, relación que indicará el mayor o menor grado de independencia o de autonomía que mantiene el ente descentralizado funcionalmente con el órgano de control de tutela (Arts. 118, 119, 120, 121, 122, 123, 124 y 125 de la LOAP).

En tal sentido, el control administrativo propiamente tal es el que se ejerce dentro de la propia Administración Pública, pues es preciso dotarla de un sistema de controles o mecanismos de control de la actividad –interior y exterior– por ella desplegada.

Cuando se hace referencia al control administrativo se alude a un sistema de «auto-control» efectuado internamente por los órganos y entes en ejercicio de la función administrativa, y habrá que distinguir, a su vez, las modalidades de sistemas de control administrativo siguientes: (i) sistema de control jerárquico; y (ii) sistema de control de tutela.

§4.a Sistema de control jerárquico – En primer lugar, el denominado sistema de *control jerárquico*, interno o de auto-control y, de consiguiente, aquel que se ostenta en ejercicio de la función administrativa, es el que se realiza dentro de la propia Administración Pública, que se concreta ya sobre órganos propiamente internos o entes externos, paralelos o independientes de aquéllos.

Aquí tenemos un supuesto muy concreto donde la función no es ajena sino que es propia del órgano que ejerce la actividad de control público. En definitiva, es aquel que ejerce la autoridad administrativa superior sobre las autoridades o funcionarios inferiores de un mismo ente, con fundamento en su rango y autoridad; por tanto, este control administrativo se presenta respecto de los órganos centralizados, que son los que se encuentran sometidos a una estructura jerárquica. La jerarquía es una relación jurídica administrativa interna, que vincula entre sí los órganos de la Administración Pública mediante poderes de subordinación, para asegurar unidad en la acción

Además, a su vez, el control jerárquico se divide: por un lado, en el control sobre las personas de los funcionarios: comprende las facultades de designación, poder disciplinario y retiro del servicio. La ley determina, cuál es el funcionario superior competente para decidir sobre las distintas situaciones administrativas de los empleados del respectivo organismo, sancionarlos y tomar decisiones sobre el retiro del servicio de esos empleados, de acuerdo con la Ley del Estatuto de la Función Pública –LEFP–[13]; y por el otro, el control sobre los actos de los funcionarios: comprende las facultades de revocarlos y reformarlos, una vez interpuesto el recurso de reconsideración o jerárquico, o la acción de nulidad, de acuerdo con la Ley Orgánica de Procedimientos Administrativos[14]. Además, debe diferenciarse si el acto del inferior fue dictado con fundamento en una delegación o en el mecanismo de la desconcentración de funciones, de acuerdo con la LOAP.

La primera característica, pues, del control jerárquico es que se trata de una relación entre órganos internos de un mismo ente administrativo, y no entre distintos sujetos administrativos; se distingue así, pues, el poder jerárquico del llamado en la doctrina francesa tutela administrativa, en que este último se da entre sujetos de la Administración pública, mientras que el jerárquico se da entre órganos de un mismo sujeto. De este modo el poder jerárquico funciona cuando hay centralización, desconcentración o delegación y el «control administrativo» únicamente cuando existe descentralización funcional o por servicios, como analizaremos de seguidas.

La segunda característica es que el control jerárquico es un poder que se da de manera total y constante, es de principio y existe siempre aunque ninguna norma lo establezca expresamente; está dado *jure propio* como una característica natural a todo órgano administrativo (interpretación extensiva). El control de tutela, en cambio, es más bien de excepción, y generalmente se sostiene que, salvo ciertos aspectos que usualmente comprende, sólo existe en la medida en que alguna norma jurídica lo establezca expresamente (interpretación restrictiva).

Por último, mientras que el control jerárquico abarca la totalidad (legitimidad y oportunidad) de la actividad del inferior, el control de tutela sobre los entes descentralizados sólo abarca, en principio, parte de su actividad (legitimidad).

§4.b Sistema de control de tutela – En segundo lugar, tenemos otra modalidad de control administrativo que se conoce con la deno-

---

13 Publicada en la GO N° 37.482, de fecha 11-07-2002, y reimpresa por error material en la GO N° 37.522, de fecha 6-09-2002.

14 Publicada en la Gaceta Oficial N° 2.818 Extr., de fecha 1-07-1981.

minación de *control de tutela* o de tutela administrativa (Art. 118 y ss. de la LOAP), que ya no se da al interior de una organización sino que se ejerce por una organización y se proyecta sobre una organización distinta. Con la denominación de control de tutela se designa la técnica de control de carácter limitado, otorgada a un órgano sobre los entes descentralizados funcionalmente que de él dependen para velar por la legalidad y oportunidad de sus actos, según sea el caso, y su adecuación de aquel sector del interés público de la competencia del órgano de adscripción.

A pesar que la expresión tutela tiene su origen en el Derecho privado, que hace referencia del incapaz o el menor, en el campo del Derecho administrativo ese concepto de tutela no tiene esa connotación de una suerte de minusvalía sino, por el contrario, se refiere a la necesidad de la articulación o a la relación que existe entre Administraciones Públicas distintas: por un lado una Administración Central, y por el otro, una Administración Pública descentralizada funcionalmente o por servicios, que en Venezuela aluden a las distintas categorías de institutos autónomos o institutos públicos. En tal sentido, la tutela técnica comprende la formulación de la política de actuación y el control de su ejecución (DPGR: 1981).[15]

II. Control de tutela

§5. Planteamiento general –En la primera parte del ensayo nuestro sobre el tema general[16], hemos señalado que tanto la doctrina,[17] la jurisprudencia[18] y finalmente las NFASCE, han incluido las fundaciones del Estado dentro del cuadro general de los organismos integrantes de la Administración Pública descentralizada funcionalmente, y las mismas se encuentran vinculadas a la Administraciones Públicas territoriales por relaciones jurídicas de adscripción y régimen control de

[15] Doctrina de la Procuraduría General de la República 1981 (1982). Caracas, Ed. Procuraduría General de la República.

[16] Vid. *in extenso* a José Araujo-Juárez, ob. cit., nota 1.

[17] José Araujo-Juárez, *Derecho administrativo General* Vol. II. *Administración Pública*. Ediciones Paredes, Caracas, 2011, pp. 235-236.

[18] Sent. Nº 1171, de la Sala Constitucional del Tribunal Supremo de Justicia, de fecha 14-07-2008 *caso FUNDASALUD.*

tutela administrativa, bajo la denominación que acoge el Derecho positivo de «fundaciones del Estado», y que constituirían una especie del género más amplio que son los entes descentralizados funcionalmente.

Por tanto, sosteníamos que se podía concluir en que existe todo un «bloque normativo» de Derecho público aplicable directamente a las fundaciones del Estado, así como a los aportes públicos que se realicen a las fundaciones privadas. Según los casos, serían aplicables las normas relativas a la Administración Pública en general, sobre régimen presupuestario, crédito público, contraloría, etc. y, sobre todo en materia del régimen de control público –adscripción, tutela y responsabilidad–, aspectos estos últimos a los cual dedicaremos este ensayo.

1°. Concepto

§6. Planteamiento general – El concepto de tutela tiene su origen en el Derecho privado, pero está plenamente incorporado en el Derecho administrativo con el nombre de tutela administrativa o según la denominación de la LOAP, *control de tutela* y en el que adquiere caracteres propios.

Según el Diccionario Panhispánico del Español Jurídico (RAE-CGPJ), es el control ejercido por parte del sector central de la Administración sobre el sector descentralizado por servicios, con miras a obtener la coordinación de la función administrativa, para el seguimiento de la implementación de las políticas públicas y de encauzar la actividad dentro del derrotero que exigen las metas y los objetivos del poder ejecutivo.

Por nuestra parte consideramos que con la denominación de control de tutela se designa la técnica de control administrativo, de carácter limitado, otorgado en principio a un ente público territorial sobre los entes descentralizados funcionalmente que de él dependen, para velar por la legalidad y oportunidad de sus actos, según sea el caso, con miras a obtener la coordinación de la función administrativa, y su adecuación de aquel sector del interés público de la competencia del órgano o ente tutelante o de control. Es pues, un conjunto de poderes limitados y concedidos por la ley a una autoridad superior (ente tutelante, tutelar[19] o de

[19] Vid. Art. 20 de las NFASCE.

control) sobre un ente descentralizado funcionalmente (ente tutelado) y sobre las personas y sus actos, con el fin de protección del interés general.

En el caso de las fundaciones del Estado, el control de tutela estará referido a la gestión, y al cumplimiento de los objetivos, programas y metas para lo cual la fundación del Estado fue dotada de un patrimonio y anualmente de un presupuesto.

Por otro lado, también es cierto que el Estado efectúa con frecuencia aportes de importancia a fundaciones privadas, esto es, constituidas y dirigidas por particulares, para el desarrollo de fines de utilidad general. Este aspecto también interesa al Derecho público, pues se trata de subvenciones administrativas, es decir, la realización de una típica actividad administrativa de fomento a las actividades privadas. Es por ello que además del control que se realiza a través de los Jueces de Primera Instancia consagrado en el Código Civil[20], el Ordenamiento jurídico-administrativo ha establecido también diversos mecanismos para que el propio Estado Constitucional, como gestor del interés general, controle a las fundaciones privadas que reciben subvenciones administrativas, según se referirá en cada caso.

En este sentido, en cuanto al control sobre la Administración Pública descentralizada funcionalmente y, por ende, sobre las fundaciones del Estado, el Ordenamiento jurídico-administrativo determina los mecanismos específicos del control de tutela que analizaremos a continuación.

2°. Modalidades

§7. Enumeración – Las modalidades o las clases de control de tutela son fundamentalmente dos: (i) la tutela técnica; y (ii) la tutela financiera.

§7.a Tutela técnica – Las técnicas o los medios son de muy diversa naturaleza (Arts. 119 a 121 de la LOAP): autorizaciones, aprobaciones, etc.; y con carácter general el Art. 96 de la LOPA recepta una técnica que es el impropiamente denominado “recurso jerárquico

---

20 Publicado en Gaceta Oficial N° 2.990 Extr., de fecha 26-07-1982.

impropio", pues no es ningún recurso jerárquico porque no hay relación de jerarquía con los institutos autónomos.

§7.b Tutela financiera – La tutela o el control financiero se refiere al control público que se ejerce sobre la actuación económica de los entes descentralizados funcionalmente.

En definitiva, si el ejercicio de la potestad de control público sobre la actividad de los particulares está referido a impedir conductas contrarias a los intereses generales, el control público que se ejerce sobre las Administraciones Públicas se refiere concreta y expresamente a la defensa del interés público implicado en dichas actividades. Este último constituye, pues, un control público distinto en su fundamento, intensidad y finalidad.

III. Adscripción

§8. Planteamiento general – Como todo ente descentralizado funcionalmente, la fundación del Estado se tiene que encontrar adscrita (vinculación orgánica) a un determinado ministerio u otro órgano de la Administración Pública, a los efectos del ejercicio del control de tutela (vinculación material) correspondiente[21]. La adscripción la decretará el Presidente de la República en Consejo de Ministros.[22]

Por tanto, el régimen jurídico organizativo aplicable a las fundaciones del Estado, las sujeta a los mecanismos de adscripción siguientes:

(i) A las potestades del Presidente de la República en Consejo de Ministros siguientes (Art. 118 de la LOAP): (*i*) la determinación del ministerio de adscripción (num. 1); y (*ii*) la variación de la adscripción, de acuerdo con la reformas que tengan lugar en la organización ministerial, y atendiendo en especial a la creación o supresión de los ministerios o cambios en sus respectivas competencias (num. 2); y (*iii*) la transformación en empresas del Estado o en servicios desconcentrados sin personalidad jurídica, las fundaciones del Estado que estime conveniente (num. 4).

---

21 Vid. Art. 119 de la LOAP.

22 Vid. Art. 118 de la LOAP.

(ii) La necesaria adscripción al ministerio u órgano de la Administración Pública que determine el Presidente de la República en Consejo de Ministros, la ley o acto jurídico de creación.[23]

§9. Mecanismos de control – Por la naturaleza de las fundaciones del Estado, las finalidades de utilidad general perseguidas por ellas, así como los intereses patrimoniales públicos envueltos, se encuentran sometidas a diversos mecanismos de control por parte del Estado, quien en definitiva es el gestor del interés general.

En tal sentido, el control de tutela sobre los entes descentralizados funcionalmente que le están adscritos al ministerio u órgano de control, nacionales, estadales, de los distritos metropolitanos o municipales de ejercer, según corresponda, para velar por la legalidad y oportunidad de sus actos, se manifiesta a través de los mecanismos siguientes:

(i) Las potestades del ministro u otros órganos de control al cual estén adscritos, *inter alia* (Art. 120 de la LOAP): (*i*) la definición de políticas públicas a desarrollar por las fundaciones del Estado mediante la formulación de directivas generales que sean necesarias (num. 1); *(ii)* el ejercicio permanentemente de funciones de coordinación, supervisión y control conforme a los lineamientos de la planificación centralizada (num. 2); y (*iii*) la evaluación en forme continua del desempeño y resultados de gestión e información oportuna al Presidente de la República (num. 4).

(ii) Las potestades del ministro u órgano de control mediante la determinación de los indicadores de gestión para la evaluación del desempeño institucional, de conformidad con el reglamento respectivo, y como instrumento de control de tutela se suscribirán los compromisos de gestión respectivos[24].

(iii) Las potestades del ministro u órgano de adscripción la representación del ente público territorial respectivo, en los

23 Vid. Arts. 118 de la LOAP.

24 Vid. Art. 122 de la LOAP.

órganos correspondientes de los entes descentralizado funcionalmente que se encuentren bajo su tutela[25].

(iv) El ministerio u órgano de adscripción publicara en el mes de enero de cada año, la lista de los entes descentralizados adscritos o bajo su tutela, con indicación de la conformación del patrimonio[26].

(v) La potestad del ministro u órgano de tutela para ejercer la supervisión de la fundación del Estado, a fin de asegurar que sus actividades se correspondan con los objetivos, programas y metas para los cuales fue constituida[27].

(vi) Los administradores de las fundaciones del Estado deben remitir anualmente a los ministerios u órgano de adscripción nacional, estadal, del distrito metropolitano o municipal según corresponda, el informe y cuenta de su gestión[28].

(vii) Además, el Presidente de la República, gobernador, alcalde, según corresponda, podrá decidir la intervención[29] de las fundaciones del Estado cuando existan razones que lo justifiquen, sin perjuicio de lo establecido en leyes especiales[30]; asimismo, la supresión y liquidación, la designación de las personas encargadas de ejecutarlas y las reglas que estime necesarias a tales fines[31].

(viii) Por último, de conformidad con el Art. 10 de las NFASCE, el organismo que ejerza la tutela de la fundación del Estado deberá: (i) ejercer la supervisión a fin de asegurar que las actividades se correspondan a los objetivos, programas y metas estatutarias (letra a); (ii) evaluar en forma continua los resultados de la gestión (letra b); (iii) coordinar el presupuesto a fin de asegurar que se ajuste a los objetivos perseguidos (letra c); y (iv) remitir al Ministerio de finanzas durante el primer trimestre, copia del informe y cuenta de cada año (letra d).

---

25 Vid. Art. 123 de la LOAP.
26 Vid. Art. 121 de la LOAP.
27 Vid. Art. 10, letra a) de las NFASCE.
28 Vid. Art. 123 de la LOAP.
29 Vid. Art. 10, letra b) de las NFASCE, en concordancia con el Art. 126, LOAP.
30 Vid. Art. 126 de la LOAP.
31 Vid. Art. 131 de la LOAP.

§10. Formalidades – Adicionalmente a las formalidades requeridas por el Código Civil, la creación o modificación de los entes descentralizados funcionalmente tales como las fundaciones del Estado, la LOAP exige la sujeción o el cumplimiento de los requisitos previstos en el Art. 16 de la LOAP, a saber:

(i) La indicación de su finalidad y delimitación de sus competencias o atribuciones (num. 1).

(ii) La determinación de su forma organizativa, su ubicación en la estructura de la Administración Pública y su adscripción funcional y administrativa (num. 2).

(iii) La previsión de las partidas y créditos presupuestarios necesarios para su funcionamiento (num. 3).

(iv) La modificación, supresión y liquidación debe adoptarse mediante actos que gocen de rango normativo igual o superior al de aquellos que determinaron su creación o última modificación (segundo aparte).

(v) No podrán crearse nuevos entes descentralizados funcionalmente que supongan duplicación de las competencias de otro ya existente, mientras no se suprima o restrinja debidamente la competencia de éstos (último aparte).

(vi) Y por último, la autorización del Presidente de la República en Consejo de Ministros,[32] si se trata del nivel nacional.

§11. Control de gestión pública – La reorganización general de la Administración Pública que requiere su adaptación a la nueva Constitución conllevó a la imperiosa obligación de diseñar, establecer y regular procesos de seguimiento, evaluación y control de la gestión institucional y de seguimiento y evaluación de las políticas públicas y sus resultados.

En tal sentido, si bien el Art. 10, letra b) de las NFASCE ya consagraba tal función por parte del organismo de tutela de la fundación del Estado, la LOAP prevé una novedad fundamental en cuanto al control de los órganos y entes de la Administración Pública que responde al nuevo paradigma de organización y funcionamiento que se adopta. Esta

---

32 Vid. Art. 110 de la LOAP.

novedad es la *evaluación del desempeño institucional* como un proceso sistemático de análisis de los resultados obtenidos por los indicadores de gestión que se establezcan, aplicados a los programas, proyectos o servicios prestados. Esta evaluación del desempeño institucional se vincula a la asignación presupuestaria del órgano desconcentrado o ente descentralizado funcionalmente como es la fundación del Estado.

§12. Indicadores de gestión – Como instrumento de la evaluación del desempeño institucional, la LOAP consagra la figura de los *indicadores de gestión* que serán diseñados por el órgano controlador en coordinación con el órgano de control encargado de la coordinación y planificación.

Y por último, para la regulación específica de la aplicación de este tipo de control de gestión se prevén los *convenios nacionales de gestión*, a ser suscritos entre los órganos controladores y los órganos ejecutores desconcentrados o entes descentralizados funcionalmente.

IV. Control estatutario

§13. Planteamiento general – Además del control de tutela en sentido estricto, el ministro u órgano de control –directamente o a través de sus representantes– podrá ejercer la representación de la República en los órganos de dirección y administración de las fundaciones del Estado que le estén adscritos, así como el correspondiente control estatutario.

En efecto, existe la posibilidad de establecer un sistema de control estatutario sobre las fundaciones del Estado, pues además de los señalados mecanismos de control de tutela, el Estado puede hacer valer sus derechos como fundador para imponer los mecanismos estatutarios que desee por las vías propias del Derecho civil, mediante su inclusión en el régimen jurídico interno de la fundación del Estado (Acta Constitutiva, Estatutos y Reglamentos Internos, etc.). Ese poder estatutario le es conferido a la autoridad administrativa (ministro u otro órgano de control), a través de su participación en los órganos regulares de la fundación (administradores y dirección), y no en forma directa.

En tal sentido, de acuerdo con el Art. 11 de las NFASCE, el ministro u otros órganos de control el control de tutela podrá designar *comisarios especiales* por el tiempo y con las facultades de control que se les acuerden en el acto de designación, quienes podrán asistir, con derecho a voz, a las deliberaciones de los directorios de las fundaciones del Estado.

Finalmente, según el Art. 11 Arts. 126 y 131 de la LOAP, el ministro u otros órganos de control de tutela podrá designar *auditores o revisores contables* para examinar la contabilidad y estados financieros de las fundaciones del Estado, con facultad para revisar toda la documentación de la misma.

B. RÉGIMEN DEL CONTROL PÚBLICO GENERAL

§14. Formalidades – Además del control de tutela y el control estatutario que acabamos de analizar, los entes descentralizados funcionalmente están sometidos a un régimen de control público general, referido a los aspectos siguientes: (i) el régimen patrimonial; (ii) el régimen de contratación pública; (iii) el régimen financiero; (iv) el régimen de control fiscal; (v) el régimen de responsabilidad; y por último (vi) el régimen de control parlamentario.

I. Régimen patrimonial

§15. Planteamiento – Adicionalmente al régimen patrimonial previsto en la LOAP, las fundaciones del Estado están sujetas al régimen de Derecho público general relativo a los bienes de las fundaciones del Estado. Este régimen general está contenido en la LOAP, en la Ley Orgánica de la Administración Financiera del Sector Público (LOAFSP)[33] y el Decreto Nº 9.041, con Rango, Valor y Fuerza de Ley Orgánica de Bienes Públicos (LOBP).[34]

En tal sentido, la LOAP consagra en su Art. 124 que la República, los estados, los distritos metropolitanos y los municipios pueden proceder a la *incorporación de bienes* determinados a los entes descentralizados funcionalmente, tales las fundaciones del Estado, sin que ello implique transferencia de la propiedad sobre los mismos. En tal caso, la LOAP aclara que la fundación del Estado quedaría obligada a utilizar

33 Vid. Gaceta Oficial Nº 37.606, de fecha 9-01-2003.

34 Vid. Gaceta Oficial Nº 39.945 de fecha 15-06-2012.

los bienes así incorporados, exclusivamente para los fines que determinen los titulares de la propiedad. En tales casos, los bienes podrán conservar su calificación jurídica originaria.

Por su parte, la LOAFSP prohíbe en su Art. 93, la constitución de garantías o privilegios sobre bienes nacionales, para garantizar operaciones de crédito público. Esto significa que los bienes de las fundaciones del Estado están sujetos a esta prohibición, por cuanto las mismas constituyen Bienes Públicos nacionales.

§16. Bienes Públicos – La reciente promulgada LOBP tiene por objeto establecer las normas que regulan el ámbito, organización, atribuciones y funcionamiento del Sistema de Bienes Públicos, como parte integrante del Sistema de Administración Financiera del Estado.

En tal sentido, el Art. 2 de la LOBP señala que tanto las normas contenidas en la misma, así como las normas reglamentarias y aquellas que emita la Superintendencia de Bienes Públicos, son de estricto cumplimiento por las entidades que conforman el Sistema Nacional de Bienes Públicos, así como para las personas naturales o jurídicas que custodien o ejerzan algún derecho sobre un Bien Público, con las excepciones de ley, dejando a salvo las competencias y autonomía atribuidas en la materia por la Constitución y las leyes correspondientes.

En consecuencia, se considera que las disposiciones de la LOBP son de orden público y se aplicarán con preferencia a cualquier otra del mismo rango a todos los órganos y entes que conforman el Sector Público[35], dentro de los cuales se encuentran las fundaciones del Estado y demás instituciones constituidas con fondos públicos o dirigidas por algunas de las personas referidas en el Art. 4 *eiusdem*, cuando la totalidad de los aportes presupuestarios o contribuciones en un ejercicio efectuados por una o varias de las personas referidas en el presente artículo, represente el cincuenta por ciento (50%) o más de su presupuesto.

A tal efecto, de acuerdo con el Art. 5 de la LOBP, se consideran Bienes Públicos con carácter amplio los señalados en los nums. 1 al 5, *eiusdem*. En consecuencia, los bienes de las fundaciones del Estado nacionales, estadales, distritales o municipales son Bienes Públicos en

[35] Vid. Art. 3 de la LOBP.

función de las categorías siguientes: los Bienes Públicos nacionales, estadales, distritales o municipales.

Finalmente, cabe destacar que las fundaciones del Estado no gozan, en cuanto a su patrimonio, de los privilegios y prerrogativas (no están sujetos a embargos, secuestros, hipotecas, ejecuciones interdictales y, en general, a ninguna medida preventiva o ejecutiva, y están exentos, además, de contribuciones o gravámenes nacionales, estadales y/o municipales) que le están conferidos a la República, de acuerdo con el Art. 10 de la LOBP. No obstante, de acuerdo con el Art. 96 de la LOPGR, los funcionarios judiciales están obligados a notificar al Procurador General de la República, de la admisión de toda demanda que obre directa o indirectamente contra los intereses patrimoniales de la República, por supuesto de las demandas donde se encuentren involucradas las fundaciones del Estado.

Toda la anterior normativa es aplicable a los Bienes Públicos propiedad de las fundaciones del Estado, de carácter nacional, estadal, distrital o municipal, así como a aquellos que le sean transferidos por incorporación. Por lo que respecta a las instituciones privadas y los particulares que por cualquier concepto usen, posean, administren o tengan bajo su custodia bienes y derechos propiedad del Sector Público, estarán obligados a proporcionar los datos y los informes que les solicite la Superintendencia de Bienes Públicos, así como remitirle, los registros o inventarios de dichos bienes[36].

II. Régimen de contratación pública

1.º Régimen contractual

§17. Planteamiento – La facultad de las fundaciones del Estado para realizar contratos y contraer obligaciones deriva de su carácter de persona jurídica, de conformidad con el Art. 19 del CC.

Ahora bien, la Ley de Contrataciones Públicas (LCP)[37] tiene como objetivo fundamental preservar el patrimonio público, asegurar la transparencia de las actuaciones de la Administración Pública, mediante la modernización de las modalidades de selección de contratistas. En tal

36 Vid. Art. 37 de la LOBP.
37 Publicada en la Gaceta Oficial N° 6.154 Extr., de fecha 13-11-2014.

sentido, por lo que se refiere a la preparación y formas de selección de los contratistas y proveedores, las normas contempladas en LCP hacen referencia básicamente a los aspectos siguientes:

(i) Los *requisitos* que deben tener las persona para contratar.

(ii) Las *personas* sujetas al ámbito de aplicación de la LCP con competencia para contratar.

(iii) Y por último, el *procedimiento de selección de contratistas*, que incluye todo lo relacionado con la preparación de los contratos y las formas de adjudicación.

Como ha quedado expuesto más arriba, el Art. 25 de la LOAP faculta a las fundaciones del Estado para celebrar cualquier tipo de contratos que requiera la gestión de las actividades que se les hayan transferido. Esta amplia capacidad contractual está sujeta, sin embargo, a ciertos requisitos y condiciones establecidos en la propia LCP, Ley Orgánica de la Contraloría General de la República y del Sistema Nacional de Control Fiscal (LOCGR)[38], en la LOAFSP, en la Ley de Arbitraje Comercial (LAC)[39], y pasible de control jurisdiccional de acuerdo con la Ley Orgánica de la Jurisdicción Contencioso Administrativa (LOJCA)[40].

Este régimen contractual consiste en las siguientes normas:

(i) Para la selección de sus contratistas, las fundaciones del Estado deben proceder por concurso de conformidad con lo previsto en la LCP[41]. Antes de proceder a la adquisición de bienes o servicios, o a la elaboración de contratos que impliquen compromisos financieros, las fundaciones del Estado deben asegurarse que: *(i)* el gasto esté correctamente imputado a la correspondiente partida del presupuesto; (*ii*) exista disponibilidad presupuestaria; (*iii*) se han estipulado garantías suficientes para respaldar el incumplimiento de los contratistas; (*iv*) los precios estipulados son justos y razonables; y por último (*v*) se ha dado cumplimiento a la LCP[42].

---

38 Publicada en la Gaceta Oficial Nº 6.013 Extr., de fecha 23-12-2010.

39 Publicada en la Gaceta Oficial No. 36.430, de fecha 7-041998.

40 Publicada en la Gaceta Oficial Nº 39.451, de fecha 22-06-2010.

41 Vid. Art. 3, num. 6 de la LCP.

42 Vid. Art. 38 de la LOCGR.

(ii) Está prohibido a las fundaciones del Estado otorgar garantías para respaldar obligaciones de terceros[43].

(iii) Las dudas y controversias de cualquier naturaleza que puedan suscitarse con motivo de la realización de actividades sociales, incluidas aquellas que surjan a propósito de las relaciones contractuales de gestión que mantengan las fundaciones del Estado, pueden ser sometidas a arbitraje comercial, previa aprobación del órgano estatutario competente de la fundación del Estado y la autorización escrita del ministro u órgano de adscripción[44], a menos que se trate de controversias directamente concernientes a atribuciones o funciones de imperio[45].

(iv) Los contratos que celebren las fundaciones del Estado se rigen por las leyes venezolanas y sus controversias deben someterse al fuero de los tribunales venezolanos (salvo en caso de arbitraje)[46].

§18. Jurisdicción competente – De acuerdo con el Art. 7, núm. 3 de la LOJCA, las fundaciones del Estado están sujetas al control de la Jurisdicción Contencioso Administrativa.

En consecuencia, la competencia jurisdiccional para conocer de las controversias que se susciten con motivo de las acciones contra las fundaciones del Estado, cuando su conocimiento no esté atribuido expresamente a otro tribunal en razón de su especialidad, corresponde a los tribunales de la Jurisdicción Contencioso Administrativa, según la cuantía del pleito, así:

(i) Al Tribunal Supremo de Justicia en Sala Político-Administrativa, si la cuantía excede de setenta mil Unidades Tributarias (70.000 U.T.)[47].

(ii) A los Juzgados Nacionales, si la cuantía excede de treinta mil Unidades Tributarias (30.000 U.T.) y no supera setenta mil Unidades Tributarias (70.000 U.T.)[48].

---

43 Vid. Art. 92 de la LOAFSP.

44 Vid. Arts. 34, num. 3, letra b) de la LOH y Art. 4 de la LAC.

45 Vid. Art. 3, letra b) de la LAC.

46 Vid. Art. 34, num. 3, letra b) de la LOH.

47 Vid. Art. 523, num. 1 de la LOJCA.

48 Vid. Art. 24, num. 1 de la LOJCA.

(iii) Y por último, a los Juzgado Superiores Estadales, si la cuantía no excede de treinta mil Unidades Tributarias (30.000 U.T.)[49].

2.° Contratos de interés público

§19. Planteamiento – Dentro de la tradición constitucional venezolana que se remonta al año 1864, se ha consagrado una categoría especial de contratos denominados "contratos de interés público" (género), los cuales pueden ser nacionales, estadales o municipales (especies)[50], dentro de las posibilidades de contratación a cargo del Estado, cuya formulación se mantiene y a la que por su importancia se le consagra una Sección: "De los Contratos de Interés Público" en la Constitución vigente[51].

Al respecto se mencionan los criterios que permiten establecer la categoría de contratos de interés público, así:

(i) La aprobación por parte de la Asamblea General en los casos que determine la ley.

(ii) La autorización por la Asamblea Nacional con carácter preceptivo cuando se pretendan celebrar de interés público con Estados o entidades oficiales extranjeras o con sociedades no domiciliadas en Venezuela.

(iii) La potestad de la Asamblea Nacional para establecer mediante ley, determinadas condiciones especiales para la celebración de dichos contrato, por ejemplo, nacionalidad, domicilio, garantías especiales, etc.

(iv) La obligatoriedad de incluir la cláusula de inmunidad de jurisdicción, esto es, la competencia exclusiva y excluyente de los tribunales de Venezuela para conocer las controversias relacionadas con la inteligencia y ejecución de los contratos de interés público, sin que ello pueda dar lugar a reclamaciones extranjeras.

§20. Fundaciones del Estado – Ahora bien, con relación a los sujetos cuya presencia es condición necesaria para la celebración de los

---

49 Vid. Art. 25, num. 1 de la LOJCA.

50 Sent. del TSJ/SC, de fecha 24-09-2002.

51 Vid. Arts. 150 y 151 de la C.

contratos de interés nacional, se exige en primer lugar que se trate de un ente político-territorial, esto es, la República, los Estados y los Municipios. Sin embargo, un sector de la doctrina[52] ha considerado que esta categoría aplica también para aquellos contratos suscritos por la Administración Pública Nacional descentralizada, cuando afectan de manera directa a los intereses nacionales que corresponden a la República.

En el mismo sentido se ha pronunciado la jurisprudencia del Alto Tribunal[53] cuando señaló lo siguiente:

> Respecto a la figura jurídica celebrada, la cual se basa en los compromisos internacionales suscritos por el Ejecutivo Nacional, es de destacar que si bien es producto de los actos de gobierno antes mencionados, la misma resulta ser una estipulación de índole contractual, la cual constituye un contrato de internes público, toda vez que se ha comprometido un alto interés de la República en el margen de sus relaciones internacionales con la República Federativa del Brasil para el suministro de energía eléctrica.

En consecuencia, los entes descentralizados funcionalmente –incluidas las fundaciones del Estado– en sus relaciones y operaciones comerciales con los Estados o entidades oficiales extranjeras o con sociedades no domiciliadas en Venezuela, pudieran celebrar contratos que por su importancia y magnitud económico-financiera, pudieran comprometer gravemente el patrimonio económico de la República y que, por tal razón, califiquen como contratos de interés público y, por consiguiente, quedarán sometidos al régimen de control parlamentario que establece la Constitución.

III. Régimen financiero

§21. Planteamiento – El régimen de administración financiera a que están sujetos las fundaciones del Estado se desdobla en normas que rigen: (i) la formulación y ejecución de su presupuesto, (ii) su capacidad

---

52 Rafael Badell Madrid, "Contratos de Interés Público Nacional". En *Revista de Derecho Administrativo*, Nº 19, Julio/Diciembre, Editorial Sherwood, Caracas, 2004, p. 56.

53 Sent. del TSJ/SC, de fecha 29-04-2003, Exp. Nº 00-0836, caso *C.V.G. Electrificación del Carona* (*EDELCA*).

y condiciones para realizar operaciones de crédito público; y (iii) la manera como deben llevar su contabilidad[54].

1.º Régimen de presupuesto

§22. Consagración legal – El art. 311 de la C dispone que la gestión fiscal estará regida y será ejecutada sobre la base de los principios de eficiencia, solvencia, transparencia, responsabilidad y equilibrio fiscal.

En este orden de ideas, el Art. 8 de las NFASCE dispone que la elaboración y ejecución los presupuestos de las fundaciones del Estado, estarán sometidas a las normas que dicte la Oficina Central de Presupuesto, hoy Oficina Nacional de Presupuesto[55].

Por su parte, tradicionalmente en las Leyes de Presupuesto para el Ejercicio Económico Financiero –LPEF–[56], se dispone que las fundaciones constituidas con fondos públicos, independientemente de su dirección o del monto del aporte anual que reciban de los demás órganos o entes que conforman el sector público, se considerarán entes descentralizados funcionalmente sin fines empresariales, y les serán aplicables las normas contenidas en la Ley Orgánica de la Administración Financiera del Sector Público, su Reglamento N° 1, sobre el Sistema Presupuestario, las disposiciones de esta Ley y las normas dictadas por la Oficina Nacional de Presupuesto.

Ahora bien, la normativa presupuestaria está contenida, por lo esencial, en la LOAFSP, sus Reglamentos Parciales y en las disposiciones generales de la LOAP. En principio, de acuerdo con el Art. 7, num. 1 de la LOAFSP están sujetos a sus regulaciones todos los entes descentralizados funcionalmente, entre los cuales figuran las fundaciones

---

[54] Vid. Art. 3 de la LOAFSP

[55] Vid. Art. 20 de la LOAFSP.

[56] En el sumario de la Gaceta Oficial No. 41.997 de fecha 30-10-2020, emanada de la írrita Asamblea Nacional Constituyente, se hace mención a la Ley de Presupuesto para el Ejercicio Económico Financiero 2021, aprobada por la Asamblea Nacional Constituyente mediante Decreto Constituyente de fecha 29-10-2020: "Véase No. 6.588 Extraordinario de la Gaceta Oficial de la República Bolivariana de Venezuela del 30/10/2020", la cual no se encuentra disponible (al momento de su revisión en el sitio *web* oficial), violando así el derecho a la información que tiene el ciudadano de conformidad con los Arts. 141 y 143 de la Constitución.

del Estado (Art. 6, num. 10 *eiusdem*), esto es, constituidas con fondos públicos o dirigidas por alguna de las personas referidas en el mismo artículo, «cuando la totalidad de los aportes presupuestarios o contribuciones en un ejercicio, efectuados por una o varias de las personas referidas en el presente artículo, representa el cincuenta por ciento o más de su presupuesto». Las fundaciones del Estado están, por tanto, sujetas a esta normativa (con las salvedades que más adelante se explican).

En tal sentido, el régimen del sistema presupuestario aplicable a las fundaciones del Estado y otros entes descentralizados funcionalmente sin fines empresariales está establecido en los artículos 31 al 61 de la LOAFSP, y 11 al 35 de su Reglamento Nº 1, sobre el Sistema Presupuestario (R1SP)[57].

En consecuencia, las fundaciones del Estado sujetas al régimen presupuestario deberán contar con un presupuesto anual de ingresos y gastos, el cual debe ser formulado de acuerdo con los criterios contables y técnicas establecidos al efecto, aprobado por el Presidente de la República en Consejo de Ministros al término del procedimiento pautado, y ejecutarlo con arreglo a las limitaciones, trámites y formalidades previstos en la legislación presupuestaria vigente.

2.º Régimen de contabilidad pública

§23. Consagración legal – De la misma manera, el régimen relativo a la contabilidad previsto en la LOAFSP[58], exige la adopción por parte de las fundaciones del Estado de un sistema de contabilidad acorde con los criterios uniformes del sector público, todo ello con el objeto de valorar, procesar y exponer los hechos económico financieros que afecten o pueden llegar a afectar el patrimonio de la República o de sus entes descentralizados"[59].

En tal sentido, el sistema de contabilidad, sus características y especificaciones están previstos en el Reglamento Parcial Nº 4 de la LOAFSP, sobre el Sistema de Contabilidad Pública[60].

---

[57] Publicada en la Gaceta Oficial No. 5.781 Ext., de fecha 12-08-2005.
[58] Vid. Arts. 121 al 130 de la LOAFSP.
[59] Vid. Arts. 121 y 122 de la LOAFSP.
[60] Publicada en la Gaceta Oficial No. 38.333, de fecha 12-12-2005.

3.º Régimen de crédito público

§24. Consagración legal – Por su parte, el régimen de crédito público está establecido en los artículos 76 al 104 de la LOAFSP. Esta Ley entiende por crédito público la capacidad que tienen los entes del sector público para endeudarse[61].

La LOAFSP enumera las operaciones de crédito público que tiene por objeto regular[62]: (*i*) la emisión y colocación de títulos, incluidas las letras del tesoro, constitutivos de empréstitos o de operaciones de tesorería; (*ii*) la apertura de créditos de cualquier naturaleza; *(iii)* la contratación de obras, servicios o adquisiciones cuyo pago total o parcial se estipule realizar en el transcurso de uno o más ejercicios posteriores a aquél en que se haya causado el objeto del contrato, siempre que la operación comporte un financiamiento; (*iv*) el otorgamiento de garantías; y (*v*) la consolidación, conversión, unificación o cualquier forma de refinanciamiento o reestructuración de deuda pública existente.

El Art. 91 de la LOAFSP excluye de plano a algunos entes del sector público de toda la normativa que rige las operaciones de crédito público. Entre estos entes exceptuados de la regulación, figuran, entre otros, las fundaciones constituidas y dirigidas por alguna de las personas jurídicas referidas en el Art. 6, *eiusdem*.

4º. Régimen de control fiscal

§25. Planteamiento – El régimen de Derecho público relativo al sistema de contraloría y de responsabilidad está concebido alrededor de un concepto amplio del patrimonio público. A diferencia de los regímenes anteriormente analizados, los regímenes de control fiscal y de responsabilidad no definen su ámbito de aplicación sólo en función de criterios orgánicos basados en categorías de órganos y entes públicos, sino más bien en función de cualquier factor que puedan afectar la integridad del patrimonio público entendido en su más amplio sentido.

En tal sentido, en la pentadivisión del Poder Público y específicamente dentro de la rama Ciudadana del Poder Público, se encuentra ubicada la Contraloría General de la República, que tiene como principal función el control, la vigilancia y fiscalización sobre la operación

---

61 Vid. Art. 76 de la LOAFSP.

62 Vid. Art. 77 de la LOAFSP.

de los ingresos, gastos y bienes públicos y por ser el máximo órgano de control fiscal, ejerce la rectoría del Sistema Nacional de Control Fiscal.

c) Ámbito de aplicación

§26. Consagración legal – La Ley Orgánica de la Contraloría General de la República y del Sistema Nacional de Control Fiscal (LOCGR)[63] establece que quedan sujetos a sus disposiciones, así como al control, vigilancia y fiscalización de la Contraloría General de la República, *inter alia*:

(i) Las "*fundaciones* [...] creadas con fondos públicos, o que sean dirigidas por las personas a que se refieren los numerales anteriores o en las cuales tales personas designen sus autoridades, o cuando los aportes presupuestarios o contribuciones efectuadas en un ejercicio presupuestario por una o varias de las personas a que se refieren los numerales anteriores representen el cincuenta por ciento (50 %) o más de su presupuesto" (Art. 9, num. 11 de la LOCGR).

(ii) Asimismo, se observa que el Art. 9 de la LOCGR incluye una categoría amplísima de sujetos, descritos en los siguientes términos: «las *personas naturales o jurídicas* [...] que en cualquier forma contraten, negocien o celebren operaciones con cualesquiera de los organismos o entidades mencionadas en los numerales anteriores o que reciban *aportes, subsidios, otras transferencias* o incentivos fiscales, o que en *cualquier forma intervengan en la administración, manejo o custodia de recursos públicos.*» (Art. 9, num. 12 de la LOCGR)

Como puede observarse, la LOCGR somete al régimen de control fiscal no solo a las fundaciones del Estado, sino también a aquellas fundaciones en las que dicha participación sea minoritaria – fundaciones privadas con aportes en bienes o derechos efectuados por entes públicos –. También alude a cualquier persona – fundación privada – que de alguna manera contrate, negocie o celebre operaciones con cualesquiera fundación del Estado, o reciba subsidios o aportes de las misma o administre, maneje o custodie recursos públicos.

63 Publicada en la Gaceta Oficial No. 6.013 Extr. de fecha 23-12-2010.

d) Modalidades de control fiscal

§27. Distinción – La parte fundamental del régimen de control fiscal es la que regula los mecanismos de «control interno»[64] y de «control externo»[65]. Estos controles sólo conciernen en principio a los entes del sector público (incluidas las fundaciones del Estado)[66], aunque la LOCGR extiende excepcionalmente el régimen a todas aquellas personas que administren, manejen o custodien recursos de cualquier tipo que provengan de los referidos entes en forma de transferencia, subsidios, aportes, contribuciones o alguna otra modalidad similar[67].

Siguiendo el esquema estructural expuesto más arriba, las fundaciones del Estado estarían sujetas, en principio, al régimen de control interno y externo.

§27.a Control interno – El *control interno* está regulado por los artículos 35 al 41 de la LOCGR, conjuntamente con los artículos 131 al 145 de la LOAFSP. El control fiscal interno se ejerce dentro del ente u organismo de que se trate, según lo disponga y organice la «máxima autoridad» del mismo[68] y bajo la supervisión y orientación de la Superintendencia Nacional de Auditoría Interna[69], con el objeto de «salvaguardar sus recursos, verificar la exactitud y veracidad de su información financiera y administrativa, promover la eficiencia, economía y calidad en sus operaciones, estimular la observancia de las políticas prescritas y lograr el cumplimiento de su misión, objetivos y metas»[70].

En tal sentido, corresponde a cada fundación del Estado diseñar su propio sistema de control interno, «en el marco de las normas básicas dictadas por la Contraloría General de la República»[71] y en coordinación con el «control externo a cargo de la Contraloría General de la República»[72].

---

64 Vid. Art. 35 de la LOCGR.

65 Vid. Art. 42 de la LOCGR.

66 Vid. Arts. 38 y 42 de la LOCGR.

67 Vid. Art. 52 de la LOCGR.

68 Vid. Art. 134 de la LOAFSP.

69 Vid. Arts. 135 al 145 de la LOAFSP.

70 Vid. Art. 35, LOCGR. El Art. 131 de la LOAFSP complementa este objeto.

71 Vid. Art. 37 de la LOCGR.

72 Vid. Art. 133 de la LOAFSP.

Concretamente, el sistema de control interno debe garantizar que antes de realizarse pagos o procederse a la adquisición de bienes o servicios, o a la elaboración de otros contratos que impliquen compromisos financieros, se cumplan a cabalidad requisitos tales como: (*i*) la correcta imputación del gasto al presupuesto (num. 1); (*ii*) la existencia de disponibilidad presupuestaria (num. 2); (*iii*) el otorgamiento por parte del contratista de las garantías suficientes para asegurar el cumplimiento de sus obligaciones (num. 3); (*iv*) que los precios pactados sean justos y razonables (num. 4); y (*v*) la observancia de los de LCP y demás leyes aplicables (num. 5)[73].

§27.b Control externo – Por su parte, el *control externo* comprende la vigilancia, inspección y fiscalización sobre las operaciones de la fundación del Estado respectiva, y corresponde ejercerlo sobre los órganos y entidades de la administración central a la Contraloría General de la República.

Entre las finalidades de este control, el Art. 42 de la LOCGR enumera las siguientes:

(i) Determinar el cumplimiento de la legislación vigente en general (num.1).

(ii) Determinar el grado de observancia de políticas establecidas para la protección del patrimonio y salvaguarda de los recursos de las entidades sujetas a su ámbito de aplicación, tales las fundaciones del Estado (núm. 2).

(iii) Establecer la medida en que se hubieren alcanzado las metas y objetivos (núm. 3).

(iv) Verificar la exactitud de la información financiera, administrativa y de gestión (núm. 4).

(v) Verificar la eficiencia, eficacia, economía, calidad de sus operaciones (num 5).

(vi) Evaluar el sistema de control interno (num. 6).

En ejercicio de sus funciones de control fiscal, la Contraloría General de la República cuenta con las potestades de:

---

73 Vid. Artículo 38, LOCGR.

(i) Realizar "auditorías, inspecciones, fiscalizaciones, exámenes, estudios, análisis e investigaciones de todo tipo y de cualquier naturaleza"[74].

(ii) Y sus funcionarios y demás órganos de control interno acreditados «tendrán libre ingreso a las sedes y dependencias de los entes y organismos sujetos a su actuación, acceso a cualquier fuente o sistema de información, registros, instrumentos, documentos e información»[75].

Asimismo, «quienes administren, manejen o custodien recursos» de los entes y organismos sujetas a control externo, están obligados «a informar y rendir cuenta de las operaciones y resultados de su gestión, en la forma, oportunidad y ante el órgano de control fiscal que determine la Contraloría General de la República». La rendición de cuentas implica «la obligación con el objeto de demostrar formal y materialmente la corrección de la administración, manejo o custodia de los recursos»[76].

Como se observó más arriba, la obligación de establecer sistemas de control interno y de someterse al control externo recae en principio sobre los entes del sector público, tales las fundaciones del Estado. Sin embargo, los Arts. 52, 66 y 67 de la LOCGR extienden en cierta medida dichas obligaciones a las personas privadas, tales como las fundaciones privadas como analizaremos a continuación.

§28. Fundaciones privadas – En el caso de las fundaciones privadas[77], el sistema de control fiscal permite distinguir dos (2) supuestos:

(i) El caso de fundaciones privadas que administren, manejen o custodien recursos de cualquier tipo afectados al cumplimiento de finalidades de interés público provenientes de entes y organismos del sector público (entre los que hay que incluir a las fundaciones del Estado), en la forma de transferencia, subsidios, aportes, aportes, subsidios, contribuciones o alguna otra modalidad similar (Art. 52 de la LOCGR).

---

74 Vid. Artículo 46, LOCGR.

75 Vid. Art. 47 de la LOCGR.

76 Vid. Art. 51 de la LOCGR.

77 Vid sobre las fundaciones privadas *in extenso* a Araujo-Juárez, J. Ob. cit., nota 1.

(ii) Y el caso de las fundaciones privadas que en «cualquier forma contraten, negocien o celebren operaciones con cualquiera de los organismos o entidades» sujetos a la LOCGR (Art. 9, num. 12 de la LOCGR).

En tal sentido, las fundaciones privadas que «administren, manejen o custodien recursos de cualquier tipo afectados al cumplimiento de finalidades de interés público» [...] en la forma de transferencia, subsidios, aportes contribuciones o alguna otra modalidad similar» (Art. 52 de la LOCGR), están obligadas a establecer «un sistema de control interno y a rendir cuenta de las operaciones y resultados de su gestión», según lo determine la Contraloría General de la República[78].

Asimismo, las fundaciones privadas deben someterse a las fiscalizaciones que los órganos de control externo, dentro de los límites de sus competencias, requieran efectuar sobre la aplicación o destino de los aportes, subsidios y otras transferencias de recursos públicos, para lo cual deben permitirles el acceso a sus instalaciones, propiedades, libros o documentos[79].

Por lo que respecta a las fundaciones privadas que en cualquier forma contraten, negocien o celebren operaciones con organismos o entes descentralizados del sector público, las mismas deben someterse a las fiscalizaciones de los órganos del control fiscal externo, permitiéndoles el acceso a sus lugares, establecimientos, vehículos, libros y documentos[80], pero no están obligadas a establecer mecanismos de control interno.

IV. Régimen de responsabilidad

1.º *Responsabilidad personal*

§29. Consagración legal – Por último, cabe destacar que los funcionarios, empleados y obreros que presten servicios en organismos y entes descentralizados del sector público, así como los particulares – personas naturales o jurídicas– que administren, manejen o custodien

---

[78] Vid. Art. 52 de la LOCGR.

[79] Vid. Arts. 66 y 67 de la LOCGR.

[80] Vid. Art. 66 de la LOCGR.

recursos de cualquier tipo provenientes de dichos entes, son responsables a título personal «penal, civil y administrativamente de los actos, hechos u omisiones contrarios a norma expresa en que incurran con ocasión del desempeño de sus funciones»[81].

Las responsabilidades penal y civil se hacen efectivas de conformidad con las leyes de la materia, con algunas excepciones procedimentales[82]. La responsabilidad administrativa, procedente por cualquiera de los hechos generadores que se señalan en el Art. 91, nums. 1 al 29 de la LOCGR, corresponde declararla a los órganos de control competentes, los cuales están además facultados para imponer multas de cien Unidades Tributarias (100 U.T) hasta por la cantidad equivalente a un mil Unidades Tributarias (1.000 U.T.), de acuerdo con la gravedad de la falta, en los supuestos de infracción que se enumeran en el artículo 94 *eiusdem*[83], y al término del procedimiento previsto en los Arts. 95 al 111 *eiusdem.*

Por su parte, el Art. 26 de las NFASCE dispone que los representantes infractores de tales normas, serán removidos de sus respectivos cargos o separado de las funciones o actividades que desempeñen, sin perjuicio de las acciones civiles, penales o administrativas a que haya lugar.

Finalmente, se observa que de conformidad con el Art. 145 de la C, se consagra el principio de la proscripción del conflicto de intereses, al disponer que quien esté al servicio de las personas de Derecho público o de Derecho privado estatales, entre otras, las fundaciones del Estado, «no podrá celebrar contrato alguno con ellas, ni por si ni por interpuesta persona, ni en representación de otro u otra, salvo las excepciones que establezca la ley».

2.º *Régimen contra la corrupción*

§30. Consagración legal – La Ley contra la Corrupción (LCC)[84] tiene por objeto, a los fines de salvaguardar el patrimonio público, regir la conducta de funcionarios y demás personas que por su condición o

---

[81] Vid. Art. 82 de la LOCGR.

[82] Vid. Art. 83 y 84 de la LOCGR.

[83] Vid. Art. 93 de la LOCGR.

[84] Publicada en la Gaceta Oficial Nº 5.637 Extr., de fecha 7-04-2003.

funciones tengan por responsabilidad el manejo adecuado y transparente de recursos públicos, así como tipificar los delitos contra la cosa pública y las sanciones aplicables a quienes infrinjan las disposiciones y cuyos actos, hechos u omisiones causen un daño al patrimonio público[85].

La LCC especifica su propio ámbito de aplicación en función de dos (2) conceptos fundamentales, a saber: (i) el de patrimonio público, y (ii) el de empleados o funcionarios públicos.

§31. Patrimonio público – De conformidad con el Art. 4 de la LCC, se considera patrimonio público aquel que corresponde por cualquier título a los siguientes entes y órganos del sector público, *inter alia*: *(i)* Los órganos y entidades a los que incumbe el ejercicio del Poder Público Nacional, Estadal, Distritos Metropolitanos, Municipal, Territorios y Dependencias Federales;[86] *(ii)* los institutos autónomos nacionales, estadales, distritales y municipales;[87] *(iii)* el Banco Central de Venezuela;[88] *(iv)* las universidades y demás personas de Derecho público nacionales, estadales, distritales y municipales;[89] y (v) las sociedades, *fundaciones* y asociaciones civiles creadas con fondos públicos, sean dirigidas por las personas mencionadas en los números anteriores, o en las cuales designen autoridades o hagan aportes presupuestarios o contribuciones los entes del sector público que representen más del cincuenta por ciento (50%) de su presupuesto[90].

Asimismo, se consideran igualmente parte del patrimonio público «los recursos entregados a *particulares* por los entes del sector público [...] mediante transferencias, aportes, subsidios, contribuciones o alguna otra modalidad similar para el cumplimiento de finalidades de interés o utilidad pública, hasta que se demuestre el logro de dichas finalidades»[91].

§32. Funcionarios públicos – Por otra parte, y sin perjuicio de lo que establezcan otras leyes, en especial la LEFP, el Art. 3, de la LCC

---

85 Vid. Art. 1 de la LCC.
86 Vid. Art. 4, nums. 1 al 5 de la de la LCC.
87 Vid. Art. 4, num. 6 de la LCC.
88 Vid. Art. 4, num. 7 de la LCC.
89 Vid. Art. 4, num. 8 y 9 de la LCC.
90 Vid. Art. 4, nums. 10 y 11 de la LCC.
91 Vid. Art. 4 de la LCC.

considera empleados o funcionarios públicos a los efectos de la aplicación de la misma LCC, a las siguientes personas, *inter alia*:

(i) Los *directores y administradores* de las fundaciones constituidas con recursos públicos (num. 2).

(ii) Los *directores y administradores* de las fundaciones dirigidas por algunas de las personas del sector público (num. 2).

(ii) Los *directores y administradores* de las fundaciones cuando la totalidad de los aportes presupuestarios o contribuciones en un ejercicio provenientes de una o varios entes del sector público representa el cincuenta por ciento (50%) o más de su presupuesto o patrimonio (num. 2).

(iv) Y por último, los *directores* nombrados en las fundaciones privadas, en representación de los entes del sector público, aun cuando la participación fuere inferior al cincuenta por ciento (50%) (num. 2).

Por su parte, el art. 3. num. 3 de la LCC considera directores y administradores a los efectos de la propia LCC, a todas aquellas personas que desempeñen funciones tales como:

(i) Directivas, gerenciales, supervisoras, contraloras y auditoras (letra a).

(ii) Participar con voz y voto en comités de: compras, licitaciones, contratos, negocios, donaciones o de cualquier otra naturaleza, cuya actuación pueda comprometer el patrimonio público (letra b).

(iii) Manejar o custodiar almacenes, talleres, depósitos y, en general, decidir sobre la recepción, suministro y entrega de bienes muebles de los entes u organismos para su consumo (letra c).

(iv) Movilizar fondos depositados en cuentas bancarias (letra d).

(v) Representar al ente u organismo con autoridad para comprometer a la entidad (letra e).

(vi) Adquirir compromisos en nombre del ente u organismo o autorizar los pagos correspondientes (letra f).

(vii) Y, en general, dictar actos que incidan en la esfera de los derechos u obligaciones de los particulares o en las atribuciones y deberes del Estado (letra g).

§33. Declaración jurada de patrimonio – Concretamente, además de observar las reglas y principios de conducta en el manejo y administración del patrimonio público, la LCC impone a las personas calificadas como empleados y funcionarios públicos a los efectos de la LCC, la obligación de presentar a la Contraloría General de la República, la *declaración jurada de patrimonio*[92].

Dicha declaración, la cual debe reflejar la real situación patrimonial del declarante para el momento de la declaración, debe ser presentada dentro de los treinta (30) días siguientes a la toma de posesión de su cargo y dentro de los treinta (30) días posteriores a la fecha en la cual cesen en el ejercicio de empleos o funciones públicas[93].

Por otra parte, las personas obligadas a formular declaración jurada de patrimonio deben prestarse a la verificación de la sinceridad de ellas. A tal efecto, deben permitir a los funcionarios competentes la inspección de libros, cuentas bancarias, documentos, facturas, conocimientos y otros elementos que tiendan a comprobar el contenido de la declaración[94].

El incumplimiento de la obligación de presentar declaración jurada de patrimonio, su presentación extemporánea o la falsedad de sus datos, así como la negativa de suministrar las informaciones que fueren solicitadas para la verificación de su veracidad, constituyen infracciones sancionadas con multa de cincuenta (50) a quinientas (500) Unidades Tributarias (U.T.)[95].

V. Régimen de control parlamentario

§34. Planteamiento general – Por último, el control legislativo –o también llamado parlamentario– es el que se ejerce por la Asamblea Nacional. Su alcance y características dependen del papel que en el cuadro del sistema de Gobierno represente, y se ejerce no sobre una función jurídica sino política del Gobierno y de la Administración Pública; por consiguiente, el control parlamentario es un control público eminentemente político (Art. 187, nums. 3, 10, 11, 16 y 17 de la C).

---

92 Vid. Art. 23 y 41, num. 1 de la LCC.

93 Vid. Art. 23 de la LCC.

94 Vid. Art. 27 de la LC.

95 Vid. Art. 33, num. 1 de la LC.

En tal sentido, de conformidad con la LPEF, los entes descentralizados funcionalmente sin fines empresariales deberían informar trimestralmente a las Comisiones Permanentes de Finanzas y Desarrollo Económico y de Contraloría de la Asamblea Nacional, acerca de los resultados de su ejecución presupuestaria y de su gestión, con indicación expresa de lo ejecutado con financiamiento previsto en la correspondiente Ley Especial de Endeudamiento Anual u otras autorizaciones especiales de endeudamiento, comparándola con el Presupuesto aprobado e indicando lo comprometido, causado y pagado, en un plazo que no excederá de veinticinco días continuos, contados a partir de la conclusión de cada trimestre.

La información a que se referiría LPEF, también debería ser remitida a la Oficina Nacional de Presupuesto y a la Superintendencia Nacional de Auditoría Interna, ajustándose a las instrucciones que a tal efecto, conjunta o separadamente, dicten estos órganos rectores en el ámbito de sus competencias.

Asimismo, de acuerdo con la LPEF, los entes descentralizados funcionalmente sin fines empresariales, tales como las fundaciones del Estado, estarían obligados a «informar» a la Comisión Permanente de Finanzas y Desarrollo Económico de la Asamblea Nacional, a través de la Oficina Nacional de Presupuesto la creación o constitución, a su vez, de fundaciones del Estado.

Madrid/2021

www.ingramcontent.com/pod-product-compliance
Lightning Source LLC
LaVergne TN
LVHW090210051026
849517LV00001B/24
* 9 7 8 9 8 0 4 1 6 0 4 3 1 *